KB069162

중국의 변강정책과
일대일로

이 저서는 2019년 대한민국 교육부와 한국연구재단의
지원을 받아 수행된 연구임 (NRF-2019S1A6A3A02102843)

《对外关系、和谐边疆与中国战略定位》by 邢广程·李国强

이 책은 중국 社会科学文献出版社와 도서출판 학고방의 한글번역판 출판계약에 따라
출판하였습니다.

저작권법에 의해 한국 내에서 보호를 받는 저작물이므로 무단 전재와 복제를 금합니다.

중국관행
연구총서
0 1 7

중국의 변강정책과 일대일로

인천대 중국학술원 중국·화교문화연구소 기획

싱광청(邢廣程)·리궈창(李國強) 주편

구자선·김남희·송민근·신지연·안치영
이유정·장정아·조형진 공역

學古房

일러두기

- 이 책의 인명은 원어 발음으로 표기했음(예: 시진핑)
- 신해혁명 이전의 인명은 우리식 한자발음으로 표기했음
- 중국 인명은 처음 나올 때 한자 표기를 병기하고, 다른 국가의 인명은 영어식 표기를 병기했음
- 중국의 신장이나 티베트 소수민족 인명은 필요할 경우 그 지역 발음으로 표기했음(예: 달라이 라마)
- 이 책의 지명은 원어 발음으로 표기했음
- 중국 지명은 처음 나올 때 한자를 병기하고, 다른 국가의 지명은 영어식 표기를 병기했음
- 중국 신장이나 티베트의 지명은 국제적으로 통용되는 발음으로 표기했음(예: 티베트, 카슈가르)
- 신장이나 티베트의 지명은 처음 나올 때 중국식 표기와 영어식 표기를 병기했음
- 이해하기 어려운 용어나 혼동하기 쉬운 용어는 한자를 병기했음
- 설명이 필요한 용어나 사건은 괄호로 역자의 설명을 첨가하고, 길 경우 각주로 처리했음

　중국은 지리적으로 역사적으로 문화적으로 우리와는 불가분의 관계에 있는 초강대국이다. 중국에 대한 호오와는 별개로 중국에 대한 이해와 중국과의 관계가 우리의 사활적 이익과 관련된 문제라는 것이다. 인천대학교 중국학술원은 중국의 역사와 문화 연구를 바탕으로 중국이 만들어가려고 하는 질서를 연구함으로써 중국에 대한 이해의 심화와 더불어 중국에 대한 우리의 전략 수립에 기초를 제공하는 것을 목적으로 한다. 그것을 위하여 중국학술원은 중국에 대한 다양한 연구를 수행하고 있는데, 시진핑 시기 중국의 핵심적 대외전략이라고 할 수 있는 '일대일로'에 대한 연구도 그 일환이다.

　중국학술원은 일대일로에 대한 연구를 수행하는 과정에서 2018년부터 일대일로 연구를 수행하는 중국의 핵심 국책연구기관인 중국사회과학원 변강연구소와 교류 및 협력을 진행해 왔다. 코로나 19가 발생하기 전 변강연구소의 도움으로 중국학술원은 2018년과 2019년 두 차례에 걸쳐 신장과 신장-카자흐스탄 접경지역에 대한 조사를 수행하였으며, 여러 차례 공동으로 학술회의를 개최하기도 했다.

　『중국의 변강정책과 일대일로』의 번역 출판은 중국학술원과 변강연구소의 협력의 산물이다. 원래의 제목이 『대외관계, 조화로운 변강과 중국의 전략적 위치 설정對外關係 和諧邊疆與中國戰略定位』인 이 책은 변강연구소에서 수행한 중국의 변강 지역의 안정을 위한 정책 대안 모색 연구의 결과물이다. 중국사회과학원은 중국의 국책연구기관이라고 할 수 있는 만큼 중국사회과학원 변강연구소에서 수행한 연구는 변강지역과 주변국가에 대한 중국의 이해와 정책 방향을 잘 보여주는 자료라고 할 수 있다. 그렇기 때문에 중국학술원에서는 변강연구소의 동의를 얻어 중국이 일대일로를 제기한 배경의 하나라고 할 수 있는 변강지역의 상황과 중국의 정책 방향을 보여주는 자료인 본서를 번역 소개하기로 했다.

중국이 초강대국으로 부상하고 있는 현재의 상황에서 중국에 대한 정확한 이해와 공동의 번영을 모색하기 위한 협력 방안을 찾는 것이 무엇보다도 중요하다. 이 책이 중국의 변강정책과 주변지역에 대한 입장을 보여주고 있는 만큼, 그것에 대한 우리의 이해 심화에 기여하기를 바란다.

이 책의 번역 출간뿐만 아니라 일대일로에 대한 중국학술원의 연구에 협력과 지원을 해주신 변강연구소와 싱광청邢廣程 소장 그리고 중국학술원과의 교류를 책임지고 여러 가지 번거로운 일을 마다하지 않은 동북변강연구실 판언스范恩實 주임께 특별히 감사를 드리고 싶다. 이 책의 번역은 중국학술원 그리고 중국·화교문화연구소 선생님들이 수고해 주셨다. 번역에 참여해 주신 여러분들에게 감사드린다. 공동 번역에서는 용어와 문체 등 여러 가지 문제를 피할 수 없는데, 중국학술원 구자선 상임연구원께서 그러한 문제를 하나하나 꼼꼼히 바로잡는 번잡하고 어려운 작업을 묵묵히 해주지 않았다면 많은 오류를 피할 수 없었을 것이다. 구자선 상임연구원의 노고에 특히 감사드린다.

마지막으로 코로나19가 하루빨리 종식되어 이 책의 출간과 더불어 코로나19로 중단된 변강연구소와의 교류 왕래가 재개되기를 기원한다.

인천대 중국학술원 원장 안치영
인천대 중국·화교문화연구소장 장정아

흔히들 21세기는 중국의 세기가 될 것이라고 말한다. 개혁 개방 이후 급속한 성장으로 중국은 2010년 일본을 제치고 세계 2위의 경제대국이 되었다. 그리고 2012년 시진핑이 중국공산당 총서기에 취임한 이후에는 과거의 도광양회韜光養晦(실력을 감추고 인내하며 때를 기다린다), 유소작위有所作爲(해야 할 일은 한다) 방침보다 분발유위奮發有爲(떨쳐 일어나 해야 할 일을 한다)를 강조하기 시작했다. 이를 두고 세계는 중국이 적극적인 영향력을 행사하려 한다는 의구심을 갖게 되었다. 여기에 더해 시진핑이 중화민족의 위대한 부흥을 실현한다는 의미로 제기한 중국몽中國夢은 중국이 세계 유일의 초강대국이 되려고 한다는 의심을 사게 만들었다.

여기에 문제를 더 미묘하게 만든 것이 실크로드 경제벨트와 21세기 해상 실크로드일대일로이다. 2013년 시진핑 공산당 총서기 겸 중국 국가주석이 제기한 일대일로는 인프라 투자를 매개로 동서양을 잇는다는 야심찬 계획으로, 공동 번영과 협력을 이루자는 제안이었다. 과거 서구 국가들이 식민지 확장을 통해 부상한 것과는 다른 길을 가겠다는 의지이기도 했다. 초기에는 중국이 제공하는 경제적 이익을 고려하여 많은 나라들이 이 계획에 찬성하였다. 그러나 날이 갈수록 부채 함정을 경고하는 목소리들이 높아지고 있다. 투자를 받은 국가들이 급격하게 증가한 부채로 인해 상환 능력을 잃고 항구 등의 인프라 운영권을 중국에 넘기는 사례가 빈번해지고 있다는 것이다. 미국도 일대일로를 견제하기 위해 '더 나은 세계 재건Build Back Better

World'이라는 미국판 일대일로를 출범시켰다. 시진핑의 고유 정책인 일대일로가 어떻게 될 것인지 관심을 갖지 않을 수 없는 상황이다.

중국은 북한, 러시아, 몽골, 카자흐스탄, 키르기스스탄, 타지키스탄, 아프가니스탄, 파키스탄, 인도, 네팔, 부탄, 미얀마, 라오스, 베트남 등 14개 국가와 육상으로 접경하고 있다. 국경선 총 길이만도 2만 킬로미터가 넘는다. 그만큼 중국이 외교에서 신경 써야 할 주변국들이 많다. 이들은 또한 일대일로의 중요한 연선沿線 국가이기도 하다. 중국은 이 나라들과 갈등과 협력 등 다양한 관계를 맺고 있다. 주변국들과 중국의 관계는 지역 질서뿐만 아니라 세계의 질서에도 영향을 미치는 중요한 지표라고 할 수 있다.

그런데 제3자인 한국으로서는 중국과 이들 간의 관계를 세세하게 파악하기 어렵다는 문제가 있다. 우리의 관심이나 연구 역량이 이를 망라할 정도로 충분하지 않기 때문이다. 그래서 주목한 책이 2016년 중국사회과학문헌출판사에서 펴낸 싱광청·리궈창邢廣程·李國強 주편主編, 『대외관계, 조화로운 변강과 중국의 전략적 위치설정對外關係, 和諧邊疆與中國戰略定位』이다. 이들이 소속된 중국사회과학원 산하 변강연구소는 국책연구기관이기 때문에 중국의 공식적인 입장을 대변한다고 할 수 있다. 그러므로 이 책은 공식적인 자료로서의 가치가 있다. 특히 과거뿐만 아니라 시진핑 시기 중국의 정책과 전략을 종합적으로 정리하고 있기 때문에 시의성도 갖추고 있다. 또한 여기에 나오는 수많은 인명, 지명, 사건들은 기본 자료로서의 가치가 있기 때문에 향후 연구 진전을 위해 꼭 필요하다고 판단했다.

이 책은 중국의 동북쪽부터 시작하여 시계 반대 방향으로 중앙아시아, 남아시아, 동남아시아, 남중국해와 홍콩 및 대만에 대하여 차례로 기술하고 있다. 그러므로 독자들은 관심 있는 지역만 찾아서

읽을 수도 있을 것이다. 원저의 제목을 그대로 쓸 수도 있었으나, 핵심적인 내용을 전달하기에는 모호한 측면이 있었다. 그래서 『중국의 변강정책과 일대일로』로 수정하였다. 독자들의 양해를 바란다. 그리고 우리에게 생소한 변강이라는 단어를 사용한 것도 중국의 공식적인 입장을 생생하게 전달하기 위해서이다. 국어사전을 보면 변강은 "나라의 경계가 되는 변두리 지역"이라고 규정하고 있다. 중국에서는 양국 간의 정치적 분계선 혹은 한 국가 내 정주구역과 무인지역 간의 폭이 다른 지대를 뜻한다. 단순히 국경뿐만 아니라 국경과 가까운 지역을 포괄하는 단어로 자연적, 문화적, 역사적 특징을 갖는 곳이라고 설명한다. 이는 소수민족의 융합까지 염두에 둔 개념이며, 우리가 생각하는 국경지역보다 더 넓은 범위인 것이다. 또한 변강의 개념은 육상과 해상 변강을 모두 포함하는데, 해상 변강은 남중국해의 영유권을 염두에 둔 개념이다.

이 책의 머리말은 김남희, 1장은 송민근, 2장은 장정아·안치영·구자선, 3장은 김남희, 4장은 신지연, 5장은 조형진이 번역하였다. 전체적인 검토와 교정은 구자선과 이유정이 맡았다. 역자들 외에 이 방대한 책이 나오는 데 많은 도움을 주신 학고방 조연순 팀장님, 그리고 원고의 일부를 읽고 교정해주신 중국·화교문화연구소 심주형 연구교수님에게도 감사의 말씀을 전한다.

아무쪼록 주변외교에 대한 중국의 공식적인 입장을 이해하는 데 조금이라도 도움이 되기를 바랄 뿐이다.

2021년 초여름
역자들 씀

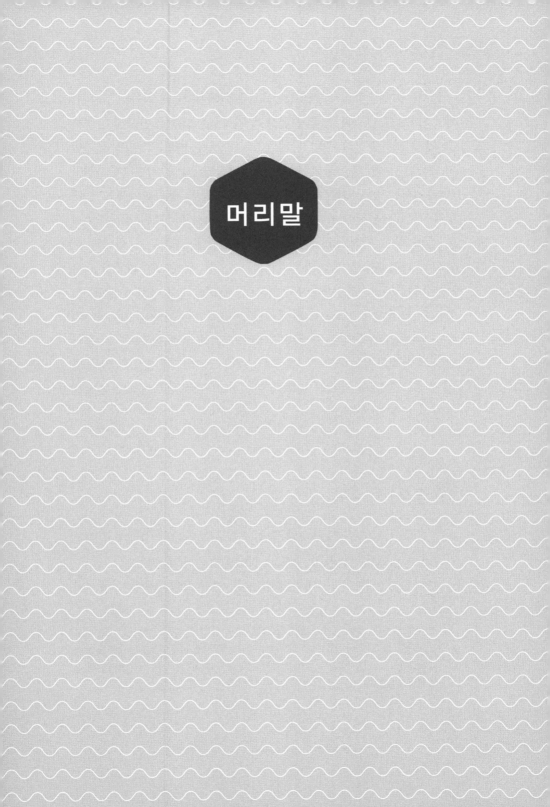

머리말

본서는[1] 중국사회과학원 창신프로젝트創新工程 중대 항목인 '대외관계, 조화로운 변강과 중국의 전략적 위치설정—중국 변강의 안전하고 안정적인 발전과 주변 국제환경의 새로운 변화'의 연구 성과이다. 2013년 3월, 중국사회과학원 중국변강연구소(중국변강사지연구센터)에서는 연구팀을 구성해 중국사회과학원 창신프로젝트 중대 항목 사업을 신청했다. 이 프로젝트는 '중국사회과학원 창신프로젝트 중대 항목 지침'(2013년) 가운데 '대외관계, 조화로운 세계와 중국의 전략적 위치설정'이라는 주제에 신청한 것이다. 지침에서 요구하는 바에 따라, 중국변강연구소는 이 주제를 크게 바꾸지 않고 '조화로운 세계'를 '조화로운 변강'으로 바꾸기만 했다. 이 프로젝트와 중국 변강문제 간의 연관성을 강조하기 위해, 우리는 제목에 '중국 변강의 안전하고 안정적인 발전과 주변 국제환경의 새로운 변화'라는 부제를 추가해 과제의 범위를 한정하고 프로젝트 연구의 주요한 경계를 명확히 했다.

1 프로젝트 소개

　　본 프로젝트의 주제는 '대외관계, 조화로운 변강과 중국의 전략적 위치설정'으로서, 세 가지 주요한 학술요소로 구성된다.
　　첫째는 '대외관계'다. '대외관계'는 본 연구 프로젝트에서 특정한

---

1) 머리말 가운데 일부 내용은 싱광청(邢廣程) 소장의 프로젝트 연구성과로 다음 학술지에 발표한 바 있다. (1)「關於中國邊疆學硏究的幾個問題」,『中國邊疆史地硏究』2013年 第4期, (2)「開拓中國邊疆學硏究的新局面」,『中國邊疆史地硏究』2016年 第2期

함의를 갖는 것으로, 여기서 가리키는 바는 중국의 전체 외교관계를 의미하는 것이 아니라 주변관계, 중국과 주변국가 간에 전개되는 주변 외교를 말한다. '주변'이라는 개념에 대해서는 두 가지 해석이 있을 수 있는데, 하나는 '좁은 주변'으로 중국과 국경을 맞대고 있는 국가들이 해당되고 또 다른 하나는 '넓은 주변'으로 중국과 인접한 주변 지역을 포함한 몇몇 지역을 가리킨다.[2] 중국 외교관계 가운데 가장 중요한 일환이 바로 주변관계이다. 주변관계는 중국 외교구도에서 가장 중요한 부분 중 하나이며 주변외교는 중국 외교의 중점 중 하나이다. 중국의 안보, 안정과 발전에서 주변 국제환경은 매우 중요한 영향을 끼친다. 중국의 굴기는 근본적으로 주변 국제환경과 떼어놓고 이야기할 수 없다. 중국의 발전을 위해서는 양호한 국제환경이 필요하며, 이것은 중국의 개혁개방에 필요한 중요한 외부환경이다. 그러나 중국의 굴기에 따라 국제환경, 특히 주변 국제환경에 변화가 일어나고 있으며 일련의 새로운 상황, 새로운 문제와 새로운 도전이 나타났다. 이에 중국으로서는 전략적인 관점에 근거한 관찰, 분석 및 대응이 요구된다. 중국 굴기의 외부적 환경에서 보면 주변 국제환경의 변화와 중국 굴기는 깊은 연관성을 갖고 상호 영향관계에 놓여 있다. 중국은 국내와 국제, 두 개의 국면에 입각해 근본적이고 적확하게 개혁의 심화와 개방의 확대 간의 관계를 파악해야 한다. 이를 통해 전략적 기회를 잘 포착해 국제환경에서 비롯되는 각종 도전에 침착하게 대응하고 시대적 흐름에 맞춰 유연하게 행동해야 한다.

---

2) 祁懷高 等, 『中國崛起背景下的周邊安全與周邊外交』, 中華書局, 2014, pp. 3-7.

둘째는 '조화로운 변강'이다. 중국은 육지와 해양을 모두 갖고 있는 국가이다. 중국의 육지와 해안 경계지역의 거버넌스는 매우 중요한 전략적 이슈이다. 중국 변강문제를 토론할 때 우리는 세 개의 학술적 근거를 바탕으로 논의를 전개해야 한다. 즉 중국 변경의 안보, 안정과 발전 문제이다. 중국의 육지 및 해안 변강지역에는 안보문제가 존재한다. 특히 최근 몇 년 사이, 중국의 육지 및 해안 변강 안보에 여러 가지 새로운 상황, 새로운 문제와 새로운 도전이 나타났다. 예컨대 지난 몇 년 동안 중국 신장新疆지역에서 일어난 몇 차례의 폭력테러사건은 국제테러리즘 세력의 지원과 밀접한 관계가 있다. 이밖에 중국 남해南中国海 안보문제가 있다. 필리핀, 베트남 등 국가가 중국 해양주권에 끊임없이 도전해오고 있다. 미국의 '아·태 재균형' 전략은 중국의 육지와 해안 변강의 안보, 안정과 발전에 중요한 영향을 끼쳤다. 2008년 티베트西藏 '3·14 사건'과 2009년 신장 '7·5 사건'은 모두 중국 변강지역의 안정문제가 매우 중요하며 변강의 안정을 지키는 것이 중국정부의 변강 거버넌스에 중요한 전략 목표가 된다는 것을 보여주었다. 중국이 빠르게 발전하고 있는 가운데, 중국 변강의 발전문제는 중요한 전략으로 상승했다. 어떻게 하면 중국 변강지역의 발전을 앞당길 수 있는가 하는 문제는 변강지역 성省정부와 인민에게 주어진 임무일 뿐 아니라 중앙정부와 전국 인민이 함께 대처해야 하는 문제이자 공동의 전략적 임무이기도 하다. 때문에 전국적으로 신장과 티베트를 지원하는 전략적 활동이 계속해서 전개되고 있다. 신장, 티베트 돕기 운동은 대륙 각 성과 다른 변강 성의 중요한 임무이자 책임이다.

변강 지역 거버넌스에서 중국은 새로운 전략과 조치를 내놓고 있다. 제18차 전국대표대회(이하 18대)에서는 '해양강국' 건설 전략을 제기했다. '해양강국' 건설은 중국의 변강학에도 매우 중요한 연구과제를 제시했다. 그것은 중국이 왜 해양강국이 되고자 하는가, 어떻게 중국을 해양강국으로 만들 것인가, 어떤 방식으로 해양강국을 건설할 것인가, 중국이 해양강국이 되는 것은 주변 국제환경과 어떤 관계가 있는가, 국제사회는 중국이 해양강국을 건설하려는 목표에 어떤 태도를 취하고 있는가 등이다. 이러한 모든 문제에 대한 해답이 요구되고 있다.

우리가 '조화로운 변강'을 제기한 것은 중국 현실에서 변강이 이미 완전히 '조화로운' 상태가 되었음을 의미하는 것이 아니다. 우리가 보기에 중국 변강의 조화로운 상태란 두 가지 방면을 포함한다. 즉 중국 변강의 내부적 조화와 외부적 조화 상태가 그것이다. 중국 변강의 내부적 조화는 사회안정, 민족단결, 경제발전, 민생개선, 변강 거버넌스 시스템 효율화와 적절한 정책 수립, 내륙과 변강의 사회경제적 격차 축소 등을 포함한다. 중국 변강의 외부적 조화는 중국 변강과 주변 국제환경의 조화를 가리킨다. 실제로 여기에는 중국과 주변국가 간의 관계가 반영된다. 현실적인 관점에서 보면, 중국 변강은 전체적으로 안정적인 발전과 양호한 상태를 유지하고 있다. 그러나 '조화로운 변강'의 목표까지는 아직 갈 길이 멀다. 그러므로 우리가 '조화로운 변강'을 이야기할 때 이것은 현실에서의 변강이 아니다. 어떻게 변강의 내외환경을 관리함으로써 중국 변강 안보와 안정, 발전을 제약하는 각종 내외부의 장애물과 어려움을 극복하고 중국 변강을 점차 조화로운 상태로 만들어가느냐를 연구하는 주제를 말하는 것이다.

셋째는 '중국의 전략적 위치 설정'이다. 다년간의 실천을 통해 중국은 이미 주변 국가와 관계를 발전시켜온 풍부한 경험을 축적하고 비교적 안정적인 관계 모델을 만들어왔다. 예를 들어 중국과 러시아 관계는 전면적 전략협력 동반자관계의 기초 위에 세워진 새로운 대국관계이다. 이것은 중국과 러시아 관계의 전략 위치이며 매우 심도 있고 풍부한 함의를 담고 있다. 새로운 대국관계의 기반 위에서 중러 양국은 폭넓은 협력 공간을 확보했고, 러시아 극동지역과 중국 동북 3성, 네이멍구內蒙古 동부지역의 지역 전략협력이 지속적으로 심화되고 있다. 중국과 러시아의 인접지역 간에 진행되는 전략적 협력이라고 할 수 있다.

　좋은 국제환경을 만들기 위해서는 우선 좋은 주변 환경을 만들어야 한다. 주변은 중국의 이익이 가장 집중되고 중국에 대해 가장 직접적인 영향을 끼칠 수 있는 지역이다. 주변 정세의 좋고 나쁨은 중국의 국가 이익과 밀접한 관련을 맺고 있으며, 우리가 전략적 기회를 포착해 잘 이용하고 계속 이어감으로써 전면적인 샤오캉사회小康社會 건설이라는 전략 목표를 실현할 수 있을지 여부에 직접적인 영향을 끼친다. 이렇게 볼 때, 주변 외교는 가장 중요한 위치에 있다. 중국은 평화로운 발전을 견지할 것이고 모든 아시아 국가와 손잡고 항구적인 평화와 공동의 번영을 누리는 조화로운 아시아를 건설할 것이다. 세계적인 영향력을 보유한 아시아 대국으로서, 중국이 주변 국제환경과 조화를 이루는 것은 국가 외교의 전체적인 구도에 매우 중요한 의의를 갖는다. '조화로운 세계'를 건설하는 외교이념과 국제 전략은 중국이 지켜온 독립자주와 평화외교의 노선이 새로운 정세 속에서 적절히 반영된 것이며 그 시대성과 목표성이 뚜렷하게 드러나고 있다. 그리고 여기에 연계된 목표가 바로 '조화로운 변강' 건설이다. '조화로운 변강'을 만들고 좋은 주변 환경을 창조하는 것은 중국이라는 국가의 전략 위치와 관계가 있다. 이것은 사람들의 주관적인 의지로 결정되는 것이 아니며 자국의 정치, 경제, 군사, 종교, 문화 및 이데올로기 등 다양한 요소에 의해 결정된다. 국가의 전략 위치는 또한 국가와 민족의 합리적 이익을 최대화하는 것을 목적으로 해야 한다.

이로써 볼 때, 본 프로젝트에서 연구하는 대외관계, 조화로운 변강과 중국의 전략적 위치 설정 등은 매우 중요한 문제다.

대외관계, 조화로운 변강과 중국의 전략적 위치 설정에 관한 연구는 변강학 학제 수립의 중요한 일환이며 중국 변강학의 수립과 완비 과정에 중요한 의의를 갖는다. '중국 변강학' 학제 수립은 현재의 사회발전으로 보나 학과 신설과 발전으로 보나 모두 중요한 의의가 있으며 시급한 문제이기도 하다. 중국 변강사지연구는 단일한 학과에서 다수의 학과와 연계하는 방향으로 발전했다. 이는 학술 발전의 일반적인 법칙에 부합할 뿐만 아니라 해당 학과의 독특성을 보여주는 것이다. 단일 학과의 이론, 방법론, 수단에만 의지해 중국의 변강지역이 직면하고 있는 많은 문제를 설명하기 어렵게 되었을 때, 중국변강사지邊疆史地연구에서 중국변강학으로 학술적 전환이 이루어지는 것은 필연적인 일이다.

1. **전체 사유**: 당의 18대 정신을 관철하고 시진핑習近平 총서기의 일련의 연설에서 제기된 정신을 실천하여 주변 국제환경과 중국 변강의 안보, 안정과 발전이라는 중대한 문제에 대한 조사연구를 강화한다. 새로운 정세 아래 놓인 중국 변강과 주변 국제환경 간의 관계를 심도 있게, 전면적으로, 그리고 체계적으로 연구하고 중국 변강학 연구의 기초학과와 응용학과의 결합을 촉진하며 중국 변강사지학과와 현실문제 연구 간의 연계를 강화한다.

2. **연구 경로**: 현재 중국 변강지역 안정과 발전은 다음 네 가지

분야에 집중하고 있다. 첫째, 국가통일, 영토보전과 국가안보에 영향을 끼치는 중대한 문제. 둘째, 주변국 간 분쟁이 중국 변강의 안보와 발전에 영향을 미치는 문제. 셋째, 변경 거버넌스 및 주변국의 비전통 안보 관련 문제, 국가 간 협력 문제. 넷째, 중국 변강지역 사회발전 가운데 나타나는 새로운 문제. 이 네 가지 문제는 기본적으로 중국 주변 지역, 주변 국제환경과 밀접한 관계를 맺고 있으며 이에 대한 연구가 필요하다.

3. **구체적인 연구 방법**: 본 프로젝트는 기존의 성과를 흡수하고 현재 주변 환경의 내외 정세를 결합하여 중국과 주변국 변경지역의 동향에 주목하면서 체계적이고 심도 있는 연구를 진행함으로써 특색 있는 혁신적 성과를 내놓고 있다. 첫째, 중국과 주변국 변경지역의 현황을 깊이 있게 조사하고 최근 들어 중국과 주변국 변경지역 간 국경 협상의 진전 상황과 이견을 고찰하며 중국과 주변국 변경지역의 분쟁 지역 정책, 조치 및 그 영향을 연구하여 향후 국경 문제의 동향을 분석하고 중국의 영토주권을 지킬 수 있는 대책과 제안을 제시한다. 둘째, 신장, 티베트, 동북지역, 네이멍구 및 해상 경계와 서남지역에 주목하여 연구 지역의 총체성, 관련성에 중점을 둔다. 오늘날 경제사회 발전의 필요에 따라 중국 변강지역 내부의 경제 협력, 변경 거버넌스, 비전통 안보 등 방면의 연관성이 갈수록 강화되고 있다. 셋째, 중국 국가전략과 변강의 관계에 주목하여 이를 주제로 혁신적인 이론 탐색을 진행한다. 학술성뿐 아니라 응용성과 실천성을 강조하는 것이다. 이러한 연구는 역사학의 학술규범을 엄격하게 따르면서도 동시에 법리적 근거에 대한 연구와도 유기적으로 결합하여 보조를 맞춘다. 국제법의 기본원칙을 역사적 근거를 연구하는 출발점으로 삼고, 중국의 평화외교, 조화로운 변강, 전략 위치 간

의 관계를 과학적이고 심도 있게, 또한 전면적으로 설명함으로써 사회과학의 종합적 연구가 갖는 이론적 가치와 실천적 의의를 최대한 구현한다.

4. **연구 수단과 기술적 원칙**: 영역을 확장하고 이론을 정비하며 연구내용의 종합성과 연구방법의 혁신성에 집중하여 역사적으로 풀리지 않는 문제, 현실적으로 관심을 받고 있는 문제, 이론적으로 설명이 어려운 문제를 해결하는 데 힘을 쏟는다. 국내외의 기존 성과를 충분히 흡수한 기초 위에 관련 영역의 연구를 추진한다. 이로써 본 프로젝트는 역사와 현실, 기초연구와 응용연구를 유기적으로 결합하고 인문과학, 사회과학 등 다양한 학과의 이론, 방법을 운용하여 중국 변강연구의 학제 발전을 추진한다. 국제관계 연구 및 국제관계와 밀접하게 관련된 경제학, 역사학, 법학, 지리학, 사회학, 인류학, 심리학, 문화학 등 방법을 채택해 종합적인 연구를 진행한다.

국가 영토주권의 근본적 이익에 입각하여 중국 경제개발과 사회발전에 관심을 두고 이를 강화한다. 사유에 있어 상세하고 신뢰할 수 있는 자료와 사회발전의 객관적 현실에 근거하여 중국과 주변 국가 관계의 관점에서 각자 변경지역에서 채택하는 사회, 정치, 경제 등 다양한 조치를 탐구하고, 이를 새로운 정세의 발전과 결합하여 관련 분쟁을 해결할 수 있는 방법과 전 세계에 미치는 영향을 탐색한다. 이러한 과정에서 객관성과 공정성을 추구함으로써 높은 현실 활용성과 본보기로서의 의의를 확보한다.

국내외의 기존 연구 성과는 본 프로젝트의 학술적 기초를 다져주었다. 특히 본 프로젝트에 참여하는 전문가들은 풍부한 학술자료를 축적하고 많은 관련 연구 성과를 발표하였을 뿐 아니라 복수의 언어문자를 습득하여 높은 연구능력을 갖추었다. 이러한 배경은 본 연구에 좋은 조건을 만들어주었다. 본 프로젝트에 참여한 구성원은 국내외에서 폭넓은 교류 관계를 형성하여 협력 연구에서 성공적인 경험을 쌓았다. 이로써 본 프로젝트 연구가 국제적 교류와 협력의 전제 아래 연구 성과가 국제적으로 앞서가며 국내 최고수준을 확보하는 데 유리한 조건을 형성하였다.

2 학술적 가치와 연구의 의의

근래 들어 국제정세의 변화에 따라 중국의 주변 환경에도 일련의 새로운 상황과 문제가 나타나 중국의 국가안보, 외교관계에 어느 정도 영향을 끼치고 있다. 이는 변강지역—육상과 해상 강역의 안보, 안정, 발전과 밀접한 관계가 있다. 중국의 변강은 육상과 해상 강역을 포함하고 있다. 육상 강역은 9개 성省에 걸쳐 14개 주변국과 국경을 접하고 있다. 이는 2만2천㎞에 달하는 육상 국경선을 형성하며 그 가운데 1만9천㎞는 민족자치구역을 지난다. 변경에 위치한 136개 현縣 가운데 107개가 민족자치구역에 있다. 변경지역 총면적은 212만 ㎢로 전국 면적의 22퍼센트를 차지하는데, 그 가운데 민족자치구역이 92퍼센트이다. 변경지역 총인구는 2천50만 명으로 전국 인구의 1.6퍼센트를 차지하는데, 이 가운데 소수민족 인구가 51퍼센트이다. 30여 개 민족이 타국의 같은 민족과 이웃하고 있는 상황이다. 중국의 역사발전과 강역의 변천 과정에서 중국 변강과 주변 국가는 정치, 경제, 군사, 문화 등 방면에서 다종다양한 형식의 왕래가 있었다. 주변 국가들은 과거 조공, 번속藩屬 등 형식으로 중국의 왕조에 속해 있었고, 일부 주변국, 혹은 그 일부 지역은 역사적으로 중국 영토의 일부이기도 했다. 근대 이후, 열강의 침략으로 중국과 주변 국가의 번속 체계는 와해되었고, 이에 따라 영토분쟁과 국경협상, 국경을 넘는 왕래 및 여러 국가에 분포하는 동일 민족(부족, 족군)의 이주 등 문제가 잇따라 발생해 오랫동안 존속해왔다. 이러한 것들은 역사적 문제이지만 현재까지 여전히 중국과 몇몇 주변국 간 관계의 발전에 영향을 끼치고 있다. 21세기 들어 중국은 '안전한 이웃, 화목한 이웃, 풍요로운 이웃安隣, 睦隣, 富隣' 사상을 제기하고 '주변국과 좋은 관계를 수립하여 주변국을 동반자로 삼는다與隣爲善, 以隣爲伴'는 정책을 적극적으로 추진함으로써 중국과 주변국 간의 관계가 역사적인 신시기에 들어섰다.

글로벌화의 과정이 가속화되고 지역 역학구도가 급변함에 따라 중국 주변 지역의 정세 역시 빠르게 변화할 것으로 보인다. 불확정적이고 불안정한 요소가 언제든 나타날 수 있으며 이는 중국의 안보에 복잡하고 새로운 도전이 되고 있다. 이러한 변화는 다음과 같은 몇 가지 방면에서 나타나고 있다.

첫째, 해상 분쟁이 격화되어 중국의 국가안보와 변강 안정에 영향을 끼치는 중요한 요소가 되었다. 1950년대 이래 중국은 12개 주변국과 잇따라 육상국경조약을 체결하고 인도, 부탄과의 국경담판도 단계적인 진전을 이루었다. 이로써 중국의 주변 환경이 크게 개선되었다. 이와 동시에 「유엔해양법협약」의 실시와 각국의 해양자원 개발이 본격화됨에 따라, 황해, 동해東중국해, 남중국해에서 한국, 일본, 베트남, 필리핀 등 주변국과의 해상 분쟁이 격화되었다. 2012년 중국과 필리핀은 남중국해 황옌다오黃岩島 · Scarborough Shoal, 중국과 일본은 댜오위다오釣魚島 · Senkaku Islands, 중국과 베트남은 '해양법'을 둘러싸고 각각 분쟁이 끊이지 않고 있는 실정이다. 게다가 인도는 일본, 베트남

등 국가와 해상 협력에 박차를 가하고 미국은 '남중국해 항로안전'
과 해상 분쟁을 이용해 중국과 일부 주변국 사이를 자극함으로써 사
실상 '육상, 해상 분쟁의 조응', '황해, 동중국해, 남중국해의 상호작
용', '당사국과 역외 대국의 연합'이라는 구도를 형성하고 있다.

둘째, 중국 주변 환경의 변화는 중국 변경지역의 발전과 안보에
직접적인 영향을 끼친다. 남아시아, 중앙아시아, 동북아, 동남아 지
역의 불안정한 정세는 필연적으로 중국 서남, 서북 및 동북 변경지
역에 영향을 미치며, 중국 서부대개발과 동북진흥전략의 순조로운
진행을 저해할 수 있다. 이밖에 국경 밖 민족분열세력이 테러공격과
폭력·파괴활동을 획책함으로써 중국 변강지역의 조화와 안정을 위
협하고 있다. 2008년 티베트 '3·14 사건'과 2009년 신장 '7·5 사건'
은 중국 변강지역의 안보와 안정 문제, 반분열, 반테러를 위한 투쟁
이 여전히 진행 중이며 그 임무가 대단히 어렵고 막중하다는 것을
잘 보여주었다.

셋째, 대국 간 쟁탈전의 격화가 중국의 지정학적, 경제적 이익을
저해하고 있다. 구소련 해체 후, 중앙아시아 5개국이 국제법상의 주
체가 됨에 따라 중앙아시아 지역의 지정학적 기능에 커다란 변화가
발생했다. 지정학적 변화는 자연스럽게 새로운 쟁탈전을 초래하였
고, 중앙아시아 지역에서는 글로벌 대국과 역내 각국의 전략과 경제
이익이 교차하고 있다. 구소련 시기 지정학적으로 주변화되었던 중
앙아시아 지역은 전략적 이익의 각축장이 되어, '유라시아 대륙의
심장'으로 변해가고 있다. 중앙아시아 각국은 중국의 주변국이기 때
문에, 중앙아시아에서 벌어지는 격렬한 지정학적 이익 쟁탈전은 필
연적으로 중국의 전략적 이익과 밀접한 관계를 맺게 된다. 만일 중
국이 적극적이고 효과적으로 역할을 발휘하지 못한다면, 중국 서부

의 지정학은 중국에 불리한 방향으로 발전할 것이고 중국의 평화로운 발전 역시 영향을 받게 될 것이다.

넷째, 미국이 계속해서 중국 주변으로 수출하고 있는 '민주개조', '색깔혁명'으로 인해 중국 주변 환경의 정세가 엄준한 상황이다. 미국은 '아시아태평양으로의 회귀'를 내세우며 전략의 재균형을 시도, 여러 경로를 통해 육상과 해상에서 중국을 차단하려 하고 있다. 파키스탄, 미얀마, 북한 등 '지정학적 거점' 국가의 정치상황이 불안정해짐에 따라 중국의 지정학·전략적 이익은 심각한 도전에 직면해 있다. 미국이 아태 지역에서 진행하는 군사훈련은 점차 증가하는 추세에 있고, 이 역시 중국에 불리하다. 미국 국무원은 미국이 댜오위다오 주권 문제에서 어떠한 입장도 취하지 않을 것이라고 밝혔지만, 1960년 체결한 「미일안전보장조약」은 댜오위다오 문제에도 적용이 되며, 「미일안전보장조약」이 댜오위다오 문제에 적용된다는 것은 실질적으로 미국이 댜오위다오 문제에서 취하고 있는 입장을 반영한다.

다섯째, 주변국의 정국 불안, 극단적인 테러리즘의 창궐이 중국의 해외에서의 이익을 위협하고 있다. 넓은 주변지역은 중국 경제의 '대외진출走出去'에 중요한 방향이며 중국이 해외에서 상품시장과 투자 장소를 개척하고 중요한 에너지자원을 획득하는 문제와 연관된다. 이는 중국 경제의 지속 가능한 발전과 국제적으로 경제공간을 넓혀가는 문제이기도 하다. 주변국가의 정국 불안 및 정변과 소요의 발생은 중국의 투자 안전에 해가 된다. 이를 틈타 극렬세력이 자리를 잡고 민족적 배외정서가 싹을 틔우며 테러활동이 활개침으로써 중국의 재외 기관과 국민의 안전을 위협하고 있다.

상술한 새로운 변화와 새로운 상황에 직면하여, 중국 학술계에서는 관련 연구를 통해 어느 정도 성과를 거두었다. 그러나 부족한 점도 분명하다. 첫째, 기존에 공개적으로 발표된 성과가 주로 2011년 이전 중국외교관계와 티베트·신장의 안정, 발전 등 분야에 집중되어 있고, 2012년 이후의 새로운 변화와 새로운 문제에 대한 깊이 있는 연구는 많지 않다. 둘째, 다양한 학과의 학자들이 주변 외교, 변강 지역 안정 등 서로 다른 관점에서 연구를 진행함으로써 '조화로운 주변'이나 '조화로운 변강'과 같은 목표를 결합하는 경우가 드물고, 국내외 요소의 결합, 외교관계와 변강 거버넌스의 결합, 논증과 조사연구의 결합을 시도한 전면적이고 총체적인 연구가 부족한 실정이다. 이러한 점을 감안하여, 본 프로젝트는 '조화로운 주변'과 '조화로운 변강' 건설을 결합하고 국내외 요소, 외교관계와 변강 거버넌스, 논증과 조사연구를 결합하며 국제관계와 국제법, 지정학, 역사학, 민족학, 사회학 등 학과의 이론, 방법을 충분히 이용하여 전면적이고 종합적인 연구를 진행함으로써 관련 문제에 대한 일련의 정책 제안을 제시하고자 한다. 때문에 본 프로젝트는 중요한 학술적 가치를 가질 뿐 아니라 독특한 응용 가치, 사회적 의의를 갖는다.

본 프로젝트는 매우 큰 학술적 필요성을 갖는다.

1. 18대 정신과 시진핑 총서기의 일련의 연설 가운데 중국 주변외교와 중국 변강 거버넌스에 관계된 지침과 정신을 적극적으로 관철하고 있다. 18대 보고서에서 제기하는 외교 전략은 대국 간 새로운 관계 수립, 우호적이고 안전한 주변외교정책 등을 포함하고 있다. 중국은 주변국과 좋은 관계를 수립하여 주변국을 동반자로 삼으며, 우방과의 관계를 공고히 하고 호혜협력을 강화하여 자국의 발전이 주변국가에 좋은 영향을 미칠 수 있도록 노력할 것을 천명했다. 또한 18대에서는 '해양강국' 건설 전략을 명확히 제시했다. 시진핑 총

서기는 주변외교와 중국 변강 거버넌스에 대한 여러 가지 중요한 의견을 피력했다. 2013년 당 중앙에서는 주변외교좌담회를 소집, 중국 주변외교의 전략과 목표, 실시방안을 명확히 규정하였다. 이는 중국 주변외교에 대해 정층설계頂層設計를 진행한 중요한 회의였다. 여기서는 '국가를 다스리기 위해서는 주변을 다스려야 하며, 주변을 다스리는 데 우선되어야 할 것은 티베트 안정治國必治邊, 治邊先穩藏'이라는 전략 사상을 제기함으로써 '국가를 다스리는 것'과 '주변을 다스리는 것', 그리고 '티베트를 안정시키는 것'을 하나로 간주하는 사고를 분명히 했다. 2014년에는 제2차 중앙신장공작좌담회를 열어 신장지역 거버넌스의 총체적 목표를 사회안정과 장기적 질서 확립으로 설정하였다. 네이멍구, 광시廣西, 윈난雲南과 동북 3성 등 변강지역 성의 경제발전에 대해 중요한 지침을 내렸다. 또한 '해양강국' 건설을 추진하기 위해 해양발전 전략을 연구, 제정하고 해양경제발전의 시범사업을 추진할 것을 요구했다. 시진핑 총서기는 '일대일로' 전략을 제기하여 국내와 국제, 두 개의 판도를 모두 고려하고자 하였다. 특히 중국과 주변국가에 이익공동체를 건립하는 문제에 주목하였다. 중국-러시아-몽골 경제회랑, 중국-파키스탄 경제회랑, 방글라데시-중국-인도-미얀마 경제회랑과 난닝南寧-싱가포르 경제회랑은 모두 중국, 특히 중국의 변강과 주변국가가 경제적으로 밀접한 상호연계성을 맺는 중요한 플랫폼이다.

2. 국가안보 전략상의 필요성. 30여 년간, 경제 글로벌화가 불러온 커다란 변화 속에서 국가안보의 함의도 조금씩 달라졌다. 서방국가들이 자국의 우위 속에 확장하려는 이익의 범위가 계속해서 개발도상국의 지리적, 경제적, 전략적 경계를 넘어서면서 다른 나라의 안보이익을 위협·침해하고 있다. 이로 인해 중국은 변강이론과 자국

의 안보전략을 재검토해야 하는 상황이다.

3. **중국 영토와 완전한 주권 수호의 필요성.** 주로 중국과 동남아 관련 국가 간 남중국해 섬과 암초 및 그 해역을 둘러싼 분쟁이 포함된다. 중국과 일본은 댜오위다오와 그 부속 해역, 동중국해 대륙붕 분계선 관련 분쟁이 있다. 중국과 인도 간에는 국경 분쟁이 있다.

4. **평화롭고 안정적인 우방 간 우호관계 발전의 필요성.** 현재 중국의 주변 외교는 이미 넓은 주변 외교로 발전했다. 넓은 주변 지역은 중국에게 점점 더 중요한 전략적 가치를 가진다. 우리는 사상을 통일하고 인식을 제고하여 기회를 포착하는 한편 도전에 대응함으로써 넓은 주변 외교를 추진하면서 전략적 기회를 연장시켜 중국의 평화로운 발전을 촉진해야 한다.

5. **중국 변강지역의 안정과 발전에 대한 필요성.** 중국 변강지역의 사회적 안정은 중국 내륙의 사회적 진보와 경제발전을 보장하는 중요한 요건이다. 중국 변강지역의 사회안정은 평화롭고 안정적인 주변 국제환경과 견고한 민족 관계를 전제로 한다. 현재 중국 변강의 민족구역은 개혁개방 이래 사회 경제 발전에서 뚜렷한 성과를 거두었다. 평등하고 단결하며 서로 돕는 사회주의 민족 관계가 부단히 공고해지고 발전하였으며 전체적으로 안정적인 상황이다. 그러나 끊임없이 변화하는 주변 환경으로 인해 몇 가지 잠재적 위험이 도사리고 있으며 불안정한 요소가 존재한다. 주변 지역은 중국이 대외적으로 국가의 이익을 수호하는 데 중요한 부분이다. 이곳의 지역정세 안정 여부는 중국 국내의 발전과 직결된다. 중국 주변 외교의 주요한 목표 가운데 하나는 중국이 국내 경제를 발전시키는 데 역량을 집중할 수 있도록 안정적인 주변 환경을 조성하고 지켜감으로써 주요한 역량이 간섭을 받거나 분산되지 않도록 하는 것이다. 또한 주

변 지역의 전란과 동요가 중국 변강지역에 영향을 미치는 것을 최대한 피하는 것이다.

3 연구 상황

(1) 동북아 정세가 중국 동북 및 북부 변강 개방과 발전에 미치는 영향

1) 동북아 지역 개발

1991년 10월, 유엔개발계획UNDP에서는 두만강지역개발프로젝트를 내놓았다. 이 프로젝트는 20년 동안 중국, 북한, 러시아 3국 국경이 접한 삼각지역에 다자간 경제기술협력개발구를 건립하는 것이다. 1995년 12월, 중국, 러시아, 북한, 한국, 몽골 5개국 대표가 뉴욕에 위치한 유엔본부에 모여 「두만강경제개발구 및 동북아개발협상위원회 건립에 관한 협정」 등 세 개의 문건에 서명하고 두만강경제개발구 및 동북아개발협상위원회와 두만강지역 개발협력위원회를 발족했다. 그러나 이후 두만강 다자간 경제협력개발구 계획은 실질적인 진전 없이 계속 미루어졌다. 2009년, 지린성吉林省 창지투長吉圖(창춘長春-지린吉林-투먼장圖們江·두만강을 합친 용어, 역자주)개발개방선도구가 국가 전략으로 격상되면서 두만강지역 개발은 다시 한 번 관심의 대상이 되었다.

두만강개발계획은 막 제기되었을 때부터 이미 학계의 뜨거운 토론을 이끌어 냈다. 게다가 지금까지도 여전히 동북아지역 연구의 중요한 이슈이기도 하다. 많은 학자들이 동북아 국제환경과 다자간 지역협력의 관점에서 두만강지역 개발에 대해 깊이 있는 연구를 진행하고 있다.

차오구이파曹桂發는 두만강지역개발이 지리와 자원 방면에서 강점을 갖는다고 평가하며 지역 내 각 국가 간 상호보완성이 경쟁성보다 크기 때문에 통일된 시장을 만들어 공동 번영으로 나아갈 수 있다고 주장한다. 또한 지역 내에 자유무역구를 만들 수 있다면, 이는 동북아 및 환태평양경제무역구의 구도에 중대한 영향을 미칠 것이며 세계무역 판도의 형성에도 역할을 발휘할 수 있을 것이라고 보고있다.3) 딩스성丁士晟은 두만강지역개발에 국제적 협력이 필요하지만 경쟁도 치열할 것이라고 생각한다. 그는 두만강지역이 앞으로 세계경제에서 주목받는 지역이 될 것이고, 중국이 "두만강 하류 지역 개방을 앞당겨 국제협력개발에 참여하고 중국에 유리한 방향으로 발전할 수 있도록 유도해야 한다"4)고 주장했다. 리베이웨이李北偉는 경제발전 수준에서 봤을 때 동북지역은 이미 7대 생산기지와 종합운송망, 발달된 산업벨트가 형성되어 있어 두만강지역개발의 중심지역이라는 점을 지적한다. 두만강지역개발은 동북지역 경제구조와 동북아 각국 경제구조의 상호보완성을 보여줄 수 있고 동북지역에 두만강지역을 선도로 하는 동서 간 산업벨트 형성을 촉진할 수 있으며, 이를 통해 동북지역 경제의 균형 있는 발전을 이끌 것이라는 생각이다.5)

---

3) 曹桂發, 「試論圖們江流域開發對東北亞經濟發展的影響」, 『經濟地理』 1991年 第2期.

4) 丁士晟, 「聯合國開發計劃署圖們江地區開發項目述評」, 『東北亞論壇』 1992年 第1期.

5) 李北偉, 「圖們江地區開發與中國東北地區經濟發展」, 『東北亞論壇』 1992年 第2期.

1990년대 중반 이후, 두만강지역개발은 현실운용성이 부족하다는 약점이 점차 드러나면서 학자들의 연구관점과 결론에서도 변화가 나타났다.

왕전王圳은 두만강지역 개발의 목표설정이 현실적이지 못하고 주변 국제환경에 대한 정확한 판단이 미비한 점 등 약점을 지적하면서, 두만강지역 개발이 다음 세 가지 방향으로 진행해야 한다는 견해를 내놓았다. 첫째는 지역 경제협력을 부각시키는 것, 둘째는 민간부문과의 협력 확대, 셋째는 국경무역 촉진을 통한 투자 증대와 역내 각국의 경제적 연관성 강화 등이다.[6] 디원치翟文奇는 두만강지역 개발을 가로막는 동북아 국제관계를 분석하면서 두만강지역은 제2차 세계대전 이후 몇몇 국제정치세력이 모여든 지역으로 언어, 문화, 종교 등에서 국가 간에 현실적인 차이가 존재하며 출해구出海口, 항로권 등 역사적으로 남아있는 문제로 인해 지역개발을 하기에 "정치적 기초가 매우 취약하다"고 말한다. 그가 보기에 두만강유역에 다자간 특별경제구를 만드는 것은 지나치게 이상화된 구상이다.[7]

2009년 창지투개발개방선도구가 국가전략으로 격상되면서, 학계는 주변, 변강, 중심을 함께 발전시키는 관점에서 다시 한 번 두만강지역개발로 눈을 돌렸다. 여기에는 긍정적인 관점과 부정적인 관점이 공존했다.

진잉쑨金英笋은 창지투개발개방선도구 전략이 두만강지역개발에 있어 새로운 기회이며 지린성에서 외향형 경제발전을 추진함으로써

---

6) 王圳, 「圖們江開發項目的進展與前景」, 『國際經濟合作』 1999年 第8期.

7) 翟文奇, 「圖們江開發與東北亞國際關系」, 『青海師範大學學報』 1999年 第1期.

지린성과 일본, 한국, 러시아, 북한의 경제교류가 더욱 확대되어 지린성의 대외개방을 심화할 수 있을 것이라는 견해를 내놓았다.[8] 판리范力는 두만강지역개발을 제약하는 요인으로 지역적 차이가 크고, 협력 관련 정책을 결정하는 기관의 등급이 낮으며, 무역환경이 낙후되고, 자금투입이 부족하다는 점 등을 지적하였다. 또한 창지투개발개방선도구가 변경지역개발과 대외개방의 새로운 모델을 모색하는 데 돌파구가 되어야 한다는 제안을 내놓았다. 그는 "창지투선도구의 건설은 두만강지역 개방개발에 좋은 외부환경을 조성해줄 것이고 개방개발을 가속화할 것"이라고 전망했다.[9] 류리친劉麗琴은 중국에서 창지투개발개방선도구를 국가전략으로 격상시키고 두만강지역개발을 앞당긴다고 해도 새로운 문제가 존재한다고 지적하였다. 즉, 두만강지역개발에 여전히 각 국가 간 전략적 이익관계가 복잡하게 얽혀있고 금융위기 후 경제 성장속도가 저하되었으며 지역 내 정치상황이 다변적이라는 것이다.[10] 딩쓰바오丁四保는 두만강지역개발의 발전과정을 되돌아보며 창지투개발개방선도구에서 두만강지역 협력개발을 추진할 매커니즘을 만들어내지 못했기 때문에 두만강지역개발이 그리 진전되지 못했고, 두만강지역 협력개발이 많은 관심을 받고 토론의 대상이 되기는 했지만 동시에 과연 어떻게 두만강지역개발개방을 추진할 것인지에 대해서는 모두가 막연한 수준에 머물

---

8) 金英筍,「大圖們江地區開發對吉林省對外開放的影響」,『延邊大學學報』2009年 第4期.

9) 范力,「加快圖們江區域開發促進東北亞區域合作」,『宏觀經濟研究』2009年 第2期.

10) 劉麗琴,「試論新時期圖們江區域國際合作開發推進戰略」,『特區經濟』2010年 第10期.

렀다는 점을 한계로 꼽았다.[11]

종합적으로 보자면, 학계에서 두만강지역 개발에 갖는 관심은 줄곧 개발과정을 동반했고 중대한 정책의 등장을 시간적 분절마디로 하여 성과가 불규칙한 기복을 보였다. 내용으로 보면, 관련 성과는 대부분 개발과정에 대한 정리와 이미 나타난 문제에 대한 분석이었다. 즉 연구 성과에서 지난 과정에 대한 반응과 평가가 전망보다 많은 것이다. 이밖에, 기존 성과는 비록 국내 경제발전과 국가 간 경제협력에 주로 착안하고 있지만, 어떻게 양자 간에 긍정적인 상호영향을 주고받을지 하는 문제에 대해서는 아직 한층 더 발전된 연구가 요구된다.

2) 한반도 정세가 동북아 지역협력에 미치는 영향

바이춘밍白春明은 한반도 정세가 동북지역의 동북아 지역협력 참여와 중국 투자 안전에 중대한 영향을 미친다고 말한다. 중국과 북한 간의 경제협력은 과거의 일방적인 원조 형식을 벗어나 상호이익과 혜택을 실현하면서 정상적인 경제 협력으로 나아가야 한다. 투자 안전을 보장하려면 중국은 한반도 긴장국면 완화를 위해 노력해야 한다. 북한이 핵을 포기하고 대외개방을 실행하여 국제사회로 진입하도록 촉구해야 하는 것이다.[12]

진창이金强一는 오랜 기간 한반도 정세와 동북지역 경제발전 간의

---

11) 丁四保, 「中國圖們江區域合作開發面臨的問題與推進戰略研究」, 『吉林大學社會科學學報』 2012年 第6期.

12) 自春明, 「朝鮮半島局勢變化對我國經濟安全的影響」, 『中外企業家』 2011年 第1期.

관계에 대해 연구해 왔다. 그는 북한이 폐쇄된 상태로 있으면서 '전략적 완충지대'가 동북 3성의 발전을 가로막는 장애물이 되고 있다고 지적한다. 동북 3성이 발전하기 위해서는 중국의 동북아지역 협력전략과 연계하여 "유리한 국제협력환경을 조성하는 것을 경제발전 전략의 제일 목표로 삼아야 하는 것이다". 만일 동북아지역에서 높은 수준의 협력을 실현한다면, 중국은 여기서 거대한 경제적 이익과 안보 이익을 얻을 수 있을 것이다.[13]

동북 노후공업기지 진흥정책을 예로 들어, 진창이는 한반도가 동북 3성의 발전에 끼치는 부정적인 영향을 언급했다. 그가 보기에 현대 사회발전의 기본 전제는 대외개방이다. 충분한 개방 없이는 현대 사회의 발전을 기대할 수 없다. 동북 노후공업기지를 다시 일으키지 못하는 근본적인 원인은 대외개방이 불충분하기 때문이며, 이러한 제약을 극복하기 위해서 반드시 한반도 문제를 해결해야 한다. 해결방안에 대해, 그는 두 가지 방법을 제시했다. 하나는 한반도 평화통일을 지지하고 이를 통해 동북아 정세가 중국에 유리한 방향으로 발전하도록 하는 것이다. 또 하나는 북한의 대외개방을 돕고 특히 중국과 북한 국경지역의 개방을 실현해 동북지역 발전을 제약하는 변경 문제를 해소하는 것이다.[14]

진창이는 동북아지역 국제협력을 둘러싼 정치 환경에 대해서도 논술했다. 여기서 그는 한반도 문제를 동북아 국제협력의 중요한 요소 중 하나로 간주하고 세 가지 이유를 제시했다. 첫째, 한반도 문제

---

13) 金強一, 「論中國的東北亞區域戰略」, 『延邊大學學報』 2004年 第2期.

14) 金強一, 「東北三省老工業基地的振興與朝鮮半島問題」, 『延邊大學學報』 2006年 第2期.

는 동북아 역내 각국의 전략 선택의 근거가 된다. 둘째, 한반도에 냉전상황이 잔존하는 구조는 미국이 동북아지역 사무에 폭넓게 개입하고 동북아 통제전략을 실시할 수 있는 이유를 제공해준다. 셋째, 한반도 분단 상태로 인해 일본의 정치군사대국 전략이 현실화될 수 있다. 그는 한반도 문제의 중요한 의의를 다음과 같이 정리했다. "만일 우리가 한반도 문제 해결에 나서지 않는다면, 또는 한반도 문제에서 출발해 동북아지역 정치구도를 재구성하지 않는다면, 우리는 동북아지역의 고위급 경제협력을 기대해서도 안 될 것이다."15)

「중국의 동북아전략과 동북아 정치구조」에서 진창이는 그의 관점을 재확인한다. 동북아지역 협력의 최대 난점은 역내 각국의 전략적 지향이 서로 다르며 서로 중시하는 초점이 협력이 아닌 안보에 있다는 것이다. 이러한 곤경이 형성된 데에는 두 가지 원인이 있다. 하나는 한반도 문제, 또 하나는 미국의 아시아태평양 통제전략이다. "중국의 동북아지역 발전전략을 실시하기 위해서는 한반도 문제 해결에서부터 시작해야 한다. 이렇게 해서 동북아지역에 대한 미국의 영향력을 약화시키고 필요한 정치 환경을 조성함으로써 동북아 각국의 전략적 지향이 협력으로 옮겨갈 수 있도록 해야 한다".16)

전체적으로 볼 때, 진창이의 관점에 의하면 한반도는 대단히 강한 지정학적 의의가 있다. 그런데 한반도가 만들어내는 바로 이런 지정학적 긴장국면이 동북아지역 내 각국의 경제협력에 영향을 미치는 것이다. 즉 지정학적 의의가 지경학적 의의를 제약하고 있다. 한반

---

15) 金強一, 「論東北亞區域國際合作的政治環境」, 『延邊大學學報』 2006年 第4期.

16) 金強一, 「中國的東北亞區域戰略與東北亞政治結構」, 『延邊大學學報』 2007年 第3期.

도의 지정학적 의의와 지경학적 의의 간의 관계에 대해 진창이는 「한반도의 지정학적 의의와 중국에 대한 영향 연구」(공저)에서 다음과 같이 지적하고 있다. "한반도의 충돌을 방지한다는 전제 아래 지정학적 의의가 부각되어야만 한반도가 중국에 유리한 긍정적인 지정학적 의의를 형성할 수 있다. 즉 한반도 전체가 중국의 완충지대가 되고 그 지경학적 의의를 드러낼 수 있을 때, 중국에 대한 그것의 지정학적 의의가 최대화되는 것이다."[17]

기존의 성과로 볼 때, 동북아지역협력, 특히 중국 동북지역 발전에 대한 한반도의 영향은 이미 학계에서 중시하고 있는 문제로 보인다. 하지만 이러한 성과들이 대부분 이론적인 논의에 집중되어 있어 이론적 깊이는 상당하지만 실증적 연구가 크게 부족한 상황이다. 사례 연구와 수치가 뒷받침되지 못하고 있다 보니, 기존의 성과는 실천을 이끌만한 근거가 되지 못하고 있다.

3) 러시아 전략의 동진과 중러 지역협력

극동지역 개발을 강화하는 것은 러시아 전략의 동진의 주요한 내용을 이룬다. 극동을 개발하게 되면 필연적으로 주변 국가들과 지역협력을 진행해야 하며, 중국 동북지역은 러시아 극동지역에 인접하고 있기 때문에 지역협력에 참여하는 데 더할 나위없는 우위를 점하고 있다. 2009년 중러 양국 정부는 「중국 동북지역과 러시아 극동 및 동시베리아지역 협력계획 요강(2009-2018)」을 체결하고 양국의 두 지역 간 협력에 제도적인 지원 방안을 마련했다. 중러 지역협력,

---

17) 金景一・金強一, 「朝鮮半島的地緣政治意義及其對我國的影響研究」, 『延邊大學學報』 2008年 第4期.

특히 중국 동북지역과 러시아 극동지역의 협력은 중러 양국 학자들이 줄곧 주목해온 의제였다.

이 계획요강이 막 제기되었을 때, 학자들은 대부분 양국의 협력에 낙관적인 입장을 보였다. 천옌陳巖 등은 러시아가 이웃을 방패막이로 삼아 자국의 이익만 추구한다거나 극동지역 경제발전이 상대적으로 낙후되어 있는 점 등 몇몇 제약 요소가 있긴 하지만, 협력이 실현된다면 전망은 낙관적이라고 평가했다. 러시아가 경제를 발전시키려면 극동지역과 중국 동북지역 간의 경제협력을 강화해야 하고 두 지역 간 상호보완성이 강해 협력에 유리하다는 것이었다.[18]

A.B.오스트로프스키는 중국과의 협력이 러시아 극동지역 경제성장의 필요조건이라고 주장했다. 러시아 극동지역은 최적화된 협력을 실현할 수 있는 거대한 잠재력이 있으며 동아시아 일체화에 적극 참여할 수 있다는 것이다. 러시아 극동지역 경제사회 발전을 촉진하기 위해, 극동 변경지역과 중국 동북 전통공업기지 간에 노동, 관광, 환경보호, 에너지자원 등을 포함한 실무적인 협력을 확대해야 한다는 제안을 내놓기도 했다.[19]

시간이 흐름에 따라 두 지역 간 협력이 더뎌지고 계획요강이 제대로 실행되지 않는 등 문제가 발생하자 학자들의 관점에도 변화가 일어났다.

루창훙盧昌鴻은 러시아전략의 동진을 통해 양국 지역협력의 진전이 느린 원인을 분석했다. 그는 러시아정부가 극동지역 개발에 힘을 쏟

---

18) 陳巖·王兵銀,「俄遠東及西伯利亞地區同中國東北地區經濟合作的進展與前景」,『俄羅斯中亞東歐市場』2011年 第11期.

19) (러) A.B.奧斯特洛夫斯基,「俄羅斯遠東和中國東北共同發展計劃:問題與前景」,『俄羅斯學刊』2012年 第2期.

고는 있지만 실질적인 진전을 이루기에는 자원개발에 지나치게 의존하고 정부의 정책결정이 과학적이지 못한 점, 유럽중심주의가 상당한 영향을 미치는 점, 투자환경이 미비한 점 등 제약요소가 존재한다고 지적한다. 그리고 러시아전략의 동진은 자국의 정치, 경제이익을 지키는 것을 궁극적인 목표로 하여 실용주의적인 색채가 짙기 때문에 단기적으로는 실질적인 성과를 거두기 어렵다고 보고 있다. 또한 러시아와 중국은 전략적 동반자관계이지만 중국에 대해 여전히 방어적인 태도를 취하고 있어 중러 경제협력을 제약하고 있다고 지적했다.[20]

Д.В. 수슬로프는 양국 협력의 기존 성과를 긍정하면서 협력계획요강이 제대로 실행되지 않은 문제를 지적했다. 그는 그 원인이 중국과 러시아 모두에게 있다고 보고 있다. 중국 투자자는 극동지역 가공사업건설에 참여하는 것에 흥미를 느끼지 못하고, 그보다는 자원채굴에 참여하기를 더욱 원하고 있다는 것이다. 반면 러시아는 법률법규가 미비하고 자금투입이 더디다는 문제를 안고 있다. 양국의 협력이 진전을 이루기 위해서는 협력의 경제기초를 강화해야 하며 해당지역에 중요한 협력프로젝트를 실행해야 한다.[21]

A.B.오스트로프스키 역시 양국의 협력계획요강 실시에서 성과가 부족하며 개별 협력프로젝트의 진전이 더디다고 지적했다. 이에 대해 그는 아래 다섯 가지의 제안을 내놓았다. 첫째, 교통운송노선 건설과 중러 변경통상구口岸 건설을 서둘러야 한다. 둘째, 기계제조제품

---

20) 盧昌鴻, 「俄羅斯戰略東進:任重而道遠」, 『延邊大學學報』 2014年 第1期.

21) (러) J.B.蘇斯洛夫, 「現階段落實〈中國東北地區同俄羅斯遠東及東西伯利亞地區合作規劃綱要(2009-2018)〉問題」, 『西伯利亞研究』 2013年 第4期.

과 고부가가치상품의 비중을 높여 중러 무역구조를 개선한다. 셋째, 과학기술연구를 공동으로 진행해 자주적인 신기술과 신제품을 개발한다. 넷째, 러시아기업의 중국 동북지역 전통공업기지와 서부지역 개발 참여를 장려한다. 다섯째, 하얼빈哈爾濱과 우루무치烏魯木齊 경제무역박람회의 위상과 역할을 제고한다.[22]

(2) 중앙아시아지역 정세와 중국 신장지역 안보 및 발전

중앙아시아 정세와 신장의 안보에 관해, 학자들은 서로 다른 각도에서 연구를 진행하고 있다.

장훙리張宏莉는 과국민족跨國民族의[23] 각도에서 신장 안보에 대한 중앙아시아의 영향을 분석했다. 그는 중앙아시아 국가의 독립과 그로 인해 야기된 각 민족의 정치, 경제, 생활상의 지위 변화와 민족관계의 변화 속에서, 신장에서 과국민족의 민족의식과 민족분립주의 경향이 끊임없이 증가하고 있으며 이는 중국의 군사, 정치 및 문화, 안보에 위협이 된다고 지적한다. 이러한 위협을 어떻게 해소할 것인가에 대해 그는 국제협력을 강화하고 외교수단을 이용해 중국의 민족정책을 홍보하는 동시에, 상하이협력기구SCO·上海合作組織의 틀 안에서 국가 간 공조를 통해 민족분열세력과 테러세력에 타격을 가해야 한다는 생각이다.[24]

---

22) (러) A.B.奧斯特洛夫斯基, 「俄遠東和中國東北共同發展的可行性研究」, 『西伯利亞研究』 2014年 第4期.

23) 역자주: 역사적으로 하나의 민족이면서 두 나라 혹은 여러 나라에 걸쳐 거주하는 민족. 과계(跨界)민족이라고도 함.

24) 張宏莉, 「新疆與中亞跨國民族問題對我國安全的影響」, 『蘭州大學學報』 2005年 第3期.

쉬야칭徐亞淸, 왕좐원王轉運은 지정학의 관점에서 신장 안보에 대한 중앙아시아의 영향을 연구했다. 이들은「중앙아시아의 지정학적 정세와 중국 신장 안보」에서 중앙아시아의 독특한 지정학적 위상과 중앙아시아에서 힘겨루기를 하고 있는 주요 정치세력을 정리하고, 각 정치세력이 중앙아시아에서 벌이는 각축전으로 신장의 안보에 가해지는 압력이 가중되고 있다고 분석했다. 이러한 압력은 다음 세 가지 방면에서 나타난다. 첫째, 대국 간의 경쟁으로 중앙아시아 국가 정세에 불안정성이 격화되었다. 일부 국가의 불안한 정국은 중국의 변경·에너지 안보에 영향을 끼치고, 심지어 신장의 안보와 안정에 타격을 줄 수 있다. 둘째, 중앙아시아 지역에 있는 미국 군사력으로 인해 중국은 동서로 미국에 둘러싸인 형세에 놓여 있다. 셋째, 종교극단주의가 중앙아시아 지역에 파고들어 이것이 '동투르키스탄' 테러세력과 합쳐지며 신장의 안보와 안정을 위협하는 중요한 요소가 되고 있다. 어떻게 중앙아시아에서 지정학적으로 부정적인 영향을 해소하고 신장에 안전한 환경을 제공할 것인가에 대해, 이들은 "중앙아시아의 지정학적 전략을 종합적으로 고려하여 균형 있는 외교를 전개"할 것을 주장하며, "중앙아시아 국가와 협력, 교류를 강화하는 동시에 유리한 조건을 이용해 다른 국가 혹은 단체와 우호협력 관계를 발전시켜야 한다"고 제안한다.[25]

이밍카리 커이무依明卡力 克衣木는 중앙아시아 지역의 '삼대 세력'이 이미 신장의 안보에 심각한 위협을 조성하고 있다고 지적했다. 그리고 신장의 안보를 지키기 위해 중국은 상하이협력기구의 역할을 이

---

25) 徐亞淸·王轉運,「中亞地緣政治態勢發展與中國新疆安全」,『新疆社會科學』 2006年 第6期.

용해 주변 국가들이 민족과 종교문제를 처리한 교훈을 흡수하고 중국 내 민족과 종교 관련 사무의 경험을 정리해 신장 각 민족, 인민의 생활환경 개선에 노력해야 한다고 주장했다.[26]

　중앙아시아 정세와 신장의 발전에 관해, 학자들은 지역협력의 관점에서 깊이 있는 연구를 진행했다.

　왕하이옌王海燕은 신장과 중앙아시아 5개국의 경제협력이 점차 고위급 협력으로 발전하고 규모를 확대하며 새로운 협력방식을 찾아가고 있다는 점을 긍정하면서도, 양자의 협력이 10개 방면에서 문제가 있다고 지적했다. 첫째, 양자 간에 정책 차원의 문제가 두드러진다. 둘째, 국경무역의 발전이 심각한 불균형을 보인다. 셋째, 산업협력 수준이 낮다. 넷째, 지역 협력기구의 역할이 충분히 발휘되지 못하고 있다. 다섯째, 금융 제약이 많고 출입국 수속이 복잡하다. 여섯째, 인프라 건설과 관리에 개선이 필요하다. 일곱째, 신장이 동부 연해지역과 중앙아시아를 잇는 역할을 하기에는 역량과 범위, 중요도에서 한계가 있다. 여덟째, 정부부처의 관리가 부족하고 사고의 전환도 더디며 혁신능력이 떨어진다. 아홉째, 양국 협력에 규범이 미비하다. 열째, 중앙아시아 시장에 대한 전반적인 이해가 부족하다. 어떻게 신장과 중앙아시아의 경제협력을 강화할 것인지에 대해 왕하이옌은 사상을 보다 더 해방시키고 안정과 발전의 관계, 국가이익과 지역이익의 관계, 혜택과 규범의 관계를 적절히 처리하여, 제품의 후가공 능력을 향상시키고 수출입상품의 구조를 조정하면서 신장과 중앙아시아 5개국의 균형 있는 무역을 촉진하고 대외경제무역 다원화와 내수경제무역 개척을 결합하여 신장의 지리적 강점을 경

---

26) 依明卡力 克衣木,「中亞形勢與我國新疆地區安全」,『新遠見』2011年 第12期.

제적 강점으로 전환해야 한다고 주장했다.[27]

가오즈강高志剛은 세계 지역경제 블럭화와 신장이 직면한 중앙아시아 국가 권역경제 블럭화 압력을 논술하면서 신장이 중앙아시아 권역경제블럭에 참여할 수 있는 유리한 조건을 분석했다. 그가 제시한 유리한 조건은 유구한 교류 역사, 민족 간 소통, 정책의 개방성, 우월한 지리 조건, 중앙아시아 국가 경제의 호전 등을 포함한다. 신장이 어떻게 중앙아시아 권역경제협력에 참여할 것인가 하는 문제에 대해 가오즈강은 세 가지 모델을 제안한다. 즉 '삼각성장' 모델, '초국경 경제협력개발구' 모델, '변경 자유무역구' 모델이 그것이다.[28]

돤슈팡段秀芳은 신장과 중앙아시아 경제무역협력이 여덟 가지의 기회를 맞이하고 있다고 보고 있다. 첫째, 세계와 중국 경제가 비교적 빠른 경제성장 속도를 유지하고 있다. 둘째, 중앙아시아 각국의 경제가 고속성장 단계에 진입했다. 셋째, 신장과 중앙아시아의 경제무역관계가 나날이 깊어지고 있다. 넷째, 중앙아시아 각국의 시장화 과정이 가속화되고 있다. 다섯째, 중앙아시아 각국이 적극적으로 WTO World Trade Organization · 세계무역기구에 가입해 양자 경제무역발전에 커다란 공간을 제공하고 있다. 여섯째, 중앙아시아 각국의 경제무역 관련 정책 및 법규가 완비되고 있으며 투자환경이 개선되고 있다. 일곱째, 중국 국내에 이미 유리한 시장, 정책 및 법률 환경이 조성되었다. 여덟째, 신장에서 경제무역발전에 유리한 정책이 시행되고 있다.[29]

---

27) 王海燕,「中國新疆與中亞五國經貿合作關系的回顧與展望」,『俄羅斯東歐中亞市場』 2005年 第6期.

28) 高誌剛,「中國新疆參與中亞次區域經濟集團的條件, 模式與對策」,『國際貿易問題』 2005年 第7期.

친팡밍秦放嗚 등은 신장과 중앙아시아 지역협력에서 세 가지 방면의 노력을 기울여야 한다고 제안했다. 첫째는 '내외연동', 하루빨리 신장에 지역적 국제상업무역센터를 건설해야 한다. 둘째는 농업, 공업, 관광, 환경보호, 인력양성 등에서 중앙아시아와 상호이익을 추구하고 지역협력의 새로운 구도를 열어가야 한다. 셋째, 신장의 지리적 우위를 살려 중앙아시아-신장 간 에너지·자원 육상통로를 열어야 한다.[30]

아이구리 이밍阿依古力 依明은 신장의 도약식 발전을 촉진하는 관점에서 신장과 중앙아시아 간 지역협력이 발휘할 효과에 대해 분석했다. 그에 따르면 양자 간 협력은 사회안정 문제, 고급인력 부족, 정보소통 부족, 혁신능력 부족 등의 문제를 안고 있지만, 신장이 중국과 중앙아시아 국가 간 경제협력을 전개할 창구로서 독특한 지리적 강점과 자원의 강점을 가지고 있는 만큼, 지역 경제협력에서 이미 뚜렷한 성과를 거두었다고 할 수 있다.[31]

2013년 9월 7일, 시진핑 중국 국가주석은 카자흐스탄을 방문해 나자르바예프대학 강연을 통해 처음으로 실크로드경제벨트를 공동으로 건설하는 전략구상을 제안했다. 현재 실크로드경제벨트는 학계에서 널리 주목하고 있는 주제이며, 그 가운데 신장은 고대 실크로드의 중요한 일부이자 현재 중국이 서쪽으로 개방하는 데 있어 최전

---

29) 段秀芳,「中國新疆與中亞經貿發展麗臨八大機遇」,『經濟問題探索』2006年 第3期.

30) 秦放嗚·畢燕茹,「新疆與中亞區域經濟合作的新思考」,『新疆社會科學』2009年 第1期.

31) 阿依古力 依明,「新時期新疆與中亞五國區域經濟合作問題探究」,『對外經貿』2013年 第8期.

선에 위치한 곳이다. 어떻게 실크로드경제벨트 전략을 통해 신장과 중앙아시아 국가 간 교류와 협력의 발전을 앞당길 것인가 하는 것이 학계가 주목하는 초점 중 하나가 되고 있다.

옌하이룽閻海龍 등은 실크로드경제벨트가 신장 앞에 놓인 유례없이 중대한 역사적 기회이며, 신장이 실크로드경제벨트 건설의 핵심이라고 강조했다. 신장이 어떻게 실크로드경제벨트의 틀 안에서 빠른 발전과 장기적인 안정을 실현하고 지역협력 속에서 자신의 지위와 역할을 부각시킬 것인가 하는 것은 진지하게 고민해야 할 중대한 전략 문제이다. 이에 대해 그는 몇 가지 제안을 내놓았다. 첫째, 서쪽 개방에 있어 신장의 전략적 지위를 격상시킨다. 둘째, 중앙아시아 국가와 전략적 호혜, 신뢰 관계를 건립한다. 셋째, 신장과 중앙아시아 간 문화교류를 적극 추진한다. 넷째, 양자 간 경제무역 발전을 위한 물질적, 제도적 환경을 개선한다. 다섯째, 경제무역 발전구조를 조정, 최적화한다. 여섯째, 중국-카자흐스탄 자유무역구 건설을 앞당긴다. 일곱째, 높은 수준의 복합형 인재를 적극 양성한다.[32]

탕리주唐立久 등은 역사적인 기회 앞에서 신장이 자신의 실제 수요와 발전을 위한 수요를 토대로 실크로드경제벨트의 핵심으로 거듭나야 하며, 국가 대형 석유가스 가공 및 저장기지, 대형 석탄·화력 발전·석탄화공플랜트, 대형 풍력발전기지 및 국가 에너지자원 육상 통로가 되어야 한다고 주장한다. 이러한 목표를 달성하기 위해 '4자 융합'과 '5화병행'이 가장 현실적인 선택이라고 강조한다. 즉 신장지역 내 4자―지방, 병단, 신장을 지원하는 지방정부, 신장에 주재하는

---

32) 閻海龍·張永明, 「促進中國新疆與中亞經貿發展的戰略思考-基於絲綢之路經濟帶的視角」, 『經濟硏究參考』 2014年 第23期.

공기업이 협력을 강화하여 신장의 신형공업화, 농목업 현대화, 신형 도시화와 인프라현대화를 동시에 실현하는 방식으로 신장 발전에 힘을 모아야 한다는 것이다.[33]

리제李捷는 신장 발전과 안정의 관점에서 실크로드경제벨트와 신장의 장기적 안정의 관계를 논술했다. 그는 실크로드경제벨트 전략으로 신장이 새로운 발전 가속단계에 진입했지만, 어떻게 이것이 신장의 장기적인 안정에 긍정적인 역할을 하도록 이끌지 명확히 해야 한다고 지적했다. 실크로드경제벨트 건설과 신장의 장기적 안정의 실현은 서로 충돌하지 않는다. 문제는 어떻게 양자가 효과적으로 조화를 이루느냐 하는 것이다. 이에 대해 그는 경제벨트 건설로 장기적인 안정을 위한 민심의 기초를 다짐으로써 대중이 기초가 되는 안정과 민심을 얻는 발전을 실현해야 한다고 지적한다.[34]

가오즈강은 신장이 실크로드경제벨트 건설에 참여하는 데 존재하는 다섯 가지 방면의 문제와 장애에 주목한다. 첫째, 인프라가 중국 신장이 실크로드 경제벨트 건설에 참여하는 것을 가로막는 병목이다. 둘째, 출입국 제한이 중국 신장과 중앙아시아 국가 간 쌍무무역·투자의 발전을 제약하고 있다. 셋째, 불합리한 무역구조와 다양한 방면에서 비롯된 경쟁으로 인해 중국과 중앙아시아 국가 간 무역이 성장할 수 있는 공간이 제약을 받고 있다. 넷째, 일부 중앙아시아 국가의 불안정한 정치·경제 환경이 쌍무경제무역에 부정적인 영향을 끼치고 있다. 다섯째, 대외무역에 대한 금융 지원이 부족하다.[35]

---

33) 唐立久·穆少波, 「中國新疆"絲綢之路經濟帶"核心區的構建」, 『新疆師範大學學報』 2014年 第2期.

34) 李捷, 「新疆長治久安的新戰略-論絲綢之路經濟帶建設對新疆的意義」, 『北方民族大學學報』 2014年 第4期.

종합하면, 현재 실크로드경제벨트와 신장의 발전에 관한 연구는 많은 성과를 거두었지만 연구내용이 거시 전략 측면에 집중되어 신장이 실크로드경제벨트 건설에 참여하는 이론과 현실 기초, 협력 기제와 모델, 잠재적인 도전과 실현 방안 등 논의와 해답이 필요한 문제에 대해서는 아직 심도 있고 체계적인 연구가 이루어지지 않고 있는 실정이다.

(3) 남아시아 국가와 중국 티베트의 사회 안정, 안보와 발전

1) 남아시아 국가와 티베트의 안정, 안보

남아시아와 티베트의 안정, 안보에 관해 일부 학자들은 '티베트 망명정부'가 인도 등지에서 분열과 테러를 책동하는 관점에서 연구를 진행했다. 멍리孟力는 달라이 집단이 인도 다람살라Dharamsala에 세운 '티베트 망명정부'가 국제적으로 끊임없이 분열활동을 전개하고 있고, 달라이라마가 이미 종교 지도자가 아닌 '티베트 독립' 세력의 정치 수괴가 되었다고 지적한다. 달라이 집단의 분열활동은 국가 주권과 영토보전을 깨뜨리고 중국 헌법이 규정하고 있는 민족구역자치제도에 타격을 입혔으며 티베트의 사회 안정에 심각한 영향을 끼치고 있다. 달라이 집단 내부의 '티베트청년회藏靑會'는 인도, 네팔과 중국이 인접한 지역인 랄릿푸르Lalitpur에 중국 국경 내로 물자와 무기를 운송하는 통로를 만들고 첩보원을 보내며 군사훈련을 실시하면서 폭력적인 방식으로 '티베트 독립'을 쟁취할 것이라고 공언했다.[36]

---

35) 高誌剛, 「新疆參與新絲綢之路經濟帶建設面臨的問題與政策建議」, 『區域經濟評論』 2014年 第2期.

36) 孟力, 「"三股勢力"與西藏社會政治穩定」, 『陝西社會主義學院學報』 2010年

쒀랑츠런索朗次仁은 중국-인도 관계의 각도에서 분석을 진행, "인도는 티베트에 대한 중국의 주권을 인정하면서도 여전히 달라이 집단의 '망명정부'가 다람살라에서 활동하는 것을 허가하고 있어 실제적으로는 달라이 집단을 대중관계, 특히 중인 영토분쟁을 처리하는 데 있어 하나의 중요한 카드로 삼고 있다"고 지적했다. 또한 달라이 집단 역시 중인관계의 변화, 특히 중인 영토분쟁을 적극 이용하면서 인도가 중국에 대해 강경한 정책을 취하도록 부추기고 "심지어 인도가 중국보다 더 티베트에 대한 주권을 가질 이유가 있다"면서 '망명정부'에 대한 인도의 지지를 얻어내려 한다.[37]

장원무張文木는 인도의 지정학을 분석한 기초 위에서 티베트에 대한 인도의 영향력을 논술하였다. 그가 보기에 인도는 남아시아 패권을 추구하는 과정에서 '티베트 독립'에 대한 지지를 유리한 지정학 환경을 조성하는 수단으로 삼으려 하고 있다. 그래서 "티베트 독립은 중국과 인도 사이에 하나의 완충지대를 만들어주고 인도가 양쪽에서 협공을 당하는 상황을 피하면서 남아시아 대륙, 이어서 인도양 지역에 이르기까지 더욱 대담한 행동을 할 수 있게 해 준다". 여기서 더 나아가 그는 냉전 이후 남아시아 문제의 초점이 카슈미르Kashmir에서 티베트로 옮겨가고 있으며, 인도가 중인 국경문제에서 점차 압박을 가해오면서 티베트 문제가 '국제화'되는 도화선이 될 수 있다고 경고했다.[38]

장원창姜運倉은 인도가 종주국이었던 영국의 티베트정책을 이어받

第4期.

37) 索朗次仁, 「關於西藏穩定問題的幾點認識」, 『西藏發展論壇』 2010年 第4期.

38) 張文木, 「印度的地緣戰略與中國西藏問題」, 『戰略與管理』 1998年 第5期.

아, 문화적으로 티베트를 세력 범위 안으로 받아들이고 국가 전략안 보상으로는 티베트를 전략완충지역으로 간주하면서 중인 국경문제에서 음으로 양으로 끊임없이 각종 행동을 취하는 한편, 티베트 문제에 있어서도 언제든 중국 내정에 간섭하는 잡음을 내고 있다고 지적한다.[39]

펑즈루이馮志瑞 역시 인도를 티베트 안정에 영향을 끼치는 국제요소 가운데 하나로 지목했다. 그는 '티베트 독립'을 지지하는 것이 인도의 국가적 이익에 부합하며, 티베트 문제를 이용해 중국을 제약하고 중국에 간섭하는 것이 인도의 안보정책에 중요한 부분을 차지한다고 지적했다. 또한 달라이 집단은 인도가 중국을 제약할 수 있는 도구이며 "인도가 있는 한, '티베트 독립' 세력은 분열과 파괴 활동을 멈추지 않을 것"이라고 경고했다.[40]

2) 남아시아 국가와 티베트의 발전

1991년 12월 13일, 중국과 인도는 「중화인민공화국 정부와 인도공화국 정부 간 변경무역 회복에 관한 비망록」을 체결했다. 이 비망록에 의하면, 1992년 7월 5일 중국 티베트의 푸란普蘭과 인도 우타르프라데시Uttar Pradesh주의 군지Gunji 변경통상구를 서로 개방하기로 함으로써 30년간 중단되었던 티베트와 인도 간 변경무역이 재개되었다. 이후 티베트와 남아시아 국가 간 무역의 발전, 그리고 티베트와 남아시아 지역협력이 계속 심화됨에 따라 티베트 사회발전에 대한 남아

---

39) 姜運倉, 「印度對中國西藏政策的利益取向」, 『西藏大學學報』 2011年 第4期.
40) 馮誌瑞, 「影響西藏長期穩定的國際因素淺析」, 『西藏發展論壇』 2010年 第2期.

시아 국가의 영향력이 점차 학계의 관심을 끌게 되었다.

티베트와 인도 간 변경무역이 회복된 지 얼마 되지 않아 학자들은 티베트 변경무역의 관점에서 중국과 남아시아 국가 간 무역발전에 대한 전망을 내놓기 시작했다. 루슈장盧秀璋은 티베트 변경무역의 역사와 현황에 대해 회고와 분석을 진행하여 당시 변경무역 발전 전망을 예측했다. 그는 상품사회화 수준이 향상되고 국제적인 분업이 강화됨에 따라 각국 시장 개방도는 필연적으로 높아질 것이고, 중국과 남아시아 국가 간 무역 역시 낙관적이라는 전망을 내놓았다.[41] 츠단 쌍주次旦桑珠는 티베트가 남아시아 국가와의 무역을 발전시키는 데 있어 지리적·역사적 우위를 점하고 있으며, 양자가 자원구조·기술구조와 상품구조에 있어 상호보완적이라고 평가했다. 비록 경제발전 수준이 낮고 시장경제의식이 약하며 관리가 미비하다는 불리한 요소를 안고 있지만, 쌍방이 서로 실제에서 출발하는 원칙에 입각해 유리한 조건과 자원을 충분히 이용하여 초국경무역구를 건립하고 교통조건을 개선한다면 양자 간 무역이 더 큰 발전을 이룰 수 있을 것이라고 전망했다.[42]

2003년 6월, 중인 양국은 티베트와 시킴Sikkim주 사이에 있는 나투라Nathu La를 통한 무역 재개를 담은 비망록에 서명함으로써 야둥亞東무역로가 다시 열렸다. 당시 학계에서는 이러한 결정이 티베트와 남아시아 변경무역에 중요한 영향을 미칠 것이라는 견해가 보편적이었고, 이러한 관점에서 티베트와 남아시아 국가 간 무역에 대해 보다

---

41) 盧秀璋, 「從西藏邊貿和亞東口岸的歷史與現狀看我國與南亞各國貿易發展的前景」, 『西藏研究』 1994年 第3期.

42) 次旦桑珠, 「構建西藏─南亞邊境貿易的優勢, 難點與對策」, 『世界地理研究』 1997年 第1期.

깊이 연구가 진행됐다. 어느 학자는 "야둥무역로가 다시 열린 후, 남아시아 육상무역통로가 라싸拉薩에서 콜카타Kolkata를 직통해 벵골만에 닿을 수 있게 되었고 이는 국제적으로 중요한 영향을 미친다"는 점을 지적했다. 나투라의 개방은 중인관계사에 있어 매우 중요한 사건이며 남아시아 지역경제의 발전을 촉진하는 역할을 할 것이라는 설명이다.[43] 장팅팅張婷婷은 중인관계의 개선과 경제이익 추구가 야둥무역로 개통의 전제조건이며 나투라의 개방으로 티베트와 남아시아의 연계가 더욱 밀접해져 쌍방 간 무역이 더욱 발전하고 이로써 티베트 경제발전과 사회안정을 촉진할 수 있을 것으로 내다봤다.[44] 천지둥陳繼東은 남아시아 시장이 티베트에 대해 갖는 특수한 의의에 대해 지적했다. 즉, 티베트가 대외개방을 확대하고 상품경제 의식을 함양하며 산업 구조조정과 신형산업 육성을 촉진하는 데 유리한 조건을 제공해 준다는 것이다. 그리고 티베트는 변경무역을 발전시키는 것에서 시작하여 국가의 우대정책을 충분히 이용해 대외무역, 대외경제, 대외자금이라는 '3외' 요소를 함께 확보하는 동시에, 인프라건설을 강화하고 공업, 농업 기초를 탄탄하게 다져야 한다고 제안했다.[45] 그는 또한, 중인무역액이 증가하고 투자와 기술협력이 발전하는 상황에서, 남아시아 시장에 대한 티베트의 무역 전망이 밝다고 말했다.[46] 천지둥은 중인관계가 티베트와 남아시아 무역발전에 미

43) 陳繼東, 「西藏建設南亞貿易通道問題」, 『西藏研究』 2004年 第2期.

44) 張婷婷, 「從乃堆拉山口的開放著西藏與南亞邊境貿易的發展」, 『南亞研究季刊』 2004年 第4期.

45) 陳繼東, 「西藏開拓南亞市場的特殊意義與實施對策」, 『民族研究』 2003年 第2期.

46) 陳繼東, 「西藏開拓南亞市場的前景分析」, 『南亞研究季刊』 2004年 第2期.

치는 영향에 주목하고 이에 대한 논문을 발표하기도 했다. 그는 인도의 대중국정책과 중인관계가 티베트의 남아시아 시장 개척에 긍정적인 영향과 부정적인 영향을 모두 끼칠 수 있다고 지적했다. 긍정적인 영향은 중인 경제무역관계의 발전이 티베트와 남아시아 경제무역 교류에 기초이자 전제가 된다는 것이다. 부정적인 영향은 중인관계의 부침이 티베트와 남아시아 무역의 발전을 가로막는 요인이 될 수 있다는 점이다.[47] 이밖에 리타오李濤 역시 남아시아 국가가 갖고 있는 정치와 안보 우려로 인해 티베트와 남아시아 국가 간 경제무역 발전이 제약을 받는다고 지적했다.[48]

티베트와 남아시아 경제무역 관계의 발전에 따라, 지역협력이 점차 학계에서 주목하는 초점이 되었다. 리타오는 당 중앙에서 남아시아무역 육상대통로 건설 전략을 제기함으로써 티베트가 중국의 향후 경제 및 무역 발전의 새로운 성장점이 될 수 있는 기회를 얻었으며, 이 전략의 실시로 티베트의 대외개방과 경제발전이 이루어질 것이고, 티베트와 남아시아 국가 간 경제·문화 등 영역에서의 협력이 진행될 것이며, 이러한 협력이 다자간 지역자유무역구로 발전할 수 있다고 평가했다.[49] 다이융훙戴永紅 등은 현재 중국과 남아시아 국가의 관계가 좋고 티베트의 남아시아 시장 개척에도 어느 정도 성과가 있으며 티베트와 남아시아 국가를 잇는 경제무역통로가 점차 개선되고

---

47) 陳繼東,「印度對話政策與中印關系發展對西藏開拓南亞市場的影響」,『國際觀察』2003年 第1期.

48) 李濤,「中國西藏與南亞鄰國間的邊貿研究:現狀、問題與前景」,『南亞研究季刊』2011年 第2期.

49) 李濤,「中國西藏與南亞鄰國間的邊貿研究:現狀、問題與前景」,『南亞研究季刊』2011年 第2期.

있다고 평가했다. 그리하여 이러한 유리한 조건들이 티베트와 남아시아 국가관계에 지역협력을 추진할 만한 가능성을 제공해 준다는 것이다. 티베트는 지역협력전략을 제정하고 협력중점지역을 확정, 관련 기구와 정책보장 매커니즘을 마련하고 협력 플랫폼을 구축하는 등의 노력에 착수해야 한다고 제안했다.[50] 구체적인 실시 방안에 대해, 다이융홍 등은 지방정부가 주도하는 방식을 제안했다. 거시적인 차원에서 티베트는 남아시아 국가에 대한 개방의식을 강화하고 비교우위를 발휘하여 남아시아 국가의 지방정부와 협력을 강화해야 한다. 미시적인 측면에서 티베트는 발전전략을 구체적인 조치로 실천해야 한다. 대내적으로 중앙과의 소통을 강화하는 한편, 대외적으로는 남아시아 국가와 교류를 강화하여 "경제협력을 위한 정기 회담을 만들고 이것을 하나의 매커니즘으로 발전시켜야 한다".[51]

(4) 동남아시아 국가와 중국 서남 변강사회 안정과 발전

1) 동남아 국가와 서남 변강사회 안정

학계에서는 민족종교문제와 변경 양쪽의 민족 간 교류과정에서 발생하는 불화를 통해 동남아 국가가 서남 변강사회 안정에 끼치는 영향이 드러난다고 보는 관점이 보편적이다.

쿵링충孔令瓊은 미얀마 국내 민족관계의 각도에서 서남 변강지역 안정에 동남아 국가가 미치는 영향을 분석하고, 미얀마 민족관계의

---

50) 戴永紅·秦永虹·彭念, 「四川一西藏與南亞國家次區域合作探析」, 『四川大學學報』 2011年 第5期.

51) 戴永紅·彭念·胡蘭, 「中國(四川一西藏)與南亞國家次區域合作—地方政府的主導作用與應對策略」, 『南亞研究季刊』 2011年 第4期.

향방이 중국과 미얀마 변경 정세의 발전에 영향을 미칠 것이라고 지적했다. 그 원인은 다음과 같은 세 가지가 있다. 첫째, 미얀마 국내 민족갈등은 이미 전쟁의 형태로 발전했다. 둘째, 일부 세력은 이미 정치화된 미얀마 민족갈등을 이용해 중국에 압력을 행사할 가능성이 있으며, 서남 변경지역은 이러한 압력이 영향력을 발휘할 수 있는 지역이다. 셋째, 중국이 중국과 미얀마에 걸쳐있는 과경민족 문제를 처리할 때 종종 감정적인 요소가 섞이는 경우가 있어 문제를 복잡하게 하고 있다. 이러한 영향이 현실적으로 구체화되는 방식에 대해 그는 미얀마 민족관계가 우선 중국과 미얀마에 걸쳐있는 과경민족의 안전에 영향을 미칠 것이고, 그 뒤를 이어 중국과 미얀마 국가안보, 특히 변경지역 안보에 대한 불확정성을 증가시킬 것이며 이와 함께 인도차이나반도의 안보에 영향을 미쳐 중국과 인도차이나반도 국가의 협력에 어려움을 가중시킬 것이라고 내다봤다. 이러한 불리한 영향을 어떻게 해소할 것인가 하는 문제에 대해 그는 중국-미얀마 변경지역 협력을 강화하고 이를 기반으로 양국 간 전방위적인 협력을 심화할 것을 제안했다.[52]

장베이베이張倍倍는 서남 변경지역의 정세가 복잡해 외부 적대세력에 이용당하기 쉬운 상황이라는 점을 지적한다. 이들은 사회적 갈등을 조성하고 질서를 문란하게 하여 민족 단결과 변강 안정을 위협하고 있다. 서남 변강지역에서 일어나는 마약, 밀수 및 불법 포교 등 활동이 민족관계와 사회 안정에 악영향을 미친다는 점도 경고했다.[53]

---

52) 孔令瓊,「試論緬甸民族關系走向對西南邊境地區穩定的影響」,『阿壩師範高等專科學校學報』2011年 第2期.

후양취안胡陽全 역시 민족종교문제, 특히 국경 밖 불법 종교의 침투가 서남변강 안정에 영향을 미치는 중요한 요소라고 지적했다. 그는 서남지역의 지정학적 복잡성과 민족, 종교의 다양성, 국경 외 적대세력과 국경 내 민족분열세력이 민족자결, 종교자유, 인권보호 등을 이유로 서남 변강지역에서 분열, 침투 활동을 벌이며 변강의 사회질서를 문란케 하고 있다고 하였다. 그는 중국정부가 강력한 조치를 취해 국경 밖 종교세력이 서남 변강사회로 침투하여 파괴행위를 하는 것을 막고 법에 따라 변경지역 불법 종교활동을 단속하여 변경지역의 사회안정을 확보할 것을 제안했다.[54]

장진펑張金鵬 등은 서남 변강지역과 인접국 간에 보편적으로 존재하는 초국경 혼인현상이 변강안보에 미치는 영향을 분석했다. 이들은 초국경 혼인이 서남 변강지역 사회관리의 어려움과 비용을 가중시키고, 이로 인해 동반되는 빈곤인구 증가 등 잠재적 사회문제가 서남 변강의 발전에 영향을 미칠 것이라고 보고 있다. 이와 함께 초국경 혼인은 변강 민족의 민족정체성을 강화시키는 반면 국가정체성은 약화시켜 변경지역의 안보에 부정적인 영향을 가져올 것이라고 지적했다.[55]

2) 동남아 국가와 서남 변강발전

동남아 국가와 서남 변강의 발전에 관해, 학계에서는 주로 다음

53) 張倍倍, 「西南邊疆民族地區經濟發展與社會穩定機制建設研究」, 西南財經大學碩士學位論文, 2012.

54) 胡陽全, 「西南民族地區農村社區社會穩定問題研究」, 『雲南民族大學學報』 2011年 第6期.

55) 張金鵬·保躍平, 「雲南邊疆民族地區跨境婚姻與社會穩定研究」, 『雲南民族大學學報』 2013年 第1期.

세 가지 방면에서 연구를 진행했다.

첫째, 윈난, 광시廣西와 메콩강 권역 GMS^{Greater Mekong Subregion · 메콩강유역} 개발협력. 선젠신沈建鑫은 윈난이 메콩강 권역 협력에 참여하는 데 입지적 우위를 점하고 있으며, 중국과 아세안자유무역지대의 건립과 협력의 발전에 따라 윈난과 메콩강 유역 국가 간의 무역액이 안정적으로 상승할 것이라고 전망했다.[56] 리얼핑黎爾平은 국가안보와 국가이익의 관점에서 볼 때, 윈난이 여전히 GMS에서 협력할 수 있는 공간을 많이 가지고 있는 상태라고 본다. 또한 유역 내 각국의 실제상황으로 보면 윈난이 GMS에 참여하는 방식은 중국 연해경제구역, 동북아경제구역 및 유럽연합과 북미자유무역지대 등 지역경제모델과는 다른 모델이 되어야 한다고 지적했다. 윈난이 GMS에 참여할 때는 1990년대 초 중러 변경무역의 전철을 밟지 말아야 하며, 동시에 생태환경보호에 관심을 가져야 한다는 것이다.[57] 두위안양杜遠陽은 광시가 메콩강유역 협력에 참여하는 것은 GMS 협력 내에서 중국의 영향력을 강화하는 데 도움이 된다고 보고, 중국과 아세안의 전면적인 연계를 추진하고 지역경제 일체화의 요구에 순응하는 것이 중국의 남방개방의 중요한 구성부분이라고 분석했다. 광시에서는 연합협력을 요지로 하여 인식을 제고하고 협력을 적극 추진하여 우위를 점하고 있는 특색 분야를 중심으로 협력 내용을 충실히 함으로써 정책의 보장 아래 협력 환경을 최적화해가야 한다고 주장했다.[58]

---

56) 沈建鑫, 「雲南在大詢公河次區域中的貿易實證和思路探析」, 『當代經濟』 2009年 第10期.

57) 黎爾平, 「非傳統安全視角下雲南參與大酒公河次區域經濟合作研究」, 『雲南財經大學學報』 2006年 第3期.

58) 杜遠陽, 「廣西參與大據公河次區域經濟合作開發的戰略分析」, 『創新』 2008

둘째, 범통킹만협력Pan-Tongking Gulf Economic Cooperation(중국명은 베이부만 北部灣, 역자주). 위안류袁柳 등은 현縣급 지역 경제발전의 관점에서 광시가 범통킹만협력에 참여함으로써 발생하는 영향에 대해 분석했다. 그는 범통킹만경제협력이 광시의 현급 지역경제 외자유치에 유리한 조건을 만들어줄 것이며, 일자리 창출을 늘려 현급 지역경제의 전환을 촉진할 것이라고 전망했다. 광시는 현급 지역에서 경쟁력 있는 자원을 발굴하여 그 안에서 중점적으로 발전시킬 산업을 합리적으로 선택하고 거시조정을 통해 투자가 발전할 수 있는 정책, 제도적 환경을 마련, 선진기업을 양성하고 규모화 경영을 실현해야 한다고 제안했다.[59] 리스쩌李世澤는 범통킹만협력에 참여하는 것이 광시를 중국-아세안 지역성 해상교통의 중추로 만들고 중국-아세안 지역성 물류무역기지, 중국-아세안 지역성 가공제조기지로 만드는 데에 유리할 것이라고 지적했다. 그 실현방안으로, 그는 광시가 협력목표를 명확히 하여 협력프로젝트를 정확히 선택하고 협력내용을 충실히 하는 한편 협력전략을 구체화하고 협력매커니즘을 완비해갈 것을 제안했다.[60]

셋째, 윈난 교두보 전략. 장싱밍蔣興明은 윈난의 도시경제, 개방경제, 자원경제, 녹색경제 및 민족경제가 발전해온 현황과 특징을 정리하면서 윈난을 중국이 서남쪽으로 개방하는 데 있어 중요한 교두보로 삼는 것이 중국 대외경제발전의 중요한 전략 가운데 하나가 될

年 第3期.

59) 袁柳·朱一超·李智, 「泛北部灣區域經濟合作為廣西縣城經濟的發展帶來的良機」, 『區域經濟』 2012年 第1期.

60) 李世澤, 「廣西推動泛北部灣經濟合作的行動路徑」, 『東南亞縱橫』 2007年 第6期.

것이라고 평가했다. 윈난은 도시경제 발전에 집중하고 개방경제 발전을 앞당기며 자원경제 발전을 혁신하고 녹색경제 발전에 새로운 진전을 이루는 한편 민족경제에서 도약식 발전을 이루는 등 다섯 가지 방면에서 노력을 기울여야 한다고 제안했다.[61] 장이張毅 등은 교두보 전략이 윈난 발전에 중요한 기회이며, 윈난이 "교두보 건설을 위한 부처 간 연석회의제도" 등 기관 공조체제를 충분히 발휘해 산업체제 건설, 초국경 협력매커니즘 완비, 인프라건설 개선, 윈난 변경개방의 도약식 발전을 추진해야 한다고 주장했다.[62]

(5) 중국 해양권익 수호와 조화로운 해양 구축

영토주권, 국가안보와 경제사회의 지속 가능한 발전은 중국 해양권익의 3대 추구목표이다. 현재 학계에서는 이 세 가지 방면에서 상당히 깊이 있는 연구가 이루어지고 있다.

1) 영토주권에 관하여

학계에서는 역사적 근거와 현실적 방안이라는 두 가지 방면에서 댜오위다오와 남중국해제도 주권귀속 문제에 대해 연구를 진행하였다. 정하이린鄭海麟은 『순풍상송順風相送』, 『사류구록使琉球錄』, 『정개양잡록鄭開陽雜錄』, 『주해도편籌海圖編』, 『일본일감日本一鑒』 등 사적史籍의 댜오위다오 관련 기록을 정리하여 "댜오위다오 주권이 중국에 귀속된다는

---

61) 蔣興明,「橋頭堡戰略下的雲南經濟發展研究」,『雲南師範大學學報』2011年 第6期.
62) 張毅·金臻·李永前·李永忠, 「以橋頭堡戰略推動雲南沿邊開放跨越式發展的思考」,『經濟師』2013年 第5期.

역사적 사실은 여러 사적에 기록되어 있어 분명하게 고증할 수 있다"고 하였다.[63] 돤시닝段西寧은 역사적 사실로 보나 법리로 보나 댜오위댜오가 중국의 일부이며, 2차 대전 이후 미국과 일본이 댜오위댜오를 멋대로 주고받음으로써 문제가 복잡해졌고, 이는 2차 대전 후 반파시스트전쟁 승리의 성과에도 어긋나는 것이라고 주장했다.[64] 류장융劉江永은 역사적 관점에서 일본정부의 댜오위댜오 매입 행위의 불법성을 분석하고 「포츠담선언」과 「카이로선언」에 따라 일본이 주장하는 소위 섬의 개인 소유자로서의 지위와 권리는 이미 폐기되었다고 주장한다. 또한 일본정부의 매입행위와 고가 다쯔시로古賀辰四郎가 댜오위댜오를 발견했다는 주장을 일본이 댜오위댜오를 선점하고 지배했다는 근거로 삼은 것 역시 국제법상 성립될 수 없다고 지적했다.[65] 거융핑葛勇平은 역사적으로 봤을 때, 중국이 남중국해제도에 대해 발견권을 갖고 유효한 점유와 관리를 했으며 이것이 다른 국가의 인정을 받았기 때문에 중국이 남중국해제도에 대해 주권을 갖는 것이 국제법상 선점원칙에 부합한다고 정리했다.[66]

해결방안에 대해서, 류원보劉文波는 중국이 평화로운 발전을 견지하는 대전략과 댜오위댜오 분쟁에 대한 평화로운 해결을 주장하는 토대 위에서, 계속해서 국제법 등 수단을 이용해 댜오위댜오 주권을 수호하고 군사력을 포함한 종합실력을 증강하는 동시에, 다양한 방

63) 鄭海麟, 「中國史籍中的釣魚島及其相關島嶼考」, 『太平洋學報』 2014年 第9期.
64) 段西寧, 「釣魚島歸屬中國的歷史事實探析」, 『溫州大學學報』 2014年 第3期.
65) 劉江永, 「古賀辰囚郎最早開發釣魚島僞證之硏究」, 『淸華大學學報』 2014年 第4期.
66) 葛勇平, 「南沙群島主權爭端及中國對策分析」, 『太平洋學報』 2009年 第9期.

식으로 댜오위다오 관련 여론전에 적극 대응하여 댜오위다오 분쟁 관리 매커니즘을 마련해야 한다고 주장했다.[67] 황잉黃影은 법리 연구의 관점에서 역사문제에 대해 국제법이 고려하는 범위가 매우 제한적이라는 점을 지적한다. "그것이 더욱 주목하는 것은 어떤 역사적 사실이 아니라 이 역사적 사실이 법률적으로 효력을 발생시켰는가, 그리고 어떠한 효력을 발생시켰는가 하는 것이다." 여기서 더 나아가 황잉은 중국이 국제법 방면에서 자국의 주장을 위해 근거를 찾아야 할 뿐만 아니라 내부적인 사유의 해체를 통해 다른 국가의 주권에 관한 주장에 대해 철저히 분석하고, 이를 통해 자신의 주장에서 약한 고리를 찾아내야 한다고 주장했다.[68] 거용핑은 남중국해제도에 대해 중국이 주권의 귀속을 강조하는 동시에 국방건설을 강화하고 '분쟁 유보, 공동 개발' 원칙을 견지하면서 관련 국가들과 경제협력을 진행할 것을 제안했다.[69]

2) 해양권익과 국가안보에 관하여

이에 대해, 학계에서는 주로 지정학적 관점에서 해석을 하고 있다. 장주姜姝는 중일 간 댜오위다오분쟁에 깊은 지정학적 배경이 있다는 점을 전제로, 현재 댜오위다오를 둘러싸고 일어나고 있는 힘겨루기 역시 지정학적 색채가 강하며, 그 가운데 미국이 아시아로 회귀하는 전략을 실시해 중일 간 댜오위다오분쟁에 개입함으로써 중

---

67) 劉文波, 「釣魚島爭端的戰略態勢與中國的應對方略」, 『東北師大學報』(哲學社會科學版) 2014年 第3期.
68) 黃影, 「中日釣魚島主權爭端的國際法分析」, 『西部法學評論』 2014年 第4期.
69) 葛勇平, 「南沙群島主權爭端及中國對策分析」, 『太平洋學報』 2009年 第9期.

국 동중국해의 지정학적 복잡성이 가중되었다고 지적한다. 그는 국가안보를 수호하기 위해 중국이 지구전에 대비하는 인식을 가져야 한다고 제안했다. "경제력을 기초로 하고 군사력을 뒷받침으로 하여 정치, 경제, 군사, 외교와 문화 등 전면적인 투쟁에 나서야 한다"는 것이다.[70] 왕둥王東 역시 "중일 간 댜오위다오분쟁은 중국 동중국해 지역 지정학적 정세의 민감도가 부단히 높아지고 있음을 보여주며, 또한 중일 양국이 동중국해에서 벌이는 지정학적 힘겨루기를 투사하고 있다"고 지적한다. 하지만 동중국해가 되었든 남중국해가 되었든, 외교 경로를 통해 분쟁을 평화롭게 해결하는 것이 중국의 최우선 선택이 될 것이라고 밝혔다.[71] 정판촨曾凡傳은 남중국해의 지정학적 환경을 분석하면서 지정학 관점에서 중국의 남중국해 전략을 사유하고자 했다. 그가 보기에 남중국해는 중국의 전략적 보호벽과 같은 역할을 하며, 전쟁의 완충지대이자 경제의 명맥을 잇는 지역이다. 때문에 중국은 이 지역에 대해 세 가지 방면에서 복합적인 사고를 해야 한다. 즉 권리수호와 안정수호, 역내 국가와 역외 국가, 소프트파워와 하드파워를 함께 고려해야 하는 것이다.[72] 리궈창李國强은 남중국해 분쟁이 실질적으로 중미 간의 힘겨루기이자 수싸움이라고 지적한다. 미국의 개입으로 남중국해 문제가 더욱 복잡해졌고 중국이 남중국해 문제를 해결하는 데 있어 대단히 불리한 외부환경이 만들어졌다. 중국은 "전면적인 남중국해 전략을 세워 이를 국가안보와 해양발전의 전체적인 계획에 배치해야 한다"고 지적하며 이와 함께

---

70) 姜妹, 「地緣政治視野下的釣魚島爭端」, 『領導科學』 2014年 第3期.
71) 王東, 「釣魚島爭端折射地緣政治博弈」, 『中國社會科學報』 2012年 10月 17日.
72) 曾凡傳, 「從地緣政治看南海爭端」, 『學周刊』 2013年 第12期.

대화를 통해 미국의 남중국해 문제에 대한 간섭을 최소화할 수 있도록 노력할 것을 제안했다.[73]

3) 지속가능한 발전에 관하여

학계 연구의 초점은 중국의 에너지 안보다. 왕정王征은 남중국해 지역이 풍부한 석유 천연가스 자원이 매장되어 있는 중국의 중요한 에너지 기지이자 자원 교통의 요충지로서 중국 국가발전전략과 에너지 안보시스템에 있어 대체 불가능한 위치를 차지한다고 강조한다. 현재 남중국해 분쟁이 계속해서 심각해지고 있는 상황에서 중국은 복합적인 에너지 운송통로를 만들어 해상 석유운송로에 대한 의존도를 낮추는 한편, 상하이협력기구를 충분히 이용해 중앙아시아 국가 및 러시아와 에너지 협력을 강화함으로써 석유 천연가스의 원활한 운송을 보장해야 한다고 지적했다.[74] 랑이환郎一環 등은 미국의 아시아회귀 전략으로 남중국해 에너지를 둘러싼 정치구도가 더욱 복잡해졌다고 지적하며, 복잡해진 정세에 대응하여 중국은 육상과 해양의 관계, 남중국해와 동중국해의 관계, '반침략'과 '반개입'의 관계, 전략적 지구전과 전술적 속전속결의 관계, 권리보호와 안정수호의 관계 등 다섯 가지의 관계를 적절히 처리해야 한다고 제안했다.[75] 취샤오화瞿少華 등 역시 지정학적 관점에서 남중국해의 정세가

---

73) 李國强, 「南海爭端是中美之間的較量和博弈」, 『世界知識』 2014年 第10期.
74) 王征, 「南海爭端影響下的中國能源戰略走向及其相關投資策略」, 『理論學習』 2014年 第8期.
75) 郎一環・王禮茂・顧夢琛, 「南海能源地緣政治新格局及其應對的戰略思考」, 『中國能源』 2013年 第3期.

중국 에너지안보에 미치는 영향을 분석했다. 이들은 미국이 아시아 태평양 재균형 전략을 시행, 남중국해 문제에 개입해 중국과 남중국해 자원을 다투는 관련 국가들을 두둔하고 나서면서 중국의 에너지안보를 크게 손상시키고 있다고 지적하였다. 또한 미국이 동남아에 있는 군사력을 강화하여 중국의 중요한 해상 에너지통로인 인도양-말라카해협 항로를 미국의 통제 아래 둘 경우, 이는 중국의 에너지 운송에 잠재적 위협이 될 것이라고 경고했다.[76]

4) 주요한 관점과 학술적 공헌

2013년 계획수립 후, 본 프로젝트 연구팀은 중국사회과학원 창신공정 중대항목 관련 규정에 따라 연구 활동을 본격적으로 전개했다. 첫째, 티베트(2014년 8월), 신장(2014년 3월, 5월, 9월), 광시(2015년 3월) 등지에서 현지조사를 진행, 관련 자료를 수집했다. 둘째, 본 프로젝트팀 가운데 다수의 구성원이 중국변강연구소에서 주관하는 두 차례의 변강발전과 국제지역협력 관련 국제학술대회에 참가했다 (2013년 말 하얼빈, 2014년 11월 윈난 텅충 騰冲). 셋째, 본 프로젝트팀 가운데 다수의 구성원이 중국변강연구소에서 주관하는 두 차례 중국변강학포럼에 참가했다(2013년 12월 베이징, 2014년 네이멍구 우란하오터烏蘭浩特). 넷째, 본 프로젝트팀은 베이징에서 '대외관계, 조화로운 변강과 중국의 전략적 위치 연구'를 주제로 하는 학술세미나를 두 차례에 걸쳐 조직해(2014년 10월 16일, 2015년 6월 18일), 매회 국내외 전문가 15명을 초청해 프로젝트 주제에 대해 토론하고 각 분야

---

76) 瞿少华·张新征, 「美国"亚太再平衡"战略背景下中国海洋权益现状及面临的挑战与机遇」, 『社科纵横』 2014年 第8期.

의 전문가로부터 수정의견을 받음으로써 학술적으로 좋은 성과를 거두었다. 다섯째, 본 프로젝트팀은 원고토론회를 10여 차례 진행하였다. 이러한 과정을 거쳐 2014년 10월 초고를 내놓은 후 2015년 6월 말 최종고를 완성하였다.

본 프로젝트의 주요한 관점과 학술적 공헌은 다음 몇 가지 방면에서 확인할 수 있다.

첫째, '대외관계', '조화로운 변강'과 '중국의 전략 위치'라는 세 개의 학술요소를 둘러싸고 논지를 펼칠 수 있었다. '대외관계'는 주로 주변 관계에 집중되었고, 여기에 '넓은 주변' 개념을 채용해 중국과 인접한 주변지역을 대상으로 했다. 중국 외교관계에서 가장 중요한 일환이 바로 주변관계이며, 주변외교는 중국외교의 중점 중 하나다. 중국의 발전에는 양호한 주변 국제환경이 필요하다. 본 프로젝트에서는 중국의 굴기에 따라 외부 국제환경, 특히 주변 국제환경에 변화가 일어났고 일련의 새로운 상황, 새로운 문제, 그리고 새로운 도전이 나타났다는 인식 아래 전략적 관점에서 상술한 새로운 상황, 새로운 문제와 새로운 도전을 관찰, 분석하고자 했다. 이에 본 프로젝트에서는 주변 국제환경의 변천과 중국의 굴기로 형성된 깊은 관련성과 상호영향관계를 연구했다. '조화로운 변강'에 있어 본 프로젝트는 중국 변강문제를 학술적으로 뒷받침하는 세 가지 문제를 둘러싸고 논의를 전개했다. 그것은 중국 변강의 안보, 안정과 발전이다. 본 프로젝트에서는 '조화로운 변강'을 제기하는 것이 현실의 변강이 이미 완전한 '조화' 상태를 이루었음을 이야기하는 것이 아님을 앞서 분명히 지적했다. 중국 변강의 조화는 실질적으로 다음 두 가지 측면을 포함한다. 하나는 중국 변강 내부의 조화이고 또 하나는 중국 변강 외부의 조화 상태이다. 우리가 '조화로운 변강'을 연구하는 것은 바로 어떻게 변강의 내외환경을 관리하여 중국 변강의 안보와 안정, 발전을 제약하는 각종 내외의 장애물과 요소를 하나씩 극복하고 중국의 변강이 점차 조화로운 상태에 이르도록 할 것인가 하는 문제를 논의하는 것이다. '중국의 전략 위치 설정'에 대해서 본 프로젝트는 두 가지 측면에서 분석을 진행했다. 하나는 국가적 측면, 즉 중국과 주변국가의 외교관계의 성질과 위치에 관한 것이다. 또 하나는 중국 변강과 주변국가의 환경으로 형성된 교류 모델에 관한 것이다. 다년간의 실천 속에서 중국은 이미 주변 국가와 관계를 발전시키는 데 있어 풍부한 경험을 모색했고 또한 축적해왔다.

둘째, 본 프로젝트는 시진핑 주석이 제기한 '나라를 다스리려면 반드시 주변을 다스려야 하고, 주변을 다스리는 데 우선되어야 할 것은 티베트 안정'이라는 사상을 연구하여, 이 사상이 매우 풍부한 치국이념과 변방 거버넌스 사상을 포함하고 있음을 인식하게 되었고 이에 두 개의 중요한 논리관계를 논술하였다. 첫째는 '치국'과 '치변'의 관계, 둘째는 '치변'과 '티베트 안정'의 관계이다. 이는 시진핑 주석이 변강 거버넌스를 매우 중시하고 있음을 설명해주며 또한 '치국'과 '치변'의 관계에 대한 시진핑 주석의 깊이 있는 이해와 전략 장악력, 그리고 전략의식을 보여주는 것이다. 또한 '나라를 다스리려면 반드시 주변을 다스려야 하고, 주변을 다스리는 데 우선되어야 할 것은 티베트 안정'이라는 사상은 치국-치변-티베트 안정이라는 '삼위일체'의 관계를 현대국가의 변강전략의 수준으로 격상시켰다고 할 수 있다.

셋째, 본 프로젝트는 '해양강국' 건설이라는 해상강역 거버넌스의 전략적 사상을 분석하였다. 당 18대에서는 처음으로 '해양강국'의 전략 목표를 내놓았다. 이것은 당 중앙의 해상강역 거버넌스에서 가장 새로운 전략적 표현이다. 해상강역을 국가전략에 포함시키고 해양강국 건설이라는 전략목표를 제기한 것은 중국의 해양문제에 대한 인식이 심화되었음을 보여주는 것으로 매우 깊은 전략적 의의가 있다. 이것은 중국의 해상강역 거버넌스 역사에서 중요한 위치를 차지하게 될 것이다. 본 프로젝트에서는 중국의 '해양강국' 건설이 특정한 함의를 가지고 있으며 결코 해상 패권을 다투는 것이 아님을 제기하고자 한다. '해양강국'의 개념을 도서를 둘러싼 주변국과의 분쟁을 제멋대로 처리하는 것과 연결 짓거나, 해양권리의 확장으로 연계시키려는 말들은 모두 근거가 없는 것이다. 중국은 안정유지와 권리보호라는 두 국면을 모두 고려하면서, 해양권익을 보호하는 동시에 종합국력을 제고시키는 두 차원에서 노력을 기울임으로써 주변국가와 함께 이익공동체를 만들어갈 것이다.

넷째, 본 프로젝트는 '육상·해상 종합계획' 사상의 중요한 전략적 의의에 대한 연구에 힘을 기울여, 중국이 국토 공간의 구조를 최적화하는 데 있어 '육상과 해상을 함께 고려'하는 사유를 운용함으로써 해양강국과 육상강국을 건설할 것을 제기한다. 국가 고유의 공간—육상 강역이든 해상 강역이든—에서 효율적인 전략적 통합을 진행하고 그것을 해양과 육지의 유기체이자 정합성을 갖춘 공간으로 만드는 것은 굴기하는 대국으로서 반드시 해야 하는 일이다. 육상 강역과 해상 강역의 유기적인 통합, 효율적인 종합계획은 중국이 발전하는 데 반드시 거쳐야 하는 과정이다. 본 프로젝트는 국가 주권, 안보, 발전 및 외부 국제환경과의 관계 등 다양한 차원과 다각적인 관계에서 출발, 중국의 육상과 해상 공간에 종합적인 방책과 계획, 개발, 이용을 진행해야 할 필요성과 긴박성을 강조한다. 본 프로젝트에서는 육상과 해상을 모두 갖춘 지리적 구조로 인해 중국이 육상과 해상에 거대한 전략적 중심을 가지게 되었으며, 공간적으로 유연성을 발휘할 수 있는 여지가 크다는 점을 지적한다. 현재 중국의 육상 강역과 해상 강역이 만나는 곳이 바로 중국의 동남 연해 일대이다. 중국의 바다와 육지는 서로를 지탱해주며 변화의 가능성을 안고 있어 중국에 새로운 변강 거버넌스의 이념과 사유를 가져다주었다. 육지와 해양 간의 상호보완성 속에서 중국은 발전에서 구조적 우위를 점하게 되었다. 중국의 육지 및 해양 자원이 상호보완적인 역할을 함에 따라 중국은 범유라시아 공간전략에서 커다란 역량을 보유하고 그것을 강점으로 전환할 수 있게 되었다. 중국의 육지와 해양이 유기적으로 연계되어 있음으로 해서 중국은 육지와 해양이 전면적으로 조화를 이루며 지속 가능한 발전을 실현할 수 있게 되었다. 중국의 육지와 해양 공간의 상호 의존과 지지 속에서 중국의 안보와 환경이 크게 개선되었으며 이로 인해 육상과 해양 안보와 발전을 똑같이 중시하는 것은 중국 육·해 강역 전략의 중요한 원칙이 되었다.

다섯째, 본 프로젝트는 중국 '일대일로' 전략과 중국 변강 안정 및 발전의 관계를 분석하는 데 노력을 기울였다. '일대일로' 전략은 국내와 국제 두 국면을 모두 고려한 범유라시아 공간의 차원에서 서로 영향을 주고받는 모델이다. '일대일로'의 전략적 틀 속에서 육상 강역과 해상 강역은 중국 국내의 국면과 국제 국면이 만나는 중첩선이자 교차지점이다. 중국에서 제기하는 이익공동체, 운명공동체와 책임공동체의 건립은 실질적으로 중국 육상 변강과 해상 강역의 주변국가와의 육·해상 협력과 통합을 추진하는 것이다. 중국이 제창하는 이익공동체란 중국과 주변국가 간에 상호이익의 연대를 강화하고 상호 간에 존재했던 역사적, 현실적 이익 분쟁을 해소하는 가운데 서로의 이익 공통점을 찾고 효과적으로 위기를 관리함으로써 충분히 신뢰하지 못했던 이웃과의 관계를 점차 서로를 신뢰하는 화목한 관계로 이끌고 이웃 국가와 협력하고자 하는 의지를 증진시키는 것이다.

여섯째, 본 프로젝트는 중국이 국가의 영토주권과 해상권익을 수호하는 것에 대한 일부 국가의 비난에 대응해, 중국은 다른 국가와 변경 문제를 처리할 성의와 성공적인 경험이 있음을 분명히 밝히고자 한다. 중국은 일관되게 평화적이고 호혜적이고 서로 양보하는 방식을 통해 관련 국가와 영토주권 및 해양권익을 둘러싼 분쟁을 처리하고자 노력해왔다. 역사적으로 보면, 중국은 이미 14개 이웃 국가 가운데 12개 국가와 육상 변경문제를 완전히 해결하였고, 이는 중국이 변경문제 해결에서 매우 성숙한 방법과 경험을 가지고 있음을 설명해준다. 본 프로젝트에서 지적하고자 하는 것은 다음과 같다. 국가 간에 분쟁이 발생하는 것은 얼마든지 있을 수 있다. 다만 문제는, 끊임없이 분쟁을 만들어내는 방식으로 서로 간의 분쟁을 해결하려는 것이다. 이러한 방식으로는 상생의 결과를 기대할 수 없을 것이다.

일곱째, 본 프로젝트는 중국 변강의 안보, 안정 및 발전과 주변국가 환경 간의 관계 문제 연구에 힘을 기울였다. 예컨대 동북 변강, 북부 변강과 동북아 정세 간의 관계, 신장 반분열투쟁과 반테러투쟁, 그리고 탈극단화의 기본 법칙을 깊이 있게 다루고, 신장의 발전 및 안정과 중앙아시아, 남아시아, 아프가니스탄, 파키스탄, 나아가 서아시아 중동 지역 정세와의 관계를 연구했다. 티베트 안보와 안정, 발전에서 인도, 네팔, 부탄과의 관계를 연구했고 윈난, 광시의 발전 및 안정과 동남아 간의 관계를 고찰했다. 이밖에 중국 해상 강역이 직면하고 있는 문제와 문제를 해결할 기본적 사고 등을 살펴보았다. 중국 변강의 안보 및 안정, 발전과 주변 국가 환경 간의 관계를 긴밀히 연계하여 고찰한 것이 본 프로젝트의 가장 독특한 학술적 공헌 중 하나라고 할 수 있다.

여덟째, 본 프로젝트는 중국 변강 거버넌스체계와 거버넌스 능력의 현대화 실현에 대한 이론 문제를 다루며 세 가지 생각해볼 만한 중요한 문제를 제기하였다. (1) 시장경제 환경 아래, 변강 거버넌스와 민족단결을 어떻게 강화하며, 시장경제라는 보이지 않는 손과 정부의 거시조정이라는 보이는 손을 유기적으로 결합함으로써 매커니즘의 우위와 자원 배치의 우위를 어떻게 만들어낼 것인가. (2) 고도로 개방된 상황에서 거버넌스와 민족단결을 어떻게 이끌어낼 것인가. 역사적으로 보면 변강은 주변 국가 환경과 교류가 가장 집중되고 가장 밀접하며 가장 빈번한 지역이다. 때문에 국경 밖의 각종 극단세력과 유해한 것들이 변강을 타고 중국으로 침투하곤 했다. 그렇기 때문에 변경지역의 울타리를 단단히 묶고 변경지역에 효과적인 안보 방화벽을 세워야 하는 것이다. (3) 현대 인터넷과 새로운 매체의 환경 속에서 변강 거버넌스와 민족단결을 어떻게 이끌어낼 것인가. 인터넷, 휴대폰 등 새로운 매체 여론에 대해 중국 정부가 앞에서 이끌고 옆에서 보조하는 능력을 통해 변강 거버넌스 능력을 알 수 있다. 현대 정보화의 환경 속에서 변강 거버넌스 문제는 변강지역의 장기적인 안정뿐 아니라 전체 사회의 안정과도 관련이 된다. 중국의 변강 거버넌스 시스템과 거버넌스 능력의 현대화 문제는 중국 학술계에서 이론과 학술에 있어 앞서가는 주제라고 할 수 있다.

아홉째, 연구방법에 있어 본 프로젝트의 가장 큰 특징이자 공헌은 다양한 학과를 운용하여 중국의 변강 안보, 안정 및 발전과 주변 국제환경 간의 관계에 대한 문제에 해답을 제시하고 있다는 점이다. 본 프로젝트는 학술 영역을 넓혀 이론을 완비하고 연구내용의 종합성과 연구방법의 혁신성에 노력을 기울였다. 또한 역사적으로 의문이 남아있는 문제와 현실적으로 시급한 문제, 이론적으로 어려운 문제를 해결하고자 하였다. 국내외 기존의 연구성과를 충분히 수용한 기초 위에 관련 영역의 연구를 추진했다. 때문에 본 프로젝트는 역사와 현실, 기초연구와 응용연구가 유기적으로 결합되었고, 인문사회과학 영역 다양한 학과의 이론과 방법이 운용되었으며, 중국 변강 연구의 학제적 발전을 심화시켰다. 이밖에 국제관계연구 및 국제관계와 밀접하게 관련된 있는 경제학, 역사학, 법학, 지리학, 사회학, 인류학, 심리학과 문화학 등 다양한 학과의 방법과 성과를 토대로 종합적인 연구를 진행하였다.

5) 본 프로젝트의 주요 내용, 기본 체제 및 연구팀

본서는 앞서 설명한 프로젝트의 성과물로, 머리말과 각 장절로 구성되어 있다. 전체에 걸쳐 중국 변강지역 서로 다른 지방의 대외관계 및 안보, 안정, 발전의 전략적 위치를 중심으로 장마다 각각 다른 연구대상과 영역을 근거로 관점과 대책, 건의를 담았다.

제1장은 동북아 정세가 동북 및 북부 변강 개발과 발전에 미치는 영향을 주제로 논술하였다. 주변관계의 외부 환경에 있어, 동북아 지역 안보는 지역협력에 결정적인 의의가 있다. 2차 대전과 냉전이 남긴 문제로 인해 동북아 각국 간에는 여러 가지 갈등이 발생했고, 그중에는 영토분쟁이 포함되어 있다. 일본은 영토 등 문제에 있어 이웃국가와 대립하고 있으며 이는 단기간 내에 해결되기 어려울 것으로 보인다. 한반도 역사문제는 현실적인 충돌과 외부세력의 개입 등의 영향을 받아, 안보에 있어 보이지 않는 위험이 현재까지도 존재하거나 조성되고 있다. 중러, 중일, 중몽, 조중(북중), 한중 간에는

역사에 대한 인식에 있어 많은 이견이 존재한다. 국가 사이에 오랜 기간 존재해온 이견은 정치 영역의 상호신뢰와 역내 경제협력에 부정적인 영향을 미치고 있다. 제1절 '한반도의 지정학적 가치와 중국 동북 변강지역의 안보'에서 저자는 아시아태평양으로 회귀하는 미국의 재균형 전략과 북한 핵문제로 인해 한반도 정세가 긴장되었으며 이는 직접적으로 동북 변강의 안보에 부정적인 영향을 끼친다고 지적했다. 북한의 핵실험은 중국 등 주변 지역에 영향을 미쳤고, 불법 월경자들로 인해 중국 변경지역 치안에 구멍이 뚫렸다. 변경민족의 인구유동으로 지역사회 안정이 흔들리고 있다. 저자는 중국이 '남북한 모두를 중시하는 정책南北並重'을 통해 단일한 안보관을 벗어나 한반도 비핵화 원칙을 견지하는 기초 위에서 한반도의 장기적이고 효과적인 안보 기제 구축을 추진하는 것이 한반도 정세에 유리할 것이라고 지적했다.

한반도 긴장국면은 분명 동북 변강지역의 전면적인 개방, '대외진출' 전략을 제약하는 요소가 되고 있다. 제2절 '동북아 지역협력과 중국 동북 변강지역의 발전'에서는 한·중·일 자유무역지대와 한중 자유무역지대 건립의 가능성을 분석하고, 중일 한자유무역지대는 현재 외부환경이 충분히 호전되지 않아 빠른 시일 내에 뚜렷한 진전이 나타나기는 어려울 것으로 보고 있다. 저자는 동북 3성이 동북아 지역협력에 참여하는 데 존재하는 어려움에 대해 분석하고, 그 근본적인 원인으로 두만강지역협력개발을 사례로 들어 한반도의 긴장국면으로 인해 동북아 지역에 고위급 국제협력을 진행할 만한 환경과 조건이 조성되지 않아 동북 3성의 개방을 제약하고 있는 점을 꼽았다. 중국이 이러한 곤경을 극복할 방법으로는 '정치와 경제에 모두 무게를 두는 정책政經並重'을 들었다. 즉 한반도 비핵화 정책을 견지하면서 한국과 경제무역교류를 강화하여 동북아 지역협력시스템 구축과 동북 지역 경제발전을 연계시킴으로써 동북 3성에 국제협력에 적합한 외부환경을 조성하는 것이다.

주변 국가들의 환경을 보면 조중, 한중, 중러, 중몽 간의 관계에는 많은 차이가 있다. 이에 제3절 '러시아 전략의 동진과 중러 지역경제협력'에서는 중러관계가 이데올로기 대립과 국경 충돌에서 전면적 전략협력 동반자관계로 변화되어가는 과정을 돌아보고, 러시아 전략이 동쪽으로 이동한 외부적 요소와 내재적 요인을 분석하였다. 분석 결과, 러시아의 전략적 동진은 러시아가 서구로부터 고립되고 자국의 국제 경제협력을 아시아 쪽으로 집중하려고 함을 의미하는 것이 아니다. 러시아 전략의 동진은 다양한 차원에서 이루어졌다. 러시아는 중국과 경제협력을 강화하는 동시에 다양한 방법으로 일본, 한국, 북한, 베트남, 인도, 파키스탄 또는 아세안 국가와 경제관계를 강화하려 하고 있다. 저자는 중국 동북지역의 경제발전이 더디고 산업 구조조정 등의 문제를 안고 있는 만큼, 러시아의 전략이 동쪽으로 이동하여 극동지역 개발에 나선 것을 기회로 삼아 '전방위적으로 개방과 협력을 확대'해야 한다고 강조한다. 중러 지역경제협력을 통해 중국 동북과 러시아 극동 및 동시베리아 지역협력계획요강을 실행에 옮기고 이를 통해 '신동북현상'을 바꾸어 동북변강 경제발전과 사회안정을 촉진해야 한다. 필자는 중러 지역경제 협력이 몇 가지 문제를 안고 있지만 양국이 동맹이 아닌 전략적 협력 동반자라는 점을 특히 강조해야 하며, 쌍방의 수요로 볼 때 중러 지역경제 협력은 기대해볼 만하다고 전망한다.

동북아 지역경제협력 구도에서 중몽 경제무역은 안정된 양국관계 위에서 매우 활발하게 진행되고 있다. 제4절 '중몽관계와 중국 북부 변강 발전 안정화'에서는 중몽관계에 대해 낙관적인 관점을 보여준다. 저자는 중몽 양국관계가 발전해온 과정을 돌아보고 현재의 관계를 우호적이고 안정적이며 경제무역 협력을 추진하기에 유리한 환경이라고 평가했다. 몽골과 인접한 변강지역 입장에서 봤을 때, 다른 성에 비해 네이멍구는 민족단결이 안정적이고 근래 경제성장세가 뚜렷해 몽골과의 경제무역이 '급속한 발전' 추세를 보이고 있다. 또한 국가 에너지 수요 및 안보의 관점에서 보면, 자원이 풍부한 몽골과 경제협력을 발전시킬 경우 전망이 매우 밝다. 저자는 양국 지도자 간에 확립한 전면적 전략협력 동반자관계에 근거해 중국과 몽골이 에너지, 인프라와 생태, 3대 영역에서 협력을 강화할 것이며, 이밖에 인문교류 역시 매우 중요한 의미가 있다고 밝혔다.

요컨대, 동북아지역은 안보가 지역경제협력의 범위와 수준을 결정한다. 때문에 각국이 협력해 지역안보를 수호하는 것이 우선목표가 되어야 할 것이다. 그러나 동북아 지역안보는 인접국가의 정치적 선택 외에 사실상 역외 대국의 영향을 받기 때문에, 국부적인 안녕, 혹은 일시적인 안전이 장기적인 안정을 의미하지는 않는다. 때문에 지역경제협력과 인문교류가 지역안보를 촉진할 수 있다는 점을 중시해야 한다. 중국 변강의 조화로운 발전은 관련 인접국의 조화로운 관계에서 비롯된다.

제2장에서는 중앙아시아지역, 아프가니스탄과 파키스탄의 정세 변화가 신장의 안정과 발전에 끼치는 영향을 연구하였다. '동투르키스탄 문제와 중국 신장 안정 및 대응전략'에서는 '동투르키스탄' 문제의 변천과정을 분석하고 '동투르키스탄' 분열주의에서 테러리즘으로의 변이, '동투르키스탄' 테러활동의 이데올로기화, '동투르키스탄' 문제의 국제화와 종교 극단화 사조가 신장으로 침투하는 등 네

가지 방면의 문제를 짚어본다. 이를 통해 비교적 전면적이고 깊이 있게 현재 '동투르키스탄' 문제의 실질적인 내용과 '동투르키스탄' 테러리즘이 창궐하는 원인을 논술하였다. 본 절에서는 '동투르키스탄' 문제가 변화해온 외부 요소를 분석하고 복잡한 주변 인접국의 환경, 국제 지정학적 각축, 이데올로기의 충돌 등으로 인해 '동투르키스탄' 문제가 더욱 복잡해졌다고 지적한다. 신시기 들어 신장은 실크로드경제벨트의 핵심지대가 되었고, 신장의 중대한 전략은 사회안정과 장기적인 질서를 실현하는 것이다.

'중앙아시아 정세와 중국 신장의 안정 및 발전'에서는 중앙아시아 지역과 중국 신장의 안보, 경제발전, 인문교류 관계 수립에 대해 비교적 상세하게 논술하였고, 실크로드경제벨트 전략 아래 중앙아시아와 중국 신장에 조화로운 변강을 건설하고 발전시키는 사유에 대해 설명하였다.

'아프가니스탄 문제와 중국 신장의 안정 및 발전'에서는 아프가니스탄 내 테러리즘과 극단주의, 마약 문제가 중국 신장에 끼치는 영향에 대해 논의하고 아프가니스탄 안보상황이 실크로드경제벨트 건설에 미치는 영향을 분석하면서 중국이 아프가니스탄 문제에서 취할 전략적 위치와 대응조치를 내놓았다. '파키스탄과 중국 신장의 안정 및 발전'에서는 중파 관계의 변화 및 그 안에 존재하는 문제를 분석하고 파키스탄이 중국 신장의 안보와 안정에 미치는 영향을 짚어보면서 중파경제회랑이 중국 신장의 안정에 갖는 중대한 의의를 설명했다.

정리하면, 제2장에서는 주변 정세가 중국 신장의 안정에 미치는 영향과 그에 대응하는 전략적 위치에 대해 조화로운 변강을 건설하는 관점에서 다음과 같은 문제들을 연구, 분석했다. (1) 현재 '동투르키스탄' 문제의 다각적인 변화와 그 실질적인 의미를 체계적으로 분석했다. '동투르키스탄' 문제의 '3화(테러리즘화, 이데올로기화, 국제화)' 변천과 '동투르키스탄' 테러리즘의 '3단계(전통단계, 과도단계와 이데올로기화 단계)'를 제기하고 '동투르키스탄' 문제에 영향을 끼치는 외부요소에 대해 깊이 있는 분석을 진행, 이데올로기 충돌이라는 새로운 관점을 제시했다. (2) 중앙아시아와 신장의 관계를 상세히 분석하면서, 중앙아시아와 신장이 안보, 경제와 인문에 대한 사유를 수립하고 실크로드경제벨트 건설이라는 배경 아래 중앙아시아와 중국 신장이 조화로운 변강을 건설할 것을 제안했다. (3) 저자는 아프가니스탄 문제가 중국 신장에 미치는 영향에 중점을 두고 실크로드에 아프가니스탄 문제가 끼치는 영향과 이 문제에 있어 중국이 취해야 할 전략적 위치를 탐색했다. 이밖에 중파 관계에 존재하는 문제를 제시하고 중파 경제회랑이 중국 신장에 미치는 영향을 분석했다.

제3장 연구성과의 주요 내용 및 정책건의는 다음과 같다. 남아시아 지역은 총 7개 국가가 있으며 그 가운데 인도, 부탄, 네팔이 중국 티베트 지역과 국경이 맞닿아 있어 4천 킬로미터에 가까운 전략지대를 형성, 군사·정치적으로 매우 중요한 위치에 있다. 중국은 이 3개국과 역사적으로, 현실적으로 모두 우호·협력의 관계를 맺어왔다. 그 가운데 인도는 남아시아 국가들 가운데 '중심대국'으로서 21세기 이래 중인 양국은 공동발전을 실현하고 경쟁과 협력, 기회와 도전이 공존하는 국면을 형성했다. 네팔과 부탄은 중국과 인도 사이 완충지대에 위치하여 중요한 역할을 하였으며, 티베트의 발전과 안보, 안정에 관련된 중요한 지역이기도 하다. 중국과 남아시아 국가 사이에 조화로운 변강을 건설하는 비전은 변경지역 평화와 안녕을

유지하고 대외관계와 정치·경제협력을 발전시키며 중국과 부탄 수교를 하루빨리 실현시키는 데 있다. 미래지향적인 관점에서 중국은 이들 남아시아 국가와 '이웃과 좋은 관계를 맺고 이웃을 동반자로 삼는' 원칙 아래, '이웃과 함께 화목하고 안전하고 부유한 나라'를 건설하고자 하며, 이를 위해 '우호적이고 진실하고 호혜적이고 포용적인親誠惠容' 태도를 취함으로써 우호관계를 공고히 하고 호혜협력을 심화시켜 전략적 각도에서 국내의 티베트와 국외의 남아시아 정세를 모두 아우름으로써 중국과 남아시아 국가의 공동발전을 실현하고자 하는 것이다. 그 가운데 중국과 인도는 보다 긴밀한 발전동반자이자 성장을 이끄는 협력동반자, 전략적으로 협력하는 글로벌 동반자가 되어야 한다. 네팔은 '하나의 중국' 원칙을 굳건히 따르며 티베트 관련 문제에 있어 중국 측을 이해하고 지지하는 입장이다. 양국은 쌍방 간 지역협력 동반자관계를 보다 심도 있게 추진해야 한다. 부탄의 경우는 양측이 우호협력을 위한 다리를 놓을 계기가 필요한 상황이다. 양국은 각 분야에서 우호적인 교류와 협력을 추진하여 국교 수립을 위한 견실한 기초를 닦아야 한다. '조화로운 변강' 건설이라는 목표에서 출발해, 시진핑 총서기가 제기한 '나라를 다스리려면 반드시 주변을 다스려야 하고, 주변을 다스리는 데 우선할 것은 티베트의 안정'이라는 사상은 중요한 지도적 의의가 있으며, 풍부하고 혁신적인 대외관계 정책에 있어 티베트 안정과 장기적인 질서를 추진하는 것은 중대한 전략적 지도 의의가 있다. 21세기 들어 중국 경제력이 상승하면서 국제적 사무에서 중국의 영향력도 확대되었다. 중국정부가 지향하는 평화적이고 실무적인 외교는 중국이 앞으로 외교적 도움을 필요로 하거나 더 많은 국가와 협력하고자 할 때 유리하게 작용할 것이고, 이로 인해 중국과 국제사회의 상호 영향은 과거에 비해 크게 증가했다. 그리고 티베트의 안보와 안정, 발전은 중앙 외교전략의 총체적인 발전과 불가분의 관계에 있다. 2010년 1월, 중앙 제5차 티베트업무좌담회에서 제기된 신시기 티베트업무 지도방침에서는 '국내와 국제 두 가지 정세를 모두 고려할 것'을 요구했다. 이는 티베트지역의 정세는 반드시 주변 국가와 관계가 있으며, 경제 성장은 반드시 남아시아 지역 내에서 중국의 영향력을 증가시킬 것이라는 것을 의미한다. 이러한 배경 아래, 주변 환경에 대한 업무와 티베트의 현재의 수요는 서로 연계되어 있는 것이다. 시진핑 총서기가 지적한 바, "중국의 주변지역은 생기와 활력이 넘치고 발전을 위한 경쟁력과 잠재력이 뚜렷하다. 중국의 주변 환경은 전체적으로 안정적이며, 우호관계와 호혜협력이 주변 국가와 중국 관계의 주류를 이룬다. 우리는 전체적인 정세를 살피고 전략을 세우고 방침을 마련해 주변 외교 관련 사무를 더 잘 처리해야 한다", "중국은 주변국가와의 경제무역의 연계를 더욱 긴밀하게 해야 하고 상호영향이 유례없이 밀접해지도록 해야 한다. 이를 위해서는 객관적으로 우리의 주변 외교전략과 사무가 시대에 따라 변화하며 보다 적극적으로 행동할 것이 요구된다"는 것을 강조한다. 현재 중국 티베트지역의 발전과 남아시아 국가의 관계를 정확하게 파악한 전략적 위치와 기본적 사유를 통해 티베트 발전을 전면적인 샤오캉사회 건설, 국가안보, 중화민족의 근본적 이익과 장구한 발전이라는 전략적 수준으로 상승시켜야만 비로소 그것이 중국의 남아시아 국제 전략에서 갖는 위치를 사고할 수 있다. 첫째, 중국은 남아시아 전략에서 티베트 지역과 남아시아의 지정학적 중요성을 중시해야 한다. 둘째, 남아시아와의 관계를 발전시키는 데 있어 '평화공존 5원칙'을 엄격히 준수해야 한다. 셋째, 남아시아 지역전략은 전략적 협력동반자관계 수립에 힘을 기울여야 한다. 넷째, 중국과 남아시아 국가의 안보, 방위, 국경과 관련된 문제에 있어 공동으로 직면한 안보상의 도전에 적극적으로 대응한다. 다섯째, 전략에 대한 상호신뢰를 구축하여 상대방의 전략적 의도를 서로 오해·오판하는 일을 피한다. 여섯째, 남아시아 국가와의 경제협력을 발전시킨다. 물론 남아시아 국가 외교관계에 대한 전략적 위치를 정할 때 중국과 남아시아 국가, 특히 인도와 우호협력 관계를 보다 강화할 전략 환경을 조성하기에는 아직 긴 과정이 남아있다. 현재 인도를 위시한 남아시아 국가에 대해 중국은 그들이 미국으로부터 얻을 수 있는 지원에 한계가 있음을 인식하도록 해야 한다. 또한 인도와 중국, 인도와 파키스탄 간에 적의를 해소하고 역사를 이성적으로 직시하여 중국과 인도 간에 공동이익이 계속해서 확대되고 있지만, 현재 중국과 인도 간 정치관계는 양국 경제관계 발전의 수요를 만족시키지 못하고 있으며, 인도가 남아시아 패권을 추구하면 남아시아 각국이 연대하여 저항할 것임을 인식하게 해야 한다. 특히 주의해야 할 점은 대외전략에서 티베트의 안정을 수호하고 티베트에 대한 중앙의 관리를 강화하는 것이다.

제4장 '동남아 정세와 중국 서남변강의 안보, 안정과 발전'에서는 국제법, 역사학, 지정학 등 학과 이론과 방법을 운용해 중국 서남 변강의 발전에 입각해 근래 동남아 이웃국가와 주변 정세의 변화에 주목하고 중국이 서남쪽 대외관계에서 취해야 할 전략적 위치를 논의했다. 역사상 서남 변강의 지정학, 주변 환경의 특징을 분석하고 신중국 수립 이후 서남 변강과 동남아 지역의 관계와 지정학적 환경, 특히 중국과 베트남, 미얀마 등 이웃국가와의 관계 및 그 영향을 중점적으로 논술했다. 근래 들어 베트남의 대중국 정책의 변화와 미얀

마 정국의 변화가 중국 서남 변강의 안보와 안정, 발전에 어느 정도 부정적인 영향을 끼치지만, 중국과 베트남, 중국과 미얀마의 관계에 있어 우호협력이 여전히 주류를 형성하고 있으며 계속해서 정세의 흐름을 파악하고 전체적인 상황을 고려하는 가운데 양자관계를 안정시키고 교류협력을 심화해야 한다고 지적한다. 이 장에서는 최근 들어 중국과 베트남, 라오스, 미얀마 등 이웃국가 변경지역의 비전통 안보문제를 중점적으로 조사하였고 윈난, 광시와 동남아 이웃국가의 비전통 안보문제가 갈수록 두드러지는 것은 변경지역 불법 인구유동, 초국경 범죄, 마약, 국제하천 항로 안전, 국제 하천 수리·수력발전 협력 등 다양한 영역과 연관이 있다. 이러한 문제들은 서로 관련되어 있으며 이로 인해 중국 서남 변강의 안정, 발전이 새로운 도전에 직면해 있다. 또한 중국과 동남아 이웃국가들이 선린우호관계를 발전시키고 협력을 전개해야 할 새로운 영역이 되었다. 이 장에서는 발전의 관점에서 광시, 윈난 개방, '일대일로' 건설에 참여하는 경험, 조치, 도전과 대책에 대해 분석하고 다음과 같이 정리했다. (1) 1980년대 이후 중국 서남 변강지역에서 범통킹만 협력, 메콩강 유역협력, 중국-아세안 자유무역지대, 방글라데시-중국-인도-미얀마 경제회랑 건설, 21세기 해상실크로드 건설 등 플랫폼과 매개체를 적극 이용해 주변의 동남아, 남아시아 지역과 경제무역, 인력 등 전방위적인 협력과 교류를 진행했다. (2) 향후 이 지역은 '일대일로' 건설의 기회를 맞이하는 동시에 많은 도전에 직면할 것이다. 이에 중국은 대외개방의 각종 정책을 적극 이용하고 지역의 성격에 따라 유연성을 발휘하면서 탐색과 실험을 진행해야 한다. (3) 중국은 서남변강지역에서 동남아 이웃국가와 우호 협력하는 환경을 조성해 여러 도전에 대응하고 새로운 정세 속에서 지속적으로 신뢰를 증진하며 협력을 심화해야 한다.

제5장에서는 해양대국 중국을 제기했다. 중국은 해안선이 1만8천여㎞에 달하고 중국에서 관할권을 주장하는 해역이 약 300만㎢이다. 또한 중국은 해양지리가 상대적으로 불리한 국가이다. 「유엔해양법협약」의 규정에 따르면, 연해국가는 200해리의 배타적 경제수역EEZ의 권리를 행사할 수 있다. 하지만 중국이 주장하는 배타적 경제수역은 독립적으로 행사할 수 있는 것이 하나도 없고, 모두 이웃국가와 중첩되는 수역이다. 이로 인해 중국과 해상 인접국은 해역 분계에 있어 복잡한 상황에 처해 있으며 특히 최근에는 일본과 필리핀, 베트남 등 국가와 해상 도서의 주권을 둘러싼 분쟁이 두드러진다. 때문에 중국 주변 해양문제가 발생하는 근원과 발전의 맥락, 향후 발전추세를 연구하고 분쟁이 일어나는 심층적인 원인과 분쟁의 단계적 특징, 분쟁에 대해 객관적으로 판정을 내리는 추세를 연구하는 것은 매우 필요한 일이다. 따라서 이 장에서 주로 연구한 것은 중국 해상안보, 중국 주변에서 일어나는 해상 분쟁의 기본 상황, 해상 분쟁에서 중국이 취하는 태도와 입장, 중국의 새로운 해양관과 조화로운 주변 환경의 구축 등이 있으며 이를 토대로 다음과 같은 관점을 제시했다. (1) 오늘날 세계의 해양사업 발전을 주도하기 위해서는 현대적인 해양관이 필요하며, 해양 군사패권으로 대표되는 서구의 해양관으로는 안 된다. 이러한 해양관은 역사적으로 이미 세계의 여러 문명, 특히 아시아와 아프리카, 라틴아메리카 문명에 엄청난 폐해를 초래했으며, 게다가 현재 각 해양국가 간의 해양경쟁이 치열해지고 복잡해지는 상황이다. (2) 오늘날 세계에서는 해양강국의 다극화 추세가 나타나고 국제 해양분쟁이 여기저기서 일어나며, 크고 작은 분쟁과 전쟁이 일어날 위험성이 상존하고 있다. 그러므로 서구의 해양

강국 모델은 지속 가능한 모델이 아니며, 이러한 낙후된 해양관은 결국 폐기되고 대내적으로 조화를, 대외적으로 평화를 추구하는 새로운 해양관, 해양강국 모델로 대체될 것이다. 시간적으로 보면 중국의 해양관은 역사적 연속성과 현실적 혁신성이 유기적으로 통합되어 있다. 공간적으로 보면 중국의 해양관은 해양환경의 조화와 해양권익의 수호가 유기적으로 통합되어 있다. 함의에서 보면 중국의 해양관은 21세기 해양 실크로드 건설과 유라시아대륙 일체화 경영이 통합되어 있다. (3) 해상 실크로드 건설의 핵심은 해상협력을 강화하고 해양협력 동반자관계를 지키는 것이다. 중국과 남중국해 이웃국가들 간 도서 귀속과 해역분할 관련 분쟁에 대해서는 평화적인 방식으로 쌍방 간 협상을 통해 합의에 도달하고 적절히 해결한다는 입장을 시종일관 견지하고 있다.

분쟁 해결 전에 우선 민감도가 낮은 영역에서부터 해상협력기제를 만들어 해상 실크로드의 구체적인 협력을 진행하는 주요 매개체로 삼아야 한다. 해상협력기제는 남중국해 안보, 환경보호, 과학연구, 어업자원 이용, 석유·천연가스 자원 개발, 해난구조 등 분야를 포함한다.

본 연구 성과는 싱광청邢廣程 연구원의 주관 아래 완성되었으며 머리말과 다섯 장의 본문을 포함하고 있다. 싱광청은 본 주제에 대한 연구의 사유방법, 구조를 제시하고 머리말(쑨훙녠孫宏年, 가오웨高月 참여)을 썼다. 본문의 다섯 장은 중국 변강의 서로 다른 지역의 대외관계와 안보, 안정, 발전 전략을 다루고 있으며 중국사회과학원 중국변강연구소의 학자들이 주요 내용을 집필하고 란저우대학蘭州大學, 화둥사범대학華東師範大學, 윈난대학雲南大學, 쿤밍이공대학昆明理工大學 등에서 관련 학자를 초빙해 협력을 진행했다.

제1장 '동북아 정세와 중국 동북 및 북부 변강지역 안보, 안정과 발전'은 비아오난畢奧南이 구성, 연락을 맡아 서두를 집필했다. 가오웨 부연구원은 제1절 '한반도의 지정학적 가치와 중국 동북 변강 안보'와 제2절 '동북아 지역협력과 중국 동북 변강 발전'을 집필했다. 아라텅아오치얼阿拉騰奧其爾 연구원과 추둥메이初冬梅 박사는 제3절 '러시아 전략의 동쪽으로의 이동과 중러 지역경제협력'을, 우란바건烏蘭巴根이 제4절 '중몽관계와 중국 북부 변강 발전 안정화'를 각각 집필했다.

제2장 '중앙아시아와 남아시아 인접국 정세와 중국 신장의 안정과 발전'은 쉬젠잉許建英 연구원이 구성과 연락을 맡아 주요 내용을 집필했다. 이 장에서는 화둥사범대학 왕하이옌王海燕 부연구원이 '동투르키스탄 문제와 중국 신장의 안정 및 대응전략'을, 란저우대학 주융뱌오朱永彪 부연구원이 '아프가니스탄 문제와 중국 신장 안정 및 발전'을 집필했다.

제3장 '남아시아 인접국과 중국 티베트 사회의 안정, 안보 및 발전'은 장융판張永攀 부연구원이 집필했다.

제4장 '동남아 정세와 중국 서남 변강의 안보, 안정과 발전'은 쑨홍녠 연구원이 구성과 연락을 맡아 서두와 제3절 '동남아 인접국과 중국 서남변강의 경제협력'과 제1절 '동남아의 지정학적 환경과 중국 서남변강지역' 일부 내용과 결론을 집필했고, 쿤밍이공대학 우시吳喜 부교수가 제1절 주요 내용과 제2절 '동남아 인접국의 비전통 안보와 중국 서남변강'을, 윈난대학 리천양李晨陽 교수가 제1절 중 '미안마 정국 변화와 중국 서남변강에 대한 영향'의 주요 내용을 집필했다.

제5장 '중국 해양권익 수호와 조화로운 해양환경 구축'은 리궈창李國强 연구원이 조직과 협조를 맡았고, 허우이侯毅 부연구원과 왕샤오펑王曉鵬 보조연구원이 각 절을 마무리했다.

본 프로젝트팀은 최선을 다했지만 여전히 부족한 점이 남아있다. 첫째 중국과 주변 국제환경의 관계를 어떻게 처리할 것인지, 그리고 중국 변강과 주변 국제환경 간의 관계 등 문제에 있어 모호한 부분이 있었다. 이러한 문제에 대해 연구하는 학술 분야가 명확하게 분리되지 않아 어떤 부분에서는 국가와 주변 국가의 관계를 보는 관점에서 연구하면서도, 중국 변강이 국가의 주변외교 전략을 관철하는 방면에서 맡게 되는 구체적인 역할과 기능에 대해서는 충분히 논술하지 못했다. 둘째, 국가전략위치를 논술하는 데 있어 중국과 주변 국가의 전략적 관점에서 문제를 고찰한 반면 중국 변강이 국가전략에서 어떠한 위치를 차지하는지, 어떤 역할을 하는지에 관한 분석은 충분히 이루어지지 않았다. 셋째, 프로젝트팀이 중국사회과학원과 대학의 학자로 구성되어 연구 스타일과 체제에 있어 몇몇 잘 맞지 않는 부분이 있었다. 이는 다수의 학과연구를 운용하여 중국 변강과 주변 국제환경을 연구하는 장점을 보여주는 동시에 부족한 점과 단점도 있음을 보여준다. 즉, 다수의 학과를 운용해 문제를 연구할 때 학과 간의 '충돌'이 일어난다는 것이다.

중국에 비교적 성숙한 중국변강학 학과가 아직 형성되지 못한 것이 이러한 결점이 나타난 가장 주요한 원인이다. 상대적으로 성숙한 중국변강사지학과로는 중국의 현실에서 나타나는 변강문제를 연구할 임무를 단독으로 떠맡을 수 없었고, 반면 새로 형성되고 있는 중국변강학 학과는 아직 충분히 성숙하지 못해 본 연구성과를 완성하는 데 어느 정도는 선천적인 장애를 초래했다. 하지만 어떤 일이든 양면이 있기 마련이다. 본 연구성과는 새로운 중국 변강학을 운용해 중국의 변강과 주변 국제환경을 연구하고자 노력한 유익한 실험이자 적극적인 탐색이기도 했다.

제1장

동북아시아 정세와 중국 동북 및 북부
변강지역의 안보, 안정과 발전

동북아시아 지역은 중국의 헤이룽장黑龍江성, 지린吉林성, 랴오닝遼寧
성, 네이멍구內蒙古자치구와 북한, 한국, 일본, 몽골, 러시아 극동지역
등 광범위한 영역을 포괄하고 있으며, 동북아시아의 면적은 약 900
만㎢, 거주 인구는 약 3억 4천만 명에 달한다.[1]

중국 동북 3성과 네이멍구자치구의 52개 현縣(기旗), 시市(시직할구
市轄區)는 북한(약 1,420㎞), 러시아(약 4,280㎞), 몽골(약 3,193㎞)과 약
8,893㎞의 수륙경계선을 포함하는 긴 국경선을 접하고 있으며, 한국,
일본과는 바다를 사이에 두고 마주하고 있다. 동북아시아의 주요 국
가들은 지정학적 특성으로 인하여 서로 안보와 위기가 긴밀하게 연
결되어 있어, 지역 안보는 역내 발전과 협력에 필수적인 조건이다.
이로 인하여 동북아의 안보 정세는 중국 동북부 변강지역의 안정과
발전에 직접적인 영향을 미치게 된다. 이러한 맥락에서 동북아시아
지역의 정치 및 안보 협력은 역내 경제협력의 전제 조건이라고 할
수 있다.

동북아시아 6개 국가인 한국, 북한, 중국, 일본, 몽골, 러시아는 오
랜 교류의 역사를 갖고 있으며, 여러 차례 충돌을 경험하기도 했다.
제2차 세계대전과 냉전이 남긴 문제들로 인하여 개별 국가 간에는
때때로 영토 분쟁을 포함한 갈등이 계속되고 있다. 예를 들어 일본
은 역사 인식 및 영토 문제와 관련하여 주변 국가들과 대립 관계에
있는데, 중국과는 댜오위다오釣魚島(일본명칭 센카쿠, 역자주), 한국과

---

1) 「朝鮮、韓國、蒙古、日本的面積、人口的累加」, 『中華人民共和國外交部官網』,
   http://www.fmprc.gov.cn, 검색일: 2014年 10月 23日; 「中國東北三省及內蒙古」,
   『中華人民共和國中央人民政府門戶網站』·『國情』, http://www.gov.cn/guoqing,
   검색일: 2014年 10月 23日; 「俄羅斯遠東地區」, 閏曼華, 「2010年俄羅斯遠東聯
   邦區人口統計數據」, 『西伯利亞研究』, 2012年 第5期 참조.

는 독도, 러시아와는 쿠릴열도Kuril Islands 지역을 둘러싼 분쟁이 진행되고 있다. 이로 인해 국가 간 관계 경색이 지속적으로 반복되고, 여기에 외부세력의 영향까지 더해져 동북아시아에는 역내 안보에 대한 잠재적 우려가 상존하고 있다. 한반도에도 위기가 상존하고 있는데, 북한은 일본, 한국과 외교 관계를 맺지 않은 채 오랜 기간 적대 관계를 이어가고 있으며, 특히 북핵문제는 주변 국가의 안보뿐만 아니라, 직접적으로 중국 동북 3성 지역의 안보에도 매우 큰 위협으로 간주되고 있다. 또한, 중국과 러시아, 중국과 일본, 중국과 몽골, 중국과 남북한 등은 역사 인식에 있어서 많은 이견이 있고, 이들 국가 간에 대립과 상호 불신 등이 지속되고 있으며, 상호간 정치적 신뢰에 부정적인 영향을 미치고 있다.

동북아에서의 안보문제는 역내 6개 국가에만 국한되지 않으며, 분쟁의 배후에는 역외 강대국 또한 자주 등장한다. 아시아·태평양지역을 대상으로 하는 버락 오바마 미국 대통령의 "재균형" 전략은 동맹국들로부터 긍정적인 반응을 얻은 바 있다. 예를 들어, 당시 한국의 박근혜 대통령은 미국 의회 연설을 통해 "동북아 평화협력구상"을 공식 제안했고, 한미 동맹이 한국 외교정책의 핵심임을 강조한 바 있다. 또한, 당시 미국 오바마 대통령은 2014년 4월 일본 『요미우리 신문』과의 서면 인터뷰에서 미국 현직 대통령으로는 처음으로 센카쿠 열도가 미·일 안보조약 적용 대상이라는 점을 공개적으로 언급했고, 이는 동북아시아 안보문제에 새로운 긴장감을 가져오기도 했다.

사회제도와 가치관의 차이는 국가 간에 비교적 커다란 의견 차이를 가져올 수 있다. 또한, 개별 국가의 이익과 주장은 각각 다르기 때문에, 주변 국가들은 중국과 협력하는 동시에, 오랜 기간 마찰과 대립을 이어가고 있으며, 이는 중국 변강지역의 지정학적 관계에 큰 영향을 미치고 있다. 중국 정부는 다변하는 복잡한 국제 정세에 대응하고 주변 환경을 개선하기 위해 주변국을 대상으로 선린외교睦鄰外交를 적극적으로 추진하고 있다. 예를 들어 중국은 상하이협력기구에서 적극적 역할을 수행하고 있고, 보아오博鰲포럼을 개최해 주변국 정상들과의 폭넓은 교류를 이어가고 있으며, 동아시아정상회의(EAS), 아세안지역안보포럼(ARF), 아시아태평양경제협력체(APEC), 아시아·유럽정상회의(ASEM), 아시아협력대화(ACD) 등 각종 국제적 활동에도 적극 참여하고 있다. 한편, 중국에서 새로운 지도부가 구성된 이후 중국과 주변 국가와의 외교가 매우 중시되고 있다. 중국 지도부는 러시아, 중앙아시아 5개국, 한국, 몽골 등을 차례로 방문했고, 2013년 10월 개최한 주변외교공작좌담회周邊外交工作座談會에서 시진핑習近平 주석은 "주변국과 친밀하게 지내고親 성실하게 대하며誠, 혜택을 나누고惠, 포용하겠다容"는 의미를 가진 "친성혜용親誠惠容"의 주변외교 이념을 제시했다. 2014년 7월 시주석은 한국을 방문하여 12건의 주요 협약을 체결하고 90여 건의 상호 협력 사안을 확인했고, 8월에는 몽골을 방문하여 중국과 몽골의 양국 관계를 전면적 전략동반자관계全面戰略伙伴關係로 격상시켰다. 또한, 같은 해 9월 11일 타지키스탄의 수도인 두샨베에서 열린 중·몽·러 3국 정상회담에서 시주석은 "중·몽·러 경제회랑" 구상을 제안했다. 이 제안은 기존 실크로드 경제벨트와 러시아의 유라시아 횡단철도, 몽골의 초원의 길 이니셔티브의 연계를 통해 중·몽·러 경제회랑을 조성하는 것을 내용으로 한다. 이러한 새로운 협력 구상은 많은 관심을 불러일으켰다.

동북아시아 6개국 간에는 국가 안보의 측면에서 어느 정도 문제가 있지만, 에너지, 자원, 자본, 기술, 노동력, 시장 등 다양한 분야에서 국가 간 상호 보완성과 역내협력을 통한 큰 발전 잠재력이 있다는 것은 분명하다. 예를 들어 러시아와 몽골의 특수한 지리적 위치, 풍부한 광물자원, 낮은 인구밀도, 자금 부족 등은 모두 중국과 러시아, 중국과 몽골 간 협력 기회를 제공할 수 있다.

러시아 극동지역의 면적은 약 617만㎢이며, 9개의 연방 지역으로 구분되고, 거주 인구는 약 600만 명(러시아 전체 인구의 약 5퍼센트에 해당) 규모이다. 러시아 학자들에 따르면 극동지역은 러시아 최대의 경제 지역이자 천연자원의 보고이다. 예를 들어, 러시아는 약 26,872개의 광산을 보유하고 있는데, 이 중 약 11,927개가 극동지역에 위치하고 있다. 러시아 전체 자원 중 극동과 바이칼 지구의 비중은 석탄 30퍼센트, 탄화수소 20퍼센트, 목재 25퍼센트, 알루미늄 90퍼센트 이상을 차지하고 있다. 또한, 극동지역의 광물자원 매장 상황을 보면, 대략 구리 2,300만 톤, 주석 200만 톤, 금 6,500만 톤, 천연우라늄 50만 톤에 달한다.[2]. 이를 토대로 중·러가 접경지역에서 경제적으로 협력을 추진할 가능성이 매우 크다.

몽골의 경우 아직 채굴되지 않은 천연자원이 매우 풍부하며, 중국의 네이멍구자치구와 동북 3성 지역은 몽골과의 경제 협력 및 상업무역을 확대할 큰 잠재력을 갖고 있다.

동북아시아 각국은 지역경제협력을 통해서 자국의 경제구조 재정비와 민생 개선 및 국민 복지를 향상시킬 수 있다. 동북아 지역경제협력이 강화되면 정치적 갈등 등으로 훼손된 국가 관계가 복원되고 발전될 수 있을 뿐 아니라 정치적으로 상호 신뢰를 강화하여, 상호

---

2) (러) M. Titalenko, 「亞太地區的安全穩定與俄中利益」, 『東北亞論壇』, 2012年 第6期.

이익을 얻을 수 있다.

중국은 개혁·개방 이후 한국과 외교 관계를 수립했고, 러시아, 몽골과의 관계를 정상화했다. 이에 따라 중국 변강지역에서는 과거의 폐쇄적 형태에서 벗어나 대외 개방이라는 큰 변화가 나타났고, 이러한 개방 추세는 주변 환경이 개선됨에 따라 더욱 심화하고 있다.

중국은 12차 5개년 규획規劃을 통해 헤이룽장, 지린, 랴오닝, 네이멍구 등을 동북아시아 개방을 위한 주요 허브로 건설하기로 하였다. 이를 위해 중국 정부는 「동북지역 등 전통적 공업기지 진흥전략에 관한 의견關於進一步實施東北地區等老工業基地振興戰略的若干意見」, 「랴오닝 연안 경제 벨트 개발 및 개방 규획遼寧沿海經濟帶開發開放規劃」, 「중국 두만강 지역협력 개발계획 요강中國圖們江區域合作開發規劃綱要」, 「동북진흥 12차 5개년 규획東北振興十二五規劃」 등의 정책을 연이어 발표했고, 네이멍구 만저우리滿洲里 중점개발개방시험구와 두만강 지역(펑춘坪春)의 국제협력시범구 설치를 승인했다. 특히, 「중국 동북지역의 동북아 개방규획 요강中國東北地區面向東北亞區域開放規劃綱要(2012-2020)」 발표를 통해, 중국 동북지역의 동북아지역에 대한 개방은 한층 전략적이고 전반적으로 추진되어, 지역 경제 협력의 새로운 기회를 마련하였다.

동북아 지역 경제협력 증진과 관련하여, 동북 3성 및 네이멍구 지방정부는 다양한 교류협력과 공동발전을 위한 플랫폼을 구축했다. 대표적으로 국무원의 비준 아래, 2007년부터 중국 상무부, 국가발전개혁위원회 및 지린성 정부가 공동 주최하는 국가급 대형 국제지역 종합 박람회인 "동북아투자무역박람회東北亞投資貿易博覽會(약칭 동북아박람회東北亞博覽會)" 및 "동북아경제무역협력포럼東北亞經貿合作論壇"이 있다. 2008년에는 헤이룽장성 정부와 중국사회과학원이 공동 주최하고 헤이룽장성 사회과학원이 주관하는 "동북아지역협력개발국제포럼東北

亞區域合作發展國際論壇"이 개최되었고, 2004년 중국 과학기술부에서 비준하고 중국, 러시아, 몽골 정부가 공동으로 추진한 "중국만저우리북방국제과학기술박람회中國滿洲里北方國際科技博覽會" 등이 지금까지 운영되고 있으며 중요한 영향을 미치고 있다. 행사에는 한국, 중국, 러시아, 일본, 몽골 등의 정부 고위 관료, 전문가, 학자, 다국적 기업가 등이 참가했으며, 이러한 정기 박람회 및 포럼 등은 동북아시아의 경제 및 무역 교류를 활성화하는 데 기여하고 있다.

중국과 북한의 접경지대에는 15곳의 접경통상구邊境口岸가 있고, 중국과 러시아 사이에는 21곳, 중국과 몽골 사이에는 13곳의 접경통상구가 있다[3]. 동북아시아의 지역경제 협력과정에서 이 같은 접경무역은 중국 동북 변강지역과 주변 국가의 경제와 무역 협력에 중요한 역할을 담당하며, 변강지역 경제의 발전에 직접적인 영향을 주게 된다.

그러나 동북아시아의 경제협력 과정에서 개별 국가가 처한 상황이 다르므로 각국의 이해관계는 상이할 수밖에 없고, 따라서 경제협력 문제에 대해서도 동북아시아 6개국은 각기 다른 견해를 가지고 있다. 그러므로 이견을 인정하면서 공동의 이익 또는 목표를 추구하고, 각국의 이익을 조화롭게 발전시켜 나가는 것은 동북아시아 6개국 정부가 직면한 하나의 도전 과제다.

자유무역구(자유무역지대) 창설은 중국이 주변 국가들과 경제협력을 이어나가는 중요한 형식으로 이미 자리를 잡았다. 약 2년여에 걸친 협상 끝에 한중 자유무역협정(Free Trade Agreement, 이후 FTA)은 획기적인 진전을 보였는데, 2015년 2월 25일 한중 양국은 한중FTA 협정

---

3) 자료 출처는 각각 다음과 같다. 「關於中朝邊境口岸及其管理制度協定」, 「關於中俄邊境口岸協定」, 「關於中蒙邊境口岸及其管理制度的協定」.

문에 가서명하면서 그 구체적 내용에 대한 검토와 협상을 최종 완료했으며, 같은 해 6월 1일 한중FTA에 공식 서명했다4). 하지만, 중국과 몽골 간의 자유무역구 설립은 그 실현까지 양측의 추가적 노력이 필요한 실정이다. 한편, 북한-중국-러시아-몽골, 한국-중국-일본의 자유무역구 설립은 그 논의가 한창 진행 중에 있다. 이러한 동북아시아 국가 간의 새로운 경제 및 무역 협력이 가시화되면, 중국 변강지역의 경제 발전과 사회 안정에 매우 긍정적인 영향을 미칠 수 있을 것이다.

한편, 중국 변강지역 개방에 대한 각 지방정부의 주요 현안이 다르다 할지라도, 이는 모두 중앙정부의 통일된 관리하에 이루어지고 있다. 또한 종종 지방정부, 사회단체, 상업단체 등에 의해 주도되는 한국, 일본, 몽골, 러시아의 대중국 경제, 무역 거래와는 큰 차이를 보인다. 원활한 역내 협력을 위해서는 각국의 정치 제도 및 경제 관리 시스템, 비즈니스 관행, 금융 시스템 및 교육 제도, 법률 제도, 문화 전통과 가치의 차이를 비롯해 서로 다른 경제 발전 수준, 산업 구조, 시장의 성숙도를 고려해 역내 국가는 서로를 이해하고 정보 교환을 강화할 필요가 있다. 마찰이 없는 협력 환경을 조성하고, 주변 국가와의 우호 및 상호 신뢰관계를 강화하며, 역내 경제협력을 통해 변강지역에서 사회, 경제적으로 조화로운 발전을 촉진하는 것은 국가의 장기적 평화와 안보전략에서 중요한 내용이 되어야 할 것이다.

---

4) http://cpc.people.com.cn/n/2015/0603/c83083-27097401.html, 검색일: 2015年 6月 3日.

제1절

한반도의 지정학적 가치와 중국 동북변강지역의 안보

1 한반도의 지정학적 가치

근대 이래, 핼퍼드 매킨더^{Halford John Mackinder}의 '심장부 이론^{Theory of the} Heartland·陸權論', 앨프리드 세이어 머핸^{A. T. Mahan}의 '제해권 이론^{Commmand} of Sea Power·海權論', 니콜라스 스피크먼^{Nicholas John Spykman}의 '주변지역론 Rimland Theory·邊緣地帶理論' 등은 강대국이 다른 나라를 통제하고 세계의 자원을 약탈하는 지정학적 이론틀을 제공하였다. 이런 배경하에 한반도는 특유의 지리적 위치로 인하여 중요한 지정학적 의미를 부여받았다. 한반도는 유라시아와 태평양 사이의 주변지대라 할 수 있다. 스피크먼의 주변지역론은 "유라시아 대륙의 주변지역은 대륙의 심장부와 연안지역의 사이에 위치하여 중간 영역으로 간주되고, 해상 세력과 육상 세력의 충돌이 있을 경우 하나의 거대한 완충지대 역할을 하게 된다"고 설명하고 있다.[1] 또한 해당 이론은 주변지역이 세계 정세의 격전지이자 세계 정치의 중심이 된다고 강조하고 있다.

한반도의 후방에는 유라시아 대륙이라는 대륙의 심장부가 있고, 전방에는 태평양이라는 해상 중심지가 있기 때문에 한반도는 육상 세력과 해상 세력의 교차점에 해당되고, 명확히 주변지역의 특징을 갖게 된다. "한반도는 대륙의 국가가 동쪽을 방어하는 마지막 방어선이자, 해양지역의 국가가 육지로 세력을 확장하는 데 첫 번째 장애물"이 되는 것이다.[2] 청일전쟁, 러일전쟁, 한국전쟁 등은 모두 육상권력을 가진 국가陸權國家와 해상권력을 가진 국가海權國家 간 교차점에 위치한 한반도의 통제권을 두고 벌어진 전쟁이었다. 이 전쟁들은 각국의 행위를 엄격하게 규제하는 이념과 규범 등이 없는 국제 환경 속에서 고유한 지리적 위치로 인해 부각된 한반도의 지정학적 가치를 정밀하게 보여준다. 또한, 한반도는 아시아 대륙과 일본 열도 사이의 교량으로 볼 수 있다. 한반도는 아시아 대륙이 태평양으로 뻗어 나가는 돌출부에 위치하고 있다. 남북이 좁고 긴 형태로 일본열도와 바다를 두고 마주하고 있으며, 일본 혼슈 섬本州島까지의 최단거리는 약 180㎞이다. 역사상 한반도는 일본과 아시아 대륙 사이의 교량橋梁이자 디딤돌跳板 역할을 해왔다. 1590년 일본이 통일된 후 곧이어 1592년과 1597년 두 차례 한반도에 대한 침략 전쟁을 일으켰고, 한반도를 점령한 일본은 중국 점령을 시도하기도 했다. 이후 일본에서 나타난 "해외웅비론海外雄飛論"과 "대륙정책大陸政策" 또한 한반도의 지정학적 가치인 디딤돌 역할에 기반을 두고 대두되었다. 마지막으로 한반도는 동북아시아 해상 교통의 주요 길목을 지키고 있다. 한반도와 일본 열도 사이에 위치한 대한해협朝鮮海峽은 동중국해와 황해

1) (미) Spykman, 『和平地理學』, 商務印書館, 1995, p. 76.
2) 孟慶義 外, 『朝鮮半島: 問題與出路』, 人民出版社, 2006, p. 46.

를 연결하는 유일한 통로이며 동북아의 해상 요충지로서 "동북아시아의 관문"으로도 불린다. 한반도는 대한해협 북익北翼에 위치하여 해협 중의 일본 쓰시마對馬島 등과 함께 방어의 요충지를 구성한다.

지리적 요인 외에도 현대의 지정학은 "필연적으로 인류사회의 발전 상태, 국가 간의 관계, 각국의 전략적 의도 등과 연관되고", "어떤 지역에서 지정학적 의미가 나타나는지는 이를 둘러싼 각국의 전략적 목표와의 관계에서 결정된다".3) 한반도의 지정학적 의의는 강대국들이 자국의 전략적 이익 등을 위하여 한반도의 주요 사안에 개입하면서 부각된다. 한반도와 관련된 현대의 지정학적 의미는 단순히 한반도의 지리적 위치에 의해 결정되는 특징과는 큰 차이가 있다.

제2차 세계대전 이후 개별 국가의 주권과 영토를 수호하는 국제체제가 점진적으로 확립되었고, 어떤 나라도 잔악한 점령, 약탈 등의 방식으로는 더 이상 전략적 목표를 이룰 수 없게 되었다. 이에 따라 각국은 효과적인 통제를 통하여 이익을 극대화하는 전략적 목표를 중시하게 되었다. 이로 인해 각국이 추구하는 전략적 이익의 충돌로 한반도의 지정학적 의의가 드러나게 된다.

냉전 시대에 미국은 소련의 억제 등을 위하여 대對한반도 정책을 추진했고 한반도에서 미국의 영향력을 확대하기 위해 노력했으며, 한반도를 일본과 동일선상에서 중요한 "도련선島嶼鎖鏈"이라는 핵심적인 연결대상, 전략 거점, 주요 전진기지로 간주했다.4) 냉전이 종식된

---

3) 金景一・金強一, 「朝鮮半島的地緣政治意義及其對我國的影響研究」, 『延邊大學學報』(社會科學版), 2008年 第4期.

4) (미) Brzezinski, 劉曉明 外(譯), 『競賽方案』, 中國對外翻譯出版公司, 1988, p. 48.

이후에도 미국은 여전히 한반도의 지정학적 가치를 매우 중시하고 있으며, 한반도를 동북아시아의 판도에 큰 영향을 미칠 수 있는 변수로 인식하고, 이를 이용해 동북아시아에서 러시아와 중국의 발전을 억제하고 있다. 인권과 이데올로기 대결은 미국이 한반도 이슈에 개입하는 표면적인 수사일 뿐이며, 미국은 한반도가 적절한 긴장 상태를 유지하면서 동맹인 한국과 일본을 미국의 전략적 틀 안에서 견고히 통제하려고 노력하고 있다. 동시에 동북아시아에서 미국의 전략적 방향은 통제와 협력을 병행하는 것이지만, 협력은 국가 간의 정상적인 교류에 국한되며 통제가 전략의 핵심으로 볼 수 있다. 한반도의 분단 상태와 이로 인한 통제 가능한 범위 내에서의 불안정성은 미국이 동북아시아에 개입하고 통제를 할 수 있는 전략적 지점을 제공한다.

과거 냉전시기에 소련은 한반도에 대한 쟁탈과 침투 태세를 유지하면서 전쟁 준비 차원에서 한반도에 대한 군사적 영향력을 지속적으로 강화했다. 소련이 해체된 이후 소련 시절과는 비교할 수 없겠지만, 한반도는 러시아에게 여전히 전략적 관심지역이다. 특히 러시아가 극동지역에 대한 개발전략을 진행하면서, 러시아의 관점에서 한반도의 지정학적 가치는 더욱 부각되고 있다.

한편, 일본은 자국 안보의 관점에서 한반도를 주시하고 있다. 일본은 현재까지 한반도가 일본의 안보에 영향을 미치는 지역이라고 인식하고 있다. 일본의 한반도 전략은 일본과 대립하는 국가가 한반도를 통제하지 못하도록 하는 것이다. 이를 위해서 일본은 안보 분야에서 미국, 일본, 한국의 3개국 동맹에 참여하고 있으며, 한반도에서의 영향력을 확대하고 한반도의 현상 유지를 위한 노력을 기울이고 있다. 일본의 관점에서 보면 안정적으로 분열되어 있는 한반도가 일본의 안보에 유리하며, 일본은 통일되어 강력해진 한반도를 원하지 않는다.[5] 한편 일본은 줄곧 정치 대국의 지위를 추구하고 있으며, 그러기 위해서는 외부환경에서 빌미를 찾아야 할 필요가 있다. 일본은 주변 국가들과 정치적으로 긴장 관계를 조성하고 국가가 곤경에 처할 수도 있다는 논리를 내세워 일본 국민의 위기의식을 고조시켜 군사력 확장을 제한하는 법률의 개정에 대한 여론을 조성하고, 군사 대국화를 핵심으로 하는 정치 대국의 목표를 추진하고 있다. 현재 동북아의 불안정한 구조는 일본에게 정치 대국화라는 전략 목표의 기초를 제공하고 있으며, 이러한 불안정 구조의 핵심은 한반도의 분열 상태로 볼 수 있다.

중국은 북한과 인접해있다. 냉전 시대의 이데올로기적 대결 상황에서 중국은 북한을 미국에 대항하는 완충지대로 간주했으며, 한반도의 지정학적 가치는 중국의 국가 안보와 국가 전략의 중요한 사안이다. 냉전이 종식된 이후 중국은 남북한을 대상으로 등거리외교를 시작했고, 한반도 이슈에 적극적으로 개입하고 6자회담을 주도하여 한반도의 비핵화, 평화 정착과 중국의 사회경제발전에 유리한 주변 환경을 조성하기 위해 노력해왔다.

종합적으로 살펴보면, 미-러-일-중 4개국의 전략적 의도가 한반도에서 교차하면서 경쟁 구도를 형성하고 있고, 이러한 다원적 힘의 작용으로 한반도의 지정학적 가치가 부각되고 있다.

---

5) 吳學文 編, 『十字路口的日本』, 時事出版社, 1988, p. 208.

2 한반도 정세에 영향을 미치는 요인분석

현재 한반도 상황은 미국의 "아시아 회귀전략Pivot to Asia"과 북핵 문제에 주로 영향을 받고 있다.

(1) 미국의 "아시아 회귀전략"

현재 학계에서는 미국의 "아시아 회귀전략"이 경제, 외교, 군사라는 3가지 주요 영역을 포함하고 있다고 보는 견해가 우세하다. 그중 군사영역에서 군사력 배치의 변화는 미국의 전략 중심이 이동했음을 보여주는 확실한 지표이자 아시아 회귀전략의 최대 핵심이며, 미국의 경제, 외교 전략 전환을 뒷받침하고 있다. 또한, 아시아 회귀전략에서 군사 전략의 변화는 한반도 정세에 큰 영향을 미친다.

미국은 아시아 회귀전략을 실시하며 아태지역에서의 군사적 입지를 강화하기 위한 노력을 지속해왔다. 한반도에서 미국은 기존의 한·미, 미·일 군사 동맹을 더욱 공고히 하여 이를 바탕으로 한·미·일 군사 동맹을 수립함으로써 해양 분쟁과 역사 문제를 놓고 대립하는 한국과 일본을 안보와 방위 분야에서 하나로 묶어 미국이 주도하고 한국과 일본이 참여하는 신형 군사협력관계를 구축했다. 이를 바탕으로 최근 몇 년간 한미 군사협력이 한층 강화되고, 한반도에서 군사훈련이 빈번히 진행되고 있다. 미국과 한국은 이러한 훈련이 방어적 훈련임을 대외적으로 표명하고 있지만, 북한은 해당 훈련이 매우 공격적이라며 강경한 반응을 보이고 있다. 2013년 미국이 한반도에서 B2 폭격기를 사용하여 한미 연합군사훈련에 참가한 후, 북한은 이를 전쟁 상황으로 간주하고, 핵 타격과 전면 전쟁으로 대응할 것임을 밝혔다. 2014년 한미 군사훈련에 대해 북한은 여러 발의 미사일 발사로 대응했다. 또한 북한에 수감 중인 한국계 미국인 배준호裴俊浩의 석방을 논의하기 위해 방북할 예정이었던 로버트 킹 전 미국 국무부 북한 인권 특사의 입국을 거부했다.

미국의 "아시아 회귀전략"에서 군사 전략의 변화는 한반도의 긴장 상태를 고조시키고 있는 것으로 보인다. 안보 분야에서의 한미협력이 북한을 자극하고 있으며 이는 한반도를 전쟁 위기로 몰아갈 수 있는 위험성을 내재하고 있다. 한미 군사동맹이 지속되고 군사훈련이 계속하여 진행된다면 한반도의 긴장국면이 근본적으로 완화되기는 어려울 것이다.

(2) 북핵 문제의 영향

북핵 문제는 1990년대 이후 한반도 정세에 지속적으로 큰 영향을 주는 중요한 요인이며, 다음과 같은 측면에서 그 영향력이 구체적으로 나타난다.

첫째, 북핵문제는 미국의 한반도 주요 사안에 개입과 한반도에 대한 영향력을 지속할 수 있는 토대를 제공한다는 점이다. 북핵 문제는 본질적으로 북미 양국의 이익 갈등으로 볼 수 있다. 북한은 소련이 해체되고 미국이 세계 패권국으로 부상한 이후 생존과 안보를 외교의 최우선 과제로 삼고, 북한의 현 체제와 정권 수호를 그 핵심으로 하고 있다. 1990년대 한국이 소련, 중국과 외교 관계를 수립하면서 북한은 외교적으로 유례없는 어려움에 직면했고, 연이은 자연재해로 경제적으로도 곤경에 빠지며 "고난의 행군"을 시작해야 했다. 이때 북한의 2세대 지도자인 김정일은 핵무기 개발을 핵심 내용으로 하는 "선군정치", "강성대국 건설" 등의 새로운 정치이념을 내세워 북한의 외교적 협상카드로 삼았다. 북한은 북미 간 핵 협정 체결 과정을 통하여 "벼랑 끝 전술"에 내포된 정치, 경제적 이익을 간파하게 된다.6) 북핵 문제의 전반적인 진행과정을 살펴보면, 북한은 빈번히 핵과 관련된 "벼랑 끝 전술"을 추진하는데, 이에는 미국의 군사적 타격 가능성 억제, 국제 제재 대응, 경제적 이익과 맞바꾸기 위한 중요한 협상카드로의 사용 등을 포함하고 있다.

미국의 관점에서 북핵문제는 핵 확산 억제와 연결된다. 북한이 핵을 보유하면 한국과 일본 역시 핵 보유를 추진할 수 있고, 이에 따라 동북아시아 지역에서 핵무기 경쟁이 진행될 수 있다. 또한, 한국과 일본이 핵을 보유하면 미국의 핵 보호에서 벗어나게 되며, 한국과 일본에 대한 미국의 영향력이 크게 줄어들 수 있다. 한편, 미국은 북한이 이성적이지 않은 판단을 할 수 있다고 우려하고 있다. 미국은 북한의 핵 보유가 동북아시아에서 미국의 군사 주둔과 미국의 동맹국인 한국과 일본의 안보에 위협이 되고, 핵 기술과 원료 등이 국제 테러조직에 유출될 수 있는 가능성이 있다고 간주한다. 북한의 핵은 분명 미국의 안보에 부정적 요인이지만, 이와 상반되게도 북핵 문제는 아시아, 태평양 지역에 미군이 주둔하고 미사일 방어 체계를 구축할 수 있는 근거를 제공하고 있으며, 이를 통해 미국은 한반도의 주요 사안에 개입하고 지속적으로 영향력을 행사할 수 있다.

---

6) 1990년대 초, 미국은 북한이 핵무기 개발을 진행하고 있는 것을 확인하고 '핵확산방지조약'을 위반했다고 간주하고, 북한 핵시설에 대한 군사 공격을 진행하고 싶어 했다. 이후 북미는 회담을 거쳐, 1994년 제네바기본합의서에 서명했다. 북한이 핵 개발계획 중단을 약속하고, 미국은 경수로 건설과 에너지 자원 제공 등의 보상을 약속했다.

이러한 관점에서 북핵문제는 북한의 이익뿐만 아니라 미국의 전략적 이익과도 연결되며, 북핵문제의 발단과 발전의 진행 과정은 북한과 미국, 양국의 이해 충돌 결과로 볼 수 있다. 북핵 문제는 미국이 한반도의 주요 사안에 개입하게 되는 주요 원인이며, 미국은 북한의 핵 능력을 제거한다는 전략적 목적을 갖고 있다. 이에 현재까지 진전된 북핵문제와 관련하여 미국이 한반도 사안에 개입하게 된 이유와 목적의 선후 인과 관계는 명확하게 구분하기에 다소 어려움이 있다.

둘째, 북핵문제는 남북한 갈등을 증폭시키고 있다. 법리적으로 남북한은 여전히 전쟁 상태에 있고, 양국은 서로를 최대의 적으로 간주하고 있다. 북한이 핵을 보유하게 되면, 한국이 북한 핵 위협의 직접적인 피해자가 될 수 있기 때문에 한국은 북한의 핵 보유에 결사적으로 반대하는 입장이다. 한편 북한이 핵 보유 노력을 기울이게 된 배경을 살펴보면, 주한미군의 존재와 미국이 한국을 위해 '핵우산'을 제공하고 있다는 것이다. 이는 북한에게 전략적 위협 상황으로 간주될 수 있다. 또한, 북한은 재래식 무기 측면에서 한국과 대비하여 명확한 열세를 보이고 있고, 북한에게 핵우산을 제공할 국가가 없기 때문에, 스스로 핵무기를 개발하여 위협을 피하고, 이를 통해 한미 양국의 잠재적 과잉 행동을 억제할 수 있다고 판단하고 있다. 북핵문제는 지속적으로 발전되어왔으며 북한의 핵전략이 핵과 안보를 교환하는 것에서 핵을 통한 안보확보로 점차 조정되면서 한반도에서의 핵 보유가 점차 현실화되어가고 있다.[7] 북한은 남한과의 마

---

7) 王曉波, 「朝核問題:內在邏輯與中國的外交政策選擇」, 『國際觀察』, 2011年第1期.

찰 국면에서 밀리지 않고 있으며, 연평도 포격 도발 사건과 수차례의 탄도미사일 시험발사도 핵 보유라는 배경에서 진행된 강경정책의 실현으로 볼 수 있다.

한국은 북핵문제를 평화적 수단을 통해 해결한다는 방향성에는 찬성하지만. 미국과 협의 없이 북한에게 안전을 보장할 수는 없다는 입장이다. 북한의 핵 보유로 한국은 안보의 위협을 느끼지만, 그 반대의 경우 도리어 북한이 위협을 느끼게 된다. 남한과 북한이 서로를 신뢰할 수 없는 환경에서 한반도는 안보 딜레마에 빠져있다.

3 한반도 정세와 중국 동북 변강지역의 안보

한반도는 중국 동북지역과 육지로 연결되어 있고, 북한과 중국 사이에는 1,400㎞ 이상의 육상 국경 경계선이 있다. 또한, 중국의 동북, 화북, 화동지역 등 인구가 밀집하고 경제 발전 수준이 비교적 높은 지역은 서해(황해)를 사이에 두고 한반도와 인접해 있다. 지난 100여 년의 역사는 중국의 동북, 화북, 화동지역과 서해가 한반도의 정세 변동에 따라 직접적으로 영향을 받는 지역임을 보여주었다. 남북한이 대치하고 있는 상황에서, 한반도의 정세는 여전히 중국의 안보·안정과 관련되어 있다. 한반도 정세에 큰 변동이 발생하면 중국의 동북, 화북 연안 등 전략적 요충지와 수도인 베이징北京의 안보에 직접적인 위협이 형성된다.

냉전시기에 몇몇 사람들은 북한을 통제하면 서해의 해상통제권을 얻을 수 있다고 여겼다. 랴오둥반도遼東半島, 친황다오秦皇島 등에 대한 해상 상륙을 통해 다롄大連, 톈진天津, 베이징 등의 요충지를 빼앗거나,

또는 북한-중국 국경의 하천을 넘으면 동북지역을 점령하고 그대로 남하해 베이징까지 진격할 수 있다. 이 두 전략을 함께 쓴다면 아주 빠르게 동북과 화북지역을 점령할 수 있게 된다.[8] 이는 냉전적 배경에서의 전쟁 구상에 불과할 수 있지만, 군사지리학적인 측면에서 보면 여전히 현실적인 의미를 갖고 있다. 만약 한반도가 적대세력에 의해 통제된다면 중국의 국가 안보와 연관되며, 그 영향력은 직접적으로 육지에 작용하거나 해양을 통해 간접적으로 육지에 도달할 것이고, 중국 북쪽의 두만강에서 남쪽 산둥반도까지 광활한 지역 모두가 외부세력의 영향하에 놓일 수 있다.

냉전이 종식된 오늘날 중국과 한반도의 국가들이 직접적으로 군사적 충돌을 일으킬 가능성은 크지 않지만, 한반도에 여전히 잔존하고 있는 냉전구도 및 한·미, 미·일 동맹과 북한의 저항에서 발생할 수 있는 충돌은 여전히 중국 안보에 위협이 되고 있다. 한반도에서 충돌 상황이 발생하면 중국은 북한과 전통적으로 우호관계를 갖고 있기 때문에 외교적 수세에 몰릴 수 있을 것이며, 중국 동북부 지역의 안보에도 큰 영향이 있을 것이다. 동시에 한반도 문제를 빌미로 동북아시아 지역에서 미국의 영향력이 한층 강화되고 중국에 대한 군사적 압박도 가중될 것이다. 이러한 긴장이 중미의 직접적 군사 충돌로 전환되지는 않겠지만 중국의 발전이 제한되고, 발전 속도에도 매우 부정적 영향을 미치게 될 것이다.

안보 분야에서 한반도 정세는 중국 동북지역에 위치한 조선족자치주의 치안에 영향을 미치고 있으며, 이는 주로 탈북자들로부터 비롯되었다. 북한 주민들이 북·중 접경을 넘어 중국으로 불법 입국했

---

8) (日) Osanai Hiroshi, 『第三次世界大战』, 上海人民出版社, 1972, p. 87.

던 것은 1980년대 중반부터 시작되었지만 과거에는 그 규모가 크지 않았고, 중국 동북지역에도 그다지 심각한 위협이 없었다. 탈북민들의 불법 입국 규모와 북한의 국내 정세는 직접적인 상관이 있다. 1990년대 중반 북한은 연이어 수년간 자연재해를 겪으면서 경제상황이 급격하게 악화되었고, 식량결핍 문제가 크게 대두되었다. 이러한 배경에서 북한에서 중국으로의 불법 입국 규모는 해마다 증가하였고, 2002년을 전후하여 정점에 이르렀다. 통계를 살펴보면, 2002년 옌볜延邊조선족자치주에서 송환한 탈북민 4,809명 중 옌볜에서 직접 붙잡은 탈북민은 3,732명으로 집계되었다. 이 중 2002년에 탈북한 사람은 2,040명이었다. 이 외에도 옌볜자치주는 합법적으로 입국했지만 이후 불법 체류하고 있는 313명을 색출하기도 했다.9) 중국에 불법 입국한 대부분의 탈북민들은 옌볜에 도착한 이후 제3국을 경유하여 한국에 도착할 계획을 세우고 있다. 이들은 역내외 단체나 개인의 도움을 통해 옌볜을 출발하여 네이멍구, 광시, 윈난 등 접경지대까지 장거리를 이동한 이후 다시 제3국으로의 밀입국을 도모했다. 또한 이들 북한 불법 입국자들의 이동과 밀항을 돕는 지하산업구조가 형성되어있다.

탈북민들은 중국 동북지역 특히 조선족 밀집 거주 지역의 치안에 위해를 끼친다. 불법 입국 규모가 커짐에 따라 탈북민들이 옌볜자치주에서 일으키는 절도, 강도, 살인 등의 형사 사건이 끊임없이 나타나고 있다. 구체적인 통계는 없지만, 분명한 것은 이러한 사건이 불법 입국 규모에 비례하여 늘어났으며, 2001년에서 2003년에 가장 많

9) 鄭信哲, 「朝鮮半島局勢對朝鮮族地區發展與穩定的影響」, 『中南民族大學學報』(人文社會科學版), 2007年 第1期.

이 발생한 바 있다.[10] 최근 몇 년간 옌볜자치주 공안부서의 단속과 국경관리가 강화되면서 탈북민에 의해 야기되는 형사 사건의 건수는 전체적으로 감소하는 추세이지만 여전히 지속되고 있다. 예를 들어 2013년 12월경 중국 옌지시延吉市 시내에서 불법 입국한 북한인이 강도 범행으로 사람을 다치게 한 사건이 있었으며,[11] 2014년 12월 27일, 총을 휴대하고 탈북한 북한군 병사가 중국 주민 4명을 살해하기도 했다.[12] 탈북민들이 중국 동북지역 조선족 밀집지역의 사회 안

---

10) 예를 들어 2001년 12월 29일, 북한경찰이 불법적으로 월경하여 중국 투먼시(圖們市) 량수이진(涼水鎭)의 나무를 벌목했음. 2002년 6월 16일, 중국 옌볜 허룽시(和龍市) 남핑진(南坪鎭) 류동(柳洞) 수목원에서 강도살인사건이 일어나 중국 변경지역 주민 3명이 사망했으며, 중국 공안 조사결과 이는 탈북한 북한인의 소행으로 확인됨. 2003년 1월 30일, 옌볜주 공안은 룽징시(龍井市) 차오양촨진(朝陽川鎭) 산성 일대에서 5명의 탈북자를 검거했으며, 조사 결과 해당 5명은 2002년 10월부터 옌지시(延吉市), 룽징시 등 지역에서 연쇄 절도 21건의 범죄를 저지른 것으로 확인됨. 2003년 1월 23일, 중국 훈춘시(琿春市) 반스진(板石鎭)에서 북한군 병사들이 양국 간 협의를 위반하고 총기를 소지한 채 불법으로 월경한 사건이 있었는데, 이들은 중국에서 공공연히 총을 쏘고 중국 국경지역 주민을 칼로 찌르는 사건을 일으킴. 2003년 1월 27일, 중국 옌볜주 산하 훈춘 공안변방대대 소속 징신(敬信)변방 파출소는 징신진 얼다오촌(二道村)에서 불법 월경한 북한 경비대원 1명을 체포함. 현장에서 북한의 6.8식 자동소총 1정, 탄창 4개, 실탄 15발, 수류탄 3발, 총검 1개, 탄약주머니 1개를 압수함. 2003년 1월 29일과 2월 19일, 룽징시 싼허진(三合鎭) 차오핑촌(草坪村)과 다쑤촌(大蘇村)에서 연속하여 탈북한 북한인으로 인한 강도 살인이 일어나 중국 국경지대 주민 4명이 사망했음. http://news.china.com/zh_cn/domestic/945/20030917/11541277.html, 검색일: 2015年 1月 8日.

11) 「莫存僥倖收留、僱傭非法越境人員」, 『延邊州公安局網站』, 2013年 12月 26日, 검색일: 2015年 1月 8日.

12) http://news.china.com/domestic/945/20150106/19179417.html, 검색일: 2015年 1月 7日.

정에 부정적인 영향을 주고 있는 것이다.

한반도 정세는 중국 동북지역의 환경 안보에도 위협이 되고 있다. 북한이 수차례 핵실험을 한 지점은 북·중 국경과 비교적 가깝고, 3차 핵실험 장소는 북·중 접경에서 100㎞도 떨어져 있지 않다. 핵실험으로 인하여 북한 국경과 가까운 중국 내륙에서도 지진이 감지되고 있다. 이로 인하여, 북한과 인접한 중국 동북지역의 환경 역시 핵실험의 영향을 받기 쉽다. 중국 환경 관할부처의 모니터링 결과, 북한의 핵실험으로 인한 방사성 물질이 중국 동북지역에 아직까지 유입되지는 않았지만,[13] 환경과 관련된 잠재적 위협 요인은 여전히 존재한다. 우선 북한의 핵 기술은 초급 단계에 있기 때문에 핵실험의 안전성이 보증될 수 없으며, 핵실험 과정 중 발생할 수 있는 사소한 실수는 큰 재난을 초래할 수 있다. 또한 지금까지 중국 동북지역에서 북한 핵실험에 따른 방사성 물질이 검출되지 않았던 것은 유리한 기상여건의 영향을 일부 받았기 때문이다. 방사성 물질은 편서풍의 영향으로 북한을 기준으로 볼 때 동쪽으로 확산되기 쉽다. 2006년 10월, 북한의 1차 핵실험 진행 이후 미국은 북한의 동쪽 지역에 위치한 일본 규슈九州島, 혼슈, 홋카이도北海道 지역의 약 3,000미터 상공 대기에서 핵실험으로 발생한 방사성 물질이 검출된 것을 확인한 바 있다.[14] 만약 기상 조건에 어떠한 변화가 생긴다면 중국 동북지역에도 방사성 물질이 충분히 파급될 가능성이 있다는 것을 보여주는 것이다. 이 외에도 핵실험으로 인한 주변 산의 형체, 지질 변화 등도 보다

---

13) 「朝核試驗尚未對我環境和公衆健康造成影響」, 『新華每日電訊』, 2013年2月 15日.

14) 陳軍·朱文凱·周百昌·熊建平, 「朝鮮核試驗後環境放射性污染的能譜分析」, 『第十四屆全國核電子學與核探測技術學術年會論文集(下冊)』, 2008年 7月.

면밀히 조사할 필요가 있다. 마지막으로 북한이 여러 차례 진행한 핵실험과 그에 따른 중국 동북지역 환경에 대한 잠재적 위협은 북·중 국경지역 인근에 거주하는 중국인들에게 이미 심리적 공황상태를 야기하고 있다. 만일 이것이 집단적인 심리적 공황으로 확산된다면 중국 변경지역의 사회적 안정이 심각하게 위협될 수 있을 것이다.

한반도는 중국 동북 변강지역의 안정에 중요한 영향을 미치고 있으며, 이는 주로 중국 동북지역 조선족의 인구 유동성 증가에서 기인한다. 조선족 인구의 이동은 중국 국내와 국외 양방향 모두에서 나타난다. 조선족 인구의 국외 이주의 주요 목적지는 한국이다. 한국 경제의 발전, 조선족과 한국인의 언어, 혈연, 관습 등에서의 연계성은 조선족이 한국으로 향하는 배경이 되고 있다. 한국으로 향한 조선족들은 주로 노동력 수출 형태로 넘어갔으며, 한국정부가 2004년 이후 지속적으로 외국인 고용정책을 개선한 것도 조선족이 한국에서 일할 수 있는 유리한 조건을 제공하고 있다. 2004년 7월, 한국정부는 기존의 산업연수생제도를 대체하여 외국인고용허가제를 도입했고 외국인 노동자 정책을 규범화했으며, 조선족들에 대한 초청제한 축소, 취업분야 확대 등 일부 특혜조항을 통해 조선족들이 합법적으로 한국에서 일할 수 있는 기회를 확대했다. 2007년 3월, 한국정부는 방문취업제를 정식으로 시행했는데, 이는 외국인 노동자가 한국정부에서 주관하는 한국어 시험을 통과하면 한국에서의 근무자격을 얻을 수 있는 것이다. 이는 언어가 가능해도 한국에 연고자가 없는 조선족들에게 기회를 제공했으며, 제한된 초청에 의해서만 한국에 취업하러 갈 수 있었던 기존 취업 환경의 확대를 의미한다. 이와 같은 정책에 따라 2004년 이후 취업을 목적으로 한국에 가는 조선족의 규모가 빠르게 늘어났다. 2004년 한국에 거주하는 조선족 인구는 약 13만 명이었으나, 2006년에는 22만 명에 도달했으며, 방문 취업정책이 발표된 2007년 31만 명까지 급증했고, 2009년 초에는 40만 명에 달했다.[15] 2009년 이후 금융위기 여파로 한국의 경제 환경이 악화되자, 한국정부는 내국인의 취업 환경을 개선하기 위해서 외국인 노동자의 인원을 제한하기 시작했고, 한국에 거주하는 조선족 인구도 이로 인해서 줄어들었지만, 한국은 여전히 조선족 인구가 외부로 이주하는 1순위 국가이다. 이와 동시에 조선족들은 중국 내 대도시로도 이동하고 있는데, 대도시로 이동한 조선족이 근무하는 기업은 대부분 한국 기업이거나 한국과 관련된 기업이며, 이는 조선족과 한국인이 언어, 혈연, 관습 등에서 유사하기 때문이다.

조선족의 대규모 이동은 조선족의 정상적인 인구증가를 심각하게 저해하고 있으며, 옌볜자치주에서 조선족 인구는 수년째 감소하고 있다.[16] 필자가 2008년 옌볜자치주에서 조선족의 한국으로의 인력 이동에 관한 내용을 조사하던 중 조선족 거주 마을村에 어린이가 한 명밖에 없는 등 조선족 인구가 빠른 속도로 감소하는 추세를 확인할 수 있었다. 조선족 인구의 감소는 이미 변경지역에서 농경지 방치, 폐교 등 공동화空洞化 현상을 야기했고, 이는 중국 동북변경지역의 안정에도 직접적인 영향을 미칠 것으로 보인다.

이상에서 한반도 정세와 중국 동북변강의 안보 및 안정과의 연관성을 보면, 평화롭고 안정된 한반도가 중국 동북 변강지역의 안보와

---

15) 한국출입국관리사무소, 「국내 체류 중국동포 현황조사(國內滯留中國朝鮮族現況)」, 朴光星, 「赴韓朝鮮族勞工群體的國家、民族、族群認同」, 『雲南民族大學學報』(哲學社會科學版), 2010年 第3期에서 인용.

16) 朴美蘭, 「20世紀90年代以來延邊朝鮮族人口負增長原因探析」, 『東疆學刊』, 2010年 第1期 참조.

안정에 유리하지만, 이와 반대된다면 안보와 안정에 위협을 줄 수 있다. 중국은 이미 이데올로기와 사회제도에 기초하여 동맹을 추진했던 과거의 외교방식을 전환하였지만, 북·중 간에 "순망치한脣亡齒寒"이라는 전통적 논리의 영향력은 여전히 존재한다.

4 중국의 전략적 대응

(1) 남한과 북한을 모두 중시하는 "남북병중南北並重" 정책 추진

1992년 8월 24일 한중 양국은 정식 외교 관계를 수립했다. 한국과 중국의 외교 관계 수립은 경제 건설에 목표를 둔 중국의 전략적 중심의 변화를 반영하고 있는 것이며, 미국·러시아·일본과의 관계 개선과도 연관된다. 또한, 중국은 평화와 발전이라는 세계적 흐름 속에서 정확한 판단으로 한반도 정책을 단순히 정치와 안보의 관점에서만 살피지 않고 개혁·개방과 경제 발전을 고려하는 다각도에서 접근한 결과이며, 이러한 결과는 한반도에서 남한과 북한을 모두 중시하는 중국의 "남북병중" 정책으로 나타난다.

중국의 "남북병중" 정책으로 "중국은 미국·한국과 연합하여 북한을 억제하지 않으며, 동시에 북한과 연합하여 미국·한국을 억제하지도 않는다. 다만 중국은 미국과 북한, 한국과 북한 사이에서 중간 조정 역할을 수행할 수 있다.[17] 이러한 중국의 역할 정립에 따라 중국의 한반도에 대한 외교적 영향력은 과거 "일변도一邊倒"와 "북방삼각관계北三角"에 비해 크게 확대되었다.[18] 특히 북핵 문제가 발생한

---

17) 石源華, 「朝鮮半島戰略新平衡與中國的政策選擇」, 『韓國研究論叢』, 第23輯.

이후, 중국은 국제 핵확산금지조약[NPT]체제의 틀에서 북핵 문제의 평화적 해결 방법을 모색하고자 6자회담을 발기하고 이해당사자들을 위해서 평화적 협상의 장을 마련했다. 이 같은 역할을 바탕으로 중국은 한반도에서 발생했던 천안함 사건, 연평도 포격, 북한의 미사일 시험발사 등과 관련된 위기 처리에 참여했으며, 평화증진과 대화촉진의 원칙에 따라 한반도 정세가 악화되는 것을 막고, 동북아시아 지역에서의 평화와 안정에 기여했다.

중국은 현재의 "남북병중" 대對한반도 정책을 지속해야 한다. 중국의 대북정책을 고려하자면, 북한이 국제 규범의 최소 기준을 여러 차례 위반한 행동과 양국의 발전 방향의 차이, 국제적 역할에서의 위치, 국가 위상의 차이 등을 감안하여, 북·중관계를 정상적 국가관계로 자리매김하고, 동맹관계를 희석하고, 국제 사회와 함께 북한의 도발 행동을 저지해야 한다. 한국에 대한 정책에서 중국은 한중 양국의 전략적 협력동반자관계戰略合作伙伴關係를 강화하고, 경제무역 협력과 인문교류를 계속하여 확대해야 한다. 실제로 중국의 한국과 북한에 대한 정책에는 확연한 변화가 나타났다. 예컨대 중국은 2006년에서 2013년까지 유엔안전보장이사회에서 다섯 차례나 북한에 대한 제재안에 대하여 찬성표를 던졌다.[19] 2014년 7월 3~4일, 중국 시진

---

18) 중국의 한반도 외교 영향력이란, 중국이 북한, 한국에 대해 '설득(說服)'을 주요 형식으로 하는 정치권력으로서 중국이 외교적 수단을 통해 한반도 관련 행위주체의 행위 경향에 영향을 줄 수 있는 능력을 일컫는다. 袁學哲·黃鳳志, 「21世紀初中國朝鮮半島政策的多維審視」, 『遼寧大學學報』(哲學社會科學版), 2012年 第5期 참조.

19) 劉勝湘·李明月·戴衛華, 「從中國的聯合國投票看中國的朝鮮半島政策基於週期性視角」, 『社會主義研究』, 2013年 第6期.

핑 국가주석이 방한했는데 이는 2013년 국가주석에 취임한 이후 처음으로 다른 나라 방문과 연계하지 않고 한국만을 단독으로 방문한 것이다. 중국 지도자가 취임 후 북한보다 먼저 한국을 방문한 것은 이번이 처음으로, 상징적 의미가 있다. 시진핑 주석은 한국과 한중 FTA 추진 가속화와 금융 분야 협력 심화와 거시정책 협력을 강화하겠다는 입장을 밝혔다. 한중 양국은 경제·무역, 금융, 환경, 영사 등 주요 영역을 대상으로 12건의 협력문서에 공식 서명했다. 이렇듯 "남북병중"이라는 균형 잡힌 외교전략은 중국의 대북, 대남 정책 조율을 내포하고 있다.

다만 "남북병중"은 하나의 외교 정책이며, 진행 과정에서 해결해야 할 많은 문제가 남아있다. 가령 한·중 전략적 협력동반자관계戰略合作伙伴關係와 한미동맹관계, 그리고 한·중 전략적 협력동반자관계戰略合作伙伴關係와 북·중우호조약을 어떻게 조화롭게 운용할 수 있는지에 관한 문제가 있다. 또한 "남북병중" 정책은 중국의 한반도 정책에 대한 국제 사회의 제로섬zero-sum 게임 논리, 중국의 부상과 관련된 국제 여론의 회의나 억측에 직면할 수도 있다. 그럼에도 불구하고 "남북병진" 정책은 중국이 한반도 정세의 부정적 영향을 피하고, 자국의 발전을 위해 유리한 외부환경을 조성하는 가장 현실적인 선택으로 남아있다.

(2) 비핵화를 통한 한반도의 장기적인 안보체제 구축

냉전시기 한반도의 안보체제는 한국전쟁 당사자들의 휴전 협정에 기초한 세력균형안보체제均勢安全機制였다. 두 진영 사이의 대립과 한반도에서의 군사력 균형은 역내에서 이러한 평화체제가 유지될 수 있는 전제 조건이었다. 그러나 냉전 종식 이후 참전 당사국들은 남북한 양국을 제외하고 모두 관계를 정상화했다. 정치적 대립과 군사적 대치 등을 특징으로 하는 과거의 세력균형안보체제는 지금 국가 간 정치, 경제적 교류가 매우 밀접해지고 있는 새로운 세계화 환경과 국제 정세에 적합하지 않다. 또한 힘의 비교 측면에서도 한반도의 군사적 균형은 이미 오래전에 깨졌다. 북한이 안보적 고려로 인하여 사용한 "벼랑 끝 전술"과 핵 위기는 한반도를 수차례 전쟁 직전까지 이끌었다. 냉전시대가 종식된 이후 세력균형안보체제는 더 이상 동북아시아의 국제관계 구도에 적용되기 어렵다. 이를 대신할 새로운 안보체제가 필요하다.

새로운 안보체제는 북핵 문제의 평화적인 해결, 남북 관계의 안정 보장, 동북아시아 주요 국가들 간의 힘의 균형을 이룸과 동시에 동북아 지역 경제의 번영과 협력을 촉진해야 한다. 새로운 체제는 동북아시아에 구축되어 있는 기존의 양자 동맹과 병행해야 하며, 비대결적인 방법으로 동북아에서 관련 국가들의 힘이 다시 균형을 이루어야 한다. 안보협력체제合作安全機制만이 이러한 조건을 충족시킬 수 있다. 안보협력체제 역시 근본적으로 동북아시아에서 항구적인 평화와 안정을 보장할 수 있는 것은 아니지만, 세력균형안보체제가 유명무실해지고, 관련 국가 간 역사적 분쟁과 각종 갈등이 끊임없이 발생하는 상황에서 유일하게 실행 가능한 안보체제로 볼 수 있다. 제도화된 협력을 바탕으로 하는 이러한 매커니즘은 동북아시아 각국이 상호 간 신뢰를 축적하고 이를 통해 한반도의 항구적인 평화체제 건립을 촉진하게 할 수 있다.

중국은 한반도 정세에서 이해 관계자에 해당되며, 한반도의 장기적 평화와 안정을 모색하는 것이 중국이 추진하고 있는 동북아시아 외교 전략의 기본 목표이다. 중국은 한반도에 협력안보체제를 구축하기 위해서 적극적으로 개입하고 주도적인 역할을 수행할 것이다. 이러한 목적을 위한 현실적인 참여 방식은 6자회담에서 중국의 역할을 지속하는 것이다.

2003년 8월 북핵 위기 환경에서 한국, 북한, 미국, 중국, 일본, 러시아 6개 국가는 중국의 조정을 통해 베이징에서 북핵 문제 1차 6자회담을 진행한 바 있다. 6자회담은 2008년 7월까지 6차례의 공식 회담과 여러 차례의 단장 회의, 워킹그룹 회의 등으로 진행되었고, 이를 통해 많은 부분에서 공통된 인식과 기본원칙 등을 확인했다. 이렇듯 다자간의 공통된 인식과 기본 원칙에 관한 확인은 한반도의 평화와 안정에 중요한 의미를 갖는다. 그 예로 4차 6자회담에서는 동북아시아에서의 항구적 평화와 안정을 위해 함께 노력하기로 하고, 한반도의 항구적 평화체제 수립에 대하여 논의함으로써 한반도 평화체제 구축 방향을 모색했다. 이 밖에 6자회담은 "9.19 공동성명", "2.13 합의", "9.19 공동성명" 이행을 위한 2단계 조치 등 중요한 성과를 거두기도 했다. 하지만 북한은 2009년 5월 2차 핵실험을 진행한 이후 6자회담에서의 영구적인 탈퇴를 선언했고, 이로써 6자회담은 중단되었다. 6자회담이 재개되지는 못했지만, 그간의 노력을 통해 한반도의 긴장된 정세 완화와 평화체제 구축에 도움이 되는 방향을 검토했고, 관련 국가들이 하나의 틀에서 북핵문제를 논의할 수 있었다는 점에서 큰 의미를 찾을 수 있다.[20] 북핵문제 해결이 6자회담의 주된 목적이지만, 6자회담의 진행 과정을 살펴보면 관련국들이 이미 한반

---

20) 張玉國·白如純, 「朝鮮半島永久和平機制的構建: 動力與困境」, 『當代亞太』, 2007年 第1期.

도의 안보협력체제 구축에 대하여 이론적 검토와 실천 방안을 모색했다고 할 수 있다.

북미 양국의 견해차로 인하여 6자회담이 짧은 기간 내에 재개되기는 어려울 것이다. 그러나 관련 당사국 6개국의 이익의 조화를 통해 극단적인 상황을 피하려는 한반도 안보협력체제의 기능은 사라지지 않을 것이며, 당분간 "미래 동북아지역 안보체제 구축의 기본 틀이 될 것"으로 보인다.[21] 6자회담은 새로운 협력안보체제의 출발점으로 완벽하지는 않다. 가장 큰 약점은 6자회담에 참여하는 관련 국가에 대한 구속력과 집행력이 결여되어 있고, 이에 따라 회담의 성과가 실제 행동으로 이어지리란 보장이 없다는 것이다. 하지만 관련 국가들의 이해관계가 크게 엇갈리고, 한반도의 안보체제를 반드시 변화시켜야 하는 상황에서 6자회담의 형식이 비록 최선을 아니지만 가장 나쁘지 않은 선택이다.

---

21) 鄧集龍, 「六方會談機制對朝核危機的作用及影響」, 『國際資料信息』, 2010年 第9期.

제2절

동북아 지역협력과 중국 동북 변강지역의 발전

1 동북아 지역협력체계 구축

　세계화 추세가 나날이 심화되면서 세계 각국은 역내 협력을 중시
하고 있다. 한국, 중국, 일본은 세계에서 매우 중요한 경제체이자 동
북아시아 지역에서의 경제 강국이다. 경제·무역 분야에서의 상호 협
력이 점차 심화되고 있는 환경에서, 한·중·일 3국은 제도적으로 동
북아시아 지역협력체계 구축에 공감대를 갖고 있다. 그 중 한·중·
일 자유무역구 구축은 3국 간 역내 협력 심화에서 핵심적인 사안이
다. 현재 한·중·일 3국의 국내총생산^{GDP}은 전 세계 GDP의 약 20퍼
센트, 아시아 GDP의 70퍼센트 내외로 높은 비중을 차지하고는 있지
만, 북미 혹은 유럽 경제권과 비교해보면, 경제 일체화 정도와 지역
협력 수준이 아직까지 현저히 낮다. 거리의 근접성, 문화적 유사성,
경제적 상호보완성 등을 감안할 때 3국의 협력수준은 이에 상응하지
못한다. 일부 학자들은 동북아시아 지역 역내 국가들의 경제적 보완
성이 크고 세계에서 경제적 영향력이 가장 큰 지역이지만, 역내 국가

간의 협력 체계가 부족하여 아직 충분한 잠재력을 발휘하지 못한다고 설명한다.[22) 한·중·일 3국이 자유 무역 협정을 맺을 수 있다면 15억 인구 규모로 하나의 거대 시장이 형성될 수 있을 것이다. 관세와 기타 무역 규제의 철폐는 역내 유동성을 크게 증대시킬 것이며, 세 국가 모두 더욱 큰 시장과 경제적 이득을 얻을 수 있다.

한·중·일 자유무역구 구상은 2002년 11월, 3국의 정상이 만나며 시작되었지만, 이후 몇 년간 실질적인 진전을 보이지 못했다. 2010년 5월, 한·중·일 3국은 자유무역구 추진에 대하여 정부, 기업, 학계의 공동연구를 진행하기로 결정했고, 2012년 5월 투자협정을 체결하며 3국 간의 경제무역관계를 지속적으로 추진할 것에 합의했다. 2012년 11월 3국은 정식으로 자유무역구에 관한 협상을 시작했고, 이듬해 3월과 9월에 한국의 서울과 중국의 상하이에서 2차례 협상을 진행했다. 2014년 말, 한·중·일 자유무역구 제5차 협상이 진행되었고, 2015년 1월 16일 일본 도쿄에서 자유무역구 제6차 회담 수석대표 회의가 진행되었다.

한·중·일 자유무역구가 구현되면, 3국 간 무역이 크게 증가할 수 있다. 한·중·일 3국은 모두 수출주도형 경제구조를 갖고 있다. 2013년 기준으로 3국의 무역총액은 5조 9,000억 달러로 전 세계 무역총액의 36퍼센트를 차지하고 있다. 그러나 3국 간 교역액은 3국의 전체 교역 중 약 21퍼센트 수준이며, 이는 미주 자유무역구의 40.2퍼센트, 유럽연합[EU]의 65.7퍼센트에 크게 못 미친다. 이는 한·중·일 3국이 세계무역에서 차지하는 위상에 부합하지 못하며, 반대로 보면 그

---

22) 吳心伯,「東北亞的選擇: 地緣政治與地緣經濟」,『國際政治月刊』, 2002年 第1期.

만큼 큰 잠재력을 갖고 있다고도 해석할 수 있다. 한·중·일 자유무역협정(FTA) 진전을 통해 3국 간 무역장벽이 없어지게 되면 생산원가를 비교적 낮추고 상품의 유통을 더욱 촉진할 수 있다. 동시에 한·중·일 자유무역구 건설을 통해 동아시아 지역의 지역 경쟁 우위를 높이고, 글로벌 경제 위험에 대응할 능력을 키우며, 아시아-태평양 자유무역구 추진을 위한 모델을 제공하는 데 도움이 될 것이다.

아직까지 한·중·일 3국은 자유무역구에 대한 이견차를 좁히지 못하고 있다. 자유무역구 건설과 이를 바탕으로 하는 동북아 지역협력이 중요하지만 그 길은 여전히 멀게 보인다. 그 구체적인 표현이 바로 동북아 3국 관계에 존재하는 정치와 경제의 패러독스政經悖論이다. 즉, 경제관계가 점점 긴밀해질수록 정치관계는 더욱 긴장된다는 것이다. 근래 3국 간 경제관계와 민간교류는 지속적으로 확대되고 있지만, 정치적 신뢰구조가 안정적으로 형성되어 있지 않다. 한국과 일본은 중국 경제의 호황과 함께 경제적 이득을 취했지만 이와 동시에 중국의 부상에 대한 의구심과 경계 심리를 갖고 있으며, 중국의 역내 영향력 강화와 중국 경제에 대한 의존성 심화 등을 우려하고 있다.

한·중·일 3국간의 영토 분쟁, 정치제도와 이데올로기의 차이, 경제발전 수준의 격차, 산업분업의 불합리 등은 정치·경제 패러독스의 요인으로 볼 수 있으며, 한반도가 지역 정세에 가져오는 변화와 이로 인하여 형성된 강대국의 게임도 중요한 요인 중 하나로 볼 수 있다.

현재 동북아시아의 국제관계는 협력체제 구축을 위한 외부 환경을 제공하기에 부족할 뿐만 아니라 지역 협력의 발전에 장애가 되고 있다. 특히 한반도의 냉전적 대치 상태를 둘러싼 미국과 일본의 지역 전략은 동북아시아에서 지역협력체제가 정착되지 못하는 중요한 원인으로 볼 수 있으며, 미·일 양국의 전략적 지향점이 지역협력 환경에 직접적으로 영향을 미친다.

단순히 경제 협력의 측면만을 보면, 동북아 지역은 미국에게 매우 중요하며 미국과 동북아 지역의 무역액은 1990년대부터 북미와 유럽의 교역액을 넘어섰다. 하지만 미국은 동북아에서의 지역 경제협력 체제 구축에는 일관되게 소극적인 태도를 보이고 있다. 이는 한편으로는 미국의 동북아시아 통제 전략 때문이다. 즉 미국은 동북아시아에서 자국의 세계 제1의 경제적 위상에 도전하는 협력체제가 등장하는 것을 우려하고 있으며, 중국과 러시아가 지역협력체제를 통해 힘을 강화하거나, 동북아시아에서 미국의 영향력이 약화되는 상황을 용인할 수 없다. 다른 한편으로, 동북아 지역협력체제가 구축되면 일본은 경제적 역량을 기반으로 해당 체제를 주도할 수 있는데, 이 경우 미·일 간 경제적 교류가 약화되고 심지어 일본이 미국의 전략적 궤도를 이탈할 수 있으며, 이는 미국의 동북아시아 통제 전략에 역행하는 것이다. 종합적으로 보면, 미국의 동북아에 대한 통제 전략은 경제전략을 제한하였다. 이와 관련하여 일본의 국제정치학자인 이노구치 다카시猪口孝는 미국을 포함하면 동북아 협력 체제의 건전한 발전이 불가능하지만, 미국을 제외할 경우 협력 체제 구축이 지연되거나 약화될 수 있다고 표현했다.[23]

일본은 동북아시아에서 미국의 동맹국이자 세계 3대 경제대국이다. 또한 동북아의 지역협력에 대해서 긍정적인 입장을 갖고 있다. 일본은 동북아 역내 국가와의 협력을 통해 경제 역량 강화를 모색할

---

23) 孫承, 「東亞一體化, 走哪條路」, 『環球時報』, 2004年 5月 10日.

수 있지만, 군사대국과 정치대국으로의 입지를 다지는 전략적 목표에는 어려움이 있을 수 있다. 만약 일본이 동북아 국가들과의 협력 가능성을 배제하고 정치적 대치 상황을 조성한다면 군사대국을 지향하는 데 보다 유리한 분위기를 조성할 수 있다. 경제적 관점에서 볼 때, 동북아 지역협력체제 구축에 대한 일본의 전략적 선택이 결정적인 작용을 하고 있다. 그러나 일본이 우경화를 통해 군사대국 노선을 지향하게 된다면 동북아에서의 지역협력체제 구축은 단기간에 이루어질 수 없다.

한반도의 분단과 그에 따른 냉전적 대립구조는 이러한 연쇄반응의 근원으로 볼 수 있다. 한반도의 분단은 미국의 동북아시아 통제 전략과 일본의 정치대국 지위 모색에서 관건이며 미국과 일본의 전략적 선택에 매우 중요한 변수가 되고 있다. 미국과 일본 양국의 대결적 전략 지향은 동북아에서 협력적 정치 환경 형성을 어렵게 하며, 협력에 유리한 정치적 환경이 조성되지 못하면 동북아 지역협력 체제의 제도화는 결코 구축되기 어렵다.

2 중국 동북 3성의 동북아 지역협력 참여의 장애

중국 동북 3성 지역의 동북아 지역협력과 관련한 가장 대표적인 사업으로는 두만강圖們江 지역협력개발이 있다. 1990년대 이후 지금까지 두만강 지역협력개발은 다섯 단계를 거쳤다. 우선 첫 번째 단계는 사전 검토의 단계이다. 1991년 7월과 10월 유엔개발계획(UNDP)은 몽골 울란바토르와 북한 평양에서 회의를 열어 두만강 지역개발을 중점지원 프로젝트로 선정했으며, 약 20년에 걸쳐 두만강 지역을 제2의 홍콩, 싱가포르로 조성한다는 계획을 수립한 바 있다. 1991년 10월 24일 두만강 지역개발은 국제연합(UN)의 중점개발 프로젝트로 선정되었고, 유엔개발계획은 두만강지역 개발프로젝트 관리위원회를 창립하고「두만강지역의 지역경제발전계획」을 수립했다.

두 번째 단계는 실행의 단계이다. 1995년 12월, 북·중·러 3국은 두만강지역 개발프로젝트 관리위원회 제6차 회의에서「두만강 지역개발 협의회 창설에 관한 협정關於建立圖們江地區開發協商委員會的協定」을, 남-북-중-러-몽 5개국은「두만강 경제개발구 및 동북아개발 협의회에 관한 협정關於建立圖們江經濟開發區及東北亞開發協商委員會的協定」과 「두만강 경제개발구 및 동북아 환경준칙 수립에 관한 양해각서關於建立圖們江經濟開發區及東北亞環境準則諒解備忘錄」를 체결했으며, 이는 두만강 개발이 사전 검토 단계에서 실행 단계로 발전되었음을 보여준다.

세 번째 단계는 개발의 단계이다. 2005년 남-북-중-러-몽 5국은 1995년에 체결했던 2건의 협정과 1건의 양해각서를 10년 연장하고, 사업명칭을 "두만강 지역개발圖們江區域開發"에서 "대두만강 지역협력大圖們江區域合作"으로 변경하여 동북아시아 지역 전체로 협력의 범위를 확대했으며 동시에「2005~2015년 전략행동계획2005~2015年戰略行動計劃」을 제정했다.

네 번째 단계는 지역협력 추진의 가속화 단계이다. 2009년「중국의 두만강 지역협력 개발계획 요강—창지투(역자주: 창춘長春-지린-투먼圖們을 잇는 개발 전략)를 개발·개방 선도구역으로中國圖們江區域合作開發規劃綱要: 以長吉圖爲開發開放先導區」가 중국의 국가급 전략이 되었다. 2012년 국무원이 "중국 두만강지역(훈춘) 국제협력 시범구中國圖們江區域(琿春)國際合作示範區" 설립을 비준한 것은 중국이 두만강 지역협력에 참여한다는 의미와 함께 동북 3성이 동북아시아를 향해 개방되는 새로운 단계로 진입했음을 의미한다.

다섯 번째는 지역협력의 전환 및 업그레이드 단계이다. 현재 회원 국들은 독립적인 국제기구 설립에 합의했고, 대두만강 이니셔티브 법률, 잠정 사업요청 및 로드맵을 비준했으며, 조직구성과 추진일정 등 기본원칙을 정했다.[24]

하지만 이러한 협력 추진 성과를 살펴보면, 두만강 지역협력은 아직까지 그다지 만족스러운 결과를 보이지 못했고, 동북 3성의 경제 진작에도 한계를 보였다. 두만강 지역협력개발과 관련하여 많은 관심과 논의가 진행되었지만, 두만강 지역개발 및 개방 추진 방법에 대해서 여전히 막연한 상태이다.[25] 이와 관련된 근본적인 원인은 한반도에서의 긴장 국면 때문에 동북아시아에서 국제협력 환경과 조건이 구축되지 못했다는 데 있다. 이로 인해 중국 동북 3성의 개방이 제한되고 있다. 그러므로 중국의 동북 3성 지역은 한국과 일본이라는 경제 강대국들과 인접해 있지만 심층적인 협력을 통해 경제성장을 촉진하는 구조 형성에는 어려움이 있다. 실제로 경제발전은 국제환경에 대한 의존도가 높다. 동북 3성 지역이 동북아 역내 국가들과의 협력을 통해 급속하게 발전할 수 없었던 것은 중국 동북 3성의 내부적 요인보다 불리한 국제환경에 의해 조성되는 대외개방의 부족이 결정적이다. 또한 낮은 성과를 야기한 근본적인 원인은 동북 3성이 처한 국제환경에 대한 타당성 분석을 충분히 진행하지 않은 데 있다.

---

24) 李鐵 主編, 『圖們江區域合作發展報告(2015)』, 社會科學文獻出版社, 2015, pp. 2~4.

25) 丁四寶, 「中國圖們江區域合作開發面臨的問題與推進戰略研究」, 『吉林大學社會科學學報』, 2012年, 第6期.

동북 3성의 대외 개방정도는 대외무역의존도를 통해 고찰될 수 있다. 대외 무역의존도는 하나의 국가 혹은 지역의 국제적 분업 참여도와 내부시장의 대외 개방수준을 가늠할 수 있는 중요한 지표이며, 대외개방의 정도가 직관적으로 반영된다. 2009년에서 2014년까지 중국 전역과 동북 3성의 대외무역의존도는 다음의 표 1-1과 같다.26)

표 1-1. 2009-2014년 중국 전역과 동북 3성의 대외무역의존도 비교

(단위: %)

연도＼지역	랴오닝성	지린성	헤이룽장성	중국 전체
2009년	28	11	13	44
2010년	29	13	16	50
2011년	27	13	19	50
2012년	26	12	17	47
2013년	26	12	16	46
2014년	24	12	15	42

표 1-1에서 동북 3성의 대외무역의존도는 중국 전체 평균과 비교할 때 매우 낮은 수치인 것을 확인할 수 있다. 동북 3성의 대외개방도가 크게 부족한 것이다. 이렇듯 낮은 대외개방도는 동북 3성 지역의 내부 구조적 유동성과 자본과 기술의 유치 능력에 한계를 가져오

---

26) 대외의존도는 일반적으로 대외무역 수출입 총액이 국민총생산에서 차지하는 비중으로 표시함. 대외 무역의존도가 너무 높거나 낮을 경우, 모두 건전한 경제 발전에 도움이 되지 않는다. 의존도가 과도하게 높으면 경제구조의 불균형, 국유경제의 어려움, 국제시장 의존도 증대 등을 가져오고, 의존도가 너무 낮으면 투자 유치, 고용 증대, 시장 경제체제 등에 어려움을 야기한다. 본 표의 수치는 각 연도 『中國統計年鑑』에서 확인한 것이다.

고, 동북 3성의 투자가치를 떨어뜨리며, 결과적으로 동북아시아 지역 내 선진국들과 높은 수준의 경제협력을 추진할 기회를 얻지 못하게 한다. 2011년 기준으로, 동북 3성의 한국으로부터의 투자유치를 예로 살펴보면, 동북 3성의 한국 투자유치액은 한국의 중국 전체 총투자 규모의 12.7퍼센트에 불과하며, 이 또한 대부분 소규모 투자에 그치고 있다. "한국 기업, 특히 대기업들은 동북 3성을 매력적 투자지역으로 여기지 않는다."[27] 대외개방도가 낮은 상황에서 동북 3성이 보유하고 있는 공업기지 등 장점이 발현될 수 없으며, 동북 3성이 개방을 통해 개혁을 이끌고, 개혁을 통해 경제발전을 추진하는 선순환 구조의 형성에 부정적 요인이 될 수 있다.

북한의 현재 경제발전 수준은 자급자족조차 어려운 수준으로 열악하며, 이 때문에 북한은 동북 3성이 경제 발전과정에서 의존할 수 있는 협력 동반자가 되기 어렵다. 또한, 전통적으로 북한은 중국의 전략적 완충지대였으나, 오늘날의 북한은 동북 3성이 일본, 한국과 연결되는 것을 막는 장벽으로도 볼 수 있다. 현재의 국제환경에서는 동북 3성이 보유하고 있는 전통적 공업기지와 농업 등의 이점이 발현되기 어렵다. 더욱 중요한 것은 동북아 지역협력체제가 구축되면 동북아시아에서 중심에 위치한 동북 3성이 당연히 가장 큰 수혜자가 되어야 하는데, 한반도의 남북 대치상황과 그에 따른 동북아 지역의 냉전구조는 동북 3성의 발전 가능성을 크게 저해하고 있다. 동북 3성은 아직까지 빠른 경제성장을 실현할 수 있는 외부 환경을 갖추지 못한 것이다.

---

27) 宋龍鎬, 「韓國企業向中國東北三省直接投資的特點分析」, 『東北財經大學學報』, 2012年, 第5期.

3 정경병중政經並重(정치와 경제를 동시에 중시): 중국의 해결 방안

　중국 동북 3성의 동북아 지역협력 참여의 어려움을 해소하기 위해 중국은 정치와 경제 두 가지 방면에서 노력해야 한다. 정치적으로는 한반도의 비핵화 정책을 견지하고, 경제적으로는 한국과의 교류를 한층 강화해야 한다.

　먼저 비핵화의 측면을 보면, 비핵화를 통해 한반도의 평화와 안정을 도모하는 것은 중국 스스로의 발전에 도움이 되는 우호적 국제 환경을 조성하는 것이며, 이는 중국의 한반도 정책에서 매우 중요한 부분이다. 2014년 7월, 시진핑 주석은 한국 서울대학교 강연에서 "관련국들은 충분한 인내와 노력을 지속해야 한다. 적극적으로 대화하고 선의를 통해 각 방면의 관심사를 다루어야 할 것이며, 한반도의 비핵화와 항구적인 평화를 적극 추진해야 할 것"이라고 언급했다.[28] 시진핑 주석의 방한 기간 한·중 정상은 북핵 문제에 대하여 다음과 같은 네 가지 공감대를 이뤘다. 첫째, 한반도의 비핵화 실현과 평화적 안정을 유지하고, 6자 회담 참가국의 공동이익에 부합하는 가운데 관련 각국은 대화와 협의를 통해 문제를 해결해야 한다. 둘째, "9.19 공동성명"과 유엔안보리 관련 결의를 성실하게 이행해야 한다. 셋째, 한반도 비핵화 실현을 위해 관련 당사국은 6자 회담을 꾸준히 진행해야 하고 양자 및 다자 간 소통과 협조를 강화해야 한다. 넷째, 6자 회담 참가국들이 공감대를 형성하여 6자 회담 재개를 위

---

28) 『中國外交部網站』, http://www.fmprc.gov.cn/mfa_chn/gjhdq_603914/gj_603916/ yz_603918/1206_604234/1209_604244/tI171668.shtml, 검색일: 2015年 1月 4日.

한 환경을 조성하고, 한반도 비핵화의 실질적 진전을 위해 노력해야 한다.[29] 중국의 입장은 6자 회담을 통해서 먼저 한반도에서의 비핵화를 실현한 이후, 이를 바탕으로 남한과 북한의 자주적 평화통일을 추진하는 것이다. 이를 통해 한편으로는 한반도 정세가 중국의 안보 분야에 미칠 수 있는 위험을 피할 수 있고, 다른 한편으로는 북한의 안보에 대한 우려를 해소할 수 있으며, 개방을 통해 국제 사회로의 융합을 이끌고, 폐쇄 상태로 야기된 중국 동북지역의 경제발전에 대한 부정적 영향을 최소화하며, 평화와 발전이라는 선순환 구조를 실현할 수 있다.

한국과의 경제 교류를 살펴보면, 1992년 한중 수교 이후 양국의 우호적 관계와 민간교류가 매우 빠른 속도로 발전되어왔는데, 그중에서도 경제·무역관계의 발전이 특히 두각을 나타냈다. 무역 총액을 살펴보면 1992년에 60억 달러 수준이었던 교역액은 2013년 약 2,742억 달러로 45배 가까이 증가했다. 2013년 중국의 국가별 무역통계를 살펴보면, 한중 무역규모는 중국과 미국, 중국과 일본 다음으로, 한국은 중국의 3번째로 큰 무역 대상국인 것을 확인할 수 있다. 한중 무역액은 한국의 대외 무역규모에서 약 20퍼센트를 차지하고 있으며, 중국은 한국의 1위 무역 대상국이자 최대 수출시장, 최대 해외투자 대상국이다. 또한, 한국과 중국은 서로에게 1위 수입대상국이 되었다. 지난 13년간 발전 추세를 보면 한중 무역 규모는 연평균 19퍼센트 성장했으며, 이는 중미 무역의 연평균 17.6퍼센트, 중일 무역의 12.8퍼센트 성장을 넘어서는 증가세이다. 이에 따라 몇몇 학자

---

29) 『中國外交部網站』, http://www.fmprc.gov.cn/mfa_chn/fyrbt_602243/tI171610.shtml, 검색일: 2015年 1月 4日.

들은 향후 3년에서 5년 내외로 한국이 일본을 넘어 중국의 제2위 무역 대상국이 될 것으로 예측하고 있다.[30]

　현재 중국과 한국은 자유무역협정(FTA)을 이미 체결했다. 이 자유무역협정에 따라 중국의 무관세 상품은 세목의 91퍼센트, 수입액의 85퍼센트에 도달할 것이며, 한국의 무관세 상품은 세목의 92퍼센트, 수입액의 91퍼센트에 달할 것이다.[31] 20년 내에 한국은 중국 상품 92퍼센트에 대한 수입관세를, 중국은 한국 상품 91퍼센트에 대한 수입관세를 철폐할 것이다. 중국은 전기밥솥, 세탁기와 같은 가전제품에 대한 무관세를 시행할 것이고, 냉연강판, 스테인리스 열연강판 등 상품의 무역 자유화를 실현할 것이며, 한국은 전기모터, 변압기, 핸드백 등 상품의 관세를 단계적으로 철폐할 것이다.

　한중 FTA는 중국이 지금까지 체결한 FTA 중 가장 광범위하고, 가장 큰 무역 규모를 자랑하는 협정이다. 한국의 여론은 한중 FTA의 개방률이 그다지 높다고 여기지 않지만, "한미 FTA, 한-EU FTA보다 영향 및 효과가 클 것이며", 한중 FTA를 통해 일본이나 대만보다 먼저 방대한 중국 시장을 선점하는데 유리할 것이다.[32] 한국의 산업통상자원부는 한중 FTA에서 결정된 관세 폐지 항목에 따라 한국 기업의 대중국 수출에서 매년 지금보다 약 54.4억 달러의 관세가 적게 지출될 것이라고 분석한 바 있다. 이는 한미 FTA보다 5.8배, 한-EU FTA보다 3.9배 높은 수준이다. 한국 전체 11,272개 상품 품목 중

---

30) 徐長文,「韓國將成中國第二大貿易伙伴」,『國際商報』, 2014年 2月 13日.

31) http://business.sohu.com/20141110/n405916736.shtml, 검색일: 2015年 1月 9日.

32) 韓國,『中央日報』中文網 http://chinese.joins.com/gb/article.do?method=delail &art_id =128034&category=001002, 검색일: 2015年 1月 15日.

128

6,108개 품목의 관세가 철폐됐고, 중국 전체 7,428개 상품 품목 중 1,649개 품목의 관세가 철폐되었다.[33] 한국의 박근혜 대통령은 한중 FTA는 "한국이 거대한 중국 내수 시장에 적극적으로 진출할 수 있는 좋은 기회"라고 언급한 바 있다.[34] 한국 기업들도 한중 FTA에 대하여 낙관적인 태도를 갖고 있으며, 한국무역협회 국제무역연구원은 "한국의 대중국 수출기업 55.2퍼센트가 한중 FTA의 수혜를 입고 수출 규모가 당해년 대비 22.7퍼센트 확대될 것이며, 69.8퍼센트의 기업이 한중 FTA를 통해 수출을 확대할 것"으로 전망한 바 있다.[35]

한중 경제무역 관계의 발전, 특히 한중 FTA 회담의 순조로운 완성은 중국 동북 3성이 동북아 지역협력에 참여하는 데 겪는 어려움 해소에 도움이 될 것이다. 이는 주로 두 가지 측면에서 살펴볼 수 있다. 먼저 한중 FTA 체결은 한·중·일 FTA 추진에 도움이 될 것이고, 나아가 한중 FTA는 한·중·일 FTA 체결을 가능하게 하는 효과적인 방식이라고 볼 수 있다. 한중 양자 간 지역협력은 한·중·일 3자 협력과 동북아 다자 협력의 기반이 될 수 있다. 다음으로 한중 FTA는 중국이 주도적으로 추진하는 아시아·태평양 자유무역구FTAAP 추진에도 도움이 될 것이다. 아시아·태평양 지역에서 매우 중요한 경제주체인 중국과 한국의 FTA 체결과 중국의 FTAAP 건설 추진에 대한 한국의 지지는[36] 보다 광범위한 지역협력을 형성하는 데 도움

33) 韓國 『中央日報』 中文網 http://chinese.joins.com/gb/article.do?method=detail&art_id =128034&category=001002, 검색일: 2015年 1月 15日.

34) 韓國 『中央日報』 中文網 http://chinese.joins.com/gb/article.do?method=detail&art_id =127754&category=002002, 검색일: 2015年 1月 15日.

35) 韓國 『韓聯社網站』 http://chinese.yonhapnews.co.kr/newpgm/9908000000.html?cid=ACK20141127001100881, 검색일: 2015年 1月 15日.

이 될 것이며, 동북 3성 지역에도 훌륭한 외부 경제협력 환경을 제공할 수 있다.

4 조화로운 변강과 주변 환경조성을 목표로 동북아 지역협력체제 구축

'조화로운 변강'이라는 의미는 대내외적 측면을 모두 포함하고 있다. 대내적으로 볼 때, 변강지역에는 경제 발전, 사회 안정, 민족 화합, 양호한 환경이라는 발전 국면이 조성되어야 하며, 대외적으로는 변강지역의 발전에 도움을 줄 수 있는 평화롭고 안정적인 외부환경을 갖춰야 한다. 하지만 중국의 동북 변강지역의 경우 대내외적으로 모두 이러한 환경과는 비교적 거리가 멀다.

상술한 바와 같이 개혁·개방 이후 중국 동북지역과 동남부 연해지역의 발전 수준 격차가 계속해서 확대되고 있으며, 중국 동북지역 경제는 점차 지역 내부 악성 순환상태에 빠지고 있다. 중국의 동남부 연해지역이 빠르게 발전할 수 있었던 중요한 원인은 유리한 지리적 여건을 바탕으로 동남아시아 지역협력 체제의 구축에 참여하고 그 과정에서 중요한 위치를 차지했기 때문이다. 중국 동북지역의 지리적 조건을 바꿀 수는 없기 때문에 지금의 환경에서 불리한 상황을 어떻게 유리하게 전환해 나아갈 수 있는지가 중국 동북지역 발전의 핵심적 문제이다. 중국 동북지역은 지역협력에 적극적으로 참여해

---

36) 韓國 『韓聯社網站』 http://chinese.yonhapnews.co.kr/newpgm/9908000000.html?
   cid=ACK20141127001100881, 검색일: 2015年 1月 15日.

야만 현재 처해있는 내부 악성 순환상태를 돌파하고 비로소 빠른 발전을 실현할 수 있다. 하지만 동북아 각국의 역내 협력의 범위나 깊이는 충분치 못하며 협력체계 구축은 더욱 불분명하다.

중국은 이런 상황에서 하루빨리 지역협력에 대한 참여를 심화시켜 국내 불균형적인 구조적 모순을 해결해야 하는 상황이다. 중국은 동북아시아 지역협력 체제 수립에 적극적으로 나서야 할 뿐만 아니라 주도적 역할을 수행해야 한다. 또한, 중국은 동북아 지역협력체제 구축을 중국 동북지역의 경제발전과 연계하여 양호한 국제협력 외부환경을 조성하고, 대외개방을 통하여 충분한 이익을 쟁취하도록 하여야 한다. 동북지역을 조화로운 변강지역으로 발전시키는 것이 지역협력체제 구축의 의의다.

현재 동북아시아에서 지역협력체제가 구축되기 어려운 이유는 국제협력을 위한 정치적 환경이 마련되지 않았기 때문이며, 이렇게 불리한 정치 환경의 근본적인 원인은 한반도의 상황에 있다. 한반도의 지정학적 상황은 중국이 동북아시아 지역에서 새롭게 발전 공간을 확대하는 것을 어렵게 하고, 역내 각국의 상호 협력에 대한 열의를 꺾고 있으며, 동북아 지역협력체제 구축의 실행 가능성을 저해하고 있다. 따라서 중국의 동북아 지역협력체제 구축 노력은 한반도 문제 해결뿐 아니라 동북아시아의 정치구조를 재편하는 데서 출발해야 한다. 구체적으로 살펴보면, 한편으로 중국은 북·중관계를 정상적 국가관계로 자리매김해야 할 것이다. 상술한 바와 같이 한반도의 분열 상태는 미국과 일본의 전략적 이익에 부합할 수 있지만, 중국은 이 과정에서 어떠한 경제적, 안보적 이익도 얻지 못한다. "안정적이고 평화로운 한반도 정세는 중국이 평화롭고 협력적인 주변 환경을 조성해야 할 필요성에 가장 부합한다."37) 중국은 반드시 한반도의 평화적 통일을 지지해야 할 것이다. 한반도의 통일은 동북아시아 지역의 정치 구조 재편을 가져올 것이다. 한반도의 지정학적 의의가 현저하게 약화되거나 소멸되고, 한반도의 경제적 의의가 한층 부각될 것이며, 이는 동북아 지역협력체제의 구축에 유리한 환경이 될 것이다. 다른 한편으로 한반도에서 단기간에 평화적 통일이 현실화되기 어려운 환경에서, 중국은 북한을 대외개방으로 이끌고 북한과 운명공동체 의식을 형성해야 할 것이다. 2014년 9월 이후 북한이 추진한 다자외교 노선에 따라 철도, 자원 분야 등에서 러시아와 진행한 협력은 북한이 경제발전의 의지가 있고, 제한적이지만 대외개방의 의지가 있음을 잘 보여준다. 북한의 대외개방은 중국 동북지역의 대외개방에 큰 도움이 될 수 있을 것이며, 국경 폐쇄로 인하여 중국 동북지역에 미치는 부정적 영향이 해소됨과 동시에 주변 국가와의 관계 정상화가 진행되어 동북아시아의 복잡한 정치 관계가 협력과 상호 이익에 도움이 되는 방향으로 개선될 수 있다.

---

37) 張蘊嶺, 『未來10-15年中國在亞太地區面臨的國際環境』, 中國社會科學出版社, 2003, p. 361.

러시아의 전략적 동진[38]과
중국과 러시아의 경제 협력

　러시아는 중국의 중요한 이웃 국가이다. 러시아 극동지역은 서쪽의 레나(Lena)강에서 시작하여 동북으로는 미국 알래스카, 동남으로는 동해와 마주하며, 북쪽으로는 북극해, 남쪽으로는 중국과 북한을 접하고 있다. 러시아 극동지역의 면적은 617㎢로 러시아 총 면적의 36퍼센트에 해당되며, 인구는 600여만 명으로 러시아 총 인구의 5퍼센트를 차지한다. 극동지역은 9개의 연방 주체主體로 구성되어있는데, 아무르 주Amur oblast, 유대인 자치주Jewish Autonomous Oblast, 캄차카 지구Kamchatka Krai, 마가단 주Magadan Oblast, 프리모르스키 지구Primorsky Krai, 사하공화국Sakha Republic, 사할린 주Sakhalin Oblast, 하바롭스크 지구Khabarovsk Krai, 축치(추코타) 자치구Chukchi(Chukotka) Autonomous Okrug가 그것이다. 중국 헤이룽장성은 러시아 극동지역과 3,040㎞의 접경선을 두고 있으며, 네

---

38) '러시아의 전략적 동진'은 중국 학계의 관습적 표현으로 러시아어의 공식적 표현은 다음과 같다. Поворот России к Азии, 즉 러시아가 아시아로 향하다.

이명구 동북부와 러시아 시베리아 치타주^{Chita Oblsat}는 1,048㎞의 육상 경계선을 두고 있다.

1 중·러 관계의 변천과 동북 변강지역의 발전

1949년 중화인민공화국이 건립된 이후, 소련은 세계 최초로 중국과 외교관계를 수립한 사회주의 국가였다. 1949년 이후 중국과 소련(러시아)의 관계는 많은 변화의 단계를 거쳤다. 중소 양국 관계는 우호 연맹에서 대치관계로 전환된 바 있지만, 소련 해체 이후 선린우호睦鄰友好관계, 전략적 협력동반자戰略協作伙伴관계 및 전면적 전략협력동반자全面戰略協作伙伴관계로 발전을 거듭했다. 양국 관계의 변화는 중국의 변강지역, 특히 동북 변강지역에 큰 영향을 끼쳤다.

중화인민공화국 건립 초기, 중국이 단기간에 산업화 발전을 이루기 위해서는 해외로부터의 원조가 매우 절실했다. 1950년대 초반 소련은 중국이 경제를 회복하고 발전할 수 있도록 지원했다. 소련의 지원을 통해 중국은 첫 번째 5개년 발전계획을 진행할 수 있었고, 초기 산업화의 토대를 마련했다. 이 시기에 소련은 중국이 156개의 공업 프로젝트를 추진할 수 있도록 지원했고, 그중 대부분, 특히 에너지·전력, 채광·금속 가공, 철강·석탄 등 중공업 프로젝트의 다수가 동북지역에 위치하여 중국 동북지역 전통적 공업기지의 발전 토대가 마련될 수 있었다. 그러나 중소 관계의 악화는 중국 변강지역의 안정과 발전에 부정적 영향을 미쳤다. 중국은 마오쩌둥이 주창한 "구멍을 깊게 파서 식량을 비축한다深挖洞, 廣積糧"는 구호를 내걸고 전국적으로 전쟁준비에 돌입했다. 중국의 국방력 강화를 위해서 전국 각지에서 전역한 군인들이 베이다황北大荒 지역으로 모였고, 동북 농간총국東北農墾總局 등의 기구도 연이어 창설되었다. 중국 동북지역의 생산·건설작업을 추진하기 쉽도록 생산건설병단生産建設兵團, 생산대生産隊, 국영 농목어장國營農牧漁場 등의 기구도 국경 지역에 속속 설치되어 베이다황 개간 관련 업무를 도맡았다.[39].

1980년대 초부터 중소관계가 완화될 조짐이 나타나기 시작했다. 20세기 말부터 21세기 초에 진행된 중·소 국경 회담도 큰 진전을 보였으며, 몇몇 세부적인 문제를 제외하고는 양국의 국경 획정 문제가 기본적으로 해결되었다. 소련 해체 이후 중·러는 양호한 발전 추세를 유지했다. 1992년 중·러 쌍방이 서명한 공동성명은 중국과 러시아가 동북아시아 지역의 경제발전과 번영에 도움이 되는 양자 혹은 다자간 계획의 실시를 지지하고 촉진할 것임을 분명히 했다. 중국과 러시아는 양국 관계가 이데올로기의 영향을 받아서는 안 되며, 각국이 자국의 발전 노선을 스스로 선택할 권리가 있다는 점을 분명히 했다. 양국 정상은 역사적 경험을 토대로, 양국 국민의 근본적인 이익에서 출발하여 미래를 준비하고, 중·러 관계도 전략적 협력동반자관계에서 오늘날의 전면적 전략협력동반자 관계로 한층 발전하게 되었다는 결론에 도달했다. 중·러 관계 정상화 이후 양국은 인적

---

39) 王陽, 「黑龍江墾區發展簡史: 探索成長期(1958~1967年)之一」, 『農場經濟管理』, 2011年 第4期, p. 60.
중국, 소련의 관계와 중·소 국경지역의 긴장 형세가 완화되면서, 하나의 성에서 두 개의 농장 관리기구가 존재하는 것은 성 위원회의 일원화 관리에 불리하였다. 국무원, 중앙군사위원회의 비준을 거쳐 1976년 2월 25일 헤이룽장성 국영농장관리국과 헤이룽장성 생산건설병단이 합쳐진 헤이룽장성 국영농장총국이 자무쓰(佳木斯)에 설립되었다. 동시에 헤이룽장성 생산건설병단 철폐가 결정되었다.

교류, 경제무역 협력, 과학기술·문화 교류 등에서 모두 획기적인 진전을 보이고 있다. 예를 들어 경제 분야에서는 1980년대 후반부터 중·러 무역액이 급속히 증가했으며, 2014년 상반기까지 양국의 무역 규모는 445.4억 달러에 달했다.[40]

중·러 관계의 전반적이고 빠른 발전은 중국 동북지역의 경제·사회 발전에 긍정적인 영향을 주었다. 특히, 2004년 양국이 국경 문제에 관하여 전면적 해결에 합의함으로써 양국 국민이 대대로 우호적이고 화목한 협력 환경을 보장받게 되었고, 동북 변강지역의 사회적 안정과 경제·사회의 조화로운 발전을 지향할 수 있는 안정적인 외부 환경이 제공될 수 있었다.

2 러시아 전략적 동진과 중·러 지역경제협력

오늘날 세계는 커다란 변화를 경험하고 있으며, 아시아·태평양 지역은 세계 경제 발전의 새로운 엔진이 되고 있다. 아시아·태평양 지역의 전략적 구조는 크게 변화하였으며, 아태지역은 다극세계多極世界라는 새로운 질서를 구축하는 중요한 주체가 되고 있다. 러시아는 유라시아의 대국으로 우월한 지전략地戰略 적 지위를 갖고 있다. 러시아는 전략 수립에 뛰어난 대국이고, 아태지역이 러시아의 전략에서 차지하는 중요성은 말할 필요도 없다. 아태지역의 급속한 경제발전에 동참하고 극동지역의 경제발전을 촉진하며 러시아를 유라시아의

---

40) 『中華人民共和國商務部網站』, 2014年 7月 11日, http://www.mofcom.gov.cn/
article/i/jyjl/e/201407/20140700660030.shtml, 검색일: 2015年 1月 2日.

강국으로 발전시킨다는 목표를 실현하기 위해, 푸틴은 집권 이후 일련의 외교 전략과 국가안보전략을 마련하여 아태지역에서 러시아의 영향력을 강화했다. 2012년 9월 5일, 러시아 블라디보스토크에서 개최된 아시아태평양경제협력체(APEC) 정상회담을 앞두고 푸틴은 "아태지역으로의 진출 확대는 러시아의 향후 성공과 시베리아, 극동지역 발전을 위해 필수적이다."라고 언급했다.[41] 학계에서는 이를 러시아의 전략적 동진 혹은 러시아의 동방전향 등으로 명명한다. 러시아의 2013년 외교 구상은 러시아가 아태지역의 통합 과정에 적극적으로 참여하고, 해당 기회를 활용하여 시베리아와 극동지역의 발전을 도모하며, 아태지역에서의 투명하고 평등한 집단안보 및 협력이라는 새로운 구조格局 조성을 위해 노력할 것임을 명확하게 제시했다.[42] 푸틴은 2014년 국정보고에서 "우리는 지난 10년간 아시아·태평양 지역의 급속한 발전을 목격했으며, 러시아는 아태지역 대국으로서 거대한 잠재력을 전면적으로 이끌어낼 것이다."라고 재차 강조했다.[43]

러시아의 동진 전략은 러시아의 국제체제에 대한 판단과 밀접히 연결된다. 먼저 안보 측면에서, 2013년 러시아의 외교 구상을 살펴보면 러시아는 아시아의 안정적 정세를 원칙으로 삼고 있다. 아시아에

---

41) Выступление Владимира Путина на саммите АТЭС в 2012г. http://пивпod.ru/news/themel044.html, 검색일: 2015年 1月 2日.

42) Концепция внешней политики Россий ской Федерации (утв. Ук азом Президента РФ от 12 февраля 2013 г.) http://www.mid.ru/brp_4.ns/0/6D84DDEDEDBF7DA644257B160051BF7F, 검색일: 2014年 12月 10日.

43) Послание президента федеральному собранию. 4 декабря 2014 г. htp://kremlin.ru/n e ws/47173, 검색일: 2014年 12月 4日.

서는 분쟁 및 충돌의 가능성이 매우 크고, 군사 무기고가 끊임없이 확충되고 있으며, 대량살상무기 확산의 위험도 지속적으로 확대되고 있다. 러시아는 줄곧 관련 국가들이 국제법적 기본원칙을 엄격히 준수하고, 정치·외교적 수단을 통해 충돌을 해소해야 한다고 주장하고 있다. 따라서 러시아의 전략적 동진은 안보적 고려 관련되어 있고, 이 구상에는 한반도 정세와 러일 영토 분쟁에 대한 대응을 포함한다. 러시아는 아태지역의 새로운 안보체제의 구성 부분으로서 동북아에서 효과적인 메커니즘을 구축하는 일에 적극 참여하여 평화와 안전, 상호 신뢰와 상호 이익을 위한 협력을 공고히 하고자 한다.44) 다음으로 러시아의 전략적 동진은 미국의 아시아 회귀전략에 대한 반응으로도 볼 수 있다. 우크라이나 위기 이후 러시아와 서방의 관계가 경색되었고, 이 때문에 러시아는 서방의 제재에 따른 압박을 완화하기 위해서도 아시아와 더욱 긴밀한 관계를 맺을 수 있기를 희망하고 있다. 마지막으로 러시아의 전략적 동진은 경제적 측면을 고려한 것이다. 러시아는 한국, 북한, 중국, 일본, 그리고 아세안 각국을 포함한 아태지역 국가들과 긴밀하게 협력하여 러시아 극동과 시베리아 지역의 경제발전을 도모하고 있다.

(1) 러시아 전략적 동진의 배경

러시아의 전략적 동진은 일련의 내적, 외적 요인에 의해 결정되고, 추진되고 있다. 먼저 러시아 국내 요인을 살펴보면 다음과 같다.

---

44) Концепция внешней политики Российской Федерации (утв. Указом Президента РФ от 12 февраля 2013 г.) http://www.mid.ru/brp_4.nsf/0/6D84DDEDEDBF7DA644257B160051BF7F, 검색일: 2013年 2月20日.

1) 경제적 측면을 살펴보면, 소련 해체 이후 러시아가 시장경제 체제로 전환되는 과정에서 러시아의 시베리아와 극동지역은 과거 소련 시절의 각종 우대 정책을 더 이상 누리지 못하게 되면서 자금 부족 현상이 나타났고, 낙후된 기술과 인프라 시설 노후화 등으로 사회·경제 발전이 정체되었다. 러시아 극동지역의 경제는 주로 자원에 의존하고 공업생산이 발달되지 않았으며 가공업이 낙후되어 있다. 이는 노동 생산성과 에너지 사용 지표에서 분명히 나타난다. 극동지역의 노동생산성은 러시아 평균 이하로 나타나고 있으며, 혁신 제품의 생산과, 노동과 서비스가 차지하는 비중도 러시아 평균에 미치지 못한다.[45]

2) 시베리아와 극동지역은 인구 유출 정도가 심하고, 인력 자원이 매우 부족하다. 러시아 시베리아, 극동 지역은 인구가 적고, 10여 년 동안 계속하여 인구 감소 추세가 지속되고 있다. 극동지역 인구는 630만 명(2013년 1월 기준)으로 러시아 전체 인구의 5퍼센트 수준에 해당되며, 인구의 이동으로 인해 극동지역의 인구는 20년 동안 22퍼센트가 감소했다.[46] 노동력 자원의 심각한 부족 현상은 경제발전을 제약하는 주요한 장애요인이 되고 있다.

3) 시베리아와 극동지역은 또한 교통망이 발달되지 않아서 운송 서비스의 효율이 낮다. 극동지역 철도는 러시아 전체 철도 길이의 13.8퍼센트를 차지하고 있지만, 철도의 밀도는 러시아 전국과 대비

---

45) Федеральная целевая программа ≪экономическое и социальное развитие Дальнего Востока и Бай кальского региона на период до 2025 года≫. http://minvostokrazvitia.ru/upload/iblock/75a/DVBR2025.pdf.

46) Дальний Восток: минозкономика в мега-пространстве. Экономический обзор. 2013 г. Национальное рей тинговое агенство.

하여 3.6분의 1에 불과하다. 교통망이 부족한 일부 지역의 경우 오직 항공운송만이 가능하며, 도로망도 발달되어있지 못하다.[47]

러시아 학자 미하일 L. 티타렌코Mikhail Leont 'evich Titarenko는 "러시아가 아시아로 향하지 않고, 동부지역인 시베리아와 극동지역의 발전을 위해 노력하지 않는다면 러시아의 미래와, 세계 속에서 러시아의 위상은 상상하기 어려울 것"이라고 언급한 바 있다.[48] 이러한 관점에서 보면 러시아의 동진전략 강화의 주요 목적은 러시아 동부지역의 개발과 개방을 가속화하는 것이다.

러시아의 전략적 동진의 배경에는 내부적 요인 외에도 다음과 같은 중요한 외부적 요인이 있다.

1) 미국의 아시아 "회귀" 전략이 주요한 외부 변수가 된다. 외교에서 경제, 군사적 측면에 이르기까지 미국은 아태지역에서의 영향력을 크게 강화했다. 미국이 아시아·태평양으로의 "회귀"를 추진하는 전략적 의도는 중국이 부상하고 있는 상황에서 세계 패권국의 지위를 유지하기 위함이지만,[49] 미국이 아시아 "회귀" 전략을 추진하면서 미·일 동맹관계가 강화되고, 아태지역에서 러시아의 전략적 이익과 충돌할 수 있다. 따라서 러시아는 자국의 전략적 이익 보호를 위해 아태지역에 대한 관심을 높이고 미국의 "아시아 회귀전략"에

47) В. И. Ишаев, Интегрирующая роль транспортной инфраструктуры на Дальнем Востоке // Наука и транспорт. 2010г. No7. C. 37.

48) (러) M. Titarenko, 「亞太地區的安全穩定與俄中利益」, 『東北亞論壇』, 2012年 第6期, p. 57.

49) л.н. Гарусова, Интересы и стратегия США. ИУ карты Тихого Океана. Информационно-аналитический бюллетень No 32 (230), http://ihaefe.org/files/pacific-ocean-map/32. p df, 검색일: 2014年 11月 18日.

대응할 수밖에 없는 것이다. 러시아의 관점에서 보면, 미국이 아태지역에서 중국의 전략공간을 점점 더 많이 압박함에 따라 중국은 반격을 준비하게 되고, 시간이 지날수록 중국은 러시아와의 전략적 연대를 통해 미국에 대응하고자 할 것이며, 이는 아태지역에서 러시아의 전략적 영향력을 강화할 수 있는 새로운 가능성을 제공할 것이다.

2) 소련 해체 이후 러시아는 유럽과의 긴밀한 경제관계를 구축하고, 나아가 대유럽 경제공동체까지 모색해 왔다. 하지만 유럽의 부채 위기 이후, 유럽이 스스로의 문제 해결에도 여력이 없고, 러시아와의 경제협력을 확대할 수 없기 때문에 러시아는 새로운 방법을 모색해야 한다.

3) 최근 몇 년 동안 아태지역에서는 급속한 경제성장이 유지되고 있으며, 중국, 인도 등 신흥 대국들이 빠르게 발전하고 부상하고 있다. 러시아는 아태지역이 세계 경제의 견인차이며, 가까운 장래에 아태지역의 실질적인 영향력이 지속적으로 상승할 것이고, 중국과 인도의 부상에 중요한 의의가 있다고 간주하고 있다. 따라서 러시아가 아태지역 국가들과의 관계를 강화하고 긴밀한 경제협력을 추진하는 것은 러시아의 국가적 이익에 부합한다.

4) 러시아의 아태지역 진출은 '소프트파워soft power'를 강화하려는 전략적 의도가 있다. 서방세력이 그들의 가치관을 이용해 러시아를 압박하고 있는 상황에서, 푸틴은 러시아의 유일무이한 지정학적 환경을 통해 동방문명과 문화적 가치를 발굴하고, 유럽의 문명과 동방의 문명을 결합시켜 러시아의 소프트파워를 강화시키고자 한다. 푸틴은 "러시아도 분명 소프트파워의 역할을 발휘할 수 있고, 할 수 있어야 한다. 이러한 역할은 문명양식, 위대한 역사, 지리 및 문화적 요인에서 결정되는 것이다. 러시아의 문화적 요소는 유럽문명이라

는 기본 바탕과 동방지역과의 수 세기에 걸친 협력이 유기적으로 결합되어 얻어진 것으로, 이제 새로운 경제와 정치적 영향력의 중심이 동방지역에서 왕성하게 발전하고 있다."라고 언급한 바 있다.[50]

5) 2014년 우크라이나 사태 이후 크림반도가 러시아에 귀속됨으로 인해 러시아는 미국과 유럽으로부터 강력한 경제제재를 받게 되었고, 루블화가 대폭 평가절하되면서 러시아 경제는 큰 어려움에 직면했다. 서방의 제재에 대응하기 위해서 러시아는 동쪽으로의 발전을 도모하고, 아태지역 국가들과의 경제·무역과 에너지 협력 강화 등을 추진해야만 했다. 2014년 5월 21일, 중·러 양국정부가 상해에서 「중·러 동선 천연가스 협력 프로젝트 양해각서中俄東線天然氣合作項目備忘錄」를 체결했고, 중국석유천연가스그룹CNPC과 러시아천연가스공업주식회사Gazprom는 「중·러 동선 가스구매계약中俄東線供氣購銷合同」을 체결한 것은 대표적인 사례이다.[51] 이외에도 헤이룽장에서는 채소 재배 기지를 조성하여 러시아에 대한 채소 공급을 책임지고 있다.

이러한 전략적 배경에서 러시아는 극동지역의 개발역량을 강화할 것이고, 러시아 극동지역의 개발을 위해서는 중국 동북지역을 포함한 주변국가와의 경제협력을 전개해야만 한다. 러시아 극동지역과 중국 동북지역의 경제협력은 이미 시작되었다. 2009년 중·러 양국정부는 지역 간 협력요강地區間合作綱要을 통과시켜, 이들 지역 간 경제

---

50) В. В. Путин, Россия сосредотачивается-вызовы, на которые мы должны ответить, / Известия, 16 января 2012.

51) 2014년 9월 1일, 러시아 사하공화국에서 중·러 동선 천연가스 파이프라인의 러시아 구간 착공식이 진행되었다. 계약서에 따르면, 2018년부터 러시아는 중·러 동선 천연가스 파이프라인을 통하여 중국에 가스를 공급하게 되며, 공급량은 해마다 확대되고, 최종 목표는 매년 380억㎥이고 누적계약기간은 30년임.

협력을 위한 관련 지침과 시스템을 마련했다. 러시아의 동진전략은 중·러의 지역 간 경제협력을 전개하는 데 커다란 동력이 되고 있다.

(2) 러시아 동진전략의 세부조치

러시아 동진전략에는 두 가지 주요 조치가 있다. 첫째는 군사적 측면에서 태평양 함대건설을 강화하는 것이고, 둘째는 경제적 측면에서 러시아 동부지역을 개발하여 경제·사회의 빠른 발전을 촉진하는 것이다. 동진전략의 최종 목적은 지역의 안전 보장을 통해 러시아가 대국으로서의 지위를 공고히 하는 것이다. 즉, 경제의 발전을 통해서 러시아가 태평양지역의 대국이자 세계적 대국이 되는 것이다.

이를 위해서 러시아 정부는 관련 정책과 발전계획요강을 공포했고 중국과의 지역협력요강을 여러 건 승인했다. 1996년, 러시아 정부는 「극동 및 자바이칼 지구Zabaikalie Krai 경제사회발전 연방 특별 요강遠東及外貝加爾經濟社會發展聯邦專項綱要」을 제정하여 향후 10년간 이 지역의 경제발전의 최종목표를 계획했다. 또한 2002년 러시아 정부는 「1996년에서 2005년 및 2010년까지의 극동과 자바이칼 지구의 경제사회발전 연방 특별 요강1996-2005年和至2010年遠東和外貝加爾地區經濟社會發展聯邦專項綱要」을 전면 수정하여 실시했다. 해당 요강은 중국과 인접한 각 주州의 중점협력 프로젝트를 열거했다는 점이 중요하다. 이를 통해서 러시아가 중국과의 협력 추진을 매우 중시하고 있다는 점을 알 수 있다. 2009년 러시아는 「러시아 극동 및 자바이칼 지구에서 2018년까지의 경제사회발전 연방 특별 계획俄羅斯遠東及外貝加爾地區2018年以前經濟社會發展聯邦專項規劃」을 제시했다. 해당 계획의 종합적인 목표는 러시아연방의 전략적 이익과 안전을 보장한다는 전제하에 러시아 극동과 자바이칼 지구의 중점추진산업을 발전시키고, 필요한 인프라를 건설하여 양호한 투자 환경을 조성하는 것이다. 또한, 계획의 세부적 목적은 현재의 고용 수준을 유지하고 새로운 고용 기회를 확대하여 지역 인구를 안정시키고 인구 성장을 촉진하는 것이며, 지역경제 발전의 장애로 작용하는 인프라 부족을 해결하는 것이다. 해당 계획을 추진하기 위한 자금 규모는 9천억 루블이다.[52]

2009년 말, 러시아 연방정부 제2094호령은 「2025년까지 극동과 바이칼지구의 경제사회발전전략2025年前遠東和貝加爾地區經濟社會發展戰略」을 비준했다.[53] 해당 전략의 총체적인 목표는 러시아가 아시아·태평양 지역의 경제 공간으로 통합되는 것을 가속화하는 것이다. 러시아는 수출시장 다변화를 통해 극동과 바이칼 지구에 대한 국가의 경제적·정치적 영향력 감소를 방지하며, 극동과 바이칼 지구의 인구 감소 추세를 억제하고 러시아의 지정학적·지경학적 이익을 보호할 수 있다. 주목할 점은 해당 전략이 러시아 극동, 바이칼 지구와 동북아 국가들과의 국제협력 경로를 구체적으로 언급하고 있는데, 이 중에서도 중국 동북지역은 핵심지역이자 가장 중요한 우선 추진대상으로 간주되고 있으며, 중국 동북지역과 러시아 동부지역의 협력이 견고한 토대를 갖고 있다고 보고 있다는 것이다. 중국과 러시아는 지역

---

52) Программа ≪Экономическое и социальное развитие Дальнего Востока и Забайкалья на период до 2013 года≫, утверждена постановлением правитеяьства РФ от 15 апреля 1996 г. 480 (в редакции постановления правительства РФ от 2013 г.)

53) Стратегия социально - экономического развития Дальнего Востока и Байкальского региона на период до 2025 г., утверждена распоряжением правительства РФ от 28 декабря 2009 г. No 2094 - Р.

발전 전략과 관련하여 광범위한 분야에서 이미 공통된 인식을 갖고 있고, 양국의 공동이익이 더욱 분명해지고 있으며 지역발전 모델 또한 더욱 유사해지고 있다. 중국과 러시아는 국경과 변경지역에서의 교통, 통상구 등 인프라를 강화하고, 상호 연계된 국경을 통과하는 수송망을 구축할 것이다. 또한 양국이 공통적으로 관심을 갖고 있는 대규모의 지역 중점사업에 대한 투자와 협력을 추진하게 될 것이다. 양국의 경제, 무역, 관광, 과학기술, 환경보호, 인문 등 각 분야에서의 협력 역시 심화될 것이다.

「러시아연방 극동 및 자바이칼 지구의 2013년까지의 경제사회발전연방 특별 계획요강俄羅斯聯邦遠東及外貝加爾地區2013年以前經濟社會發展聯邦專項規劃網要」의 시행기간 종료가 임박하자, 2012년 11월 러시아 정부는 해당 요강을 2018년까지 연장했으며, 5년 동안 총 5,000억 루블의 예산 투입을 결정했다.[54]

「극동과 바이칼 지구 2025년 사회경제 발전 계획」은 2014년 4월에 비준되었다. 해당 계획의 주요 목표는 첫째, 러시아 극동과 바이칼 지구의 급속한 발전을 실현하는 것이며, 둘째, 극동과 바이칼 지구의 사회인구 상황을 개선하는 것이다. 또한, 해당 계획의 주요 임무는 첫째, 극동과 자바이칼 지구의 도로를 보수 혹은 신규 건설함으로써 교통을 원활히 하고 현지 주민 생활의 질을 향상시키는 것이

---

54) Изменения, которые вносятся в постановление Правительства РФ от 15 апреля 1996г. No 480 ≪Об утверждении федеральной целевой программы ≪Экономическое и социальное развитие Изменения, которые вносят Дальнего Востока и Забай калья на период до 2013 года≫, утверждены постановлением Правительства РФ от 2013г.

며, 둘째, 철도의 수송력을 크게 향상시키고 항구를 발전시키며, 극동지역에서 생산되는 상품과 극동과 바이칼 지구를 거쳐 운송되는 상품에 대해 적시 운송을 보장하는 것이다. 셋째는 극동과 바이칼 지구의 공항을 보수하여 주민들의 이동 편의를 향상시키는 것이다.[55]

러시아의 극동지역 개발 의지는 매우 확고하다. 극동지역 발전계획을 효과적으로 실행에 옮기기 위해서 2012년 6월, 러시아는 극동발전부를 설치했고, 극동지역의 각 연방주체가 발전계획을 이행하는 상황을 감독할 수 있도록 조치했다.[56] 푸틴 대통령은 시베리아와 극동지역 발전 추진이 절대적으로 우선해야 한다고 언급했으며, 우선 발전구역 건설을 제안했다. 우선 발전구역에는 5년 동안의 면세, 사회보험 납부 혜택, 전력망 가입 간소화와 통관 및 건축허가 절차 등에서 우대 혜택이 주어진다.[57] 푸틴 대통령은 우선 발전구역이 러시아 극동지역 발전에 결정적인 역할을 수행해야 한다고 보고 있다.[58]

러시아 극동지역의 개방에 대해서 러시아 학자들은 정부가 가장 우선시해야 할 과제는 개발에 대한 법적 기반과 새로운 제도를 마련

---

55) Государственная программа социально экономическое развитие Дальнего Востока и бай кальского региона на период 2014-2025, ут верждена постановлением РФ от 15 апреля 2014 г. No 308.

56) Постановление правительства РФ от 30июня 2012г. No 664 О минис терстве РФ по развитию Дальнего Востока.

57) Послание Президента Федеральному собранию. 12 декабря 2013 г. http://www.kremlin.ru/ transcripts/19825, 검색일: 2013年12月13日.

58) Послание президента федеральному собранию. 4 декабря 2014 г. http://kremlin.ru/news/47173, 검색일: 2013年12月13日.

하여 극동지역의 투자환경을 철저히 개선하는 것이라고 주장한다. 한편 러시아 극동발전부 장관은 러시아가 한국, 중국 및 일본의 경제발전특구와의 경쟁을 희망한다고 밝혔다.[59]

러시아 학자들은 아시아·태평양 지역에서 러시아의 지위를 공고히 하는 거시적인 계획은 중국과의 연계가 필요하다고 밝혔다. 지리적 위치와 러시아 역사와의 관련성 때문에 중국 동북지역은 러시아가 아시아·태평양 지역과 일체화되는 과정에서 견인차 역할을 할 수 있다.

(3) 러시아의 동진전략이 중·러 지역경제협력에 미치는 영향

러시아 국제 경제협력의 지리적 구조를 살펴볼 때, 러시아의 동진전략은 러시아가 서양으로부터 고립되어 국제적인 경제협력을 아시아로 집중시키기 위한 의미가 아니다. EU는 러시아에게 여전히 가장 중요한 경제파트너이다. 러시아와 EU의 무역규모는 러시아의 대외 무역에서 절반을 차지하고 있다. 2002년~2012년 러시아와 EU의 무역 규모는 3,365억 달러였으며, 기간 내 2배의 증가세를 보였다. 또한 EU는 러시아에게 가장 중요한 투자자이기도 하다. 2013년 러시아는 EU로부터 2,880억 달러의 직접투자FDI를 유치했으며, 러시아 역시 EU에 600억 달러를 투자했다. 이는 그해 러시아 대외투자액의 60퍼센트를 차지하는 큰 규모이다. 이와 비교해볼 때 중국과 러시아 간 무역규모는 2013년을 기준으로 900억 달러에 못 미친 것으로 나타났다. 이러한 배경에서 볼 때, 향후 러시아의 대외 경제협력

---

59) О. Бухарова, Льготы в чистом поле. 22 апреля 2014 г. htt p://www. rg.ru/2014/04/22/Vostok.html, 검색일: 2014年 12月 7日.

의 중심은 여전히 유럽에 있다. 따라서 러시아의 극동지역으로의 동진전략은 대외경제협력전략의 근본적인 격변을 의미하는 것이 아니라, 향후 러시아가 아시아·태평양 국가들과의 협력, 특히 중국과의 협력을 더욱 중시하게 될 것임을 시사한다.

한편, 러시아의 극동지역 동진전략은 다차원적인 것이며, 중국만을 대상으로 진행하고 있는 것이 아니다. 러시아는 중국과의 경제협력을 강화하는 동시에 한국, 북한, 일본, 베트남, 인도, 파키스탄 그리고 아세안 국가들과의 경제협력 강화를 계획하고 있다. 러시아는 극동지역을 발전시키기 위해서 다양한 분야에서의 역량을 강화하고, 극동지역에서 러시아에 유리한 지경학적 구도를 형성하기를 희망하고 있다. 한편 중국과 러시아는 매우 긴 국경선을 마주하고 있으며, 러시아 극동지역에서 러시아와 유럽의 접경 지역까지의 거리는 매우 멀다. 2010년부터 중국은 일본을 넘어 러시아 극동지역의 제1 무역파트너가 되었으며, 향후 러시아 극동지역 발전과 관련된 중국의 역할이 점차 강화될 것으로 보인다.

3 중국 변경지역의 개발전략과 중·러 지역협력

(1) 중국의 연관 지역발전 정책은 중·러 지역협력의 추진에 유리

1) 동북진흥전략東北振興戰略

동북진흥전략60)은 중국 공산당 16차 전국대표대회에서 제시한

---

60) 동북진흥전략의 법적 문건으로 2003년 10월 중국공산당중앙위원회와 국무원

'전면적인 샤오캉사회 건설(小康社會, 역자주: 중진국 수준의 사회건설)' 이라는 거시적 목표를 배경으로 하고 있다. 이 목표를 위하여 동북지역 전통적 공업기지의 빠른 개선과 개발을 진행하는 것이 하나의 전략조치로 제시되었다. 초기 동북진흥전략은 국가 차원의 지원정책을 제정하여 전통적 공업기지의 발전을 추진하는 것을 주요 내용으로 했다. 동북진흥전략이 추진된 이후 2003년에서 2012년까지 동북 3성의 총 생산규모는 2배 이상 확대되었고, 연평균 12.7퍼센트 증가했으며, 동북 3성의 생활 수준이 현저히 개선되었다. 2012년 중국 랴오닝성, 지린성, 헤이룽장성의 3개 성 도시주민 1인당 평균 가처분소득은 각각 2만 3,000위안, 2만 위안, 1만 8,000위안이며, 이는 2003년과 대비할 때, 각각 3.2배, 2.9배, 2.7배 늘어난 것이다.[61] 동북 3성에서의 경제 구조조정은 가속화되고 있다. 하지만 2014년 이후 중국 동북지역은 경제성장이 부진하고, 구조조정이 불완전하며, 시장화 정도 역시 불충분한 특징을 보인다.

중국 동북지역과 네이멍구 동북부 변경지역의 개발과 개방 성과

에서 「동북지역 등 전통적 공업기지 진흥전략에 관한 의견(關於實施東北地區 等老工業基地振興戰略的若干意見)」을 발표하면서 동북지역의 전통적 공업 기지 진흥을 위한 정식 결정을 내렸다. 2007년 8월 국무원은 「동북지구진흥계 획(東北地區振興規劃)」에 대한 정식 회답을 했다. 2년 후 「랴오닝 연해경제지 대 개발개방계획(遼寧沿海經濟帶開發開放規劃)(계획기간2009년-2020년)」, 「중 국 두만강지역 협력개발계획요강(中國圖們江區域合作開發規劃綱要)」등 일 련의 정책 문건을 발표했다. 중국 국무원은 2012년 3월 「동북진흥 12.5 계획(東 北振興"十二五"規劃)」을 제정했고, 2012년 8월, 「중국 동북지역의 동북아지 역 개방계획 요강(2012-2020)中國東北地區面向東北亞區域開放規劃綱要(2012 -2020)」을 반포했다.

61) http://www.sina.com.cn/news/ljyw12014-08-21/0744141577. html, 검색일: 2015年 3月 6日.

를 촉진하기 위해, 중국 정부는 국가 전략적 차원에서 헤이룽장성과 네이멍구 동북부 지역을 개발·개방지역으로 통합시키는 계획을 추진했다. 여기에서 헤이룽장성과 네이멍구 동북부 지역은 헤이룽장성 전체 행정구역과 네이멍구자치구 후룬베이얼^{呼倫貝爾}시를 포함하고 있으며, 해당 면적은 70만 7,000㎢ 규모이다. 이 지역은 중국의 대^對러시아·대^對동북아 개방과 협력 발전에 중요한 지역이자, 중국 전체 변경지역 개방 구조에서 매우 중요한 전략적 지역이다.[62] 「헤이룽장성과 네이멍구 동북부 변경지역 개발개방규획^{黑龍江和內蒙古東北部地區沿邊開發開放規劃}」에는 다음의 10가지 분야의 내용이 포함된다. 이는 개방토대와 발전배경, 전략적 위치 설정과 발전 목표, 전체 계획과 지역 간의 조화로운 발전, 협력 플랫폼 건설과 개방 수준의 향상, 변경지역 도시발전과 도시·농촌의 일체화, 산업 배치와 개방형 산업 체계 구축, 인프라 건설과 개방 능력의 제고, 사회사업발전과 변강지역 생활수준의 개선, 생태건설과 환경거버넌스^{治理}, 지원정책과 보장조치 등이다. 계획 기간은 2013년에서 2020년까지이다.

　「동북진흥 주요 정책 조치에 대한 국무원의 의견^{國務院關於近期支持東北振興若干重大政策舉措的意見}」(2014)을 통해 중국은 한층 적극적이고 주도적으로 개방전략을 실시할 것과 개방의 단계와 수준을 전면적으로 상향 조정할 것임을 분명히 했다. 동북진흥을 지원하는 정책 35개 조 가운데, "전방위 개방 협력 확대^{全方位擴大開放合作}"가 명시되었고 그 내용은 다음과 같다. 중국의 동북진흥과 러시아 극동개발의 연계를 강화하고, 중·러 극동개발 협력 매커니즘을 작동시켜, 에너지, 광산자원,

---

62) 2013년 중국국무원은 「헤이룽장성과 네이멍구 동북부 변경지역 개발개방계획 (黑龍江和內蒙古東北地區沿邊開發開放規劃)」을 정식으로 비준했다.

제조업 등의 분야에서 핵심적인 협력 프로젝트를 추진하며, 국무원이 비준한 방안에 따라 중·러 지역협력발전기금을 조속히 조성하고, 하얼빈哈爾濱을 러시아 협력과 관련된 중심도시로 육성한다. 중대한 개방 협력 플랫폼을 조성해서 대외 개방정책을 완성한다. 중국 동북지역에서 조건에 부합하는 기업의 원유 수입 및 사용 자격을 부여하고, 헤이룽장성 지역 농지개간農墾집단은 식량수출입권을 부여받는다. 주변국으로부터 석유, 식량 등 제품에 대한 수입 할당액을 늘리고, 변경지역에서의 수입자원 임가공을 장려한다. 동북지역 프로젝트의 국제금융기구 및 해외정부 우대차관 신청을 우선적으로 지원한다. 하얼빈과 창춘공항 등에서 일부 국가와 지역에 72시간 무비자 정책을 실시하고, 다롄동북아국제해운센터 건설을 가속화한다. 지역 경제협력을 강화한다.[63] 상술한 정책의 취지는 중국의 동북진흥과 러시아 극동 개발 사이의 정책적 연계성을 강화하기 위한 것이며, 해당 우대정책들은 양국이 지역협력을 추구하는 데 도움이 될 것이다.

2) 중국 변경지역의 개발·개방 계획

중국의 변경지역 개발·개방 계획을 살펴보면, 계획의 전략적 목표는 변경지역의 개발·개방의 가속화, 전방위적 개방 촉진, 지역의 조화로운 발전 촉진, 조화롭고 안정된 주변 환경 구축 등으로 이해할 수 있다. 여기에서 중요한 전략적 방향은 중국 동북 3성과 러시아

---

63) 「國務院關於近期支持東北振興若干重大政策擧措的意見」 (國發 (2014) 28號), 『國家發展和改革委員會東北振興司網站』, http://dbzxs.ndrc.gov.cn/zywj/201408/t20140820_622796.html, 검색일: 2014年 9月 20日.

극동 지역협력을 함께 강화한다는 것이다. 중국 변경지역 개발·개방 계획의 핵심적인 역할은 인접한 국가들과 국제 경제협력권을 함께 조성하는 것이다. 철도, 도로, 항공, 수리공사, 해운, 교량, 가스관, 송전선로輸電線路, 통신과 정보화, 통상구를 포함한 인프라 시설의 상호 연계를 추진한다. 개발·개방 플랫폼 수준을 향상시키고, 국가 중점 개발·개방 실험구역 건설을 추진하며, 변경지역 경제협력구의 발전을 제고하고, 변경지역에서의 경제협력구를 안정적으로 건설하여, 주변 국가들과 대외경제무역에서 경제무역협력구의 선도적 역할 발휘하도록 한다. 자원개발 이용과 가공산업, 농업 및 농산품 가공업, 제조업, 국제 상업과 무역 물류업, 해외 관광문화 산업과 기타 서비스업을 포함한 특색이 있는 우세 산업을 발전시킨다. 또한, 주변 협력을 심화하고, 무역과 투자협력을 확장하며, 과학 교육과 인문 협력을 강화하고, 지역 차원의 경제협력을 강화하여, 지방이 국제협력을 진행할 수 있도록 추진한다.

변경지역 개발·개방 계획은 동북국제경제협력권을 건설하고 동북국제경제협력회랑走廊을 형성하는 데 도움이 될 것이다. 동북국제경제협력 회랑은 유라시아대륙교大陸橋 국제경제회랑, 두만강 국제경제회랑과 북부연강(하)沿江河 경제회랑을 포함한다. 중국 동북부와 러시아 극동지역은 가공공업, 상업무역물류, 해외관광 등의 산업 발전에 협력할 것이며, 지속적으로 국외 자원의 개발협력 가능성을 모색할 것이다. 인프라 건설의 상호연계는 중국 동북부와 러시아 극동지역의 지역협력 추진에 더욱 큰 효과를 가져올 것이다. 본 계획은 교통과 운송 인프라의 개선을 위하여 동북아 육지와 해상을 연계하는 운송철도 네트워크의 상호연결互聯互通의 실현을 제시하고 있다. 지린-투먼-훈춘 철도 건설, 선양瀋陽-단둥丹東 철도 건설, 빈쑤이철도濱綏鐵路-

무단장牡丹江-쑤이펀허綏芬河 구간의 운행효율을 증대시키기 위한 개보수를 가속화한다. 또한 바이청白城-아얼산阿爾山 철도 운행효율 제고를 위한 개보수 및 증축 공사, 창바이長白 철도와, 지얼셴集二線의 운행효율 제고를 위한 개보수 사업 등을 제시했다. 주변 국가와의 국제도로 운송로 건설을 가속화하고, 핵심 도로의 원활한 운영 환경을 조성하며, 통상구 및 변경지역 도로의 통행능력과 서비스 수준을 향상시킨다. 공항의 확장 공사를 적극적으로 진행하여 동북공항군群을 형성하고, 아르군강Argun 額爾古納河, 헤이룽장, 우수리강烏蘇里江, 두만강圖們江 등 변경지역의 하천 인프라를 개선한다. 중·러 천연가스 파이프라인 협력을 추진하고, 중·러 변경지역의 전력망을 건설하며, 중·러 직류 송전 프로젝트 건설을 추진하고, 헤이룽장성 퉁장同江시 국경을 통과하는 철로에 통상구를 설립한다. 또한, 헤이룽장성 헤이샤쯔섬黑瞎子島(러시아명 볼쇼이우수리스키섬-역자주) 도로통상구公路口岸 공사 추진을 검토하며, 헤이룽장 모허漠河항의 확대 개방을 추진한다. 항구건설과 관리에 있어서, 헤이룽장 쑤이펀허시, 지린 창춘과 투먼 등에 항구 인프라 시설 건설과 에너지 확충을 제고하고, 북·중·러 내륙항 종합교통운수 인프라 협력 프로젝트 건설을 가속한다. 상술한 조치들은 중·러의 지역협력을 강화하고, 중·러 국경 내외부의 연결 추진, 중·러 간 기능적인 배합 및 안전하고 효율적인 현대화된 기초 시설 인프라망 구축에 도움이 되어 중·러 변경 지역협력 강화와 관련 협력체제의 완비에도 도움이 될 것이다.

3) 중국 동북지역과 러시아 극동, 동시베리아 지역협력계획요강

「중화인민공화국 동북지역과 러시아연방 극동지역 및 동시베리아 지역 협력계획요강(2009-2018년)中華人民共和國東北地區與俄羅斯聯邦遠東及東西伯利亞地區合作規劃綱要(2009-2018年)」(이하「요강」)발표를 기점으로 중국 동북지역과 러시아의 지역경제협력은 새로운 관심을 받게 되었다. 요강은 기본적으로 중·러 통상구 및 변경지역 인프라의 건설과 개선, 중·러 지역 운송협력, 중·러 협력단지 발전, 노무협력 강화, 지역관광협력발전, 중·러 지역 중점사업 협력, 중·러 지역 인문협력, 중·러 지역 환경보호 협력 등이 포함되어 있다. '요강'이 계획하고 있는 205개 지방 협력 프로젝트 중에서 중국은 111개 프로젝트를 담당하고, 이 중 헤이룽장성 정부가 33개 프로젝트를 추진하고 있다.

「중·러 전략적 협력동반자관계의 전면적 심화에 관한 공동성명中俄全面深化戰略協作伙伴關係的聯合聲明」은 중·러 양국의 변경지역 개방과 관련된 구체적인 내용을 제시했다. "중국과 러시아는 각자 자국의 현대화 및 경제발전이라는 전략적 필요에 따라 양자 간의 무역구조를 개선하고, 무역 성장 방식을 규범화하고 전환해야 한다." 중국은 대외개방을 확대하고 주변 국가 및 지역과의 협력을 강화하는 것을 동북진흥전략의 중요한 내용과 기본 동력으로 여기고 있다. 2012년에 중국과 러시아가 퉁장 철도대교 건설 프로젝트에 서명하면서, 퉁장대교 건설의 구체적인 실시가 시작되었다. 이를 통해 중·러 양자 간 국경에서의 인프라 프로젝트 건설이 가속화되었으며, 헤이허黑河대교, 뤄구허洛古河대교, 둥닝東寧대교 등 새로운 경로 개발에 긍정적 영향을 주었다. 이와 함께 중국 국무원은 중·러 지역협력발전기금을 비준했고, 1차 융자 규모는 인민폐 100억 위안이었으며, 장기 융자 규모는 인민폐 1,000억 위안에 이를 것이다.[64]

---

64) 李慧敏,「綏滿沿邊開放帶上升爲國家戰略黑龍江成東北亞橋頭堡」,『中國經

4) 동북 3성 지방정부의 대러시아 협력정책

동북아시아의 지역경제협력 추진과 관련하여, 동북 3성 및 네이멍구 지방정부는 다양한 교류협력과 공동발전을 위한 플랫폼을 모색하고, 동북아 지역의 경제무역교류를 크게 촉진했다.

헤이룽장성은 동북아시아의 중심지역에 위치해 있다. 헤이룽장성은 변경지역의 개발·개방 전략을 관철하기 위해 하얼빈, 무단장, 자무쓰佳木斯시를 연결하는 "하무자헤이哈牡佳黑" 변경개방벨트沿邊開放帶 건설을 중심으로 러시아와의 지역협력에서 확실한 성과를 거두고자 한다. 이에 중국의 대對러시아 개방의 교두보인 헤이룽장성은 "양대일구兩帶—區(두 개의 벨트 하나의 구)" 개방협력 플랫폼 조성을 통해 변경지역 개발 및 개방의 계기를 마련하여 헤이룽장성의 지역적 우위를 발현하고, 나아가 헤이룽장성과 러시아 인근 연방주체와의 협력을 발전시키고자 한다. 헤이룽장성은 역내 중심도시, 변경통상구와 개방 통로를 중심으로 변경지역을 선도벨트先導帶로, 쑤이만 철도 연선沿線지역을 지지벨트支撐帶로, 기타 지역을 조력구帶動區로 구분하여 "양대일구" 변경지역의 개발·개방 구조를 형성하고자 한다. 헤이룽장성은 해외협력단지 건설을 추진하여 해외경제 무역협력구, 공업단지, 농업단지, 목재 가공단지와 과학기술단지, 물류단지 건설을 가속화할 것이며, 러시아와 관련하여 중점적으로 추진하게 될 산업 프로젝트는 농업, 임업, 천연가스광업, 상업과 무역 물류, 과학기술단지 등이 될 것이다. 현재 헤이룽장성은 러시아연방의 일부 지역과 주요 협의 및 문건에 합의·서명하였고 양국 변경지역의 우호관계를 강화시켰다. 2009년에 헤이룽장 쑤이펀허 종합보세구역이 조성되어

營報』, http://weibo.com/chinabusinessjournal, 검색일: 2015年 1月 2日.

2010년부터 정식 운영을 시작했으며, 이는 현재 중·러 접경지역에서 유일한 종합보세구역이다. 2013년 쑤이펀허 종합보세구역에 등록된 기업은 272개에 달하며 무역 규모는 7억 달러 이상이다. 2014년 2월 중·러는 퉁장 철도대교 건설을 착공했다. 중국은 해외진출走出去(역자주: 중국 기업의 해외투자 장려) 전략을 실현하기 위해 러시아와의 경제무역협력을 확대했고 헤이룽장성 정부는 2003년부터 해외산업단지 개발을 검토하기 시작했다. 중·러 양국 프로젝트 협력의 중요한 플랫폼으로서 15개 해외산업단지는 중국 헤이룽장성 정부가 추진하는 대외개방의 중요한 상징이 되었다.

「일대일로 비전과 행동一帶一路願景與行動」[65]은 중국 각지의 개방 현황을 서술하면서, 중국의 각 지역을 크게 서북, 동북, 서남, 연해 및 홍콩, 마카오, 대만 등으로 구분했다. 이 같은 내륙지역에 대한 4대 영역 구분은 중국 지역전략에서의 4대 영역, 3개의 지지대와 일맥상통하는 부분이 있다. 이 중 동북 3성과 네이멍구 동부지역은 유리한 지역적 위치 조건을 기반으로 러시아, 몽골을 연결하여 북쪽으로 개방하기 위한 교두보가 되고자 한다. 「일대일로 비전과 행동」은 네이멍구의 러시아, 몽골과의 연결이 가능한 유리한 지역적 위치를 기반으로 러시아 철도 경로와 지역 철도망을 발전시키고, 동북 3성인 헤이룽장성, 지린성, 랴오닝성과 러시아 극동지역의 육·해상 연계 운송협력을 발전시키며, 베이징부터 모스크바에 이르는 유라시아 고속 운송로를 마련하여, 북향 개방을 위한 중요한 창구 건설을 제시

---

65) 2015년 3월 28일 국가발전개혁위원회, 외교부, 상무부는 「실크로드 경제벨트와 21세기 해상 실크로드의 비전과 행동 추진(推動共建絲綢之路經濟帶和21世紀海上絲綢之路的願景與行動)」을 발표했다. (『人民日報』, 2015年 3月 29日 참조), 이 책에서는 이를 인용할 때 「일대일로 비전과 행동」으로 약칭했다.

하고 있다. 헤이룽장성은 중·러·몽경제회랑中俄蒙經濟走廊과 룽장 육·해상실크로드경제벨트龍江陸海絲綢之路經濟帶를 건설하기 위해 노력하고 있다. 룽장 육·해상실크로드경제벨트 계획에 근거하여, 헤이룽장성은 하얼빈을 중심으로 쑤이하만綏哈滿(역자주: 쑤이펀허-하얼빈-만저우리), 따만퉁大滿同(역자주: 다칭大慶-만저우리-퉁장), 하베이헤이哈北黑(역자주: 하얼빈-베이안北安-헤이허), 변경지역 4개의 철도의 간선과 시베리아 철도로 형성된 동부통로 지역을 기반으로 하여 국제상업무역물류지대, 산업벨트와 개방지대를 조성하는 데 주력하고 있다. 이 밖에도 헤이룽장성은 러시아 극동항구를 활용하여 육·해상 복합운송을 추진하고자 한다. 퉁장 철도대교를 건설하고, 헤이허 대교 공정을 가속화하며, 헤이샤쯔섬 공동개발계획, 하얼빈 종합보세구역과 공항인접경제구臨空經濟區 건설을 추진하려 한다.

지린성은 동북지역의 전통적 공업기지 진흥과 관련된 새로운 정책을 충분히 활용함으로써 국가의 "일대일로" 전략에 능동적으로 참여하고, 창지투長吉圖 개발·개방 선도구 전략을 적극적으로 실시해야 한다. 주변 및 동북아시아 지역과의 협력을 긴밀하게 추진하여, 북한과 중국 간의 취안허圈河통상구와 지안集安 통상구를 복구하고, 중국 훈춘에서 러시아 블라디보스토크까지의 고속철도를 추진하며, 자루비노Zarubino 항구와 훈춘 물류센터의 합작 건설을 가속화하고, 중국 훈춘에서 한국의 부산 등을 연결하는 육·해상 운송경로를 개통해야 한다. 동시에 지린성은 러시아 극동개발의 기회를 포착하여, 프리모르스키 지구 등과 에너지자원 개발 등의 협력을 강화해야 한다. 또한 북·중 나선羅先경제무역구의 건설을 적극적으로 추진하고 각급 개발지역을 업그레이드하여 혁신적인 발전을 추진해야 한다. 창춘 싱룽興隆 종합보세구역, 훈춘국제협력시범구역을 건설하고, 창춘과 옌지 공항경제개발구역을 건설하며 중국과 러시아 간에 훈춘-자루비노 국경경제협력구역 설립 방안을 모색해야 한다.

랴오닝성은 다롄, 잉커우營口, 진저우錦州와 단둥을 주요 연결점으로 하여 국제 물류 중심의 중·러·몽 경제회랑 건설을 추진해야 한다. 해상·육상 종합교통허브 건설을 확대하여 다롄항과 잉커우항을 출발하여 선양, 창춘, 만저우리, 모스크바 및 함부르크를 경유하는 랴오만오遼滿歐(랴오닝, 만저우리, 유럽 연결 철도, 역자주) 해상-철도 연계운송로를 건설하고, 서쪽으로는 진저우항에서 진치錦赤, 츠다바이赤大白, 바신巴新, 바주巴珠 노선을 따라 네이멍구 주언가다부치珠恩嘎達布其 통상구를 거쳐 몽골 초이발산Choibalsan에 이르는 철도노선을 마련해야 한다. 동쪽으로는 단둥항에서 선단沈丹선(선양-단둥), 징하京哈선(베이징-하얼빈), 핑치平齐선(지린성 쓰핑四平-헤이룽장성 치치하얼齊齊哈爾), 바이아셴白阿선(내몽골 바이청-내몽골 아얼산) 등의 노선을 따라 네이멍구 아얼산 통상구를 거쳐 초이발산에 이르는 노선을 마련하고, 동서 노선이 러시아 보르자Borzya를 지나 유럽에 이르도록 해야 할 것이다. 동시에 다롄 자유무역단지를 적극적으로 추진하고, 잉커우에 한중 자유무역시범구 건설을 지원해야 한다.

중국과 러시아에서 진행되고 있는 계획을 살펴보면 변경지역에서의 대규모 경제무역 협력 개발은 이제 실행을 위해서 충분한 준비를 마친 단계에 있다. 상당수의 연구, 건의, 대책 분석 등이 중·러 간 지역협력에 대해서 낙관적이다. 그러나 아직 많은 연구와 건의들은 극동지역의 자원과 사회·경제 발전 현황, 중·러 간 상호 보완성의 강조, 변경 지역협력발전, 지역발전전략의 접점 등을 국내에 소개하는데 머물고 있다.[66] 중국 동북 3성의 대외적인 개방·개발 방향은 여전히 다양한 측면에서 검토가 진행되고 있다.

158

(2) 중국과 러시아의 지역경제협력

1) 중국 동북지역과 러시아 인접지역의 지역경제협력

중·러 지역경제 협력은 크게 동, 서 방향으로 구분될 수 있다. 동쪽 지역은 중국의 동북 3성, 네이멍구자치구의 3개 시市 2개 맹盟(역자주: 맹은 중국 행정구역에서 지급시地級市와 동일한 단위)과 러시아 극동, 시베리아지역의 협력이며, 서쪽 지역은 중국 신장新疆위구르자치구와 러시아 알타이 지역의 협력으로 볼 수 있다. 중·러 경제무역 협력은 빠른 속도로 발전해 왔다. 러시아연방 세관국의 자료에 따르면, 2013년 양국의 무역 규모는 888억 4,200만 달러로 2012년 대비 1.7퍼센트 확대되었다. 중국은 러시아의 주요 대외무역 파트너로 러시아 전체 무역에서 10.5퍼센트를 차지하고 있다. 러시아와의 무역은 중국의 무역총액에서 2퍼센트를 차지하고 있으며, 러시아는 중국의 10번째 무역 대상 국가에 해당된다.[67]

최근 몇 년에 걸쳐서 러시아와 중국의 경제·무역 관계는 끊임없이 조정되어왔고 어느 정도의 진전을 보였다. 2012년 기준으로 극동·자바이칼 지구에서 중국의 대외무역액은 전년 동기 대비 18.4퍼센트 증가한 109.5억 달러를 달성했다. 세부적으로 살펴보면 수출액은 55억 1,700만 달러 규모로 24퍼센트 증가했고, 수입액은 54억 3,000만 달러 규모로 13퍼센트 증가했다. 2012년에 러시아 동부지역의 대

---

66) 李向平, 『東北亞區域經濟合作報告(2009)-東北亞經濟合作新態勢與遼寧擴大 對外開放取向』, 科學出版社, 2009, p. 146.

67) Справка о торгово - экономическом сотрудничестве между Росси йской Федерации и Китаем. Департамент Азии и Африки Минэ кономразвития России. 2014г. Москва

외무역에서 중국은 28.6퍼센트를 차지하고 있다. 그러나 2012년 중국은 극동과 자바이칼 지구를 대상으로 1억 1,900만 달러를 투자했는데 이는 2011년 대비 5,000만 달러(29.6퍼센트) 감소된 것이다. 2012년 러시아 동부지역에서 유치한 외국 자본총액 중 중국이 차지한 규모는 0.9퍼센트에 불과했다.[68]

　　러시아 극동과 시베리아 세관국에 따르면 2013년 기준으로 러시아 극동연방관구(역자주: 연방관구는 헌법에 규정된 단위는 아니지만 연방정부의 편의를 위해 설치한 행정구역으로 극동은 8개의 연방관구 가운데 하나이다)의 각 연방주체(역자주: 러시아헌법에 규정된 단위로 극동연방관구에 11개의 연방주체가 포함되어 있다)의 대외무역액은 러시아 전체 무역의 12.6퍼센트인 111억 9,000만 달러를 기록했다. 시베리아연방관구의 대외무역액은 9.9퍼센트인 87억 9,000만 달러였다. 러시아 국경지역의 몇몇 연방주체와 중국의 협력이 매우 두드러진다. 중국의 주요 대외무역 파트너는 프리모르스키 지구(55.8퍼센트), 사할린주Sakhalin oblast(18.7퍼센트), 하바롭스크 지구(10퍼센트), 아무르주(6.9퍼센트)와 사하공화국(4.8퍼센트)이다.[69]

　　2013년 러시아 프리모르스키 지구과 중국의 무역액은 2012년과 대비할 때 48퍼센트 증가한 63억 3,000만 달러였다. 구체적으로 살펴보면 수출액은 2배로 늘어난 17억 8,000만 달러였고, 수입액은 34퍼센트 늘어난 47억 5,000만 달러였다.[70] 또한 2011년부터 중국은 처음

68) http://www.customs.ru/index.php?option=com_content&view=article&id=13S5 S&Itemid=2095, 검색일: 2014年 12月 20日.

69) http://dvtu.customs.ru, http://stu.customs.ru, 검색일: 2015年 1月 1日.

70) Внешнеэкономическая деятельность Приморской области за 2005 -2013 годы. Статистический сборник. Владивосток, 2014 г.

으로 러시아 이르쿠츠크주Irkutsk Oblast의 주요 무역파트너가 되었으며 현재까지도 1위를 계속 유지하고 있다.

2013년 중국 동북지역의 주요 무역파트너인 러시아 극동연방주체

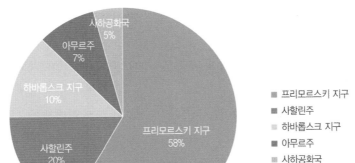

그림 1-1. 러시아 각 극동연방주체의 대중 무역총액 비중 비교
출처: 러시아 극동연방관구와 시베리아연방관구 세관국 통계 자료

2013년의 대외 무역액은 2012년 대비 20퍼센트가 늘어난 35억 6,000만 달러였으며, 그 중 수출액은 30억 4,500만 달러, 수입액은 5억 1,000만 달러였다. 2013년 중국은 러시아 이르쿠츠크주 무역액의 38.6퍼센트를 차지했고, 수입은 38퍼센트, 수출은 44.7퍼센트를 각각 차지했다.[71] 또한 중국은 줄곧 아무르주의 주요 무역파트너였으며, 중국 대외무역액은 아무르주 총 무역액의 85~90퍼센트를 차지한다.

---

71) Внешнезкономическая деятельность Иркутской области за 2005-2013 годы. Статистический сборник. Иркутск, 2014 г.

2013년 아무르주와 중국과의 무역액은 7억 8,910만 달러였으며, 이 중 수출액은 3,730만 달러가 증가된 4억 190만 달러였고, 수입액은 2억 8,610만 달러 감소된 3억 8,720만 달러였다. 러시아 아무르주에서 중국으로의 주요 수출상품은 전력 44.5퍼센트, 구리광석 및 철광석 33퍼센트, 미가공 목재가 9퍼센트로 확인되고 있다.[72]

2) 중국 동북지역과 러시아 극동 및 시베리아지역의 협력계획 요강 실현

중국 동북지역과 러시아 극동 및 시베리아 지역협력계획「요강」의 준비 작업은 2007년부터 시작되었다. 러시아 극동 및 자바이칼지구 사회경제발전문제위원회 회의에서「요강」가운데 러시아가 집행할 부분을 통과시켰으며, 2009년 9월에 중·러 양국은 고위급 회담을 진행하여 양국의 수뇌가「요강」을 최종 확정했다. 양국이 서명한「요강」은 양국의 변경지대 인프라 건설 및 발전과 관련하여 교통, 관광, 노동, 인문교류, 환경보호 분야에서의 협력을 확대하고 지역협력을 통해 프로젝트를 실행에 옮겨야 한다고 확인했다. 해당「요강」의 핵심 목적은 중국 동북지역과 러시아 극동 및 동시베리아 지역 경제협력을 진행하기 위해서 필수적인 인프라를 건설하는 것이다. 하지만「요강」의 각 방안 시행초기에 문서초안의 준비가 충분하지 못하거나 투자자들이 참여하지 않게 되면서 2010년의 대부분 사업들은 중요 항목에서 삭제되거나 새로운 사업으로 대체되었다.

---

72) Внешнезкономическая деятельность Амурской области за 2005-2013 годы. Статистический сборник. Благовсщенск. 2014 г. http://irbis.amursu.ru/DigitalLibra г y/Статистика/163.pdf.

2011년에는 89개 사업들 중에서 54개의 주요사업이 보류되었고, 10개 사업이 제1기 시행사업으로 선정되었다. 2011년에서 2012년까지 양국이 「요강」을 협력적으로 시행한다는 측면에서 어느 정도의 성과는 거둔 것으로 볼 수 있겠지만, 전체적인 관점에서 볼 때 「요강」의 시행 상황에 대해서 평가하기에는 어려움이 있었다.[73]

2012년에 「요강」을 시행하는 과정에서의 주요 문제는 중·러 접경지역협력의 대형 투자 프로젝트가 모두 러시아 역내에서 진행되어야 한다는 점이었으며, 대부분의 프로젝트는 임업 가공, 광물 채굴업, 건축자재 생산 분야였다. 57개 사업 중 2012년 기준으로 실시 단계에 있는 것이 22개 항목(38.6퍼센트), 투자파트너를 찾고 있거나 투자자와 협상단계에 있는 것이 25개 항목(43.9퍼센트), 기술과 법률 법규 문건 작성 중에 있는 것이 4개 항목(7.0퍼센트)이었으며, 6개 대형 프로젝트(10.5퍼센트)의 경우 투자자 혹은 투자 유치자들로부터 사업을 거절당해 중단되었다. 몇 개의 대형 프로젝트는 수년에 걸쳐서 계속 협상 중이거나 투자파트너를 모색하는 단계에 있는데, 중국 측이나 러시아 측 회사 모두 투자의향을 보이지 않고 있다. 한편, 시행 중인 22개 대형 프로젝트 중 11개 항목에 중국 측 회사가 참여했다. 중국의 자금 투자는 자바이칼 지구(4개)와 유태인자치주(3개)에 집중되어 있다. 중국 측 회사는 귀금속, 철광, 금속 채굴과 목재가공 공장 건설, 전력 관련 협력, 주택과 사회인프라 건설 등의 분야에 참여했다.

---

73) Координация усилий развития территорий Востока России и Северо - Востока Китая слабо выражена. 24 марта 2011. http://trud-ost.ru/?p=75390, 검색일: 2012年 5月 2日.

2014년 1월 1일까지 중국 동북지역과 러시아 극동지역의 협력 중점프로젝트 목록 중 모두 61개 항목이 러시아 역내에 진행되었으며, 이 중 15개 항목(중국 측이 투자한 항목은 11개)이 실시단계에 있었다. 협상이 진행 중이거나 투자자를 모색 중인 프로젝트는 17개, 기술과 표준 법안 초안을 마련 중인 항목이 3개였고, 26개 항목은 투자자가 부족하여 보류되었다. 현재 「요강」에서 중국 동북지역과 러시아 극동 및 시베리아지역의 중점 협력 프로젝트 가운데 중국 헤이룽장성과 관련된 항목이 33개이며 이 중에서 17개 항목이 시행 중에 있다.74)

중국과 러시아 국경지역에서 협력을 위한 「요강」을 시행하는 데 중요한 문제는 여전히 러시아 내에서 대형 투자 프로젝트를 어떻게 진행할지와 관련되어 있다. 특히 양측은 협력을 위해서 경제적 기반을 강화해야만 한다. 현재 극동과 자바이칼지구에서 진행되고 있는 양국의 협력 분야는 임업가공, 광산채굴, 건축자재 생산 등에 집중되어 있다. 「요강」이 순조롭게 진행되지 못하고 있는 이유는 중국 측 투자자들이 러시아 동부지역에서의 프로젝트에 참여하는 데 충분한 매력을 느끼지 못하기 때문이다. 중국의 투자자들은 러시아 동부지역에서 가공분야 프로젝트에 대한 투자를 원하지 않고 있으며, 원자재 채굴 프로젝트 등에 대한 직접 투자를 희망하고 있다. 많은 프로젝트가 구체화되기 어려웠던 이유는 러시아 정부와 대형 회사들이 가공 분야의 지원자금을 너무 늦게 투입했기 때문이다. 아직까

---

74) Программа сотрудничества между Дальним Востоком и Китаем продолжит дей ствовать на Колыме. 14 марта 2014. http://magadan media.ru/news/kolyma/14.03.2014/342554/programma-sotrudnichestva-mezhdu-dal nim-vostokom-i-kitaem-prodolzhit-deystvovat-n.html, 검색일: 2015年 1月 1日.

지 러시아에는 관련 법률이 완비되어 있지 않고, 변경 지역협력과 관련되어 우대정책이 없을 뿐만 아니라, 지방의 행정기관도 국제적인 투자협력에 참여하는 경우가 드물다.

(3) 중국 동북부와 러시아 극동 및 시베리아 지역협력의 전망과 문제점

1) 중국 동북지역과 러시아 극동 및 시베리아 지역협력 전망

러시아 극동지역과 중국 동북지역에 위치한 대부분의 기업들은 '고비용, 저수익'의 특징을 보인다. 이들 기업들이 위치한 지역은 경제가 발전된 지역과 멀리 떨어져 있고, 자연 기후조건이 복잡하며, 교통운송 원가가 높기 때문이다. 이러한 구조적 환경 속에서 해당 지역의 중소기업과 관련된 특징은 매우 중요한 의미를 갖는다. 양국의 중소기업 발전 상황을 분석하면 지역경제 협력 전망을 예측할 수 있기 때문이다. 중소기업을 발전시킬 수 있는 조건은 러시아 극동과 중국 동북지방 모두에서 비슷하다. 하지만 중국과 러시아의 기업을 비교해보면, 중국 동북부에 위치한 중소기업이 러시아 극동지역의 중소기업보다 발전 수준이 높은 것을 확인할 수 있다.[75] 기업 간 양적인 비교 우위 외에도 중국 동북지역 중소기업은 질적으로 그리고 조직 구조에서도 우위를 갖고 있다.

중·러 변경지역 중소기업에서 나타나는 기본적인 차이를 살펴보면, 러시아 기업의 경우 대부분 대형 공업 분야에 속하면서 러시아

---

75) Е. А. Карелина, Развитие и расширение связей Сибири и Дальнег о Востока и Северо- Восточных провинций Китая. 2010г. http:// www.iupr.ru/domains_data/files/zurnal_22_12/К а relina%20E.%20A.pdf, 검색일: 2014年 11月 4日.

국내 시장을 대상으로 하고 있다. 반면, 중국 기업의 경우 노동력에 의존하며 대부분 외국시장을 대상으로 한다. 중소기업의 지속 가능한 발전을 위해서는 적절한 외부 환경이 마련되어야 하는데, 특히 법적 기반과 제도적 기초가 필요하다.[76] 중·러 변경협력「요강」은 경제학적 관점에서 중·러 경제무역관계가 반드시 조화로운 협력구조를 가져야 하며, 교육적 측면에서는 양국 간 원활한 협력을 위해 다양한 분야의 전문가가 양성되어야 한다고 강조한다. 중국과 러시아의 구체적인 협력 분야를 살펴보면, 우선 에너지 분야가 가장 관심을 받고 있다. 중국 동북지역은 중공업 기반시설이 발달되어 있기 때문에 대량의 에너지 공급이 필요하다. 러시아에서 파이프라인 수송경로를 다양화하고, 동선東線천연가스 파이프라인을 통한 에너지 수출을 추진하면 양국의 에너지 분야에서의 협력이 발전될 수 있을 것이다. 다음은 교통 분야로 아시아를 가로지르는 교통회랑의 건설은 큰 의미가 있다. 이 교통회랑은 중국 동부 해안지역에서 한국, 러시아 극동지역, 발트해 항구, 폴란드, 핀란드와 영국을 거치게 된다. 러시아는 중국의 일대일로 건설 추진과 관련된 제안을 흔쾌히 받아들였으며, 이를 통해 양국의 변경지역에서는 교통 분야의 협력적인 발전이 이뤄질 전망이다. 세 번째 관심을 끄는 협력분야는 임업 분야이다. 수년간 러시아는 대부분 가공되지 않은 목재를 중국으로 수출해왔다. 이러한 형태의 수출은 러시아의 이익에 도움이 되지 않았다. 중·러 모두의 이익을 균형 있게 유지하기 위하여 2007년 러시아

76) E. A. Карелина, Развитие и расширение связей Сибири и Дальнего Востока и Северо — Восточных провинций Китая. 2010г. http://www.iupr.ru/domains_data/files/zurnal_22_12/Karelina%20E.%20A.pdf, 검색일: 2014年 11月 4日.

는 정부명령을 발표하여 원목수출세를 인상하였다. 이로써 러시아
는 향후 목재 가공 분야에서 중국과의 협력을 전개하고자 한다.

또한, 중국 동북지역의 전통적 공업기지와 러시아 극동지역 발전
을 촉진하기 위해서는 양자 간 경제적 상호 보완성을 충분히 활용하
고, 양국의 과학기술협력을 강화해야 한다. 가령 러시아 과학아카데
미 시베리아 지부와 극동 지부는 우주 비행, 핵 시설 및 연료와 동력
설비 분야에서 세계 최고 수준을 갖춘 저명한 과학 연구기관이다.
중국이 러시아 동부지역과 과학기술 협력을 강화하면 중국 동북지
역 전통적 공업기지의 현대화 실현에 큰 도움이 될 것이다. 이는 중
국 동북진흥전략의 우선적인 추진 방향이기도 하다.

2) 중국 동북지역과 러시아 시베리아 및 극동 지역협력 과정에서의 문제

첫째, 러시아 극동지역은 인구가 매우 적고, 자연환경이 열악하며,
교통 인프라가 부족하다. 극동지역의 물류가 원활하지 않기 때문에
중국 동북지역과 협력하는 데 상당한 어려움이 있다.

둘째, 러시아는 중국이 러시아의 극동지역에 투자하고, 중국의 자
금을 활용해서 극동지역을 개발할 수 있기를 희망하고 있지만, 실제
운영과정에서는 오히려 중국의 투자를 저해하는 모순이 나타나고
있다. 러시아는 중국인들의 투자와 관련된 행정적 그리고 법률적 장
애를 만들고 있으며, 러시아 중앙정부의 극동지역에 대한 정책 또한
일관성이 부족하다.[77]

---

77) Н. В. Кузнецова, Проблемы социально - экономического развития
Дальнего Востока. 2009г. - 8 с http://dkcenter.ru/analitics/detail.php?id=132,

제1장 동북아시아 정세와 중국 동북 및 북부 변강지역의 안보, 안정과 발전 **167**

셋째, 러시아인들의 중국과 중국인에 대한 관점의 차이가 있으며, 이러한 차이가 러시아 정치엘리트들의 중국에 대한 인식 차이를 초래하고 있다. 유럽과 관련된 일부 엘리트들은 "중국 위협론中國威脅論"의 영향을 많이 받고 있다. 그러나 러시아 극동지역의 엘리트들과 다수의 주민들은 지역의 발전을 위해서 중국과의 협력과 교류가 불가피하다는 것을 인식하고 있다. 그럼에도 불구하고, 일부 학자들과 언론은 "중국 위협론"을 선전한다.[78] 이들은 중국인들의 이민에 대해서 일종의 두려움을 갖고 있다. 또 다른 전문가들은 중국 이민자들이 러시아 극동지역에 진입하더라도 이 지역에 위협을 끼치지 않고 러시아인의 토지를 점용하지도 않을 것이며, 역으로 러시아 지역 경제의 발전을 가져올 것이라고 언급했다. 중국의 이민은 러시아 지역사회에서 새로운 일자리를 늘리고, 기술과 인재의 부족을 보완할 수 있으며, 러시아의 재정 수입을 증가시킬 수 있다.[79] 하지만 중국

검색일: 2014年 12月 7日.

78) См. : И. А. Романов, Государственное регулирование миграции на Дальнем Востоке: история и современные проблемы. //Социс. 2004 г. No 11. С. 37; Ж. Н. Халиман, Социальные технологии в работе с вынужденными переселенцами (на примере миграционной службы г. Владивостока) . Психолого - педагогические проблемы социальной работы (Материалы Всероссий ской научно - практи ческой конференции, 21 -22 февраля 2000г.). Магнитогорск: МаГУ, 2000. С. 133.

79) См. : Рыбаковский Леонид. Стратегия демографического развити я РФ. Стратегии миграционной политики. М. : Русский Архипел аг, 2004. С. 21. ; В. Л. Ларин, В тени проснувшегося дракона. Россий ско - китай ские отношения на рубеже 20 - 21 вв. Владивосток, 2006. С: 167; М. Теплоухова, Россия и международные структуры АТР: Повестка для россий ского Дальнего Востока. // Индекс Безо

동북지역의 노동력은 대부분 중국 내의 경제 발전지역으로 끊임없이 이동하고 있기 때문에 향후 몇 년간 러시아로 대량 유입되지 않을 것이다.[80]

넷째, 지역의 이익 차이와 문제를 바라보는 시각이 다르고 뚜렷한 정책이 부족하다.

4 "신동북현상"과 중·러 지역경제협력

(1) "신동북현상新東北現象"과 중국 동북 3성의 경제발전상황

중국 국가통계국의 자료에 따르면, 2014년 동북 3성의 경제발전 속도는 각각 5.8, 6.5, 5.6퍼센트로 중국 전체에서 최하위 수준에 머물렀다. 2015년 1분기 동북 3성의 여러 경제지표도 계속 하락 국면을 보였는데 랴오닝, 헤이룽장, 지린의 1분기 GDP 성장률은 각각 1.9, 4.8, 5.8퍼센트로 모두 중국 전체 평균 성장률인 7퍼센트보다 낮게 나타났다. 2015년 1분기 랴오닝성의 철강, 자동차, 석유 화학 등 산업은 느리게 성장했으며, 부동산 역시 마이너스 성장을 기록했다. 3차 산업의 부가가치가 낮고, 일부 도시는 자원 고갈의 문제에 직면해 있는데, 이러한 특징이 바로 "신동북현상"이다. 신동북현상이 국내외로부터 많은 주목을 받고 있는 가운데, 일부 연구자들은 이러한

пасности. No 1 (92), том 16. 2010 г.

80) В. Л. Ларин, Северо - Восток Китая в 2012 г. : политика, экономика и социально - демографическое развитие. //У карты Тихого Океана. Информационно - аналитический бюллетень No 30 (228).

특징이 동북 3성에서만 출현한 경제문제가 아니라 중국 전체의 경제발전 중 야기된 문제라고 여기고 있다.

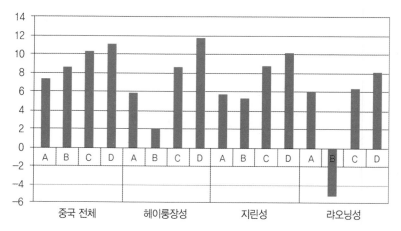

그림 1-2. 2014년 동북 3성과 중국 전체의 주요 경제지표 비교
A: 지역내총생산(GRDP)총증가율, B: 지방예산수입 증가율
C: 도시주민 1인당 가처분소득 증가율, D: 농촌주민 1인당 순소득 증가율

그림 1-2를 통해 확인할 수 있듯이, 기본적인 경제 상황을 보여주는 4대 경제지표에서 동북 3성의 수치는 중국 전체 평균에 비해서 훨씬 낮다. 증가율이 아닌 총액의 관점에서도 동북 3성의 경제 상황은 낙관적이지 못하며, 랴오닝성 지방재정의 일반예산 수입은 심지어 마이너스 성장을 보이기도 했다.

(2) "신동북현상" 발생의 원인

"신동북현상"이 발생한 배경으로는 다음의 네 가지 원인을 살펴볼 수 있다.

첫째, 단순히 GDP 성장에만 집중하면서 경제구조가 최적화되지 못한 측면이 있다. 동북지역의 경제는 지난 10년간 발전했고 큰 성과를 거두었지만, 구조적 문제도 확연하게 나타났다. 2003년에서 2012년까지 10년 동안 동북 3성의 지역 GDP는 2배 이상 증가했고, 연평균 증가속도는 12.7퍼센트를 달성했으며, 도시와 농촌 주민의 소득도 크게 증가했다. 하지만 이러한 양적 성장과 대비하여 동북 3성의 경제구조는 오히려 취약해졌다. 중국 국가통계국의 자료에 따르면, 2013년 랴오닝성의 지역내총생산액은 2만 7,213.22억 위안이었고, 1차 산업의 부가가치는 2,216.15억 위안, 2차 산업의 부가가치는 1만 3,963.95억 위안, 3차 산업의 부가가치는 1만 1,033.12억 위안이었다. 1차, 2차, 3차 산업의 부가가치가 지역내총생산액에서 차지하는 비중은 각각 8.1: 51.3: 40.6이었다. 다음으로 2013년 지린성의 지역내총생산액은 1만 3,046.40억 위안이었고, 1차 산업의 부가가치는 1,466.74억 위안, 2차 산업의 부가가치는 6,871.96억 위안, 3차 산업의 부가가치는 4,707.70억 위안이었다. 지린성에서 1차, 2차, 3차 산업의 부가가치가 지역내총생산액에서 차지하는 비중은 각각 11.2: 52.7: 36.1이다. 마지막으로 2013년 헤이룽장성 지역내총생산액은 1만 4,454.91억 위안이며, 1차 산업의 부가가치는 2,474.12억 위안, 2차 산업의 부가가치는 5,846.67억 위안, 3차 산업의 부가가치는 6,134.12억 위안이다. 헤이룽장성에서 1차, 2차, 3차 산업의 부가가치가 지역내총생산액에서 차지하는 비중은 각각 17.1: 40.4: 42.5로 확인되었다.

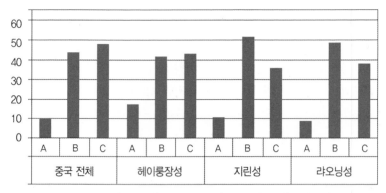

그림 1-3. 2013년 중국전역과 동북3성에서 1차, 2차, 3차 산업의
부가가치가 GDP에서 차지하는 비중

A: 1차 산업의 부가가치가 GDP에서 차지하는 비중
B: 2차 산업의 부가가치가 GDP에서 차지하는 비중
C: 3차 산업의 부가가치가 GDP에서 차지하는 비중
자료: 중국 국가통계국

그림 1-3을 살펴보면 농업기지인 동북 3성에서 1차 산업의 우위가
크게 나타나지 않고 2차 산업의 비중이 매우 커서, 동북 3성이 주로
2차 산업에 의존하고 있는 것으로 확인되고 있으며, 3차 산업의 규
모는 비교적 작은 편이다.

또한, 동북 3성에서 "3대 수요三大需求"라고 불리는 '투자, 소비, 수
출'을 살펴보면 구조적 단점이 확연하게 나타나고, 경제발전 동력이
매우 부족한 특징을 보인다. 중국 경제를 이끄는 "삼두마차"인 투자,
소비, 수출 중 투자가 경제에 기여하는 비율이 60퍼센트를 초과하고
있는 반면에, 소비수준이 전반적으로 높지 않다. 또한 표 1-2에서 확
인할 수 있듯이 랴오닝성을 제외한, 헤이룽장성과 지린성의 수출입
액은 중국 전체의 평균보다 훨씬 낮게 나타나고 있다.

표 1-2. 2013년 헤이룽장, 지린, 랴오닝 및 중국 전체 투자, 소비, 수출입 통계

	사회고정자산 투자총액		사회소비품 소매총액		수출입총액	
	절대치 (억 위안)	증가폭 (%)	절대치 (억 위안)	증가폭 (%)	절대치 (억 달러)	증가폭 (%)
헤이룽장	11,453.08	18.14	6,251.2	13.84	38,879.094	3.4
지린	9,979.26	4.9	5,426.4	13.69	25,831.735	5.2
랴오닝	25,107.66	14.98	10,581.4	13.73	114,478.189	9.98
중국전체	446,294.1	19.1	237,809.9	13.08	258,168.90	5.7

자료: 중국 국가통계국

둘째, 낙후된 생산설비가 제대로 조정되지 않고 있다. 일부 생산설비는 도태되거나, 전환이 필요한 상태이다. 그러나, 이와 관련한 투자규모가 줄지 않고 오히려 늘어나고 있다. 예를 들면 철강, 시멘트, 조선 등의 분야에서 생산능력이 빠르게 확장되고 있다. 특정 지역에서는 시멘트 과잉 생산이 45퍼센트에 달하기도 했다.

셋째, 혁신성장에 대한 추진력이 부족하다. 동북 3성의 경제 성장 방식은 여전히 단순한 양적 성장에 의존하고 있으며, 과학기술 혁신에 의한 효율 집약적인 성장방식과 과학기술 변혁이 가져오는 생산요소의 산출 효과를 실현하지 못하고 있다.

넷째, 정부의 관여를 축소하고 경제주체의 자율성을 확대하여 시장효율을 높여야 하는데, 동북 3성에서는 이러한 적극적인 변화 노력이 부족하다. 동북 3성에서의 시장화 수준이 낮고 민간경제 발전이 불충분한 배경에는 정부의 과도한 간섭이 존재한다. 리커창李克强 총리는 2015년 4월 10일 동북 3성 경제업무좌담회에서 정부의 기능을 바꿔야 하고, 개혁을 통해 시장의 활력을 북돋우고, 기업에 대한 규제를 완화해야 한다고 제안한 바 있다.

(3) 중국 정부의 대책

중국「2015년정부업무보고政府工作報告(2015)」는 서부대개발, 동북진흥, 중부굴기와, 동부우선발전'을 "4대 지역블럭四大板塊"으로 구분했다. 실제 중국 중앙정부는 동북지역 경제전략의 어려움에 대해서 오래 전부터 관심을 기울이고 있다. 리커창 총리는 2013년 중국-아세안 박람회에서 중국의 동북지역 전통적 공업기지, 중서부 창장長江 지역, 서남중남 내륙지역을 하나로 묶어 중국의 3대 "신경제지지대"로 표현했다. 그리고 양회 기간 리커창의 "소모임 참석下團組"의 가장 마지막 순서는 헤이룽장성 대표단이었다. 2014년 6월 국가발전개혁위원회는 동북지역에 대한 집중적인 조사를 진행했으며, 8월 19일 국무원은「최근 동북진흥을 지원하는 몇 가지 주요 정책 조치에 대한 의견關於近期支持東北振興若干重大政策舉措的意見」을 발표했고, 이로써 제2차 동북진흥이 시작되었다. 리커창은 2015년 4월 10일, 동북 3성 경제업무좌담회에서 동북 3성 경제 진흥을 위해 "안정적인 성장"을 위한 핵심사항을 반드시 추진해야 한다고 밝혔다. 이는 첫째, 인프라 건설 프로젝트를 통해 공공서비스와 인프라 건설의 "채무"를 갚는 것, 둘째, 주민들의 소비를 적극적으로 진작하는 것, 셋째 장비 제조업의 수출을 중점적으로 확대하는 것이다.[81]

(4) 신동북현상에 대한 해결책 중 하나인 중·러 지역협력

신동북현상이 중국과 러시아의 지역협력에 부정적인 영향을 가져

---

81)「李克強"給力"東北經濟振興」,『中國新聞網』, 2015年 4月 12日. http://www.chinanews.com/gn/2015/04-12/7201241.shtml, 검색일: 2015年 5月 2日.

왔다는 점에는 의심의 여지가 없다. 그러나 긍정적인 측면에서 보면, 대외적으로는 지역협력을 강화하고, 대내적으로는 징진지(京津冀: 베이징, 톈진, 허베이河北-역자주) 통합을 통해 동북 3성이 국경 외부와 중국 내륙 간의 통로를 만들어 신동북현상을 해소하고 동북 3성의 진정한 발전을 실현할 수 있다.

중국이 제기한 '일대일로' 제안은 중국 내부 시장과 국제 시장이 긴밀하게 연결되어 지역 인프라가 개선되고 이를 통해 지역 간 상호 연계가 강화되는 것을 의미한다. 또한 일대일로를 통해 중국 동북지역 경제 전략에서 중공업이 보다 넓은 발전 공간을 갖게 될 수 있다. 중국과 러시아는 중국 '일대일로' 건설의 틀 속에 중국과 러시아의 지역협력을 포함시켜 통일된 계획을 수립할 수 있고, 역내협력 강화를 통해 동북 3성의 산업구조를 끊임없이 개선하고, 양질의 생산능력을 이끌어 낼 수 있다. 동북3성의 인프라 측면에서의 우위는 러시아 극동개발에서 필요로 하는 부분이다. 이 밖에도 러시아 극동지역은 중국의 투자, 첨단 기술, 노동력이 필요하며, 중국 동북 전통적 공업기지 역시 이를 개선하기 위해서도 러시아와의 기술협력이 필요하다. 이로써 중국과 러시아는 지역 발전을 한층 더 실질적으로 연계할 수 있을 것이다.

중·러·몽 3국이 경제회랑을 발전시키는 것도 제 역할을 해야 한다. 우선 국제 교통 기초 인프라 건설이 강화되어야 하며, 이에는 철도운송 외에도 에너지 파이프라인 건설을 포함한다. 또한, 중·러·몽 경제회랑 건설 프로그램의 상호 연결과 소통을 통해 3국 간의 무역을 확대해야 한다.

5 조화로운 변강지역 조성

중국과 러시아의 국경지역이 항상 평화롭고 안정적이었던 것은 아니다. 오랫동안 중국과 러시아 간의 국경분쟁은 양국 관계의 안정과 발전에 영향을 미쳤다. 1964년부터 중국과 러시아는 4차례 국경문제 협상을 진행했고, 그 과정에서 심각한 갈등도 있었지만, 전반적으로 한 단계씩 해결되는 양상을 보였다. 2008년 7월 21일, 중·러 양국은 「중·러 국경선 동단에 대한 보충협의 의정서와 부속사항中俄國界線東段的補充協議議定書及其附圖」을 체결했다. 그리고 같은 해 10월 14일, 러시아가 아바가이투섬阿巴该图洲渚(러시아명 Большой остров -역자주)과 헤이샤쯔섬의 절반을 중국으로 넘기면서, 중·러 양국의 오랜 국경분쟁이 종지부를 찍게 되었다. 주류 여론은 헤이샤쯔섬 문제의 해결이 양국의 근본적 이익에 부합한다고 여기고 있다. 동시에, 국경문제의 해결을 통해 양국은 지역협력을 한층 촉진할 수 있는 새로운 가능성을 열게 되었으며, 조화로운 변강지역 건설의 모델이 될 것으로 기대된다.

일부 러시아 학자들은 러시아의 아시아 부분과 관련된 중국의 이익과 전략이 다음의 세 가지에 집중되어 있다고 말한다. 첫째, 국경지역에서 상품과 자본에 대한 최대한의 개방성을 유지하는 것이 중국의 전략적인 과제이다. 이는 러시아의 원자재 수출 다양화에 기여하고 있으며, 러시아는 더욱 저렴한 가격으로 중국제품을 확보할 수 있다. 둘째, 중국 정부는 수출지향적인 경제구조를 지속하기 위해서 세계 경제가 성장 모멘텀을 유지할 수 있기를 바라고 있다. 다량의 중국 자본이 중국의 인접 국가와 유럽으로 유입되고 있는데, 러시아의 에너지 분야는 중국 자본의 좋은 투자처가 될 수 있다. 셋째, 중국과 러시아 양국은 국제체제에서 유사한 위치에 놓여 있고 비슷한 어려움을 겪고 있기 때문에, 많은 국제 문제들에 있어서 "통일전선"을 견지하며 충돌로 치닫지 않을 것이다. 그리고 이러한 특징은 러시아의 극동지역 경제발전에 유리한 지정학적 환경을 조성하고 있다.[82]

오늘날 중·러 동쪽의 변경지역은 상호 간에 매우 공개되어 있는 지역으로 소위 투명한 국경선으로 여겨지고 있다. 중국과 러시아 양국 주민들은 「중·러 접경관광 임시관리실시세칙中俄邊境旅遊暫行管理實施細則」에 의거하여 상대국가 변경지역 도시의 여행, 쇼핑, 친지 방문이 한층 쉬워졌다. 중국 헤이룽장성의 기반시설이 러시아의 도시에 비해 상대적으로 발전되어 있고 생활비 또한 저렴하기 때문에 러시아 노인들이 중국에서 노년을 보내는 것이 최근 몇 년간 새로운 트렌드가 되고 있다. 헤이허시와 블라고베센스크Blagoveshchensk시는 경제·무역 협력 외에도 인문 교류를 적극적으로 진행하고 있다. 두 도시는 명절과 집회, 경축 행사를 함께 진행하고, 중국인들은 초대를 받고 건너가 성탄절을 보내기도 한다.

또한 많은 중국인들은 일자리를 찾아 러시아로 향하고 있다. 가령 중국 헤이룽장성 둥닝현의 주민 리더민李德民은 러시아 극동지역에서 땅을 임대하였는데 현재 그의 농장은 4만 헥타르에 달했으며 이는 한층 확대될 예정이다. 리더민의 농장은 러시아 극동지역에서 가장 큰 농장이자 러시아 최대 외자농업 프로젝트 중의 하나이다. 중·러는 새로운 우의 농장프로젝트도 이미 서명하였다. 비록 "중국위협

82) С. А. Иванов, Интересы и стратегии Китая. // Тихоокеанская Россия в планах и стратегиях государьств АТР. У карты Тихого Океана. No 32 (230) http://ihaefe.org/files/pacific-ocean-map/32.pdf, 검색일: 2015年 1月 1日.

론"의 영향이 있지만, 러시아 극동지역의 주민들은 중국 노동자와 농민을 환영하는 분위기이다.

러시아 관광청의 통계에 따르면, 2014년 상반기에 러시아로 여행 온 외국인 관광객 중 중국인 관광객 수가 1위를 차지한 바 있으며, 2013년을 기준으로 러시아로 여행을 다녀온 중국인 관광객은 100여만 명에 이르고 있다. 2015년 러시아와 중국은 제2차 세계 대전 승리 70주년을 같이 경축하였고, 이와 관련하여 양측은 새로운 역사 관광 코스를 만들기도 했다.83)

조화로운 변강지역 조성의 또 다른 중요한 사례는 헤이샤쯔섬의 공동 개발이다. 중국과 러시아 양국 정부는 "양국이 공동으로 헤이샤쯔섬을 종합 개발한다"고 결정했다. 헤이샤쯔섬은 천연자원이 풍부하고 다양하지만, 영토 분쟁이 해결되기 전까지 거의 미개발 상태였다.

헤이샤쯔섬에서 중국과 러시아의 국경선이 정해진 이후(역자주: 2004년 중국과 러시아는 헤이샤쯔섬의 서쪽은 중국령, 동쪽은 러시아령으로 합의), 해당 지역에 대한 보호 및 개발이 많은 관심을 받게 되었다. 「요강」은 교량, 항구, 도로, 철도 등 인프라 구축을 제안했다. 헤이샤쯔섬의 인프라 구축은 주로 생태보호, 변경통상구, 관광·레저, 무역·유통의 4대 기능에 중점을 두고 진행되고 있다. 헤이샤쯔섬의 보호와 개발·개방은 헤이룽장성의 전통산업기지 개발을 가속화하고, 대외 개방과 협력의 수준을 높이며, 변강지역의 번영과 지속적인 발전을 추구하는 데 중요한 의미를 갖는다. 러시아에 비해 중국은 헤이샤쯔섬의 보호와 개발에 먼저 착수했다. 헤이룽장성과

---

83) http://www.russiatourism.ru, 검색일: 2014年 12月 20日.

관련 지방 정부가 해당 내용을 기획하고 중국 국무원에 비준을 요청했다. 몇 년에 걸쳐 헤이샤쯔섬에 도시 인프라 건설이 가속화되었고, 철도, 공항, 항구가 잇따라 건설되었으며 고속도로 또한 건설이 진행되면서 4위일체四位一體(역자주: 철도, 공항, 항구, 도로) 교통의 구조가 기본적으로 갖추어지게 되었다. 2011년부터 헤이샤쯔섬의 중국령 지역이 관광객들에게 정식으로 개방되었고, 2014년 국경절 기간에는 중국 국내외 관광객 2만여 명이 헤이샤쯔섬을 방문했다. 또한 섬의 동쪽지역에 문화, 생태환경, 관광·레져, 리조트 등이 통합된 헤이샤쯔섬 베이다황 현대생태원이 조성되었다.

러시아는 중국에 비해서 늦게 헤이샤쯔섬의 개발을 시작했다. 2015년 초 러시아 극동 연방관구의 대통령 전권대표인 유리 페트로비치 트루트네프Yuri Petrovich Trutnev는 러시아와 중국이 공동 프로젝트라는 틀 안에서 헤이샤쯔섬을 공동 개발할 것을 제안했다. 이는 러시아가 관련 계획을 세워 중국에 제시하고, 중국은 이에 동의하며 건의하는 방식으로 진행되었다. 러시아는 헤이샤쯔섬을 국제 관광 및 오락 지역으로 개발하면서 특별 비자 제도를 실행하고 해당 섬을 우선개발지역에 포함시키기 위해 관련 정책을 추진하고 있다. 전통적인 채집가공업 외에도 특별 프로젝트를 통해 지역의 문화 교류를 촉진할 계획이다. 하바롭스크 지구 정부는 헤이샤쯔섬을 홍콩과 같은 모습으로 변화시킬 것을 희망하고 있으며, 연합무역지구의 개발을 추진하고 있다. 2015년 5월, 헤이룽장성 대표단은 헤이샤쯔섬을 방문하여 하바롭스크 지구 정부 관계자들과 헤이샤쯔섬의 공동 개방 전망을 논의했으며, 러시아연방정부와 하바롭스크 지구 정부가 헤이샤쯔섬의 발전계획을 검토했다. 이는 헤이샤쯔섬에서 기업활동에 관한 특별 법률제도가 시행되는 것을 의미한다. 헤이샤쯔섬에서 외국인 등록 기업을 포함한 기업들은 세금 우대 혜택을 받게 될 것이고, 건설 절차와 외국 자본 유치 절차도 간소화될 예정이다.[84]

헤이샤쯔섬은 독특한 지리적 이점이 있다. 헤이샤쯔섬은 중국과 러시아 양국의 독특한 정치적·지리적 특색을 모두 갖고 있으며, 북방 실크로드의 최전방에 속하고, 러시아 극동 최대 도시인 하바롭스크와 인접해 있다. 이는 헤이샤쯔섬 개발에 유리한 점이 될 것이며, 중국과 러시아가 변경지역에 위치한 헤이샤쯔섬을 공동 개발하는 것은 중·러의 조화로운 변강지역 조성의 전형적인 사례가 될 것이다.

6 중국의 대외 전략에서 러시아의 지위

(1) 중국과 러시아는 동맹국이 아닌 동반자

중국과 러시아, 양자 간 국가 관계의 미래상에 대해서 러시아 학자들은 주로 두 가지의 관점을 갖고 있다. 하나는 양국이 미래에 동맹을 맺을 것이라는 견해와 또 다른 하나는 양국이 미래에 경쟁하게 될 것이라는 견해이다.[85]

---

84) Перспективы совместного развтития острова Большо020 Уссурий с к020 обсудили на встрече с китай ской делегацией . 12. 05. 2015. http://www.eastrussia.ru/news/ p erspektivy_sovmestnogo_ г a zvitiya_ostrova_bolshoy_ussuriyskiy-obsudili_na_vstreche_s_kitayskoy_deleg/, 검색일: 2015年 6月 16日.

85) Мирошниченко Р. В., Чепцова Н. А. Россий ско — китай ские отно шения в 21 веке (проблемы и перспективы экономики и политики). http://sibac.info/index.php/2009-07-01 -10-21-16/2018 - - 21 -, 검색일: 2014年 12月 20日.

중국학자들도 중·러 관계의 발전과 관련하여 열띤 토론을 벌이고 있다. 특히 우크라이나 사태 이후, 러시아는 미국과 유럽의 제재를 받게 되었다. 이러한 배경에서 중국과 러시아의 관계가 어떠한 형태로 발전해야 하는지, 양국이 서로 거리를 두어야 하는지, 아니면 동맹을 맺어야 하는지에 대해서 학자들은 서로 다른 견해를 보인다. 본 연구는 중국과 러시아 양국은 동맹을 맺을 수도 없고, 그렇다고 서로를 너무 멀리해서도 안 되며, 양국관계는 당연히 중국과 러시아 정부가 공식적으로 인정한 "전면적 전략협력동반자"관계이다. 중국과 러시아는 모두 국제무대에서 대국이고, 각자의 이익과 독립적인 정치적 요구가 있기 때문에 양국이 다시 동맹을 맺을 가능성이 없다. 러시아 학자들은 중·러 양국 모두 서방 국가들과의 건설적인 동반자관계를 구축하는 것의 의미를 이해하고 있다고 지적한다. 또한 중국과 러시아가 서방 국가들과 정상적인 관계를 유지하는 것은 국제무대에서의 위치를 공고히 하는 데 도움이 되며, 중요한 국제문제의 해결과 자국의 경제발전에 큰 도움이 된다고 지적했다. 따라서 중·러 양국은 반서방 군사동맹 결성에 반대한다.[86] 중·러 관계는 그동안 동맹, 밀월, 파국, 관계 회복이라는 다양한 유형을 경험했으며, 오늘날에 이르러 비로소 양국의 이익에 가장 부합하는 관계를 갖게 되었다. 현재의 중국과 러시아의 관계가 역사상 가장 좋은 시기라고는 말할 수 없지만, 가장 정상적인 대국관계이다.

중국과 러시아, 양국은 결코 멀어질 수 없다. 이웃 국가로서 그러

---

86) А. В. Иванов , Перспективы сотрудничества России и Китая. Аналитическая записка. Подготовлена Центром исследований восточной Азии и ШОС. Москва. Июнь 2013г.

한 선택을 할 수가 없기 때문이다. 중국과 러시아는 우호적인 이웃 국가이고, 중화인민공화국 건립 이후 60여 년의 발전과정을 거치면서 중국과 러시아의 관계 또한 전면적 전략협력동반자 관계로 발전했다. 중국과 러시아의 관계는 세계대변혁의 물결 속에서 오랫동안 더욱 견고해져서, 안정적이고 성숙한 국가 관계의 모범이 되었다. 2014년 5월, 양국은 「중·러 전면적 전략협력동반자 관계의 새로운 단계에 관한 공동 성명中俄關於全面戰略協作伙伴關係新階段的聯合聲明」에 서명했고, 이를 통해 중국과 러시아의 전면적이고 평등하며, 서로 신뢰하는 전략협력동반자 관계가 한층 높은 수준으로 격상되었다. 그동안 역사적인 경험을 통해 알 수 있는 사실은 중국과 러시아, 양국의 우호적 관계 발전이 각자 자국의 발전과 변강지대의 건설과 안정에 도움이 된다는 것이다. 중·러 변경지역이 안정되어야만 양국은 국가 내부 경제를 발전시킬 수 있는 에너지를 확보할 수 있다. 중·러 양국은 국제문제와 아태지역 문제에서 서로를 전략적으로 지원하고 있으며, 러시아는 중국의 비전통안보에서 중요한 지정학적 의의를 갖고 있다. 또한, 중국이 신실크로드 경제벨트 사업을 추진하는 과정에서도 러시아의 지지가 반드시 필요하다. 그렇기 때문에 중국은 러시아를 멀리 할 수 없고 러시아와 긴밀한 전면적 전략협력동반자 관계를 유지해야 한다. 중국과 러시아는 모두 장기적인 국가 이익의 관점에서 양국관계의 실질적 발전을 추구해야 한다.

(2) 중·러 양국은 국제, 지역 문제에서 서로를 전략적 지주로 여김

현재의 복잡하고 다변화되는 국제환경 속에서, 중국과 러시아 양국은 서로를 전략적 후방strategic rear, 전략적 지주로 여기고 있다. 중국과 러시아는 양국의 주요 갈등요인들을 해소했고, 가장 까다로웠던 국경문제마저도 해결했다. 중국과 러시아는 유엔 안보리의 상임 이사국이자 상호 신뢰도가 높은 전략적 동반자로서 외교, 경제·무역, 방위, 테러 등의 분야에서 실무 협력을 진행하고 있다. 미국과 유럽이 우크라이나 사태로 러시아에 경제제재를 가하는 환경에서, 러시아는 한층 더 중국에 의존하고 있다. 또한 중국과 러시아 간 전략적 협력의 핵심 중 하나는 반테러에 중점을 둔 안보협력과 관련 법률의 집행이었다. 최근 몇 년간 중·러 양국이 구축한 관련 협력기제와 조치들은 '3대 세력三股勢力(Three Evils, 역자주: 테러, 분리주의, 종교적 극단주의를 의미함)'을 위축시키는 효과를 가져왔고, 중·러 양국 및 관련 지역에서 평화와 안정을 보장할 수 있었다.

국제무대에서 중국과 러시아는 서로가 필요하다. 중·러 양국은 세계 다극화 구상을 지지하며 패권주의를 반대한다. 이러한 이유로 중국과 러시아는 최근 국제법 규범과 유엔의 지위를 수호하기 위해 협력하고, 세계평화에 가장 기본적인 문제에 대한 투표 시 소통과 협의를 이어오고 있다. 중·러 양국은 이란 문제, 한반도 문제와 시리아와 같은 첨예한 문제 등에 대해서 일치된 입장을 갖고 있다. 중·러 양국은 대국인만큼 정책을 수립할 때 상대방의 힘을 빌려 다른 세력과 균형을 이루고자 하는 목적을 실현할 수 있다. 또한 2차 세계대전 승리의 성과를 지키고, 2차 세계대전 이후에 형성된 다극적 세계체제를 건설하는 데서도 중국과 러시아는 공통된 입장을 갖고 있다. 2015년 중·러 양국이 제2차 세계대전 승전 70주년을 공동으로 경축한 것은 이러한 전략적 의의를 지닌다.

중·러 양국은 국제문제, 아태지역과 중앙아시아 및 양국이 인접한 지역에서 긴밀하게 협력하고 있다. 러시아의 외교정책은 중국과의 전면적이고 평등하며 상호 신뢰하는 동반자 관계와 전략적 협력을 계속 강화하고, 각 분야에서 적극적으로 협력하는 것이다. 중·러 양국이 세계의 핵심적 이슈에 대해 일치된 입장을 취하는 것은 지역 안보와 국제안보 수호에 있어 기본적 요소 중 하나이다. 이를 바탕으로 러시아는 중국과 다양한 방면에서 외교협력을 발전시켜 나아갈 것이고, 새로운 위협과 도전에 대응하고, 첨예한 지역 및 국제 문제를 해결하고, 유엔 안보리, G20, BRICS, 동아시아정상회의, 상하이 협력기구와 기타 국제기구 등에서 협력관계를 유지할 것이다.[87]

중국과 러시아 양국의 상하이협력기구에서의 협력은 특히 주목해야 한다. 상하이협력기구의 기본 임무는 중앙아시아지역에서의 협력을 강화하는 것이고, 기본 목표는 지역 각국의 정치적 안정을 유지하고, 종교적 극단주의를 반대하며, 중앙아시아 각국의 경제 발전을 가속화하는 것이다. 이를 위해서 중국은 중앙아시아 지역에서 러시아의 전통적 이익과 영향력을 인정했고, 러시아는 중국이 중앙아시아에서 경제적 영향력을 강화하는 것을 환영했다. 하지만 일부 러시아 전문가들과 정치인들은 중앙아시아에서 중국의 경제적 영향이 나날이 강해지는 것을 걱정하고 있다. 이 때문에 러시아는 상하이협력기구에서 중국의 영향력에 대한 균형을 맞추기 위해 지속적으로 인도의 가입을 추진하고 있다.[88]

---

87) Концепция внешней политики Российской Федерации (утв. Ук азом Президента РФ or 12 февраля 2013 г.) http://www.mid.ru/brp_4.nsf/0/6D84DDEDEDBF7DA644257B160051 BF7F, 검색일: 2014年 12月 19日.
88) А. В. Иванов, Перспективы сотрудничества России и Китая. Анал итическая записка. Подготовлена Центром исследований восточ ной Азии и ШОС. Москва. Июнь 2013г.

(3) 러시아는 중국의 비전통 안보를 보장하는 중요한 지정학적 요소

지리적 위치와 풍부한 자원 매장량 그리고 상호 우호와 신뢰의 정치적 관계 때문에, 러시아는 중국의 비전통 안보를 보장하는 중요한 요소이다. 이는 우선 에너지 안보 측면에서 나타난다. 에너지 안보는 중국에 특별한 의미가 있다. 현재 중국 원유의 70퍼센트가 불안정한 중동지역과 아프리카에서 수입되는데, 이는 중국의 에너지 안보 기반을 약화시킨다. 중국이 러시아와의 에너지 협력에 적극적으로 나서고 있는 것은 에너지 공급의 다양화와 중국의 에너지 안보 보장에 도움이 된다. 러시아는 「2035년 러시아 에너지 전략俄羅斯2035年能源戰略」에서 자국의 자원 수출이 아태지역시장을 겨냥할 것임을 밝혔다. 러시아의 아태지역에 대한 석유 및 가스 수출 비중은 기존 8퍼센트에서 30퍼센트로 증가했다. 이는 정치적인 이유로 유럽이 러시아로부터의 석유와 가스 수입을 점차 줄이고 있기 때문이기도 하지만, 이와 동시에 아태지역 국가들의 수요가 매우 많기 때문이기도 하다.[89] 러시아 학자들은 중국이 러시아로부터의 석유와 천연가스 구매를 안정적이고 신뢰할 수 있는 것으로 여기도록 만들어야 한다고 당국에 건의한 바 있다.[90] 중국의 자원 수입구조 조정이 진행되고 있는 가운데, 러시아에서 수입되는 자원의 비중은 계속 확대되고 있다. 중·러 동선東線 천연가스 파이프라인과 동서양선東西兩線의 원유

---

89) Энергетическая стратегия России на период до 2035 года. Утверждена правительством Рф на май 2014 г.

90) М. А. Лапин, Стратегия национальной безопасности Китая и место в ней России. //Стратегия национаяьной безопасности РФ в контексте обеспечения безопасности Тихоокеанской России. У карты Тихого Океана. No15 (213). 23 апреля 2010г. С. 33.

공급확대 등 대형 프로젝트 협력에서 진전이 나타나고 있다. 중·러 양국은 아시아 교류 및 신뢰구축 회의Conference on Interaction and Confidence Building Measures in Asia(CICA)에서 30년간 총 4,000억 달러 규모의 에너지 협력 계약을 체결했고, 2014년 아시아 태평양 경제협력체APEC 베이징 정상회담 기간에 천연가스 부문 24개 협정에 서명했다. 중·러의 에너지 협력은 크게 활성화되는 단계에 있으며, 석탄, 전력망 개선, 해양석유, 고속철도, 에너지 절약기술 등 새로운 분야에서의 협력도 시작되고 있다.[91]

이 밖에 현재 러시아는 중국에 중요한 장비 공급국으로, 러시아에서 공급되고 있는 특정 장비들은 중국이 다른 곳에서는 얻을 수 없는 것이다. 「요강」의 실행과 함께 러시아는 중국의 경제 안보를 수호하는 중요한 동반자가 되고 있다.

(4) 러시아는 실크로드 경제벨트 이니셔티브 실현의 관건

중국의 실크로드 경제벨트 이니셔티브가 순조롭게 진행되기 위해서는 러시아의 태도가 매우 중요하다. 러시아가 실크로드 경제벨트에서 중요한 거점node이고 동시에 구舊소련지역에 무시할 수 없는 영향력을 갖고 있기 때문이다. 중국이 실크로드 경제벨트 건설을 제안한 이후, 러시아의 태도는 극과 극을 오갔다. 즉, 러시아는 수사적 차원으로만 일대일로에 대한 지지를 표명하고 방어적 태세를 유지했었으나, 지금은 자국의 프로젝트를 일대일로 경제벨트 대계획의

---

91) Справка о торгово- экономическом сотрудничестве между Россий ской Федерации и Китаем. департамент Азии и Африки Минэко номразвития России. 2014г. Москва.

범주에 적극적으로 포함시키는 방향으로 전환했다. 푸틴 대통령은 구체적인 협력 방법을 제시하면서 자국의 발전계획과 중국의 실크로드 경제벨트 건설계획을 결합하여 에너지, 광물, 교통 인프라 건설 등에서 장기적이고 안정적인 협력 관계를 구축해야 한다고 지적했다. 상하이협력기구 확대회의에서 푸틴대통령은 상하이협력기구의 틀 안에서 러시아 시베리아 횡단 철도의 운송능력과 바이칼-아무르 철도 운송능력 이용을 포함한 공동 교통체계를 구축하고, 동시에 중국의 실크로드 전략과도 결합하는 것이 매우 유망하다고 언급했다.[92] 러시아의 철도 회사들은 적극적으로 중국과의 협력을 시도했고, 시베리아 횡단 철도와 그 지선을 보수했다. 이러한 러시아의 협력적 태도는 중국의 입장에서 매우 유리하다. 중·러 간 어떠한 형태의 협력을 통해 시베리아 횡단철도의 현대화를 실현할 것인가. 러시아 학자들은 시베리아 횡단철도의 향후 이용 방향을 제시했는데, 그것은 러시아에서 중국 및 기타 아태지역 국가로 천연자원을 원활하게 공급하는 것이다. 그들은 러시아와 중국 간 교통인프라 시설을 개선할 때 중국 기업이 시베리아와 극동지역에서 천연자원을 채굴하기 편하게 해야 하고, 또한 사하공화국을 포함한 러시아의 지역적 운송능력 발전을 고려해야 하며, 반드시 중국기업이 북방 해로海路화물운송 개발에 참여하도록 이끌어야 한다고 주장했다.[93] 실크로드

---

92) См.Путин отметил перспективы общей транспортной системы ПОСю http://ria.ru/economy/2014091211023779024.html; Председатель КНР Си Цзиньпин встретился в Сочи с президентом РФ В. Путиным. http://china24news.comlpolitics/1023-xi-jinping-meets-russian-counterpart-vladimir-putin-in-sochi, 검색일: 2014年 12月 22日.

93) В. А. Цветков, К. Ч. Зоидов, А. А. Медков, Новая эволюционная

경제벨트 추진을 위해서 중국은 러시아의 지지와 적극적 참여가 반드시 필요하다. 중국은 러시아와 적극적으로 협력하고, 상호 이익 그리고 상생이라는 조건에서 러시아와 함께 실크로드 경제벨트를 건설해야 한다.94)

중국 헤이룽장성은 러시아와의 상호 연결 경로를 개발하기 위해서 적극적인 조치들을 취하고 있다. 헤이룽장성은 이미 국가급 계획에 동부지역 육·해상 실크로드 경제벨트 건설을 포함시켰고, 이는 동-중-서를 연결하고, 남-북을 관통하는 대외 경제회랑의 중요한 구성 부분이 되고 있다. 헤이룽장성의 육·해상 실크로드 경제벨트는 쑤이펀허-만저우리-러시아-유럽 철도와 쑤이펀허-러시아 극동항구의 육상·해상 연계 운송을 위주로 하는 전략적 통로를 구축하여 유라시아 철도와 연결하는 것을 골자로 한다. 쑤저우蘇州를 출발해 만저우리를 지나고 시베리아 철도를 횡단하여 최종적으로 폴란드 바르샤바에 도착하는 쑤만어우蘇滿歐 국제철도도 이미 개발되어, 정기적으로 운영되고 있다.

модель транспортно - коммуникационного взаимодей ствия Росс ии и Китая. Депонент Соционет. 2013 июл ь.

94) Торкунов А. В. 《Здравый смыся интеграции》. 《 о роли Россий ско й Федерации в евразий ском интеграционном процессе: перспек тивы развития и углубления экономической интеграции (к 《пра вительственному часу》 в рамках 350 - го заседания Совета Федера ции Федерального Собрання Россий ской Федерацин, 26 марта 2014 года)》, Аналитический вестник No. 6 (524), М., 2014, с. 17-18.

제4절

중·몽관계와 중국 북부 변강지역의
안정적인 발전

 몽골은 중국의 중요한 북방 인접국가로, 중·몽 국경선은 4,710여 km에 이르고, 중국의 네이멍구, 간쑤甘肅, 신장은 몽골과 국경을 접하고 있어 양국 경제 무역을 발전시킬 수 있는 지정학적 이점이 있다.

 몽골은 풍부한 자원을 갖고 있고, 자원개발을 국가 발전의 주요산업으로 여기며, 최근 몇 년간 외자 유치와 자원개발을 기반으로 급속한 경제성장을 하고 있다. 몽골의 자원개발과 경제발전은 이웃 국가인 중국과 러시아의 경제발전에도 긍정적인 영향을 주고, 동북아 지역의 협력에도 활력을 주고 있다. 정치적 측면에서 보면, 몽골은 대외적으로 "다층多支點·multi-pivot" 외교 정책을 시행하고 국제무대에서 활발하게 활동하고 있으며, 아태지역의 각종 국제사무에 적극적으로 참여하여 "동북아 국제무대의 신예新秀"라고 불리기도 한다.[95]

 최근 중국과 몽골의 관계가 정치, 경제, 문화, 군사 등 각 영역에

---

95) 馬維英,「蒙古國一東北亞舞臺上的新秀」,『中國周邊』, 2013年 第24號.

서 급속도로 발전하고 있다. 몽골은 정치적으로 중국과 우호적인 관계를 유지하고 있으며, 경제적으로도 중국과 몽골의 협력이 갈수록 심화되고 있다. 양국의 접경은 오랫동안 평화 상태를 유지하고 있다. 또한, 중·몽 양국 간 급속히 발전하는 우호 협력 관계 속에서 중·몽 접경지역은 중국의 변강지역 가운데 조화로운 발전 구조가 조성되고 있는 견실한 지역이 되었다.

중·몽 관계의 발전이 중국의 외부 환경과 안정적인 발전에 미치는 영향에 대해서는 학계에서 많이 다루어왔고, 관련된 연구 성과 또한 많다.[96] 학자들은 여러 각도에서 관련 내용들을 연구하고 평가했고 참고할 만한 가치가 있다.

1 중·몽 관계 발전

중국과 몽골은 전통적으로 선린우호관계를 유지하고 있다. 중·몽 양국은 1949년 외교 관계를 수립하여 서로 전권 대사를 파견했다.[97] 당시 몽골인민공화국은 중화인민공화국을 인정한 최초의 국가 중 하나였고, 동시에 중화인민공화국도 몽골인민공화국을 최초로 인정

---

96) 娜琳, 「蒙古國'多支點'外交戰略與大國關係」, 『東北亞論壇』, 2004年 第1期; 張秀傑, 「蒙古國對外經貿戰略及中蒙經貿合作」, 『黑龍江社會科學』, 2006年 第3期; 郝麗鋒, 「蒙古國多支點外交政策」, 『國際研究參考』, 2013年 第8期; 敖仁其·娜琳, 「蒙古國生態環境及其東北亞區域合作」, 『內蒙古財經學院學報』, 2010年 第3期; 王勝今, 「蒙古國經濟發展與東北亞國際區域合作」, 長春出版社, 2009.

97) Ж. Болдбаатар, Ц. Батбаяр: Монгол Хатады харилцааны зарим асуудал, Улаанбаатар, 2011 он, х 180-181.

190

한 소수의 국가 중 하나였다. 양국이 국교를 수립한 이후 국제 사회 주의 운동이라는 틀 안에서, 그리고 소련의 적극적 지원하에, 중·몽 양국은 상호신뢰와 건전한 발전을 추구했다. 이는 향후 양국 관계의 장기적 발전을 위한 토대가 되었다. 하지만, 1950년대 말에서 1960년 대 초 이후, 중·소 관계의 악화로 인해 중·몽 관계도 침체되었다.

1989년에 시작된 동유럽의 격변과 소련의 해체라는 변화 속에서 몽골은 정치체제개혁을 시작했고, 1992년에 다당제 시행을 선언했 으며, 같은 해 몽골로 국명을 바꾸면서 소련의 통제에서 벗어나 자 주적인 국가로 독립하며 발전을 모색하게 되었다. 한편, 중국 경제 가 발전하고 중국의 국제적 지위가 높아지면서 주변 국가들에 대한 경제적 영향력이 대폭 확대되었다. 중국에서 대외개방과 해외진출走 出去 전략이 진행되고, 몽골이 다층 외교 전략을 추진하면서 중·몽 양국의 관계는 안정적이고 지속적인 발전 형세를 보이게 되었다.

(1) 중·몽의 정치적 관계, 새로운 단계에 진입

1991년 중국 국가주석 양상쿤楊尙昆이 몽골을 방문했다. 이는 중국 국가원수의 첫 번째 몽골 방문이며, 동시에 중·몽 관계가 정상으로 회복된 후의 냉각된 분위기를 타파하는 방문이었다. 1994년에는 국 무원 총리 리펑李鵬이 몽골을 방문했고, 같은 해 중·몽 양국이 「우호 협력관계조약友好合作關係條約」에 서명함으로써 향후 양국 관계의 정상 적인 발전을 위한 정치적·법적 토대가 마련되었다. 1998년에는 나 차긴 바가반디Natsagiin Bagabandi 몽골 대통령이 중국을 방문했고, 1999년 장쩌민江澤民 중국 국가주석이 몽골을 방문했다. 당시 장쩌민 주석의 방문은 중화인민공화국이 수립된 이후 양상쿤에 이어 두 번째로 중국의 국가원수가 몽골을 방문한 것이다. 이는 또한 중·몽 「우호협력관계조약」 체결 이후, 중국 국가원수의 첫 방문이라는 의미도 있었으며, 중·몽 수교 50주년, 중·몽 우호협력관계조약 체결 5주년을 맞아 양국은 과거를 되돌아보고 미래를 전망하게 되었다. 그리고 이는 중·몽 양국이 21세기를 향한 장기적 안정, 상호신뢰를 지향하는 선린우호 협력 관계를 발전시키는 데 중요한 의의를 지니며, 이를 통해 다양한 영역에서의 우호 협력을 확대하게 되었다. 2003년과 2005년에는 중·몽 양국의 국가원수가 상호 방문했다. 2010년에는 당시 중국 국무원 총리인 원자바오溫家寶가 몽골을 방문하여 「중·몽 정부간 국경선 관리제도 조약中蒙政府間邊界管理制度條約」과 「중·몽 경제기술협력협정中蒙經濟技術合作協定」 등 9개의 협력문건에 서명했으며, 여기에는 학력 학위 인증, 세관 협력, 금융 대출, 광산물과 원자력 개발 등의 분야가 포함되었다.

2014년 8월 21일에서 22일까지 중국 시진핑 국가주석이 몽골을 국빈 방문했다. 방문기간 동안 시진핑 주석은 몽골 대통령과 두 차례 회담을 했고, 국가대회의State Great Khural(역자주: 몽골의 단원제 입법부 명칭) 의장 미예곰빈 엥흐볼드Miyeegombyn Enkhbold와 총리 노로빈 알탕후야그Norovyn Altankhuyag와도 면담을 진행했다. 시진핑 주석은 몽골 국회에서 "중·몽 관계, 더욱 나은 내일로策馬奔向中蒙關係更好的明天"라는 제목으로 연설을 진행했다. 이 연설에서 시진핑 주석은 중·몽 관계에 대해 세 가지를 건의했다. 즉 '서로를 돕는 좋은 이웃, 서로 이익이 되고 상생하는 좋은 파트너, 자주 오고 가는 좋은 친구가 되자'는 것이다. 시진핑 주석은 또한 "중국은 몽골을 포함한 주변 국가에게 공동 발전의 기회와 공간을 제공하고자 하며, 중국이라는 발전 열차에 탑승하는 것을 환영한다. 급행열차에 탑승하거나, 무임승차 하거나 우리는 모

두 환영한다."라고 언급했다.[98]

시진핑 주석은 몽골 지도자들과 중·몽 관계 및 공통된 관심사에 대하여 깊은 의견을 나눴고, 폭넓은 공감대를 형성했다. 양측은 중·몽 관계를 '전면적 전략동반자' 관계로 격상하는 것에 합의하고 공동성명을 발표했다. 양측은 또한 중·몽 입법부 간의 정기적인 교류 기제와 외교부문 전략 대화 기제 수립을 결정했으며, 국방 안보 협의의 틀 안에서 양국 간의 국방 협력을 지속적으로 강화하기로 하였다. '광산·에너지 및 상호연결 소통 협력위원회礦能和互聯互通合作委員會'를 설립했으며, 「중·몽 경제무역협력 중기발전요강中蒙經貿合作中期發展綱要」에 서명하여 2020년까지 100억 달러 규모의 무역 목표액을 정했고, 항만과 철도의 협력 등에 관한 심도 있는 토론을 하고 의견의 일치를 보았다. 또한, 양국의 통화스와프 규모를 150억 위안으로 확대하기로 결정했으며, 중국 얼렌하오터二連浩特와 몽골 자밍우드Zamyn-Uud 지역의 국경 경제 협력지대 구축을 연구하는 데 동의했다. 양측은 또한 정치, 경제 무역, 인문 등 각 분야에 걸친 26개 항목의 협력 협약을 체결했고, 광산물 임가공, 신에너지, 전력, 농축업, 환경보호 등의 분야에서 전방위 협력을 추진하기로 했다. 향후 5년간 중국은 몽골 측에 1,000명의 교육훈련 모집정원을 할당하고, 중국 정부 전액 장학금을 1,000명에게 추가로 제공하며, 몽골 군 장교 500명을 훈련시키고 500명의 몽골 청년들을 중국에 초청했고, 250명의 몽골기자들을 중국에 초청하고, 몽골에 25편의 중국 우수 영상물 번역작품을 무료로 제공하기로 합의했다.

---

98) 『鳳凰網』, http://news.ifeng.com/a/20140822/41695430_0.shtml, 검색일: 2014年 8月 25日.

시진핑 주석의 몽골 방문은 정치적인 측면에서 볼 때, 중·몽 관계를 새로운 차원의 전면적 전략동반자 관계로 격상시켰으며, 경제적인 측면에서는 광산물, 인프라, 금융에 대한 협력인 "삼위일체, 총괄적 추진三位一體, 統籌推進" 시행의 계기가 되었다. 또한, 인문적인 측면에서 양측은 대규모 인문 교류 계획을 추진해 인적 교류 규모를 확대하기로 했다.

시진핑 주석은 한국, 러시아, 몽골 3개국을 연이어 방문했는데 여기에는 중요한 전략적 의미가 있으며, 동북아지역의 경제협력 추진에 중요한 영향을 미쳤다. 한국, 중국, 러시아, 몽골 모두 동북아시아 경제협력관계 구축과 관련된 중요한 국가들이다. 동북아지역의 협력은 관련국 간의 교류, 대화와 협력뿐 아니라, 관계국 간의 인프라 건설, 교통운수 연결과 통합이 필요하며, 이는 전체 동북아 지역협력이 보다 완벽하게 진행될 수 있는 관건이기도 하다. 시진핑 주석이 몽골을 방문하여 광산물, 인프라, 금융 협력을 삼위일체로 총괄적으로 추진하겠다는 아이디어를 제안했는데, 이는 동북아시아 지역협력의 기본적 필요에 부합하는 것이며, 지역협력의 실현에 큰 걸음을 내디딘 것으로 볼 수 있다.

(2) 중·몽 경제무역 관계의 급속한 발전

중·몽 관계의 발전은 양국 경제무역 관계에서의 빠른 발전을 촉진시켰으며, 중국 네이멍구, 신장, 동북 3성과 몽골의 경제무역이 해마다 증가하는 추세를 보이고 있다.

현재 중국은 몽골의 최대 무역 대상국이자 투자국이다. 몽골은 식량, 경공업 제품, 전자제품 등 많은 제품을 포함한 사회적 일상 용품들을 중국에 의존하고 있다. 몽골은 중국과의 관계에 우선순위를 두는 발전 전략을 유지하고 있는데, 이는 중국에게 긍정적인 의미를 준다. 몽골의 개방 정책에 힘입어 중국은 투자를 늘리고 더욱 많은 에너지와 자원을 수입하여 부족했던 중국 국내의 에너지와 자원 수요를 메울 수 있다. 그 밖에도 중·몽 간 교통 운수, 광업, 제련, 건축, 기상, 환경, 문화, 교육, 축산업 등의 분야에서 광범위한 협력을 진행하여 중국 북방지역의 각 성, 자치구의 경제 발전을 추진할 수 있다.

　중·몽 간의 경제무역 교류가 계속 확대되면서, 협력 수준이 지속적으로 높아지고 있다. 2000년에서 2008년까지 몽골의 중국에 대한 수출 비중은 몽골 전체 수출총액의 절반을 차지했으며, 중국은 몽골의 최대 무역 상대국 지위를 시종일관 유지하고 있다. 수입 측면에서 보면, 중국은 몽골의 2번째 큰 수입 대상국이다. 오랫동안 몽골은 러시아 의존도가 매우 높았고, 러시아는 몽골의 최대 수입 대상국이다. 중국 통계에 따르면, 2010년 중·몽 간 무역액은 40억 달러에 이를 정도로 증가했고, 2011년 63.3억 달러, 2012년 66억 달러, 2013년 59.6억 달러를 기록했다.[99] 2014년 상반기 중·몽 양국의 수출입 총액은 28.45억 달러로, 10.71퍼센트 증가했다.[100] 1994년 중국과 몽골의 무역규모는 1.2억 달러에 불과했지만, 2013년 양국의 무역규모는 약 60억 달러로 대폭 확대되었고, 이는 몽골 대외무역 총액의 절반 이상에 해당한다. 그 주요한 원인은 중국과 몽골, 양국의 산업 구조가 매우 강한 상호 보완성을 갖고 있기 때문이다.

---

99) 『中商情報網』, http://www.askci.com/chanye/2014/08/27/133659nmqq_all.shtmI, 검색일: 2014年 8月 25日.

100) 『中國外交部網站』, http://www.fmprc.gov.cn/mfa_chn/gjhdq_603914/gj_603916/yz_603918/1206_604450/, 검색일: 2014年 8月 25日.

중·몽 경제무역 거래에서 몽골은 중국으로 에너지와 자원을 수출하며, 이는 양국의 무역거래에서 많은 비중을 차지한다. 몽골은 현재 이미 80여 종의 광산물과 6,000여 곳이 넘는 매장지역을 확인했으며, 그중 석탄 매장량은 약 1,520억 톤, 구리 2.1억 톤, 철 20억 톤, 인 2억 톤, 황금 3100톤, 석유는 80억 배럴 규모이다. 몽골은 한편으로 풍부한 광업자원 매장량이라는 강점을 기반으로 자국의 경제를 개발해야 하며, 지리적으로 그리고 자원 수요의 측면에서도 경제발전 속도가 빠른 중국이 몽골의 관점에서 매우 좋은 시장이 되고 있다. 또한, 몽골은 중국의 전기 기계 제품, 농산물, 건축 자재, 방직물 등도 주목을 하고 있다. 현재 중국이 몽골로부터 수입하는 주요 상품은 변함없이 에너지 자원과 광산물이다. 2010년 이전까지 구리 정광*精鑛(선광 작업으로 불순물이 제거되어 순도가 높아진 광석-역자주)이 몽골의 최대 수출상품이었지만, 2011년에는 석탄이 구리 정광을 초과하여 최대 수출상품이 되었다. 2011년 석탄 수출량은 2,015.5만 톤에 달했고, 이듬해인 2012년에는 2,212만 톤에 달했다. 하지만 2013년에는 가격 하락, 수요 감소의 영향으로 몽골의 석탄 수출량은 1,748만 톤으로 감소했다. 2012년 중국은 몽골로부터 석탄 2,212만 톤을 수입했는데 그 액수는 17억 달러에 달하여, 양자 무역액에서 25.76퍼센트를 차지했다. 2013년 몽골의 석탄 수출량은 전년보다 464만 톤 줄었고, 석탄 수출 무역액도 11.87억 달러로 감소했지만, 여전히 중·몽 무역액의 20퍼센트를 차지했다(그림1-4 참조).[101]

---

101) 『中商情報網』, http://www.askci.com/chanye/2014/08/27/133659nmqq_all.shtml.
　　검색일: 2014年 8月 27日.

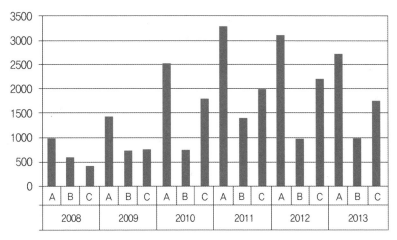

그림 1-4. 2008~2013년 몽골 석탄생산, 소비 및 수출 (단위: 만톤)
A: 석탄생산량, B: 국내소비, C: 석탄수출량

몽골의 계획에 따르면, 2014년에는 석탄 3,100만 톤 수출이 목표이다. 중국 세관 통계에 따르면, 2014년 1월에서 7월까지 중국은 몽골의 석탄 1,105만 톤을 수입했고, 수입량은 전년도 대비 34.75퍼센트 늘어났다. 비록 몽골의 수출량에 따라 석탄 무역액 5.85억 달러를 실현했지만, 이는 전년도에 비해 2퍼센트 감소한 것이다. 또한 몽골의 관련 통계에 따르면 상반기 몽골의 코크스 가격은 연초대비 45퍼센트 떨어졌다. 이는 몽골의 석탄수출량이 증가했지만 무역액은 하락한 원인으로 해석할 수 있다.[102] 몽골의 통계에 따르면, 2014년 중·몽 양국의 무역총액은 67.9억 달러에 달했으며, 중국은 몽골 수출총액의 80퍼센트, 수입총액의 30퍼센트를 차지했다.[103]

---

102) 『中商情報網』, http://www.askci.com/chanye/2014/08/27/133659nmqq_all.shtml, 그림 역시 이 웹사이트에서 인용, 검색일: 2014年 8月 27日.

중·몽 관계에서 교통건설과 접경통상구의 설립은 보다 완벽한 경제무역 협력을 실현하기 위한 기초 작업이다. 「중·몽 접경통상구 및 그 관리제도에 관한 협정關於中蒙邊境口岸及其管理制度的協定」 제2조에 따르면, 중국과 몽골 사이에는 이미 13개의 접경통상구가 설립되었는데, 각각 훙산쭈이紅山嘴-다얀Dayan, 타커스컨塔克什肯-볼강Bulgan, 우라스타이烏拉斯臺-바이탁Baitag, 라오예먀오老爺廟-보르가스타이Burgastai, 처커策克-시웨후렝Shiveekhuren, 간치마오두甘其毛都-가숑소하이트Gashuunsukhait, 만두라滿都拉-항기Khangi, 얼롄하오터二連浩特(철도)-자밍우드Zamiin-Uud(철도), 얼롄하오터(도로)-자밍우드(도로), 주언가다부치-비칙트Bichigt, 아얼산-숨베르Sumber, 어부두額布都-바얀호쇼Bayankhoshuu, 아라하샤터阿拉哈沙特-하비르가Khavirga가 그것이다. 이중 첫 번째에서 네 번째 접경통상구는 중국 신장자치구에, 나머지 9개는 네이멍구자치구에 설치되어 있다.

이러한 접경통상구들 중 일부는 일 년 내내, 일부는 계절적으로 운영되고, 일부는 도로 통상구이고, 일부는 철로 통상구이다. 접경통상구는 양국의 경제무역 협력에 영향을 줄 뿐만 아니라, 현지의 경제 발전에도 긍정적인 영향을 미친다.

중·몽 양국 간 교통망 건설은 1950년대부터 시작되었다. 중국, 몽골과 소련을 연결하는 철도 간선인 베이징-울란바토르Ulan Bator-모스

103) 『蒙古國外交部網站』, http://www.mfa.gov.mn/index.php?option=com_content&view=article&id=4029%3A2015-04-21-08-03-06&catid=222%3A2015-04-21-07-48-03&Itemid=286&lang=mn검색일: 2015年 4月 5日. 원문은 다음과 같다: 2014 оны байдлаар хоёр орны худалдааны нийт хэмжээ 6.79 тэрбум ам. долларт хүрсэн бөгөөд экспорт 5 тэрбум 70 сая ам. доллар, импорт 1 тэрбум 729 сая ам. доллар болжээ. Нийт экспортын 80 орчим хувь, импортын 30 орчим хувийг БНХАУ эзэлж байна.

크바 철도는 1956년에 완성 및 개통되어, 중·몽 간 유일한 철도 경로가 되었다. 오랫동안 이 철로는 중·몽의 경제무역과 인구 왕래에 매우 중요한 역할을 담당해 왔고, 1990년대 이후 한국, 북한, 중국, 러시아, 일본, 몽골 등이 공동 추진하는 동북아 지역협력이 진행되면서 각 관련 국가들이 지역협력을 진행하는 새로운 영역이 되었다.

동북아시아 지역협력을 둘러싸고 각국의 관련 기관과 전문가들은 각자 아이디어를 제시했는데, 그중 교통운송 부문의 아이디어는 두 부분으로 간추려진다. 바로 동북아지역 국제철도 네트워크와 남중국해-동중국해-동해 항로이다. 중, 러, 몽 3국의 철도 네트워크 건설은 매우 중요하며 난이도 또한 가장 높은 사업이기도 하다. 이에 대해서 다롄 방안, 쑤이펀허 방안과 톈진 방안 등의 구상이 있었다. 2010년 몽골은 "신철도 건설계획"을 수립하고, 동쪽으로 향하는 철도 계획 초안을 준비했다. "음느고비주Omnogovi의 주도인 달란자드가드Dalanzadgad에서 도르노고비주Dornogovi, 그리고 도르노드Dornod의 초이발산시" 경로가 그것이다. 초이발산에 도착하면 바다로 나가는 세 가지 경로가 있다. 첫째는 기존에 있던 철도를 통해서 러시아 극동지역에 이르는 경로, 둘째는 중국의 아얼산을 거쳐 두만강 어귀에 이르는 경로, 셋째는 초이발산에서 주언가다부치에 이르고 다시 진저우항에 이르는 경로이다. 중국은 중, 러, 몽 국제철도를 철도 중점 프로젝트로 설정했고, 구체적인 노선은 "초이발산-아얼산 항구-우란하오터烏蘭浩特-바이청-창춘-훈춘"이었다. 2013년 10월, 「중·몽 전략적 동반자관계 중장기 발전 요강中蒙戰略伙伴關係中長期發展綱要」에서는 명확하게 "중·몽 양국이 처커-쉬웨후렌, 간치마오두-가숑소하이트, 주언가다부치-비칙트, 아얼산-숨베르 등 철도통상구 및 기타 국경철도 건설을 빠르게 진행할 것"을 밝혔다.[104] 2014년 8월, 중국은 몽골에게 중국을 경유해 바다로 나가는 경로와 철도수송량을 증가시켜 주었다. 만약 중·몽 간 국제철도가 건설되면, 중국의 네이멍구, 지린성, 랴오닝성 등 연선 변강지역의 경제성장뿐 아니라 더 나아가 중·몽 경제무역 협력에 큰 영향을 주게 될 것이며, 동북아시아 지역협력과 관련되어 매우 필수적인 인프라가 제공할 수 있을 것이다.

중·몽 간의 투자도 경제무역 교류에 중요한 부분이다. 현재 중국은 몽골의 최대 투자국이고, 중국 기업들은 몽골의 인프라, 에너지, 자원, 과학기술, 건축, 광업 등 많은 업종에 투자를 진행하고 있다. 몽골의 통계에 따르면, 지난 14년 동안 몽골에 투자한 모든 국가들 중에서 중국은 늘 선두를 유지해왔으며, 1990년부터 2013년까지 중국이 몽골에 투자한 누적 총액은 38억 달러에 달했다.[105] 시진핑 주석의 방문은 중국 기업들의 몽골 투자에 새로운 물결을 일으켰다.

(3) 중·몽 인문 협력에서의 중요한 성과와 안정적인 진전

중·몽 간의 인문 협력은 오랜 역사를 갖고 있다. 1950년대 중·몽 양국은 교육인력 파견과 인재양성에서 상호 협력관계를 수립했다.

---

104) 『中商情報網』, http://www.askci.com/chanye/2014/08/27/133659nmqq_all.shtml, 검색일: 2014年 8月 30日.

105) 『蒙古國外交部網站』, http://www.mfa.gov.mn/index.php?option=com_content &view=article&id=4029%3A2015-04-21-08-03-06&catid=222%3A2015-04-21-07-48-03&Itemid=286&lang=mn, 검색일: 2015年 4月 5日. 원문: Монгол Улсад оруулсан гадаадын херенге оруулагч орнуудыг Хятад Улс суул ий н 14 жил тэргуулж 6ай на. 1990-2013 оны бай длаар Монгол Ул сад БНХАУ - ын 3.8 тэрбум ам. долларын херенге оруулалт хий гдээд байна.

21세기에 접어들어 중국으로 유학을 오는 몽골 학생들의 수가 점점 늘어나고 있다.

중·몽 간의 과학연구 및 인문학술협력은 더욱 빈번하다. 중국이 주최하는 국제학술회의에서는 몽골과 관련되거나 특히 몽골의 역사·문화와 관련된 부분이 있다면 반드시 몽골의 전문 학자들을 초청하고 있다. 몽골이 주최하는 학술회의에서도 마찬가지로 중국의 역사·문화 등 분야의 연구와 교류를 위하여 중국 학자들을 초청하고 있다. 2006년 중·몽 양국은 공동으로 몽골족의 오래된 민요를 "[유네스코] 인류 구전 및 무형 유산人類口頭和非物質遺産代表作"으로 등재했다. 이는 중·몽 양국의 문화협력 역사에서 대표적 예가 되었고 국제문화무대에서 상호 연합하여 문화 브랜드를 만들어낸 창의적인 행위이기도 하다. 최근 10년간 네이멍구 방송국의 춘절 특집 행사春節聯歡晚會에서는 몽골의 연예인들을 초청해, 네이멍구의 무대에서 몽골 특색의 공연을 선보이고 이것을 내몽고위성 텔레비전을 통해 전 세계로 방송하였다. 이는 중·몽 양국 몽골족 국민들의 사랑을 많이 받았다. 이렇게 공동으로 문화유산 등재를 신청하고 행사를 주최하는 것은 양측 민족의 형제애를 구현했을 뿐만 아니라, 국경을 뛰어넘는 문화적 연계를 통해, 양국의 문화사업을 촉진하기도 했다.

학술 교류를 더욱 강화하기 위해서 중국 베이징, 네이멍구, 간쑤, 신장 등의 고등교육기관, 예를 들어 베이징대학, 중앙민족대학, 네이멍구대학, 서북민족대학, 네이멍구민족대학 등은 매년 몽골 학자들을 초청해 학술 강연을 진행하며 몽골에서도 중국 관련 전문가를 초청해 학술 강연을 진행한다. 양국의 인문, 과학연구 교류는 해마다 증가하는 추세를 보인다.

중국과 몽골의 학자들은 몽골의 역사·문화, 중국의 역사·문화 및 문화재 보호 등의 분야를 중심으로 폭넓게 협력하고 있다.

역사와 문화 분야뿐만 아니라, 중국에서 유학하고, 치료를 받고, 여행하는 몽골 사람들이 점점 증가하고 있다. 이에 따라 중·몽 접경 도시의 관광, 교육, 의료 자원이 효과적으로 개방되어 사용되고 있다. 이는 양국, 특히 몽골 국민의 생활수준 제고에도 크게 기여했다.

앞서 언급한 양국의 교류 외에도 국제무대에서 중·몽 양국은 특히 지역협력 측면에서 긴밀하게 협력을 진행하고 있으며, 그중에서도 동북아 지역협력구축 측면에서 양국의 협력이 두드러지게 나타난다. 중·몽 양국은 동북아 지역에 위치해 있으며, 동북아 지역협력에 적극적으로 참여하고 있다. 동북아 지역협력의 핵심은 중, 러, 몽 삼국의 육상 운송경로를 관통하여 연결하는 데 있다. 비록 비교적 느리게 진행되고는 있지만, 중·몽은 몽골 동부와 중국 동북을 관통하는 철로 건설계획을 추진하고 있으며, 이는 분명 동북아 지역협력 사업 촉진에 중요한 작용을 할 수 있을 것으로 보인다. 또한, 몽골은 상하이협력기구의 옵서버 국가이며, 2013년 중국이 발기한 실크로드 경제벨트 건설 구상에 대하여 적극적으로 지지하고 있다.

2 중·몽 경제무역협력이 중국 북부 변강지역의 안정적인 발전에 미치는 영향

중·몽 경제무역 협력에서 네이멍구, 신장, 허베이, 지린, 헤이룽장, 톈진, 베이징 등의 지역이 주요 역할을 한다. 이 중 특히 네이멍구는 매우 중요한 지역이다.

네이멍구자치구는 중국 북부의 변강지역에 위치하며, 동-남-서 방향으로 8개의 성과 인접한다. 네이멍구의 북쪽은 몽골 및 러시아와 국경을 접하고 있는데 국경선은 4,200㎞이다. 네이멍구는 최근 몇 년 동안 중국에서 경제발전이 가장 빠른 지역 중 하나로, 1인당 GDP가 중국대륙의 평균을 넘어서고 있다. 2014년의 지역내총생산만 살펴 봐도 네이멍구의 발전 정도를 확인할 수 있다. 2014년 네이멍구의 지역내총생산은 17,769.5억 위안으로, 전년 대비 7.8퍼센트 증가했다. 그중 1차 산업의 부가가치는 1,627.2억 위안으로 3.1퍼센트 증가했고, 2차 산업의 부가가치는 9,219.8억 위안으로 9.1퍼센트, 3차 산업의 부가가치는 6,922.6억 위안으로 6.7퍼센트 증가했다. 1인당 평균 지역내총생산액은 전년대비 7.5퍼센트 증가한 71,044위안으로, 당해 연평균 환율을 적용하면 11,565달러에 해당된다.[106]

네이멍구자치구의 민족 관계는 다른 지역에 비해 비교적 안정되어 있으며, 지역의 안전과 관련하여 심각한 사건들은 발생하지 않았다. 중앙정부 및 네이멍구자치구 정부는 민족 관련 사안을 매우 신중하게 처리하고 있으며, 그 성과 또한 우수하다. 네이멍구 민족단결 사업이 큰 효과를 얻을 수 있었던 것은 당의 지도를 유지하고 민족단결 선전교육 및 대규모 민족 간부양성 등 일련의 성공적인 경험이 있었기 때문이다.[107] 이들 경험은 민족문화 계승과 민족단결사업에 많은 도움이 되고 있다. 네이멍구자치구 당위원회와 정부는 민족문화대구역民族文化大區이라는 슬로건을 제시하여 전통적 민족문화를 대

---

106) 「內蒙古自治區2014年國民經濟和社會發展統計公報」, 『內蒙古政府網站』, http://www.nmg.gov.cn/zwgk/tjxx/tjbg/201503/t20150316_379427.html, 검색일: 2015年 4月 7日.

107) 許星傑, 「對內蒙古民族團結進步事業的若干思考」, 『中國民族報』, 2015年 2月 27日.

대적으로 발양하고 문화 브랜드를 만들었으며, 민족문화 특색을 가진 하드웨어 및 소프트웨어 인프라에 투자했다. 이 정책은 많은 몽골 민족 동포들로부터 인정을 받았고 민족관계의 발전이 확대되었다. 민족문화대구역 건설은 또한 유관 문화 산업의 발전을 이끌었다. 이러한 성공적인 경험은 중국 내의 소수민족 지역에서는 사실 흔하지 않다. 네이멍구자치구의 평화로운 민족관계와 사회적 안정은 북쪽으로의 개방과 몽골과의 관계를 발전시킬 수 있는 토대가 되고 있다.

네이멍구자치구는 몽골과 지리적으로 가깝고, 그로 인하여 편리한 점이 두드러진다. 또한 몽골족이 변경지역에 분포하고 있기 때문에 네이멍구자치구와 몽골은 교육과 문화 분야에서 협력할 기회가 많이 있다. 네이멍구자치구와 몽골은 산과 강이 연결되어 있고, 양쪽 모두 몽골족이 모여 살고 있으며, 역사와 문화적으로 뿌리 깊은 관계를 갖고 있는데, 이는 중·몽 관계 발전과 관련하여 중대한 가치를 지니고 있다. 과계민족跨界民族(역자주: 역사적으로 하나의 민족이면서 두 개 나라 혹은 여러 개 나라에 걸쳐 거주하는 민족)의 존재와 그리고 역사적·문화적 전통의 일치성으로 인하여 네이멍구 지역은 중국과 몽골의 경제·무역과 문화 관계가 발전하는 데 좋은 접점이 된다. 네이멍구자치구는 자연스럽게 중국의 대對몽골 개방과 양자 간 경제·무역 관계 발전, 나아가 정치·문화 관계 및 국제협력을 발전시키는 데 선도자의 역할을 하고 있다.

네이멍구자치구는 북쪽으로의 개방 전략을 분명히 하고, 몽골과 진행하는 경제·무역 협력을 자치구의 중요한 발전 전략으로 삼고자 한다. 「네이멍구 경제 사회의 원활하고 조속한 발전을 더욱 촉진하기 위한 국무원의 의견國務院關於進一步促進內蒙古經濟社會又好又快發展的若干意見」에서는 네이멍구를 "중국의 북방 개방을 위한 중요한 교두보"로 정의하고 네이멍구의 변경 개방 전략을 지지한다고 밝혔다. 「네이멍구 12차 5개년 규획 요강內蒙古十二五規劃綱要」에서는 "러시아, 몽골과의 교류협력을 심화"하여, "국외협력 강화", "변경통상구 경제발전 가속화", "변경통상구 인프라 시설 건설 강화"라는 3가지 지향점을 제시했다.[108] 2013년 네이멍구자치구 당위원회는 현지상황의 특징과 변화를 점검하고 연구하는 회의에서, 지역발전을 이끌 "8337" 발전 아이디어를 제시했으며, 그중에는 네이멍구를 "중국 북방 개방의 주요 교두보이자 활력 있는 변경 개발·개방 경제벨트我國向北開放的重要橋頭堡和充滿活力的沿邊開發開放經濟帶"(약칭 일보일대一堡一帶)로 건설하고, 동시에 변경지역 경제·사회 발전을 대외개방전략에 포함시켜 보다 강력하게 추진해야 한다는 내용을 포함하고 있다.[109] 개방형 경제 발전 수준을 높이기 위해 네이멍구자치구 정부는 변경자유무역구와 국경경제협력구 건설을 적극 검토하고 있다. 네이멍구자치구 정부는 2014년 변경통상구 경제를 크게 발전시키고 만저우리 '국가 중점개발 및 개방 시험구'와 후룬베이얼 '중·러·몽 협력 선도구' 건설 추진을 가속화할 것이며, 얼롄하오터 '국가 중점 개발 및 개방 시험구, 건설 방안[110]에 대한 당국 허가를 받을 수 있게 적극적으로 나설 것이다. 변경자유무역구, 국경 경제협력구 설립을 모색하고, 만저우리와 얼

---

108) 『中國經濟網』, http://district.ce.cn/zt/zlk/bg/201206/11/t20120611_23397545_6.shtml, 검색일: 2014年 11月 5日.

109) 「內蒙古:建設"一堡一帶"構築開放新優勢一專訪內蒙古自治區黨委書記王君」, 『新華網』, http://www.nmg.xinhuanet.com/2014-04/09/c_1110152535_3.htm, 검색일: 2014年 8月 27日.

110) 2014년 6월 5일, 국무원은 네이멍구 얼롄하오터 중점개발개방 실험구의 설립을 비준했다. 『中國政府官網』 http://www.gov.cn/zhengce/content/2014-06/12/content_8875.htm, 검색일: 2015年 2月 4日.

렌하오터에서의 자유무역구 건립을 가속화한다.[111] 2013년 「네이멍구 국가 북방 개방 교두보와 변경 경제 벨트 건설 계획(2013-2020)內蒙古建設國家向北開放橋頭堡和沿邊經濟帶規劃(2013-2020)」에서 목표로 정한 것은 2020년까지 만저우리와 얼렌하오터 등 변경통상구와 도시를 교두보로 하고 변경도시를 주체로 하며, 안으로는 경제중심 지역과 연결되고, 밖으로는 러시아·몽골과 연결되는 활력 있는 변경경제벨트를 구축하는 것이다. 해당 계획은 전체 틀에서 "두 개의 핵심, 여러 개의 거점"과 "7대 경제회랑"이라는 개념을 제안했다. 두 개의 핵심지역은 만저우리와 얼렌하오터이다. "7대 경제회랑"에서도 만저우리는 2개의 중요한 연결점節點을 차지하고 있다. 첫 번째는 몽골의 울란바토르-도르노드-만저우리-하이라얼海拉爾-동북경제구역東北經濟區경로이고, 두 번째는 러시아의 울란우데Ulan Ude-자바이칼 지구-만저우리-하이라얼-하다치 공업회랑哈大齊工業走廊경로이다.[112]

앞서 언급된 관련 문건의 정신 및 실행의 기본 틀 안에서, 네이멍구는 이미 포괄적이고 다층적인 변경통상구의 개방구조를 마련했다. 몽골은 이미 네이멍구자치구에 있어서 최대 무역파트너이자 중요한 투자국이며, 몽골과 네이멍구자치구의 상호 투자가 계속 늘어가고 변경통상구 개방 또한 확대되고 있다. 또한 발전 전략의 지침에 따라 많은 네이멍구 기업과 기관들이 몽골의 관련 부서, 기업과 협력하고 있으며, 이 과정에서 창의적인 시도들이 적지 않았다. 예를 들면 몽골의 오유 톨고이Oyu Tolgoi 광산에 전력을 공급한 것은 매우

---

111) 湯計·劉懿德, 「內蒙古去年進出口貿易額達120億美元」, 『新華網』, http://news. xinhuanet.com/fortune/2014-01/17/c_119018200.html, 검색일: 2014年 12月 27日.
112) 『滿洲里政府門戶網站』, http://www.manzhouli.gov.cn/Contents/Channel_223/ 2013/0905/58579/content_58579.htm, 검색일: 2014年 9月 13日.

성공적인 사례로 볼 수 있다. 오유 톨고이의 구리와 금광 매장량은 아시아에서 1위, 세계의 3위이다. 몽골은 광산을 개발했고, 네이멍구 전력회사 산하의 궈허전력회사國合電力公司는 광산구역 전력공급 프로젝트를 수주하였다. 전력공급 프로젝트는 2009년에 시작되었고 2012년 2월에 전력공급 선로건설 협약이 체결되었으며, 6월 30일 선로가 준공된 후 11월 3일 전력공급 협약에 서명했고, 11월 5일부터 본격적인 송전이 시작되었다. 송전선은 약 178㎞였는데, 중국 내부에 약 82㎞의 선로와 바인항가이巴音杭蓋에 220킬로볼트 개폐소가 있으며, 몽골 내부에 약 95㎞의 선로와 220킬로볼트의 광산구역 중앙 변압소가 있다. 전력공급 선로의 건설과 투자는 광산의 개발을 가속화하고 몽골의 경제 발전을 촉진했다. 동시에 중국 측의 바옌나오얼巴彦淖爾시 및 관련 기업과 몽골 측 관련 기업 간의 협력을 촉진했고, 지역 경제를 이끄는 적극적인 역할을 수행했다. 또한 전력공급은 중국의 바인항가이 지역 주변 4곳의 풍력발전소 전기를 이용하는데, 부하가 증가함에 따라 풍력발전기 이용시간을 높이는 데 도움이 될 것이다. 해당 전력공급 프로젝트의 실현은 중국 전력산업의 해외 송전과 관련된 성공적인 사례이자, 네이멍구 전력산업의 해외진출走出去 전략의 성공적인 지표이다. 또한 변강지역이 인접 지역과의 에너지 협력을 통해 혜택을 받게 된 사업 모델이라는 점에서 의미가 있다.

2014년 7월, 네이멍구자치구 인민 정부와 몽골 경제개발부에서 주최하고 네이멍구자치구 상무청, 몽골투자국, 몽골 상공회의소에서 주관한 "2014년 네이멍구와 몽골 투자무역상담회"가 몽골 울란바토르에서 개최된 바 있다. 해당 회의에서 중국과 몽골 양국의 부서 책임자들은 각각 보고를 통해 양국 정부와 기업 간의 교류 확대와 변경지역에서의 무역 확대, 투자 협력 수준의 제고, 변경통상구 인프라 및 법률과 법규의 개선, 농업과 축산 협력 강화, 인문분야 교류의 확대 등을 제안했다. 네이멍구자치구 8개 도시 70여 개의 광산업, 농축업, 금융, 물류, 무역기업이 몽골의 150여 개 기업 관계자와 상담을 진행했다. 중국과 몽골 양측의 유관기구와 기업이 협력 협의에 서명했고, 모두 9건의 프로젝트 계약이 체결되었으며, 체결된 프로젝트의 사업 규모는 1억 7,400만 위안 수준이었다.[113]

네이멍구자치구 상무부의 통계에 따르면, 2014년 네이멍구의 대외무역, 투자 및 변경통상구 운송 등에서 몽골과 러시아에 대한 비중이 크게 증가했다.

우선 대외무역 측면을 보면, 네이멍구자치구의 몽골 및 러시아와의 무역이 빠르게 증가했다. 몽골과의 무역액은 40.97억 달러로 전년 대비 29.8퍼센트 증가했고, 전체 자치구 수출입 무역의 28.2퍼센트를 차지했으며, 전년 대비 1.9퍼센트 증가했다. 몽골로부터의 수입은 31.7억 달러로 전년 대비 11.59억 달러, 57.6퍼센트 증가했으며, 전체 자치구 수입에 대한 공헌율이 444.1퍼센트에 달했다. 러시아와의 무역액은 30.54억 달러로, 전년 대비 16.2퍼센트 증가했는데, 2013년과 비교하면 하강세를 멈추고 20퍼센트 반등한 것이다. 수출은 6.49억 달러로 136퍼센트 증가했는데, 이는 전체 자치구 수출 증가폭 79.8퍼센트보다 높은 것이다. 수입 24.04억 달러로 전년 대비 2.2퍼센트 증가했다.

대외 투자 측면을 보면, 러시아와 몽골에 대한 투자는 회복적인 성장을 보이고 있다. 2014년, 전체 자치구의 몽골에 대한 투자 사업

---

113) 『內蒙古政府網站』, http://www.nmg.gov.cn/zwgk/jrnmg/jrnmg_1809/201407/t20140715_314068.html, 검색일: 2014年 8月 15日.

은 19건으로 전년 대비 13건 증가했으며, 중국 측이 합의한 투자액(증자增資 포함)은 35,278만 달러로 전년 대비 4배 증가했다. 러시아에 대한 투자는 19건으로 전년 대비 9건이 증가했으며, 중국 측이 합의한 투자액(증자 포함)은 8,092만 달러로 전년 대비 88.2퍼센트 증가했다. 이러한 증가 원인은 첫째, 국가 지도부의 러·몽 방문으로 체결된 여러 건의 협력 합의가 투자환경 개선을 촉진했으며, 둘째, 몽골의 투자정책에서 초보적 단계이지만 개선과 조정이 이루어졌고, 기업들의 투자심리 또한 점차 회복되었기 때문이다. 셋째로는 몽골과 러시아 통화에 대한 위안화의 평가절상이 러시아, 몽골에 대한 투자 확대에 유리한 요소가 되었기 때문이다.

변경통상구의 운송량을 보면, "러시아 접경 변경통상구 수출입 화물 운송량은 3,038.7만 톤으로 전년 대비 0.2퍼센트 증가했다. 수입 화물 운송량은 1,457.2만 톤으로 전년 대비 20퍼센트 감소했고, 수출 운송량은 305.1만 톤으로 전년 대비 5.5퍼센트 감소했다. 몽골 접경 변경통상구 운송량은 4,047만 톤으로 전년 대비 22.9퍼센트 증가했으며, 수입 화물 운송량은 3,335.8만 톤으로 전년 대비 19.2퍼센트 증가했고, 수출 화물 운송량은 711.2만 톤으로 전년 대비 43.6퍼센트 증가했다".[114]

위에서 언급한 수치들은 네이멍구 북방 개방정책의 분명한 효과를 입증하고 있다. 특히 몽골에 대한 무역, 투자 및 수송량의 대폭적인 상승은 중국과 몽골 양국의 경제 및 무역 관계에서 좋은 발전 전망을 보여주고 있다.

---

114) 『內蒙古自治區商務廳網站』, http://www.nmgswt.gov.cn/news-4e4aaf4e-5fb5-4cb3-8fa1-08feefd385fb.shtml, 검색일: 2015年 3月 10日.

네이멍구자치구는 중국 북부의 변강지역에 위치하고 있으며, 자치구가 제정 및 실시하는 북방 개방정책의 성공 여부는 정책 자체의 수립과 집행 역량뿐만 아니라 중국과 몽골 양국관계의 발전 방향에 따라 좌우될 수 있다. 양국관계가 발전하고 전망이 좋으면 네이멍구의 북방 개방정책이 분명한 이익을 얻을 수 있을 것이고, 반대로 양국관계의 발전이 좌절되면 네이멍구의 북방 개방정책에도 부정적인 영향이 있을 것이다. 바꾸어 말하면, 네이멍구의 북방 개방정책이 지속적으로 추진되어 몽골에 대한 무역, 투자 및 변경통상구 운송량이 계속 증가하면, 네이멍구와 몽골의 해당 지역(몽골 남부 변경 성과 도시)의 발전에 도움이 될 것이며, 이를 통해 양국 간의 정치, 경제, 문화 협력의 건전한 발전이 촉진될 것이다.

최근 몇 년 동안의 상황 분석에 따르면, 중국과 몽골 양국의 국가관계가 급속히 발전되고, 중국이 주도하는 국제지역협력이 강화되고 있다. 네이멍구는 북방 개방정책의 교두보이자 최전선으로서 중·몽 관계의 발전을 통해 경제적, 문화적 발전을 이루고자 한다. 또한 네이멍구 지역의 발전은 중국 북방지역의 안정과 국제지역협력 발전을 촉진할 것이다. 그러나 다른 한편으로, 중국의 경제변화가 가져온 새로운 현상들이 네이멍구의 사회·경제발전과 대외개방 행보에 영향을 미치고 있으며, 특히 산업조정, 구조 최적화는 네이멍구 역시 직면하고 있는 어려운 문제이다. 중국 변강지대에 위치한 네이멍구는 국가의 통일적 전략 배치 및 지리적 이점, 그리고 북방 개방에 유리한 조건을 이용하여 적시에 전환을 이뤄 사회·경제의 지속적 발전을 이루어야 한다. 이는 중국 북부 변강지역의 안정과 발전에 중요한 의미를 갖는다.

3 중·몽 전면적 전략협력동반자 관계는 조화로운 변강지역
건설에 유리

중국과 몽골의 관계는 중국의 주변외교에서 중요한 부분이다. 중·몽 양측은 서로 독립·주권·영토보존의 존중, 상호 불가침, 무력사용 불가, 상호 내정 불간섭, 호혜평등, 평화공존과 각자의 발전방향을 존중한다는 원칙을 통해 우호협력을 한층 발전시켰다. 몽골은 오직 중화인민공화국 정부가 중국을 대표하는 유일한 합법 정부이고, 타이완·티베트·신장 문제에 대한 중국 정부의 공식적 입장을 굳게 지지한다고 재차 확인했다. 중국 또한 몽골이 세계 각 나라 및 국제 기구와 우호협력 관계를 발전시키는 것을 환영하고 외국인 투자에 유리한 환경을 조성하려는 노력들을 지지한다고 밝혔다. 또한, 중국은 국제적, 지역적 무대에서 몽골의 핵무기 비보유국 지위를 지지했다. 양측은 몽골 영토에 어떤 방식으로든 핵폐기물의 반입과 방치를 반대하기로 합의했다. 이러한 내용들은 중국과 몽골 관계의 중요한 기초가 되었다.

중국 정부는 몽골의 지정학적, 전략적 지위를 항상 중시해왔으며, 중·몽 두 나라의 관계가 건전하고, 신속하며, 신뢰하는 관계로 발전될 수 있도록 노력하고 있다. 긍정적인 측면에서 보자면, 최근 몇 년 동안 중국과 몽골 양국은 정치, 경제, 문화 등 다양한 분야에서 협력해 왔으며, 양국의 선린우호관계를 충분히 실현하였다. 또한 양국 관계의 지속적인 발전과 끊임없는 관계 격상에 따라 중국의 변경지역은 이익을 얻을 수 있었고, 사회·경제가 발전하게 되었으며, 사회가 안정적으로 결속된 것을 보여주었다.

중·몽 관계의 발전에서 문제가 없는 것은 아니다. 몽골 사회는 많

은 중국 기업들의 몽골 진출에 대해 의구심을 갖고 있으며, 채광으로 야기된 환경문제, 중국 제품의 품질문제 등이 종종 몽골 언론에서 다루어지고 있다. 중국과 몽골 양국은 역사를 해석하는 데 이견이 있고, 게다가 일부 정치 세력은 "중국 위협론"까지 제기하고 있다. 이런 문제에 대해 양국의 엘리트와 지식인들의 진지하고 냉정한 대처가 필요하다.

중국과 몽골 관계의 지속 가능한 발전, 평화와 상호이익을 얻는 것은 양국 내부의 안정과 발전에 달려있다. 이러한 기초 위에서 양국이 각각 채택한 국가발전 방식과 각각 추진하는 외교 전략의 접점을 찾아야 할 것이다.

중국은 개혁개방 이후 사회경제가 전반적으로 지속 발전했고, 경제·군사·과학기술 등 다양한 분야에서 세계적으로 주목받는 성과를 달성했으며, 종합적인 국력이 계속 강해졌고, 국제적으로 그리고 지역적으로 영향력이 크게 증대됐다. 중국은 현재 미국에 이어 세계 2위의 경제 대국이고, 국내 정치가 안정되어 있으며, 지속적인 경제 발전이 이루어지고 있다. 중국은 안정과 발전을 국시로, 경제 건설을 국가 기본 정책으로 삼아, 대외적으로는 평화공존 5원칙을 고수하고 평화외교 정책을 시행하며, 세계평화와 국제 협력을 위한 노력을 적극적으로 추진하고 있다. 최근 중국 지도자는 "실크로드 경제 벨트"와 "21세기 해상 실크로드"건설 구상을 제안했다. 그 목적은 국제지역협력을 추진하는 것이다. 이를 통해 주변 국가 내지 아태지역 국가들이 중국이라는 고속열차에 탑승할 수 있게 하며, 공평·상호 이익의 바탕 위에서 각국에 발전의 기회와 지원을 제공한다는 것을 분명히 하였다. 2014년 9월 11일, 시진핑 중국 국가주석은 중국, 러시아, 몽골 3국 정상 회담에 참석하여 다음과 같이 연설했다. "중국은 실크로드 경제벨트 이니셔티브 공동 건설을 제안했고, 러시아와 몽골로부터 긍정적인 반응을 얻었다. 중국은 실크로드 경제벨트를 러시아의 유라시아 철도, 몽골 초원의 길 이니셔티브와 연결하여, 중국·몽골·러시아 경제회랑을 건설할 수 있을 것이다." 이는 의심의 여지 없이 몽골을 비롯한 중국 주변 국가의 발전에 역사적인 기회를 제공할 것이다. 각국은 중국이 제시한 협력 구상의 기초 위에 각자의 협력 방식과 상생 모델을 만들어, 지역협력 속에서 최대한의 실질적 이익을 얻을 수 있다. 더욱이 "중국·몽골·러시아 경제회랑"은 중국의 "일대일로" 전략, 러시아의 "유라시아 연합"계획과 몽골의 "초원 실크로드"를 연결하여 중국, 몽골, 러시아 3국의 경제·사회 및 문화적 상호작용과 협력에 좋은 하드웨어 기반을 제공할 수 있고, 그 전망도 더욱 밝을 것이다.

몽골은 1990년대 이후 정치·경제 및 문화 체제와 외교 전략에 대한 대대적인 개혁을 진행했다. 정치적으로 다당제 민주주의가 점차 형성되어 왔고, 경제적으로는 시장경제체제와 개방전략을 추진했다. 문화적으로는 민족문화를 고양하는 동시에 다원적인 발전을 장려하고, 외교적으로는 중국과 러시아를 가장 중시하고 다음으로 다른 나라와 관계를 생각하는 다층 외교정책을 모색해왔다. 1994년 몽골의 '국가대회의'는 「몽골 외교정책 기본구상蒙古國外交政策基本構想」을 통과시켰으며, 러시아, 중국과의 우호관계 유지를 몽골 외교정책의 주요 목표로 삼았다. 이밖에 미국, 일본, 독일 등 서방 선진국과의 관계 발전을 통해 아시아, 태평양 지역에서 몽골의 위상을 높이고, 유엔과 전문기구, 국제통화기금, 세계은행, 아시아개발은행 등 국제기구와의 협력도 진행하고 있다. 법률적 성격을 가진 이 문건은 몽골이 새로운 외교 전략을 수립했음을 보여준다. 2004년 12월, 몽골은 국가

대회의는 재차 결의안을 가결하여 해당 외교 전략의 진행을 명백히 하였지만, 그 기본원칙은 바뀌지 않았다.[115] 학계에서는 이러한 전략을 다층 외교라고 부른다. 다층 전략은 3가지 층의 함의를 포함한다. 첫 번째는 중국과 러시아 양국과 선린우호관계를 균형 있게 발전시키는 것이며,[116] 두 번째는 미국[117], 일본[118], 독일[119], 영국[120], 터키[121] 등 선진국 및 아태지역 중요 국가와 정치·경제 교류를 적극적으로 발전시키는 것이다. 마지막으로 각종 국제기구에 적극적으로 참여하고 국제 기제 이용에 중점을 두는 것이다. 몽골은 각 나라와의 관계에 경중輕重과 친소親疎의 차이를 두고 있다. "중국과 러시아라는 두 인접 국가와의 관계가 우선이고, '제3의 이웃[122]'과의 관계는 그 다음이며, 다자 기제와의 관계는 마지막에 해당된다".[123] 어

---

115) 宋效峯,「冷戰後蒙古國的'多支點'外交及其影響」,『世界經濟與政治論壇』, 2011年 第2期.

116) Л. Хай сандай нар: Орос, Монгол хоёр улс стратегий н түншлэл ий н замд, Москва, 2011 он. В. А. Родионов: Орчин үеий н Орос-Монголын харилцаа: загвар ба моселлүүд, Улаанбаатар, 2013 он.

117) 王建軍,『蒙古與美國關係研究』, 世界知識出版社, 2014.

118) Ц. Батбаяр: Монгол ба Япон XX зуунб, Улаанбаатар, 2012 он.

119) Ц. Лхам, Р. Төрдалай : XXI зууны Монгол -Германы харилцаа, хамтын ажиллагааны чиг хандлага, хэтий н мелез, Улаанбаатар, 2014 он.

120) Д. Шурхуу ба бусад: Тив бамнасан хөршуб, 1 боть, Улаанбаатар, 2013 он. Д. Золбоо : Монгол, Британий харилцаа (нэмж сай жруул сан 2 дахь хэвлэл), Улаанбаатар, 2012 он.

121) Ч. Цэрэннадмид, Турк Монголын харилцаа хамтын ажиллагаа: Гадаад бодлогын шинжилгээ, Улаанбаатар, 2011 он.

122) Ц. Батбаяр: Богд хаант монгол улс гуравдахь херший н эрэлд, Улаанбаатар, 2011 он.

떤 이들은 이를 더욱 자세하게 나누는데, 예를 들면 다섯 등급으로 구분하는 것이다.[124]

몽골의 이러한 "다층" 대외전략은 지역적 측면에서 이중적인 효과를 가져온다. 한편으로 몽골은 국제문제에 적극적으로 참여하고, 국제기구와 빈번하게 교류하며, 국제사회의 상호작용을 촉진하고, 개방·협력 및 공동이익을 강조하여 지역경제, 무역협력 및 자원개발에 활력을 가져왔다. 몽골은 자원이 풍부한 국가로서 동북아시아 협력에 참여하고 있으며, 이 지역의 지역협력에 긍정적인 의미를 더해준다. 중국을 포함한 관련 국가는 동북아시아 협력의 틀 안에서 몽골과 경제적인 협력을 하고, 몽골에 투자를 하며 자원을 얻을 수 있다. 이는 몽골이 아시아, 태평양 문제에 적극적으로 참여하고 동북아 협력을 지지하는 본래의 목적이기도 하다. 왜냐하면 동북아 협력이 발전하면 몽골의 자원개발과 수출 측면에서 더욱 넓은 시장을 제공하고, 더욱 많은 국제 자금을 유치할 수 있으며, 종합적으로 몽골의 경제발전을 촉진할 수 있기 때문이다. 동북아시아 협력의 성공은 이 지역의 사회경제 발전을 이끌고, 관련국의 정치적 신뢰와 문화적 교류를 강화함으로써 지역에서의 안보 위험을 감소시킬 수 있을 것이다. 이것이 몽골의 외교 전략이 가져올 수 있는 긍정적인 의미이다. 다른 한편으로 대국 세력의 침투는 지역의 안보 지형을 복잡하게 할 수 있다. 몽골은 다층 외교의 일환으로 대국을 유치하고자 하는데, 이는 공교롭게 한국, 미국, 일본, 독일, 인도 등의 국가에

---

123) 宋效峯, 「冷戰後蒙古國的'多支點'外交及其影響」, 『世界經濟與政治論壇』, 2011年 第2期.

124) 王發臣·李慧君, 「蒙古國對外戰略格局分析」, 『東北亞論壇』, 2003年 第1期.

게 게임의 장을 제공하였다.

그러나 몽골은 개발도상국이며, 몽골의 외교적 목적은 우선적으로 독립된 지위와 국가의 안전 보장에 있고,[125] 그 다음으로 국제협력과 외국투자 유치확대에 있다. 중국과 몽골 두 나라는 우호적인 관계의 이웃 국가이고, 양국의 관계는 특정한 역사적 시기에 우여곡절도 겪었지만, 세계체제의 근본적인 변화, 그리고 양국 모두 안정과 발전을 필요로 하는 환경에서 양국의 정치적 신뢰는 지속적으로 강화되고 있으며, 경제무역과 지역협력이 한층 긴밀해지고 있다. 양국의 안보와 발전, 그리고 변경지역은 분명히 조화롭고 친밀한 미래를 전개할 것이다. 몽골은 전면적 전략동반자 관계, 동북아 협력, 실크로드 경제벨트 건설, 중·러·몽 경제회랑 건설 등 국제 기제와 이념의 틀 안에서 중국과 광범위한 외교·경제무역협력을 전개함으로써, 의심할 여지 없이 양국 발전의 새로운 정점을 보여주고 있다. 최근 중국과 몽골의 관계 발전은 몽골이 중국과 적극적으로 협력하려는 정책 경향을 반영하고 있다. 예를 들면 2014년 10월 30일, 몽골은 중국, 러시아, 몽골 3개국 외교차관 회담 및 협상 회의 개최를 제안했다.[126] 이것은 중국 시진핑 국가주석과 러시아 푸틴 대통령의 몽골 방문 이후 3국 외교 고위층의 첫 협상이다. 이는 중국, 러시아, 몽골 3국 관계가 협상과 실무화로 나아가는 경향을 보여주는 것이고, 자연스럽게 중국·몽골 관계의 발전과 중국·러시아·몽골 3국

125) Д. Шурхуу, Монгол Улсын олон таят дипломат уйл ажиялагаа ба бус нутгууд, Улаанбаатар. 2014 он, х. 1.

126) 『蒙古國外交部網站』, http://www.mfa.gov.mn/index.php?option=com_content&view=article&id=3695%3A2014-10-30-08-17-41&catid=43%3A2009-12-20-21-55-03&Itemid=62&lang=mn, 검색일: 2014年 11月 3日.

관계의 조화로운 발전에 긍정적인 의미가 있다. 또한 중국의 고위급 방문이 실제로 성과를 냈음을 의미한다. 중국이 몽골에 더욱 많은 해상진출로를 제공하겠다는 약속은 의심의 여지 없이 몽골에 대한 원조 성격의 협력이다. 몽골 또한 중국의 약속에 긍정적인 태도를 보였다. 2014년 11월 3일, 오스트리아에서 열리게 된 국제연합(UN) "내륙 개발도상국 문제" 제2차 회의에서 몽골은 해상노선에 접근하기 위해 중국과 러시아 두 인접 국가와 진행한 노력을 소개했다. 몽골 언론 보도에 따르면, 국제연합의 "내륙국 개발도상국 문제" 회의는 내륙국인 몽골이 해상노선에 접근하기 위해 국경 간 운송, 운송 인프라 개선, 감세 혜택 등에 관하여 두 인접 국가와 벌인 협상을 중점 지원 사안 중 하나로 인식했다.[127]

한마디로, 중국과 몽골의 관계는 외부 국제환경의 안정과 국내 경제발전의 필요에 따라 더욱 안정적이고 긴밀해지고 조화롭게 될 것이다. 네이멍구자치구를 비롯한 변강지역에서의 폭넓은 국제 협력 기회와 교역의 증가를 통해 지속적인 발전과 안정, 조화를 이룰 수 있다.

중국과 몽골의 국내 실정과 발전 경로 및 외교정책을 고려할 때, 중국은 몽골과의 관계 발전에서 다음과 같은 몇 가지 사항에 주의를 기울여, 몽골과 우호적인 관계를 유지하고 북부 변강지역의 안전한 발전을 보장하여야 한다.

1) 정부 고위층의 상호 방문을 지속하고 공적 업무와 사회적 사안

---

127) 『蒙古國政府網站』, http://www.mfa.gov.mn/index.php?option=com_content&view=article&id =3707%3 A _ _ _ _ _ _ _ _ ii _ _ _ _ &catid = 43%3A2009 _ 12 _ 20 _ 21 _ 55 _ 03&Itemid =62&Iang = mn, 검색일: 2014年 11月 10日.

관련 소통을 확대한다. 중·몽은 수교 이래 항상 고위층의 방문을 지속했으며, 이러한 좋은 전통을 계속 유지해야 한다. 동시에 양국 정부기관은 광범위한 협력 기제를 구축하고, 공무에서의 상호 신뢰와 의존 정도를 높여야 한다. 또한, 학술 단체, 민간 조직, 학자 개인, 학교 단위 등 민간교류를 강화하고 사회적 역량을 선도하여 양국 교류를 강화하고, 사회적 우호 관계를 증진시킴으로써 상호 간 의구심을 완전히 해소하여야 한다. 중국과 몽골 간에는 효과적인 사법 기제를 구축할 수 있다. 최근 몇 년 동안 중·몽 경제문화교류의 발전으로 양측 모두가 연루되는 사건들이 많아졌는데 이는 난감한 사회적 문제가 되었다. 중국과 몽골 사이에는 일찍부터 관련 사법 협약이 있었지만, 사건의 진행은 종종 사법 절차를 앞서 나간다. 어떤 안건은 일반적인 민사 혹은 형사 사건이었는데 매체들로 인해 과장되어 본래의 사건보다 더욱 큰 사회적 파장이 초래되며, 이는 양국 관계 발전을 저해했다. 양국 간의 사법 연구와 조정을 강화하는 것이 필수적일 것이다. 몽골에는 이미 관련 문제를 전문적으로 연구하는 인력이 있으며,128) 중국 측 학자들도 이에 적극 참여해야 한다.

  2) 중·몽은 국제문제에 대해서 협력을 강화한다. 몽골은 국제무대에서 비교적 적극적이고 활동적이며 아시아 태평양 이슈에도 적극 참여하고 있다. 중국이 적극적으로 추진하고 있는 동북아 협력, 실크로드 경제벨트, 중국·러시아·몽골 경제회랑, 상호연결·소통互聯互通 등이 모두 몽골과도 밀접하게 관련되기 때문에, 국제문제에서도

---

128) Д. Шурхуу, Монгоя Уясын иред хилий н чанадад, гадаадын иргд Монголд хеделмор эрхлэх эрхий н зохицуулаlm. Улаанбаатар, 2014.

중·몽 간 긴밀한 협력이 필요하다. 그중에서 중·러·몽 경제회랑은 중국, 러시아, 몽골의 세 전통적 우호국 간 통합된 경제무역 운영 메커니즘을 수립하는 새로운 발전 기회를 제공한다. 중국은 3국 중 가장 경제가 활성화된 국가이므로 경제·무역 시스템 건설을 위해 적극적인 준비를 해야 하며, 고위층부터 사회 각층 전반에 걸쳐 각 분야의 역량을 이끌어 내 가능한 빠른 속도로 이 웅대한 구상을 실현할 수 있도록 노력해야 한다. 중·러·몽 경제회랑 건설은 3국의 전면적 협력을 위한 기제를 제공함으로써, 3국 관계가 견고하게 발전될 뿐만 아니라, 중국 북부 변강지역도 발전 기회를 얻게 될 것이다. 예를 들면, 중·러·몽 경제회랑 구상의 실현은 네이멍구의 북부개발 정책과 부합하여 네이멍구의 안정과 발전에 매우 좋은 기회를 가져올 것이다.

3) 중국과 몽골은 에너지, 기초 인프라 구축, 생태 등 3대 분야에서 협력을 강화한다. 3대 분야는 시진핑 주석이 몽골 방문 기간에 제안한 것이다. 두 나라의 경제·사회 발전 수요를 감안할 때, 이 3대 영역은 확실히 두 나라가 먼저 협력하고 발전시켜야 하는 우선순위의 영역에 해당된다. 기초 인프라 건설은 중국 대외발전의 기본유형중 하나이다. 이것은 중국의 발전과 투자대상국의 발전 모두에 긍정적 영향을 미치며, 협력당사자 모두가 상생할 수 있는 경제 협력 모델이다. 몽골의 기초 인프라 건설 영역에 대한 투자는 필요한 융자지원 형태가 될 수도 있고, 자금과 기술지원 형태가 될 수도 있다. 광산 자원의 개발에 따라 몽골 내 생태환경에 대한 관심은 점차 높아지고 있으며, 생태환경을 함께 보호하고 관리하는 것도 중국·몽골 협력의 중요한 부분이다. 특히 몽골은 중국과 사막화 및 황사 방지 협력을 희망하고 있다. 몽골 학자들은 "몽골과 중국 간에는 약

4,600㎞가 넘는 접경선이 있고 국경 양쪽 대부분이 사막이라 두 나라 모두 황사 피해를 입고 있기 때문에 황사 방지와 관리를 위한 공동 노력이 필요하다. 몽골은 중국과의 협력이 필요한데, 특히 중국 전문가의 조림造林공사 지도가 필요하다. 중국은 방사치사防沙治沙(역자주:사막화 방지) 및 퇴목환초退牧還草(역자주: 방목을 막고 목초지로 되돌림)에 풍부한 경험이 축적되어 있고, 모래를 제어하는 선진적인 기술이 있으며, 이는 몽골에게 매우 중요하다"고 설명한다.[129]

4) 국가 차원에서 네이멍구자치구의 북방 개방을 강화하기 위한 정책을 발표한다. 상술한 바와 같이 네이멍구자치구는 북방 개방정책을 적극적으로 추진하고 있으며 현저한 성과를 달성하였다. 그러나 네이멍구자치구의 북방 개방 과정을 보면 전체 변경지역 개방·개발과 비교할 때, 정책적 지원이든 발전 전략이든 그다지 두드러지지 않는다.

네이멍구자치구는 현재 사회가 비교적 안정되어 있고, 발전 잠재력이 여전히 강력하며, 지리적 조건이 매우 유리하고, 중국의 북방으로의 관문이라는 특성을 갖고 있다. 국경을 넘나드는 민족의 동질성은 문화적 상호작용에 유리한 조건을 제공하며, 국가 이미지를 구축하고 소프트 파워를 전파할 수 있는 견고한 교량의 역할을 한다. 2015년 3월 28일, 중국 국가발전개혁위원회 등 3부문 위원회는「실크로드 경제지대의 및 21세기 해상 실크로드 공동건립 전망과 행동推動共建絲綢之路經濟帶和21世紀海上絲綢之路的願景與行動」을 발표했다. 이 문건은 "중국의 네이멍구는 러시아, 몽골과 연결되는 지리적 우위를 활용한다.

---

129) (蒙) 那·圖木爾,「蒙古國參與區域經濟合作和發展與大國關係」,『現代國際關係』, 2007年 第11期.

또한 헤이룽장과 러시아 연결철도 및 지역 철도망을 완비한다. 헤이룽장, 지린, 랴오닝과 러시아 극동지역의 육상·해상 복합운송 협력을 완비하고, 베이징-모스크바 유라시아 고속운수 회랑을 건설하고, 중국의 북방 개방의 중요한 창구를 건설한다."고 제시하였다.[130] 이 문건의 네이멍구 지역에 대한 평가는 국가발전전략의 지향성을 반영하고 있으며, 정책적으로 네이멍구 지방정부의 북방개방을 지원할 것이다. 프로젝트의 구체적인 실행과 정확한 투자처를 모색하는 것 또한 매우 중요하다. 예를 들어, 네이멍구자치구 정부가 대규모 자금을 투자하여 국제몽골의학병원國際蒙醫醫院을 계획하고 건립하였다. 몽골의학은 몽골족의 전통 의학으로 전통 중의학 및 티베트의학과 함께 국가가 인정하고 있는 민족 의학이다. 네이멍구와 몽골에 몽골의학 진료를 필요로 하는 집단들이 많이 있고, 각자의 의료시설도 잘 갖추고 있다. 국제몽골의학병원은 지금까지 가장 크고 가장 선진적인 형태의 몽골의학병원이다. 국제몽골의학병원은 중국 국내의 대다수 몽골족에게 의료서비스를 제공할 뿐 아니라, 많은 몽골의 환자들도 중국에 입국하여 진찰받으면서 몽골 측으로부터 호평을 받았다. 이것은 이미지 프로젝트일 뿐만 아니라 진정으로 사람들을 위하는 사업이기도 하다. 병원의 건립과 활용은 중국의 소프트파워를 확립하는 데 매우 큰 의미가 있다.

지역발전과 변경지역 개방의 각도에서 보면, 이러한 프로젝트는 국가의 지원을 받아 네이멍구의 대외개방과 중·몽 양국의 관계발전에 긍정적인 역할을 한다. 또한, 생태장벽, 에너지 보장, 국제협력적

---

130) 國家發展改革委員會·外交部·商務部, 「推動共建絲綢之路經濟帶和21世紀海上絲綢之路的願景與行動」, 『人民日報』, 2015年 3月 29日.

육상경로의 관점에서 볼 때, 네이멍구는 징진지京津冀 협력 개발의 영향을 받는 지역이다.[131] 따라서, 국가의 의사결정자들은 네이멍구의 지리적 의의를 충분히 인식하여 상응하는 정책을 제정해야 할 것이며, 네이멍구의 사회경제발전을 이끌어야 하고, 동시에 네이멍구가 "일대일로" 전략에서 충분한 역할을 할 수 있도록 해야 한다.

요약하면, 동북아 지역의 안보 상황은 지역경제 협력의 폭과 깊이를 결정한다. 따라서 각국이 협력해 지역의 안전을 지키는 것이 최우선 목표가 될 것이다. 하지만 동북아 지역의 안보는 인접 국가의 정치적 영향 외에도 사실상 역역 대국의 영향도 받는다. 일부의 안정 혹은 일정 기간의 안전이 장기적인 평화를 보장하지는 않는다. 따라서 지역경제 협력과 인문교류가 지역 안전에 촉진 작용을 하게 해야 한다.

지역 경제협력을 주변 상황과 연계시켜 보면, 동북아 6개국은 대부분 양자 간 경제·무역 협력 상태에 머물러 있고, 다자간 경제협력 실행과 동북아시아에서의 통일된 시장 형성과는 상당한 거리가 있다. 따라서 중국 변강지역의 발전은 대외개방에만 전적으로 의존할 수는 없다. 지역발전에 대해 말하자면, 중국 동북 및 북부 변강지역이 적극적으로 주변 인접국과의 지역협력에 참여하는 동시에 자주적인 개발 역량을 키워서 일방적 발전으로 인한 위험을 피해야 할 것이다. 또한 해당 성省 내의 조화로운 발전이 필요할 뿐만 아니라, 변경지역 도시의 발전, 민생의 개선, 생태 환경의 정비 및 유지보수 등도 포함해야 하며, 성을 넘어 국가 전체 협력 플랫폼 조성에도 기

---

131) 韋文英,「京津冀向北: 不該被遺忘的內蒙古」,『新華網』, http://www.nmg.xin huanet.com/xwzx/cjtz/2014-05/13/c_1110621219.html, 검색일: 2015年 6月 10日.

여해야 한다. 사실상 중국 변경지역 개방의 참여자는 단지 변강지역 및 접경지역 뿐만 아니라, 경제가 발전한 내륙 지역들도 통상구를 빌려 대규모의 화물 수출입을 함으로써 종종 접경지역을 능가하는 참여자의 역할을 하기도 한다. 이를 통해 알 수 있듯이, 변강 성급지역 및 변경지역은 인프라를 구축하고 개방능력을 높이려고 할 때 전국적인 전략을 고려하는 의식이 필요하다. 변경지역 지방정부는 국무원 관계 부처와 위원회가 공포한 정책문건을 단순 집행하는 데 머물러서는 안 되며, 중앙정부의 변경지역 개방 전략을 깊이 있게 이해하고, 실사구시로 지역 발전의 출발점을 정확히 찾아, 중앙정부의 거시적 계획을 한층 강화하고, 효과를 촉진하여야 비로소 사명을 완수할 수 있다.

또한 동북아 지역협력은 안보 및 경제 협력에만 머물러서는 안 된다. 인문 분야의 교류 및 협력을 증진하면 역내 긴장과 소원한 관계를 개선할 수 있을 뿐 아니라 동북아 지역의 원만한 발전에도 도움이 될 것이다.

중국 동북과 북부 변강지역은 주변 국가들과 경제·무역 및 문화 교류의 오랜 역사를 가지고 있다. 중·일, 북·중, 한·중 모두 한자 문화권에 있기 때문에 유가, 불교, 도교가 전파되는 역사 속에서 지속적인 교류를 해왔다. 북·중, 중·몽 변경지역에는 접경선 양측으로 동일 민족이 거주하고 있고, 헤이룽장성과 네이멍구자치구에 거주하는 어윈커鄂温克·Evenki, 다우르達斡爾·Daur, 오로촌鄂倫春·Orochon 3개의 민족과 러시아 극동지역의 원주민들이 친밀한 관계를 갖고 있다. 이렇듯 국경지대의 민족은 공통된 민족적 기원을 갖고 있고, 공통된 역사, 문화적 유산을 공유할 수 있으며, 같은 언어, 문자, 풍습에 대한 자연스러운 친근감을 갖고 있다. 이것은 동북아 변경지역에서 조화로운 환경을 형성하는 데 도움이 된다.

　요약하자면, 국가 차원의 동북아 지역 안보를 위한 대화를 강화하기 위해 지역의 안보 및 안정성을 증진하는 것은 중국 동북 및 북부 변강지대의 안정과 발전에 결정적인 의미가 있다. 동북아 지역경제 협력은 이미 변경지역의 경제 발전을 촉진했으며, "일대일로"와 "중·러·몽 경제회랑" 계획은 변경지역에 새로운 기회를 제공할 것이다. 역사가 부여한 변경지역의 인문 자원을 활용하여 보다 조화로운 변강지대를 건설하고 그 의미를 충분히 발현한다면 변강의 아름다운 내일을 기대할 수 있을 것이다.

제2장

중앙아시아와 남아시아 인접국 정세
및 중국 신장의 안정과 발전

중국 신장新疆위구르Uyghur자치구(이하 '중국 신장')는 중국 서북 접경지역에 위치해 있고 면적은 약 166만㎢, 중국 영토 총면적의 1/6에 해당하는 최대 육지면적의 성省급 행정구이다. 중국 신장은 유라시아대륙의 배후지腹地에 위치하며 육상경계선이 약 5600㎞로 중국의 국경선 중 가장 길고, 대외개방 통상구對外開放口岸가 가장 많은 지역이다. 또한 중국 신장은 몽골, 러시아, 카자흐스탄, 타지키스탄, 키르기스스탄, 아프가니스탄, 파키스탄, 인도 등 8개 국가와 국경을 접하고 있어 육상으로 가장 많은 접경국가를 둔 지역이다. 이들 주변국의 정치체제, 종교신앙, 경제발전 및 안보정세 등이 천차만별이라는 점은 인접지역인 신장의 안정과 발전에도 큰 영향을 미친다. 중국 신장과 주변국의 관계는 중국의 조화로운 주변관계 구축에서 매우 중요한 부분이다. 본서는 여러 저자가 나눠서 집필하고 있으므로 본 장에서 모든 주변국을 다 다루지는 않고 중앙아시아(우즈베키스탄과 투르크메니스탄 포함), 아프가니스탄, 파키스탄지역을 중심으로 서술한다.

본 장에서 다루는 이 지역들은 역사적으로 중국 신장과 교류가 밀접하였고 경제·종교·민족·문화 등에서도 광범한 연관성을 지닌다. 예를 들어 민간교역, 이슬람교 신앙, 동일한 투르크어 계열, 과계민족跨界民族(역사적으로 하나의 민족이면서 두 개 나라 혹은 여러 개 나라에 걸쳐 거주하는 민족, 역자주)이 바로 그것이다. 이런 연관성은 현재의 중국 신장과 주변국 간 교류의 배경이자 조화로운 관계 형성의 중요한 기반이기도 하다. 신중국 성립 후 반세기의 노력을 통해 중국은 상술한 주변국들과 경계를 획정하여 국경협정을 체결하였고 변강邊疆지역의 교류 심화를 위한 기초를 다져 왔다.

국제관계에서 중국과 중앙아시아 5개국은 우호적 양자관계를 구축하고 경제무역과 인문교류를 확대해왔다. 특히 상하이협력기구上海合作組織·SCO 체제를 통해 중국과 중앙아시아 국가 간 정치적 상호신뢰와 안보협력 및 경제무역발전에서 큰 성과를 거두었다. 중국과 파키스탄은 전천후 양자관계를 구축하고, 상호 간 정치적 신뢰 향상과 고도의 경제무역 발전을 이룩하였다. 아프가니스탄은 수년간 불안정한 정세를 이어왔고, 이에 중국은 아프가니스탄이 조속히 민족화해와 사회안정 그리고 경제발전을 이룰 수 있도록 아프가니스탄 정부를 적극적으로 지지해왔다. 전체적으로 볼 때 우호적 국제관계는 중국이 조화로운 서북 변강을 건설하는 데 중요한 기반이라 할 수 있다.

개혁개방 이후 신장은 중국의 서부 개방에서 최전방 역할을 수행하게 되었다. 중국은 잇따라 29개의 통상지구를 만들었는데, 그중 중앙아시아 지역과 파키스탄에 13개에 이르는 1급 통상구一類口岸를 만들었다. 2013년 중국정부가 제안한 '실크로드 경제벨트絲綢之路經濟帶'와 '21세기 해상실크로드21世紀海上絲綢之路'는 '일대일로一帶一路'와 맞닿아 있는 중국·파키스탄 경제회랑의 조속한 추진을 이끌어 중국 신장과 중앙아시아 5개국이 조성하는 실크로드 경제벨트의 핵심지역으로 만들고자 하였다. 또한 러시아와 「중화인민공화국과 러시아연방의 실크로드 경제벨트 건설과 유라시아경제연맹 설립을 위한 협력에 관한 공동성명中華人民共和國與俄羅斯聯邦關於絲綢之路經濟帶建設和歐亞經濟聯盟建設對接合作的聯合聲明」을 체결하여 중·러의 중요 국가전략 간 협력을 추진하고자 하였다. 중국과 주변국의 관계에서 볼 때, 앞서 언급한 주요 조치들은 중국이 주장하는 주변외교周邊外交 이념인 "친親, 성誠, 혜惠, 용容"의 구체적 체현이자 주변국가와의 운명공동체 건설을 위한 조치로서, 중국 신장과 주변국이 함께 조화로운 국경지대를 건설하는 데 있어서 넓은 공간을 제공해 준다.

　중국 서북 변강과 그 주변국의 안정 실현은 중대한 과제이다. 본 장은 안정과 발전의 측면에서 '동투르키스탄(분리 독립운동) 문제東突問題'의 변천과 신장의 안정 및 대응전략, 중앙아시아 정세와 중국 신장의 안정과 발전, 아프가니스탄 문제 및 파키스탄과 중국 신장의 안정과 발전 문제에 대해 각각 연구한다. 특히 중국 서북 변강의 안정과 발전에 영향을 미치는 요소에 대해 집중적으로 분석하고, 변강의 화합和諧을 도모할 수 있는 방안을 모색하고자 한다.

제1절

동투르키스탄 (분리 독립운동) 문제와
중국 신장의 안정 및 대응 전략

'동투르키스탄 (분리 독립운동) 문제'는 줄곧 신장사회의 안정과 발전을 위협해온 고질적 문제로서, 최근 몇 년간 동투르키스탄 테러리즘이 갈수록 심각해지고 종교적 극단주의가 부상하여 신장의 사회안정과 발전에 악영향을 미치고 있다. 사실 오늘날의 동투르키스탄 문제는 역사 속에서 형성되어온 고질문제인 동시에 중국 외부의 다양한 요인이 침투하여 만들어진 결과이기도 하다. 동투르키스탄 문제를 해결하여 신장사회의 안정과 평화 그리고 변강의 화합을 실현하는 것은 세계급 난제이자 중국정부의 중요한 전략적 임무가 되었다. 본 절은 동투르키스탄 문제의 변천, 특히 외부 요인을 분석하고 신장지역 거버넌스治理를 위한 전략적 대응방안에 대해 살펴보고자 한다.

1 "동투르키스탄" 문제의 변화 분석

소위 "동투르키스탄" 문제는 '동투르키스탄'이라는 기치를 내걸고 활동하는 세력이 신장을 분리 독립시켜 '동투르키스탄국'을 세우려는 분리주의 운동을 가리킨다. 근래에 들어와 동투르키스탄 문제는 분리 수단이 테러리즘으로 변화하고, 분리 사상은 극단적 종교주의라는 새로운 형태를 보이면서 이슈가 국제화되고 있다.

(1) 동투르키스탄 분리주의의 테러리즘화

동투르키스탄 문제는 그 역사적 연원이 깊다. 일찍이 1930년대 신장의 민족분리세력은 '범이슬람주의'와 '범투르크주의' 사상을 기반으로 '동투르키스탄국' 건설과 '동투르키스탄' 독립론을 주장하면서 신장을 분리시키고자 했다. 1930년대와 40년대에 동투르키스탄 세력'東突' 勢力은 외세의 도움으로 각각 신장 남부의 카스(카슈가르)喀什·Kashgar와 신장 북부의 이리伊犁·Ili에 이른바 '동투르키스탄 이슬람공화국'과 '동투르키스탄 공화국'을 건설하게 된다. 두 공화국은 각각 3개월과 1년이라는 짧은 기간 동안 존속했지만, 지금의 동투르키스탄 분리 독립 문제의 시발점이라 할 수 있다. 신중국 건립 이후 남아있던 동투르키스탄 세력은 50년대와 60년대에 간헐적으로 분리 독립 활동을 이어갔으나 실패로 끝나게 된다. 그중 가장 두드러졌던 것은 50년대 허톈和田·Hotan의 모위현墨玉县·Karakax에서 압둘하미드 다몰라Abdulhamid Damolla·阿不都依米提 大毛拉가 기도한 분리주의 폭동사건[1] 그리고 60

---

1) 馬大正·許建英, 『"東突厥斯坦國"迷夢的幻滅』, 新疆人民出版社, 2006, pp. 99~107.

230

년대 '동투르키스탄 인민혁명당'이 신장 남북부에서 폭동을 모의한 사건이 대표적이다.[2] 이러한 사건들은 전형적인 분리주의 활동으로서 동투르키스탄 문제가 두드러지게 표현된 것이라 할 수 있다.

1980년대에 들어와 해외에서 이슬람 부흥운동이 전개되면서 이슬람 종교 극단주의 세력이 활발하게 활동하게 된다. 그들은 개혁개방으로 문호가 열린 틈을 타 신장으로 침투하여 남아있는 동투르키스탄 세력과 합세하여 종교적 광풍을 불러일으켰다. 이와 동시에 국내외 동투르키스탄 세력은 남아시아, 중앙아시아 일대의 국제 테러조직과 연계하여 폭력테러리즘 사상을 수입해 왔고, 이는 점차 동투르키스탄 분리주의 세력의 새로운 수단이 되었다. 90년대 이래로는 동유럽 정세 변화와 소련의 해체, 민족분리주의의 확산으로 중앙아시아 등지에 종교극단주의와 민족분리주의, 폭력테러리즘이 팽배하면서 동투르키스탄 분리주의 세력을 강하게 자극하여, 점차 폭력테러리즘이 분리주의 운동의 중요한 수단으로 자리 잡게 되었다. 1990년대 신장 '바런향巴仁鄉·Barin 사건'은 대표적인 테러사건으로 동투르키스탄 테러리즘 형성의 중요한 상징이기도 하다.[3]

동투르키스탄 테러리즘은 실질적으로는 종교민족분리형 테러리즘으로서, 외국 학자들은 "종교-민족분리주의"[4]라고도 일컫는다. 즉, 동투르키스탄 테러리즘은 민족분리를 목표로 하고 종교 극단주의를 기반으로 하며 폭력테러리즘을 수단으로 삼는 테러사상이다.

2) 馬大正·許建英, 『"東突厥斯坦國"迷夢的幻滅』, pp. 144~119.

3) 國務院新聞辦, 「"東突恐怖勢力難逃罪責」, 『人民日報』 2002年 1月 21日.

4) Maesh Ranjan Debata, *China's Minorities Ethnic-Religious Separatism*, Pentagon Press, 2007.

(2) 동투르키스탄 테러리즘 활동의 이데올로기화

동투르키스탄 테러리즘이 형성된 이후 폭력 테러활동을 계속하면서 많은 사상자와 재산피해를 발생시켰다. 동투르키스탄 테러리즘 활동을 분석해 보면 그 변천은 크게 전통 단계傳統階段-전환 단계轉型階段-이데올로기화 단계意識形態化階段의 3단계로 활동과 시기를 나눌 수 있다.

첫째는 '전통' 단계(1990~2001년)이다. 1990년부터 2001년까지의 시기를 동투르키스탄 테러세력의 전통 시기로 볼 수 있다. '전통' 시기란 무엇인가? 그 핵심은 동투르키스탄 테러세력이 이른바 각종 정당 또는 조직을 만드는 것이다. 예를 들어 '동투르키스탄 민주이슬람당', '동투르키스탄 이슬람당', '동투르키스탄 정의당', '정의 헤즈볼라당正义真主党', '헤즈볼라 이슬람당', '동투르키스탄 이슬람해방당', '이슬람당', '헤즈볼라당' 등의 정당들이 신장의 분리를 목표로 하여 폭력테러 활동과 종교 광풍을 수단으로 삼았다. 이 정당들은 명확한 당 강령黨綱과 당헌黨章 그리고 업무분담 규정도 가지고 있었다. 관련 통계에 따르면 1990년대에 동투르키스탄 테러세력은 암암리에 상당히 많은 수의 '정당'조직을 창설하였는데 주요 정당만 해도 40여 개나 된다.5) 이처럼 다양한 동투르키스탄 조직은 종교적 광풍과 분리를 선동하고 암살·폭발·방화·폭력테러활동을 자행해 왔다. 이 기간 동투르키스탄 테러세력은 신장 내 200여 건이 넘는 폭력 테러 사건을 일으켰고, 각 민족 군중, 간부와 종교 인사 등 162명의 사망자와 440여 명의 부상자를 발생시켰다.6)

---

5) 이와 관련한 동투르키스탄 세력조직에 대한 통계는 신장 위구르자치구 정법위(政法委)의 관련 통계자료를 인용.

6) 國務院新聞辦, 「東突恐怖勢力難逃罪責」, 『人民日報』 2002年 1月 21日.

둘째는 전환단계(2001~2008년)이다. 2001~2008년 동안 동투르키스탄 테러세력의 활동이 2단계, 즉 전환단계로 접어들게 된다. '전환' 단계라 함은 동투르키스탄 테러세력이 전통단계에서 새로운 단계로 접어드는 과도기를 뜻한다. 이 전환단계에서는 역내 동투르키스탄 정당조직이 대대적으로 줄어들고 폭력테러 사건이 감소하는데, 특히 대규모 폭력테러 사건이 1990년대처럼 창궐하지 않게 된다.

해외에서는 구미지역의 동투르키스탄 조직이 폭력테러 이미지를 씻어내고 '민주'와 '인권'을 표방하면서 새로운 조직을 결성하고, 각 파 세력을 정리·종합하면서 전환기를 맞이한다. 예를 들면 "세계위구르대표대회世界維吾爾代表大會"(이하 "세계위구르회")를 개최하여 역외 11개 동투르키스탄 조직을 통합한 것이 대표적이다. 또한 "동투르키스탄 이슬람 운동"(이하 "동투이슬람운동") 역시 아프가니스탄과 파키스탄 접경지역에 은신하면서 폭력테러리즘을 이어갔다. 해외 동투르키스탄 세력은 2개의 계파로 나뉘는데 하나는 평화를, 다른 하나는 여전히 폭력테러리즘을 주장하고 있지만, 실질적으로 두 계파는 밀접하게 연계되어 있다.

특히 주목할 점은, 이 '전환'단계에 역내 이슬람해방당伊斯布特·Hizb-ut-Tahrir의 침투가 심각했다는 점이다. 이슬람해방당은 1950년대 중동지역에서 창설되었는데, 상당수의 국가에서 이들을 테러조직으로 규정하고 있다. 이 조직은 꽤 큰 규모로 전 세계에 퍼져 있고 조직이 방대하고 조직 구조도 치밀하며 이데올로기적 통제를 중시하는 특징을 갖고 있다. 1996년 이 조직은 우즈베키스탄에서 신장 우루무치乌鲁木齐·Urumqi로 침투하여 다시 우루무치에서 신장 남부로까지 세를 넓혀나갔다. 당원의 증가로 세력이 확장되고, 진실을 추구하고 선을 지향한다는 표면적 명분을 내세워 청소년들에게 금주와 금연을 가르치며 순박한 무슬림 군중들의 마음을 움직였지만 사실 상황은 아주 복잡했다.

이들은 불법적으로 각종 출판물과 CD를 제작하여 각지에 배포하였는데, 한 예로 신장 남부에서 『이슬람의 시각에서 본 생명從伊斯蘭視角看生命』을 펴내고 이슬람 기치를 내걸었지만, 실제로는 정치적 선전활동에 종사하면서 논쟁적인 이슈들을 선별하여 중국 정부의 신장정책을 비판하였다.[7] 2001년 이후 국제적 반테러 움직임과 신장 내 압박이 심한 상황 속에서도 이슬람해방당은 신장에서 빠른 속도로 확대되었다. 동투르키스탄 테러세력은 이슬람해방당의 국제 조직과 결합하여 각 지역에 총괄 조직과 하부 조직을 결성하게 된다. 예를 들면 신장 카스에 헤이리리·쯔밍黑力力·孜明, 아바바이커리·마이마이티밍阿巴白克力·買買提明과 커르무·아지克日木·阿吉를 우두머리로 하는 3대 네트워크체계가 만들어졌고, 각각 사처莎車·Yarkant、예청葉城·Kargilik、쩌푸澤普·Poskam、웨푸후巖普湖·Yopurga、수러疏勒·Yengixahar、바추巴楚·Maralbexi、가스伽師·Payzawat、잉지사英吉沙·Yengisar 등의 현縣에서 조직들이 생겨났다. 역내 동투르키스탄 테러세력은 이슬람해방당을 이용해 치밀한 조직적 네트워크를 수립하여 지하조직화하고, 종교적 극단주의사상으로 세뇌시켜 점차 이데올로기화를 실현하는 동시에 국제테러리즘 세력과의 관계를 더욱 강화해 나갔다.

셋째는 이데올로기화 단계(2008년부터 현재)이다. 2008년부터 현재까지를 동투르키스탄 테러리즘 활동의 '이데올로기화' 단계라고 부를 수 있다. 해당 시기에 동투르키스탄 테러리즘과 히즈라伊吉拉特

---

7) 저자는 2009년 전후로 여러 번 카스에서 조사연구를 진행하면서 본 불법 출판물이 총 14회(期) 발간된 것을 확인했다.

·Hegira(예언자 마호메트가 박해를 피해 메카에서 메디나로 이주한 사건, 역자주) 사상은 밀접한 관련을 지녔는데 이는 2008년 이후 한층 더 분명하게 드러났다. 이러한 사상은 신장에 전파되어 '이주 迁徙'와 '성전聖戰'의 일체화로 진화하였으며 동투르키스탄 테러세력은 '이주 성전迁徙圣战'을 크게 벌였다. 특히 중국에서 출국하여 '성전'을 벌여야 한다고 주장하면서, 출국을 못 하는 사람들은 '자기 지역에서 성전을 벌이라고' 했다. 따라서 몇천 년 동안 신장 동투르키스탄 테러세력들이 벌인 히즈라는 사실 소위 '이주 성전'을 통해 폭력테러를 실현하자고 선동하는 이데올로기인 것이다. 그 특징은 종교 극단주의 사상을 이용하여 세뇌와 통제를 하는 것인데 조직은 치밀하진 않다. 삼삼오오三个一群, 五个一伙 무리 지어 매우 빠르게 조직을 만들고 습격도 자유롭게 하지만, 규율이 없어서 폭력테러공격은 파편화를 특징으로 한다.

특히 주목할 점은 동투르키스탄 테러세력이 '이주 성전'의 기치를 내걸고 밀입국을 하거나 심지어 몰래 출국하여 여러 IS세력과 결탁하여 테러활동에 참여한다는 점이다. 최근 몇 년간 동투르키스탄 테러세력은 신장에서 중앙아시아, 남아시아 등지로 밀입국할 뿐만 아니라 윈난雲南, 광시廣西 등지에서 동남아로 밀입국하거나 세관을 속이고 출국하여 이 지역 국경수비에 큰 문제가 되고 있다. 동투르키스탄 테러세력은 중국 신장의 안보뿐 아니라 중국 내지內地의 안보를 위태롭게 하여 중국 주변지역의 화근이 되었다.

(3) 동투르키스탄 문제가 더욱 국제화되다

동투르키스탄 문제의 발단부터 국제적 요인이 작용했다는 것은 두 가지 측면에서 핵심적으로 드러난다; 역외 세력의 개입이 동투르키스탄 문제에 대해 정치적 지지를 제공했다는 점, 그리고 양범주의雙泛(범이슬람주의와 범투르크주의 사상, 역자주)의 침투가 동투르키스탄 세력에 이론적 영향을 미쳤다는 점이다. 신장이 평화적으로 해방될 때 오랜 분리세력인 무하마드 아민 부그라穆罕默德 伊敏 · Muhammad Amin Bughra와 이사 유수프 알프테킨艾沙 · Isa Yusuf Alptekin은 터키로 도망가 거의 반세기 동안 활동하면서, 터키를 동투르키스탄 문제를 국제화하는 대본영이자 발판으로 삼았다. 이사 등은 '동투르키스탄 민족통일연맹', '동투르키스탄 청년연맹', '이사Isa 기금회', '동투르키스탄 민족당' 등 10여 개의 동투르키스탄 조직을 설립하고 출판물을 제작하여 서아시아, 중동 나아가 북유럽까지 배포하였다.

1990년대 전후로 동투르키스탄 문제의 국제화가 가속화되면서 두 방향으로 나뉘어 전개되었는데 하나는 미국을 중심으로 한 서방 국가를, 다른 하나는 남아시아, 아프가니스탄, 중앙아시아 및 러시아 체첸Chechens지역을 향했다. 전자의 경우 미국 등 서방 국가가 중국을 억제·약화·분열시키려는 전략에 동투르키스탄 세력을 포함시켜, '인권'과 '인도주의'의 기치를 내걸고 동투르키스탄 문제에 개입한 것이다. 특히 9.11 테러사건 이후 동투르키스탄 세력은 해외에서 더욱 조직적으로 변모하여 "세계위구르대표대회"를 개최하고 동투르키스탄 문제를 서방으로 더 빠르게 확산시켜 나갔다. 그리하여 중국을 분열시키려는 동투르키스탄 세력의 활동은 서방의 반중전략에 녹아들게 되었다.

특히 미국은 다방면에서 이들을 지원했다. 예를 들면 중국이 레비야 카디르热比婭 · Rebiya Kadeer를 석방하도록 압력을 행사하거나 해외 동투르키스탄 세력 통합을 위한 자금을 지원하고, 그들이 '세계위구르

대표대회 주석'을 맡도록 지지해 주었다. 미국 의회에서는 동투르키스탄 문제에 대해 여러 번 공청회를 개최하고 신장 인권문제에 대한 공개적 언급 등을 해왔다. 유럽도 '신장 문제'를 중국-유럽 인권대화의 범주에 넣었고, 북유럽 일부 국가들은 동투르키스탄 세력의 활동 근거지를 제공하기도 했다. 또한 레비야 카디르가 라프토Ratto 인권상을 수상할 수 있도록 그녀를 미화한 전기를 신속히 출판하고 심지어 그녀의 노벨 평화상 수상을 추진하려 하기도 했다.

지금까지 전자, 즉 미국 중심의 서방국가를 보았다면 이제 후자 지역을 살펴보자. 동투르키스탄 세력은 중앙아시아, 서아시아, 남아시아, 러시아 체첸지역, 아프가니스탄 등지에서 국제테러조직에 가담하여 테러활동을 하면서 국제테러세력의 구성원이 되어 국제테러리즘과 궤를 같이 하며 동투르키스탄 문제를 극단적인 방식으로 국제화시켰다. 그중 "이슬람해방당"이 가장 전형적인 사례로서 이는 빈 라덴Osama bin Laden이 적극적으로 지지한 세력이기도 하다.

국제테러리즘 조직을 끌어들인 것은 동투르키스탄 세력이 동투르키스탄 문제를 국제화시키기 위한 하나의 전략이었다. 1990년대 이후 국제테러조직 이슬람해방당이 신장에 침투한 것은 동투르키스탄 문제의 국제화를 심화시키고 이 세력이 전환점을 맞는 중요한 계기가 된다. 새로운 극단주의 사상은 새로운 시기 동투르키스탄 세력의 중요한 특징으로서 그중 히즈라 사상이 대표적이다. 2008년 이후 동투르키스탄 세력은 히즈라 사상을 핵심으로 하면서 '이주 성전'과 '현지 성전就地圣战'을 부추기며 전환을 완성하였다. 특히 주목할 점은 동투르키스탄 테러세력이 가짜 여권을 들고 외국으로 이주하여 '성전'을 진행하거나, 또는 세관의 눈을 속이고 나가 '이주 성전'을 강행한다는 점이다. 언론보도에 따르면 최근 몇 년간 시리아에서 '이슬람국Islamic State·IS' 성전에 참여한 동투르키스탄 세력이 300여 명이며 그외 상당수가 동남아지역에 머물고 있다. 동투르키스탄 테러세력이 몰래 출국하여 '이슬람국' '성전'에 참여하고 '이슬람국' 지도자들의 인정을 받아, 중국 신장도 그 '해방' 범위에 넣어야 한다고 호언하며 국제사회를 놀라게 하였다.

동투르키스탄 문제가 더욱 국제화되는 현상은 학계에서도 일어났다. 미국 등 서방의 상당수 학자들이 국제학계에서 동투르키스탄 문제를 계속 국제화하여, 관련 연구자가 늘어나고 당대 신장문제에 다들 주목하면서 민감한 문제에 관심을 기울이게 되었다. 일부는 해외 동투르키스탄 세력에 대해 연구하면서 그 세력의 영향력 확산에 일조하기도 했다.

예를 들어 2001년 미국에서는 소위 "신장 프로젝트新疆工程"를 진행했는데, 존스홉킨스 대학 중앙아시아-코카서스 연구소의 스테판 프레데릭 스타S. Frederick Starr 교수를 주축으로 미국의 주요 신장 연구자들을 집결시켜 연구를 수행하였다. 이 프로젝트는 역사 등 분야에서 동투르키스탄 세력을 비호하고 신장문제의 국제적 영향력을 심화시키면서 발언권을 확보하였다. 2004년 이 프로젝트가 완료된 후 관련 연구를 집대성하여 『신장: 중국 무슬림의 변경지역Xinjiang, China's Muslim Borderland』(新疆:中国穆斯林的边陲)을 출판했다. 이 프로젝트는 광범한 저자가 참여하여 파급력이 커서 중국의 정계와 학계의 주목을 받았고 출판 이후에도 영향력이 컸다. 근래 20여 년간 서방의 신장연구는 신장의 정치에 대한 관심이 높아졌다는 점에서 과거 연구와 명확한 차이를 보이며, 일부 미국 학자들은 심지어 직접적으로 미국정부의 신장정책 수립에 참여하거나 해외 동투르키스탄 세력과 밀접한 관계를 갖기도 한다.

일부 국제 비정부기구NGO들도 인권·민족 등의 측면에서 동투르키스탄 문제의 국제화에 일조하고 있다. 예를 들어 국제 앰네스티 Amnesty International는 1999년부터 신장 위구르족의 인권문제에 대한 다수의 보고서를 발표하면서 인권보호라는 기치를 내걸고 동투르키스탄 세력의 일방적 주장에 근거하여 중국정부의 동투르키스탄 테러세력 탄압을 비판하며 그들을 위해 목소리를 높이고 있다.

동투르키스탄 문제의 국제화는 미국 등 서방 국가들이 중국 신장 문제에 개입하려는 중요한 도구이자 중국을 억제하기 위한 수단이다. 한 예로 미국의 어느 반중단체의 창립자인 맥과이어D. J. McGuire와 소수의 서방 학자들은 "국제화가 동투르키스탄 문제에서 가장 중요하다"면서 이를 통해 동투르키스탄 독립을 힘있게 촉진할 수 있다고 공개적으로 제안한 바 있다.[8]

(4) 종교극단화 사조의 신장 잠식

종교의 극단화는 어제오늘의 일은 아니고 이미 수백 년의 역사 동안 기복을 거듭하며 신장의 정치적 안정과 사회발전에 지대한 영향을 미쳐 왔다. 최근 몇 년간 신장의 종교 극단화 사조가 다시금 격화되면서 동투르키스탄 테러세력 확대에 사상적 기반이 되고 폭력 테러리즘을 촉발시키는 이데올로기의 원천이 되고 있다. 이는 직접적으로 신장 무슬림의 문화 전통과 사회발전을 위협하며 신장의 현대화를 방해하고 신장의 이데올로기 영역에 심각한 악영향을 미치고 있다. 종교 극단화 문제는 신장의 이데올로기 영역이 직면한 전례

---

8) 丁建偉·趙波, 『近代以來中國西北邊疆安全問題硏究』, 民族出版社, 2009, pp. 351-352.

없는 도전이다.

종교 극단주의가 신장에 침투한 것은 오래전의 일이다. 연구에 따르면 위구르족이 이슬람교를 받아들인 후 천 년이 넘는 발전과 변화 과정을 보면, 비록 근현대에는 이슬람 형태가 세속화하며 발전했더라도 여전히 극단주의 침투가 복류暗流하고 있음을 부인할 수 없다. 민국民國시기에는 신장에 종교 극단주의의 침투가 이미 심각하였으며 동투르키스탄 세력의 형성과 발전에 상당한 영향을 미쳤다. 1930년대 초 신장 남부의 동투르키스탄 세력은 분리운동을 전개하면서 공공연히 "한족漢族을 죽이고 회족을 멸망시키자殺漢滅回"는 극단적이고 편협한 민족주의를 주창하며 '동투르키스탄 이슬람 공화국'을 건설하고자 했다. 또 이들은 '코란Koran'을 국가건설立國의 최고 기준으로 삼아 여성이 길에 다니거나 얼굴을 보이는 것을 금지하는 등 종교극단주의 사상을 확산시켰다.

신중국 수립 후 신장의 이데올로기를 사회주의적으로 개조하고 건설하면서 신장의 이데올로기는 새로운 양상을 띠게 되고 종교극단주의 사상은 크게 위축되었다. 중국이 개혁개방 후 대외개방을 추진하면서 신장은 서쪽 개방의 전초기지 역할을 하게 되었다. 그리하여 신장과 주변 국가들 간의 경제·문화 및 인적 교류가 확대되었고, 이때를 틈타 해외의 종교극단주의 사상이 신장으로 유입되어 신장 남부 일부 지역에 남아있던 종교극단주의 사상이 부활하는 계기가 되었다. 그러나 교파나 교리의 차이가 크고 전파 수단이 낙후되어 있어서 종교극단주의 사상의 확산은 비교적 느렸고, 사회유동성이 크지 않다 보니 이 사상도 별로 큰 영향력을 미치진 못했다. 1990년대 들어와 사회주의 시장경제 건설에 박차를 가하며 신장의 이데올로기 영역에 대한 통제가 느슨해지자 다시 혼란이 와서, 종교 극단주의가 그 틈을 타 확산되었고 동투르키스탄 분리주의와 폭력 테러리즘이 결합하여 분리세력이 창궐하는 심각한 국면이 되었다.

21세기에 접어들어 신장 남부지역의 종교 극단주의는 더욱 활발해져 사회생활과 전통문화 영역에까지 침투하게 되었다. 그중 중앙아시아에서 신장으로 침투한 이슬람해방당의 조직네트워크는 상당히 치밀하고 종교 극단주의 사상도 농후하여 신장에 종교 극단주의를 확산시키는 데 큰 역할을 했다. 이슬람해방당은 신장의 일부 지역, 특히 난장南疆 지역으로 깊숙이 침투했고 종교 극단주의 사상이 일반 무슬림 군중의 일상생활을 잠식하여 그들의 세속화된 생활, 민족전통, 풍속습관을 바꾸려는 시도가 이뤄졌다. 예를 들어 무슬림 여성에게 얼굴을 가리도록 하거나 청년 남성에게 수염을 기르도록 하고 금연과 금주를 강요하며, 결혼식에서 가무를 금지하고 친인척 사망시 울지 못하게 하면서 극단적 할랄(이슬람권 또는 그 문화에서 허용되는 것, 역자주)사상을 부추기는 식이었다. 신장 남부 카스와 허톈 및 커쯔러쑤 키르기스자치주克孜勒蘇柯爾克孜自治州(약칭 "克州")·Kizilsu의 몇몇 지방은 종교적 색채가 농후하여 전통풍속이 왜곡되고 세속화도 많이 이뤄지지 않았다. 2014년 진행된 여러 조사연구에 따르면 난장지역의 3개 주州에서 종교극단주의의 영향을 받는 주민이 약 10%이며 그 외에도 동요되거나 관찰 단계에 있는 이들이 있었다.[9]

신장 전체에서 보면 종교 극단주의 사상의 영향을 받는 사람은 많지 않고 사회의 극단화 정도도 심각하지는 않다. 하지만 종교극단주의 세력의 사상과 그 행위방식이 극단적이기 때문에 주목을 받을 수

---

9) 본 저자의 연구 외에도 吐爾文江·吐爾遜, 「南疆原教旨主義思潮調查筆記」, 『中國新聞周刊』, 2014年 5月 29日 참고.

밖에 없고 신장 남부의 일부 지역에 미치는 파급력도 상당히 크다. 특히 종교 극단세력은 순수한 무슬림이라는 기치를 내걸고 있어서, 이슬람교에 대해 지식이 별로 없는 신장 남부 3개 주의 넓은 농촌지역의 무슬림 집단은 영향을 쉽게 받는다. 따라서 난장 사회의 이데올로기 영역이 종교 극단화 사상으로 인해 잠식되는 현상의 심각성을 홀시해서는 안 된다.

신장에 종교 극단주의 사상의 침투와 전파는 전통 언론매체를 통해서도 이뤄지지만 특히 뉴미디어의 영향이 크다. 우선 전통적 언론매체로는 국내외의 각종 불법 종교출판물과 인쇄물이 있는데, 『동투르키스탄의 소리東突厥斯坦之声』, 『이슬람의 호랑이伊斯兰之虎』, 『동투르키스탄東突厥斯坦』등이 그 예이다. 두 번째로 지하의 강독소講經點를 통해 전파되는데, 종교극단주의 세력은 이슬람 지식 전파라는 기치를 내걸고 지하 강독소들을 차려 아이들을 공부시키면서 종교극단주의 사상을 전파한다. 세 번째로 현대의 뉴미디어를 활용하여 전파한다. 최근 몇 년간 중국에서 뉴미디어가 빠르게 발전했는데 종교극단주의 세력은 인터넷, 휴대폰, 이동저장장치와 비디오 콤팩트 디스크VCD 등의 뉴미디어를 활용하여 사상을 전파하고 있다. 예를 들어 종교극단주의 세력은 인터넷을 통해 극단주의 관련 시청각자료를 송출하거나 중고 휴대폰에 극단주의 관련 시청각 파일을 미리 저장하여 유통시키고, TV스틱电视棒을 통해 해외의 종교 극단주의 방송프로그램을 수신할 수 있도록 한다. 갈수록 뉴미디어가 사상전파의 주요 수단으로 자리 잡고 있으며 그 파급력도 날로 커져 관리도 점점 어려워지고 있다.

이처럼 종교 극단주의 사상은 신장의 정치사회 안정과 민족단결, 경제문화 건설 그리고 신장 무슬림의 사회발전과 전통문화 계승에 악영향을 미쳐왔음을 볼 수 있다.

2 외부요인의 자극으로 인한 동투르키스탄 문제의 변천

동투르키스탄 문제는 신장 안정에 영향을 주는 고질병이 되어, 중국의 현대국가 건설과 신장의 현대화 건설 그리고 민족의 화목한 단결과 경제문화발전에 커다란 부정적 영향을 미치게 되었다. 왜 동투르키스탄 문제가 때로는 불거지고 때로는 잠복하는가? 그것은 왜 변천하면서 오늘날의 형세에까지 이르게 되었는가? 이 문제들에 대한 답은 여러 측면에 걸쳐 있으며 이미 연구자료도 많이 있다. 본 연구의 중점은 중국 신장과 주변국의 안보 관계에 있으므로, 우리는 동투르키스탄 문제의 외부적 요소가 동투르키스탄 문제를 계속 변화하도록 자극해온 중요한 원인이라고 보면서 이를 분석하는 데 초점을 맞추어 보겠다. 이러한 외부요소 분석을 통해 조화로운 주변관계 수립의 중요성에 대한 인식을 심화하고자 한다.

(1) 주변 인접국 형태의 복잡성

중국 신장 주변의 인접국들은 편차가 커서 복잡한 환경을 형성하고 있다. 몽골 고원부터 중앙아시아와 남아시아까지 신장은 주변의 8개 나라와 국경을 맞대고 있다. 이 8개 국가의 정치·경제·문화·안보 등의 편차는 매우 커서 신장 주변환경의 복잡성이 두드러진다.

정치로 말하자면 신장 주변 인접국들은 모두 공화국이지만 실질적 내용의 편차는 크다. 몽골은 과거 소련의 영향을 크게 받았다. 러시아와 카자흐스탄, 키르기스스탄과 타지키스탄은 모두 과거 소련의 일부로서, 소련 해체 후 독립민주공화체제를 선포하긴 했지만 실제로는 그 체제가 아직도 완성되어나가는 과정에 있으므로 전통 요소들도 많이 남아 있다. 또한 스트롱맨의 통치強人政治도 현저한 특징으로서, 2005년 3월 24일 키르기스스탄에 '색깔 혁명'이 발생한 것은 서방이 민주를 확장해 나가려 한 시도의 일부이다. 중앙아시아에서 발생한 '색깔 혁명'은 이 국가들의 정치적 불안정성을 반영하고 있으며, 동시에 미국 주도하의 서방 국가가 민주주의 침투와 확장을 해나가는 방향을 보여준다. 아프가니스탄과 파키스탄은 모두 이슬람공화국으로서 농후한 이슬람교 배경을 갖고 있으며 정권의 안정성은 비교적 낮다. 그중 아프가니스탄 문제는 특히 심각하여 최근 30여 년간 내우외환이 많았고 정권이 빈번히 바뀌었다. 파키스탄과 아프가니스탄도 종교극단주의와 폭력테러리즘의 해를 크게 입었다.

인도는 세계 최대의 민주국가라 불리지만 내부 민족문제와 외부의 인도-파키스탄 영토 분쟁문제로 인해 지역정치의 안정자가 되기 어렵다. 전체적으로 중국 신장 주변 인접국들은 내부적으로는 안정에 영향을 미치는 복잡한 요소가 있고 외부세력의 다양한 위협에 직면해 있으며 특히 비非전통적 안보의 영향이 크고 각국 정치 안정성의 편차도 크다.

경제적으로 중국 신장 주변국가들 간의 차이도 크다. 몽골·러시아·카자흐스탄 등은 광산자원이 풍부하고 중국경제와 상호보완적 성격이 강하여, 중국은 이들로부터 석유, 천연가스와 철광석 등의 원료를 대량으로 수입하여 이들의 경제발전을 촉진하였다. 키르기스스탄, 타지키스탄, 아프가니스탄과 파키스탄은 광산자원이 상대적으로 빈곤하거나 아직 개발되지 않아서 경제발전이 상대적으로 완만하다. 인도는 발전이 빠른 편이고 소프트웨어와 금융업이 특히 빠르지만, 발전이 아직 불균형적이고, 중국 신장과 이웃한 지방의 경제가 낙후되어 있고 발전이 느리다. 또한 전체적으로 보면 이 인접국들의 인프라 건설은 낙후되어 있고 철로가 낡았으며 고속도로는 거의 없고, 항구와 공항은 개선이 필요하며 변경통상구沿边口岸 건설도 침체되어 있어서 빠른 경제발전의 수요를 충족시키지 못하고 있다. 비교적 큰 경제적 편차와 보편적 빈곤은 지역 안정에 불리하고, 불안정 요소가 쉽게 생겨날 토양이 된다.

문화 측면에서 중국 신장 주변 인접국들 간의 차이 또한 매우 크다. 종교를 예로 들면, 인도는 힌두교가 중심이지만 상당히 많은 민중이 이슬람교를 믿는다; 파키스탄, 아프가니스탄, 카자흐스탄, 키르기스스탄, 타지키스탄은 이슬람교를 믿고 러시아는 주로 동방정교를 믿으며 몽골은 티베트불교를 믿는다. 더 중요한 점은 이 나라들의 종교 대부분이 중국 신장에도 신도가 있어서, 신장의 다원적 종교를 구성하는 요소가 된다는 점이다. 또한 중국 신장과 이웃 국가들에는 카자흐족哈薩克族·Kazak, 키르기스족柯爾克孜族·Kirgiz, 타지크족塔吉克族·Tadzhik 등 많은 과계민족이 존재한다. 이들의 역사·문화·풍속 연계가 광범하고도 깊어서, 이 또한 주변 환경이 복잡한 관계를 이루는 중요한 요소가 된다. 따라서 신장 주변의 종교문화와 과계민족의 복잡성은 중국 신장과 주변 인접국의 조화로운 관계 건립에 거대한 시험대가 되고 있다.

안보 측면에서 중국 신장 주변의 인접국들에는 전통적 안보와 비전통적 안보의 이중적 문제가 존재한다. 전통적 안보에는 인도-파키스탄 국경충돌과 러시아-우크라이나 충돌 문제가 있고, 중국-인도 국경분쟁 문제도 존재한다. 비전통적 안보영역은 더 두드러지는데

민족분리주의, 폭력테러 그리고 종교극단주의로 대표되는 비전통적
안보 문제가 심각하며, 이는 중국 신장 주변 지역 전체가 모두 직면
하고 있는 문제로서 영향이 가장 크고 형세도 가장 엄준하다.

동시에 아프가니스탄의 마약 생산·판매 문제도 심각하다. 소위
'황금 초승달Golden Crescent' 지대의 마약 생산은 일찍이 '황금 삼각Golden
Triangle' 지대를 대체하였다. 2006년과 2007년 아프가니스탄의 아편 생
산량은 각각 6,100톤과 8,200톤에 달하여 각각 그해 전 세계 아편 생
산량의 92%와 93%를 차지하였다; 2008년 아프가니스탄에서 아편재
배 종사자는 330만으로 총인구의 14.3%에 달했고 아편 생산가치는
10억 달러에 달하여 아프가니스탄 GDP의 13.3%였다; 더 심각한 점
은 2006년 이후 아프가니스탄이 공장을 지어 헤로인 직접 가공을 통
해 고액의 이윤을 취하기 시작했다는 점이다.[10]

'황금 초승달' 지대 마약의 최대 특징은 마약과 테러주의의 결합
으로서, 마약이 테러세력의 중요한 재원이 되었다; 중국 신장은 '황
금 초승달' 마약시장 중 하나가 되었을 뿐 아니라, 중국 내지로 통하
는 중요한 마약판매 통로 중 하나가 되었다.[11] 이처럼 비전통적 안
보문제는 중국 신장과 그 주변 이웃 나라들의 사회안정에 심각한 영
향을 미치고 있고, 이 지역의 조화로운 관계 건립에 엄중한 도전이
되고 있다.

상술한 기본 상황에서 볼 수 있듯, 한편으로 중국 신장은 유라시
아대륙의 배후지에 깊이 자리 잡고 있어서 지정학의 요충지이며, 주

---

10) 王海波, 「阿富汗的安全形勢及毒品現狀」, 『第七屆新疆穩定與發展專家論壇
文集』, 2008.
11) 許建英, 「毒品對邊境民族地區發展穩定的影響」, 國家民委課題GM-2010-033.

변 나라들의 정치·경제·문화·안보생태환경의 편차가 커서 거대한 복잡성이 존재한다; 다른 한편 신장과 주변국들 간에는 광범한 문화·종교·민족 연계가 존재한다. 이렇게 차이가 크고 복잡하게 얽힌 환경은 중국 신장과 밀접한 관계를 이루고 있어서 중국 신장의 사회 안정에 영향을 미치기 쉽고, 전체 대ㅊ서북의 조화로운 변강 건립에도 중대한 도전을 제기한다.

(2) 지정학의 격렬한 각축

유라시아대륙의 배후지는 동서양에 맞닿아 있어서 역사적으로 유목민족이 사방으로 종횡하는 지역이었으며 정치세력의 각축장이기도 하였다. 근대 이래로 이웃의 남아시아 지역도 역시 각축장의 일부분이 되었다. 지정학 연구자 맥킨더Halford J. Mackinder는 중앙아시아를 '세계의 섬'이자 '심장지대'로 칭하면서, 이 지대를 주재하는 자가 바로 세계를 주재한다고 한 바 있는데,[12] 이를 통해 이 지역의 중요성을 알 수 있다. 19세기 중후반 영국과 러시아가 여기에서 장기간 각축하여 '대각축The Great Game'으로 표현된 패권경쟁이 벌어졌었다;[13] 20세기에는 영국, 미국, 소련, 일본이 각축에 참여하였고 심지어 냉전 시기에는 중국도 참여하여 더 큰 각축장에 휘말렸다.[14] 중앙아시아 5국이 독립한 후 중앙아시아 지역에서는 많은 문제가 부각되었는데,

---

12) Halford J. Mackinder, "The Geographical Pivot of History," *Geographical Journal* ⅩⅩⅢ(1903): 421-444 and *Democratic Ideals and Reality*, London, 1919.

13) Gerald Morgan, *Anglo-Russian Rivalry in Central Asia: 1810‒1895*, Frank CASS and Company Limited, London, 1981, p. 15.

14) O. Edmund Clubb, *China and Russia: The "Great Game"*, New York Columbia University Press, 1972.

변경의 안보, 마약 밀수, 핵원료 밀수, 불법 월경, '삼대 세력三股勢力(테러리즘, 분열주의, 극단주의, 역자주)이 만연하고, 수자원이 결핍되고 정치체제 개혁이 어려운 점 등이 그것이다. 이에 2006년 미국의 한 학자는 중앙아시아를 여전히 위기가 곳곳에 잠복해 있는 곳이라고 표현하였다.[15) 따라서 중국 신장 주변 나라들의 불안정은 대국들이 각축할 공간을 남겨놓은 것이다.

사실 대국과 여러 세력들은 모두 이 공간에서 각축하였고, 시기에 따라 변화하긴 했지만 멈춘 적이 없다. 1990년대 초반 미국은 주로 에너지와 핵확산 방지 측면에서 중앙아시아에 주목했었다;[16) 90년대 중반부터는 중앙아시아를 더욱 중시하기 시작하였다. 1997년 미국은 코카서스와 중앙아시아가 '지극히 중요한 지역'이라고 했고, 미국의 정책은 민주주의를 추진하고 자유시장경제를 건립하고 평화로운 지역협력을 지지하며 이 지역이 국제사회에 융화될 수 있도록 돕는 것이라고 분명히 천명하면서, 러시아가 이 지역에서 추진한 일체화 정책을 맹렬히 비판하였다;[17) 동시에 중앙아시아의 정치·경제·군사에 대해 더욱 주목하게 되었다. 미국은 처음에는 중앙아시아에서의 '대각축'에 대해 강한 반대를 표시하였지만, 나중에는 새로운 '대각축'의 주역이 되었다.

---

15) Martha Brill Olcott, *Central Asia's Second Chance*, 李維建 譯,『中亞的第二次機會』, 時事出版社, 2007, pp. 14-18.

16) Svante E. Cornell and Regine A. Spector, "Central Asia: More than Islamic Extremists," *The Washington Quarterly*, Winter 2002, p. 201.

17) Strobe Talbott, "A Farewell to Flashman: American Policy in the Caucasus and Central Asia," Johns Hopkins School of Advanced International Studies에서의 연설, 1997. 7. 21, http://www.state.gov./www/regions/nis.970721talbott.html.

'9·11' 사건으로 인해 미국은 광범한 도의적 동정과 정치적 지지를 받게 되었는데, 이는 중앙아시아에 대규모로 전면적 개입을 할 수 있는 유력한 구실이 되었다. 미국은 이를 빌미로 국제테러리즘 '알카에다基地·Al-Qaeda' 조직이 아프가니스탄에 진입하는 것을 막고, 그 세력이 중앙아시아의 키르기스스탄과 우즈베키스탄 등에 침투해 들어가는 것도 막았다. 특히 우즈베키스탄은 미국의 전략적 협력파트너가 되어 2001년 미국 원조의 최대 수혜자가 되었다.[18]

아프간전쟁 이후 미국과 중앙아시아 국가들의 관계는 우여곡절을 겪었고 특히 우즈베키스탄에서 군사기지를 어쩔 수 없이 철수한 후 미국은 카자흐스탄에 더욱 주목하게 되었다. 동시에 미국은 중앙아시아에 대한 전략에서 세 가지 기둥을 강조했는데 이는 안보협력, 상업과 에너지 이익, 그리고 정치·경제 개혁이었다.[19] 2006년 2월 미국 국무부는 남아시아와 중앙아시아 부서를 설립하여 중앙아시아 관련 업무를 이 부서에서 담당하게 하였고, 이어서 '대大중앙아시아 계획'과 '신新실크로드' 구상을 제기하였다. 이는 중앙아시아 업무를 더 광대한 지역에 융합시키려는 것이었는데 즉, 중앙아시아를 미국이 장악한 아프간 구역에 집어넣어 미국이 상상하는 러시아 궤도로부터 벗어나게 하려는 것이었다. 이는 미국이 중앙아시아 대각축에 깊이 참여하려는 의도와 수단을 보여준다. 물론 중앙아시아를 둘러

---

18) "New Challenges and New Geopolitics in Central Asia: After Sept.11th", Kazakhstan Institute for Strategic Studies under the President of Republic of Kazakhstan, Almaty, 2003, p. 99.

19) Richard A. Boucher, "U.S. Policy in Central Asia: Balancing Priorities (Part Ⅲ)", Statement to the House International Relations Committee on the Middle East and Central Asia, April 26, 2006, http://www.stte.gov./p/sca/rls/m/2006/65292.htm.

싼 미국의 경쟁은 민주주의 체제로의 전환에서도 드러나는데, 이는 다음 글에서 좀 더 다루겠다.

미국의 강력한 각축 외에도 중앙아시아에 대한 다른 나라들의 각축 참여도 매우 격렬했다. 유럽 등 서방 국가들은 미국이 색깔 혁명을 중앙아시아에서 추진하는 것을 도왔다; 터키는 '투르크인 연합' 깃발을 들고 전체 중앙아시아 지역을 장악하고자 했다; 러시아는 '독립국가연합CIS' 명의로 뒷마당의 안보를 새롭게 확보하고자 했다. 에너지, 수자원, 과계민족, 국가발전 등의 측면에서 중앙아시아 국가들 간에는 여러 종류의 경쟁이 존재한다. 전체적으로 이러한 다중 각축 속에서 미-러간의 '대각축'에 유럽·인도·일본이 모두 서로 다른 정도로 참여하고 있다; 그리고 어떤 지역의 국가는 비전통적 안보 영역에서 '작은 각축Small Game'을 하는 등 크고 작은 각축들이 서로 겹치고 복잡하게 엉켜있다.[20] 이러한 크고 작은 그리고 서로 얽혀있는 각축으로 인해 중앙아시아 지역의 국면은 평온해지기 힘들며, 여러 세력들은 그 속에서 생존공간과 주변에 영향력을 미칠 통로를 찾을 것이다.

이러한 각축은 남아시아와 아프가니스탄에서 또 다른 형상으로 나타난다. 인도와 파키스탄은 한편으로는 카슈미르kashmir 문제를 둘러싸고 일촉즉발의 긴장 상태로서, 전통적 안보문제가 장기간 해결되지 않고 있어서 양국 간 내지 남아시아 지역 혼란의 근원 중 하나가 되었다. 예를 들면 시아첸 빙하Siachen Glacier에서의 대치가 그것이다; 다른 한편으로는 비전통적 안보가 불시에 양국을 충돌 지경까지

---

20) 潘志平,「中亞地緣政治現狀分析: 相互交織的大小'博弈'」, 梁超 主編,『中亞博弈新視角』, 社會科學文獻出版社, 2011, pp. 27-62.

이르게 하는 것이다. 미국이 알카에다 조직을 강력하게 타격하면서 탈레반 정권이 흩어져 아프가니스탄과 파키스탄의 경계지역에 진입하였고, 현지의 복잡한 자연환경과 부족정치로 인해 파키스탄 서부는 탈레반화하였으며 비전통적 안보문제가 심각하게 대두되었다. 남아시아 지역과 아프가니스탄은 기존의 전통안보상의 각축이 존재할 뿐만 아니라 비전통 안보의 각축이라는 소용돌이가 나타나면서 장기간 충돌이 끊이지 않아 대국들이 계속 개입할 빌미가 되었다.

(3) 이데올로기 분쟁의 지속

중국 신장 주변국들의 각종 각축을 고찰할 때 이데올로기 분쟁은 피할 수 없는 중요한 측면이다. 중국 신장 주변국들의 문화가 복잡하다는 것은 누구나 인정하지만, 이데올로기 측면에서 고찰한 연구는 많지 않다. 중국 신장 주변국들의 이데올로기적 분쟁에 대해 아래에서 초보적으로 논하고자 한다.

1) 종교 분쟁

중국 신장 주변국의 종교신앙은 상당히 복잡하며 어떤 종교는 유파가 많고 전파도 널리 이뤄졌다. 주요 종교로는 이슬람교, 불교, 힌두교, 기독교, 동방정교 등이 있다. 근대 이래로 기독교·동방정교가 중국 신장을 포함한 아시아 내륙지역에 강력하게 침투하여, 신장 카슈가르에 스웨덴 선교단이 왔고 우루무치 등 베이장北疆 지역에서는 영국·러시아 선교단이 활동하는 등,[21] 중앙아시아에서 기독교 선교

<hr>

21) 許建英, 『民國時期英國與中國新疆(1912-1949)』, 新疆人民出版社, 2008, pp.

가 활발하게 이루어졌다. 소련 시기에 중앙아시아 지역의 기독교 선교활동은 억압받았지만, 일부 기독교 선교사들은 그대로 유지되었다; 중앙아시아 5개국의 독립 후 기독교의 여러 교파들이 진입하여 선교사가 크게 증가하고 선교활동이 빈번해졌다.[22] 중앙아시아 5개국과 아프가니스탄과 파키스탄은 모두 이슬람 국가들로서, 이슬람교가 크게 활약하고 각종 이슬람교 유파들 간의 경쟁도 격렬하여 현지와 중국 신장에서 이슬람교의 영향력이 매우 크다.

중앙아시아에서 19세기 중엽 이슬람교는 특히 페르가나Ferghana 지역의 영향력이 컸다. 역사적으로 중국 신장 카슈가르에서 활약했던 백산파白山派와 흑산파黑山派 등의 이슬람교파들은 모두 중앙아시아지역과 밀접한 역사적 연계를 지녔다; 호자和卓·Khoja가문(15세기 동투르키스탄 전체가 이슬람화한 후 신정일치 체제를 유지했던 가문. 17세기에 그 가문에 분열이 일어나 백산파와 흑산파로 나뉘어 싸움, 역자주)과 중앙아시아의 연계는 더욱 밀접하여, 야쿱 벡Yaqub Bek·阿古柏 (코칸트Kokand 칸국 군인으로 신장 반란1862-1877 때 우루무치까지 점령하고 자신의 왕국을 세움, 역자주)이 신장에 침입해 들어온 것은 바로 호자 가문의 잔여세력을 이용한 것이었다. 중앙아시아 5개국 독립 후 이슬람교 부흥의 기치하에 여러 교파들이 중앙아시아 지역에 진입하였는데, 예를 들어 와하브파Wahhabism와 살라프파Salafism가 이 지역에 들어왔으며 특히 와하브파의 활약이 컸다.

이런 과정에서 이슬람교 극단주의 사상이 중앙아시아에 퍼졌고

329-352; 木拉提, 「近現代新疆西方傳教士研究」, 南京大學 박사학위논문, 2001.

22) 楊恕·王靜, 「基督教在中亞的現狀研究」, 『俄羅斯中亞東歐研究』, 2011年 第3期.

아주 맹렬해져 테러리즘의 사상적 뿌리가 되었다. 이는 주변 극단분자들이 중앙아시아로 모이게 만들어 여러 이슬람 극단조직들이 생겨났고(예를 들어 이슬람 해방당, '우즈베키스탄 이슬람운동', '타지키스탄 이슬람 부흥당' 등), 중국 신장의 '동투르키스탄 이슬람운동'도 여기서 가장 먼저 생겨난 것이다. 아프가니스탄과 파키스탄의 서부지역에는 1980년대에 소련의 아프간 침입에 저항하기 위해 세계 각지의 각종 이슬람 교파와 이슬람 세력들이 모여들었다. 소련이 아프가니스탄에서 철수한 후 이슬람 극단주의가 이 지역에서 주도적 지위를 차지하게 되어 테러리즘의 온상이 되었고 종교 극단조직들이 대거 생겨났으며, 빈라덴의 '알카에다'는 바로 그중 하나였다. 연구에 따르면 중앙아시아지역과 아프가니스탄·파키스탄의 주요 종교극단조직만도 27개에 이른다.[23] 최근 몇 년 동안 중동지역 '이슬람국'들이 활약하면서 종교극단 사상들이 주변 지역으로 침투하여 중앙아시아와 남아시아 모두 큰 영향을 받았다. '이주 성전' 사상이 그 전형적인 예로서 중국 신장에 심각한 악영향을 미쳤다.

종교 분쟁 속에서 이슬람교는 뛰어난 지정학적 조건, 역사·문화적 편리성을 조건으로 우세한 지위를 점하게 되어 여러 교파가 전파되고 빠르게 발전하였다.

2) '범汎이슬람주의'와 '범汎투르크주의' 사조

'범이슬람주의'는 일종의 종교정치사조와 운동으로서 아프가니스

---

23) 何希泉, 「國際伊斯蘭極端勢力及其在周邊地區和西亞地區的影響」, 國家哲學社會科學基金特別項目 <新疆歷史與現狀綜合研究>, 『新疆現狀研究專刊』 第1期.

탄의 자말 앗 딘 알 아프가니^{Jamal ad-Din al-Afghani}가 19세기 중후반에 창립한 것이며, '범투르크주의'도 일종의 정치사조이자 운동으로서 러시아 타타르인이 19세기 중엽에 창립했다. '범이슬람주의'와 '범투르크주의'는 모두 오스만제국에서 활용되면서 광범한 영향력을 가진 정치사조이자 운동으로 발전하게 되었다. 이 두 사조는 중앙아시아 등을 통해 또는 소위 현대교육을 통해 직접 중국 신장으로 전해져 '동투르키스탄' 세력에게 이용되고 점점 '동투르키스탄화'하여 '동투르키스탄' 분리주의의 사상적 기초가 되었다.[24]

위의 두 사조는 지금까지도 여전히 매우 활발하며 그중 '범이슬람주의'는 국제적으로 '신新 범이슬람주의'로 변하여 더 복잡해졌다; '범투르크주의'는 터키가 투르크어족 계열 국가와 민족을 통제하는 사상적 도구로 활용되었고, 중앙아시아에서 터키는 '범투르크주의'를 크게 선전하면서 '범투루크주의'가 중앙아시아에서 일정한 시장市場을 갖게 되었다; 또한 터키는 '범투르크주의'를 이용하여 중국 신장에서의 영향력을 확장하면서 중국 신장의 안정에 크게 해를 입히고 있다.

3) '색깔 혁명'의 거센 물결

현 정권을 전복하려 하는 소위 '색깔 혁명'은 우크라이나에서 중동으로 확산되고 다시 중앙아시아의 키르기스스탄까지 퍼지며 맹렬한 기세를 떨쳤다. 소위 '색깔 혁명'을 냉정하게 관찰해 보면, 사실

---

24) 國家反恐怖工作協調小組辦公室 編, 『泛伊斯蘭主義問題對中國的影響』, 中國人民公安大學出版社, 2013, 第4章 「新中國成立後泛伊斯蘭主義在新疆的演變及其影響」.

진정한 혁명이 아니고 그 배후엔 미국이 주도하는 서양세력의 뒷받침과 조종이 있었다. 실질적으로는 새로운 평화적 침투 전략과 수단이며, 그 핵심은 이데올로기적 변화를 통해 평화적 수단으로 정권교체를 하려는 것이다.

소위 '색깔 혁명' 물결이 거셀 때 신장도 크게 영향을 받았다. 동투르키스탄 분리세력은 테러만으로는 신장 분리라는 목적을 달성하기 어렵다는 걸 알고 '도시의 평화적 변화' 형식으로 신장을 분리시키려 했다. 관련 조사연구에 따르면 중동과 중앙아시아에서 색깔 혁명이 발생했을 때 신장에서도 움직임이 있었고 동투르키스탄 분리세력도 그것을 모방하려 했다.

중국 신장 주변국의 이데올로기 영역은 각종 종교 유파와 사조의 분쟁이 격렬하여 주변에 미치는 영향이 크다. 어느 서양의 학자는 중앙아시아에 이슬람 극단주의가 너무 깊이 침투하여 사실상 일종의 '이데올로기' 전쟁이 벌어지고 있다고 표현했는데, 이는 중국 주변의 이데올로기 분쟁이 얼마나 격렬한지를 보여준다.

중국 주변국들은 지정학적 중요성으로 인해 국제 세력의 각축장이 되었고 각종 이데올로기의 분쟁지가 되어 불안정하다. 이런 상황은 중국 신장에 '나무는 조용하려 하나 바람이 가만두지 않는' 형세를 만들었고, 동투르키스탄 문제는 계속 변화를 거듭하는 중요한 외부요소가 되었다.

3 신장의 안정 유지와 장기적 전략

중국 신장 거버넌스는 중국 정부의 국가 거버넌스에서 중대한 과제로서, 중국 서북에 조화로운 변강을 확립하는 것은 세계적 난제이며 중국정부의 거버넌스 능력과 지혜의 시험대가 되었기에 충분히 뚜렷한 인식을 바탕으로 명확한 전략을 세워야 한다.

(1) 조화로운 신장 건설은 세계적 난제이다

앞에 서술한 신장의 복잡한 주변 환경 외에도 신장 내부 역시 매우 복잡하여 신장 거버넌스에 큰 곤란을 야기하고 있다. 첫째, 신장은 다민족이 모여 사는 지역이다. 신장에는 대대로 살아왔던 위구르족, 한족, 카자흐족, 회족回族, 몽골족, 키르기스족, 타지크족, 타타르족塔塔爾族·Tatar, 우즈벡족烏孜別克族·Uzbek, 다우르족達斡爾族·Dagur, 시버족錫伯族·Sibe, 만주족滿族, 러시아족 등 13개의 민족이 있다. 현재는 사실상 47개의 민족 성분이 있으며, 전국 절대다수 민족이 신장에 모두 살고 있다고 할 수 있다. 신장에 대대로 거주해온 13개의 민족 중 위구르족 인구는 1천만이 넘는 반면, 러시아족·타지크족·다우르족 등은 몇만 명에 불과하여 민족구조가 불균등하고 민족관계도 복잡하다. 현대 신장의 발전에서 민족 인구구조도 계속 변화를 겪어 각 민족의 역할 조정도 계속 함께 변화해왔으며, 신장 민족관계의 균형은 항상 어려운 문제였다. 이러한 민족관계의 균형 유지 문제는 정치·경제·문화 등 각 방면과 관련되는 것으로서 상당히 복잡다변하다.

둘째, 신장에는 이슬람교·불교·도교·기독교 등 여러 종교 그리고 전통 깊은 유목문화·농경문화·오아시스문화 등 여러 종교와 문화가 모여 있으며 10여 종의 언어와 문화가 공존한다. 다양한 종교와 문화는 다양한 전통과 풍속을 담고 있으며, 여러 사회집단과 문화의 교류와 융합은 항상 신장이 직면하는 문제였다.

셋째, 신장은 광범한 지역에 걸쳐 있고 면적이 166만여㎢에 달한다; 지역 간 차이도 매우 커서 고산, 사막, 초원과 오아시스 등 각양각색의 형태가 모두 있고 기후와 수자원도 불균등하여 인프라 건설도 어려우며, 인프라 건설과정이 지체되어 크게 낙후되어 있어서 사회교류와 거버넌스에 커다란 곤경이 존재한다.

넷째, 개혁개방 후 사회주의 계획경제가 시장경제로 전환되면서 문화·언어·기술·인재·자금·시장규모의 차이가 극도로 큰 신장에 거대한 충격을 야기하였고, 이러한 연속적이고 격렬한 사회적 전환은 오지에 사는 소수민족들에게 많은 어려움을 초래했다.

다섯째, 주변국의 복잡한 환경하에서 개방정책과 시장경제정책을 실행하는 것 또한 신장의 거버넌스에 전례 없던 새로운 과제였고, 외부 정치·경제·문화사조로 인한 충격도 전례 없는 것이었다.

여섯째, 안팎으로 서로 결탁한 동투르키스탄 세력은 계속 민족관계를 이간시켰으며, 국가 정체성과 문화 정체성을 부인하고, 중국 현대국가 건설에 큰 장애가 되었다. 또 중국정부는 신장 거버넌스의 경험과 능력이 부족하고, 어떤 정책은 실제에 부합하더라도 시대에 맞게 바뀔 필요가 있었다. 이처럼 신장은 외부환경도 복잡다변할 뿐 아니라 내부 환경도 매우 복잡하여 여러 면에서 취약하며, 다양한 곤경이 서로 겹쳐 신장 거버넌스에 중대한 난제를 야기했고, 조화로운 변강 건설에 거대한 도전을 초래하여 세계적으로 난이도가 높은 문제가 되었다. 따라서 신장 거버넌스는 세계적 수준의 난제로서 중국 정부의 변강통치 전략과 지혜의 시험대라 할 수 있다.

(2) 신장전략의 위치 변화

신장의 거버넌스를 어떻게 할 것인지, 신장의 전략적 위치를 어떻게 정립할 것인지에 대해 중국정부는 계속 모색해 왔다. 신중국 건립 초기 중·소의 우호적 관계를 배경으로 한 배후지로서 신장은 중국의 대對소련 우호의 후원后院이 되었다. 1960년대 중소관계가 깨지면서 신장은 중·소 대치의 최전방이 되었다. 중국 개혁개방 이래로 신장은 국가의 전략 속에서 위치 정립이 분명하지 않았고, 신장 관련 전략조정도 매우 느렸으며 계속 변했다. 예를 들어 20세기 후반에는 신장을 중국 에너지전략의 예비기지이자 에너지 전략의 통로라고 했다; 제1차 중앙신장공작 좌담회에서는 신장에서 도약적 발전과 장기적 치안유지長治久安를 실현해야 한다고 하면서 신장의 여러 민족집단의 생활수준을 높여 전면적인 샤오캉사회 목표를 실현하자고 하였다; 또 서부대개발 전략 심화와 새로운 경제성장점의 배양 그리고 중국경제발전 공간의 확장을 모색하면서 신장에 상생 개방 전략을 실시하고 전방위적 대외개방을 전개하자고 하였다; 그리고 민족단결을 강화하고 국가통일을 수호하며 변강의 장기적 치안을 유지하고자 하였다. 이러한 전략에 부합하고자 중국은 거국적으로 신장을 지원하는 중대한 정책을 추진하여, 내지에 있는 19개의 발달한 성과 시省市들을 신장 각 주州 및 신장생산건설병단과 자매결연시켜對口 지원하도록 했다.

2013년 중국이 '실크로드 경제벨트' 건설이라는 국가전략을 제기하면서, 신장은 전례 없는 커다란 발전 기회를 맞은 동시에 중대한 도전에 직면하였다. 신장은 '실크로드 경제벨트'의 핵심지역이 되어,25) 동투르키스탄 세력을 억제하고 뿌리 뽑아 신장의 장기적 치안을 유지하는 문제가 안보 방면에서 중대한 과제가 되었고 '실크로드 경제벨트' 건설에서도 중요한 요소가 되었다. 2014년 8월 중앙은 제2차 신장공작 좌담회를 열어 「신장 사회안정의 진일보 수호와 장기적 치안 실현에 대한 의견關於進一步維護新疆社會穩定和實現長治久安的意見」을 제정하여, 신장 안정과 장기적 치안 유지라는 전략목표를 제기하였다. 이 전략목표는 신장에서 동투르키스탄 문제를 뿌리 뽑아야 한다는 현실적 요구에 부합하였고, 국가의 '실크로드 경제벨트' 건설이라는 전략적 수요에도 부합하여, 신장의 미래와 '실크로드 경제벨트' 건설에서의 전략적 위치가 확립되었다.

(3) 동투르크 문제를 근절하기 위한 약간의 전략

어떻게 신장의 안정과 장기적 치안 유지라는 웅대한 전략적 목표를 실현할 것인가? 신장 발전의 가속화와 동투르키스탄 문제의 근절은 두 가지의 중대한 방향이다. 먼저 신장 발전의 가속화와 관련해서는, 국가가 19개 성과 시로 하여금 신장을 돕게 하는 중대한 정책을 계속 실시하고 이를 장기화한다면, 신장 발전을 위한 지속적 동력과 능력을 확보하게 되고 신장과 내지가 함께 샤오캉사회를 향해 나아가도록 할 수 있다. 신장의 발전은 국가의 현대화 실현에서 기본적 요구이며, 신장의 안정과 장기적 치안 유지의 기초이기도 하므로 매우 중요하다. 다만 지면의 제한으로 인해 여기서는 더 이상 상술하지 않는다. 아래에서는 주로 동투르키스탄 문제의 근절에 대해 상세히 분석하면서 초보적 전략을 제시해 보겠다.

---

25) 唐立久·穆少波, 「中國新疆: '絲綢之路經濟帶'核心區的建構」, 『新疆師範大學學報』(哲學社會科學版), 2014年 第2期.

1) 엄격한 타격정책을 견지하고 신장의 안정 형세를 유지해야 한다

동투르키스탄 문제의 핵심은 분리주의로서 적대적 갈등이 그 기본 성격이다. 동투르키스탄 분리주의 환상과 동투르키스탄 테러리즘이 사라지지 않는 한 이런 갈등은 변화시키기 어렵고 신장 안정과 장기적 치안 유지에 계속 영향을 미치게 된다. 동투르키스탄 세력에 대한 엄격한 타격이 동투르키스탄 세력의 만연을 억제하는 기본 수단이며 신장 안정 유지의 기본 수단임을 신장의 현대 역사는 증명해 주고 있다. 사실 동투르키스탄 세력에 대한 엄격한 타격은 신장의 장기적 치안 유지를 위한 중요한 수단으로서, 불안정 요소의 제거만이 안정 역량을 증대시켜 각 민족 인민들의 믿음이 커져 안정의 기반을 마련할 수 있다. 따라서 타격수단은 엄중해야 하고 절대 느슨해져서는 안 되며, 이에 대해서 통일적 인식을 갖추어 누구도 어떤 이유로든 모호해선 안 된다.

동투르키스탄 테러세력 타격에서 그 세력의 '이데올로기화'의 실질과 '파편화된' 특징을 분명히 인식하고 기층 건설과 정보수집을 잘 해야 한다; 각 민족 인민 군중을 믿으면서 그들을 동원하고 그들에 기대어, 동투르키스탄 테러리즘의 잔인한 사실을 각 민족 인민들에게 교육하여 동투르키스탄 테러리즘을 진정으로 소멸시키는 인민전쟁을 해야 한다.

2) 협력 메커니즘 수립을 통해 주변 환경을 정리한다

앞에 서술했듯 동투르키스탄 문제의 변화는 외부세력과 불가분의 관계에 있으며 특히 주변국의 환경이 매우 중요하다. 어떤 나라는 심지어 동투르키스탄 테러리즘이 발전하고 몸을 숨기는 온상이 되기도 한다. 예를 들어 '동투르키스탄 이슬람운동' 조직은 우즈베키스탄에서 생겨나 아프가니스탄-파키스탄 국경지대에 장기간 몸을 숨겼다; 터키는 가짜 여권을 제공하여 동투르키스탄 세력을 공개적으로 비호하고, 심지어 동투르키스탄 테러분자들이 시리아에 참전하러 출입하는 통로가 되기도 하였다. 최근 언론 보도에 따르면 IS는 중앙아시아로 침투하여 중국 신장 주변환경을 더 악화시키고 있으며 심지어 동투르키스탄 테러세력이 신장을 공격하려 한다는 이야기까지 하고 있다. 이렇듯 중국 신장 주변국의 안보환경은 매우 우려스러워 반드시 거버넌스가 필요하다.

어떻게 주변환경을 관리할 것인가? 협력 메커니즘을 수립하여 양자 혹은 다자 간 협력을 강화하는 것이 중요하다. 중앙아시아에서 이런 협력 틀을 충분히 이용하여 중앙아시아 경내의 동투르키스탄 세력을 결단력 있게 처리하고, 동투르키스탄 세력이 중국 신장을 분리시키려는 활동을 하지 못하게 만들고, 동투르키스탄 테러분자를 확실하게 타격할 수 있는 메커니즘도 협력해야 한다. 중국과 파키스탄을 예로 들면, 중-파키스탄의 전천후 우호관계를 충분히 이용하여 반테러 협력을 강화하고 파키스탄이 주변지역의 동투르키스탄 테러세력을 타격하는 데 협조해야 한다. 중국과 아프가니스탄의 관계에서는 중국이 아프가니스탄의 재건 업무에 개입을 강화해야 하고 특히 테러·마약 관련 문제에서 양자 협력 메커니즘을 만들어 아프가니스탄 경내의 동투르키스탄 테러리즘 잔여세력을 점차 없애나가야 한다. 서아시아에 대해 이야기 하자면, 중국의 테러 및 분리주의 반대활동은 터키의 협력을 필요로 한다. 현재 중국-터키 관계는 점점 강화되고 있는데, 중국이 관심을 가지고 있는 동투르키스탄 문제에 대해 터키와의 절실하고 효과적인 협력을 이루어야 한다. 그러나 여전히 어려움이 있어서 동투르키스탄 세력에 대한 협력 메커니즘 건설과 효과적 작동이 필요하다.

중앙아시아의 여러 나라와 파키스탄·아프가니스탄은 모두 이슬람교를 믿는 국가들이지만, 모두 종교극단주의를 반대하고 'IS' 건립을 반대하며, 세속화가 이슬람 정치·이데올로기의 주류라고 주장한다. 중국은 이 점에서 그들과 협력을 강화하여 함께 종교 극단주의 사상을 반대하고 제거하면서 주변 환경의 건강과 안보를 잘 지켜나가야 한다.

3) 이데올로기 문제에 대한 고도의 중시, 그리고 이데올로기 건설의 강화

개혁개방 이래로 이데올로기 문제는 지속적으로 중국이 직면한 문제 중 하나로서, 이 점에서 신장은 더욱 두드러지고 특징적인 지역이 되었다. 그중에서 동투르키스탄 분리주의와 극단주의 사상의 위험이 엄중하여 신장의 이데올로기를 장기간 잠식해 왔고, 신중국 성립 이래 건립해온 사회주의 이데올로기 주체 또한 엄중하게 잠식하여, 신장은 분리와 반분리, 극단화와 탈극단화, 반국가 정체성과 국가 정체성 등의 측면에서 대립이 생겨났다. 실질적으로 신장은 이데올로기 전쟁이 벌어지고 있는 곳으로서, 이 때문에 신장의 이데올로기 건설은 매우 중요하며 그야말로 매우 긴박하다. 특히 아래 몇 가지 측면을 중시해야 한다.

첫째, 탈극단화 작업을 계속해야 한다. 신장은 현대문화를 보급하면서 탈극단화를 계속 강화해야 하고, 특히 탈극단화가 종합적 프로젝트임을 인식하고 법제화를 지속적으로 강화해야 하며, 목표를 명확히 하고 예방·타격·와해·제거 등 분야에서 전면적으로 실행해야 한다. 두 번째는 국가 정체성을 강화하고 신장 각 민족 인민의 국가

관·역사관·문화관·민족관·종교관 등의 교육을 강화하며, 법률 수
단을 최대한 보완하여 계속 견지해 나가야 한다. 세 번째는 이중언
어 교육의 강화로서, 한편으로는 한어 교육을 강화하고 견지하여 모
든 국민이 국가통용어인 한어에 능통하게 만들어야 한다는 것은 의
심의 여지가 없다. 다른 한편 기존의 소수민족 언어 교육과 정책을
유지하여 한족 등의 민족이 신장의 주요 소수민족 언어를 배우도록
해야 한다. 네 번째는 '융합식嵌入式·embedded'의 생산·생활환경 강화로
서, 각 민족이 공동으로 생산·생활할 수 있는 환경을 보장할 효과적
수단을 취하여 각 민족의 교류와 융합을 촉진해야 한다.

4) 변강문제 관련 외교에 힘쓰고, 안정적 외교 네트워크를 만든다

중국 신장 주변국 환경의 개선이건 동투르키스탄 문제의 국제화
를 막는 것이건 간에 모두 외교와 관련된다. 그러므로 변강문제 관
련 외교를 강화하고 외교를 통해 신장의 안정적 네트워크를 만들어
내는 것이 중요하다. 개괄적으로 말해 세 가지 측면이 있다: 하나는
외교를 통해 중국 신장 주변국과의 기존 변강 안보 관련 협력 기제
를 잘 유지하고, 외교를 통해 더 포괄적인 변강 안보 관련 협력 기제
를 새로이 만들어내는 것이다. 예를 들면 아프가니스탄·터키 등의
나라와 더 효과적인 반테러 협력 기제를 만들어내야 한다; 두 번째
로 외교 또는 민간교류를 통해 이슬람 세계 또는 이슬람 국제조직과
의 관계를 강화하여 좋은 협력 기제를 건립한다; 셋째로 외교를 통
해 변강 관련 역외 국가와의 업무에 힘쓰는 것이다. 예를 들어 미국
은 레비야 카디르 및 '세계 위구르 대표대회'를 이용하고 지지하는
일을 중단해야 하고, 서양 일부 국가들도 더 이상 인권 수호라는 기
치하에 동투르키스탄 분리주의자들을 비호하는 일을 멈춰야 한다.

제2절

중앙아시아 정세와 중국 신장의 안정과 발전

　본 절에서 가리키는 중앙아시아에는 카자흐스탄, 키르기스스탄, 타지키스탄, 투르크메니스탄, 우즈베키스탄의 5개국이 포함되며, 총면적은 약 400만 ㎢이고[26] 총인구는 약 7천만 명이다.[27] 중앙아시아는 동양과 서양을 잇는 중요한 통로로서 지리적 이점이 두드러진다. 중국 신장은 역사적으로 고대 실크로드의 중요한 통로이고 현재도 신 '유라시아 대륙교'가 지나가는 곳으로서 전략적 위치가 매우 중요하다.

　본 절에서는 중국 신장과 중앙아시아의 안정과 발전 관계를 주로 연구할 것이며, 현대 중국 신장과 중앙아시아의 관계를 중점적으로 분석하면서 간단한 역사적 회고도 함께 하겠다.

---

26) 중앙아시아의 국경 구분에 대해선 여러 관점이 있는데 여기서는 王海燕의 『新地緣經濟: 中國與中亞』(世界知識出版社, 2012, pp. 6-7)를 인용하였다.

27) 각국이 2014년 말-2015년 초에 공포한 숫자에서는 투르크메니스탄에 최신 통계가 없어서 대략적 숫자일 뿐이다.

1 중앙아시아 안보 형세와 중국 신장의 안보 및 안정

중국 신장과 중앙아시아의 안보 관계는 전통적 안보와 비전통적 안보에 모두 관련되며, 그중 국경 문제 해결 그리고 '삼대 세력'에 대한 공동의 타격·응대, 마약 소탕 등은 중국 신장과 중앙아시아의 안보 관계에서 가장 중요한 부분이다. 이 중 전자는 전통적 안보에 속하고 후자는 비전통적 안보에 속한다. 상하이협력기구는 중국 신장과 중앙아시아의 안보협력 촉진에서 중요한 시범적 역할을 하고 있다.

(1) 국경문제 해결은 중국 신장과 중앙아시아의 안보관계 건립에 중요한 초석이다

중국과 중앙아시아의 타지키스탄·키르기스스탄·카자흐스탄 3국은 3천 ㎞에 달하는 국경선을 맞대고 있으며 이 선은 모두 신장 위구르자치구를 통해 맞닿아 있다. 국경문제는 역사가 남긴 문제로서 복잡하고 민감하여 국경문제 해결은 중대한 의의를 지닌다.

1991년 12월 소련 해체 후 카자흐스탄·키르기스스탄·타지키스탄은 독립하여 중국의 새로운 이웃나라가 되었고, 중국과 중앙아시아 3국은 국경문제 해결의 중요성을 다들 의식하게 되었다. 평등하고 평화로운 담판과 협상을 통해 국경문제 협의에 도달해야 한다는 점에서 모두 인식이 일치하였다.

1996년 4월 중국·러시아·카자흐스탄·키르기스스탄·타지키스탄 5개국은 상하이에서 1차 정상회담을 갖고 '상하이 5국' 기제를 설립하고 「변경지역에서 군사영역 신뢰 강화에 관한 협정關於在邊境地區加強軍

事領域信任的協定」에 서명하여 다음과 같이 규정하였다; 각국은 변경지역의 군사역량을 서로 공격하지 않는다; 각국은 상대를 겨냥한 군사훈련을 하지 않는다; 서로 군사훈련에 초청하여 참관한다. '상하이 5국'은 이렇게 하여 역사에 기록되게 되었다. 1997년 4월 2차 정상회담이 모스크바에서 열려 「변경지역에서 군사력 상호 감축에 관한 협정關於在邊境地區相互裁軍事力量的協定」에 서명하여 다음과 같이 규정하였다: 각자 변경지역의 무장력을 선린우호에 적절한 최저 수준까지 감축하여 방어 기능만 갖추게 한다; 서로 무력을 사용하거나 무력으로 위협하지 않으며 일방적 군사우세를 추구하지 않는다; 변경지역 군사력 관련 자료를 교환한다.[28] 이 두 가지 협정은 서로 연계되고 발전·심화된 것으로서, 변경지역에서 중국과 이웃국가들 간의 상호신뢰와 안보에 견고한 법률적 기초를 마련해 주었다. 이 두 가지 협정 서명을 통해 중국과 4국 간에는 길이 7천여㎞, 폭 200㎞에 달하는 넓은 평화지대가 만들어졌다. 이러한 상호신뢰와 약속은 전례 없는 것으로서, 공동안보라는 전제하에서 중앙아시아 각국이 중국과 "주권 지상, 객관 우선, 우호 중시"라는 원칙을 견지하고, 원칙성과 융통성을 유기적으로 결합하여 양자 협상 그리고 '상하이 5국' 기제 하에서 다자 협상 방식으로 국경 획정에 대한 일련의 양자·다자협의를 확정한 것이다.[29] 이는 중국과 카자흐스탄·키르기스스탄·타지키스탄 3국 간에 3천㎞에 달하는 국경을 획정하여 중앙아시아와 중국이 남긴 역사적 국경문제를 전면적이고 철저하게 해결한 것이며,

---

28) 陳明山, "'上海五國'機制的重大影響及發展趨向", 2001年 6月 15日, http://www.china.com.cn/authority/txt/2001_06/15/content_5039596.htm.

29) 구체적인 협의들에 대해서는 徐海燕, 「中國和中亞國家三次邊界劃分:歷程與啟示」, 『新疆社會科學』 2010年 第1期 참고.

더 나아가 양자 관계에 견고한 정치적 기반을 마련하였다.

국경의 획정과 협상에 대해 중국과 중앙아시아의 관련 국가들은 「중화인민공화국과 카자흐스탄공화국의 양국 국경문제 전면적 해결에 관한 공동성명中華人民共和國和哈薩克斯坦共和國關於兩國邊界問題獲得全面解決的聯合公報」30)에 서명했고, 「중화인민공화국정부와 키르기스스탄공화국정부의 중-키 국경선 획정에 관한 의정서中華人民共和國政府和吉爾吉斯共和國政府關於中吉國界線的勘界議定書」와 여기에 부속된 「중화인민공화국과 키르기스스탄공화국 국경선 지도中華人民共和國和吉爾吉斯共和國國界地圖」에 서명했으며,31) 「중화인민공화국정부와 타지키스탄공화국정부의 공동성명中華人民共和國政府和塔吉克斯坦共和國政府聯合公報」에 서명하는 등32) 양자협정을 맺어, 중국과 이 세 나라의 국경문제가 원만하게 해결되었다.

2013년 「상하이협력기구 성원국 국가원수 두샨베Dushanbe 선언上海合作組織成員國元首杜尚別宣言」에서는 이렇게 천명했다: "지역 안보와 안정 수호를 위해 진일보 노력하며, 상호 존중·평등·신뢰에 기반하여 세계적 위협과 도전에 공동으로 대응하고, 상하이협력기구 지역을 평화·우호·선린·번영·조화가 유지되는 지역으로 만든다." "「상하이협력기구 성원국의 장기적 선린우호협력조약上海合作組織成員國長期睦鄰友好合作條約」을 준수하고, 각국 간의 국경이 영구적으로 평화롭고 우호적인 국경이 되게 하는 것을 포함하여 공동의 관심 영역에서 장기간 선린·우호·협력관계를 강화한다. 이에 따라 성원국은 2013년 9월 12일

---

30) 中華人民共和國 外交部 公報(2000年 11月 7日) 참고.

31) 「中國和吉爾吉斯共和國簽署聯合公報」, 中華人民共和國 外交部 公報(2004年 9月 22日).

32) 「中華人民共和國政府和塔吉克斯坦共和國政府聯合公報」, 中華人民共和國 外交部 公報(2006年 9月 16日).

비슈케크Bishkek에서 비준한 「'상하이협력기구 성원국의 장기적 선린우호협력조약' 실시요강實施綱要(2013-2017년)」의 철저한 이행이 중요한 의의를 가진다고 여긴다."[33]

중앙아시아 국가들과의 국경문제의 해결은 중국으로 하여금 국경문제에서 귀한 경험을 하게 해주었다. 즉, 큰 국가이건 작은 국가이건 평등하게 협상하고 역사를 돌아보고 현실을 고려하여 서로 양보하며 차근차근 진행해나간다는 것이다.[34] 중국과 중앙아시아 3국은 국경문제를 원만하게 해결하여 선린우호를 실현했다. 또한 당사국 간의 우호적 협상으로 국경문제를 해결하는 효과적 모델과 좋은 모범사례를 만들어냄으로써 신시기 중국과 주변국이 평화적으로 국경문제를 해결하는 패러다임을 수립하였다. 이는 지역의 평화를 실현하여 지역 발전을 위한 안전보장의 기반을 닦은 것이다.

(2) '삼대 세력'에 공동으로 대응하고 타격한다

'삼대 세력'은 종교극단세력, 민족분열세력, 폭력테러세력을 가리키는데[35] 중국 신장에선 3자가 일체가 되어 있고, 중앙아시아에서는 종종 앞의 두 가지가 함께 출현하여 지역 안보에 거대한 위협이 된다.

소련 해체 후 중앙아시아에는 이슬람 부흥 풍조가 일어났고, 주변의 아프가니스탄·파키스탄·체첸 등의 지역에서도 현대 이슬람운동

---

33) <上海合作組織成員國元首杜尚別宣言>(全文), 2014年 9月 13日, http://www.
   chinanews.com/gn/2014/09-13/6587535.shtml.

34) 徐海燕, 「中國和中亞國家三次邊界劃分·曆程與啟示」, 『新疆社會科學』 2010
   年 第1期.

35) 「上海合作組織反三股勢力公約」을 보라.

이 빠르게 발전했다. 중앙아시아에는 이데올로기 진공상태가 출현하였고, 외부세력이 이때를 틈타 침입하여 이슬람운동 발전의 새로운 중심지와 성장점이 되었다. 당시 중앙아시아 각국은 종교극단주의를 제때 예측하고 효과적인 정책을 제정하기 어려운 상황이었고, 심지어 어떤 경우에는 새로 독립한 국가의 국제적 이미지 확립을 위해 어쩔 수 없이 이슬람교의 국제적 영향을 빌리기도 하였다. 이런 것들이 중앙아시아 이슬람부흥과 종교극단세력의 발전에 기회를 제공하였다. '우즈베키스탄 이슬람운동' 등의 여러 종교극단조직이 날로 활발해져 중앙아시아에서 암살·폭발 등의 테러활동에 종사하여, 중앙아시아의 불안정 요소는 계속 증가하였다. '아랍의 봄' 이후 '삼대 세력'은 중앙아시아에서 더 활발해져 중앙아시아 사회·정치 안정에 영향을 끼쳤고, 안정되어가던 카자흐스탄에서도 비교적 대규모의 "자나오젠Zhanaozen 사건"이 발생했다.[36)

중앙아시아의 불안정은 이웃한 중국 신장에도 영향을 미쳐 동투르키스탄 세력의 진화와 활약을 자극하고 그들이 분리활동·종교극단 활동과 폭력테러활동을 벌이도록 고무하여, 중국 신장의 사회안정과 경제발전에 심각한 파괴를 가했다. 현재 국제테러세력은 여전히 창궐하고 있다. 중동지역에 종교극단주의 사상이 점차 만연하고, 'IS'가 중동 각국의 세속 정권을 크게 위협하고 있다. 중앙아시아의 '우즈베

---

36) 2011년 12월 16일은 카자흐스탄의 독립 20주년 기념 국경일로서, 자나오젠 시(市)에서 대규모 소동이 일어났다. 16일 오전 11시 30분 카자흐스탄의 해안가 망기슈타 주(州)의 자나오젠 시(市) 중심광장에서 불법세력이 독립 20주년 기념활동현장에서 평민들을 공격하여 새해맞이 임시무대와 전나무를 넘어뜨리고 칼과 곤봉으로 경찰을 습격하며 무기를 탈취하려 했으며 경찰차를 불태워 중대한 인명 사상과 재산 손실을 낳은 사건이다.

키스탄 이슬람운동'과 '이슬람 해방당' 등의 테러조직이 시시각각 반격할 기회를 엿보고 있고 심지어 'IS'와 의기투합할 수도 있어서 중국과 중앙아시아 국가의 변강 안보에 엄준한 도전이 되고 있다.

국경을 초월한 테러활동으로 인해 중국과 중앙아시아 국가들은 '삼대 세력' 타격을 위해 다자협력방식을 취하고 있으며, 그 가운데 상하이협력기구가 중요한 역할을 하고 있다. 처음 만들어진 이래로 상하이협력기구는 이 지역의 평화·안보·안정 수호를 사명으로 삼았고 '삼대 세력' 타격을 우선적 협력 방향으로 하여 각국의 반테러에 협조하고 있다. 상하이협력기구의 두 상설기구 중 하나는 우즈베키스탄의 수도인 타슈켄트Tashkent의 상하이협력기구지역 반테러기구로서, 성원국들이 '삼대 세력' 타격 등의 영역에서 협력하도록 돕는 일을 전문으로 하면서, 중국 신장과 중앙아시아 변경지역 안정의 기제가 되었고 대체 불가능한 기둥 역할을 하고 있다.

2001년부터 상하이협력기구는 「테러리즘·분열주의·극단주의 타격 상하이 조약′打擊恐怖主義′分裂主義和極端主義上海公約」 등 여러 문건에 서명하여 테러리즘·분열주의·극단주의라는 '삼대 세력'에 대해 세계 최초로 명확한 정의를 하였다. 또한 회원국들은 '삼대 세력' 타격에 협력한다는 구체적 방향과 방식 및 원칙을 제기하였고 '삼대 세력' 타격 관련 법률적 보장과 실시조치를 제공하였다. 이는 9·11사건 전에 발생한 것으로서 상하이협력기구 회원국이 테러리즘 타격에서 선견지명이 있었음을 보여준다.

최근 들어 상하이협력기구는 국방안보영역, 특히 반테러 방면에서 실제적인 일을 많이 하였다. 회원국은 매년 연합군사훈련과 반테러훈련을 함께 하는데 훈련은 이미 혼합조 편성, 무기의 상호교환, 전술합동훈련과 전역战役협력 등 심도 있는 융합에까지 이르렀다. 상

270

하이협력기구는 군대 간 협력과 군사영역에서의 상호신뢰를 더 강화해야 한다고 강조하고 있고, 동시에 각 회원국은 반테러 정보교류, 사법 협조, 인원 훈련 등에서도 효과적 협력을 하고 있다. 2013년 9월 13일 상하이협력기구 회원국 국가원수 이사회 13차 회의에서 중국 국가주석 시진핑習近平은 중국이 상하이정법학원에 "중국-상하이협력기구 국제사법교류 협력 교육훈련 기지"를 설립한다고 발표하였다. 이는 이러한 플랫폼을 통해 다른 성원국들을 위한 사법인재를 양성하고자 하는 의사를 표명한 것이다.[37] 이러한 조치는 상하이협력기구의 연합 반테러 능력을 제고시켜 주고 지역 평화·안정 수호에 긍정적 영향을 미치게 된다.

현재 실크로드 경제벨트 연선沿線 국가들의 '삼대 세력' 타격의 중점은 테러조직 타격으로부터 종교극단사상 제거 그리고 각 성원국의 세속정권 안정 유지로 전환되었다. 날로 복잡해지는 테러리즘 활동에 직면하여 실크로드 경제벨트 연선 국가들은 극단종교사상의 토양을 제거하기 위해 협력을 강화하면서 돌파구를 찾아야 한다. 이는 중국 신장의 안정과 장기적 치안에 심대한 영향을 미칠 것이다.

(3) 마약 범죄 타격

마약은 종종 테러범죄, 불법 입국, 밀수, 돈세탁 등 국제 범죄와 밀접하게 연결되어 있고, 지역 안보, 국가안보 및 사회 안전에 중대한 위해를 가한다. 신장은 세계 4대 마약원산지 가운데 하나인 "황금 초승달" 지역과 인접하여 마약범죄 단속에 대한 책임이 무겁지

---

37) 「習近平建議上合組織合力打擊"東突"等蘭股勢力」, 2013年 9月 14日, http://news.qq.com/a/20130914/000597.htm.

만 갈 길은 먼 상황이다.

아프가니스탄은 "황금 초승달" 지역의 가장 주요한 마약 생산국이다. 아프간과 일부 중앙아시아 국가의 경계지역은 이미 아프간에서 유럽 및 세계 각지에 운반되는 마약의 중요한 통로가 되었다. "황금 초승달" 지역은 세계 최대 마약 원산지가 되었는데, 일찍이 2006년 "이 지역의 양귀비 재배 면적이 154.5만 무(畝), 아편 생산량이 4100톤에 달해 세계 총생산량의 87%를 차지했다."[38] 2014년 아프간의 아편 생산량은 또 신기록을 달성했는데 아편 생산량이 6400톤 이상이었다. 이는 총 가치 8.5억 달러로 아프간 GDP의 4%를 차지하였다. 또한 "마약 종류가 다양화하고 거래가 활성화되었으며, 마약이 터키·이란 및 파키스탄으로부터 유럽과 미국으로 운송될 수 있어서 유라시아대륙을 잇는 세계 마약 거래의 중심이 되었다."[39] 아프간의 오랜 혼란, 정국 불안, 정부 통제능력 약화, 민생 곤란, 테러세력의 창궐, 거기에 더해 마약 공급처, 마약 종류, 마약 생산량 및 중독자 수의 지속적인 증가로 마약 폐해가 지속적으로 확대되었다.

최근 중앙아시아를 통해 "황금 초승달" 지역의 마약이 신장으로 유입되는 사례가 현저하게 증가했다. 제1절에서 이미 분석했듯이, 아프간 및 중앙아시아의 마약범죄는 종종 "삼대 세력"과 밀접하게 연관되어 있다. 이외에도 국제 마약범죄는 종종 과계민족을 연루시켜 그들의 평화로운 생활, 민족관계 및 사회안정을 해치고 있다. 마약범죄는 이미 중앙아시아 지역과 신장의 비전통적 안보에 중요한

---

38) 「公安部禁毒局副局長解讀禁毒白皮書」, 2006年 6月 27日, http://news.xinhua net.com/video/2006-06/27/content_4755297.htm.

39) 「2014年阿富汗鴉片產量又創新高」, 『世界知識』 2014年 第23期.

요소가 되었다. 그러므로 상하이 협력기구는 점차 중국과 중앙아시아가 손을 잡고 국제마약상을 타격하는 중요한 협력 기제가 되었다. 이를 통해 마약 단속정책 제정, 마약 수요의 근절, 마약사범 단속, 마약제조 관련 화학품 통제 관리 등 분야에서 양자 혹은 다자 협력을 진행하고 있으며, 지역적인 마약근절체계 수립, 마약범죄 활동 단속 등의 성공적 경험을 교류하고 있다. 이와 더불어 다음과 같은 사항들을 실행해야 한다. 마약범죄 수사를 보다 확대하고 접경지대에서 마약범죄 수사협력을 강화한다; 정보교류 기제를 수립한다. 국제 마약범죄 사건 처리, 조사, 증거 수집 등의 분야에서 실무적인 협력을 진행한다; 회원국 상호 간의 교육 훈련 기회를 제공하고 가능한 한 최대한의 기술적 지원을 한다. 마약 판매를 통해 테러집단에 자금이 흘러 들어가는 것을 막는다. 이를 위해 각 회원국은 국제자금세탁방지기구Financial Action Task Force on Money Laundering 및 유라시아 자금세탁과 테러자금조달 방지기구The Eurasian Group on Combating Money Laundering and Financing of Terrorism (EAG)에 적극 참여하여 마약 및 불법 자금조달을 근절시켜야 한다. 각국은 이를 위해 마약 수사 연락원 및 그 연락방식을 확정하여 각국의 마약 수사 능력을 효과적으로 강화한다;[40] 더불어 아프간 정부의 마약근절 노력에 적극 협조하고, 아프간의 수사 및 사법기관에 국제원조를 제공하며, 관리를 강화하여 마약제조 관련 화학품의 공급을 차단하다; 아프간의 세관 및 경찰 전문가 양성에 협조한다.[41] 이러한 마약근절 협조 기제는 국제 마약 판매 및 이로

---

40) 「上合組織決定打擊通過販毒爲恐怖主義融資行爲」, 2006年 4月 21日, http://www.china.com.cn/ chinese/kuaixun/1190730.htm.

41) 「上海合作組織發表阿富汗問題特別會議宣言」, 2009年 3月 30日, http://news.sohu.com/20090330/n263098470.shtml.

부터 발생하는 자금세탁, 불법 무기거래 등 범죄 활동을 타격하는 데 탁월한 효과를 발휘할 것이다.

기제 건설문제를 보자면, 상하이 협력기구 각 회원국 국경부대는 상호 중무장부대를 두지 않는 변경지역에 정기적인 접촉 기제를 만들어야 한다. 2006년 상하이 협력기구 회원국들은 베이징에서 최초로 마약단속 수사 토론회를 개최하였다. 회의에서는 마약단속 정보교류 기제 수립, 마약자금의 테러조직으로의 유입 타격, 상하이 협력기구의 마약단속 기제 수립 등에 대해 토론을 진행하고, 마약단속 분야 고위급 정기 회담 제도 및 연락원 제도를 만들기로 확정하였다. 상하이 협력기구 회원국들은 또한 상하이 협력기구 산하 상설기구에 마약 단속 기능을 부여하는 데 동의하였다. 이를 통해 각 회원국 각 분야의 마약단속 협력을 총괄하고, 마약범죄에 대한 연합 단속을 강화하며, 회원국 경내의 마약 공급을 효과적으로 감소시키고자 하였다.[42] 2009년에는 상하이 협력기구 회원국 마약단속 분야 고위급 회의 기제를 수립하였고, 상하이 협력기구는 정상급, 고위급, 전문가급 등 3급의 마약단속 협력 기제를 갖게 되었다. 상하이 협력기구 정상 회의 구조 내에 법률 기초, 마약 단속, 마약제조 관련 화학품 통제 관리 및 마약 수요 감소 등 4개의 전문가 워킹그룹working group을 두고, 임시 전문가 워킹그룹을 만들어 2009-2014년 상하이 협력기구 회원국들의 마약단속 전략 초안의 작성을 책임지게 했다.[43] 이로써 각 회원국의 마약단속 협력은 실무 발전이라는 새로운 단계

---

42) 「上合組織成員國加强打擊毒品犯罪聯合執法」, 2012年 4月 02日, http://news. sohu.com/20120402/n339670233.shtml.

43) 「上合組織成員國商定建立禁毒合作協調機制」, 2009年 5月 21日, http://news. cnnb.com.cn/system/2009/05/21/006108612.shtml.

에 진입하게 되었다. 상하이 협력기구는 또한 독립국가연합CIS 집단 안보조약기구Collective Security Treaty Organization와 테러리즘 및 마약 거래 타격을 위한 협력 기제 수립에 대해 논의하였다.[44] 상하이 협력기구의 마약단속 협력은 점점 기제화 및 실무 단계로 발전하고 있다.

상하이 협력기구 구조하에서 중국과 중앙아시아는 마약단속 및 마약판매 타격 부문 등에서 탁월한 협력 성과를 거두었다. 즉, 몇몇 중대한 사건의 적발, 마약 밀수·판매 등의 통제, 불법제조 및 마취약품·향정신성 약품판매 등에 대한 협력 타격, 관련 인재 양성, 마약단속 협력 기제 건립 등 각 부분에서 새로운 협력 모델을 만들어 냈다. 이는 "황금 초승달" 지역의 마약에 대한 중요한 타격이 시작되었음을 의미한다. 또한 억제와 위협작용으로 이 지역에 가장 효과적인 마약 타격 기제가 되었고, 변강 안정을 위한 중요한 공헌을 하였다.

(4) 신장과 중앙아시아 국가의 안보협력 강화, 조화로운 변강 건설

현재 신장과 중앙아시아 국가들은 모두 안보 위협에 직면하고 있다. 새로운 상황하에서 신장과 중앙아시아 지역의 안보는 반드시 연동되어 있으므로 지역 안정 기제를 공동으로 수립하여 조화로운 신장을 만들어야 한다.

우선 정보공유 기제를 만들어야 한다. 신장과 중앙아시아는 양자 혹은 다자 정보공유 기제를 수립하여 각급 변방邊防부대가 눈앞의 "삼대 세력"에 대응하고, 마약 밀수의 국경 간 유통 특징을 파악하

---

44) 「上合組織將與集安組織合作打擊恐怖主義和毒品交易」, 2010年 11月 25日,
http://www.gov.cn/jrzg/2010-11/25/content_1753675.htm.

여 제때 유효한 대책을 수립하게 하며, 국경 관리를 강화하고 모든 필요 수단을 동원하여 테러 및 마약 관련자들을 변경 통상구에서 체포할 수 있도록 해야 한다. 실무적인 국경 정보교류 기제를 만들어 신장과 중앙아시아는 정기적으로 변방 분야 지도자 회의와 정보교류 회의를 개최한다;45) 이를 통해 "삼대 세력" 관련자, 마약 밀수자의 위조 증명서 혹은 신분 변조 상황에 대응 조치를 취할 수 있게 한다; 각국 변방 부문 출입국 증명 검사 업무를 강화한다; 전자통합 정보공유 체계를 수립하여 테러 및 마약 밀수 등 중점 분야에 대한 정보소통, 경험 공유, 인력 배양 기제를 강화한다; 국제법률 문건의 실행을 촉진하고, "삼대 세력" 및 마약 밀수 등 범죄조직 및 그 관련자 명단을 시의적절하게 갱신하여 이들에 대한 단속 효율을 높인다.

다음으로, 국경지역에서 지역 안정 능력 제고에 중점을 두어 폭력 테러세력의 침투를 막는다. 2014년 1월 신장에서 도망간 "동투르키스탄" 폭력 테러분자가 키르기스스탄-중국 국경에서 키르기스스탄 변방부대와 교전한 사건,46) 2013년 10월과 2014년 4월 베이징北京과 쿤밍昆明에서 발생한 폭력테러 사건 등은 우리에게 다음과 같은 사실을 알려준다. 신장과 중앙아시아 국가들은 반드시 국경지역과 대도시 인구밀집 지역의 안보 능력을 강화해야 한다. 또한 평온한 신장, 발전하는 신장, 견고한 국경이 중국에 극히 중요하다는 사실을 깊이 인식하고 있어야 한다. 또한 신장에서의 "분열과 반反분열 투쟁의 장기성, 복잡성, 첨예함"을 깊이 인식하고, 국제와 국내 두 개의 대국大

---

45) 張洋,「上海合作組織成員國邊防部門打擊"三股勢力"的情報機制建設」,『中國刑警學院學報』 2012年 第4期.

45) 張洋,「上海合作組織成員國邊防部門打擊"三股勢力"的情報機制建設」,『中國刑警學院學報』 2012年 第4期.

46) http://www.guancha.cn/Neighbors/2014_01_25_202166.shtml.

局을 잘 파악하여 "국가의 총체적 안보관"을 견지하면서 신장의 안보문제를 처리해야 한다. 첫째, 신장은 반테러 안정을 위한 주요 진지陣地이므로, 군과 지방의 일체화一盤棋 사상을 수립하여 동시다발적, 협력적, 종합적 시책을 시행해야 한다. 한편으로 연선 지역과 각 도시 거주민의 전민개병全民皆兵을 시행하고, 다른 한편으로 무장경찰, 공안 등이 눈앞의 폭력 테러 범죄의 특징을 적절히 파악하고 대규모 훈련, 실전 훈련, 전술의 최적화, 다양한 경종警種의 합동훈련, 즉시 전투에 투입할 준비 등을 해야 한다. 둘째, 신장과 중앙아시아 각국의 양자 안보협력을 강화하고, 지방의 공권력 부문 간의 효율적인 정기 소통 기제를 수립하여 "삼대 세력"에 대한 협동 방어 및 대응을 해야 한다. 셋째, 실크로드 경제벨트 연선 국가들과 다자안보 협력체계를 구축하여 반테러기구 협력을 더욱 강화하고, 안정과 안보를 위한 협조기구의 건립을 고려한다. 이 협조기구에는 정보 집중, 안정 행동 대비책 제정, 훈련과 연습을 조직, 작전지휘 등의 임무를 부여한다. 넷째, 집단안보조약기구 및 유럽안보협력기구Organization for Security and Co-operation in Europe 등 역외 국제조직과의 반테러 협력을 강화하여, 다방면에서 신장과 중앙아시아 국가의 반테러 능력 수준을 향상시킨다.

마지막으로 민생을 개선하여 발전으로써 안정을 촉진한다. 경제발전은 민생문제를 절절히 해결하여 신장의 안정을 유지하는 주춧돌이다. 그러므로 신장 개방을 통해 발전을 이룩하고, 발전을 통해 안정을 유지해야 한다. 경제발전과 민생 개선을 유기적으로 결합하여 신장 경제 번영을 촉진하고 민족단결과 사회의 조화 및 안정을 달성하는 것이다.[47] 신장 민생문제를 해결하는 주요한 임무는 지역발전 격차, 도농 주민 수입분배 격차, 사회 구성원의 빈부격차를 줄이고 취업 압력을 해결하는 4가지 측면이 있다. 첫째, 취업 및 재취업 사업을 계속 추진할 필요가 있다. 신장은 내지에서 지원하는 기술과 설비의 힘을 빌려 노동집약형 농산물 가공공업과 농목민農牧民 빈곤타파 사업에 더 매진해야 한다. 신장 농축산품의 가치 사슬을 기초로 더 많은 취업 기회를 제공하고, 근본적으로 민생문제를 해결해야 한다. 둘째, 끊임없이 교육 분야 개혁을 심화하여 교육 공평, 빈곤 완화, 각 민족 및 인민의 교육 수준을 제고해야 한다. 셋째, 기업 직원의 기본 연금, 도시 노동자의 기본 의료보험 제도 및 도시 최저생활보장 제도를 주요 내용으로 하여, 새로운 합동의료를 적극적으로 발전시키고, 각 사회보장제도 건설을 강화하며 사회보장 수준을 제고해야 한다. 평온한 신장, 발전하는 신장, 견고한 국경 전략을 강력하게 실시하여 신장이 장기적으로 태평하고 안정되게 만들어야 한다. 넷째, 실크로드 경제벨트 건설을 통해 중앙아시아 국가들에게 혜택이 돌아가게 하고, 중앙아시아 인민들의 생활수준을 제고하여 신장과 중앙아시아 지역의 부유, 번영, 안정을 이룩해야 한다.

2 중앙아시아 발전 추세와 신장의 발전

경제발전은 경제성장 속도, 성장의 안정성 및 결과를 포함할 뿐만 아니라, 국민의 평균적인 생활의 질도 포함한다. 여기에는 예를 들면 교육 수준, 건강 및 위생 표준 및 총체적인 경제구조, 사회구조

---

47) 「李克強在新疆考察強調切實改善民生促進和諧穩定」, 2010年 3月 24日, http://www.china.com.cn/policy/txt/2010-03/24/content_19671366.htm

등의 전반적인 진보 등이 들어간다. 경제발전은 경제의 지속적인 성장의 결과로서, 국민생활 수준의 제고, 경제구조 및 사회형태 등의 진보 역시 경제성장에 매우 의존한다. 경제성장과 경제발전은 모두 개인소득 및 국내총생산의 제고를 추구한다. 경제성장이 관심을 두는 중점은 물질적인 진보, 생활 수준의 제고이다. 그러나 경제발전은 국내총생산의 제고뿐만 아니라, 구조의 변화 내지 사회제도, 경제제도, 가치판단 의식형태의 변혁에도 관심을 둔다. 경제발전은 단기적인 것이 아니라 장기적인 것에 착안하고 양적인 것뿐만 아니라 질적인 것도 중시한다.

국제 경제협력과 국제무역은 국제경제 교류의 두 가지 중요한 형식으로 모두 생산 요소 및 상품생산과 관련이 있다; 국제 경제협력과 국제무역은 종종 서로 결합하여 종합적인 국제경제 활동을 구성한다. 국제 경제협력은 관련 국가 간 생산요소 재조정 및 운영 규칙과 그 협조 기제를 배치하는 것으로서 주요한 형식으로는 생산 영역에서의 직접 협력이 있다; 국제무역은 서로 다른 국가나 지역 간의 상품과 노동력의 교환 활동으로, 유통 분야의 범주에 속한다.

신장은 중국에서 국경선이 가장 길고, 인접한 나라가 가장 많은 성급 단위이며, 중앙아시아·서아시아 및 남아시아가 교차하는 지점에 위치하여 지역적인 이점을 대체할 수 없는 곳이다. 현재 중앙아시아 국가들은 속속 세계무역기구World Trade Organizaion·WTO에 가입하고 있고, 상하이 협력기구가 발전하고 있으며, 중앙아시아 경제협력이 빠르게 발전하고, 중국과 중앙아시아 석유관 및 천연가스관이 개통되었다. 실크로드 경제벨트 구상이 만들어 낸 새로운 상황에서 신장은 중국과 동남아·동북아·중서남아 세 변 가운데 중요한 한 축이 되었다. 또한 상하이 협력기구 구조하에 중앙아시아 국가와의 경제

협력이 날이 갈수록 광범위한 주목을 받으면서 신장은 중국경제에 점점 더 중요한 작용을 하고 있다. 과거 20여 년 동안 각국 인민의 생활수준이 나아지고 신장과 중앙아시아의 경제발전으로 이미 결핍 경제 시대를 벗어남에 따라, 양적인 증가뿐만 아니라 질적인 제고도 중시하게 되었다. 동시에 신장과 중앙아시아의 경제협력 분야도 끊임없이 확장되었고, 양자 간의 무역과 투자도 계속 확대되었으며, 상호의존도가 지속적으로 제고되었다. 이로써 양자는 이미 서로 중요한 경제협력 파트너가 되었고, 양자 간의 협력도 경제와 사회 각 부문으로 확대되었다.

이는 바로 시진핑 주석이 했던 말과 같다: "우리가 건설하려고 하는 상호연결·소통은 단지 길을 닦고 다리를 놓는 것뿐만 아니고, 또한 평면적이거나 단선적인 연결만을 의미하는 것이 아니다. 우리가 건설하려고 하는 것은 인프라, 제도, 인적 교류의 3위 일체이고, 정책 소통溝通, 시설 연통聯通, 무역 창통暢通, 자금 융통融通, 민심 상통相通의 5대 분야를 동시에 추진하는 것이다. 이것은 전방위적이고, 입체적이고, 그물망 같은 대연통大聯通이며, 생기가 넘쳐흐르고, 뭇사람이 지혜를 모으고 힘을 합치는 개방 시스템이다."48) 시진핑 주석의 참신한 설명에 따르면, "상호연결·소통"은 도로 등 인프라에 관련된 하드웨어 연결뿐만 아니라 규정과 제도 등의 소프트웨어 연결도 포함하며, 또한 인력 유동 등 사람의 연결人聯通까지도 포함한다. 때문에 상하이 협력조직 구조하에 신장과 중앙아시아 경제발전 관계의 구축은 주로 무역협력, 투자협력, 에너지협력, 교통운수협력, 인문협력

---

48) 「習近平在"加強互聯互通伙伴關系"東道主伙伴對話會上的講話」(全文), 2014年 11月 8日, http://news.xinhuanet.com/world/2014-11/08/c_127192119.htm.

등의 분야를 포괄한다.

(1) 무역협력

  지리적 위치에서 보면, 신장에 인접한 8개의 이웃 국가 중 중앙아시아의 카자흐스탄, 키르기스스탄, 타지키스탄은 20여 년 동안 줄곧 중국의 가장 주요한 무역 및 투자 동반국이었다. 이들 나라는 신장 대외무역과 투자의 70% 내외를 차지하고, 그 가운데 접경 무역 또한 대외무역 총액의 70% 내외를 차지한다. 거기에 상하이 협력기구 회원국인 러시아 및 인근의 우즈베키스탄까지 더하면, 신장은 중국의 대對서향 개방의 교두보이자 요충지가 된다. 지리, 인문, 자원의 이점 외에 중앙아시아 국가 간의 연선 무역, 자원 무역의 특징이 두드러지며, 점차 중국이 중앙아시아·서아시아·남아시아 내지 유럽 시장으로 통하는 쌍방향의 에너지 자원 및 각종 상품의 대통로이다.

1) 최다 개방 통상구

  중국의 개혁개방과 중앙아시아 국가들의 독립 이래로, 중국은 계속 통상구를 개방·개통하고 새로 만들어서 주변국가들과의 지리적 경제협력을 촉진했다. 신장은 중국에서 가장 많은 통상구를 갖고 있는 지역이 되었고, 그중 중앙아시아 국가들에게 개방된 통상구가 가장 많다.

  전통적 정의에 따르면, 통상구는 일급一類 통상구와 이급二類 통상구로 나눌 수 있다. 일급 통상구는 국무원의 비준을 받아 개방한 곳이고, 이급은 성급 정부의 비준을 받아 개방과 관리를 하는 곳이다. 이급 통상구는 이미 역사적 명칭이 되었고, 현재 정식 명칭은 "배후지 이송

화물 검사 지점腹地轉送運輸貨物查驗監管點"으로 세관海關이 관리하고 있다.

표 2-1. 신장과 중앙아시아 국가 일급 육로 변경 통상구 일람

통상구 명칭	통상구 유형	소속지역	근거지	개방일자	인접국가	상대국 통상구
아헤이투비에크 Aheytubiek 阿黑土別克	도로	알타이 지구 Altay 阿勒泰地區	하바허현 Kaba 哈巴河縣	미개통	카자흐스탄	알렉세이예프카 Alekseyevka 阿連謝夫卡
지무나이 Jimnay 吉木乃	도로	상동	지무나이현 Jimnai 吉木乃縣	1994. 3	상동	마이캅차가이 Maykapchagay 邁哈布奇蓋
바커투 Baktu 巴克圖	도로	타청지구 Tacheng 塔城地區	타청시 Tacheng 塔城市	1990. 10	상동	박투 Baktu 巴克特
아라산커우 Alataw Pass 阿拉山口	철로 도로	보얼타라주 Bortala 博爾塔拉州	보러시 Bole 博樂市	1991. 7	상동	드루즈바 Druzhba 多斯特克
호르고스 Khorgos 霍爾果斯	도로	이리주 Ili 伊犁州	훠청현 Huocheng 霍城縣	1983. 11	상동	코르가스 Korgas 霍爾果斯
두라타 Dulart 都拉塔	도로	상동	차푸차얼현 Qapqal 察布查爾縣	1994. 3	상동	콜자트 Kolzhat 科裏紮特
무자얼터 Muzart 木紮爾特	도로	상동	자오쑤현 Zhaosu 昭蘇縣	미 개통	상동	나린콜 Narynkol 納林果勒
투얼가터 Turgart 吐爾尕特	도로	커즈러쑤주 Kizilso 克孜勒蘇州	우차현 Uqia 烏恰縣	1983. 12	키르기스스탄	투르가트 Turgart 圖嚕噶爾特
이얼커스탄 Yearkeshtan 伊爾克什坦	도로	상동	상동	1998. 1	상동	이르케스탄 Yearkeshtan伊 爾克什坦
카라쑤 Kalasu 卡拉蘇	도로	카스지구 Kashi 喀什地區	타스쿠얼간현Tashkurgan 塔什庫爾幹縣	임시개방	타지키스탄	쿨마 Kulma 闊勒買

자료 출처: 신장 통상구 통계 자료

원래 이런 종류의 업무는 자치구 정부가 심사·허가하는데, 현재는 우루무치 세관이 심사·허가하고 있다. 2012년 말까지 신장은 국무원의 비준을 받아 일급 통상구 17개를 개방했는데, 그중 정식으로 개방한 것은 14개, 항공 통상구가 2개, 육로 변경통상구가 12개이다; 자치구 정부의 비준을 받은 2급 통상구, 즉 세관이 관할하는 통상구는 12개이다.[49] 중앙아시아와 개통한 10개의 통상구에서는 무역이 빠르게 발전하고 있다. 통상구의 경제발전 모델을 보자면, 신장 통상구의 대다수는 무역형, 여행 쇼핑형 통상구이다. 그러나 아라산커우 阿拉山口·Alataw Pass는 자원개발 및 가공전환형 통상구이고, 호르고스霍爾果斯·Khorgos는 종합개발과 협력중심형 통상구이다. 아라산커우와 호르고스 통상구는 철로, 도로, 수송관이 집결하는 현대화된 교통 요지로서, 신장과 중앙아시아 무역에서 거대한 역할을 하고 있다.

2) 무역 규모의 지속적 확대

중앙아시아 5국의 독립과 중국의 국경개방 전략에 따라 신장은 대외개방의 속도를 높이고, 중앙아시아 지역과의 무역도 급속히 발전하는 새로운 단계에 진입했다. 이에 따라 전 중앙아시아 지역이 신장의 가장 현실적이고 가장 광범위한 무역 파트너가 되었다. 몇 년 동안 신장과 중앙아시아 5국의 무역액은 기복을 겪었지만 총체적으로 증가했다.

중앙아시아 국가들의 독립 이래 20년 동안, 신장과 중앙아시아 5국의 무역액은 중국과 중앙아시아 무역총액의 70% 내외를 점하였

---

49) 「新疆口岸基本情況」, http://wqb.xinjiang.gov.cn/kagz/kajs/2013/212724.htm, 검색일: 2013年 6月 3日.

다; 그 가운데 변경 무역은 신장무역 총액의 70% 내외를 차지하고, 여행 쇼핑 무역은 변경무역의 70% 내외를 차지한다. 중앙아시아의 무역에서 신장이 차지하는 위상이 계속 상승하고 있다. 또한, 중앙아시아를 통해 파키스탄, 아프가니스탄, 이란, 러시아 중부 및 외(남)外(南)코카서스 지역에 강한 복사작용을 하고 있다.

표 2-2. 2000~2013년 신장과 중앙아시아 5국 수출입 무역 총액

단위: 억 달러

연도 국가	2000	2004	2005	2006	2007	2008	2009	2010	2011	2012	2013
카자흐스탄	11.83	32.86	50.16	50.15	69.74	90.71	68.98	92.59	105.97	111.67	122.55
우즈베키스탄	0.10	0.86	1.38	2.66	3.36	4.36	3.86	6.21	7.41	8.31	8.72
키르기스스탄	1.71	4.62	7.47	18.57	32.50	79.73	29.73	26.57	38.06	40.39	41.73
타지키스탄	0.10	0.30	0.99	2.18	3.77	12.54	8.68	10.76	17.22	14.07	15.85
투르크메니스탄	0.02	0.04	0.14	0.43	0.40	0.77	0.72	1.29	1.18	-	-

주: 투르크메니스탄 2012-2013년 데이터 결여
출처: 신장의 각 연도 통계연감과 통계정보에 근거하여 저자 작성

20년 동안 신장과 중앙아시아의 상품 수출입 구조 변화는 완만하였지만, 수출 상품의 질은 현저하게 제고되었다. 신장에서 중앙아시아로 수출되는 상품은 중저급 공업완제품에서 점점 고급 완제품으로 바뀌고 있다. 초기 몇몇 초보적인 원료 산품에서 화학공업, 경방직, 농업기계, 건축 기계설비, 금속제품, 농산품, 가전제품, 식품, 일용품, 전자 및 기계 등 국민경제 각 분야의 산품으로 발전했으며, 심지어 생물학 제제制劑 등 첨단과학 제품까지 포함하였다. 각자의 시장이 부단히 성숙됨에 따라 산업구조의 업그레이드와 조정이 이루어지고 수출입 상품 구조 역시 끊임없이 변화하였다.

신장과 중앙아시아의 무역 방식 역시 시기에 따라 변화하였다. 양자 간 결제방식은 전통적인 자유 외환결제 외에, 최근 중국은행 신장분행이 국제상업은행의 통상 방식을 적극 채용하여, 수출입 화환어음押汇, 정기결제, 어음할인, 신용장 담보대출 등 다양한 금융업무를 개설하였다. 이를 통해 기업의 환수입 및 결제 속도를 높였을 뿐만 아니라, 양자 대외무역 기관의 수출입 업무 안전 및 외자기업의 이익을 어느 정도 보증하였다. 이외에도 최근 중국은 중앙아시아에서 위안화 지역화, 위안화 스와프 등의 업무도 추진하고 있다. 이런 것들은 신장과 중앙아시아 무역 방식이 점점 세계와 연결되고 있음을 의미한다.

3) 변경무역의 특수한 역할

개혁개방 이전 신장은 일반무역과 국가무역협정 집행만 했으며, 파키스탄에 대한 변경 소액무역 등 비교적 단순한 방식의 무역만 했다. 개혁개방 이후 신장의 외자기업은 점점 다양한 무역방식을 이용하기 시작했다. 상술한 무역방식 외에도 물물교역, 현금무역, 가공무역, 구상무역, 기술무역, 박람회 무역을 증대시켰으며, 더불어 변경주민의 호시互市무역, 변경 소액무역, 여행 쇼핑 무역 등을 포함한 다양한 변경무역 방식을 실행했다. 그중 변경무역과 일반무역은 점차 가장 주요한 무역방식이 되었다. 변경무역은 신장 대외무역 가운데 가장 특색 있고 우위를 보이는 분야이며, 자치구의 대외개방을 가속화 하고 지역성 국제 상업무역 센터를 건설하는 데 중요한 역할을 한다. 20년 동안 신장 통상구의 화물이동량은 연평균 20%의 성장을 보였고, 줄곧 중국 변경무역의 70% 내외를 차지하였으며, 신장 대외

무역의 절반을 차지하였다.

표 2-3. 2007~2014년 신장과 중앙아시아 통상구 수출입 총액

단위: 백만 달러

연도\n지역	2007	2008	2009	2010	2011	2012	2013	2014
아라산커우	7205.71	10911	8490	11872	17393.39	16290	17428	15423
호르고스	1354.96	1714.73	1806.83	3021.59	7932.87	12650	16230	14500
지무나이	445.02	673.58	520.31	618.28	993.47	710	537.51	515.85
바커투	340.90	554.49	617.69	931.55	672.42	779	218	-
두라타	556.67	1048.35	1279.93	1356	1048.13	-	-	-
투얼짜터	1671.26	4751.92	2250.19	1729.39	2062.08	-	-	-
이얼커스탄	1452.12	3490.29	1858.83	1821.21	2378.85	-	-	-
카라쑤	32.57	860	258.43	639.88	530.10	-	-	-

주: 2014년 호르고스 수출입액은 1~10월의 수출입액, 「新疆霍爾果斯迸出口貿易額
    躍居新疆口岸之首」, http://news.ts.cn/content/2014-12/05/content_10792611.htm.
출처: 2008~2013년 신장 통계연감 및 통상구 정보에 근거하여 필자 작성

표 2-4. 2007~2014년 신장과 중앙아시아 통상구 화물이동량

단위: 만톤

지역\n연도	2007	2008	2009	2010	2011	2012	2013	2014
아라산커우	1703.59	1898.32	2323.94	2073.67	2033.76	2127.50	2982.9	2540
호르고스	64.88	64.70	67.37	308.64	1091.23	1661.80	-	-
지무나이	18.68	12.97	9.43	8.83	14.04	12.70	17.73	35.35
바커투	27.97	14.06	11.14	14.84	9.51	7.26	-	-
두라타	24.55	15.65	22.00	21.07	15.27	-	-	-
투얼짜터	49.10	55.98	40.72	38.18	42.98	-	-	-
이얼커스탄	37.28	50.66	33.50	40.54	45.1	-	-	-
카라쑤	5.63	9.7	7.39	12.04	11.52	-	-	-

출처: 2008~2013년 신장 통계연감 및 2014년, 2015년 통상구 정보에 근거하여 필자
    작성

무역의 선행先行과 산업의 연동 효과 때문에, 최근 내지의 기업들이 신장에 진출하고 있다. 이들은 각종 수출가공구, 경제개발구 및 주요 변경 통상구에서 중앙아시아 지역을 목표로 한 수출상품 조립과 가공에 종사하며, 주변국가 시장을 적극 개척하고 있다. 그리하여 현지 재정수입을 증가시킬 뿐만 아니라, 취업을 촉진하며 요식업, 물류, 여행, 정보 등 관련 산업을 이끌고, 서비스 무역을 활기차게 발전시킨다. 또한 현지 신형 공업화, 농업산업화 및 도시화 과정을 가속화하고, 주변 지역의 경제발전을 촉진시킨다. 대외무역은 또한 간접적으로 신장의 1·2차산업의 안정적 성장을 이끌고, 동시에 교통운수, 물류창고, 금융통신, 요식업, 숙박업 등 3차산업의 번영을 이루어낸다. 그 결과 신장 국제상업무역 센터 건설을 촉진하고, 신장과 중앙아시아 경제 구조조정을 가속화하며, 우세한 자원의 전환을 추진하고, 신형공업화 건설과 신농촌건설을 이끌며, 재정수입 증가와 일자리 창출에 적극적인 역할을 한다.

그러나 신장과 중앙아시아 무역협력은 다음과 같은 해결해야 할 문제가 존재한다: 신장은 전반적으로 대외개방도가 충분하지 않고, 지리적 우위와 인문적 우위가 충분히 발휘되지 못하고 있다; 신장과 중앙아시아의 무역 의존도 제고가 시급하며, 무역상품 구조도 보다 최적화될 필요가 있다; 관련 통상구, 화물운송 등 인프라 건설이 발전속도를 따라가지 못하고 있는데 시급히 해결해야 한다; 중국과 중앙아시아 대외무역의 소프트웨어 환경 건설이 강화되어야 한다; 중국과 주요 무역 파트너 국가 간의 고·중위급 정부대화 기제, 대화 플랫폼이 완비되어 있지 않다; 각국의 정책과 조치가 자주 변화하여 양자 무역협력에 직접적이고 지속적인 영향을 미친다; 양자 무역협력 서비스 체계 및 쟁의 조정, 해결 기제가 갖춰져 있지 않다; 법률

협력 기제가 효과적으로 건립되어 있지 않다; 통관 협력 기제 운영의 효율성이 높아져야 한다; 양자 간 정기적 정보교류 통로 및 기제가 아직 진정으로 만들어져 있지 않다; 신장과 중앙아시아 무역발전 촉진 체계가 완비되어 있지 않다; 개방형 경제 서비스 플랫폼 건설이 상대적으로 낙후되어 있다; 신장의 시장 경영환경이 개선되어야 하며, 투자환경이 내지에 비해 나쁘고, 기업의 신용체계도 시급히 만들어져야 한다; 통상구, 경제기술개발구와 카스, 이리 등 경제특구의 특수 정책이 보다 활용성可操作性을 갖춰야 한다; 상하이 협력기구 및 기타 지역성 기구 플랫폼 이용이 충분하지 않다.[50]

(2) 투자 협력

신장과 중앙아시아 간의 투자협력은 무역협력보다 늦었고, 출발점도 비교적 낮았지만, 발전이 빠르게 이루어지고 있다. 최근 카자흐스탄 등 중앙아시아 국가가 키르기스스탄 및 우즈베키스탄에 대한 투자를 신속히 늘리고 있다. 그러나 전반적으로 중국의 중앙아시아 국가에 대한 투자가 훨씬 많으며, 분야도 훨씬 광범위한 일방적인 투자구조가 형성되어 있다.

20년 동안, 특히 상하이 협력기구가 설립된 이후 신장의 중앙아시아에 대한 경제협력 수준이 계속 높아지고 있고, 상호 투자 능력 역시 높아지고 있다. 투자 분야도 계속 확대되고 있으며, 투자 규모도 커지고, 투자 주체도 다원화되고 있다. 그리고 투자 출처의 다양화, 투자 분야의 전문화, 투자지역의 집중화라는 특징이 나타나고 있다.

---

50) 王海燕, 『新地緣經濟:中國與中亞』, 世界知識出版社, 2012, pp. 260-262.

1) 투자 분야의 확대

중앙아시아 독립 이후, 카자흐스탄 등 국가들은 잇따라 「국유기업법」, 「주식회사법」, 「유한 및 보완책임 동업회사법」, 「신용회사법」, 「투자법」, 「노동력관리법」, 「출입국관리법」, 「공상등기법」, 「외환관리법」 등의 법규를 제정하여 기업 경영활동에 법률적 기초를 제공하였다. 「투자법」에서는 외국자본에 대한 국민 대우를 시행하고, 농림어업, 식품가공업, 방직업, 화학공업, 야금공업, 기계 및 자동차 제조업, 인프라 건설, 교통운수, 호텔 및 요식 서비스업 등의 분야에 대한 국내외 투자를 장려하기 위해 감세, 면세, 관세 면제, 실물 증여 등의 방식을 통해 우대혜택을 규정하고 있다. 중국 또한 중앙아시아 국가 정부들과 "양자 투자보호 협정" 및 "이중과세 면제협정" 등 양자협의에 서명하였으며, 이러한 협정은 신장과 중앙아시아 투자협력 관계의 발전에 견실한 법률적 기초를 다지는 것이다.

1990년대 중반부터 현재까지 신장과 중앙아시아는 상호 투자를 장려하고, 투자기업인의 합법적 권익과 재산을 보호하기 위한 조치를 시행하고 있다. "주변이 우선"이라는 중국 외교 원칙에 따라 중앙아시아 국가는 중국이 실시하는 "해외진출走出去" 전략의 중점국가 가운데 하나가 되었다. 지리적 장점 및 각종 우대정책에 근거하여 전기통신, 고체광산, 건축자재 등 분야의 신장 기업은 중앙아시아와의 경제협력에서 훌륭한 성과를 얻었다. 많은 중국자본 기업은 중앙아시아 국가의 발전에서 이미 대강의 규모를 갖추었으며, 어떤 분야에서는 매우 높은 인지도와 영향력을 갖추고 있다. 신장과 중앙아시아 국가들은 합동으로 대형 에너지 프로젝트를 시행하는 동시에, 비非원자재 분야의 중요 프로젝트 시행에도 역량을 강화하고 있으며, 투자환경의 개선에도 힘을 기울이고 있다; 동시에 상대국 기업이 본국의 에너지, 기계설비 제조, 식품, 방직공업, 교통 및 물류 서비스, 야금, 건축자재, 여행 등의 분야에 투자하는 것을 적극 장려하고 있다.

중앙아시아에 대한 신장의 투자는 집중도가 매우 높은데, 주로 2 차 및 3차산업에 집중되어 있으며, 1차산업과 농업에 대한 투자 비중 은 매우 낮다. 그중 지질탐사, 측량업 및 유전·천연가스 개발 위주의 채굴업 투자가 비교적 큰 부분을 차지한다. 상대적으로 투자가 점점 증가하는 업종으로는 건축업, 식품가공업, 민용품가공업, 야금 및 금 속 가공공업, 숙박 요식업, 자동차 및 가정용품 수리업 등이 있다. 중앙아시아 투자에서 파동을 겪는 업종은 유색야금공업, 건축업, 운 수 및 통신업 그리고 농, 목, 임, 어업이 있다. 최근 몇 년간 중앙아시 아 석유 및 천연가스 채굴업에 대한 신장의 투자가 하락했다. 그러나 건축업, 가공공업, 금융업, 통신업에 대한 투자는 성장세를 보이고 있고, 식품업 및 의약업에 대한 투자가 고속 증가하고 있다. 2013년 말까지 중앙아시아에서 등록한 신장 기업은 주로 석유탐사 개발, 주 유소 네트워크, 농산품 가공업, 전기통신, 피혁가공, 건축 등 기초인 프라 건설, 요식 서비스, 무역 등의 분야였다; 중앙아시아 국가가 중 국에 투자한 분야는 피혁가공, 건축자재, 식품, 자동차 수리 등 분야 였고, 주로 신장에 집중되었다. 신장이 중앙아시아 국가에서 설립한 합자기업, 독자獨資기업은 대부분 중소형에 속하고, 특히 소형기업이 다수를 차지한다. 현재 양자는 석유 천연가스, 수력발전, 전기통신, 광산, 건축, 유색금속가공, 첨단기술 등 분야에 대한 대형 프로젝트 를 실시하거나 연구하고 있으며, 채광업, 기계제조, 화학공업, 전자, 소비품 등 잠재력이 풍부한 분야에 대한 투자를 적극 추진하고 있 다.51) 20여 년 동안 중국은 점점 중앙아시아 국가에 대한 직접투자국 순위 20위 안에 들었으며, 그중 중국의 중앙아시아에 대한 투자에서 신장이 차지하는 비중이 비교적 높다. 또한 지역 불평등, 파동성이 비교적 크고 규모가 계속 확대되는 등의 특징을 보이고 있다.

2) 투자규모의 지속적 확대

신장의 중앙아시아 투자는 중소 민영기업 위주이고, 중국 기타지역의 중앙아시아 투자는 국유기업 및 대형기업 위주이다. 때문에 신장의 중앙아시아 투자는 중국의 중앙아시아 투자액에서 차지하는 비중이 크지 않다. 그러나 투자기업의 수는 계속 60% 이상을 차지하고 있어서 중국의 중앙아시아 투자의 주력이라고 불린다.[52] 카자흐스탄은 중앙아시아에서 경제규모가 가장 큰 국가로서, 투자를 가장 많이 유치하는 국가이자 중국의 투자가 가장 많은 국가이다. 1993~2011년, 카자흐스탄이 유치한 중국의 직접투자는 총 57.51억 달러이고, 카자흐스탄 누적 외자 총액의 3.92%를 차지하며, 연평균 투자액은 3.03억 달러이다.[53] 카자흐스탄에 대한 중국의 직접투자는 연평균 27.26% 증가했으며, 이 기간 카자흐스탄이 외국에서 유치한 직접투자의 연평균 성장률(23.6%)보다 높았다. 중국은 투자 순위에서 8위를 차지하고 있지만, 투자액과 점유율은 모두 크지 않다.[54] 2012

---

51) http://kz.mofcom.gov.cn/article/zxhz/zzjg/201404/20140400552189.shtml.

52) 이러한 결론은 매년 상무부의 『外投资企业(机构)名录』 수량 통계에 근거한다. 체계적 데이터가 없기 때문에, 이 글에서 주로 인용하는 것은 중앙아시아 국가에 대한 중국의 투자액 및 중국과 러시아를 포함한 상하이 협력기구 국가의 투자액이다.

53) 카자흐스탄 중앙은행이 발표한 데이터, 중국 주카자흐스탄 대사관 경제상무참사처參贊處 홈페이지 http://kz.mofcom.gov.cn/.

54) 劉文翠·楊錦平, 「中國對哈薩克斯坦直接投資現狀與問題解析」, 『歐亞經濟』

년 6월 30일까지 카자흐스탄에 등록한 중국기업(기구)은 총 181개였다. 그중 중앙직속 기업은 23개, 성·직할시 소속 기업은 158개였다. 신장 우루무치자치구 소속 기업은 89개로 49.17%를 차지했다.[55] 카자흐스탄에 대한 신장의 투자는 주로 에너지 탐사 및 생산, 정보자문, 시장조사, 기술 서비스, 공사도급, 식물재배, 농산품 생산 가공, 포대자루 생산 및 판매, 주택건축시공, 실내장식 및 수리, 방호용품 생산 가공, 자동차와 부품 판매 및 수리 분야에 집중되어 있다. 최근 중국은 키르기스스탄 5대 투자국 가운데 하나가 되었다. 2013년 키르기스스탄이 유치한 외국 직접투자의 가장 주요한 범주는 합자기업 주식으로, 총투자액의 67.3%를 차지한다; 직접투자의 주요 업종은 부동산, 가공업, 금융업으로 각각 총액의 40.9%, 35.2%, 9.5%를 차지했다. 2013년 중국은 키르기스스탄 직접투자 제1 위국이 되었고, 투자액은 4.545억 달러, 직접투자 총액의 45.8%를 차지했다. 이외에도 독립국가연합 내외로부터의 직접투자는 각각 1.258억 달러 및 8.674억 달러로서, 각각 12.7%와 87.3%를 차지했다.[56]

독립 이후 2014년 11월 말까지 우즈베키스탄이 유치한 투자는 1800억 달러로서, 그중 600억 달러가 외국 직접투자였다.[57] 우즈베키스탄이 유치한 중국의 직접투자 및 차관 누계는 52억 달러를 넘었고, 실행된 항목은 총 70여 개였다. 현재 우즈베키스탄에는 총 488개

2014年 第1期.

55) 중국 상무부가 발표한 『境外投資企業(機構)名錄』 통계 데이터에 근거.

56) 「2013 年吉爾吉斯吸引外國直接投資概況」, http://kg.mofcom.gov.cn/article/ztdy/201405/20140500585120.shtml. 검색일: 2014年 5月 14日.

57) 「烏玆別克斯坦獨立以來總計吸引投資逾 1800 億美元」, http://uz.mofcom.gov.cn/article/jmxw/201412/20141200819445.shtml. 검색일: 2014年 12月 3日.

의 중국투자기업이 있고,[58] 기업 소재지는 12개 주, 1개 공화국 및 1개 직할시에 골고루 퍼져있다. 우즈베키스탄에서 중국기업이 등록한 자본합계는 약 12.03억 달러이고, 신장 기업이 위주이며, 주로 건축재료, 제약, 어업, 시멘트, 금속부품金屬構件 등의 분야에 집중되어 있다.[59]

투르크메니스탄은 정치적으로 안정되어 있고, 석유자원 부존량이 풍부하고, 경제성장 전망이 양호하다. 이러한 투자환경으로 인해 투르크메니스탄의 투자 흡인력은 계속 증가하고 있다. 2014년 4월까지 투르크메니스탄에 등록한 중국자본 기업은 37개로, 중앙기업 및 국유기업 혹은 민영 중대형 기업 위주이며, 신장 기업은 비교적 적다. 투자항목 총액은 44억 달러를 넘고, 투자업종은 주로 석유 및 천연가스, 교통통신, 농업, 방직, 화학공업, 식품공업, 건축업이다.[60] 최근 타지키스탄은 정세가 상대적으로 안정되고, 경제발전을 위해 개방적 대외경제정책을 실행하며, 국제사회의 원조를 적극 추구하고, 대외경제협력을 추진하며, 투자환경 개선을 위해 노력하고 있다. 2014년 6월 말까지 중국은 이미 타지키스탄의 2대 투자국, 3대 무역 파트너, 4대 원조국이 되었다. 2014년 6월 말까지 타지키스탄은 총 26.59억 달러의 외자를 유치했는데, 그중 중국의 투자액은 4.67억 달러로

---

58) 「中國對烏茲別克斯坦投資總額76億美元」, http://uz.mof com.gov.cn/article/jmxw/ 201407/20140700675726.shtml. 검색일: 2014年 7月 27日.

59) 「新疆與烏茲別克斯坦經貿合作中存在的主要問題和困難」, http://uz.mofcom. gov.cn/article/zxhz/zhxm/201212/20121208496774.shtml, 검색일: 2012年 12月 24日.

60) 「我企業在土參與的投資項目金額超44億美元」, http://tm.mofcom.gov.cn/article /zxhz/tjsj/201405/20140500579662.shtml, 검색일: 2014年 5月 9日.

제2대 투자국이었다.[61] 중국의 주요 투자 분야는 공사 도급, 도로 건설, 터널 건설공사, 남북 전력수송 변전소 건설 등 중요한 의의가 있는 국가 프로젝트이며, 신장 기업의 투자는 농업협력 및 건설자재 항목 등이었다.

종합하면, 중앙아시아에 대한 신장의 투자는 신장의 공업 및 농업 산업화, 규모화, 표준화 정도가 낮다는 문제에 직면하고 있으며, 농산품 수출기지 건설 속도 역시 중앙아시아 시장의 수요 확대를 충족시키지 못하고 있다; 중앙아시아의 몇몇 국가는 투자 법률 집행이 엄격하지 못하고, 중앙아시아의 총체적인 교통 및 전력 인프라도 시급히 개선되어야 한다; 정부 부문의 업무 효율이 높지 못하여 기업 경영활동에서 시간과 금전의 손실비용이 증가하고, 프로젝트 개시 기한이 비교적 길다; 중앙아시아 일부 국가는 대출이 어렵고 비용이 비교적 크다는 문제가 있다. 금융위기는 중앙아시아 산업구조의 불건전성, 불균등성, 원료형 경제, 자원수출지향형 경제 등의 폐단을 드러냈다. 각국은 국가 미래발전전략을 조정할 때 자국 산업구조 조정을 중요한 순위로 설정하고, 적합한 산업 우선 발전 방향을 확정하고자 한다. 이는 중앙아시아가 지역산업 분업체제의 재구축이라는 도전에 직면하고 있다는 것을 의미하며, 신장에게는 중요한 기회가 될 것이다. 이를 위해 상생과 지속가능한 발전을 이룰 수 있는 지역산업 분업체계를 중앙아시아와 공동으로 구축하고, 호혜적이고 합리적인 중앙아시아 지역 산업분업 구조를 재구축해야 한다.

---

61) 타지키스탄 국가통계국, www.tJstal.ru.

(3) 에너지 협력

신장과 중앙아시아의 에너지 협력은 주로 석유와 천연가스 분야에 집중되어 있다. 중앙아시아 5개국은 두 부류로 나눌 수 있다; 하나는 석유 천연가스 잉여국으로 카자흐스탄, 투루크메니스탄 및 우즈베키스탄처럼 자원이 풍부한 나라가 이에 속한다. 이곳에서 확인된 석유와 천연가스 매장량은 각각 세계에서 1.9%와 13.3%를 차지하고, 중앙아시아 전체의 98% 이상을 차지한다. 2013년 말까지 3국에서 확인된 석유 매장량은 카자흐스탄 39억 톤, 우즈베키스탄 8137만 톤, 투르크메니스탄 8220만 톤이다; 천연가스 매장량은 각각 1.29조 ㎥, 1.1조㎥, 17.5조㎥이다.[62] 다른 하나는 석유와 천연가스 결핍국으로 키르기스스탄과 타지키스탄이 이에 속한다. 양국은 석유와 천연가스 자원이 매우 빈약하며, 특히 타지키스탄의 석유와 천연가스는 경제적 의미가 거의 없어서 수입에 의존하는데, 그 대상국은 우즈베키스탄과 투르크메니스탄이다.

중앙아시아의 인구가 많지 않기 때문에, 최근 중앙아시아 국가에서 생산된 에너지는 대부분 세계 에너지 시장에 공급된다. 중앙아시아는 이미 세계 에너지 시장의 중요한 공급지 가운데 하나가 되었다. 중앙아시아 국가의 에너지 정책은 최근 완비되고 있으며, 점점 독립 자주의 노선을 걷고 있다. 각국의 사정이 다르고 중앙아시아 국가의 에너지 정책이 얼마간 변화했기 때문에, 중점과 구체적인 내용에 차이가 있다. 그러나 최근 몇 년간 대부분 아래와 같은 사항을 강조한다; 에너지 투자 주체 다원화, 본국 이익 최대화 실현; 에너지 수출 다원화, 수송관을 통한 수출 다변화; 융자 경로 다원화, 협력

---

62) 2013BP(British Petroleum) 에너지 통계.

방식의 다양화; 에너지 가공업 수준 제고, 대외 기술 의존성 감소; 국가 통제 단일화, 에너지 통제, 에너지 외교 등의 전략 채택; 에너지 공업 현지화, 외국 기업에서 종사하는 본국 종업원 취업자수 비율 규정 제정. 이외에도 에너지 채굴과 가공은 온실효과를 일으켜 환경에 대한 영향이 크다. 최근 중앙아시아 국가들은 외국자본과 기술을 유치하고자 하는 동시에 환경보호에도 주의를 기울이기 시작했다.[63]

신장은 주로 카자흐스탄, 투르크메니스탄, 우즈베키스탄 3국과 에너지 협력을 하고 있으며, 주요 분야는 석유 천연가스 탐사 개발, 석유 천연가스 수송관 건설 등이다.

우선, 석유 천연가스 탐사개발 분야의 협력이 더욱 긴밀해지고 있다. 신장과 중앙아시아 천연가스 탐사 분야 협력은 주로 중국석유총공사CNPC와 중국석유화공총공사Sinopec의 신장 분사 및 신장 본지의 몇몇 중대형 기업이 참여하고 있다. 중-카 에너지 협력은 비교적 긴밀하고, 큰 프로젝트가 비교적 많으며, 진행이 원활하다. 그 대상은 악퇴베Aktobe, 카자흐스탄 석유공사PetroKazakhstan, 망기스타우Mangistau, 북부 부자치North Buzachi, 카샤간Kashagan 등 선도 유전 탐사개발프로젝트 및 파블로다르Pavlodar 정유공장 프로젝트 등을 포함한다. 탐사개발 기술이 부단히 발전함에 따라 생산량도 끊임없이 상승하고 있는데, 악퇴베의 경우 원유 생산량이 1999년 230만 톤에서 2013년 630만 톤으로 증가하였다.[64] 중-우 에너지 협력은 비교적 늦게 시작되었다.

63) 王海燕,「上海合作組織成員國能源合作:趨勢與問題」,『俄羅斯研究』2010年 第3期.

64) 王海燕,「中國與中亞五國油氣合作:現狀與前景」, 孫力·吳宏偉 主編,『中亞 國家發展報告(2014 黃皮書)』, 社會科學文獻出版社, 2014.

2000년 우즈베키스탄 정부는 자력갱생 개발전략을 변경하여 외자 도입으로 석유 천연가스자원 개발을 결정하고, 2001년 새로운 「석유 천연가스 투자법」을 반포하였으며 일부 유전 탐사구역을 개방하였다. 중국은 우즈베키스탄 경내의 3개 유전탐사개발 프로젝트에 참여했는데, 육상 독립자본 프로젝트, 아랄해 수역 연합 탐사개발 프로젝트 및 밍불락Mingbulak 탐사개발 프로젝트이다. 여기서는 아직 석유 천연가스가 생산되지 않고 있다. 중-투 석유 천연가스 협력도 늦게 시작되었지만 발전이 매우 빠르다. 2007~2009년, 중-투는 천연가스 전면 협력에 대한 인식을 공유하고 협력을 시작하였다. 현재 투르크메니스탄은 중국의 천연가스 최대 수입 원산국이 되었고, 신장 서기 동수西氣東輸 프로젝트(서부의 가스를 동부로 수송하는 프로젝트, 역자 주)의 주요 공급국이다. 중-투 협력 항목은 아무다리야Amu Darya강 우안右岸 생산품 분해 프로젝트, 부흥(즉 남부 욜로탄Yolotan) 가스전 100억㎥/연산 건설 프로젝트 등 굴착, 설계, 구매, 시공EPC 일괄수주 Turn-Key 프로젝트 분야 등이다. 2014년까지 중-투 양자가 서명한 천연가스 거래는 650억㎥/년에 달했다.[65]

2014년 말까지, 중국 석유기업은 중앙아시아 지역 20개 항목에 대해 투자를 집행했으며, 업무 범위는 유전탐사, 개발, 수송관, 정유 및 매매 등의 분야를 포함한다. 이를 통해 중국과 중앙아시아 3개국을 관통하는 중요 석유 천연가스 협력구역과 수송관 벨트가 초보적으로 형성되었다. 20년 동안 중국과 중앙아시아 각국은 석유 공사 기술 서비스, 에너지 탐사와 채굴 기술 설비 제공, 유전탐사와 채굴 협

65) 「中土簽署年增供250億方天然氣購銷等協議」, http://news.cnpc.com.cn/system/ 2013/09/04/001445908.shtml. 검색일: 2013年 9月 4日.

력, 에너지 회사의 합작 경영 및 에너지 수송로 합동 건설 등 분야에서 광범위한 협력을 진행했다. 중국기업은 중앙아시아에서 탐사개발, 수송관을 통한 운반, 정유 및 생산품 매매가 일체화된 석유산업 사슬을 형성했고, 국가를 위해 새로운 에너지전략 통로를 구축하였다. 신장의 기업은 유전 탐사개발, 기계설비 생산과 공급, 수송관 생산·공급·설치·수리 및 석유 천연가스 가공 등 분야의 합작에서 중요한 역할을 하였다. 중국과 중앙아시아 석유 천연가스 협력구역은 원래 하나의 프로젝트였지만, 점차 에너지 협력을 연결고리로 한 경제협력체로 성장하였고, 국제 지역협력의 성공적 모범이 되었다.

둘째, 수송관 건설 분야의 협력은 전략적 의미를 갖고 있다. 중국과 중앙아시아 에너지 협력의 최대 성과 가운데 하나는 중국의 첫 번째 육상 에너지 통로를 개척한 것이고, 그 가운데 주요한 것은 중-카 원유수송관 및 중-중앙아 천연가스 수송관이다. 중-카 원유수송관은 총 길이가 2800㎞를 넘고, 서쪽으로 카스피해 아티라우Atyrau에서 시작해 켄키약Kenkiyak, 쿰콜Kumkol, 아타수 Atasu를 경유하여, 중-카 국경의 아라산커우에서 신장으로 진입해 최종적으로 신장 두산즈獨山子 정유공장에 도달하는데, 이를 통해 카자흐스탄 서부의 원유가 중국 경내로 수송된다. 2014년 7월 14일까지 중-카 원유수송관(아타수-아라산커우)은 8년 누계 총 7022만 톤의 원유를 중국에 수송했다.[66) 중-카 원유수송관은 중국의 첫 번째 원유수입 육상통로를 개척했고, 중앙아시아 실크로드 경제벨트의 중요한 구성부분이다. 이는 중국의 원유 공급선을 보다 안정적으로 만들었으며, 중국의 에너지 안보에 중요한 의미를 갖는다. 2014년 6월 11일, 카자흐스탄은 중국으로

---

66) 「中哈原油管道輸油超7000萬噸」,『北京商報』2014年 7月 16日.

의 석유수출 협력협정을 비준했으며, 러시아에서 중국으로 수출되는 석유도 중-카 원유수송관을 통과할 예정으로,[67] 중-카 원유수송관의 전략적 중요성을 대폭 상승시켰다.

중국-중앙아시아 천연가스수송관은 중국이 건설한 첫 번째 다국 통과 천연가스수송관으로, 중국 4대 에너지 통로 가운데 하나이다. 또한 현재 세계에서 가장 길고, 등급도 제일 높은 천연가스수송관이다. 아무다리야강 우안의 투르크메니스탄과 우즈베키스탄 국경의 게다임Gedaim에서 시작하여, 우즈베키스탄과 카자흐스탄을 지나 신장의 호르고스를 통해 중국에 진입한다. 2006년 4월 협의에 서명하고, 2008년 착공하여 현재 이미 운영되고 있는 A, B, C선을 포함하여 총 길이는 1833㎞이다. D선은 2014년 9월 착공했는데, 투르크메니스탄 부흥유전에서 시작하여 우즈베키스탄, 타지키스탄, 키르기스스탄 3국을 경유하여 신장의 우차烏恰·Ulugqat를 종점으로 하는 총 1000㎞의 수송관이다. 중-중앙아 천연가스수송관은 중앙아시아 5국과 중국의 관계를 더욱 긴밀하게 만들었다. 2014년 11월까지 중-중앙아 천연가스수송관이 운송한 누적량은 총 1000억㎥를 넘었다.[68] 이 수송관은 중앙아시아 5국과 중국을 포함하여 "실크로드 경제벨트" 연선국가 다국 협력의 새로운 모델을 만들었으며, 다자협력의 성공적인 모범이 되었다. 신장은 중앙아시아와의 에너지 협력에서 중요한 참여자 및 협력자일 뿐만 아니라, 대체할 수 없는 에너지 대통로라는 중요한 역할을 시작하였다.

---

67) 「風雲變幻凸顯中哈原油管道戰略意義」, http://news.cnpc.com.cn/system/2014/06/17/001492187.shtml, 검색일: 2014年 6月 17日.

68) 「中國―中亞天然氣管道累計輸送天然氣突破1000億立方米」, 『山西日報』 2014年 11月 24日.

그러나 신장과 중앙아시아 에너지 협력에는 제약요소가 존재한다. ① 상하이 협력기구 지역의 안보형세가 낙관적이지 못하고, 신장과 중앙아시아는 엄준한 테러주의, 극단주의 및 분열주의 위협에 직면해 있으며, 이는 에너지 생산과 수송 안전에 영향을 미친다; ② 상하이 협력기구 등 중앙아시아 지역의 기제는 에너지 안보를 보장할 능력이 결핍되어 있고, 현재 에너지 수송관 등 관건적인 인프라를 보호할 수 있는 응급 기제를 갖추지 못하고, 대응할 수 있는 실체 및 기제를 결여하고 있다; ③ 중앙아시아 국가들의 에너지 개발이 자금, 기술 등에서 병목현상에 직면해 있다; ④ 에너지 시장의 공급과 수요가 불안정한 문제가 있다.

2009년이래, 국제 에너지 가격이 대폭 하락하고, 국제금융위기와 셰일가스 혁명으로 상하이 협력기구의 주요 에너지 수출국과 에너지 수입국의 지위에 커다란 변화를 일으켰다. 원래의 판매자 중심의 시장이 구매자 중심의 시장으로 변화했고, 카자흐스탄, 우즈베키스탄, 투르크메니스탄 등의 국가는 구매자가 중요하다는 인식을 하기 시작했다. 이에 상하이 협력기구 회원국과 옵서버 국가들로 눈을 돌리게 되었다. 에너지 수출 비중이 높은 카자흐스탄, 투르크메니스탄, 우즈베키스탄 등의 국가는 중국과의 에너지 협력 강화가 시급하다.

(4) 교통 운수 협력

지리적으로 중앙아시아 각국은 유라시아의 내륙에 위치해 있고, 직접 해양으로 나갈 수 없다. 이러한 지리적 요인으로 중앙아시아 국가들은 서로 의존할 수밖에 없다. 왜냐하면 이 지역은 내륙 운수 체계를 개방해야만 각국의 국경을 넘어 국제시장과 연결될 수 있기 때문이다. 중앙아시아 지역 경제 일체화의 진전 및 중국의 실크로드 경제벨트 구상 제출에 따라, 중국과 중앙아시아 국가 간의 무역협력은 매우 발전하게 되었다. 동시에 운수 대통로인 신장과 중앙아시아 간의 교통 운수 협력의 폭과 깊이를 더욱 확장해야 한다는 요구가 제기되었다.

신장과 중앙아시아 교통 운수 협력의 주요 경로는 다음과 같다; 교통 대통로 건설, 물류 인프라 건설, 정보협력 및 표준의 일치화, 정합성을 갖춘 하드웨어와 소프트웨어가 입체적으로 교차하고 상호보완적인 네트워크 건설. 전자의 두 가지는 하드웨어 건설에 속하고, 후자의 두 가지는 소프트웨어 건설에 속하는데, 모두 동등하게 중요하다. 그 목적은 상호연결·소통을 통해 물자가 원활하게 유통되고物暢其流, 사람들이 원활하게 왕래人暢其通하는 것이다; 즉 '공동발전, 공동번영'을 위한 것이다.

첫째, 교통 대통로 건설이 발전의 기초이다. 철로운수, 도로운수, 항공운수, 수송관 운수(이 책 에너지 협력 부분 참조) 및 수상운수 등을 포함한 입체교차와 연계운송 네트워크가 신장-중앙아시아 교통 운수 대통로를 구성한다. 철로운수는 신장과 중앙아시아 협력에서 가장 중요한 분야로서 양자 화물운송의 70% 이상을 차지한다. 20여 년 동안 다양한 철로운수 노선이 개통됨에 따라, 중국과 중앙아시아를 잇는 철로망이 기본적으로 마련되었다. 중국 룽하이철로隴海鐵路(장쑤江蘇성 롄윈강連雲港에서 간쑤甘肅성 란저우蘭州까지 이르는 철로, 역자주), 란신철로蘭新鐵路(간쑤성 란저우시에서 신장 우루무치 간의 철로, 역자주)가 중앙아시아 지역의 철로 간선과 연결됨에 따라 철로는 신유라시아 대륙교大陸橋의 중요한 구성 부분이 되었다. 중국 동남 연해의 도시에서 시작하여 신장과 카자흐스탄을 경유하여 유럽으로 통하는 제1, 제2 유라시아 대륙교를 포함하여 정저우^{鄭州}-유럽 정기열차^{鄭歐班列}, 충칭^{重慶}-신장-유럽 열차^{渝新歐}, 청두^{成都}-유럽 쾌속열차 ^{蓉歐快線} 및 우한^{武漢}-신장-유럽 열차^{漢新歐} 등 아시아와 유럽을 가로지르는 많은 철로 간선과 지선이 최근 속속 개통되었다. 미래에 매우 유망한 것은 중국-키르기스스탄-우즈베키스탄 철로이다. 확대와 개조를 통해 중앙아시아·남아시아와 연결하는 시베리아 철도 북선^{北線}·중선^{中線}·남선^{南線}, 중앙아시아 고속철도, 유라시아 고속철도 및 범아시아 고속철도 등이 실크로드 경제벨트 프로젝트에 포함되어 있다. 이는 중국 내지의 발전된 성에서 생산한 상품이 신장을 통해 중앙아시아 및 유럽시장으로 진출하게 하고, 중앙아시아 국가의 상품을 동남아로 운송하는 통로가 될 것이다.

도로운수는 교통 대통로의 중요한 구성 부분이다. 중국과 중앙아시아 지역의 도로는 서로 연결되어 있고, 중국과 중앙아시아 국가를 연결하는 주요 간선도로는 모두 아시아 도로 네트워크에 가입되어 있다. 중국의 례윈강에서 시안^{西安}을 거쳐 호르고스에 이르는 국가 고속도로와 중앙아시아를 가로지르는 유럽 E40호 도로가 서로 연결되어 있다. 신장은 이미 "비슈케크-투르가트^{吐爾尕特·Turgart}" 도로, 중-키-우 도로 및 E-40 도로 등을 개통시켰다. 이들은 카자흐스탄, 키르기스스탄, 타지키스탄 통상구를 통하는 도로로서, 특히 키르기스스탄, 타지키스탄과의 주요 화물운수 통로를 완성한 것이며, 무역경제 협력에서 중요한 역할을 한다. "중국서부-유럽서부" 도로교통회랑은 총 길이 8445㎞로, 롄윈강에서 시작하고 중국 중서부를 거쳐, 신장 호르고스, 카자흐스탄을 통과하여 러시아 상트 페테르부르크^{Saint Petersburg}로 직통한다. 이는 중국 동부항구에서 시작하여 도로를 통해 발트해에 도달하는 국제운수 대통로를 개척한 것으로, 연선의 카자흐스탄 및 러시아 모두 이 도로의 건설을 중시하고 있다. 이 도로는 실크로드 경제벨트의 중요한 노선 가운데 하나가 될 것이다.

항공운수는 주로 사람의 왕래에 이용된다. 신장은 이미 카자흐스탄 알마아타(알마티)Alma-Ata·Almaty, 우즈베키스탄 타슈켄트, 키르기스스탄 비슈케크, 타지키스탄 두샨베, 투르크메니스탄 아쉬하바드 Ashkhabad 등 중앙아시아 주요 도시에 도달하는 가장 많은 직항노선을 개통했다. 그리하여 우루무치는 점차 중앙아시아와 중국 간 항공운수의 환승지점이 되었으며, 중국과 중앙아시아 협력에서 중요한 위치를 차지하고 있다. 이후 신장의 카스, 이닝伊寧·Gulja, 쿠얼러庫爾勒·Korla 등지에서 중앙아시아 주요 도시로 직항하는 다양한 노선이 열려 인적 왕래를 촉진할 수 있을 것이다.

수상운수는 신장과 중앙아시아 협력에 매우 필요한 분야이다. 만일 중국이 중앙아시아 국가의 상품이 신장을 통해 중국 경내로 들어올 수 있게 협조한다면, 육로로 중국 중부를 통해 상하이, 롄원강, 광저우廣州 등 연해 도시에 운송되고, 수로와 연결하여 동남아시아의 해상 실크로드 통로로 뻗어나갈 수 있다;중앙아시아 국가가 신장을 통해 중국 상품이 국경을 통과할 수 있게 협조한다면, 카스피해를 거쳐 러시아의 발트해에 도달하여 유럽 등지로 뻗어나갈 수 있다. 수륙연동 통로를 개척하는 것은 실크로드 경제벨트와 해상 실크로드를 연결할 수 있고, 중국과 중앙아시아의 상품시장을 최대한 확장하여 각국에 극도로 낙관적인 시장 전망을 가져다 줄 것이다.

이외에도 중앙아시아 국가들과 연결시켜 주는 아시아-유럽 광케이블이 이미 완성되었고, 신장과 카자흐스탄, 키르기스스탄 및 타지키스탄은 현재 중앙아시아 국가들에 대해 17개 국가1급통상구를 개방하고 있다. 그러므로 철로를 주체로 하고, 도로, 항공, 수송관, 통신 및 통상구 시설을 포함한 중국-중앙시아 교통회랑의 하드웨어가 대체로 이미 완성되었다고 할 수 있다.

둘째, 물류 인프라 건설이 매우 중요하다. 물류는 공급 사슬 활동의 일부분으로서, 시진핑 주석도 2014년 APEC^{Asian-Pacific Economic Cooperation·아시아 태평양 경제 협력체} 비공식 정상회의에서 전지구적 가치 사슬, 공급 사슬 분야 협력을 제기한 바 있고,[69] 또한 실크로드 경제벨트 건설의 중요한 구성부분이다. 오랫동안, 신장과 중앙아시아의 물류 인프라 건설은 양자의 경제무역 발전 수준과 발전속도에 뒤처졌다. 교통노선이 확대되고, 물류서비스의 고품질화 및 지구화에 대한 요구가 날로 높아짐에 따라, 양자의 물류인프라 건설이 계속 뒤따르게 되었다. 우루무치, 호르고스, 아라산커우, 알마아타, 비슈케크, 타슈켄트 등 신장과 중앙아시아의 주요 도시들은 이미 보세물류구, 특색상품 통상구, 다종 연계수송 유통센터, 국제 내륙항陸港 합동검사 센터, 물류 정보센터, 국제 상품전시 교역센터, 국제 내륙항 상무 센터 등의 물류기지를 이미 만들었다. 교통운수 노선의 확대에 따라, 중국의 물류 인프라 건설도 미국과 유럽의 대형 물류 기업의 경험을 배우고, 신장의 기업도 국경을 넘어 중앙아시아 국가와 물류기지를 합동으로 세우거나, 혹은 신장 기업과 중앙아시아 기업의 전략적 연합 등을 추진하였다. 앞으로 물류기술 장비 현대화가 필요하며, 신장의 물류기업과 내지의 선진적 물류기업의 협력을 장려하고, 중앙아시아에서 선진적인 기술과 장비를 채용하며, 물류 장비의 전문화 수준을 제고해야 한다; 동시에 물류 표준화 작업도 강화해야 하고,

---

69) 「習近平: APEC 會議決定實施全球價值鏈, 供應鏈合作倡議」, http://politics. people.com.cn/n/2014/1111/cl024-26007099.html.

신장과 중앙아시아 지역 물류의 조화로운 발전을 추진해야 한다; 물류 통로 조성, 지역 물류 조건 개선, 특색있고 우수한 농산품, 광산품 등 대량화물 물류산업을 적극 발전시켜야 한다; 녹색 물류를 발전시키고, 운수 구조를 최적화하며, 각종 운수 방식을 합리적으로 배치하고, 에너지 절감을 촉진하며, 빈차로 돌아오는 경우나 우회운수를 감소시켜야 한다.

셋째, 정보화를 철저히 추진해야 한다. 신장과 중앙아시아의 정보협력, 특히 세관, 출입국 검역소, 교통운수, 금융 등 기능 분야의 정보 소통 및 기타 협력이 이미 이루어지고 있고, 특히 세관의 전자통상구 협력이 점진적으로 추진되었다. 21세기에 접어든 이후, 우루무치 세관과 카자흐스탄 등 중앙아시아 국가의 세관은 수출입 상품과 인원에 대한 감독관리 및 수속 절차, 통계 데이터 정보교환, 세관 첨부문서와 표식 상호 인정, 중-카 원유관 감독관리, 중-카 호르고스 국제협력센터 등에서 양자협력을 하고 있다.[70] 이는 중국세관이 적극 참여하고 주도한 중앙아시아 지역 협력의 중요한 성과이다. 전자상거래 분야에서 중국은 상하이 협력기구의 외부자第三方를 대상으로 한 첫 번째 전과정 전자상거래 서비스 플랫폼 "아시아 유럽 국제물자 교역센터"와 국내 최초 클라우드 컴퓨터 거래 플랫폼 "신장 중앙아시아 상품 거래센터"를 신장 쿠이툰奎屯·Kuytun시와 커라마이克拉瑪依·Karamay시에 연이어 만들었다. 이를 통해 중앙아시아 국가의 원·재료 거래소와 중국 거래센터를 중심으로 국제 원·재료 현물경매 거래서비스, 신장 특색상품 도소매 서비스, 통상구 공공물류관리 정보 서

---

70) 王海燕 等, 『貿易投資便利化:中國與哈薩克斯坦』, 華東師範大學出版社, 2012, pp. 54-55.

비스, 대형 기업물류 및 공급 사슬 관리 서비스와 금융 서비스가 일체화된 국제물자거래센터로 발전하고 있다.[71] 이것들은 모두 국내외 기업에 국제 및 국내 무역 전과정 전자거래 서비스를 제공하기 위해 만든 직접거래 플랫폼이다. 세계 제2위 인터넷 회사인 알리바바司阿里巴巴 그룹 이사회 의장 마윈馬雲은 2014년 신장 특색 농산품 전자상거래 소개회推介会 및 신장 전자상거래 발전 정상 포럼에서, 알리바바가 신장 전자상거래 발전에 참여하기를 희망한다고 표명하였다.[72] 이는 신장과 중앙아시아 정보업의 협력과 발전에 큰 도움이 될 것이다.

앞으로 신장과 중앙아시아는 출입국 검사와 검역, 교통 운수, 변경 통상구 등 기능적 분야에서 정보협력을 긴밀하게 추진해야 한다; 기업물류 정보체계 수립을 가속화하고, 핵심 물류기업의 통합능력을 발휘하게 하며, 물류 정보사슬을 소통시키고, 물류 정보 전과정을 추적할 수 있어야 한다; 물류 공공정보 플랫폼 수립을 가속화하고, 전사회 물류 정보자원의 개발과 이용을 적극 추진해야 한다; 교통운수 물류 공공정보 플랫폼 발전을 추진하고, 철로, 도로, 수로, 항공, 우정郵政, 세관, 검사 검역 등 정보자원을 통합하며, 물류 정보와 공공서비스 정보를 효과적으로 결합하고, 지역 간 및 업종 내의 물류 플랫폼 정보 공유를 장려하며, 상호연결·소통을 실현해야 한다.

마지막으로, 표준의 일치를 적극 추진해야 한다. 표준의 일치는 신장과 중앙아시아 협력의 약한 고리이며, 협력이 매우 필요한 분야이

---

71) http://www.ktrcw.com/Company/showCompany.asp?companyid=134260.

72) 馬雲, 「新疆電子商務未來三至五年是艱難期也是機遇期」, http://news.iyaxin.com/content/2014-11/25/content_4718541.htm, 검색일: 2014年 11月 25日.

다. 중국은 WTO 가입 약속을 이행하면서 국내 기술법규, 기술표준, 검사양식 및 관리양식 등의 내용에 대해 일련의 개정과 개혁을 수행하였고, 검사 검역 입법과 법집행에서 비교적 큰 성과를 거두었다. 중앙아시아 각국은 검사 검역 분야에서 다음과 같은 개혁을 해야 한다: 첫째, 국내 기술법규를 한층 더 개정하고, 무역자유화를 촉진한다. 2005년 키르기스스탄 정부는 결의를 통과시키고, 기술규칙을 개정했는데, 합격인증서를 필요로 하는 수입상품 수량을 7000종에서 2000종으로 삭감하였고, 관리기구를 감소시켰다. 둘째, 국내 기술표준과 국제표준을 점차 일치시켜야 한다. 카자흐스탄, 투르크메니스탄 등 국가는「표준화법」혹은「표준화 및 인증법」을 속속 반포하고 실시하였다.73) 중앙아시아 국가와의 검사 검역 협력을 촉진하기 위하여, 2001년부터 중국과 중앙아시아 국가는 양자 조약과 협정을 체결하였다. 예를 들어, 2004년 5월 중국과 카자흐스탄은「동물검역 및 동물위생에 관한 중-카 양국 정부 협정」,「식물보호 및 검역에 관한 중-카 양국 정부 협정」에 서명하였다.74) 운수 편리화를 위한 소프트웨어 분야에서 중국과 중앙아시아 국가는 이미 19개의 운수협정을 체결했다. 여기에는 중국과 카자흐스탄, 키르기스스탄, 타지키스탄 및 우즈베키스탄이 서명한 양자 자동차운수 협정, 실시 세칙 및 국제자동차 운수허가증 제도 협의 등이 포함된다. 2014년 9월, 상하이 협력기구 회원국은 공동으로「상하이 협력기구 회원국 정부 간 국제도로운수 편리화 협정(간칭 협정)」을 체결하였고, 상하이 협력기구

---

73) 胡穎,「新疆與中亞國家貿易便利化發展的探討」,『對外經貿實務』2011年 第9期.

74) 王海燕 等,『貿易投資便利化:中國與哈薩克斯坦』, pp. 69-70.

6개국은 국제도로 운수 통일네트워크를 점차 만들어 가고 있다. 이런 협정은 실크로드 경제벨트 교통회랑의 원활한 소통을 위한 법률적 기초를 마련하였다. 표준의 일치화는 회원국의 무역, 운수, 검사검역, 세관 등 각 분야의 장벽을 낮추고, 기업의 비용을 감소시키며, 신장과 중앙아시아 경제협력을 최대한 촉진시킬 것이다.

종합하면, 신장과 중앙아시아 교통운수 편리화 협력에서 얻은 성과는 동서를 잇는 신실크로드 운수회랑을 기초적으로 형성하였다. 운수회랑의 건립은 신실크로드 경제발전 벨트 건설을 위한 기본적 여건을 창조했고, 새로운 출발점을 마련하였다.

교통운수 분야에서 신장과 중앙아시아의 협력에는 다음과 같은 해결해야 할 문제가 존재한다; 교통운수 표준이 일치하지 않아 수속이 번거롭고 출입국, 통관, 시간, 효율 등에서 비용을 높인다; 물류 인프라가 상대적으로 낙후되고, 국제적인 경험을 가진 대형 물류기업이 결여되어 있다; 통관, 입출국 운수 장벽이 완전히 제거되지 않았다; 국가 간, 부문 간 소통이 충분하지 않으며, 연선국가의 교통운수 편리화 기제와 협의도 완비되어야 한다; 교통과 물류를 이해하는 복합형 인재가 부족하고, 비자발급에 시간이 많이 걸리는 등의 문제가 있다.

(5) 인문 협력

신장에는 47개 민족이 있으며, 그 가운데 중앙아시아 5개국과 카자흐족, 키르기스족, 타지크족 등 과계민족을 공유하고 있다. 이러한 과계민족은 인구가 많고, 신장과 중앙아시아 지역에 광범위하게 분포되어 있다. 이는 신장과 중앙아시아 인문 협력에 이점을 제공하며 거대한 영향을 미칠 것이다. 신장과 중앙아시아 인문 분야 협력은 주로 기제 건설, 교육 협력, 과학기술 협력 및 의료위생 분야에서 구체적으로 실현된다.

첫째, 기제 건설이 계속 완비되고 있다. 신장과 중앙아시아의 기제 건설 협력은 주로 국가 간 일련의 다자 및 양자 협의, 그리고 관련 활동에서 실현된다. 그 가운데 상하이 협력기구 틀 안에서 중국과 중앙아시아 국가 간에는 회원국 문화부 장관 회의, 교육부 장관 회의가 있으며, 교육과 문화 관련 협력협정 등 다자 인문협력 교류 기제가 있다. 중국과 중앙아시아 국가의 다자 인문협력 교류 기제는 중국과 중앙아시아 각국 문화협력위원회 및 인문협력분과위원회 정기 기제 및 문화일 활동 등이 있다. 1991년 이후 중국과 중앙아시아 5국은 교육, 문화, 체육 등과 관련된 대량의 협력 문서에 서명하였다. 이는 신장과 중앙아시아의 인문협력을 위한 기본 내용과 협력 방향을 확정한 것이고, 일정한 제도적 기초를 다진 것이다. 국가 차원의 기제 및 협의가 있기 때문에, 지방 차원의 인문 협력 교류가 점점 더 풍부하고 다양하게 되며, 빈번한 상호교류는 지역 주민들의 감정과 인심을 서로 통하게 만들었다.

둘째, 교육협력이 계속 심화되었다. 교육 분야에서 신장과 중앙아시아의 협력은 주로 유학생 교육, 중국어 보급기지 건립, 상호 교사 파견 및 교육대표단 상호 방문 등의 내용을 포함한다. 우선, 유학생 교육은 신장과 중앙아시아 교육협력의 주요 수단이자 중요한 구성 부분이다. 20년 동안, 특히 최근 10년 동안 신장과 중앙아시아 5국은 대학 간 상호 유학생 파견 및 초중고등학교 간 교류를 통해 다차원, 다경로, 다분야 교류 협력을 진행하였다. 통계에 따르면, 신장대학, 신장사범대학, 신장농업대학, 신장재경대학, 신장의과대학 등 대학은 중앙아시아 5개국 유학생이 비교적 집중되는 대학이며, 신장에서 중앙아시아로 유학가는 학생도 계속 증가하고 있다. 중앙아시아에서 신장으로 유학 오는 학생 수도 외국 유학생 수의 절반 이상을 차지하고 있다. 2007년 제안되고 2009년 만들어진 "상하이 협력기구 대학"은 최초 53개에서 현재 74개로 증가했으며, 그 가운데 카자흐스탄, 키르기스스탄, 타지키스탄 3국에는 32개 대학교가 있고, 신장대학과 신장사범대학도 역시 여기에 포함된다. 이들은 횡적교류에서 큰 역할을 하고 있다.[75] 둘째, 중앙아시아에서 중국어 학습열이 증대됨에 따라, 신장은 중국어 국제보급기지 및 공자학원 설립을 통해 중국어 보급 업무를 하고 있다. 즉, 중앙아시아 국가들에 10여 개의 중국어 국제보급 신장 기지 설립 프로젝트를 시행하고, 신장의 대학교 및 중앙아시아 국가 대학교 간 5개의 공자학원을 합동 설립했으며, 신장에 3개의 중국어 국제보급 중고등학교 실습 기지 등을 건설하였다.[76] 중앙아시아 국가에서 중국어를 공부한 사람 수는 누계 만 명을 넘는다. 최근 신장은 중앙아시아 등 주변 국가에서 중국어 국제보급 업무를 통해 전문가, 학자, 교사 등의 상호파견을 첨자 늘리고 있으며, 해외 파견 교사 및 자원봉사자 규모를 해마다 확대하고 있다.[77] 교육대표단 상호방문과 관련된 협정이나 협의 등은 또한 신장과 중앙아시아의 교육 협력에 실질적인 작용을 하고 있다.

셋째, 과학기술 협력이 점차 긴밀해지고 있다. 알타이산阿爾泰山·Altai

---

75) 상하이 협력기구 대학 인터넷, http://www.usco.edu.cn/.

76) 新疆維吾爾自治區教育廳外事處, 「新疆教育國際交流與合作事業改革開放 30年成就回顧」, http://www.xjedu.gov.cn/.

77) 毛菊·孟凡麗, 「中國新疆與中亞五國教育交流合作現狀與構想」, 『新疆社會 科學』 2009年 第6期.

Mountain, 톈산산맥天山山脈이 서로 연결되어 있고, 이리허伊犁河, 이르티시강Irtysh River·額爾齊斯河이 여러 나라를 통과하며, 기후가 서로 비슷하기 때문에, 신장과 중앙아시아의 과학기술 협력은 독특한 지방적 특색을 띠며, 점점 긴밀해지고, 대체 불가능해지고 있다. 다년간에 걸쳐 양자는 주로 프로젝트 협력, 연구자들의 상호 방문 및 교육훈련, 정보 교류, 학술대회 등의 형식으로 전방위적인 교류와 협력을 진행하였다. 양자는 다음과 같은 분야에서 협력을 진행했다: 첫째, 농업에서 품질, 생산량, 효율 제고와 식품 및 생태안정을 목표로 재배, 양식, 임업 과학기술 등 분야에서 농업기술 협력을 진행했다; 둘째, 기술과 장비의 현대화를 위해 새로운 생산품 개발을 중점으로 하고, 자원절약과 고효율을 목표로 기계·전력설비업, 경공업, 재료공업, 화학공업 및 에너지 공업 분야에서 과학기술 협력을 진행했다; 셋째, 광산자원의 효율적인 탐사개발 및 지속 가능한 기술을 공동으로 연구하고, 알타이산, 톈산 등지의 광산 탐사개발에서 중대한 기술 진전을 이루며, 과학, 탐사, 개발이 일체화된 분야에서 자원기술 협력을 진행했다; 넷째, 양자의 동식물 자원, 문물, 세계자연보호구역 등 분야에서 보호 및 연구, 생태환경 보호 및 관리 등 분야에서 협력을 진행했다; 다섯째, 지진 구분, 분석, 예보 및 자료 통계 등 분야에서 탁월하고 효과적인 협력을 진행했다.[78)]

신장과 중앙아시아 국가는 관련 소프트웨어 개발(예를 들면 언어번역 계통), 정보 기술, 생물 기술, 신재생에너지 기술 등 첨단 기술 분야와 광산자원의 집적 및 광상생성 메커니즘 연구, 환경 계통 및 제어 연구, 특수 환경하의 생물자원 연구, 지역성·고高발생 질병의

---

78) 王海燕, 『新地緣經濟:中國與中亞』, pp. 201-204.

분자생물학과 약물작용 메커니즘 연구 등 분야에서 공동연구, 개발, 교육 등 실질적 협력을 진행했다. 양자는 이러한 분야에 대한 협력에서 독특한 지리적 이점과 후발 이점을 갖추고 있으며, 이는 양자의 국민경제 수준을 제고하는 중요한 분야이다. 이러한 영역에서의 협력은 발전의 여지가 많다.

넷째, 의료위생 협력은 독특한 지역적 특색을 띠고 있다. 의료위생 분야에서 신장과 중앙아시아 지역은 모두 결핵, 호흡기 질환, 백혈병, 악성 종양, 포충병包蟲病, 간염 등의 고高발생, 고高전염 지역으로 공동의 예방과 근절이 필요하다. 중앙아시아 대부분은 약품, 의료기기, 약용생물 면역제제, 예방 및 치료 약품 등을 수입에 의존한다. 신장은 중앙아시아에서 급히 필요로 하는 많은 일반 약품을 생산할 수 있으며, 가격이 저렴하여 중앙아시아 국가의 소비 수준에 매우 적합하다. 최근에는 중앙아시아 국가의 많은 환자들이 신장에 와서 치료를 받는다. 신장의과대학에서 백혈병을 치료할 때 쓰는 "골수이식" 기술, 투루판吐魯番의 모래찜질 요법, 중의학의 침술과 추나요법, 한방 약초로 간질환 등 질병을 치료하는 방법 등은 중앙아시아 전문가들이 매우 흥미를 느끼는 분야이며, 신장의학원의 전문가를 초청하여 강의와 치료를 요청하고 있다. 중앙아시아에도 폐결핵 레이저 수술법, 진흙 목욕 요법, 꽃향기 치료법 등 지역적·민족적 특색을 갖는 치료법이 있으며, 신장에도 보급할 만하다.[79] 신장과 중앙아시아는 질병 예방, 지방 유행병, 민족의약 연구, 약용식물 자원 및 특색 약재 표준화 등 민족 의약업과 민족 의학 분야에서 협력을 강화하고

---

79) 王海燕 主編, 『經濟合作與發展:中亞五國與中國新疆』, 新疆人民出版社, 2003, p. 335.

있다. "실크로드 경제벨트" 전략의 핵심 지역으로서 신장은 지리적·인문적 이점을 이용하여 의료관광 자원을 개발하고, 다양한 의료관광 상품을 육성하여, 장차 중앙아시아 지역의 의료관광 및 건강 서비스업 중심으로 발전해야 한다.[80)]

이외에도, 신장과 중앙아시아는 문학, 예술, 체육, 언론 등 분야에서 광범위한 교류와 협력을 진행하고 있다. 2014년 상하이 협력기구 두샨베 정상회담에서 통과된 선언에서는, 회원국들이 문화와 예술 분야의 교류를 강화하기로 했는데, 여기에는 각국의 연극, 음악 등 실용 예술이 포함된다. 시진핑 주석 또한 민심이 서로 통하는 것을 종지宗旨로 하고, 전방위 우호방문과 인문교류를 실행하며, 상하이 협력기구 국제방송 능력과 미디어 협력을 강화하며, 공공정책·정부 관리·사법 등 분야의 인력 교육과 교류를 지지한다고 밝혔다. 중국 측은 2015~2017년 상하이 협력기구 회원국에 2000명의 공무원, 관리, 기술 인재 교육 쿼터를 제공하고, 미래 5년 동안 매년 50명의 청년지도자를 초청하여 연수를 시킬 의향이 있음을 밝혔다.[81)] 이상에서 보듯이 상하이 협력기구는 인문 분야의 협력에서 회원국 내부의 문화예술 교류 및 문명 간 대화를 더욱 중시한다. 신장은 독특한 인문적 이점으로 인해 중앙아시아와 보다 많은 인문협력 기회를 얻을 것이다.

신장과 중앙아시아의 문화 교류는 상하이 협력기구라는 플랫폼하에서 이루어지고 있으며, 전람회, 문화절, 문예공연이 주요 방식이

---

80) 「新疆:以烏魯木齊爲核心打造中亞"醫療旅遊"中心」, http://www.xj.xinhuanet.com/2014-09/30/c_1112694993.htm, 검색일: 2014年 9月 30日.

81) 「習近平就上海合作組織發展提四點主張」, http://www.chinanews.com/gn/2014/09-12/6587224.shtml, 검색일: 2014年 9月 12日.

다. 즉, 정부 주도가 주류를 이루고 있고, 개인이나 기업 문화 주체의 기능과 이점은 충분히 발휘되지 못하고 있다. 양자의 문화교류는 내용과 형식이 비교적 단순하며, 자금이 충분히 투입되지 못하고, 문화와 경제 및 정치가 충분히 결합되지 못하고 있으며, 문화산업의 규모가 작고, 문화 상품의 공급이 부족하며, 쌍방향 혹은 다방향 교류가 충분하지 못하고, 현재의 교류 항목도 조정해야 한다. 이러한 문제들은 시급한 해결이 필요하다.

3 중국 신장의 실크로드 경제벨트 핵심지역으로서의 전략적 위상

(1) 실크로드 경제벨트 전략의 제기와 중앙아시아의 반응

2013년 9월 시진핑 주석이 카자흐스탄 나자르바예프^{Nazarbayev} 대학 강연에서 제기한 중앙아시아 국가들과 실크로드 경제벨트 공동 건설은 연선 각국 인민들에게 축복이 되는 제안이다. 9월 13일 상하이 협력기구 회원국 국가원수 이사회 제13차 회의에서 시진핑 주석은 재차 "실크로드 경제벨트"를 제기하면서, 상하이 협력기구 여섯 개 회원국과 5개의 옵서버 국가들이 모두 고대 실크로드의 연선에 위치하고 있으며 구성원 모두가 실크로드 정신을 계승하여 더욱 발전시켜야 한다고 했다. 아시아 태평양 각국의 경제 관계를 더욱 긴밀하게 하고, 상호 협력을 더욱 심화시키고, 발전의 공간을 더욱 확대하기 위하여, 구성원들은 혁신적인 협력 모델로 "실크로드 경제벨트"를 공동으로 건설할 수 있다고 했다. 또한 실크로드 경제벨트 건설은 중국의 새로운 개방형 경제를 구성하는 한 부분으로, 그해 11

월 중국공산당 18기 3중 전회 결의에 포함되어 중국 미래 대외 발전의 주요 방향이 되었다.

"실크로드 경제벨트"는 고대 실크로드 개념을 차용한 것으로, 중국에서 중앙아시아와 러시아를 거쳐 유럽에 이르는 노동의 지역적 분업의 기초 위에서 형성되며, 중앙아시아와 유라시아 등지의 서로 다른 층위와 특색을 지닌 벨트 형태의 지역적 경제 단위이다. 그것은 유럽과 아시아를 잇는 세 개의 연결통로와 중앙아시아 천연가스관 등의 교통 운수선 및 지리적 위치, 자연환경을 근거로 한다. 또한 그것을 발전의 축으로 하고, 발전 축에서 경제가 발전한 베이징, 상하이, 시안, 우루무치, 알마아타, 타슈켄트, 상트 페테르부르크 등 연선의 몇몇 대도시를 핵심으로 한다. 이 핵심이 경제의 집적과 확산 기능을 발휘하도록 하여 주위의 발전 정도가 다른 도시를 연결하여 경제발전을 추동한다. 그것을 통하여 점으로의 밀집, 면으로의 확산, 선으로 연결을 형성한, 생산과 유통이 일체화된 벨트형의 경제지역이 바로 "실크로드 경제벨트"이다.

"실크로드 경제벨트"는 중국 태평양 연안의 환발해環渤海, 양쯔강 삼각주, 주강 삼각주 경제권을 기점으로, 러시아·카자흐스탄 등 상하이 협력기구의 주요 국가들을 경유하여 발트해와 대서양 및 지중해에까지 이른다. 연도의 지역은 공간으로 나누면 대략 여섯 지역으로 구분되는데, 동아시아 지역, 중앙아시아지역, 서아시아지역, 남아시아지역, 중부와 동유럽 지역, 서유럽지역이 그것이며, 중국에서 중앙아시아를 거쳐 서아시아와 남아시아 및 유럽으로 확산된다. 연선의 중앙아시아 핵심 경제권, 환環중앙아시아 중요 경제권과 유라시아의 확산 권역으로 구성된다고 할 수 있다.[82]

"실크로드 경제벨트"는 고대 실크로드의 정수를 계승하여, 유럽과 아시아 국가들의 경제를 보다 긴밀하게 결합하고, 협력을 심화하며, 무역의 공간을 확대하고 사람들의 내왕을 더욱 편리하도록 하는 것을 의미한다. "실크로드 경제벨트" 건설의 주요 구상은 우선 오통 五通을 실현하는 것이다. 첫째는 "정책 소통"의 강화인데, 정책과 법률에서 지역 경제 통합의 조건을 형성하는 것이다. 둘째는 "통로의 연결道路聯通"인데, 각국이 철도, 도로, 항공, 전신 등을 상호 통하게 하여, 화물과 사람들의 왕래를 가속화하는 현대화된 교통 운수망의 형성을 의미한다. 셋째는 "무역창통貿易暢通"의 강화인데, 각종 무역 장벽의 제거를 통하여 무역 규모를 확대하겠다는 것이다. 넷째는 "화폐유통"의 강화인데, 그것을 통하여 지역 경제의 위기대응 능력을 강화시키겠다는 것이다. 다섯째는 "민심상통"의 강화인데 지역 경제 협력 심화를 위한 사회적 기초를 다지겠다는 것이다.[83]

실크로드 경제벨트의 제기는 시대의 요구이며, '시대와 함께 가는 與時俱進'혁신적 사유 및 중국이 변함없이 지키고 있는 "이웃과 선린 우호의 동반자 관계를 유지하고," "친근親, 성실誠, 호혜惠, 관용容"의 이념을 체현한 것이다. 그것은 광활한 유라시아 지역협력의 플랫폼이며, 상호 호혜와 평등 개방의 원칙에 뿌리를 두고, 새로운 기술이 날로 발전하는 현재에 고대 실크로드 연선 국가들을 연결하여 연선 국가들의 어제·오늘·내일을 연결하고, 특히 중앙아시아 지역을 핵심지역으로 하는 다양한 기제를 유기적으로 결합하며, 포용적인 발전을 통하여 중앙아시아 지역 내륙 국가들의 경제발전을 추동하고,

---

82) 王海燕,「中亞國家綜合經濟社會形勢與絲綢之路經濟帶建設」,『東北亞論壇』 2015年 3期.

83) 陳玉榮,「構建'絲綢之路經濟帶'機遇與挑戰」,『瞭望新聞週刊』 2014年 5-6期 合刊.

중국과 중앙아시아 국가들의 상호 협력을 강화하고자 하는 데 목적이 있다. 그리고 근년에 빠르게 발전하는 중앙아시아 국가들의 경제와 사회는 실크로드 경제벨트 건설의 도움으로 중국과 중앙아시아 경제 일체화를 촉진시킬 것이다.

실크로드 경제벨트의 기본 내용은 풍부하다. 우선, 실크로드 경제벨트가 포괄하는 지역이 중앙아시아에 한정되지 않고 중앙아시아를 지나는 실크로드를 통하여 아시아·태평양 경제권과 유럽 경제권을 연결하고 전체 유라시아대륙을 포괄한다. 중국은 서부로의 개방을 확대함으로써 중국의 중서부지역과 중앙아시아, 남아시아, 서아시아와의 무역 왕래와 경제협력을 강화하는 동시에, 유라시아대륙 지역의 경제협력을 이끌어 내어 지역 내의 에너지·광물·관광·문화·공업 및 농업의 구조조정과 합리적 배치를 통하여 상호 보완하고 공동의 번영을 실현하도록 할 수 있다. 다음으로는 혁신적 협력모델로 실크로드 경제벨트를 건설하는데 즉, 실크로드 경제벨트는 밀집형 경제지역 일체화 조직 건설을 추구하는 것이 아니며, 동일하고 강제적인 제도를 추구하지도 않고, 기존의 지역 제도를 파괴하지도 않으며, 실무적인 유연한 경제협력을 추구할 뿐이다. 점에서 면으로, 선에서 면으로의 확대를 통하여 점진적으로 지역의 대협력 국면을 형성하여 유라시아 각국의 관계를 더욱 긴밀하고 편리하도록 한다. 마지막으로, 실크로드 경제벨트 구상은 중국이 제기한 것이지만, 중국이 주도하는 지역 경제 계획이 아니라 다원적이고 개방적이며 지역 내 각국이 공동으로 추진하는 협력 과정으로서, 상호 호혜적인 이익 공동체 구성을 통하여 각국이 긴밀한 관계를 형성하는 것이다. 새로운 실크로드 경제벨트의 건설은 지역 내 관련 국가들의 장기적이고 장단점을 보완하는 공동연구를 통하여 경제성장 주도업종과 생산할

생산품 종류 및 방향성을 확정해야 한다.[84]

실크로드 경제벨트의 건설은 연선 국가의 경제발전과 민생 개선의 근본 이익에 부합한다. 그리고 그것은 기제화機制化된 국제조직이 아니고 초超국가기구 건설을 추구하지도 않고, 그 협력 방식이 유연하고 다양하기 때문에, 중앙아시아 국가들의 보편적인 환영을 받고 있으며, 각국의 참여도가 높아지고 있다. 중앙아시아 국가들은 회의에서 출발하여 신중한 평가와 판단을 거쳐, 점점 더 적극적으로 실크로드 경제벨트 건설에 참여하고 있다.

카자흐스탄은 "실크로드 경제벨트" 건설이 전체적으로 나자르바이예프Nursultan Nazarbayev 대통령이 제기했던 카자흐스탄 신新실크로드 구상과 서로 상통하는 것으로 인식한다. 카자흐스탄은 다양한 상황에서 실크로드 경제벨트 건설 구상에 지지를 표하였으며, 이 광대한 계획을 실현할 방법을 연구하는 데 가장 적극적인 방식으로 참여하고 있다.

우즈베키스탄은 중앙아시아의 중심지역에 위치하고 있으며, 자고로 동·서방 교통의 중심지였다. 근년에 우즈베키스탄을 통과하는 운수의 장점이 충분히 발휘되도록 하기 위해, 우즈베키스탄 정부는 인프라에 대한 투자를 확대하고 있다. 실크로드가 제안되자 즉각 우즈베키스탄의 카리모프Islam Karimov 대통령과 우즈베키스탄 사회 각계의 일치된 지지를 받았다. 실크로드 경제벨트가 고대 실크로드를 부흥시키는 중대한 역사적 조치로, 연선 국가의 경제무역 관계를 대대적으로 촉진시킬 뿐만 아니라 서로를 연결시키는 교통, 통신, 송유

---

84) 左鳳榮,「共建'絲綢之路經濟帶'面臨的機遇與挑戰」,『當代中國』2014年 第5期.

318

관 등 인프라 건설에 유리하고, 동시에 지역 국가들의 우호관계를 공고화하여 지역의 평화와 안정을 한 걸음 더 촉진시키는 새로운 역사적 계기라고 카리모프 대통령은 예찬했다. 우즈베키스탄은 중국의 전략적 동반자로서 실크로드 경제벨트 건설에 적극적으로 참여하는 동시에 중국이 제시한 많은 구체적인 구상에 대하여 환영한다고 반복적으로 표시했다. 현재 관련된 협력 사업이 잇따라 시작되고 있다.

투르크메니스탄은 자고로 동서의 중요한 교통 요지이며, 투르크메니스탄 정부는 철도와 도로 건설을 중시한다. 투르크메니스탄 국내 철도는 이미 동서를 관통하고 남북을 잇는 철도망을 기본적으로 형성하고 있다. 투르크메니스탄은 실크로드의 부흥을 중시하며, 2013년 3월 수도 아쉬하바드에서 실크로드 부흥 국제회의를 개최하였는데, 투르크메니스탄 대통령이 축하 서신을 보내 투르크메니스탄 지도자들이 실크로드 부흥을 매우 중시하고 있음을 표명했다. 2014년 '아시아 교류 및 신뢰구축회의CICA' 기간에 투르크메니스탄 대통령은 실크로드 경제벨트 건설 제안에 대한 지지와 적극적인 참여 의사를 표시했다.

키르기스스탄은 산이 많아 도로 교통이 중심인데, 도로가 노후화되고 훼손이 심각하지만 자금이 부족하여 도로 건설이 중단된 상태이다. 키르기스스탄의 철로 운수는 발달하지 못했다. 철로는 총연장 426㎞이다. 현재 북부에는 카자흐스탄으로 이어지는 국제철로가 있고 남부에는 100㎞ 정도의 철로가 있지만, 국내의 철로 승객 수송은 거의 없다. 2017년 전략 중 키르기스스탄은 교통에 대한 투자 확대를 결정하였는데, 5개 국도의 상황을 개선하고, 빠른 시일 내에 중국-키르기스스탄-우즈베키스탄 철도 건설을 시작할 것이다.

타지키스탄은 장기간의 전란을 경험하였으며, 에너지원이 부족하고 교통시설도 낙후되어 교통 운수와 경제발전에 대한 희망이 매우 강렬하다. 교통의 곤란을 벗어나기 위해 타지키스탄은 최근 교통 상황을 개선하기 위해 노력하고 있고, 차관으로 수도 두샨베에서 2대 도시인 후잔트Khujand에 이르는 고속도로를 건설했으며, 2013년 3월 타지키스탄, 아프가니스탄, 투르크메니스탄 3국의 국가원수는 투르크메니스탄-아프가니스탄-타지키스탄 철도 건설 비망록에 서명하고, 6월 그 철도의 투르크메니스탄 구간을 착공하였는데, 그것이 타지키스탄 경제발전에 매우 중요한 작용을 할 것이다. 2014년 5월 간 쑤성 란저우에서 개최된 "실크로드 부흥" 아시아 협력 대회 논단에서 타지키스탄 외교부 차관 조히도프Nizomiddin Zohidov는 세계적으로 충돌과 전쟁과 경제위기, 금융위기, 무역 장벽 및 문화교류의 장애가 존재하는데, 실크로드 및 그 협력과 우호의 전통을 부흥시키는 것이 여전히 우리 시대의 요구와 사명이라고 강조했다. 그리고 중앙아시아 천연가스관 D선을 타지키스탄에서 착공한 것은 에너지 수송망이 타지키스탄의 실크로드 경제벨트 건설 참여의 중요한 분야라는 것을 의미한다.

실크로드 경제벨트는 고대 실크로드의 새로운 발전으로, 실크로드 경제벨트 건설 제안이 창조성과 가능성을 구비하고 있다고 할 수 있다. 바로 카자흐스탄의 학자가 말하는 바와 같이, 실크로드 경제벨트 건설 제안은 상하이 협력기구 지역의 경제발전에 새로운 구상과 새로운 모델 및 새로운 발전 가능성을 제기한 것이다.85)

---

85) Константин Сыроежкин. Концепция Формирования <зкономическ ого пояса на Шёлкового пути>: проблемы и перспективы [J]. КА

(2) 중국 신장과 중앙아시아지역 경제 협력의 기회와 도전

1) 기회

세계경제는 냉전시기의 양극화 시대로부터 전지구적 금융위기 이후 지역화·다극화·일체화된 혼합성장, 상호 영향을 받는 지역경제 시대로 발전하고 있다. 이러한 지역 대 조정이 현재에 진행되고 있으며 완결되려면 아직은 많은 시간이 필요하다. 중앙아시아 국가들은 지역 경제협력의 중요성을 인식하고 있으며, 각종 국제 혹은 지역협력 기제 참여를 통하여 지역 경제 일체화 촉진을 가속화하고 있다.

첫째, 중국과 중앙아시아의 정치적인 상호 신뢰 관계 구축. 여러 해 동안 중국이 중앙아시아 지역 각국과 건설하고 발전시켜 온 우호 협력 관계는 실크로드 경제벨트 건설의 견고한 정치·경제적 기초를 구비하게 했다. 20여 년간 중국과 중앙아시아 국가들은 전면적인 협력동반자 관계를 발전시켰으며, 역사가 남긴 국경 문제를 해결했고, 고위층의 빈번한 상호 방문이 이루어졌으며, 장기적인 선린 우호 관계의 발전과 상호 호혜적인 협력 관계 형성을 상호 합의했다. 2013년 9월 시진핑 주석의 중앙아시아 방문은 중국과 중앙아시아 국가들의 양자 관계를 미증유의 수준으로 제고시켰으며, 현재의 중국과 중앙아시아 국가들의 관계는 가장 좋은 시기라고 할 수 있다. "삼대세력"에 대한 타격과 마약 밀수 타격 및 연합군사훈련 등 다양한 분야에서 다층적인 전방위 협력을 통하여 지역의 안정을 유지하는 기제와 상시화된 협력 관계를 구축하여 실크로드 경제벨트 지역 안보를 견고하게 보장할 수 있도록 했다.

ЗАХСТН В ГЛОБАЛЬНЫХ ПРОЦЕССАХ. 2014 (1).

둘째, 중국 신장과 중앙아시아 경제의 밀접한 융합. 다년간의 협력을 통하여, 특히 근년에 중국 신장은 중국과 중앙아시아의 상품 운수 통로뿐만 아니라 점진적으로 중앙아시아 국가들의 중요한 무역 파트너이자 투자 주체가 되었다. 중앙아시아 지역에서 중국은 투르크메니스탄의 첫 번째 무역 상대국이며, 카자흐스탄, 우즈베키스탄, 키르기스스탄의 두 번째 무역 상대국이다. 중국은 이미 우즈베키스탄의 첫 번째 투자국이며 키르기스스탄의 두 번째 투자국이 되었다. 중국-카자흐 송유관과 중국-중앙아시아 천연가스관이 개통되었으며, 2020년 전후에는 투르크메니스탄에서 매년 659억㎥ 이상의 천연가스를 중국으로 수출할 것으로 예상되는 등 중국 신장과 중앙아시아 국가들이 경제적으로 더욱 긴밀해 지고 있다. 중앙아시아 국가 경제의 중국 신장에 대한 의존 정도도 부단히 심화되고 있으며, 중국 신장의 중앙아시아에 대한 무역 의존도도 부단히 제고되고 있다. 특히 중국과 중앙아시아는 무역에서 상호 보완성이 상당히 큰데, 중국은 신장 위구르 자치구를 통하여 대량의 공산품을 수출하고 중앙아시아로부터 대량의 원료를 들여와 신장을 통하여 내지로 운송하고 있다. 그것이 쌍방 협력의 물질적 기초를 다지고 있다. 실크로드 경제벨트의 제기는 중국 신장과 중앙아시아 협력의 함의를 명확하게 하여 쌍방의 협력을 위한 보다 넓은 발전 기회를 제공하고 있다.

셋째, 중국 신장과 중앙아시아가 핵심지역이 됨. 실크로드 경제벨트는 동으로는 아시아·태평양 경제권과 이어지고 서로는 유럽 경제권과 이어지며, 중국 신장과 중앙아시아는 중간의 핵심지역에 자리하고 있는데 경제가 가장 저발전된 함몰지대이다. 중국 신장과 중앙아시아는 모두 내륙지역으로 바다로 나가는 항구가 없으며 장기간 대외 경제 왕래에 커다란 제한을 받았다. 중앙아시아 국가는 경제구조 전환과 경제발전의 결정적인 시점을 맞이하고 있으며, 국제 경제 협력을 추진해야 할 객관적 요구가 비교적 절박하다. 우즈베키스탄과 키르기스스탄과 타지키스탄 등은 모두 투자를 끌어들여 인프라를 건설하는 것이 경제발전 전략의 우선적 임무의 하나이다. 실크로드 경제벨트는 중국 신장과 중앙아시아가 전개하는 대외 경제협력의 객관적 요구와 현실적 필요에 부합하는 것이다. 중국과의 협력은 중앙아시아 국가들이 '내륙국'과 '이중 내륙국'의 곤경을 벗어나게 하여, 경제발전을 위한 보다 광범위한 지리적인 공간을 제공할 수 있다. 중국 신장과 중앙아시아는 실크로드 경제벨트에 의지해 국제 운수 통로 다원화의 꿈을 빠른 시일 내에 실현할 수 있을 뿐만 아니라 쌍방향의 발전 기회를 향유할 수 있다. 실크로드 경제벨트 건설은 중국 신장과 중앙아시아 상품이 태평양에 진입하여 아시아·태평양 지역 국가와 국제 경제협력을 전개하는 새로운 역사적 계기가 되게 할 것임은 의심할 여지가 없다.

넷째, 중앙아시아 WTO 미가입국 모두 WTO 가입을 위한 적극적 노력을 하고 있다. 카자흐스탄은 WTO 가입을 위한 협상을 여러 해 동안 계속했으며, 지금은 마지막 단계에 도달해 있고 가까운 시일 내에 WTO에 가입하기를 희망하고 있다.[86] 우즈베키스탄은 1994년 GATT(관세 및 무역에 관한 일반 협정)General Agreement on Tariffs and Trade 가입 신청을 했고 여러 해 동안 협상과 중단을 반복하다 2012년 10월에 WTO 가입을 위한 토론회를 개최하였다.[87] 우즈베키스탄의 입장에

---

86) 「카자흐스탄은 2014년에 WTO에 가입하기를 희망한다」, 러시아 『東方時報』 2014. 1. 18.

87) 「烏慈別克斯坦擧辦入世培訓研討會」 http://news.hexun.com/2012-10-22/14706 4241.html?from=rss, 검색일: 2014年 10月 22日.

서는 WTO 가입이 양날의 검이므로 적절한 WTO 가입 방식을 택해야 한다고 인식하고 있는데, 아직은 진일보한 조치를 취하지 않고 있다. 투르크메니스탄 정부는 2013년 2월에 WTO 가입 협상을 시작하여 빠른 시일 내에 가입할 수 있도록 하겠다고 결정했다.[88] 키르기스스탄과 타지키스탄은 이미 WTO에 가입했다. WTO 가입은 중앙아시아 무역투자 환경을 개선할 것이며, 중국 신장은 중앙아시아와 통일적인 WTO의 규칙하에서 경제 협력을 전개할 수 있을 것이다.

다섯째, 중국 신장과 중앙아시아의 소지역Subregion 협력기제가 양자의 경제 일체화 발전에 유리. 경제의 지구화와 지역 경제 일체화 조류의 추동하에서, 다양한 다자 경제협력기제가 부단히 출현하고 있으며 초국가·초지역적 협력이 새로운 시대의 중요한 특징이 되고 있다. 최근 여러 해 동안 상하이 협력기구와 아시아 개발은행ADB의 중앙아시아 행동 계획 등 지역기구가 중국 신장과 중앙아시아의 경제 일체화를 위한 제도적 기제를 만들었다. 이 외에도, 중국과 카자흐스탄의 호르고스 국제 변경 협력 중심, 중국·러시아·카자흐스탄·몽골 4개국 6자 기제, 우즈베키스탄에서 협의하여 확장된 중국-유라시아 박람회 등 소지역 협력기제가 중국 신장-중앙아시아의 긴밀한 경제 일체화 협력에 중요한 지지 작용을 하고 있다. 러시아·벨라루스·카자흐스탄 관세 동맹과 곧 형성될 유라시아 경제연맹을 더한다면, 이 지역에 존재하는 다자 협력기제가 새로운 "실크로드 경제벨트" 추진에 유리하게 될 것이다. 또한 실크로드 경제벨트의 제기는 그러한 기제가 더욱 발전하여 중국 신장과 중앙아시아가 점에서

---

88) 「土庫曼斯坦決定加入世界貿易組織談判」, http://foods1.com/content/1996573, 검색일: 2013年 2月 7日.

면으로 확대되는 경제 일체화를 빠른 시일 내에 실현할 수 있도록 도울 것이다.

여섯째, 융자 다원화는 중국 신장과 중앙아시아 협력을 위한 자금 보장. 2004년 이후 중국은 책임 있는 대국으로 호혜적인 이념을 실천해 왔다. 중국은 상하이 협력기구의 틀 내에서 중앙아시아 국가들에 100억 달러가 넘는 차관을 제공하고, 중앙아시아 국가들과 통화 스와프를 체결했다. 상하이 협력기구는 개발은행 등 금융협력기제 건설에 착수하여 협력 사업을 위한 융자 시스템을 제공하였고, 중국 국가개발은행의 수신과 융자 규모는 이미 500억 달러를 초과했다. 중국과 러시아·키르기스스탄·카자흐스탄 3국은 변경 무역에서 현지 통화 결제 협정을 체결하였으며, 위안화 유통이 중앙아시아 지역에서 부단히 확대되고 있다. 중국의 은행과 대형 국유기업이 중앙아시아 국가의 광산, 교통, 에너지 등 분야의 인프라 투자에 대량의 융자를 제공하고 건설에 적극적으로 참여하고 있다. 중앙아시아 국가들은 실질적 혜택을 얻었으며, 중국에 대한 의존이 부단히 심화되었고 중국에 대한 호감과 일체감도 상승하고 있다. 2013년 실크로드 경제벨트 구상이 제기된 이후 2014년 10월 24일 21개 국가가 공동으로 1000억 달러를 자본금으로 하는 아시아 인프라건설투자은행^{AIIB}을 설립하였으며, 2014년 11월 8일 중국은 400억 달러를 출자하여 실크로드 기금^{Silk Road Fund} 설립을 선포하였다. 이는 일대일로 연선 국가의 인프라, 자원 개발, 산업 협력 등 상호 연결·소통^{互联互通}과 관련된 사업에 투자와 융자를 지원하기 위한 것이다. 예를 들면, 최근 중국 철로 총공사는 신장 쿠얼러에서 칭하이^{青海} 거얼무^{格爾木}에 이르는 철로의 조기 착공구간의 기반시설 기초설계를 비준하면서, 쿠얼러에서 거얼무에 이르는 철로가 서아시아와 지중해 및 흑해 지역을 연결하는 육로운수의 통로이자 에너지 통로로서 실크로드의 중심적인 사업이라고 지칭했다.[89] 다원화된 융자 지원이 중국 신장과 중앙아시아가 인프라 대발전의 시대를 맞이하도록 하고 있다는 것을 예견할 수 있다.

2) 도전

실크로드 경제벨트는 양쪽이 높고 중간이 낮은 특징이 두드러지고, 건설의 핵심지역과 중점지역은 중국 신장과 중앙아시아이며, 중국은 상호 소통을 통하여 지역 경제발전과 지역 안정 및 번영을 촉진하고자 희망한다. 그렇지만 국가이익의 차이와 지역 정치의 영향으로 그러한 과정은 많은 도전에 직면하고 있다.

첫째, 중국 신장과 중앙아시아의 안전 상황을 낙관할 수 없다. 중국 신장과 중앙아시아의 "삼대 세력" 활동이 반등하고 있는데, 특히 종교 극단주의와 테러분자들의 초국가 활동이 창궐하고 있으며, 중앙아시아 지역의 민족, 종교 모순이 여전히 존재한다. 사우디아라비아 극단보수파 살라피주의salafism를 신봉하는 '이슬람 해방당'의 중앙아시아 지역 세력이 부단히 증대되고 있으며, 우즈베키스탄 이슬람운동도 다시 우즈베키스탄, 타지키스탄, 키르기스스탄과 중국 신장 변경에 대한 위협이 되고 있는 것으로 보여 신장과 중앙아시아의 비전통적 안보 위협이 증대되고 있다. 또한 미군 철수 후 이웃한 아프가니스탄의 미래 안보 상황과 마약 문제도 장기적으로 신장과 중앙아시아 지역에 영향을 미치며, 서아시아와 북아프리카 지역에서 지

---

89) 「'一帶一路'概念板壞調硏: 400億絲路基金輸血基建, 交運建築建材最火」, http://www.hexun.com/2014-11-16/170442493.html, 검색일: 2014년 11월.

속되고 있는 정치적 혼란도 수시로 유라시아대륙에 위협이 될 수 있다. 중앙아시아 국가 지도자 교체 시기가 다가옴에 따라 중앙아시아가 내정 안정을 유지할 수 있을지도 걱정거리이다.

둘째, 중앙아시아 내부 관계의 복잡성. 중앙아시아는 다양한 사상과 문화와 종교가 상호 작용하는 교차점이자 세계의 각종 문화와 사상 종교의 충돌이 가장 격렬한 지역 중 하나이다. 이 지역은 민족 성분이 복잡한데 100여 개의 크고 작은 민족과 부족이 생활하고 있다. 중앙아시아 국가 간의 관계도 지역 안정을 위협하고 있는데, 역사적으로 남겨진 영토 분쟁과 불시에 발생할 수 있는 수자원 분쟁도 있다.[90] 이러한 내부모순은 중앙아시아 지역 경제협력에 영향을 미친다. 또한 타지키스탄, 카자흐스탄, 키르기스스탄의 국경 수속이 복잡한 것도 무역에 영향을 미치며, 실크로드 연선 국가들의 국경 무역에 대한 높은 관세 징수, 각국의 국경 관리 기관의 낮은 효율성과 태업과 부패 행위, 중앙아시아 국가의 전체적으로 낮은 경제발전 수준, 국민의 소비능력과 시장 규모의 제한 등도 문제이다. 중앙아시아 정치분야의 많은 잠재적 문제가 해결되지 않고 있는데, 지역세력

---

90) 2014년 1월 11일 키르기스스탄과 타지키스탄 변경지역에서 무장 충돌이 발생했다. 키르기스스탄 영토 내에 타지키스탄의 보루크(Vorukh)가 있으며, 양국의 국경은 911㎞인데 확정된 곳은 567㎞이고 분쟁지역이 70곳을 넘는다. 타지키스탄과 우즈베키스탄은 20%의 국경이 미확정이며, 키르기스스탄과 우즈베키스탄 경계의 페르가나(Fergana) 지역 국경도 미확정이며, 키르기스스탄은 우즈베키스탄의 경내에 바라크(Barak) 마을을 영유하고 있으며, 우즈베키스탄은 키르기스스탄 경내에 소크(Sokh)와 샤히마르단(Shahimardan)이 있는데, 그들 지역에서는 현지 주민들과 충돌이 잦다. 수자원 공유의 문제에서 우즈베키스탄과 타지키스탄, 키르기스스탄 3국의 분쟁도 끊이지 않는데 서로 타협하지 않는다.

·부족세력의 중앙 권위에 대한 도전, 키르기스스탄의 남북 갈등, 키르기스족과 우즈베크족의 불화 등이 있다. 그러한 문제도 실크로드 경제벨트의 건설에 엄중한 도전이 되고 있다. 때문에 중앙아시아 국가와의 경제협력과 공동 건설사업을 할 때는 반드시 중앙아시아 국가들의 내부 관계를 고려해야만 한다.

셋째, 대국과 소국의 대립이 중앙아시아의 미래에 영향을 미친다. 중앙아시아지역은 실크로드 경제벨트의 핵심이며 미국과 러시아, 유럽, 중국 등 대국의 이해가 교차되는 지점이고, 최근에는 일본, 인도, 터키, 한국 등의 국가들도 중앙아시아에 개입하고 있어 중앙아시아에서 대국과 소국의 대립이 병존하는 국면을 형성했다. 대국들의 이익 쟁탈의 영향을 받아 현재 중앙아시아에는 다양한 지역경제 협력 방안이 존재하는데, 미국이 창도하는 '신 실크로드 계획,' 러시아가 주도하는 유라시아 경제 연맹, EU가 제기한 '신 중앙아시아 전략' 등이 그것이다. 그런데 구미의 중앙아시아 정책은 명확한 이념 외교의 색채가 짙다. 2005년 키르기스스탄에서 발생한 '색깔 혁명' 이후 구미의 중앙아시아 정치 간섭이 중앙아시아 각국 상호 신뢰의 기초를 침식하여, 중앙아시아 각국의 높은 경계심을 유발하였다. 중앙아시아 지역에는 다양한 국제협력기구의 경쟁과 협력 관계가 존재한다. 중국은 러시아 등의 국가와 고도의 지혜를 발휘하여 쌍방의 제안의 차이를 잘 처리하고 상호 협력에 대한 합의에 도달하여 중앙아시아 지역 경제의 번영과 안정을 함께 촉진할 필요가 있다.

넷째, 지역의 경제협력 진전이 완만한데, 협력의 질과 효율의 제고가 필요하다. 금융 분야에서 중국은 공식 경로로 회원국이 재정자원을 제공하는 '상하이 협력기구 발전기금'과 상하이 협력기구 개발은행을 제기하였는데 현재까지 진전이 크지 않다. 무역 편리화 분

328

야와 관련하여 무역 성장도 제한적이며, 세관과 출입국 검역, 교통운수 등의 기능 분야 편리화 협력도 무역발전 속도에 비해 정체되어 있으며, 2020년에 상하이 협력기구의 FTA^{Free Trade Agreement · 자유무역협정}를 부분에서 전체로 확대할 가능성도 비교적 적다. 투자 분야에서는 중국의 회원국에 대한 일방적 투자가 명확하며, 회원국 강령에서 확정한 협력 사업의 진전도 완만하여 조속한 추동을 필요로 한다. 상하이 협력기구의 경제협력을 촉진하기 위해서는 상하이 협력기구의 틀 내에서 양자협력과 다자협력을 병행하여 지역협력 모델의 혁신을 추동하고, 주도적으로 상하이 협력기구 지역 경제 일체화를 촉진하며 중앙아시아 국가 발전을 위한 이익의 교차점을 찾고, 각국의 발전 전략과 상하이 협력기구의 미래 발전목표를 결합시키고, 중국 외교 전략 및 신장 지원 전략과 중앙아시아 외교 전략을 결합해야 한다.

다섯째, 중국의 중앙아시아에서의 역할과 영향을 다시 살펴볼 필요가 있다. 2대 경제대국으로 비약한 중국은 이미 새로운 발전 단계에 진입했으며, 다른 회원국과의 역량 차이가 현저하게 변화되어 각국이 중국에 대하여 복잡한 태도와 경계심을 갖게 했다. 중국의 발전이 초래한 회원국들의 경계심을 어떻게 해소하는가와 빠른 발전을 하는 대국이 어떻게 중앙아시아에 긍정적이고 적극적인 역할을 하고 영향을 미치며 친화력을 증가시킬 것인가가 절박하게 해결해야 할 문제이다. 이는 전체 상황에 영향을 미치는 큰 문제로 충분히 중시해 할 필요가 있다.

(3) 실크로드 경제벨트 건설에서 중국 신장과 중앙아시아의 위상

중국 신장의 '실크로드 경제벨트'에서의 위상 매우 중요하다. 국가발전개혁위원회, 외교부, 상무부가 2015년 3월 28일 공동으로 발표한 「실크로드 경제벨트와 21세기 해상 실크로드 공동 건설 비전과 행동推動共建絲綢之路經濟帶和21世紀海上絲綢之路的願景與行動」에서는 다음과 같이 말했다. "신장의 독특한 지역적 장점과 서부 개방 창구로서의 역할이 발휘되도록 하고, 중앙아시아, 남아시아, 서아시아 등의 국가들과 교류 협력을 심화하며, 실크로드 경제벨트의 중요한 교통 중심지이자 상업무역 물류와 문화·과학·교육의 중심지를 형성하여 실크로드 경제벨트의 핵심지역으로 창조한다."[91]

1) 실크로드 경제벨트에서 중국 신장의 위상

세계 금융위기 이후 중국과 중앙아시아 국가의 경제 상황은 모두 비교적 빨리 성장을 회복하는 새로운 역사시기에 진입했으며, 아시아에서 경제성장이 비교적 빠른 지역이 되었다. 신장은 중국이 이웃하고 있는 동북아시아, 동남아시아 및 중앙과 서아시아 등 세 경계의 중심지역이다. 중앙아시아지역 협력이 더욱 중요해지고 두드러지게 됨에 따라, 중국과 중앙아시아지역 경제협력을 촉진하는 과정에서 (신장의) 위상도 더욱 명확해지고 있다. 신장과 중앙아시아 국가는 실크로드 경제벨트의 핵심지역이며, 신장은 실크로드 경제벨트 지역의 상업무역 물류 중심, 중요한 자원이 집중하는 중심이자

---

91) 國家發改委·外交部·商務部, 「推動共建絲綢之路經濟帶和21世紀海上絲綢之路的遠景與行動」, http://www.xinhuanet.com/world/newsikway/index.htm, 검색일: 2105年 3月 28日.

가공 제조업의 후발 중심 및 유라시아대륙 내지의 교통 중심이자 서비스 중심 및 문화와 교육 과학 중심이 될 수 있다.

실크로드 경제벨트 무역 중심. 중국과 중앙아시아 국가들의 무역액이 중국 대외 수출입액에서 차지하는 비중이 1%도 안 되지만, 최근 신장의 중앙아시아 수출입액은 중국의 중앙아시아 수출입액의 80% 이상이다. 지리적 위치의 대체 불가능성으로 인하여 신장이 중국의 서향 개방과 중앙아시아 국가들과의 경제 협력을 발전시킬 수 있는 최전선인 것은 논란의 여지가 없다. 그 외에도, 신장은 중앙아시아와 기타 실크로드 경제벨트 연선 국가와 지역의 상품을 중국으로 수입하고, 중국 내지의 상품을 중앙아시아와 기타 실크로드 경제벨트 연선 국가로 수출하는 중임을 맡고 있다. 중국 경제가 날로 발전함에 따라 대외 무역 의존도가 강화되고 있으며, 신장이 동쪽과 연계하여 서쪽으로 수출하는 임무는 더욱 중요해지고 있다. 중앙아시아와 협력하여 실크로드 경제벨트를 건설할 때도 신장의 역할이 중요하다. 그렇기 때문에 세계 경제의 지구화와 일체화가 신속하게 발전하고 있는 현재를 볼 때, 미래 실크로드 경제벨트에서 차지하는 신장의 위상은 중국 상품과 물자가 중앙아시아와 유라시아 지역으로 진입하는 집산지이자 환승지이며, 쌍방 무역의 중개지이자 교역지이고, 중앙아시아 상품과 기술이 중국에 진입하는 물류 중심이다. 이는 미래 중국 경제 또는 신장 경제발전에 필요하고 중앙아시아 경제가 세계로 나아가는 데도 필요하다.

실크로드 경제벨트 중요 자원의 집산지. 지역이 광활하고 자원이 풍부하며 커다란 개발 잠재력을 지닌 신장은 중국 21세기 에너지의 주요 대체 기지이자 중점 개발 지역의 하나이다. 중앙아시아 국가들은 대부분 에너지, 광산, 토지 자원이 풍부하며, 세계에서 그 에너지와 광산자원의 중요성이 날로 커지고 있다. 신장과 중앙아시아 국가의 자원 구조와 산업 구조는 커다란 유사성을 가지는데, 에너지와 자원 개발에서의 양자 협력은 중국 동부 지역에 대한 자원 공급 능력을 제고할 수 있다. 중국 내지內地 경제의 비약적 발전으로 인하여 에너지와 광물 등에 대한 거대한 수요가 존재하며, 중국과 중앙아시아 국가들의 경제협력을 발전시키는 데 신장은 대체 불가능한 역할을 맡을 수 있다. 세계 경제대국이 불러일으킨 중앙아시아지역의 에너지 광산자원에 대한 새로운 조정의 물결 속에서, 신장은 실크로드 경제벨트의 중요한 자원 집결지가 될 것이 확실하다. 그것이 중국과 실크로드 경제벨트 연선 국가의 미래 경제발전에 매우 심원하고 중요한 영향을 미칠 것이다.

실크로드 경제벨트 가공 제조업의 후발지역. 신장과 중앙아시아 국가들의 풍부한 농산품 자원, 에너지 및 광산자원, 그리고 중앙아시아와 유라시아 지역의 광활한 시장, 신장과 이웃한 중앙아시아의 지역적 장점은 많은 안목이 있는 내지의 기업가들을 신장으로 이끌 것이다. 신장의 우루무치, 쿠이툰, 스허쯔石河子, 쿠얼러, 카스, 이리 등은 지리적 장점과 기술적 장점 및 정책 우대 등으로 대규모 국내 투자를 끌어들이고 있다. 신장의 내적인 유인은 더 이상 단순한 상품 판매가 아니라 점진적으로 생산과 판매가 결합된 신흥 공업 제품 가공기지로 발전하고 있다는 데에 있다. 자원의 장점과 면화 등 농산품 원료의 장점 및 중국 내지산업의 장점과 국내외 선진 기술 및 설비에 기초하고, 실크로드 경제벨트 건설의 투자열에 힘입어, 신장은 중앙아시아지역의 지역 산업 구조조정에 참여하고, 실크로드 경제벨트에서 비교우위와 규모를 갖춘 의류 가공과 방직 산업, 석유화학 산업과 의류, 신발과 모자, 가전, 일상 화학품을 포함하는 민수용 제조업과 특산 과일 채소 가공업을 발전시킬 것이다. 미래의 신장은 실크로드 경제벨트 제조업의 후발지역이 될 것이며, 후발의 장점을 이용하여 전체 실크로드 경제벨트 지역 산업 수준을 제고하여 실크로드 경제벨트의 경제협력에 더욱 중요한 역할을 할 것이다.

실크로드 경제벨트 서비스업의 중심. 정보, 금융, 물류, 숙박, 요식, 관광 등은 모두 신장에서 근년에 발전이 비교적 빠른 산업이다. 신장의 전반적인 서비스업 발전 수준은 현재 중앙아시아 국가들보다 높아, 상품 구매를 위해 방문하는 중앙아시아 관광객들과 상인들에게 깊은 인상을 남기고 있다. 국내외 상인들의 중앙아시아지역에 대한 관심이 증대함에 따라 중앙아시아지역 이해를 위한 정보의 수요도 크게 증가하고 있다. 신장은 천지, 지리, 인화의 장점이 있다. 신문이나 인터넷 등의 매체와 번역, 자문, 연수 등의 매개를 통하여 신장은 이미 중국이 중앙아시아를 이해하는 정보의 중심이 되었다. 대외 무역의 빠른 발전에 대처하기 위해 신장의 금융업은 부단히 혁신하고 있다. 신장과 중앙아시아 5개국의 결산 방식에서 전통적인 자유로운 외환 결제 외에도 중국은행 신장 분행에서는 수출입 화환貨換어음, 정기적 외화 결산, 어음 할인, 신용장 담보 대출 등 다양한 융자 업무를 시작했다. 현재 대부분의 중국 상인이 중앙아시아와의 무역에서 자금 대체 등은 모두 신장을 통해서 하는데, 그것은 신장이 중국의 대對중앙아시아 무역의 금융 중심이 될 것이라는 점을 보여준다. 지역의 관광업을 발전시키고 국내외 관광객을 늘리는 것에 대해 중앙아시아 5개국 정부와 신장 위구르자치구 정부는 일치된 인식을 하고 있다. 아울러 다양한 관광노선을 개발하고 있으며, 신장에 많은 고급 호텔을 건설하고 요식업을 빠르게 발전시켜, 중국과 외국의 상인들과 관광객들에게 더 좋은 숙식 조건을 제공할 것이다.

게다가 독특한 이국적인 인문 특색을 지닌 풍경이 더해져, 신장과 중앙아시아지역은 실크로드 경제벨트의 관광 중심으로서의 조건을 완벽히 구비하고 있다. 중앙아시아지역의 경제가 급속하게 발전하고 지역협력이 강화됨에 따라 신장은 실크로드 경제벨트 서비스업 중심으로 발전하고 있는데, 그것이 중국과 중앙아시아지역 현대 물류업 발전의 요구이자 신장 산업 구조 제고의 계기이다.

종합하면 양호한 국가 간 관계와 특수한 지리적 장점에 기초하여 신장과 중앙아시아 국가는 공동으로 실크로드 경제벨트를 건설하여 정책 소통, 교통로 소통, 무역 창통, 화폐 유통, 민심 상통의 5통의 잠재력과 장점이 발휘되도록 할 것이다. 중국인민대표대회 대표이자 전前 신장 위구르 자치구 당위원회 서기 장춘셴張春賢이 말한 바와 같이 "신장은 물리적 의미에서 아시아의 중심이자 서방으로 향한 개방의 교두보이다. 동으로는 국내 시장에 13억의 인구가 있으며, 서로도 마찬가지로 13억의 인구가 있다. 국내에 봉사할 수도 있고 실크로드 경제벨트의 서쪽으로 개방하여 연선국가에도 봉사할 수 있는 천연의 핵심지역이다."[92] 실크로드 경제벨트 건설 중 신장과 중앙아시아 국가의 위상은 부단히 제고되어 연선의 각 민족과 인민들에게 도움이 될 것이다.

(4) 신장과 중앙아시아지역 경제협력 틀 구축

근년에 국제정치경제 세력의 집단화·일체화가 지구적 거버넌스

---

92) 「中國走在'一帶一路'上共贏新格局的交響樂」, http://money.163.com/15/0314/03/AKKUQ94O00253B0H.html#from=relevant#xwwzy_35_bottomnewskwd, 검색일: 2015年 3月 14日.

의 주요한 추세가 되었다. 지역과 소지역 협력기구의 경계가 서로 교차하고 기제 구축과 제도가 부단히 혁신되고 있으며, 지역과 소지역에 대한 대국과 대집단의 쟁탈이 날로 격화되고 있다. 실크로드 경제벨트 핵심지역인 신장과 중앙아시아지역 경제 일체화는 실크로드 연선에 보다 긴밀하고 개방적이며 포용력 있는 협력관계 형성에 적극적인 시범이자 추동 작용을 할 것이다. 점에서 면으로, 쉬운 것에서 어려운 것으로의 원칙에 따라 상하이 협력기구의 지역협력 기제 외에 소지역 협력을 위해 중국과 카자흐스탄의 호르고스 국제 접경 협력센터와 중국 러시아 카자흐스탄 몽골 4개국 6방 기제를 추진하고, 아시아 개발은행 중앙아시아지역 협력기제, 중국·몽골·러시아 기제 등 지역협력 기제로 그것을 보완하는 것으로 신장과 중앙아시아지역 경제 일체화의 주요한 틀을 구축할 것이다.

첫째, 중국-카자흐스탄 호르고스 국제 접경 협력센터는 새로운 협력 모델을 창출했다. 중국-카자흐스탄 호르고스 접경 협력센터는 신장과 카자흐스탄의 접경지대인 호르고스 접경 통상구口岸에 건립된 것이다. 총면적은 5.28㎢이고 이 가운데 중국 측 면적이 3.43㎢이다. 주요 기능은 무료 상담, 상품 전시와 판매, 보관과 운수, 숙박, 각종 지역적 상담회 개최 등이다. 협력센터의 남쪽에 위치하는 부대시설은 센터 발전을 지원하는 산업 기지로서 계획 면적은 9.73 ㎢이다. 협력센터는 2003년에 나자르바예프 대통령이 제안한 것으로, 중국 최초의 초국경 경제·무역·투자 협력 중심이며 전국은 물론 세계적으로도 전례가 없는 것이다. 중국 카자흐스탄 호르고스 국제 접경 협력센터는 중국과 다른 나라가 함께 건설한 최초의 초국경 협력센터로서 WTO가 규정한 변경 무역, 자유무역구역, 자유무역 등의 우대 정책에 기초하여 (그것에 한정되지 않고), 양국 정부가 체결한 협력센터 협정의 방식으로 만들어졌다. 즉, 중앙정부가 협정 체결과 감독을 맡고 성급 정부가 구체적으로 시행하는데, 엄격하게 지역을 제한하면서 변경 자유무역을 실시하는 특수한 소지역 무역 제도이다. 그것은 또한 중국과 상하이 협력기구 회원국이 실크로드 경제벨트에 정식으로 건립한 최초의 접경 자유 무역구역이며, 상하이 협력기구의 틀에서 양자협력을 다자협력으로 확대하는 지역 경제무역 협력의 중요한 기제이고, 혁신적인 의의를 갖는 초국경 경제무역 협력 구역이다. 기능, 정책, 모델, 지역 위치, 발전목표, 관리방식 및 금융 등 다양한 측면에서 모두 비교적 큰 혁신이 있었으며, 중국과 소지역 지역협력의 새로운 모델이자 새로운 구조이다.[93] 그것의 건립은 중국과 상하이 협력기구 국가가 지역 경제협력에서 중대한 실질적 돌파를 했다는 것을 의미한다. 또한 실크로드 경제벨트에서 중국과 카자흐스탄 자유무역구와 상하이 협력기구 자유무역구의 건립을 위한 적극적인 시범적 의의를 지닌다. 그리고 실크로드 경제벨트 건설을 위해 새로운 모델과 새로운 범례를 제공하는 것이다.

둘째, 중국, 러시아, 카자흐스탄, 몽골의 알타이지역 협력 기제는 아래로부터 위로의 방식으로 과학기술이 추동한 새로운 협력의 장이다. 4개국 6자 협력기제는 알타이 산맥에 위치한 중국, 러시아, 카자흐스탄과 몽골 등 4개국을 대상으로 한다. 그리고 신장 알타이 지구阿勒泰地区와 러시아 알타이 지구Altai Crai 및 알타이공화국Altai Republic, 카자흐스탄의 동카자흐스탄주와 몽골의 바양울기Bayan-Olgii주, 호브드

---

93) 王海燕,「中國與周邊國家區域經濟合作的機制創新探析: 以中哈霍爾果斯國際邊境合作中心爲例」, 『新疆師範大學學報』(哲學社會科學版) 2012年 3期 참조.

Khovd주 등 6자를 포함한 지역 협력기제이다. 그것은 1998년 3월 신장 기술청 대표단이 러시아, 카자흐스탄, 몽골 3개국을 시찰하면서 초국가 협력개발과 협력을 제기하면서 시작되었다. 이후 각국의 적극적인 동의로 4개국 6자의 알타이지역 협력 국제협조위원회가 성립되어 중대한 과학연구 과제에 대한 협력과 초국가 조사를 진행하고 있으며, 정기적으로 순환하면서 각국이 참여하는 국제회의를 개최하고, 과학기술 협력의정서 등 여러 사업에 대한 협력 협정을 체결했다. 2000년 이래 중국, 러시아, 카자흐스탄, 몽골 알타이지역 4개국 6자 기제는 이미 과학기술, 교육, 생태환경 관측, 관광, 지진, 농업, 교통 등 분야에서 광범한 교류와 협력을 하고 있고, 알타이지역 대학총장위원회 등의 기제를 만드는 등, 아래로부터 위로 확대되어 점점 중요성이 높아지고 있으며 참여 직위도 높아지고 있다. 현재 각국의 과학연구기구는 공동의 과학연구계획을 수립하고 알타이지역 국제협력 연구기금을 마련하여 지역 내의 과학연구와 협력을 지원하고자 한다. 그 외에도 각방은 첨단기술 산업으로 지역 경제발전을 추동하기 위해 알타이지역 과학기술 단지를 건설하는 데 이미 초보적 합의에 도달했다.[94]

근년에 알타이 산맥 지역의 중국, 러시아, 카자흐스탄, 몽골의 '4개국 6자' 협력 기제는 카자흐스탄 동부, 몽골 서부, 러시아 시베리아 지역, 신장에서의 경제협력에서도 현저한 효과를 내고 있다. 경제무역, 관광 발전, 광산자원 개발 등 여러 분야에서 실질적인 진전을 거두었으며, 협력 분야는 경제무역 분야로 확대되고 있어 환環알

---

94) 「中俄哈蒙四國專家呼吁建立阿爾泰區域綠色經濟地帶」, http://www.foodsl.com /content/1950411, 검색일: 2013年 1月 7日.

타이산맥지역의 경제무역 협력과 인문교류를 크게 촉진하고 있다. 각국 과학연구기구는 공동의 과학연구 계획을 수립하고 있으며, 아울러 알타이지역 국제협력 연구기금을 설립하여 지역 내의 과학기술연구와 협력을 지원하려고 준비하고 있다. 그 외에도 각방은 첨단기술 산업으로 지역 경제발전을 추동하기 위해 알타이지역 과학기술 단지를 건설하는 데 이미 초보적 합의에 도달했다. 신장은 알타이지역에 '실크로드 경제벨트' 상의 특수한 경제개발구와 상호연결·소통하는 국제적 종합 교통축을 건설하고자 한다. 이는 중앙아시아로 향하는 문화교류 창구이자 주변 민족지역과 조화롭게 발전하는 모범지역, 서쪽으로 개방된 수출입 가공기지이자 에너지 자원의 육상 통로, 적극적으로 산업 이전을 받아들여 서쪽으로 향하는 수출입 제조기지가 될 것이다. 그리하여 환알타이지역 협력에 대한 영향력과 경쟁력을 제고시키려고 한다.[95] 중국, 러시아, 카자흐스탄, 몽골 알타이지역 4개국 6자 협력 기제는 신장이 주변 국가와 과학기술 등의 분야에서 전개하는 협력에 매우 중요한 의의를 지닌다. 과학기술로 무역을 촉진하고 지방을 통하여 중앙으로 확대하는 아래로부터 위로의 경제 일체화의 새로운 모델을 만들고 있으며, 실크로드 경제벨트 연선 지역으로 확대할 가치가 있다.

셋째, 중앙아시아지역 경제협력 기제의 실무 협력이 효과를 나타내고 있다. 아시아개발은행은 1996년에 중국(신장), 카자흐스탄, 키르기스스탄, 타지키스탄, 우즈베키스탄 5개국 간의 지역 경제협력

---

95) 俞光新, 「以'四國六方'區域合作機制爲平台加快推進阿勒泰地區口岸規劃建設與發展」, http://www.altxw.com/wyyl/contont/2004-09/30/content_9367595.htm, 검색일: 2014年 9月 30日.

확대를 제안하였는데, 이후 아제르바이잔, 몽골, 아프가니스탄 등 8개국으로 회원국이 확대되었다. 1997년 제기한 「중앙아시아지역 경제협력체Central Asia Regional Economic Cooperation」는 교통, 무역, 에너지를 중심 분야로 하는 상세한 실시 방안을 제정했다. 2002년 3월 아시아개발은행 1차 장관급 회담에서 중앙아시아지역 경제협력에 대한 장관 성명을 통과시켜, 장관급 회의와 고위층 회의, 업종별 협력위원회 등 세 가지 층위의 협력기제를 확정하였다. 또한, 무역의 편리화, 교통 에너지 및 인력 자원 개발 협력을 중심으로 중앙아시아 세관 협조위원회를 만들고, 빠른 시일 내에 교통과 에너지 분야 협조위원회를 만들기로 했으며, 중앙아시아지역에 대한 8개 투자 사업과 17개 기술 원조 사업을 초보적으로 확정하였다.

근년에 중앙아시아지역 경제협력 기제는 자금의 장점을 이용해 도로 건설과 전력공급, 환경 등의 사업을 지원하여 중앙아시아 교통 운수 등 중점 분야에 대한 협력에 실질적 촉진 작용을 하고 있다. 중앙아시아지역 경제협력 기제는 무역·투자 편리화와 일체화 및 물류 건설 등의 사업을 중점적으로 지원하는 동시에 사영 부문이 그러한 계획의 수립에 참여하도록 장려하고 있다. 중앙아시아지역 경제협력 기제는 중국과 중앙아시아 다자 경제협력을 실질적으로 진전시키고 있는 중요한 기제이며, 소프트웨어와 하드웨어 건설에서 모두 다자 실무 협력을 추동하여, 신장과 중앙아시아 경제 일체화와 인프라 건설을 촉진하는 중요한 모범이자 지원 역할을 하고 있다.

넷째, 중국·몽골·러시아 기제가 중요한 보완이 된다. 2009년은 중국과 몽골 수교 60주년이었는데, 몽골은 적극적으로 여러 가지 활동을 전개했다. 그 가운데 하나가 상하이 협력기구 옵서버 자격으로 중국·몽골·러시아 기제를 적극적으로 추동하여, 관련 국가와 지역의 광범위한 주목과 참여를 이끌어낸 것이다. 2009년 8월 이후 거행한 학술교류, 국가 축전, 기업가 교류 등 대규모 활동에서 중국, 몽골, 러시아 3국은 국가 간, 지역 간에 정부·학자·기업이 적극적으로 참여하는 다층적·다분야 교류 협력을 하였다. 이를 통해 중국, 몽골, 러시아 60년 관계에 대한 회고와 전망을 하고, 국제 금융위기와 중국·몽골·러시아의 경제협력, 지역 외교 안보와 중국·몽골·러시아 관계 등의 의제에 대하여 적극적으로 논의했다. 중국, 몽골, 러시아 3개국 대표는 지역의 인프라 건설 수준 제고와 3국을 잇고 동북아시아, 서남아시아로 이어지는 도로와 철도의 건설, 항공노선의 증편을 제안했다. 또한, 제도건설, 기능건설, 시설건설 등 각 방면의 투자 환경을 개선하기로 했다. 더불어 금융위기를 기회로 전환하여 3개국의 무역투자 협력 방향을 규모의 성장에서 구조조정으로 전환하기로 했다. 중국-카자흐스탄 호르고스 국제 접경 협력센터를 모델로 3개국의 합의에 기초하여 장기적인 계획에 따라 신장과 몽골·러시아 접경에 중국-몽골 자유무역 구역 설치와 중국-러시아 카나스喀納斯·Kanas 통상구의 가능성과 기회를 연구하고 적극적으로 양자 혹은 다자 무역·투자 편리화 과정을 촉진할 것을 제안했다. 중국·몽골·러시아 기제는 점진적으로 정례화하고 장기적인 효력을 가지며, 고위급으로 변화하고 있다.

근년에 몽골의 경제는 비교적 빠르게 발전하고 있으며 동북아 지역 경제에서의 위상도 점진적으로 중요해지고 있는데, 적극적인 조치를 통하여 중국-몽골 인접 지역의 경제무역 협력을 제고시켜 즉각적으로 상호이익을 실현하도록 해야 한다. 중국과 몽골, 러시아 사이의 경제무역 협력이 날로 빈번해지고 있는 상황에서 2011년 9월 8일 제7회 중국·몽골·러시아 상업협회 연합 포럼에서는 3개국의 무역 편리화와 기업 협력을 위한 기반을 건설하기 위해 노력할 것을 제기했다.[96] 2014년 9월 12일 시진핑 주석은 중국·러시아·몽골 3개국 정상 회담에서 실크로드 경제벨트 공동 건설을 제안하였고 러시아와 몽골의 적극적인 호응을 얻었다. 우리는 '실크로드 경제벨트'와 러시아의 '유라시아 대철로', 몽골의 '초원의 길' 구상을 결합하여 중국·몽골·러시아 경제 회랑을 구축할 수 있을 것이다.[97] 중국·몽골·러시아 기제는 실크로드 경제벨트의 중요한 기제의 하나이며, 신장과 중앙아시아 및 확장 지역의 협력 기제가 될 수 있다.

4 중앙아시아의 중국 신장에 대한 의의

중앙아시아는 신장의 안정, 발전 및 조화로운 변강 건설에 매우 중요한 의의를 지닌다.

우선, 중앙아시아는 신장의 안정을 보장하는 중요한 요소이다. 중앙아시아는 유라시아대륙의 배후지로 동아시아, 남아시아, 서아시아, 중동 및 유럽과 연결하는 중심축이며, 유라시아대륙의 동서로 진출하고 남북을 통하는 필수적인 지역으로 이전부터 유라시아대륙 "세계의 섬"으로 불렸다. 냉전이 끝난 후 독립한 중앙아시아 각국은 현재 세계 여러 세력의 중간지대로, 여러 국제정치 세력이 상호 쟁탈전을 벌이는 곳이 되었다. 중앙아시아 5개국 중 카자흐스탄, 키르

---

96) 「第7屆中蒙俄商會聯合論壇力推三國經貿合作」, http://www.foodsl.com/content /1248634, 검색일: 2011年 9月 8日.

97) 習近平, 「打造中蒙俄經濟走廊」, http://www.xinhuanet.com/world/2014-09/12/ c_1112448804.htm, 검색일: 2014年 9月 12日.

기스스탄, 타지키스탄 3개국은 신장과 접하고 있으며 국경선은 각각 1460㎞,[98] 1100㎞,[99] 430㎞로[100] 모두 약 3000㎞이다. 이는 중국 2.2 만㎞ 육상 국경의 13.6%이고 신장 국경선 5600㎞의 50% 이상으로 신장과 서부 안보에 직접적 영향을 미친다. 중앙아시아지역은 역사적으로 대국이 각축을 벌이는 대상이었고, 중앙아시아의 안보와 안정은 신장의 안보 및 안정과 밀접하게 관련되어 있다. 그렇게 때문에 중국 주변 외교 전략에서 중앙아시아는 핵심적인 안보 보호벽 작용을 하며 그 정치적·사회적 안정이 중국 서부 변강의 안정 및 안전과 밀접하게 관련되어 있다. "주변이 최우선이며, 대국이 핵심이고, 발전도상국이 기초이며, 다자협력이 중요한 무대"라는 중국의 외교 이념에 따르면, 중앙아시아는 신장의 안전과 안정을 보장하는 가장 우선적인 동반자이자 중요한 요소이다.

다음으로는 중앙아시아는 신장의 발전을 촉진시키는 중요한 협력자이다. 신장과 중앙아시아는 이웃하고 있으며, 쌍방은 모두 유라시아판의 중심이자 아시아 경제지역에 위치하고 있고, 고대 실크로드상의 중요한 교통 중심지에 위치하고 있으며, 자고이래로 동서 경제 협력의 교차로가 되었다. 신장과 중앙아시아는 장기적으로 실크로드를 통하여 우호적인 교류를 진행했으며, 쌍방은 모두 바다에서 멀리 떨어진 내륙지역이므로 모두 유라시아의 두 번째 대륙통로를 통

---

98) 趙長慶 編著, 『列國志·哈薩克斯壇』, 社會科學文獻出版社, 2004, p. 2(중국 일부의 사서에서는 통상 중국 카자흐스탄 국경이 1700㎞라고도 한다.-원문주).

99) 劉庚岑, 徐小雲 編著, 『列國志·吉爾吉斯斯壇』社會科學文獻出版社, 2005, p. 1(중국내 신문에서는 중국 키르기스스탄 국경선이 1096㎞라고 보도하고 일부 학자들은 1170㎞라고도 한다.-원문주).

100) 劉啓芸 編著, 『列國志·塔吉克斯壇』, 社會科學文獻出版社, 2006, p. 2.

하여 아시아와 유럽을 잇기 위해 필수적으로 지나야 할 경로이다. 신장과 중앙아시아지역 경제협력은 첫째, 쌍방의 무역 협력을 확대하고 쌍방의 의존도를 제고시킬 수 있다. 둘째, 낙후한 국가의 에너지, 광산자원 시장 다원화 전략이 될 수 있다. 셋째, 지역 경제협력 기제 건설과 기능 분야 협력 분야에서 중요한 모범이자 촉진역할을 하여 보다 광활한 시장 공간을 확장할 수 있다. 넷째, 전면적인 지역 협력발전과 지역 산업 구조 조정 촉진에 유리하다. 그렇기 때문에 신장과 중앙아시아지역 경제의 편리성과 경제성은 중국과 중앙아시아지역 경제 통합의 견실한 기초이다. 중앙아시아와의 지역 경제협력의 발전은 신장 경제의 진일보한 성장을 촉진하는 동시에 다시 중앙아시아 국가 경제와 사회의 발전을 추동한다. 이는 실크로드 경제벨트 건설을 추진하여, 중국 서부 대개발 전략의 실시를 촉진하고 그것을 통하여 신장과 중앙아시아 사회경제의 지속적 발전을 보증하는 데 의심할 나위 없는 심원한 의의를 지닌다.

그 다음으로는 중앙아시아는 중국이 평화로운 변강을 건설하는데 불가결한 지지자이다. 신장과 중앙아시아에는 많은 과계민족이 있으며 뿌리가 장구한 문화교류 역사와 유사한 민속풍속, 공동의 종교 신앙, 민속 명절, 문화 인물이 있으며, 유사한 민족 악기와 민족 무용과 체육 등이 있다. 그것이 신장과 중앙아시아의 민간 교류와 인심의 소통을 촉진하는 데 양호한 기초가 되고 있다. 역사적으로 쌍방 민족의 왕래가 빈번하고 상호 교류와 융합 및 영향으로 독특한 문화적 분위기를 형성했다. 신장과 중앙아시아의 지리 문화적 유사성은 쌍방의 조화로운 공존의 내재적 요구이자 동력이다. 중앙아시아 국가의 독립 이후 신장과 중앙아시아는 문화교류를 통한 경제협력과 민간 왕래를 통한 정부 간의 협력과 상호이익을 통하여 인민의 생활을 질적으로 제고하였다. 또한 각 민족의 생활을 풍부하게 하고, 평화롭게 공존하고 공동 발전하는 지역 환경을 창조하여, 중국 서부 지역의 안정과 발전에 매우 중요한 작용을 하였다. 중앙아시아는 중국이 평화로운 변강을 건설하는 데 불가결한 중요한 역량이며, 쌍방의 조화로운 공존과 빈번한 민간 교류가 이후 실크로드 경제벨트 건설을 대대적으로 촉진시킬 것이다.

마지막으로 중앙아시아는 신장과 실크로드 경제벨트를 함께 건설하는 핵심지역이다. 2013년 9월 시진핑 주석은 카자흐스탄 나자르바이예프 대학에서 중국의 중앙아시아 국가에 대한 선린우호 협력 정책을 전면적으로 표명하며 최초로 혁신적인 협력 모델을 제시하였다. 그것이 실크로드 경제벨트 공동 건설이며, 그것을 연선의 각국 인민들에게 도움이 되는 거대한 사업으로 만들 것을 제안했다. 실크로드 경제벨트는 동으로 중국 연해 발전 지역의 아시아 경제권에서 시작되며, 서쪽으로 중국을 벗어난 첫 번째 지역이 중앙아시아이다. 중앙아시아 국가의 경제 대회랑을 따라서 세계에서 가장 발달한 지역인 유럽에 이어져, 유라시아를 전면적으로 관통하여 연결하는 세계 지리의 새로운 국면을 형성할 것이다. 중앙아시아와 신장은 그 경제벨트에서 핵심 위치에 처해 있으며, 유라시아를 연결하는 중요한 중심축이고 그 지리적 위상의 중요성은 대체될 수 없으며, 중국과 실크로드 경제벨트 연선 국가가 서로 이어지고 통하는 데 매우 중요한 의의를 지닌다. 중앙아시아와 신장이라는 핵심지역의 원활한 소통과 안전은 실크로드 경제벨트의 성패와 관련될 뿐만 아니라 연선 국가들의 경제 사회 발전의 미래 전망과도 관련된다. 그렇기 때문에 반드시 여러 가지 조치를 통하여 이 지역의 국태민안國泰民安과 지역 안보, 인민 생활수준의 제고, 경제의 지속적 발전을 보장하여 실크로드 경제벨트건설과 지역 발전이 상호 긍적적으로 작용하는 상황과 환경을 형성해야 한다.

함께 핵심지역에 위치하는 신장과 중앙아시아는 실크로드 경제벨트의 번영을 실현하기 위해 마땅히 상호 대응하는 발전 전략을 짜야 한다.

신장의 발전 전략은 실크로드 경제벨트에 착안해야 한다. 특히 EU와 중앙아시아의 전체적 이익에 기초하여 중국과 유럽의 무역발전을 공고히 하는 것이다. 중앙아시아 국가 특히 문호 국가인 카자흐스탄과의 에너지 자원, 교통, 문화 등 분야의 협력을 강화한다. 국가의 실크로드 경제벨트 건설에 대한 전체적 요구에 따라, 대륙교陸橋 경제벨트 양쪽 끝 배후지 개발을 인도하는 전략과 대륙교에 이어진 경제벨트 소지역 중심 도시군 연동 발전 전략 및 중요 전략 거점 통상구 우선 개발전략을 견지한다. 그리고 무역 편리성 제고를 핵심으로 화물 무역량 확대를 목표로 국가 층위에서 대륙교 경제벨트 발전 계획을 수립한다. 완비된 국제와 국내(국가의 부처 및 위원회와 성급과 지방 정부, 부문 간)의 횡적, 종적 통관 협력 기제를 건립한다. 대륙교 양쪽 끝 경제 배후지의 화물 무역을 우선 발전시키고, 소지역의 위상을 명확하게 하고, 전략적으로 실크로드 경제벨트 핵심지역에 대한 계획과 최상층에서의 계획을 잘 수립한다. 신장에서 현대 산업 체계, 신형도시, 교통운수, 상호 연결·소통하는 정보통신망과 민생 발전에 대한 체계적 건설을 진행한다.[101] 신장은 '신新유라시아 대륙교 경제 회랑'과 '중국-중앙아시아-서아시아 경제회랑'을

---

101) 王玉剛, 「絲綢之路經濟帶發展戰略的幾点思考」, 2014. 9. 9. http://a6818303 48.xinjiang1.mynet.cn/_d276813557.htm.

축으로, 실크로드 경제벨트 핵심지역 전략 목표를 중심으로 삼는다. 국가의 대형 천연가스 생산 가공과 저장기지, 대형 탄광·화력발전·석탄 화학 공업 기지, 대형 풍력 발전기지 등 3대 기지와 에너지, 교통, 통신 등 3대 통로와 지역성 교통 중심, 지역성 상업무역 물류 중심, 지역성 금융 중심, 지역성 문화 교육 중심, 지역성 의료 서비스 중심 등 5대 중심, 10대 수출입 산업 집결지 등의 건설을 전개한다. 이러한 목표는 단기, 중기, 장기로 나누어 실시한다.

실크로드 경제벨트 핵심지역에 위치한 중앙아시아 국가들은 현재 주도적으로, 카자흐스탄의 "광명의 길" 신경제정책,[102] 우즈베키스탄 2015년 발전 계획, 투르크메니스탄 2030년 경제발전 전략 계획, 키르기스스탄 2013-2017년 발전 계획, 타지키스탄 2000-2020년 발전 계획을 중국의 실크로드 경제벨트 건설과 결합시키려 하고 있다. 중앙아시아 각국은 아시아인프라건설투자은행의 발기 국가로 가입하고 있으며, 실크로드 기금, 중국-유라시아경제 협력기금 등 금융 기제를 통하여 중국과 에너지 등의 분야에서 실무 협력 강화를 희망하고 있다.

위에서 말한 것을 종합하면, 중앙아시아 국가들의 경제가 날로 발전할수록 실크로드 경제벨트 건설에 더 많은 동력을 투입하여 중국과 중앙아시아지역 경제협력 수준을 높일 수 있을 것이다. 중앙아시아 국가들이 민생을 개선하고자 하는 내적인 욕구가 커질수록 실크로드 경제벨트 건설에 참여하여 중앙아시아지역의 양호한 발전을 실현할 수 있을 것이다. 경제발전을 위하여 평화롭고 안정적인 주변 환경을 조성하기 위한 고려에서든, 중국의 미래 자원과 에너지 수요

---

102) 「習近平會見哈薩克斯壇總理馬西莫夫」, 『光明日報』 2015. 3. 28.

를 고려해서든, 혹은 실크로드 경제벨트 건설이 중앙아시아 국가들에 미칠 영향을 보아서든, 신장과 중앙아시아 지속 발전의 상호 의존 관계를 보아서든, 모두 쌍방의 협력 관계를 충분히 중시해야 한다. 러시아의 저명한 중국학자 빌리야 겔브라스Vilya Gelbras가 지적한 바와 같이, "중국의 서부 발전 전략 계획의 실시에 따라, 우리와 이웃한 신장이 우선적으로 발전할 것이다. 그 지역이 전체 중앙아시아 지역의 경제무역과 금융 중심이 될 것이며, 인근 지역도 그 중심의 경제적 궤도에 진입할 것이다."[103]

　미래를 전망해 보면, 모두 상하이 협력기구 회원국이고, 모두 실크로드 경제벨트의 핵심지역에 위치한 중국과 중앙아시아 각국의 지역경제 협력은 더욱 긴밀해질 것이다. 신장과 중앙아시아는 다음과 같은 내용의 협력 플랫폼을 구성해야 한다. 먼저 "내부 우선과 정치와 경제 결합, 상호 호혜, 다양한 형식 및 실효 중시"의 원칙을 견지하고, 여러 측면으로부터 지역 내 장기적 안정적 경제협력 관계를 형성한다. 협력 과정에서 출현하는 문제를 적절하게 처리하고, 각 방의 관련된 이익을 과학적으로 분석하고, 공통적 이익을 찾아내도록 노력한다. 지역 안보 체계를 협력하여 건설하고, 실크로드 경제벨트 연선지역 경제의 일체화 진전을 가속화한다. 실크로드 경제벨트의 기본 방침 구성을 확립하고, 실크로드 경제벨트 원칙 구성을 명확하게 한다. 무역과 투자가 효과적으로 보장되는 지역 정책과 환경을 부단히 개선하고, 교통운수 조건과 기제 건설을 완비하고, 인문교류를 실행한다.

　실크로드 경제벨트 제안에 어떠한 조건도 부과하지 않음으로 인

---

103) 王海燕, 「新地緣經濟: 中國與中亞」, p. 67 참조,

해 연선 국가들에 대해 점점 더 강한 흡인력을 가지게 될 것이다. 그 제안의 힘을 빌려 실크로드 경제벨트 연선 국가들은 구미 등이 만든 세계경제 규칙의 추수자이자 참여자가 아니라, 새로운 규칙의 제정자이자 제창자가 될 것이다. 또한 지역 발전 수준과 특징에 부합하는 새로운 기제와 새로운 모델과 새로운 경로를 함께 만들어, 유라시아 지역협력에서 회원국의 주도적 위상과 추동 작용이 드러나게 될 것이다.

한편으로 중앙아시아지역은 엄중한 안보 환경과 중앙아시아 국가의 복잡한 정치·경제 상황 및 강대국들의 갈등 등의 요인이 존재하므로, 실크로드 경제벨트 건설이 봉착한 환경이 비교적 복잡하다. 그러므로 단번에 성공할 수도 없고 너무 서둘러서도 안 되며, 실크로드 경제벨트 건설은 장기적이고 힘겨운 과정이 될 것이다. 신장은 중앙아시아 국가들과 협력을 진행할 때 민생에 관심을 기울여 실질적인 이익공동체와 운명공동체를 건설해야 한다.

다른 한편으로 신장과 중앙아시아 국가는 더욱 주동적이고 유연하고 다양하게 넓은 범위에서 상호 보완적인 지역협력을 전개할 수 있을 것이다. 실크로드 경제벨트는 연선 국가들이 유라시아 지역 주요 국가들과의 경제협력을 통하여 새로운 국제 관계를 건설하는 가능한 경로와 적절한 플랫폼을 제공하고, 물질적 기초를 만들어, 유라시아 지역의 경제 일체화가 더욱 개방되고 자유롭게 되도록 촉진하여, 지속적으로 제고되고 역동적으로 발전할 수 있는 잠재력을 획득할 수 있도록 할 것이다. 유라시아 경제일체화 발전 전망은 더욱 희망이 충만할 것이다.

제3절

아프가니스탄 문제와 신장의 안정과 발전

아프가니스탄은 중국의 육상 인접국 중 하나로 신장과 접하고 있다. "지도상에서 볼 때, 아프가니스탄은 소금에 절였다가 납작하게 눌러서 건조시킨 오리 모양으로 긴 목(와칸 회랑Wakhan Corridor)이 동으로 뻗어 있으며, 벌린 긴 부리가 중국을 물고 있고, 부리 끝의 호선(와칸산 입구)이 중국과 아프가니스탄 공동 국경이다."[104]

근대이래 아프가니스탄은 여러 차례 외국세력에 종속되거나 극단주의 세력에 의해 지배되어 중국과 아프가니스탄 관계 및 중국의 국가 안보에 위협이 되었다. 신장 지역의 안보를 보증하기 위해 중국은 여러 차례 중국과 아프가니스탄의 국경을 폐쇄하기도 하였다.

2001년 말 아프가니스탄에 대한 대테러 전쟁이 시작된 후 중국과 아프가니스탄의 관계는 새로운 시기에 접어들었다. 2001년 12월 중국은 아프가니스탄으로 실무팀을 파견하였으며, 아프가니스탄 임시정부 수립 의식에도 그들이 참석하였다. 이때 임시정부 수반 카르자

---

104) 馬敍生, 「阿富汗: 我心中遙遠的近隣」, 『世界知識』 2002年 6期.

이Hamid Karzai에게 중국 정부의 축하 서신을 전달하였으며, 양국 관계는 신속하게 회복하고 발전하여 중국 아프가니스탄 관계의 새로운 장을 열었다.

중국의 인접국으로서 아프가니스탄의 안보는 중국 특히 신장의 안정에 중요한 영향을 미친다. 미군의 철수에 따라 정치, 경제, 안보에 대한 고려와 중국의 주변 외교 전략의 전환 및 아프가니스탄 문제에 대한 인식의 심화에 기초하여, 중국은 아프가니스탄 문제에 적극적으로 참여하고 있다. 일부 서방 관찰자들은 심지어 2014년이 "중국 아프가니스탄 관계에서 결정적인 일 년"이며, "중국은 아프가니스탄이 소련 철군 후와 같은 내전에 빠져드는 것을 수수방관하지 않을 것이라고 우방과 적대국에 표명했다,"[105]고 했다.

중국의 대아프가니스탄 정책은 전체적으로 볼 때 성공적이었지만 몇몇 도전에 직면하고 있는데, 중국의 아프가니스탄 투자는 비교적 큰 위험에 직면하고 있으며 투자 효과도 그렇게 좋지 않은 것 등이다. 그 외에도 아프가니스탄 문제에 적극적으로 참여함으로써 중국은 지역 정치의 갈등에 휩쓸려 들어갈 수 있을 것이다. 미래 중국은 아프가니스탄 문제에 더욱 적극적으로 참여하고 그 범위도 더욱 확대될 것이다.

---

105) Andrew Small, "Afghanistan: The View from China," *European Union Institute for Security Studies*, January 2014, p. 1.

1 중국 아프가니스탄 국경 문제의 해결

　1950년 1월 12일 아프가니스탄 정부가 중화인민공화국을 승인하였으며, 1955년 1월 20일 중국과 아프가니스탄은 정식으로 수교했다. 수교 초에는 각자의 외교 환경을 개선하기 위하여 중국과 아프가니스탄 쌍방이 모두 국경 분쟁문제를 적극적으로 해결하는 것을 쌍방 관계의 중요한 내용 가운데 하나로 여겼다. 당시 아프가니스탄과 중국의 분쟁 대상이 된 영토는 주로 파미르 지역, 특히 와칸 회랑 지역이었다. 역사적으로 와칸 회랑과 그 주변 지역은 중국에 속했지만, 청조 말기 국력 약화 등의 원인으로 1894년 제정러시아와 영국이 청 정부를 배제하고 조약을 맺어 파미르 고원 일부를 분할하였다. 그중 와칸 회랑을 아프가니스탄으로 획분하여 러시아와 영국의 완충지대로 삼았으며, 중국은 최종적으로 겨우 타그둠바스^{Taghdumbash} Pamir·塔格敦巴什 지역을 보존하는 데 그쳤다.

　1960년 중국과 아프가니스탄 양국은 우호 불가침조약을 체결하고, 협상을 통하여 1963년 11월 22일 「중화인민공화국과 아프가니스탄 왕국 국경조약」을 체결하고 사리콜^{Sarikol} 산맥 이동의 가장 편벽한 지역 43 마일(92㎞) 국경선에 대하여 측량·확정하여 양국의 국경 문제가 기본적으로 해결되었다.

　1981년 6월 16일 소련과 아프가니스탄은 사리콜 호수 서안에서 파울로-스베이코프스키봉^{Povalo-Shveikovskogo peak·称克克拉去考勒峰}에 이르는 국경조약을 맺었다. 그것이 중소 간의 파미르 분쟁지역과 관련되었기 때문에 중국은 반대하였으며, 최종적으로 중국과 아프가니스탄 국경은 1963년 체결한 「중화인민공화국과 아프가니스탄 왕국의 국경조약」을 준수하였다.

중국 아프가니스탄 국경 문제는 평화적인 방식으로 해결되었으며 논란의 여지가 있는 문제를 남기지 않았다. 이는 중요한 시사점을 가지는 것으로 오늘날에도 본받아야 할 의미를 지닌다. 우선, 중국의 주동적 역할이 중요한 작용을 했다. 저우언라이周恩來 총리의 1957년 아프가니스탄 방문은 중국이 주동적으로 제기한 것이다. 중국과 아프가니스탄 국경조약 체결 전, 중국은 이미 여러 나라와 국경조약을 맺었는데, 기본적으로 모두 중국이 추동한 것이다. 다음으로는 국경 협상 과정에서 중국은 평등한 협상 원칙을 견지하였으며 국가의 크기로 입장을 정하지 않았다. 마오쩌둥毛澤東 주석은 1959년 9월 중국을 방문한 아프가니스탄 수상 겸 외교장관 다우드Mohammed Daoud Khan와의 회담에서 "아프가니스탄은 매우 중요하다. 당신들은 순수한 중립국으로서 정치적으로 다른 나라를 침략하지 않으며, 당신들의 발언은 힘이 있고, 진리가 당신들 편에 있다. 당신들의 국가는 작지만 진리가 당신들 손에 있다. 우리는 소국을 멸시하지 않는다."라고 했다. 1960년 천이陳毅 부총리가 아프가니스탄을 방문했을 때, "우리는 아프가니스탄을 대국이라고 본다. 세계에서 아프가니스탄의 역할이 점점 더 커지고 있으며 영토는 프랑스나 일본과 비슷하고, 야심이 없으며, 아프가니스탄은 외부에 영토가 없다."106)고 했다. 마지막으로, 중국은 현실에서 출발하여 아프가니스탄과 관계를 발전시킨다. 아프가니스탄은 중국과 이념이 서로 다르며, 중국에 대하여 불만을 가졌던 적도 있지만 중국은 대항하지 않았고, 그것이 중국과 아프가니스탄 관계의 유지와 중국의 변경 안보에 중요한 역할을 했다.

---

106) 馬行漢, 『外交官談阿富漢』, 世界知識出版社, 2002, pp. 4-5.

2 아프가니스탄 상황과 신장의 안보

　지리적으로 서로 인접하기 때문에 장기적으로 아프가니스탄과 신장은 일정한 관계를 유지하고 있으며, 시기에 따라 그 상황이 신장의 안보와 발전에 긍정적 혹은 부정적 영향을 미쳤다.

(1) 아프가니스탄과 신장의 역사적 관계

　아프가니스탄 동북부의 돌출한 좁고 긴 지역과 신장 카스 지구의 타쉬쿠르한塔什庫爾幹·Tashqurghan 타지크 자치현이 접하고 있으며, 중국과 아프가니스탄은 약 92㎞의 국경을 맞대고 있는데 모두 신장에 속한다.

　자고이래 지리 환경과 교통 조건 등의 한계가 있었지만, 아프가니스탄과 신장의 관계는 끊어지지 않았다. 근대 이후 아프가니스탄인들이 장기적으로 신장에 정주하기 시작했고, "1942년 아프가니스탄 정부에서 조사단을 신장에 보내 아프가니스탄 교민을 등록했는데, 당시 107호였다."[107] 이들 대부분이 이미 신장에 정주한 아프가니스탄인 2세대, 3세대 혹은 몇 대에 걸친 중국과 아프가니스탄의 혼혈 후예였다. 중화인민공화국 건국 후 중국 정부는 1950년과 1951년에 신장 경내의 아프가니스탄인들에 대한 통계를 냈는데, 당시 난장 각지에 아프가니스탄 교민과 그 후예가 모두 629명이 있었다. 대부분의 아프가니스탄인은 중국 국적이었으며 귀국을 요청한 소수의 사람들은 출경시켰다.[108]

---

107) 新疆維吾爾自治區地方志編纂委員會, 『新疆通志: 外事志』 新疆人民出版社, 1995, p. 142.

1919년 막 독립한 아프가니스탄은 중국과의 변경 무역을 발전시키기를 희망하였다. 1919년 8월 아프가니스탄 국왕은 타슈켄트 주재 대표 압둘 가니Abdul Ghani를 중국 변경에 파견하여 아프가니스탄이 카스에 영사를 파견하여 주재시키고 무역을 전개할 것에 대하여 중국 당국과 담판을 희망했다. 시국의 혼란으로 신장 측에서는 답변이 없었다. 1920년 아프가니스탄 국왕은 사절단을 보내 중국정부와 조약 체결에 대하여 협상하려고 했는데, 양쩡신楊增新(당시 신장지역의 군벌, 역자주)이 아프가니스탄 국왕의 의사를 베이징 정부에 전달하고 회답을 기다렸다. 1921년 5월 1일 마헨드라 페르탑Mahendra Pertab이 이끄는 26명으로 구성된 사절단이 신장으로 오면서, 아프가니스탄 국왕이 중국 총통과 신장 성장에게 보내는 서신 두 통을 가지고 왔다. 베이징과 카스 주재 대표단을 파견하고, 중국은 카불Kabul에 영사관을 설치하도록 중국과 조약 체결을 희망하는 내용이었다. 1921년 8월 25일 양쩡신은 카불로 대표를 보내 아프가니스탄과 무역 협정 체결을 합의했다. 1922년 여름, 아프가니스탄 국왕은 모하메드 샤리프 칸Mohammed Sharif Khan이 이끄는 대표단을 신장으로 파견하여 중국과 담판을 희망했다. 중국 정부는 동의를 표시하고 무역 문제에 대하여 아프가니스탄 정부와 협상을 했다. 신장 측도 아프가니스탄과 무역 협정을 체결하기를 희망했다. 그러나 쌍방은 장기간 협상을 했지만 결과를 도출하지 못했다.[109] 그렇지만 비록 그 규모가 크지 않았을지라도 아프가니스탄과 신장 사이의 민간 무역은 줄곧 존재했다.

---

108) 李娟梅, 「民國時期中英關于新疆阿富漢人國籍問題之交涉」, 『西域研究』 2004年 2期.

109) 李娟梅, 「民國時期中英關于新疆阿富漢人國籍問題之交涉」, 『西域研究』 2004年 2期 참조.

20세기 초 아프가니스탄은 주로 신장으로 산양, 말가죽, 표범가죽, 살구씨를 수출하였고, 신장에서 직물, 양탄자, 자기, 융단, 노새, 생사 등을 수입하였다. 신장에서 활동하던 초기 아프가니스탄 상인들은 면세 혜택을 받았다.

중소관계가 악화되었을 때에는 중국과 아프가니스탄의 경제관계도 중단되었다. 중소관계가 완화된 후 많은 아프가니스탄 상인들은 소련과 이후 독립국가연합 국가들을 통하여 신장으로 오거나 혹은 러시아나 몽골을 통하여 중국으로 와 각종 상품을 구매하여 돌아가는 등 민간의 상업 왕래와 교류에 적극적인 작용을 했다.

소련의 아프가니스탄 침략시기에는 중국이 아프가니스탄 인민들의 소련 대항 전쟁을 지원하였는데, 그중 많은 원조가 신장을 기지 또는 통로로 하여 제공된 것이다.

당연히 지리적 인접과 공동의 종교로 인하여 아프가니스탄도 신장의 안정에 부정적 영향을 미치기도 하였다. 일찍이 아프가니스탄 왕실이 "범이슬람주의와 범투르크주의"의 신장 전파를 지지한 것이 그것이다. 그렇지만 국력의 한계와 내란으로 인하여 아프가니스탄 왕실의 의도는 실현되지 못했다. 탈레반 시기 수백 명의 동투르키스탄 분자들이 아프가니스탄에서 훈련을 받았다. 오늘날에도 아프가니스탄의 혼란 국면이 여전히 신장에 일정한 부정적인 영향을 미치고 있다. 특히 극단주의와 테러리즘, 마약 등에 대한 타격에서 아프가니스탄이 신장의 안전을 유지하는 데 중요한 의의를 지니기 때문에 중국은 주목을 하지 않을 수 없다. 2009년 3월 31일 중국 외교부 대변인은 기자의 질문에 대답하면서, "……현재, 평화롭게 안정되고 발전하는 아프가니스탄이 중국에 대한 최대의 자원이다."고[110] 했다. 그것으로부터 아프가니스탄의 중국에 대한 중요성을 도출할 수 있다.

(2) 아프가니스탄의 종교극단주의와 테러리즘이 신장에 미치는 영향

　중국과 아프가니스탄 국경은 겨우 92㎞에 불과하고 넘기 어려운 고산지대에 속하지만, 아프가니스탄 상황의 악화는 중국 서부 변강의 안보에 중요한 영향을 미친다. 한편으로, 혼란에 처한 주변국은 중국의 주변 환경 안정에 부정적 영향을 미친다. 중국이 발전하려면 반드시 주변 상황이 안정되어야 하는데, 만일 주변 지역이 불안하면 반드시 중국에도 영향을 미치게 된다. 다른 한편으로, 중국에 인접해 있는 아프가니스탄이 불행히도 극단주의의 온상이 되면 중국 변강의 안보에 직접적인 위협이 될 수 있다. 그것은 중국이 봉착하고 있는 안보에 대한 위협 가운데 하나—동투르키스탄 세력—가 아프가니스탄의 상황을 이용하여 활동을 할 수 있기 때문이다.

　역사적으로 일부 동투르키스탄 분자들이 아프가니스탄에서 훈련을 받고 탈레반 및 '알카에다'와 함께 전투를 하기도 했다.[111] 일찍이 탈레반이 아프가니스탄을 통치하던 시기 알카에다는 "동투르키스탄 이슬람운동" 분자로 구성된 테러 훈련기지인 "위구르 훈련소"를 만들었는데, 그들 중에는 신장에서 온 수백 명의 테러분자가 포함되어 있었다. 아프가니스탄 전쟁이 발발한 후 "위구르 훈련소"는

---

110) 「外交部: 國際社會應齊心協力阿富汗實現穩定和經濟發展」, 『新華網』, http://www.xinhuanet.com/world/2009-03/31/content_11107673.htm, 검색일: 2009年 3月 31日.

111) Marvin G. Weinbaum, "Afghanistan and Its Neighbors" *Special Report* 162, United States Institute of Peace, June 2006, p. 16.

미군의 폭격을 받았는데, 그중 일부 잔여 세력이 아프가니스탄과 접경한 파키스탄 부족 지역에 침투하여 그곳에 잠복하면서 다시 재기할 기회를 엿보았으며, 다른 일부는 계속하여 아프가니스탄에 머물렀다.

2009년 8월 신장 우루무치 디워바오^{地窩堡·Diwopu} 공항에서는 아프가니스탄 한 항공사가 우루무치로 취항한 첫 번째 비행기에 폭탄이 있다는 소식을 인지하고, 즉각 긴급조치를 발동하여 무장경찰과 소방부문이 공항과 활주로를 통제하고 납치와 폭파에 대비한 조치를 취했다. 최종적으로는 중국 민항국에서 그 비행기의 입경을 거절하여 아프가니스탄 칸다하르^{Kandahar}로 돌아가 착륙했다. 그때 항공기 폭탄 사건은 저지되었지만, 아프가니스탄과 신장의 안보가 밀접하게 관련되어 있다는 것을 말해주는 사례이다.

동투르키스탄 분자들이 아프가니스탄에서 직접 훈련과 전투에 참여하고, 신장에 대한 침투와 직접적인 습격을 감행하는 것 외에도, 아프가니스탄 종교 극단주의 사상과 테러리즘 침투가 신장에 미치는 영향도 주의를 기울여야 한다. 소련의 아프가니스탄 침공 이후 아프가니스탄에서는 종교 극단주의 사상이 범람하고 있으며, 무자헤딘^{mujahideen}(아프가니스탄의 무장 게릴라 조직, 역자주)세력이 여러 차례의 변화를 거쳐 매우 완강한 세력이 되었고, 주변의 중앙아시아, 파키스탄에 충격을 주고 있으며, 신장도 심각한 피해를 입고 있다.

아프가니스탄은 테러리즘의 자생지 중 하나이며, 현재 세계 지정학 지도의 균열지대 가운데 하나이다. 그 상황의 변화와 영향은 세계의 안보에 영향을 미칠 뿐 아니라 심지어는 전 세계 지정학의 변동에도 중요한 영향을 미칠 수 있다. 아프가니스탄을 중심으로 하는 대ᆞ중앙아시아지역에서 각종 세력의 각축은 최종적으로 현재 세계의 상황을 변화시킬 수도 있을 것이다.[112) 미국의 철군은 9.11사건 후 아프가니스탄 정세에서 발생한 가장 큰 변화이며 그 영향이 막대하다. 이를 통해 아프가니스탄 안보 상황과 관련된 문제들의 진전에 불확정성이 크게 증대되었으며, 신장의 안보와 안정에도 일정한 영향을 미칠 것이다. 만일 이후 아프가니스탄 안보 상황이 엄중하게 악화된다면 중국에 직·간접적 충격을 줄 것이며, 아프가니스탄 극단주의와 종교 극단주의가 중국에 직접적으로 흘러들 수도 있고, 중앙아시아와 파키스탄에도 충격을 주어 간접적으로 중국에 영향을 미칠 수도 있다.

(3) 아프가니스탄 마약의 중국에 대한 영향

아프가니스탄은 세계 최대의 아편 생산국으로 여러 해 동안 아편 생산량이 세계의 90% 이상을 차지했다. 근년에 아프가니스탄의 마약도 점진적으로 중국으로 흘러들고 있는데, 그중 큰 부분을 차지하는 것이 신장으로의 유입으로, 신장의 사회 안정에 부정적 영향을 미치고 있다.

사실상 아프가니스탄 마약의 신장에 대한 영향은 이미 수백 년간 지속되었다. 청조 시기, 아프가니스탄 상인들은 바다흐샨Badakhshan 등지에서 신장으로 부단히 아편을 밀수했다.

현재 아프가니스탄 마약은 3개의 외국 밀수 통로가 있는데, 남선, 북선, 서선이 그것이다. 그중 남선은 파키스탄-아프가니스탄 변경을 통과하여 파키스탄을 거쳐 중국과 인도로 운송되거나 혹은 파키스

---

112) 朱永彪·曹偉, 「阿富汗問題與中國的關聯」, 『南亞研究季刊』 2012年 第1期.

탄 남부 항구를 통하여 중동지역으로 운송되는데, 그 노선으로 아프가니스탄에서 생산된 33%의 아편과 48%의 헤로인 및 모르핀이 밀수된다.[113]

2005년부터 중국으로 가는 새로운 아프가니스탄 마약(주요하게는 헤로인)의 밀수 노선이 형성되었는데, 파키스탄과 중앙아시아의 국가를 통한 신장으로의 밀수이다. 예를 들어 중국 공안부 마약퇴치국 禁毒局의 통계에 따르면, 2007년 조사한 "황금 초승달 지대"로부터의 마약 밀수 사건이 158건이며, 아프가니스탄산 헤로인 325㎏과 대마 4.8톤을 몰수했다.[114] 파키스탄은 아프가니스탄 마약의 중국 밀수의 중심 국가이다. 2007년 1월에서 10월 사이 파키스탄은 중국으로 향하는 헤로인 국제 밀수 사건 200여 건을 적발했다.[115] 동북부지역(특히 바다흐샨주)은 중국으로 운송되는 아프가니스탄 마약의 중요한 공급원(10%)이다.[116] 와칸회랑 일대는 인적이 드물고 환경이 열악하기 때문에, 아프가니스탄 마약의 중국으로의 운송은 일반적으로 파키스탄을 중개지점으로 하며, 카이베르 고개Khyber Pass를 지나 페샤와르Peshawar에 도달한 후 두 개의 루트를 통해 신장에 이른다. 혹은 중국과 파키스탄 변경의 쿤저랍 고개Khunjerab Pass를 통해 육로로 신장으로 들여오거나, 혹은 먼저 이슬라마바드Islamabad나 카라치Karachi로

---

113) UNODC and The Paris Pact Initiative, "Illicit Drug Trends in Afghanistan," April 2008, pp. 26-27.

114) 「2007年中國公安機關打擊毒品犯罪工作情況」,『公安部禁毒局網站』, 2008年 5月 25日, http://www.mps.gov.cn/n16/n80406/742318html, 2014 年 8月 22日.

115) 公安部禁毒局,「2008年中國禁毒報告」.

116) UNODC and The Paris Pact Initiative, "Illicit Drug Trends in Afghanistan," April 2008, p. 26.

운송한 후 다시 항공편으로 우루무치로 운송한다. 우루무치 디워바오 공항은 국제항공편으로 "황금 초승달 지대"의 마약 원산지 국가와 일부 마약 소비지역으로 직항할 수 있기 때문에 중국과 외국의 마약범죄세력이 선호하고 있다.

중국도 아프가니스탄 마약 가공에 사용되는 화약약품의 공급원으로 여겨지고 있으며, 주요하게는 중앙아시아 국가를 통하여 아프가니스탄으로 밀수된다.[117] 신장 세관과 경찰은 여러 차례 과망간산칼륨과 무수아세트산 등의 마약제조 화학약품 밀수 사건을 적발했다.

3 아프가니스탄 상황과 실크로드 경제벨트의 건설

아프가니스탄은 실크로드 경제벨트 건설 참여에 높은 열정을 가지고 있으며, 아프가니스탄의 특수한 지리적 위치와 복잡한 국내 상황으로 인하여, 아프가니스탄 상황의 변화가 실크로드 경제벨트 건설에 일정한 영향을 미친다.

(1) 아프가니스탄 안보에 대한 전망

아프가니스탄의 안보는 많은 어려움에 봉착해 있지만, 그것이 아프가니스탄의 안보 상황이 부정적이라는 것을 의미하는 것은 아니다. 아프가니스탄은 현재 세계에서 가장 불안정한 국가의 하나이지만, 아프가니스탄의 역사와 상황을 종합적으로 고려한다면, 아프가

---

117) UNODC and The Paris Pact Initiative, "Illicit Drug Trends in Afghanistan," April 2008, p. 29.

니스탄의 안정은 일부 학자들이 말하는 바와 같이 그렇게 취약하지 않으며, 낙관적으로 본다면 심지어는 개선의 기회를 맞이하고 있다고 할 수 있다. 미래 비교적 장기간에 걸쳐 아프가니스탄의 안정은 기본적으로 현상을 유지할 수 있으며, 급격하게 악화되거나 급속하게 호전될 가능성이 없다고 판단된다.

현재 외부에서는 일반적으로 탈레반 등 무장역량의 실력을 과장하고, 아프가니스탄 정부의 능력과 아프가니스탄 인민의 평화에 대한 절박한 갈망을 과소평가하고 있다. 탈레반이 실력을 일정 정도는 유지하고 있지만 이미 매우 취약해졌으며, 여러 가지 원인으로 인하여 제기할 가능성은 거의 없다. 탈레반과 아프가니스탄 군대의 실력 차이가 날로 커지고 있다. 아프가니스탄 역사에 비추어 보았을 때 현재의 아프가니스탄 안보역량은 아프가니스탄 역사상 최강이며, 국가의식과 직업정신도 점진적으로 강화되고 있다.

1985년 전후에 아프가니스탄 유격대의 무장역량은 대략 20만 명 정도였다. 반면, 당시 아프가니스탄에는 12만 명의 소련군과 약 2.5만 명의 아프가니스탄 정부군이 있었으며, 거기다 2만 명의 준군사 역량과 친소 부족 무장 세력을 더해도 아프가니스탄 유격부대의 상대는 20만 명이 되지 않았다. 소련군이 무기 장비 면에서 우위에 있었지만, 유격부대의 무기가 개선됨에 따라 소련의 우위도 상당히 약화되었다. 1985년 아프가니스탄 유격부대는 이미 전체 국토의 80%, 전체 인구의 70%와 전국 군郡과 면面 총수의 90%를 통제했다. 그러한 세력 관계는 소련군이 아프가니스탄에서 철수할 때까지 변하지 않았다.

1995년 탈레반이 흥기했을 때 대략 3만 명 정도였다(그중 20-40%는 파키스탄인이었으며 수천 명의 아랍인도 있었다). 일부 학자들의 추정에 의하면, "1994-1999년 약 8만에서 10만의 파키스탄인이 아프가니스탄에서 훈련과 전투에 참가했다."[118] 그것과 대비하여 탈레반이 성장하고 있을 때 당시 아프가니스탄 라바니Burhanuddin Rabbani 대통령 자신의 무장역량은 비교적 작았으며 기타 무장 파벌은 10만 전후의 병력이 있었다. 각 무장 파벌 사이에 상시적인 투쟁이 그들의 실력에 영향을 미쳤으며, 일부 군벌은 심지어 탈레반과 협력하기도 했다. 그렇기 때문에 탈레반은 파죽지세로 아프가니스탄 영토 대부분을 통제할 수 있었다.

소련 철군시의 나지블라Muhammed Najibullah 정권과 그 이후의 라바니 정권에 비하여, 현재의 아프가니스탄 정부의 군사 능력과 통제 능력은 크게 증대되었다. 게다가 탈레반이 성장할 때의 유리한 조건은 더 이상 존재하지 않으며, 국내외 환경도 그때와는 큰 차이가 있다.

그 외에도, 미국이 소련 철군 후 아프가니스탄을 방치했기 때문에 아프가니스탄이 종교 극단주의와 테러리즘의 자생지가 되었으며, 최종적으로 재앙이 미국에 미치게 되는 참혹한 경험을 했다. 현재는 이슬람 극단주의 세력이 이라크에서 다시 세력을 키우고 있으며, 미국은 아프가니스탄에 대한 개입을 확대하여 장기적으로 중앙아시아와 남아시아 지역을 관리하려는 전략적 의도를 가지고 있기 때문에, 아프가니스탄을 완전히 포기하지 않을 것이다.

또 하나 고려해야 할 요소는 미국이 일부 억제 능력을 유지한다면 탈레반이 일정 규모의 결집을 할 수 없을 것이며, 이라크의 IS와 같은 상황이 발생하는 것은 불가능하다는 것이다. 철군 전 아프가니스탄 주둔 미군의 절대다수는 작전에 참여하지 않았으며, 미군은 특수

---

118) William Maley, *The Afghanistan Wars*, Palgrave Macmillan, 2009, p. 288.

부대와 무인기를 이용하여 작전 임무를 수행했다. 그렇기 때문에 표면적으로 대부분의 작전 부대를 철수했지만, 아프가니스탄 주둔 미군은 여전히 핵심 임무를 완수할 능력을 가지고 있다. 현재 기본적으로 명확한 것은 「미국 아프가니스탄 전략협력 관계 협정」과 「미국 아프가니스탄 양자 안보 협정」에 따라, 미국이 아프가니스탄에서 "제한적인 장기 주둔"을 하고 있다는 것이다. 그 부대는 주로 아프가니스탄 국가 보안부대를 훈련시켜 아프가니스탄에 부족한 중요한 작전 능력을 강화하며, 필요시에는 아프가니스탄 국가 보안부대에 지원을 제공할 수 있다. 여기에는 항공 물류 수송, 의료 후송, 감시와 정찰 및 근거리 공중지원을 포함한다. 그 외에도 미국은 특수부대와 무장 무인기를 유지하여 테러조직과 그 동맹을 소탕하고, 테러조직의 주요 구성원들이 파키스탄 변경 부족지역에서 재건되어 아프가니스탄 테러조직 훈련 캠프로 돌아오는 것을 저지하고 있다.

아프가니스탄의 민족 갈등과 부족 문제 등도 탈레반의 재건을 제한하는 요소이다. 아프가니스탄 중남부지역의 하자라Hazara족은 이미 실력을 회복하여 탈레반의 재건을 강력하게 저지할 수 있으며, 타지크족과 우즈베크족의 무장력도 복구되고 심지어는 확대되었다. 탈레반 자신도 많은 문제에 직면하고 있다. 그러한 요소들이 탈레반의 재건이 현실화될 수 없게 한다.

때문에, 아프가니스탄의 특수한 역사 및 정세 그리고 현재의 아프가니스탄 자신의 안보 능력 건설 상황 및 미군의 철수 방식을 고려하면, 미군 철수 후 아프가니스탄의 안보 상황은 일정하게 악화될 수 있지만, 안보 상황의 진공이 출현할 가능성은 없으며, 탈레반이 권토중래할 가능성은 더욱 미미하다고 할 수 있다. 당연히 강조해야 할 것은 이상의 판단이 아프가니스탄의 안보 상황이 일정하게 지속적으로 개선될 것이라는 것을 의미하는 것은 아니라는 것이다. 미군이 완전히 철수하거나 아프가니스탄 경제가 심각하게 타격을 입거나 정국이 지속적으로 혼란되는 등 아프가니스탄에 중대한 동란이 발생하는 경우, 아프가니스탄의 안보 상황도 극도로 악화될 수 있을 것이다.

(2) 아프가니스탄 정치 상황 전망

2014년 9월 가니Mohammad Ashraf Ghani가 아프가니스탄 대통령으로 취임함에 따라 아프가니스탄 정국의 위기는 잠시 해소되었으며 혼란이 출현할 가능성이 최소화되었다. 당연히, 아프가니스탄 정치의 재건은 아직은 요원하며 현재 가니와 압둘라Abdullah Abdullah의 갈등이 잠정적으로 일단락을 고했지만, 이후 개헌 특히 의원내각제와 대통령제 중 무엇을 선택하는가의 문제, 그리고 권력 분점 과정에서 쌍방의 격렬한 투쟁이 발생할 수밖에 없을 것이다.

또한 주의할 것은 현재 아프가니스탄의 이념적 지형이 매우 복잡한데, 모두 급진적 방식으로 그 정치적 목적을 달성하려는 의식과 능력을 가지고 있다. 아프가니스탄의 현재 보수세력과 급진세력은 모두 자신들의 대변인이 있으며, 이슬람 극단주의세력과 군벌, 심지어는 마약상들도 정치세력의 일부분이다. 그것이 아프가니스탄과 같은 본질적으로 취약한 국가에게는 매우 위험한 것이며, 미래 정치과정에서 굴절에 봉착할 수 있는 불확정적 요소이다. 그 외에도 탈레반이 아직도 정치적 재건 과정에서 융합되지 못하고 있는데 이것도 미래 정국에 숨겨진 걱정거리라고 할 수 있다.

종합하면, 아프가니스탄 정치상황은 현재 표면적으로 안정을 실현했으며 많은 요소들이 대동란의 출현을 막고 있지만, 미래에는 많은 변수가 있으며 만일 가니정부의 일부 조치들이 부적절할 경우 현재의 정치적 균형이 파괴될 수 있다.

(3) 아프가니스탄의 경제 상황 전망

근년에 아프가니스탄의 경제 재건은 일련의 성과를 거두었지만, 역사적으로 남겨진 부담이 크고 현실적 어려움이 매우 많기 때문에 오늘날에 이르기까지 아프가니스탄의 경제는 여전히 많은 문제가 있다.

현재 아프가니스탄 경제는 외국의 원조와 외국의 투자에 엄중하게 의존하고 있는데, 최근 1년간 아프가니스탄의 상황은 불투명하며 아프가니스탄 경제성장도 완만해지고 외국의 투자도 대폭 축소되었다. 2014년 상반기 아프가니스탄 상공회의소는 기자회견을 통해 다음과 같이 발표하였다. "카불 등 주요한 네 지방 조사에 따르면, 아프가니스탄의 상반기 상업무역과 중소기업 투자가 27% 감소하였으며, 그중 상업무역 감소폭은 전년 같은 기간의 12%에서 21%로 확대되었고, 서비스업의 감소는 2%에서 21%로 확대되었다. 현재, 일부 외국 기업은 이미 아프가니스탄에서의 상업 활동을 중지하거나 축소하였는데, 그것이 아프가니스탄 경제발전과 실업 문제를 더욱 엄중하게 하고 있다. 그리고 아프가니스탄 경제 피폐의 주요한 원인은 불안정과 인프라의 낙후, 재정 투자의 결핍, 시장 기제의 낙후 등이다."[119]

---

119) 「阿富汗貿易投資顯著下滑」, 『중국 주아프가니스탄 대사관 경제참사처 홈페이지』, http://af.mofcom.gov.cn/article/jmxw201405/20140500587912.shtml. 검

지금은 대선 결과의 최종 확정과 미국-아프가니스탄 양자 안보조약의 최종 체결에 따라 일정 정도 아프가니스탄 투자에 대한 신뢰가 제고되고 있다. 이는 경제성장과 투자 확대에 도움이 될 것이며, 미래 아프가니스탄 경제도 어느 정도 회복하고 성장할 수 있을 것이다. 당연히 아프가니스탄 경제를 실질적으로 성장시키고자 하지만, 매우 크고 많은 어려움에 봉착해 있다.

(4) 아프가니스탄 상황이 실크로드 경제벨트에 미치는 영향

1) 실크로드 경제벨트가 아프가니스탄에 대하여 가지는 흡인력

아프가니스탄의 안보 문제는 경제문제와 직결되는 것으로 여겨지고 있고, 현재 아프가니스탄 경제 상황 또한 결코 좋지 않다. 현재 아프가니스탄이 자체적으로 활력을 찾을 수 있는 가능성은 매우 제한적인데, "현재 아프가니스탄 국내 총생산의 97%가 아프가니스탄 주재 외국 기구와 관련되기 때문에, 외국부대의 철수 후 2014년 아프가니스탄 경제는 심각한 타격을 받았다."[120] 세계은행은 아프가니스탄 정부지출의 60% 이상이 국제원조로 인한 것으로 추정한다. 가니가 집권한 이후 재정 위기에 봉착했기 때문에, 미국 등 국제원조가 있어야 아프가니스탄은 공무원 임금을 지급할 수 있다.

이후 장기간 아프가니스탄은 안보 부대 건설과 경제발전 및 민생 개선을 위해 국제사회의 지지가 필요하며, 이를 통해 안보 상황의 엄중한 후퇴가 출현하지 않도록 할 수 있을 것이다. 국제사회의 원

색일: 2014年 5月 15日.

120) 「國際觀察: 巨額援助難以根本解決阿富汗問題」,『新華網』, http://www.xinhuanet.com/world/2012-07/09/c_112391088_2.html, 검색일: 2012年 7月 9日.

조가 없으면 아프가니스탄은 한 발자국도 나아갈 수 없으며, 많은 중요한 의제가 처리되지 못하고, 아프가니스탄의 상황은 후퇴하게 될 것이다. 그러므로 만일 미국의 아프가니스탄 정책이 대폭 조정된다면 아프가니스탄의 재건에 커다란 자금 부족을 초래할 것이며 그것이 아프가니스탄에 치명적 타격을 입힐 것이다.

아프가니스탄은 줄곧 외국 투자를 끌어들여 아프가니스탄 경제성장을 추동하려고 했다. 그렇지만 아프가니스탄 정세의 불안정과 인프라의 낙후 및 정책과 법률 환경의 미비, 그리고 국내 정치의 복잡성으로 인하여 중앙정부의 승인과 지지가 지방에서 근본적으로 실현될 수 없는 상황이다. 또한 서방 국가는 아프가니스탄에 대한 투자에 줄곧 매우 신중한 태도를 취했다. 때문에 장기간 아프가니스탄에 대한 투자를 가장 많이 한 국가는 인도와 중국이었다.

아프가니스탄은 경제성장에 도움이 될 수 있는 일체의 제안과 계획에 관심을 가지고 있으며, 실크로드 경제벨트에 대하여도 기대가 충만한데, 그것을 통하여 아프가니스탄 경제발전을 희망하고 있다.

전 대통령 카르자이는 아프가니스탄이 실크로드 경제벨트 건설을 지지하며, 아프간은 중국의 투자 증대를 줄곧 희망해왔다고 말했다. 새로운 대통령 가니도 실크로드 경제벨트에 큰 희망을 가지고 있으며, 중국 국무원 총리 리커창李克强과의 회견에서 "실크로드 경제벨트 건설은 아프가니스탄 등 지역 국가의 장기적 발전에 유리하며, 아프간은 참여를 희망하고, 중국과 호혜적인 협력을 확대하며 남아시아 국가와 중국의 협력 강화를 지지한다. 아프간은 더 많은 중국 기업이 아프간 평화 재건에 참여하는 것을 환영하며, 그것을 위하여 안전 보장과 편익을 제공할 것이다."라고 표명했다.[121]

아프가니스탄은 보다 많은 원조를 받기를 절박하게 희망하고 있는데, 그것도 아프간이 실크로드 경제벨트에 관심을 가지는 중요한 원인이다. 일찍이 2011년 미국의 아프간 경제 원조가 원래 약속했던 41억 달러에서 실제 지원 25억 달러로 감소되었고, 「미국 아프가니스탄 전략협력 관계 협정」과 「미국 아프가니스탄 양자 안보 협정」이 체결되었지만 미국은 이후의 구체적인 원조액수를 약속하지 않았으며, 기타 서방 국가가 제공하는 원조도 불확정적이다. "원조의 공백"을 어떻게 메울 것인가가 아프간의 가장 큰 관심사이며, 그렇기 때문에 아프간은 실크로드 경제벨트라는 수단을 이용하여 관심과 주목을 받으면서 보다 많은 원조 획득을 희망하고 있다.

경제 카드와 자원 및 지리적 위치로서 중국을 끌어들이는 것 외에도, 아프간은 관심과 안보라는 카드를 사용한다. 즉, 아프간이 현재 봉착하고 있는 위기와 아프간 상황이 중국에 미치는 영향을 강조함으로써, 서방 국가가 줄곧 희망해 왔던 것과 마찬가지로 중국이 아프간 문제에 보다 많은 역할을 해 주기를 희망한다.

2) 아프간 상황이 실크로드 경제벨트에 미치는 영향의 제한성

아프간이 중국 안보와 실크로드 경제벨트 건설에 중요한 의의를 가지는 것은 의심할 여지가 없으며, 안정된 아프간이 실크로드 경제벨트 건설에 유리하다. 그렇지만, 만일 아프간의 안보상황이나 정치·경제 상황이 악화된다면 실크로드 경제벨트에 일정한 영향을 미칠 수 있지만, 근본적이거나 직접적인 충격을 줄 수는 없는데 주로 다음 세 가지 원인으로 인한 것이다.

---

121) 「李克强會見阿富汗總統加尼」, 『中國外交部網站』, http://www.fmprc.gov.cn/mfa_chn/zyxw_602251/1205350.shtml. 검색일: 2014年 10月 29日.

첫째, 실크로드 경제벨트는 아프간을 중심으로 하지 않는데, 이는 미국의 신실크로드와는 명확히 구분되는 것이다. 실크로드 경제벨트는 주로 서향이고 남하는 아니며, 남하는 선택 사항에 불과하기 때문이다.

둘째, 실크로드 경제벨트는 네트워크이자 다수의 결절점이 있기 때문에, 한 국가에서 출현하는 상황이 전체 상황에 미치는 영향은 제한적이다.

셋째, 역사와 현실에서 볼 때, 지리 등의 요소로 인하여 아프간이 중국에 미치는 직접적 안보 충격은 제한적이다. 현재 중국과 아프간 사이 인적 이동이나 사상, 마약 등의 전파는 직접적으로 진행되는 것이 아니라, 파키스탄이나 중앙아시아를 통하여 간접적으로 이루어지고 있다. 그렇기 때문에 아프간의 안보 상황이 실크로드 경제벨트 건설에 일정한 영향을 미치지만, 그러한 영향을 과장할 필요는 없다.

주목해야 할 것은, 만일 아프간의 안보 상황이 악화되면 중앙아시아 등에 일정한 충격을 줄 수 있으며, 그것이 간접적으로 실크로드 경제벨트 건설에 영향을 줄 수 있다. 왜냐하면 중앙아시아가 실크로드 경제벨트의 핵심 결절점이기 때문이다.

종합하면 안정되고 번영하는 아프간이 중국 및 관련 지역과 국제사회에 유리하며, 중국은 그것에 대하여 낙관적으로 보지만, 지속적으로 동란에 빠진 아프간은 문제 유발자가 될 것이다. 국제사회 상황 변화와 중국 외교 정책의 조정 및 실크로드 경제벨트 건설의 필요에 따라 중국은 아프간 사무에 보다 적극적이고 주동적으로 참여하고 있다. 그러나 아프간 안보 상황의 심각성을 과장하지 말아야 하며, 중국과 실크로드 경제벨트에 대한 영향도 과장하지 말아야 한다.

4 아프가니스탄이 중국 변강 안정에서 차지하는 전략적 위상

(1) 아프간 사무에 대한 적극적 참여가 중국 변강 안정에 도움이 된다.

전술한 바와 같이 근대 이후 아프간은 이미 여러 차례 외국 세력에 종속되거나 극단주의 세력에 의하여 통제되어, 중국과 아프간의 관계와 중국 국가안보에 엄중한 위협을 조성했다. 만일 아프간 안보 상황이 악화되면 중국에 직·간접적 충격을 주게 되며, 아프간의 테러리즘과 종교 극단주의가 직접 중국으로 유입될 뿐만 아니라, 중앙아시아와 파키스탄에 가해진 충격이 간접적으로 중국에 영향을 미칠 것이다. 그 외에도 중국의 실크로드 경제벨트가 주로 중앙아시아를 중심으로 서향을 하는 것이지만, 남하의 선택 가능성을 갖기 때문에 아프간 상황의 불안정은 실크로드 경제벨트 건설에도 영향을 미칠 것이다.

현재 아프간 문제 해결을 위한 다수의 다자 기제가 존재하는데 중국은 이미 그중 대부분에 참여하고 있으며 일부는 중국이 제안하여 만들어진 것이다. "유엔이 주도하는 아프간 평화 프로세스" 외에 비교적 중요한 것으로 "이스탄불 프로세스The Heart of Asia - Istanbul Process" 및 "중국, 파키스탄, 아프간", "중국, 러시아, 인도", "중국, 러시아, 파키스탄" 등의 3자 기제가 있다.

"이스탄불 프로세스"는 2011년에 창립되었으며, 안보·경제와 정치 의제에서 아프간과 이웃 국가들의 협력에 주력하는 지역적 플랫폼이다. 이스탄불 프로세스는 지역의 14개 국가(그중에는 아프가니스탄, 중국, 러시아, 카자흐스탄, 인도, 파키스탄, 이란, 터키를 포함한다)와 28개 "협력자"(미국과 영국을 포함하는 16개 역외 국가와

유엔, 상하이 협력기구 등 12개 국제기구를 포함한다)를 포함한다. 중국은 이스탄불 프로세스의 주요 참여자이자 적극적 추동자 가운데 하나이다. 2014년 10월 31일 중국은 이스탄불 프로세스 제4차 외교장관 회의를 주최했는데, 그 회의는 아프가니스탄 신정부 수립 후 개최된 아프간 문제와 관련된 첫 번째 국제회의였다. 여기에는 14개 지역 회원국과 16개 역외 지원국, 12개의 국제·지역 기구 및 4개 의장국이 초청한 외교장관과 고위 대표가 참석하였다. 회의에서는 「아프간 문제 이스탄불 프로세스 베이징 선언」을 발표했다. 이 회의는 중국이 주최한 최초의 아프간 문제 관련 대규모 국제회의라는 점에서 중요한 의의를 가지며, 중국이 적극적으로 아프간 문제에 참여한다는 중요한 표지이기도 했다.

2012년부터 중국과 파키스탄은 아프간 문제에 대하여 협력을 강화하기 시작하여, 중국-아프가니스탄-파키스탄 3자 대화를 개최했으며 지금까지 이미 3차례가 거행되었다. 2013년 1월 21일 중국과 파키스탄은 양국의 지역 상황 및 아프가니스탄 문제에 대한 협상 기제를 시작하고 최초의 협상을 했으며, 4월 2일 2차 협상을 진행했다.

2013년 2월 20일 중국, 러시아, 인도는 모스크바에서 3국 안보 관련 고위 대표들이 모여 아프간 문제에 대한 회의를 개최했다. 3국은 2014년에 외국군대가 아프가니스탄에서 철군한 후, 다시 아프간 및 지역 상황에 대한 의견을 교환했다. 2014년 4월 3일 중국, 러시아 파키스탄의 아프가니스탄 문제에 대한 3자 대화를 베이징에서 거행했다.

중국-파키스탄-아프간 3자 기제, 중국-러시아-인도 3자 기제, 중국-러시아-파키스탄 3자 기제 등은 일정한 성과를 거두었지만, 여전히 초보적 단계로 실효성 있는 기제를 형성하지는 못했으며, 이후 다자 협력을 더욱 중시해야 한다.

(2) 적절하게 아프간에 대한 원조 규모를 제고하는 것이 현재 아
   프간 문제에 참여하는 유효한 길이다.

아프간 문제와 중국의 관계는 밀접한데, 아프간의 안보가 중국 서
부 변강의 안보에 비교적 큰 영향을 미치며, 마약문제도 중국에 큰
충격을 주기 때문이다. 중국은 현재 아프간에 대한 2대 투자국으로
아프간에 일정한 경제적 이익이 있다. 아프간이 어떤 종류의 혼란에
빠지던 중국으로서는 매우 불리하다. 그리고 아프간 문제가 곤경에
빠진 주요한 원인 가운데 하나는 국제사회가 약속한 원조가 충분히
실현되지 못하고 있고, 이미 원조 피로(원조 공여량이 정체되는 현
상, 역자주) 현상이 나타나는 등, 국제사회가 약속한 아프간에 대한
원조가 감소하고 있기 때문이다. 그러므로 중국이 보다 적극적으로
아프간 문제에 참여하려면 원조의 규모를 제고하는 것이 중요한 의
의를 지닌다.

2014년 10월 28-31일, 아프간의 가니 대통령이 취임한 후 최초로
중국을 방문했는데, 중국은 그가 최초로 방문한 첫 번째 국가였다.
가니의 중국 방문 기간 중, 중국은 2014년 아프간에 5억 위안의 무상
원조 제공과 이후 3년간 총 15억 위안의 무상원조 제공을 발표했다.

제4절

파키스탄과 신장의 안정 및 발전

　중국과 파키스탄의 외교 관계는 1951년 시작되었으며, 당시 독립한 지 얼마 되지 않은 파키스탄은 타이완으로 이전한 중화민국 정부와 외교 관계를 단절하고 중화인민공화국과 수교하였다. 파키스탄은 세계에서 중화인민공화국을 가장 먼저 승인한 국가의 하나이자 중국과 수교한 최초의 이슬람 국가였다.

　21세기 진입 이후, 중국과 파키스탄은 전면적 협력동반자 관계를 더욱 발전시켰다. 쌍방의 고위층 접촉이 빈번할 뿐만 아니라 정치적 신뢰도 부단히 증대되었다. 2005년 이후 중국과 파키스탄의 관계는 더욱 심화되었는데, 특히 경제와 안보 협력이 더욱 발전되었다. 언급할 필요가 있는 것은 2013년 2월 18일, 파키스탄 정부가 정식으로 과다르Gwadar항 경영권을 중국 회사에게 맡겼는데, 그것은 중국과 파키스탄 협력의 중대한 발전이자 심원한 영향을 가지는 것이다.

　중국과 파키스탄의 관계가 커다란 성과를 거둘 수 있었던 주요한 원인은 상호 필요와 상호 의존이 매우 밀접하다는 데 있으며, 상호 전략에 대한 깊은 인식과 더불어 실제 행동으로 상호 전략적 이익을 고려하기 때문이다. 파키스탄의 중요한 지정학적 위치, 중국과 파키스탄 관계의 역사 및 현재 상황에서 볼 때, 파키스탄은 중국 외교 전략과 주변 안보 전략에서 대체할 수 없는 중요성을 갖는다. 중국으로서는 서부지역의 개발과 발전, 안보와 안정을 위해 파키스탄의 적극적인 참여를 필요로 한다.

1 중국 파키스탄의 전천후全天候 관계와 문제

(1) 중국 파카스탄 전천후 관계

1) 고도의 정치적 신뢰

파키스탄은 중국의 전천후 전략협력 동반자로서 중국에 매우 소중한 지지를 보냈다. 예컨대, 1989년 중국에서 정치적 동란이 발생했을 때, 파키스탄은 유엔에서 중국 정부를 지지한 쿠바를 제외한 유일한 국가였다. 타이완과 티베트 문제에서 파키스탄은 중국을 강고하게 지지했다. 파키스탄은 또 중국과 서방 국가가 냉전 중후기 관계 정상화를 실현하는 데 교량 역할을 했다. 1970년 파키스탄의 협력으로 중미 쌍방이 비밀접촉을 하여 미국 국가안보보좌관 키신저가 1971년 중국을 방문하였는데, 이는 중화인민공화국의 유엔 가입과 중미 수교의 기초를 닦았다. 장기적으로 중국은 파키스탄 외교 정책의 중심이었고, 그런 국가는 세계적으로 유일하다. 타이완과 티베트 문제에서 파키스탄은 중국의 입장을 전적으로 지지하고 외국이 중국의 내정에 간섭하는 것을 반대했다. 당연히 중국도 파키스탄의 핵심 이익과 관련된 많은 문제에 대하여는 파키스탄을 강하게 지지하여 쌍방의 상호 신뢰 정도가 매우 높다.

중국과 파키스탄의 관계를 관찰하면, 중국과 파키스탄 관계의 개선, 특수 관계의 형성과 공고화 과정에서 양국 지도자 사이의 높은 상호 신뢰가 대체할 수 없는 역할을 했다. 양국 고위층의 상호 방문과 상호 신뢰가 양국의 엘리트와 대중들 사이의 상호 이해의 부족을 보완하는 작용을 하고, 중국과 파키스탄 관계가 줄곧 순조롭게 발전되도록 했다.

민간에서 파키스탄 민중의 중국에 대한 지지도 매우 높은데, 이슬람 국가라는 배경을 고려하며 그것은 매우 소중한 것이다.

중국과 파키스탄의 관계는 이미 "적의 적은 친구"라는 단순한 단계를 초월하였으며, 그렇기 때문에 많은 학자들은 중국과 파키스탄이 "준동맹" 관계라고 여기고 있다.

2) 경제 관계의 심화

1963년 중국과 파키스탄 양국은 쌍무무역협정을 체결하고, 상호 "최혜국대우"를 보장했다. 1969년 이후 매년 변경 무역 협정을 갱신하고, 1982년에는 중국 파키스탄 경제 무역 및 과학기술협력 연합위원회를 만들었다. 2003년 양국은 「중국 파키스탄 무역 우대 조치」에 서명했다. 2005년 양국은 「중국 파키스탄 자유무역 협정 조기 수확 협의」를 체결하여 3000여 종의 물품에 대하여 관세를 인하했다. 양국은 또 2006년 11월 24일 「중국 파키스탄 자유무역 협정」을 체결하고 2007년 7월 1일부터 실시했다. 2006년 양국은 또 「중국 파키스탄 경제 무역 협력 5년 발전 계획」을 체결했다. 2009년 2월 양국은 「중국 파키스탄 자유무역지역 서비스 협정」을 체결했으며, 그해 중국은 파키스탄의 2대 무역국이 되었다.

공동의 노력을 통하여 중국과 파키스탄 양국의 경제 무역 협력은 장족의 진전을 이루었는데, 현재 중국과 파키스탄의 무역액은 이미 140억 달러를 돌파하였으며 200억 달러 목표를 향해 매진하고 있다.

파키스탄의 입장에서, 중국은 2대 무역국이며, 7대 수출국이자 2대 수입국이다. 중국으로서는 파키스탄이 남아시아 지역에서 인도 다음으로 중요한 무역 상대국이다. 2013년 중국과 파키스탄 쌍방 무역총액이 142.19억 달러로 전년 대비 14.51% 성장했다. 그중 중국의 파키스탄 수출이 110.19억 달러로 전년 대비 18.79% 성장하였으며, 중국은 파키스탄으로부터 32억 달러를 수입하였는데 전년 대비 1.9% 성장한 것이다.

2013년 12월 말까지 중국 기업이 파키스탄에서 수주한 사업 총액 누계가 307.19억 달러이며, 영업총액이 236.70억 달러, 파키스탄에서 일하는 중국의 노무 인원은 모두 5824명이다.[122] 당연히 중국과 파키스탄의 무역은 대대적으로 증대될 수 있는 잠재력이 있으며, 쌍방의 지속적인 노력이 필요하다.

파키스탄과의 수교 이후 중국은 파키스탄에 대량의 차관과 경제 기술 원조를 제공하였으며, 파키스탄의 전신망이나 중국-파키스탄 도로, 원자력 발전소 등 많은 인프라 건설에 참여하고 지원했다.

---

122) 「2013年中巴雙邊經貿合作簡況」, 『中國駐巴基斯坦大使館經商處網站』http://pk.mofcom.gov.cn/article/zxhz/hzjj/20140600618801.shtml. 검색일: 2014年 9月 1日.

3) 인문교류의 점진적 심화

여러 해 동안 중국과 파키스탄 양국은 문화, 교육, 과학, 위생, 체육, 언론, 방송 및 종교 등 분야에서 민간 교류를 매우 빈번하게 진행하고 있다. 특히 주목할 것은 양국 청년 100인 그룹의 상호 방문인데, 그것은 2006년 후진타오胡錦濤 주석이 파키스탄을 방문했을 때 양국 지도자들의 합의에 따라 진행된 것이다. 그러한 활동은 중국과 파키스탄의 우의가 다음 세대로 전달되게 한다. 그 외에도 양국은 도시 간의 협력을 진행하고 있다. 20세기 90년대 중국 장쑤성江蘇省과 파키스탄 펀자브Punjab주가 우호협약을 체결했고, 시안西安시와 라호르Lahore시가 우호도시협약을 체결했다. 이러한 주州와 도시 협력은 이후 쌍방의 군사안보 협력에 양호한 사회적 기초가 되었다. 2005년 중화인민공화국 교육부는 파키스탄 국립 언어 대학National University of Modern Languages에 이슬라마바드Islamabad 공자학원을 건립하여 파키스탄에서 중국어 교육의 제일보를 내딛었다.123)

중국은 일찍이 여러 차례 파키스탄에서 발생한 각종 재해에 대한 원조를 제공하였으며, 원촨汶川 대지진이 발생한 후 파키스탄은 국내에 비축하고 있던 재해용 천막 2만여 개 모두를 중국에 제공하는 동시에 구조 인력을 파견하였는데, 이는 양국 인민의 우의를 충분히 반영한 것이다.

4) 군사협력의 부단한 강화

중국과 파키스탄은 무기 무역, 무기 원조와 증여, 무기 개발 협력,

---

123) 袁楠, 「中國與巴基斯坦合作研究: 基於準聯盟外交理論」, 上海師範大學碩士學位論文, 2011.

연합 군사 훈련, 군사기지 건설, 전략 대화, 동맹 등을 포함하는 다양한 방면에서 보기 드문 폭과 깊이로 군사협력을 진행하고 있다.

장기적으로 중국은 파키스탄의 군사, 경제, 과학기술 분야의 주요한 지지자이다. 스톡홀름 국제 평화연구소 무기 거래 자료 데이터베이스SIPRI Arms Transfers Database에 의하면, 2000-2010년 중국의 무기 수출 총액은 66.04억 달러이며 그중 파키스탄에 대한 수출이 31.95억 달러였다. 파키스탄은 중국 무기의 제1 수입국으로 중국 무기 수출 총액의 48%를 점하며, 2위인 이란에 비해 36%가 높다. 같은 시기 파키스탄의 무기 수입 총액은 82.63억 달러로, 그중 중국으로부터 31.95억 달러를 수입하였으며, 중국도 파키스탄에 무기 수출을 가장 많이 하는 국가로 파키스탄 수입 총액의 39%를 점하고, 2위인 미국보다 10%가 높다.[124] 무기 수출 외에도 중국은 파키스탄의 무기 발전에 협력하고 있는데, MBT2000탱크와 샤오룽(FC-1)전투기는 모두 양국이 공동으로 연구 개발한 현대화 무기이다. 양국은 20세기 80년대에 핵자nucleon 협력에 합의했으며, 파키스탄은 1998년에 핵폭탄 실험에 성공했다.

양국은 군사대표단의 상호 방문과 연합 군사 훈련, 군사 기술 협력 개발, 국방과 안보 협의, 전략 대화와 외교 협상 등 많은 안보 협력 분야에서 광범위하고 풍부한 성과가 있는 교류와 협력을 진행하고 있다고 할 수 있다.

(2) 많은 숨겨진 근심거리

중국과 파키스탄의 관계는 빠르고 안정적인 발전을 하는 동시에

---

124) 何建春, 「二十一世紀中巴友好關係硏究(2000-2010)」, 華中師範大學碩士學位論文, 2013.

많은 문제도 존재하는데, 그것에 대하여도 회피하지 말아야 한다. 중국과 파키스탄 사이 경제 관계의 기초가 박약하고 경제 무역 협력의 수준도 높지 않은 것이 문제이다. 장기적으로 중국과 파키스탄의 무역 과정에서 파키스탄이 무역 역조를 보이고 있다. 최근 중국의 파키스탄에 대한 상품 수출이 보다 확대됨에 따라 파키스탄의 무역 역조도 부단히 증대되고 있는 추세이다. 2013년 중국 파키스탄 무역 차가 78.19억 달러로 2012년과 비교하면 61.35% 증대되었다.

중국 파키스탄 사이의 그러한 현상은 이미 부정적 영향을 미치고 있다. 2009년 2월 21일 국무위원 다이빙궈戴秉國와 파키스탄 대통령 자르다리Asif Ali Zardari의 주재로 양국 지도자들이 중국 우한武漢에서 「중국-파키스탄 자유무역지역 서비스 무역 협정」을 체결했다. 그 협정은 당시 대외개방 정도가 가장 높고 내용도 가장 전면적인 자유무역지역 서비스 무역 협정이었다. 원래의 목적은 중국과 파키스탄 양국 경제 무역 협력을 촉진하기 위한 것으로 파키스탄의 환영을 받아야 마땅했지만, 예상치 못하게 많은 파키스탄 경제인들이 문제를 제기했다. "파키스탄 일부 공상계 인사들은 파키스탄 정부가 중국과의 자유무역 협정 체결을 서두르지 말도록 촉구하면서, 정부가 중국과의 협상에서 적절한 방법으로 적시에 본국 산업이 염가 수입품의 충격을 받지 않도록 보호 조치를 취해야 한다고 건의했다. 파키스탄의 여러 경제 무역 단체는 중국과 FTA 체결에 대하여 정부에 질의하면서, 정부가 FTA의 실시 시기를 늦추도록 건의했다. 중국에 대한 너무 이른 시장 개방이 본국의 공업에 매우 불리하다는 것이 이유였다." 무역 역조는 "중국 약탈론"이 파키스탄에서 자생하게 하였는데, "중국인들의 머릿속에는 자신들의 이익뿐이다."와 같은 관념이 파키스탄에서 널리 확산되고 있다.

이러한 문제가 출현한 데에는 중국의 파키스탄에 대한 원조도 일정한 관계가 있는데, 표 2-5에서 보여주는 바와 같이 중국이 파키스탄에 제공한 원조는 상대적으로 제한적이었다.

표 2-5. 각 주요 원조국(다자기구)의 파키스탄에 대한 연평균 원조액(2004-2009년)

단위: 억 달러

원조국	원조액
미국	268
사우디 아라비아	137
영국	124
EU와 OECD의 유로화권 국가	63
일본	54
다자기구(유엔 세계식량계획, 아시아 개발은행, UN, World Bank)	44
중국	9
기타	8

출처 : Center for Global Development, "Aid to Pakistan by Numbers; What the Hinted States Spend in Pakistan," http://www.cgdev.org

그 외에도 비록 중국과 파키스탄 사이의 인문교류가 안정적으로 진전되고 있지만, 정치·군사·경제 관계에 비하면 인문교류가 낙후되어 있다.

중국인들의 국외 여행국 순위에서 파키스탄은 11위이다. 2013년에 중국을 방문한 파키스탄인은 10.65만 명으로 인도인의 1/6(67.67만 명)에 불과하며 중국의 이웃 국가 중 후순위에 속한다. 이 숫자는 중국과 파키스탄의 인적 교류와 문화교류의 한계를 보여주는 것으로 "중국과 파키스탄의 전방위, 전천후 관계"에 부합하지 않는 것이라고 할 수 있다.

표 2-6. 2013년 입경한 아시아 국가 여행자 수

단위: 만 명

아시아 총계		1608.83	
한국	396.90	일본	287.75
말레이시아	120.65	몽골	105.00
필리핀	99.67	싱가포르	96.66
인도네시아	67.67	태국	65.17
인도	60.53	카자흐스탄	39.35
북한	20.66	파키스탄	10.65
네팔	5.88	키르기스스탄	4.99
스리랑카	4.95	기타	222.33

출처 : 中國國家旅遊局網站: http://www.cnta.gov.cn/html/2014-1-16-15-51-87470.html

이러한 문제를 초래한 원인은 매우 많은데, 그중 주요한 원인은 쌍방의 상호 문화에 대한 생소함과 몰이해, 쌍방의 "문화장벽"의 존재이다. 파키스탄은 이슬람국가이며, 그 문화는 종교의 영향이 크다. 파키스탄의 인생관·가치관은 주로 이슬람교의 영향을 받는 데 비해, 중국인의 인생관·가치관은 유교 사상으로 대표되는 중국 전통 문화의 영향을 받고 있다. 그 외에도 정치제도, 사회관습, 생활 방식 등의 측면에서도 중국과 파키스탄 사이에 큰 차이가 존재한다.

이상의 문제를 중시하지 않는다면, 미래 중국과 파키스탄 관계에 커다란 부정적 영향을 미칠 것이다.

2 파키스탄과 신장의 지역 경제 협력

신장과 파키스탄은 600여㎞를 접경하고 있으며 교통이 편리한데, 쿤저랍 통상구 통로에는 중국과 파키스탄을 연결하는 10여 개의 여객과 화물노선이 있어 파키스탄과 신장의 경제 협력과 인적 왕래가 매우 편리하다.

신장 위구르족, 카자흐족 등과 파키스탄의 문화는 서로 가깝고, 종교 신앙이 동일하여 쌍방의 인문교류가 줄곧 비교적 긴밀했다. 신장과 파키스탄 서북변경주州는 자매주이며, 우루무치시와 페샤와르시, 카스시와 아보타바드Abbottabad시는 자매도시이다. 현재 신장은 파키스탄인이 중국에 와서 경제활동과 유학, 쇼핑, 관광을 하는 주요 목적지의 하나이며, 파키스탄도 신장인이 국외에서 유학하거나 관광하는 주요 목적지이다.

현재 중국과 파키스탄 양국의 무역은 주로 해운에 의존하는데, 양국의 수출입 무역총액 중 신장은 광둥廣東, 저장浙江 다음으로 3위를 차지한다.

파키스탄과 중국은 신장의 발전이 파키스탄을 포함하는 주변국가에 이익이 된다고 생각하며, 파키스탄과 중국 양국 관계의 발전을 보다 촉진시키는 데 인식을 같이한다. 카스 경제특구는 지역 번영을 위한 새로운 동력을 제공할 것이며, 유라시아 박람회는 주변 각국의 상호 협력에 양호한 무대를 제공하는데, 그것이 파키스탄 경제발전에도 도움이 될 것이다. 그렇기 때문에 파키스탄은 줄곧 "중국-유라시아 박람회," "신장 카스-중앙아시아 상품 교역회"(간칭, 카교회喀交會)에 적극 참여하고 있다. 파키스탄은 전람회마다 세심하게 참여를 조직하고, 방직, 피혁, 카펫, 체육용품, 수술기계, 보석과 장식품, 수공업품 등의 상품을 전시하고 있다.

파키스탄 연합통신사의 2011년 9월 2일 보도에 따르면, 파키스탄 자르다리 대통령은 신장 방문 기간에 중국 매체의 예방을 받았을 때, 신장이 중국과 파키스탄 우호 관계에서 갖는 전략적 역할을 증진시켜야 한다고 말했다. 그는 신장이 파키스탄 국경과 접하고 있으며, 미래에는 양국 교류의 통로가 될 것이라고 말했다. 또한 신장이 미래 양국 사이 도로와 철로가 이어지는 교차점이 되기를 희망했으며, 신장이 새로운 무역의 중심이 될 것이라고 인식했다. 그전에 자르다리는 우루무치에서 개최된 제1회 "중국-유라시아 박람회"에 참석하여 연설하면서, 중국과 파키스탄 사이에는 이미 도로가 이어져 있으며, 이후 국제 철도 건설을 계획하고 있다고 했다. 이상의 노력을 통하여 파키스탄은 중국이 남아시아 지역으로 통하는 통로가 될 것이며, 그로 인해 실크로드가 새로운 활력을 갖게 될 것이다.[125]

3 파키스탄과 신장의 안보 및 안정

파키스탄은 중·남아시아의 중요한 국가이고 중·남아시아 지역 및 세계의 평화와 안정을 수호하는 데 중요한 공헌을 하고 있으며, 중국과 협력하여 테러리즘과 종교 극단주의를 타격하고 신장의 안보와 안정을 수호하는 데 중요한 역할을 하고 있다.

최근에 파키스탄 국내정세와 경제 상황이 모두 비교적 좋지 않기 때문에 내부의 테러 활동이 빈번하게 발생하고 있으며, 단기간 내에 개선될 가능성은 없다. 그러한 내부 환경은 국경 내외의 "삼대 세력" 특히 신장 주변에서 활동하는 테러조직에 대하여 강력한 자극

---

125) 「扎爾達里稱新疆對增强中巴關係發揮戰略性作用」, 『中國駐巴基斯坦大使館經濟參處網站』 2011. 9. 5. http://pk.mofcom.cov.cn/artkcle/jmxw/201109/20110907726757.html.

을 줄 뿐만 아니라 시범작용으로서의 효과를 가진다.

　파키스탄의 반테러와 중국의 반테러는 이미 밀접하게 관련되어 있다. 파키스탄 내부의 테러리즘과 종교극단주의 세력이 신장의 "동투르키스탄" 세력을 비호하는 것은 이미 공개된 사실이다. 근년에 줄곧 신장에서 테러 활동을 하는 "동투르키스탄"세력과 파키스탄의 극단주의와 테러세력은 밀접한 관련이 있다.

　1997년 "동투르키스탄 이슬람운동"은 35명의 골간 분자를 아프가니스탄 탈레반과 파키스탄의 "헤즈볼라" 훈련소에 파견하여 고성능 무기 장비 사용 훈련을 받게 했다. "동투르키스탄 이슬람운동" 웹사이트에서는 그 지도자가 1997년 3월 파키스탄의 전략회의에 참여했다고 성명을 발표했다. 1998년 11월 파키스탄 수도 이슬라마바드에서 "동투르키스탄" 테러조직 "투르크당(투르키스탄 이슬람당)"이 만들어졌다. 2007년 카자흐스탄 국가안보위원회가 인정한 "동투르키스탄" 테러분자 니자무딘 워프르尼紮木丁·沃夫爾와 이리마흐노프伊利瑪洪諾夫가 중앙아시아에서 파키스탄으로 도망하여, 국제 테러조직 "동투르키스탄 이슬람당"에 받아들여졌다. 그들은 전화와 인터넷망을 통하여 지지자들과 연락하고 새로운 구성원들을 모으고 조직을 확충했다. 이들 "외국 탈레반"126)으로 불리는 테러분자들이 현지에서 훈련과 실전 연습 후 다시 중국과 중앙아시아 국가에 잠입하여 테러 활동에 종사하고 있다.

　1997년부터 2001년 9월까지 "동투르키스탄 이슬람운동"은 훈련기지를 탈레반이 통제하는 아프가니스탄의 토라보라Tora Bora 산악지대에 설치하였는데, 그 기지는 2001년 말 미국이 시작한 대테러 전쟁

---

126)　(俄)伊戈爾 羅塔里,「巴基斯坦恐怖分子的飛地」,『俄羅斯新聞報』2009. 10. 8.

과정에서 파괴되었다. 미국이 이끄는 연합군은 아프가니스탄에서 감행한 군사 작전 과정에서 22명의 위구르인을 체포한 후 그들을 관타나모 감옥에 감금했다. 대테러 전쟁이 시작된 후 "동투르키스탄 이슬람운동"은 총부를 파키스탄으로 이전했다. 보도에 따르면 2008년 8월 "동투르키스탄 이슬람운동"은 훈련기지를 파키스탄 북부 와지리스탄North Waziristan의 와나Wana에 설치했다.

라왈핀디Rawalpindi의 도크하수Dhoke Hassu는 위구르인의 거주지이며, 동투르키탄 세력이 분열주의 침투와 테러활동을 계획하는 중요한 지역이다. 파키스탄 연방 의원 무하마드 이부라힘 칸Muhammad Ibrahim Khan은 "현재 파키스탄 동북부지역에서 우즈벡 테러분자, 위구르 테러분자, 체첸 무장세력 등 8000여 명의 외국 테러분자들이 활동하고 있다"고 했다.[127]

그 외, 파키스탄 국내 극단 테러리즘 세력의 발전에 따라 파키스탄의 종교 극단주의, 테러리즘이 외부로 확산되고 있다. 파키스탄 테러리즘 확산이 가장 명확하게 드러나는 것은 전쟁을 경험한 테러 조직과 종교 극단세력이 새로운 지역에서 발전을 도모하는 것이다. 그러한 외부 확산의 결과, 파키스탄과 외부 종교와의 관계가 강화되고, 테러리즘의 반反세속, 반문명 목표가 확대됨에 따라 지역 안보에 중대한 위협이 되고 있다. 그러한 확산의 중요한 방향이 중국과 중앙아시아이다.

신장의 반테러 상황이 날로 엄중해짐에 따라, 종교 극단주의 사상이 범람하는 배후에 존재하는 파키스탄의 영향을 가볍게 볼 수 없다. 파키스탄의 영향이 미치는 것은 주로 두 가지 측면이다. 첫째,

---

127) (俄)伊戈爾 羅塔里, 「巴基斯坦恐怖分子的飛地」, 『俄羅斯新聞報』 2009. 10. 8.

파키스탄의 종교 극단주의 세력, 테러세력이 신장의 "삼대 세력"을 직간접적으로 지원하는 것이다. 둘째, 파키스탄에서 최근 테러 사건이 빈발하여 신장의 "삼대 세력"을 자극하는 것이다.

　신장의 반테러 상황은 날로 엄중해지고 있으며, 테러사건이 증가하고 있다. 그러한 현상을 초래한 주요한 원인의 하나는 종교 극단주의 사상의 범람이며, 상당한 정도의 불법 종교 활동과 민족분열 활동, 종교 극단주의 활동 및 폭력 테러 활동이 서로 결합되고 있다. 민족분열주의와 종교 극단주의자는 불법 종교활동을 이용하고 선동하고 있으며, 불법 종교활동으로 신생 민족분열분자와 종교 극단주의분자 및 폭력 테러분자들을 은폐하고 자생하도록 할 뿐만 아니라 신장 사회의 안정에 영향을 미치고 있다. 최근 신장에서 체포된 일련의 종교 극단주의 세력과 폭력 테러집단의 핵심 골간들이 범죄 활동으로 전환하는 과정을 보면, 대부분은 지하 경전학교를 통하여 "세뇌"되고 종교 극단주의 사상을 받아들여 폭력 테러의 길로 들어섰다. 최근 체포된 일부 "이슬람 해방당"과 "히즈라" 활동 사건이 그것의 유력한 증거이다. "히즈라"와 "이슬람 해방당" 등의 조직 활동이 창궐하고, 중심지역에서 폭력과 테러 사건이 빈발하고 있다.

　파키스탄 국내에 존재하는 테러리즘의 중앙아시아와 중국에 대한 영향은 장기적으로 존재하고 있으며 심지어는 강화될 가능성이 있다. 그리고 그러한 영향과 종교 극단주의, 마약 등 비전통 안보 위협이 이 지역에 대한 통제력 상실과 상호 결합되면서, 지역의 안보와 안정에 깊은 영향을 미치고 있다.

　신장의 무슬림과 파키스탄의 무슬림 사이에는 국제적인 우호 왕래가 빈번하다. 그것은 원래는 좋은 일이지만, 불안정의 잠재적 요소가 될 수 있다. 일부 신장 사람들이 페샤와르 등지의 종교 학교에서 학습하고 있는데, 그중 일부는 종교 극단주의의 영향을 받아 이슬람 급진분자가 된다. 외부에서는 일반적으로 이들 이슬람 급진분자가 카슈미르와 신장으로 보내져 '성전'에 참여한다고 인식하는데, 이들 세력의 최종 목적은 남아시아와 중앙아시아 및 신장에 이슬람 국가를 세우는 것이다. 최근 중국에서 체포한 몇몇 폭력 테러 사건은, 일부 사람들이 출국 유학을 기회로 파키스탄에서 "동투르키스탄 이슬람운동" 테러조직에 가입하여, 조직을 위한 인원을 물색, 발굴, 송출하는 골간분자가 된다는 것을 증명한다.

그렇게 때문에 파키스탄은 중국이 "동투르키스탄" 세력 타격에 대한 협력에서 대체할 수 없는 역할을 하는 중국 서부 안보 수호의 협력자이다. 아프가니스탄에 은닉한 "동투르키스탄" 분자에 대하여 파키스탄이 획득한 관련 정보를 중국에 제공함으로써, 중국이 "통투르키스탄"과 "알카에다" 조직의 관계를 파악할 수 있도록 하고, 동으로는 파키스탄 통제 카슈미르 지역에 숨은 동투르키스탄 분자들을 타격하고, 북으로는 상하이 협력기구와 협력하여 동투르키스탄 분리주의 테러분자를 포함하는 국제 테러분자를 타격할 수 있도록 한다.[128]

파키스탄은 적극적으로 중국에 협력하여, 테러로 신장의 독립을 쟁취하려는 동투르키스탄 세력이 일으킨 여러 차례의 행동에 대응하였으며, 체포한 동투르키스탄 분자들을 중국으로 인도했다. 파키스탄의 동투르키스탄 세력에 대한 타격은 중국의 대테러 대응에 협력과 추동 작용을 한다. 2002-2010년, 동투르키스탄 이슬람운동 성원

---

128) 曹長智,「論巴基斯坦在維護中國西部安全中的重要性」,『廣西敎育學院學報』 2009年 3期.

들이 파키스탄에서 체포되거나 사살되는 일이 부단히 발생했다. 예컨대, 파키스탄은 2002년 5월 동투르키스탄 이슬람운동 구성원 이스마일 카디르Ismail Kadir를 추방하여 중국으로 돌려보냈으며, 2003년에는 동투르키스탄 이슬람운동의 또 다른 성원인 이스마일 사메드Ismail Samed를 중국으로 돌려보냈고, 동투르키스탄 이스람운동의 지도자인 하산 마흐숨Hasan Mahsum은 2003년 10월 파키스탄에서 사살되었다. 2009년 파키스탄은 또 10명의 동투르키스탄 이슬람운동 구성원을 중국으로 추방하였다. 2010년 동투르키스탄의 두목 압둘 하크Abdul Haq도 파키스탄에서 사살되었다.

2002년 4월 중국과 파키스탄 양국 외교부 관원들은 제1회 중국과 파키스탄 대테러 협의를 하였으며, 대테러 협의 제도화에 동의하였고, 대테러 협력을 제도화·일상화의 궤도에 올림으로써 양국의 비전통 안보 분야 협력을 확대하고 지역의 안보와 안정을 수호하는 목적을 달성하도록 했다. 2004년 양국은 제1회 대테러 합동 훈련을 실시했다. 2005년 4월 원자바오温家宝 총리의 파키스탄방문 기간에 양국은 「중국-파키스탄 삼대 세력 타격 협력협정」을 체결하였으며, 쌍방은 상호 협조와 기술 훈련 강화, 정보 교류, 정보 공유 등에 대한 협력 심화에 동의하고, 양국의 대테러 협력을 법률화하여, 대테러 협력을 강화하고 공동으로 "삼대 세력"을 타격하기로 합의했다.

중국과 파키스탄의 대테러 협력에 대하여 중국 외교부 대변인은 일찍이 다음과 같이 명확하게 표시했다. 파키스탄은 국제 대테러의 중요한 일선이며, 테러리즘을 타격하는 데 중요한 공헌을 했다. 중국과 파키스탄은 우호적인 이웃으로 쌍방은 대테러 분야에서 양호한 협력을 발전시키고 있다. 중국은 파키스탄과 계속 협력을 강화하고 공동으로 "삼대 세력"을 타격하고 중국과 파키스탄 양국과 지역

의 안보 및 안정을 수호할 것이다.[129]

4 중국 파키스탄 경제 회랑의 전략적 의의

앞서 언급한 바와 같이 중국과 파키스탄 사이에는 장기적인 무역 불균형과 무역 역조 등의 현상이 존재한다. 이로 인해 "중국 약탈론"이 파키스탄에서 생겨나게 했으며, "중국인들의 머리에는 자기들의 이익만 있다"는 관점이 파키스탄에서 점점 더 널리 퍼지게 되었다. 그러한 문제를 해결하지 못하면 중국과 파키스탄의 관계는 손상을 입을 것이며, 파키스탄의 신장 안보에 대한 역할도 약화될 것이다. 그러므로 그러한 상황을 변화시키기 위해 중국과 파키스탄의 경제적 관계를 보다 강화하고 파키스탄의 경제발전을 대대적으로 추동할 필요가 있다. 그런 점에서 중국-파키스탄 경제 회랑은 의심할 나위 없이 중요한 시도이다. 그 외에도 미래 상당 기간 동안 파키스탄은 계속 신장의 안정에 영향을 미칠 것이기 때문에, 중국-파키스탄 경제 회랑의 건설은 파키스탄의 발전능력과 거버넌스 능력을 제고시킬 뿐만 아니라 중국과 파키스탄의 전략적 관계의 공고화와 신장의 안정에도 중요한 의의를 갖는다.

중국-파키스탄 경제 회랑의 구상은 비교적 오래되었는데, 2006년 2월 21일 중국을 방문한 파키스탄의 무샤라프Pervez Musharraf 대통령은 『중국일보中國日報』 기자와의 인터뷰에서 "우리는 중국과 무역·에너지 회랑을 건설하는 데 관심이 있다"고 표시했다. 무샤라프가 말한

---

129) 「中巴反恐合作, 外交部發言人答記者問」, 『人民日報』 2011年 8月 4日.

것은 파키스탄의 아라비아해 항구 과다르항 프로젝트인데, 이란과 아프리카에서 오는 원유를 과다르항을 통해 신장으로 수송할 수 있다는 것이다. 여러 가지 원인으로 무샤라프의 구상은 그 임기 내에 실현되지 못했지만, 중국과 파키스탄이 중국-파키스탄 경제 회랑 설계와 건설에 대하여 고도의 의견일치에 이르렀다는 것을 설명한다.

리커창 총리는 2013년 5월 파키스탄 방문에서 정식으로 중국-파키스탄 경제 회랑 건설 계획을 제기하였는데, 그것은 중국과 파키스탄의 상호 관계와 통상을 보다 강화하고 양국의 공동의 발전을 촉진시키기 위한 것이다. 중국-파키스탄 경제회랑이 제기되자 양국 정부와 각 계층의 광범위한 주목을 받았으며, 중국과 파키스탄 관계를 보다 확대하고 협력을 강화하는 중요한 전략적 조치로 여겨졌다.

2014년 5월 6일 중국전력건설그룹이 투자 건설한 파키스탄의 카심Qasim항에 1320메가와트급 화력발전소 정초식을 거행했는데, 그것은 중국 파키스탄 경제 회랑 서명 후 최초의 에너지 프로젝트이며, 중국-파키스탄 경제 회랑 건설이 실시단계에 들어섰다는 것을 나타낸다.

중국-파키스탄 경제 회랑의 핵심은 신장에서 파키스탄 과다르항까지 파키스탄 전국을 관통하는 경제통로로, 신장 우루무치-카스-쿤저랍-파키스탄   소스트Sost-훈자Hunja-길기트Gilgit-페르샤와-이슬라마바드-카라치-과다르항에 이르는 전장 4600여㎞의 교통 회랑이며, 중국과 파키스탄의 많은 경제무역 협력 사업과 관련되어 있다. 중국-파키스탄 경제 회랑의 건설은 양국 정부와 공상 기업 및 민간 협력으로 이루어지며, 양국 공동의 번영과 사회·문화 교류의 중요한 경로이다. 또한 중국-파키스탄 관계 발전에 중요한 의의를 지니는 상생전략으로, 중국과 파키스탄 관계의 기초를 보다 단단히 하여 중국과 파키스탄 관계의 발전을 위해 보다 많은 공간과 자원을 제공해 줄 것이다.

중국-파키스탄 경제 회랑은 중국의 수출 거리를 단축시킬 뿐만 아니라 신장의 발전을 추동하고 새로운 에너지 통로를 제공하며 파키스탄과의 협력 관계를 심화시킬 것이다.

현재, 신장의 대부분의 수출화물은 4000㎞의 철로로 운송되는데, 중국 북방을 횡단하여 장거리를 고생고생하며 동부의 톈진天津에 다다른 후 다시 원양 해운을 거쳐 세계 각지로 운송되어 운송비용이 매우 높다. 중국-파키스탄 경제회랑 건설은 중국 서부의 해양 운송 접근 거리를 3500㎞에서 1500㎞로 축소시킬 것이다. 중국 파키스탄 철로망의 연결은 철로망 주변의 중국과 파키스탄 지역의 비약적인 경제발전을 가져올 것이다. 중국-파키스탄 경제 회랑 건설 이후 북부지역은 신장의 철로, 도로, 송유관과 연결할 수 있으며, 석유와 천연가스와 원료가 "서기동수"와 란저우-신장(우루무치)철로, 란저우-롄윈강 철로를 통과하여 중국 동부 및 연해 각 항구에 도달할 수 있다. 파키스탄의 과다르항에서 중국 동부 도시 롄윈강까지는 6700여 ㎞인데, 연해 노선은 말라카(믈라카)Malacca·Melaka와 타이완 해협을 통과하며 운송 거리가 15000㎞에 달한다. 중국-파키스탄 경제회랑을 통과하면 반 이상의 운송 거리를 단축할 수 있으며, 장기적으로 보면 아프리카 중동 지역과 중국 심지어 한국 일본과의 무역 교류에서도 가장 좋은 첩경 통로이다.[130]

동시에 중국 파키스탄경제 회랑은 중국 에너지 수입 경로를 효과적으로 증가시킬 수 있다. 또한, 전통적 요로인 말라카 해협과 주권 분쟁이 있는 남중국해를 우회할 수 있도록 함으로써 중동 석유를 중

---

130) 牛彪, 「中巴經濟走廊探析」, 『改革與開放』 2014年 4期(上).

국 서남부 배후지로 직접 운송할 수 있으며, 동시에 현재 건설 중인 중국 미얀마 송유관에 대한 의존을 줄일 수 있다.[131] 장기적으로 보면 이는 중국의 에너지 안보와 대외 무역 강화에 심원한 정치적, 경제적, 군사적 영향을 지닌다.[132]

파키스탄에게도 중국-파키스탄 경제회랑의 의의는 매우 크다. 중국-파키스탄 경제 회랑 건설은 파키스탄의 남북 교통과 경제 동맥의 형성을 촉진할 것이며, 중국이 파키스탄의 교통과 전력공급을 철저하게 개선할 수 있도록 돕는다면, 파키스탄 경제·사회의 빠른 발전을 추동할 수 있을 것이다. 중국-파키스탄 경제 회랑은 양국의 화물 수출입과 인적 교류를 확대하고, 파키스탄의 중개무역을 촉진시킬 수 있을 것이며, 파키스탄의 대중국 수출 확대를 적극적으로 추동하는 작용을 할 것이다. 파키스탄은 중국-파키스탄 경제 회랑 건설을 이용하여 지역의 안정을 강화하고, 국내 공업과 전체 산업의 발전을 이끌어내기를 희망한다.

거시적 관점에서 보면, 중국-파키스탄 경제 회랑 관통 후, 남아시아, 중앙아시아, 북아프리카, 걸프만 국가 등이 경제와 에너지 분야의 협력을 긴밀하게 결합하여, 경제의 공영과 동시에 유라시아와 아프리카를 연결하는 교량으로서 파키스탄의 전략적 위상을 강화시킬 것이다. 장기적으로 보면, 중국-파키스탄 경제 회랑은, 키르기스스탄, 아프가니스탄, 이란, 인도, 스리랑카 지역으로 직접적으로 확산할 수 있는 경제통로의 형성을 의미한다.[133] 중국 파키스탄 경제 회

131) 「李克强訪巴基斯坦: 打造經濟走廊 尋求双贏合作」, 『中國新聞網』, http://www.chinanews.com/gn/2013/05-24/4853223.shtml, 검색일: 2014年 9月 15日.

132) 牛彪, 「中巴經濟走廊探析」, 『改革與開放』 2014年 4期(上).

133) 「李克强訪巴基斯坦: 打造經濟走廊 尋求双贏合作」, 『中國新聞網』 2014年

랑은 중국과 파키스탄 양국의 기본 교통 노선을 바탕으로 하는데, 선로 북단은 키르기스스탄 변경과 15km 거리이고, 아프가니스탄과는 100여km 정도의 거리이다. 중앙아시아 국가가 출해出海 통로에 신속하게 접근할 수 있으며, 남단은 브릭스 경제체인 인도 및 세계 석유의 중요한 공급지 중동 지역과 인접하고 있다.[134]

　2015년 3월 중국의 세 개의 부서와 위원회가 공동으로 「실크로드 경제 지대와 21세기 해상 실크로드 공동 건설 추동을 위한 염원과 행동」을 발표하였다. 거기서 제기한 실크로드 경제벨트의 중점은 중국이 중앙아시아와 러시아를 지나 유럽(발트해)까지; 중국에서 중앙아시아, 서아시아를 거쳐 걸프만과 지중해까지; 중국에서 동남아와 남아시아 및 인도양에 이르는 경제무역 활동이 원활하게 이루어지도록 하는 것이다. 21세기 해상 실크로드의 중점 방향은 중국 연해 항구에서 남중국해를 통하여 인도양에서 유럽까지 이어지고; 중국 연해의 항구로부터 남중국해와 남태평양에 다다르는 것이다. 「실크로드 경제 지대와 21세기 해상 실크로드 공동 건설 추동을 위한 염원과 행동」에서는 특히 "중국-파키스탄 경제 회랑 및 방글라데시-중국-인도-미얀마 경제회랑과 '일대일로' 건설의 추진이 긴밀한 관련을 가지며 진일보한 협력을 추동해야 한다."고 지적했다.[135]

　2015년 4월 8일 중국-파키스탄 경제회랑 위원회가 파키스탄 이슬

　　5月 24일, http://www.chinanews.com/gn/2013/05-24/4853223.shtml, 검색일: 2014年 9月 16日.

134) 牛彪, 「中巴經濟走廊探析」, 『改革與開放』 2014年 4期(上).

135) 「國家發展改革委, 外交部, 商務部聯合發表 「推動共建絲綢之路經濟帶和21世紀海上絲綢之路的願景與行動」」, 『中國商務部網站』, http://tjtb.mofcom.gov.cn/article/y/af/201504/20150400931367.shtml, 검색일: 2015年 4月 2日.

라마바드에서 만들어졌다. 이 위원회는 중국-파키스탄 경제회랑 파키스탄 구역 사업의 협력과 실현에 진력하며, 회랑 건설에 정책, 교육, 자선, 전력, 에너지, 인프라 및 현지 정부와의 협력, 중국 측 인원들의 파키스탄에서의 안전 등을 포함하는 전방위적인 지원을 제공하고 있으며, 위원회의 명예 위원장을 파키스탄 발루치스탄Balochistan 주 지사 압둘 말리크Abdul Malik가 겸임했다. 이는 파키스탄이 중국-파키스탄 경제회랑 추진을 중시하고 있다는 것을 보여주는 것이다.136)

2015년 4월 20일-21일 중국 국가주석 시진핑이 파키스탄을 방문하고, 파키스탄 의회에서 「중국-파키스탄 운명공동체를 건설하고 호혜협력의 새로운 길을 열어 나가자」는 연설을 했다. 양국은 「중화인민공화국과 파키스탄 이슬람 공화국의 전천후 전략협력 동반자 관계 건설 공동 성명」을 발표하여 중국 파키스탄 운명공동체 건설의 중요한 받침대로 삼았다. 또한 중국-파키스탄 경제회랑을 기초로 하고, 과다르항, 에너지, 교통인프라, 산업단지 협력을 중심으로 하는 "1+4"의 협력을 시행하기로 했다. 중국과 파키스탄 쌍방이 서명한 총 460억 달러에 이르는 51개 사업 협력 조약과 비망록 중 30여 개가 경제회랑 사업과 관련된다.

종합하면, 중국-파키스탄 경제 회랑은 중국 파키스탄 관계발전에 새로운 무대를 제공하며, 신장의 경제발전을 추동하는 효과가 매우 현저하고, 신장의 안보와 안정에도 보다 양호가 기초가 될 수 있다.

---

136) "Pak-China Economic Council Launched in Islamabad," *China Daily*, Apr. 9, 2015.

5 중국의 조화로운 변강 건설에서 차지하는 파키스탄의 전략적 위상

(1) 중국과 파키스탄 관계의 안정은 중국 변강의 조화를 보장하는 중요한 기초

파키스탄은 오늘에 이르기까지 중국의 영향을 가장 많이 받고, 관방과 민간 할 것 없이 중국에 대하여 우호적인 태도를 갖는 국가이다. 중국과 파키스탄의 관계는 일정한 특수성을 갖는데, 파키스탄과 중국의 우호는 "산보다 높고, 바다보다 깊으며, 강철보다 단단하고, 꿀보다 달콤하다"는 표현이 결코 과장이 아니다. "비록 정부는 계속 바뀌고 있지만 양국 인민이 건설한 위대한 우의는 파키스탄과 중국의 관계가 멈추지 않고 전진 발전하도록 한다."137) 무샤라프 대통령이 2006년 중국을 방문했을 때 한 이 말은 중국과 파키스탄 관계에 대해 사실적으로 묘사하고 있다. 다년간 파키스탄 정국의 변화가 컸지만 파키스탄과 중국의 관계는 줄곧 매우 안정됐다. 후진타오 주석은 파키스탄을 방문했을 때, "국제 상황이 어떻게 변화하더라도 중국과 파키스탄의 전천후 우호는 변할 수 없다"고 했다.138) 원자바오 총리가 파키스탄을 방문했을 때는 "중국과 파키스탄은 영원히 형제이다"고 했다.139) 중국 정부는 "좋은 이웃, 좋은 친구, 좋은 형제, 좋

---

137) 「穆沙拉夫高度評價巴中友誼」, 『新華網』, http://news.xinhuanet.com/politics/ 2006-02/21/content_4208494.htm, 검색일: 2006年 2月 24日.

138) 「胡錦濤: 中巴全天候友好牢不可破」, 『新華網』, http://news.xinhuanet.com/ mrdx/2006-11/26/content_5375293.htm, 검색일: 2006年 11月 26日.

139) 「溫家寶說中巴永遠是兄弟」, 『新華網』, http://news.xinhuanet.com/politics/2010 -12/19/c_12895548.htm, 검색일: 2010年 12月 19日.

은 동반자"라는 말로 중국과 파키스탄 관계를 형용하는데, 중국 파키스탄 관계의 특수성을 충분히 설명한다.

이상은 중국 파키스탄 관계의 전략적 위상에 대한 서술인데, 중국과 파키스탄 쌍방의 피차에 대한 중요성을 충분히 설명한다. 앞서 서술한 바와 같이 파키스탄과 신장의 안보 및 안정은 밀접한 관계가 있으며, 중국 변강의 조화의 보증은 파키스탄의 지지 및 협력과 떨어질 수 없으며, 그렇기 때문에 견고한 중국-파키스탄 관계가 중국 변강의 조화를 보증하는 중요한 기초이다.

(2) 중국 파키스탄 간의 대테러 협력은 중국 변강의 평화를 보장하는 중요한 지주

알카에다 조직, 탈레반, 우즈벡 이슬람 운동, 동투르키스탄 이슬람 운동 등 국제 테러조직이 파키스탄에서 활동하며, 파키스탄과 중국 및 기타 지역 국가의 안보를 엄중하게 위협하고 있다. 중국과 파키스탄의 대테러 협력 강화는 중국 변강의 평화를 보증하는 중요한 지주이다.

중국과 파키스탄은 대테러 분야 협력에서 이미 명확한 성과를 거두었다. 파키스탄은 일찍이 대테러가 중국 파키스탄 협력의 중점이며, 파키스탄은 중국의 대테러 전쟁을 적극적으로 지지할 것이라고 표시했다. "중국의 적은 파키스탄의 적이다."140) 중국도 줄곧, "파키스탄이 자신의 상황에 기초하여 제정하고 실행하는 대테러 전략을 지지한다."141)

---

140) 「巴基斯坦將軍訪華談反恐: 中國的敵人就是巴的敵人」, http://news.takung pao.com/world/exclusive/2014-10/2781384.html, 검색일: 2014年 10月 15日.

(3) 중국-파키스탄 경제회랑 건설이 중국 변강 평화를 보증하는 중요한 조치

중국-파키스탄 경제 회랑 건설에 대한 원래의 구상은 중국과 파키스탄 사이의 교통, 에너지, 해양 등 분야의 교류 및 협력과 양국의 상호 소통을 강화하여 양국의 공동 발전을 촉진하는 것이었다. 중국-파키스탄 경제 회랑 건설은 최종적으로 중국 변강 특히 신장의 안정과 발전에도 유리하다.

한편으로 중국-파키스탄 경제 회랑 건설은 파키스탄 경제발전 수준을 효과적으로 제고할 수 있으며, 파키스탄의 안정과 거버넌스 능력의 제고에도 유리하고, 나아가 중국 서부 변강 안보에도 보다 큰 작용을 할 수 있다.

다른 한편, 중국은 중국-파키스탄 경제 회랑 건설을 통하여 효과적으로 중국 서부 변강 지역의 경제발전 속도를 가속화할 수 있으며, 그것으로부터 중국 서부 변강 특히 신장의 안정에 양호한 경제적 기초를 놓을 수 있다. 중국-파키스탄 경제회랑의 기점은 신장의 카스이며 종점은 파키스탄의 과다르항이다. 철로가 순조롭게 관통된다면 그것은 신장이 "바다로 접근할 수 있는 통로"를 확보하는 것이고, 나아가 전체 남아시아와 중동지역으로의 확산 능력이 강화될 것이다. 그렇기 때문에 미래에 중국-파키스탄 경제 회랑 건설이 일정한 성과를 거둘 수 있다면 신장의 안보 및 안정에 보다 좋은 기초가 될 것이다.

---

141) 「中國外交部: 巴基斯坦爲國際反恐鬪爭作出重要貢獻」, http://news.xinhua net.com/politics/2011-05/03c_121374096.htm, 검색일: 2011年 5月 3日.

(4) 중국 파키스탄 인문교류 강화가 중국 변강 평화를 보증하는 중요한 조건

인문교류는 심층에서 양국 정부 및 민간의 전략적 상호 신뢰를 강화하고, 양국 우호의 기초를 공고화하며, 양국 관계의 지속적·안정적 발전에도 유리하고, 최종적으로는 중국 변강의 평화와 안정에도 유리하다.

현재 신장과 파키스탄은 이미 일정한 경제적 관계를 맺고 인문교류를 하고 있지만 많은 문제도 있으며, 여전히 제고의 여지도 많다. 한편으로 현재 신장과 파키스탄의 경제 관계 기초는 박약하고 무역 협력의 수준도 높지 않다. 현재 파키스탄은 신장의 3대 무역국(카자흐스탄과 키르기스스탄 다음)이다. 신장에서 파키스탄으로 수출하는 상품은 주로 배, 사과, 포도, 수박, 참외, 석류 등 각종 과일류이며, 공산품, 특히 설비와 같은 고부가가치 물품의 비율은 아주 낮다. 다른 한편, 신장과 파키스탄 사이의 인문교류가 안정적으로 추진되고 있지만 일련의 문제가 제기되고 있다. 신장에서 파키스탄으로 가는 사람들 중 종교를 공부하는 사람이 상당한 비중을 차지하며 다른 인문교류가 비교적 부족하다는 것이다. 그렇기 때문에 미래에는 신장과 파키스탄의 인문교류의 질을 보다 제고하고 인문교류의 범위를 보다 확장해야 한다.

제3장

남아시아 인접 국가와 중국 티베트의
사회 안정, 안보 및 발전

남아시아 지역에는 총 7개국이 있으며, 중국 티베트자치구^{西藏自治區}
와 국경이 맞닿아 있는 국가로는 인도, 부탄, 네팔, 3개국이 있다. 이
지역은 4천㎞에 달하는 전략적 의의를 가진 지대를 형성하여 군사
적·정치적으로 매우 중요한 위치를 차지한다. 역사적으로나 현실적
으로나 중국은 이 3개국과 우호적이고 협조적인 관계에 있다. 이 중
인도는 남아시아 국가들 가운데 '중심대국'이라고 할 수 있다. 21세
기 들어 중국과 인도 양국은 빠른 발전을 이루었으며 양국 간에는
경쟁과 협력, 기회와 도전이 공존하고 있다. 네팔과 부탄 두 나라는
중인^{中印} 양국의 완충지대에 있어 중요한 역할을 한다. 티베트의 발
전과 안보, 안정에 중요한 지역이라고 할 수 있다. 중국과 남아시아
국가들 사이에 조화로운 변강^{邊疆}을 건설하기 위해서는 국경지역의
평화와 안녕을 지키면서 대외관계와 정치경제 협력을 발전시키고
중국과 부탄의 수교를 조속히 실현해야 한다. 중국과 주변국가의 미
래를 위해 중국은 이 남아시아 국가들과 '좋은 관계를 수립하고 동
반자로 삼아^{與隣爲善, 以隣爲伴}', '편안한 이웃, 화목한 이웃, 잘 사는 이웃^睦
^{隣, 安隣, 富隣}'을 추구하는 '삼린^{三隣}'정책 사상을 견지하고 '친선, 성의, 호
혜, 포용'을 강조하는 '친선혜용^{親 誠 惠 容}'정책을 통해 우호관계를 공
고히 하며 호혜협력을 다져왔다. 또한 전략적 관점에서 내부적으로
는 티베트, 외부적으로는 남아시아라는 두 개의 국면을 폭넓게 고려
하여 중국과 남아시아 국가의 공동발전을 이루려 한다. 이러한 과정
에서 중인 양국은 보다 긴밀한 발전파트너, 성장을 이끄는 협력파트
너, 전략적으로 협력하는 글로벌파트너가 되어야 한다. 네팔은 확고
하게 '하나의 중국' 원칙을 따르고 티베트 관련 문제에 있어 중국을
이해하고 지지하는 입장이므로, 지역협력 파트너관계를 보다 적극
적으로 추진할 필요가 있다. 부탄의 경우, 중국과 부탄 양국은 우호

협력관계를 수립할 계기를 마련해 각 영역에서 우호적인 교류와 협력을 추진함으로써 정식 수교를 위한 기반을 다져야 한다. '조화로운 변강和諧邊疆' 건설이라는 목표를 위해 시진핑習近平 총서기가 제기한 '국가를 다스리기 위해서는 변강을 다스려야 하고, 변강을 다스리는 데 우선되어야 할 것은 티베트 안정治國必治邊, 治邊先穩藏'이라는 사고는 중요한 전략적 의의가 있으며, 중국과 주변 관계에 관련된 정책을 혁신하고 풍부하게 하며 티베트 안정과 장기적인 안보를 추진하는 데 있어 중대한 지도적 의미를 갖는다.[1]

---

1) 萬金鵬, 「"治國必治邊, 治邊先穩藏"戰略思想的精神旨趣」, 『西藏研究』 2013年 第4期 참조.

중국과 남아시아 국가 교류의 역사

1 중국과 인도

중국과 인도는 동방의 양대 문명발상지로서 유구한 교류의 역사를 가지고 있다. 기원전 4세기, 남아시아의 마우리아 왕조^{Mauryan dynasty}는 중국 서남지역의 소수민족과 왕래했다. 서한西漢 시대 장건張騫의 서역 출사로 "신독국(身毒國; 고대 중국인이 인도를 부른 명칭. 역자주)이 대하(大夏; 한나라 때 서역의 한 나라. 오늘날 아프가니스탄 일대. 역자주) 동남쪽으로 수천 리 거리에 있다"[2]는 것이 알려졌다. 불교가 중국에 전해진 후, 고승 법현法顯과 현장玄奘이 인도에 가 불경을 공부하여 『불국기佛國記』, 『대당서역기大唐西域記』등 저술을 남기고 구마라습鳩摩羅什이 『수다라修多羅』를 번역하는 등, 인도에 관한 기록이 적지 않다. 당나라 정관貞觀에서 현경顯慶 연간(627~660), 이의표李義表, 왕현책王玄策, 장사인蔣師仁 등이 인도, 네팔 등으로 출사하여 니파라(尼婆羅; 현 네팔. 역자주)와 토번吐蕃의 병력을 빌려 계일

---

2) 『漢書』卷61「張毒李廣利傳」.

왕(戒日王; 하르샤바르다나, 역자주)이 병으로 죽은 후 왕위를 찬탈한 신하 아라나순阿羅那順을 평정하고 남아시아의 안정을 되찾기도 했다. 고대 중국과 인도는 육로뿐 아니라 해상로를 통해 왕래하기도 했다. 명대 정화鄭和가 바다를 통해 인도에 닿았고, 원정에 동행한 마환馬歡, 공진鞏珍이 『영애승람瀛涯勝覽』, 『서양번국지西洋蕃國志』를 써 인도로 가는 항로와 인도의 물산, 명승과 생활습관 등을 상세히 소개했다. 고대부터 중국과 인도의 상업 무역, 인문 교류는 역사가 유구하고 내용이 풍부했다고 할 수 있다. 불교의 전파와 실크로드는 두 나라의 문화, 무역과 과학 교류가 더욱 깊어지는 데 중요한 역할을 했다.[3] 근대 이후 인도는 영제국의 티베트 침략을 위한 전초기지가 되어 '전략적 국경'을 형성했다. 하지만 국민정부 시기 인도 국회는 의료팀을 파견해 중국의 '항전'을 지원하기도 했고 연합군이 구축한 '험프루트Hump Loute·駝峰航線' 역시 중인관계에 깊은 역사적 기반이 있음을 보여준다.

신중국 건립 이후, 중국과 인도의 관계는 우여곡절을 겪었는데, 이를 다섯 단계로 나누어 볼 수 있다.

첫 단계는 1950년대로, 중인관계의 밀월기라고도 한다. 양국은 상호 동일한 목표와 필요성으로 인해 곧바로 국교를 맺고 '밀월기'에 들어섰다. 1950년 4월 1일, 비非사회주의국가로는 처음으로 신중국과 수교한 인도는 중국과 함께 '평화공존 5원칙'으로 알려진 외교원칙을 제창했다. 그 내용은 영토보전과 주권의 상호존중, 상호불가침, 상호내정불간섭, 호혜평등, 평화공존으로, 이 원칙을 통해 중인 관계에 새로운 기초를 다지고 우호협력의 첫 번째 고조기를 맞이할 수

---

3) 余錦龍, 「略論中印關系問題的歷史脈絡」, 『中央民族大學學報』 2013年 第5期 참조.

있었다. 이 시기 양국관계는 '전략적 동반자' 관계를 넘어서서 중국은 인도 사람들에게 '형제'라 불렸다. 양국은 서로 영토와 주권을 존중하고 낙후된 경제 분야에서 도움을 주고받으면서 아시아의 평화와 안정을 위해 노력했다. 아시아 지역 문제에 있어 서로를 지지하고 협력함으로써 국제사회에서의 지위를 강화해갔다.

두 번째 단계는 1960년대 초에서 70년대 중반까지로, 중인관계의 봉쇄기라고 한다. 이 기간에 14대 달라이라마 집단이 티베트에서 반란을 일으키고 인도로 도주했다. 인도는 이들의 '티베트 망명정부' 수립을 지지했고, 1962년에는 중인 국경에서 무력충돌이 일어나 양국관계가 악화되었다. 중국과 미국 및 구소련의 관계가 악화되는 사이 인도는 이 두 나라와 가까워졌고, 70년대 초 중미관계가 정상화된 후에는 곧바로 소련과 준準군사동맹을 맺기도 했다.

세 번째 단계는 1976년에서 1988년까지이다. 1976년 상대국에 대사 파견을 재개하면서 양국관계가 점차 개선되었다. 1988년 라지브 간디Rajiv Gandhi 총리의 중국 방문은 중인관계에 있어 새로운 시대의 출발점이 되었고, 이를 계기로 양국관계에 '새로운 사유'가 가능해졌다. 즉, 국경협상과 정경분리, 경제교류를 통한 정치교류 촉진과 정치를 통한 협상 지속이라는 발전전략을 내놓은 것이다.[4]

네 번째 단계는 1980년대 후반에서 90년대 중반까지로, 중인관계의 상승기로 불린다. 국경분쟁은 더 이상 양국관계에서 가장 주요한 장애가 되지 않았고, 정치적으로 양국관계가 점차 완화되어 고위급 상호방문이 이루어졌다.

다섯 번째 단계는 90년대 중반부터 현재에 이르며, 중인관계의 전

---

4) 張四齊, 「中印戰略合作:歷史與現實」, 『南亞硏究』2008年 第1期 참조.

면적 발전기라고 한다. 20세기 말, 인도는 IT산업에 기대어 경제가 빠르게 발전했고, 국제사회에서 대국의 지위를 강화하려는 의도가 분명해졌다. 서구 강국들과 연합해 유엔 안전보장이사회 상임이사국 지위를 얻으려 하고 있으며 비동맹 외교정책을 강조함으로써 지역적·국제적 사무에서 중요한 역할을 맡아 비동맹운동의 창시국 중 하나가 되었다. 이 시기 인도는 장기간 구소련에 치우쳤던 대국균형정책에 조정을 가해 전방위적 외교를 펼치며 브릭스BRICS의 일원이 되었다. 세계금융위기가 닥친 후, 중국과 인도는 브릭스 4개국 틀 안에서 경제·정치협력을 시작해 전략적 협력동반자가 되었다. 이러한 관계가 의미하는 바는 전략적 관계가 비교적 안정적이며 앞으로 상당 기간 변화가 없을 것이라는 점이다. 동반자관계란 양자가 평화적인 방법으로 분쟁을 해결하고 분쟁보다는 협력에 중점을 준다는 것을 의미한다.5)

정리하자면, 2천여 년에 이르는 중인관계사에서 볼 때, 고대 중인관계가 주로 문화적 교류였다면 근대에는 민족민주혁명 기간 양국 인민 간의 상호 지지가 이루어졌고 현재는 긴밀, 충돌, 봉쇄, 회복, 우호의 단계를 거치며 발전해온 관계라고 할 수 있다.

2 중국과 네팔

중국과 네팔 교류의 역사는 서기 6세기로 거슬러 올라간다. 동진東晉의 고승 법현과 당대唐代 고승 현장이 모두 네팔을 거쳐 간 바 있다.

---

5) 張四齊, 「中印戰略合作:歷史與現實」, 『南亞硏究』2008年 第1期 참조.

중화민족이 다원일체多元一體를 이루어가는 과정에서 네팔인은 중국의 티베트족藏族과 긴밀한 교류를 이어왔다. 일찍이 토번 시기 칭짱靑藏고원을 통일한 송찬간포松贊干布는 네팔의 척존공주尺尊公主(광위왕光胄王의 딸)를 아내로 맞이했고, 이후 네팔과 티베트는 정치, 경제, 문화, 군사 영역에서 서로 교류하며 영향을 주고받았다. 네팔의 조각, 회화, 건축 등 예술문화는 티베트족 문화발전에 많은 영향을 주었다.[6] 티베트의 지룽(기룽)吉隆·Gyirong, 녜라무(냐람)聶拉木·Nyalam가 네팔과 맞닿아 있으며 청 건륭乾隆 연간 두 지역의 주민들은 이곳을 통해 왕래하며 교역했다. 티베트 쪽의 세금이 높아 네팔에서 가지고 오는 곡식에 모래와 자갈이 섞여 있어 충돌이 발생하기도 했다. 18세기 전반기, 약 6백여 년간 네팔을 통치한 말라Malla왕조가 카트만두Kathmandu와 박타푸르Bhaktapur, 파탄Patan 등 왕국으로 나뉘자 서부 구르카Gurkha왕국의 제10대 군주 프리트비 나라얀 샤Prithvi Narayan Shah가 그 틈을 타 네팔 정복에 나서 1768년 구르카 왕조를 세웠다.

건륭 시기, 청조는 티베트의 장기적인 안정을 바라면서 「흠정장내선후장정이십구조欽定藏內善後章程二十九條」를 내놓고 티베트 주변의 구르카, 시킴Sikkim 등의 상인이 티베트에 온 후에는 이들을 관리할 필요가 있음을 지적했다. 국경 밖에서 온 사람들은 본분을 지키고 지방의 풍속을 준수해야 상업에 종사할 수 있었다. 이들은 명부에 등록을 하고 티베트 주재 아문衙門에 신고해야 했다. 네팔 상인은 매년 세 차례 티베트에 올 수 있었고 카슈미르Kashmir 상인은 한 번만 허용됐다. 각국 상인은 어딜 가든 이들을 이끄는 관리자가 아문에 신고하고 상인들이 지나는 노선을 따라 통행증을 발급했다. 장쯔(간체)江孜·Gyantse

---

6) 董莉英, 「中國西藏與尼泊爾關系探微」, 『西藏民族學院學報』 2004年 第3期.

와 딩르(팅리)定日·Tingri 두 곳에는 새로 관병을 파견해 주둔케 하고 상인이 지날 때 통행증을 검사했다. 라싸拉薩·Lhasa로 가려는 자는 종본宗本(티베트 지방정부의 옛 관직명, 역자주)에 신고해 장쯔와 딩르의 한인 관리로부터 조사를 받은 후 인원수를 티베트 주재 아문에 알리고 허가를 받아야 했다. 라싸에 가서는 등록을 하고 검사를 받았다. 해당 업무와 관련해 각지에 파견되어 있는 한인 관리와 문서 관리자 등이 뇌물을 받거나 부정을 저지르면 엄벌을 받았다. 부탄, 시킴에서 예불을 드리는 등의 일을 위해 라싸에 오는 사람 역시 마찬가지로 신고를 해야 했다. 이들은 본국으로 돌아갈 때도 각지 관리의 감독과 검사를 받았다. 달라이라마가 불상이나 탑을 세우느라 네팔로 파견한 이들도 주장대신駐藏大臣(티베트 주재 대신, 역자주)이 통행증을 발급했다. 기한이 넘도록 돌아오지 않으면 주장대신이 구르카왕에게 따로 공문을 보냈다.7)

함풍咸豊 4년(1854), 구르카는 영국의 침략을 이유로 청 조정에 상서하여 은을 내려줄 것을 요청했다. 이밖에 티베트의 일부 지역 소유를 요구하며 10년마다 녜라무와 지룽을 티베트에서 관리하도록 하고 그 후 3년은 네팔에서 관리할 수 있게 해달라고 요구했다. 청조가 이 요구를 거부하자 구르카는 티베트에서 네팔 관리와 상인이 괴롭힘을 당했다는 구실을 대 군사를 보내 녜라무와 지룽을 습격하고 뒤이어 후장後藏[라싸, 산난山南·Lhoka을 전장前藏, 르카쩌(시가체)日喀則·Shigatse를 후장이라고 한다, 역자주] 지역을 침략했다. 양측이 녜라무에서 격돌해 티베트군이 대패하니, 녜라무는 적의 손에 떨어졌다.

7) 「欽定藏內善後章程二十九條」, 張羽新 編著, 『淸朝治藏典章硏究』, 中國藏學出版社, 2002, p. 131 참조.

이후, 양측은 간헐적으로 전투를 이어가며 1년을 보냈다. 청조는 지역 안정을 위해 하루빨리 전쟁을 끝내기를 원했다. 이에 주장대신 혁특하赫特賀에게 네팔과 화의할 것을 명했다. 1856년, 혁특하의 주재로 중국과 네팔은 「티베트네팔조약」을 맺었다. 이것은 19세기 청조가 체결한 티베트 지방의 첫 불평등조약이었다. 이후 이 조약은 좋지 않은 영향을 미쳤다. 예를 들어 민국 시기, 네팔은 여전히 티베트 지역에 영향력을 행사하였으며, "네팔 사람은 티베트 법률의 구속을 받지 않고 네팔 사람 스스로를 법률로 자처"하며 라싸 거리에서 온갖 못된 짓을 서슴지 않았다.[8]

네팔은 신중국과 비교적 이른 시기에 외교관계를 맺었다. 1951년, 네팔 트리부반Tribhuvan 국왕이 임시헌법을 선포하고 라나Rana 가문의 총리 권력을 해체한 후 양원제 입헌군주제가 실시됐다. 티베트가 평화롭게 해방된 후, 네팔은 신중국과 우호적인 교류를 진행하기를 원했고, 1955년 8월 1일 외교관계를 수립했다. 1956년 4월 중국은 우란푸烏蘭夫 부총리를 특사로 파견해 네팔 마헨드라Mahendra 국왕의 대관식에 참석함으로써 양국관계 발전을 촉진했다. 1957년 1월 29일, 저우언라이周恩來 총리와 네팔왕국 아차르야Tanka Prasad Acharya 총리가 회담을 열고 공동성명에 서명했다. 당시 중국 정부는 이미 티베트 지역에 대한 네팔의 중요성을 인식하고 있었다. 네팔을 방문한 저우언라이 총리는 굳이 인도를 들러 14대 달라이라마를 만나 중국의 대對네팔 정책을 설명한 후 귀국을 권유했다. 1956년 9월 「중국네팔협정」 체결로 양국 간 국경문제가 해결된 후, 1978년에는 덩샤오핑鄧小平이 네

---

8) 達瓦諾布(Dawa Norbu), 『西藏的前途』(Tibet: The Road Ahead), 丹增倫珠 等 譯, 中國藏學研究中心 內部編印, 2013, p. 82 참조.

팔을 방문했다. 1990년 민주화운동으로 네팔은 어쩔 수 없이 입헌군주제와 양원제, 복수정당제도를 실시하게 되었다. 이후 국내 당파투쟁이 격화되어 내각이 수시로 교체되었지만 헌정은 계속 이어져 왔다. 1992년, 네팔왕국 코이랄라^{Girija Prasad Koirala} 총리가 중국을 방문해 양국 정부는 경제기술협력에 관한 협정을 체결하고 공동성명을 발표했다. 이후 중국과 네팔의 고위층 왕래가 늘었다. 2012년 원자바오^{溫家寶} 총리가 네팔을 방문해 '중국-네팔 우호교류의 해'를 선포하고 양국 간 문화, 교육, 청년, 언론 등 분야의 교류와 협력을 강화했다.[9]

3 중국과 부탄

인도의 영향 아래, 부탄왕국과 중국은 지금까지 외교관계를 수립하지 못하고 있다. 그러나 부탄은 역사적으로 중국 티베트와 긴밀한 관계를 맺고 있고 티베트족과 종교신앙, 언어, 풍속, 문화가 유사하다. 서기 7세기부터 부탄은 티베트의 속지로서, 토번 오여^{五茹}(토번의 군사·행정단위로 오여^{伍茹,} 약여^{約茹,} 엽여^{葉茹,} 여랍^{茹拉,} 소비여^{蘇毗茹}로 구성, 역자주) 가운데 '약여^{約茹}'의 관할 범위 내에 있었다. 토번왕조가 무너진 후, 티베트불교 까규파^{噶擧派}가 부탄에서 점차 힘을 키웠다. 17세기 초, 티베트 드룩빠^{竹巴}(까규파 8개 소파벌 가운데 하나, 역자주) 까규파의 법왕 나왕남걀^{Ngawang Namgyal}이 부탄으로 와 경내 부족들을

9) 〔尼〕馬丹·雷格米(Madan Regmi), 「雙邊關系的力量」, 烏彭德拉·高坦(Up-endra Gautam) 主編, 『尼泊爾與中國的關系:邁向新的融合』, 中國國際友好聯絡會, 2005年承印, p. 154 참조.

통일하고 정교합일의 정권을 세웠다. 청대 한자로 기록된 사적에 따르면 부탄은 부록파Brokpa, 드룩파Drukpa라 불리기도 했으며 티베트의 '정교합일' 제도로부터 많은 영향을 받았다. 1907년, 우겐 왕추크 (Ugyen Wangchuck, 재위 1907~1926)가 정교합일의 데브 라야Deb Raja 체제를 폐지하고 부탄왕국을 세워 왕계세습체제를 확립했다. 1949년 8월, 인도는 독립 3년을 맞아 부탄과 다르질링에서「영구적 평화와 우호 조약Treaty of Friendship between India and Bhutan」을 체결하고 부탄이 대외관계에서 인도의 '지도'를 받도록 했다. 이로써 인도는 부탄의 정치를 통제했다. 신중국 수립과 티베트의 평화해방 이후, 중국-부탄의 육상국경이 수백 킬로미터에 달하는데도 양국은 공식적인 외교관계를 맺지 않고 있다. 양국 지도자 간에도 국빈방문을 진행한 적이 없다. 1952년 부탄의 제3대 국왕 지그메 도르지 왕추크Jigme Dorji Wangchuck가 즉위해 외교, 경제 및 내정에 개혁을 단행하면서 부탄 경제가 활기를 띠기도 했지만, 대외관계에서는 여전히 인도에 기울어 있다. 저우언라이 총리는 중국-부탄 국경협상 과정에 인도를 개입시키지 말 것을 희망했으나 부탄이 이를 받아들이지 않았다.

부탄은 역사적으로 쌀과 종이를 가지고 티베트의 양모, 소금과 교환했다. 그러나 14대 달라이라마 집단의 일부 구성원들이 부탄을 통해 인도로 가 14대 달라이라마를 추종하면서 부탄의 사회 안정에 영향을 끼치고 있으며, 1960년 부탄이 중국 티베트로 통하는 국경을 봉쇄하면서 전통적으로 이어지던 국경무역도 중지되었다. 국제사회에서 부탄 국왕은 국가의 주권독립을 강조하고 있다. 1971년, 막 유엔에 가입한 부탄은 중국이 유엔에서 합법적인 지위를 회복하는 것에 찬성표를 던졌다. 이듬해에는 영국에서 유학한 지그메 싱예 왕추크Jigme Singye Wangchuck가 왕위를 이어받아 부탄의 제4대 국왕에 즉위하

410

면서 중국의 주 인도 대사관 대사대리 마무밍馬牧鳴을 즉위식에 초청했다. 이때부터 양국 관리가 빈번히 왕래하기 시작했으며, 1979년부터는 국경절이 되면 서로 축전을 보내기로 했다. 1983년 우쉐첸吳學謙 외교부장과 부탄 외교대신이 유엔총회에 출석해 양국관계를 논의하기도 했다. 이후 중국의 역대 주 인도 대사 청루이성程瑞聲, 페이위엔잉裴遠穎, 저우강周剛, 화쥔둬華君鐸, 순위시孫玉璽 등이 모두 부탄을 방문했다. 원자바오 총리는 2012년 '리우+20' 회의에 참석해 부탄의 지그미 틴레이Jigmi Thinley 총리를 만났다. 2013년 8월, 중국 류전민劉振民 외교부 부부장은 부탄을 방문, 틴레이 총리와 지그메 싱예 왕추크 국왕을 만났다.

20세기 중반기, 부탄은 외교에서 인도의 견제를 많이 받았지만 1970년대 이후 독립자주외교를 추구하고 있으며, 현재는 인도와 중국의 외교전략 사이에서 고심하고 있다. 그동안 부탄은 왜 중국과 수교하지 않았을까? 그 원인을 깊이 생각해볼 필요가 있다. 우선 부탄은 환경을 매우 중시하는 국가로, 세계 최초로 플라스틱을 생산하지 않겠다고 선언하였다. 히말라야산맥 속에 문을 닫아걸고 있는 이 나라에서, 국민들은 현대사회를 멀리한 채 자연의 행복감을 추구하며 모든 외래 문물을 경계하고 있다. 다음으로 부탄은 동, 북, 서쪽 삼면이 중국 티베트와 인접해 있다. 특히 북부의 룬체Lhuntse, 가싸Gasa는 중국 티베트의 뤄자현洛紮·Lhozhag, 캉마현康馬·Kangmar 사이의 골짜기를 통해 서로 왕래했다. 부탄 서부의 하Haa, 삼체Samtse는 중국 티베트의 야둥현亞東·Chomo과 인접하면서 인도 시킴주까지 연결되어 말발굽 모양의 '실리구리Siliguri 회랑'[10]으로 불리기도 한다. 부탄은 중국과 수

---

10) 실리구리(Siliguri)회랑이란 인도 시킴주와 방글라데시 사이의 폭 20㎞의 좁고

교를 하게 되면 중국이 이 회랑을 통해 부탄에 영향력을 행사하지 않을지 우려하고 있다.

4 중국과 남아시아 각국 간 역사적 교류의 특징

21세기 이전, 중국과 남아시아 국가 간 역사적 교류에서 다음과 같은 특징을 찾아볼 수 있다.

첫째, 중국과 남아시아 각국 간 우호의 역사적 기초는 중국의 중앙정권이 티베트 지역에 대한 관리 효력을 가지고 있는 국면 위에 형성되었다. 13세기 중엽, 중국은 티베트 지역을 정식으로 세력파도에 포함시켰고, 이후 중앙정권이 여러 차례 바뀌기는 했지만, 티베트 지역은 줄곧 관리 효력 범위 내에 있었다. 이러한 상태가 지속되었기 때문에 티베트 지역은 히말라야산맥 이남 정권의 침략을 피할 수 있었다. 명 왕조는 티베트 지역의 지방 종교세력에 '다봉중건'(多封衆建; 명 태조 주원장이 전국에 봉건질서를 회복하면서 티베트 지역에 대해서는 다수의 승려를 '국사'로 봉해 세력을 분산시킴으로써 안정을 도모했다, 역자주)을 실시하고, 총카파Tsongkhapa(1357~1419)가 겔룩파Gelugpa를 창시함으로써 티베트는 점차 응집력을 갖게 되었다. 그러나 인도 아대륙은 1498년 포르투갈이 고아Goa에 상륙하고 뒤이어 네덜란드, 영국, 프랑스 등이 들어오자 원래부터 사분오열되었던 인도의 여러 주가 유럽열강의 손아귀에 들어가게 되었다. 청조는 「흠정장내선후장정이십구조」를 선포한 후 티베트 변경에 대한 방비

긴 지대이다. 인도 동부의 육상통로로 연결되며, 인도의 요충지이기도 하다.

를 공고히 했다. "앞으로 구르카, 부탄, 시킴 등 번속藩屬의 문서를 올릴 때는 주장대신의 지시에 따라 정서淨書하고 변경의 중대한 사무에 관해서는 더욱이 주장대신의 지시에 따라 처리한다. 외부에서 바치는 공물은 주장대신이 검수하고, 갈룬(噶倫; 옛날 티베트 지방 정부의 관원, 역자주)은 누구도 사적으로 외부 번속과 서신왕래를 해서는 안 된다."[11] 중국의 엄격한 변경 방비 아래 인도는 북상이 불가능해졌다. 강대한 무굴제국조차 중국 변강에는 발을 들일 수 없었다. 다만 영국령인도 시기, 동인도회사가 벵골과 플라시Plassey전투를 치른 후, 네 차례에 걸쳐 남인도를 정복한 마이소르Mysore전쟁, 세 차례에 걸친 마라타Maratha동맹과의 전쟁을 통해 지배 범위를 크게 확장하고서야 아삼Assam 지역 동북부로 나아갈 수 있었다. 그러나 상당 기간 티베트 지역의 남쪽 언저리와 브라마푸트라Brahmaputra강이 교차하는 평원지대에만 머물렀다. 청대 티베트 지역은 히말라야산맥 주변 지역을 공고히 해주는 강력한 접착제 역할을 했지만, '베스트팔렌체제'가 남아시아 및 그 주변 지역까지 영향을 미치게 되자 원래의 역할이 점점 약화되었다. 심지어 1888년, 1904년에는 침략을 당하기도 했다. 이는 청조 중앙정권의 변강통치가 약해진 것과 관련이 있다. 그러므로 긴 시간을 단위로 보면, 중국과 남아시아 국가들이 국부적으로 분쟁을 겪으면서도 전체적으로 우호적인 관계를 유지한 것은 중국의 중앙정권이 티베트 지역을 관할한 것과 관계가 없지 않다. 히말라야산맥 이남 인도, 네팔의 대중국 관계의 모든 발전단계는 중국 변강지역의 정세와 연관되어 있으며, 티베트에 대한 중앙 왕조의 공고한 관리가 존재하는가 여부에 달려 있었다.

---

11) 張羽新 編著, 『淸朝治藏典章硏究』, p. 131.

둘째, 중국과 남아시아 각국은 근대에 와서 서구 열강의 침략을 받는 운명을 함께 겪었다. 이러한 기초 위에서 양측은 공통의 가치를 지향하게 되었다. 근대 이후, 인도는 역사적으로 분열된 시기가 통일된 시기보다 길었다. 또한 인도의 역사는 또한 끊임없이 이민족의 침입과 압제에 시달렸던 역사이기도 하다. 중국은 1840년 이후 반식민, 반봉건사회로 전락했다. 1949년 신중국 수립 이후, 같은 제3세계 국가라는 배경 아래 양국은 국경, 민족 등 문제에서 일부 이견과 충돌이 존재했지만, 그래도 신중국 수립 직후 10년간 우호관계를 발전시켰다. 가장 높게 평가할 만한 것은 중국이 중인 양국 간 문제에서 '주변 이웃과 화목한 관계를 수립한다修睦四隣'는 원칙을 지키며 국제문제 처리에서 "공동의 이익에 근거해 상호 간 친선과 협력을 추구하고 우호적이고 화목한 관계를 수립한다"[12]는 것을 강조했다는 점이다. 이러한 원칙을 바탕으로, 중국은 남아시아 이웃국가들과의 비교적 복잡하고 까다로운 역사, 국경문제를 성공적으로 대처하고 처리해왔다. 1970년대 구소련에 대항한 '일조선一條線'과 '일대편一大片'의 외교전략 및 국경분쟁으로 인해, 중국은 소련에 다가가려는 남아시아 국가, 특히 인도와 관계가 비교적 냉담해졌다. 70, 80년대에는 중국의 외교전략이 조정을 거치면서 중국 주변외교정책에 새로운 내용과 특징이 나타났다. 적대적인 상대를 친구로 만들고 충돌을 평화로 바꿈으로써 중국과 남아시아 각국 간 교류가 새로운 발전기를 맞이하게 된 것이다.

셋째, 중국과 남아시아 각국이 오늘날 갖게 된 우호관계는 양측

12) 周恩來, 「在亞非會議全體會議上的發言(1955年4月19日)」, 『周恩來選集』下卷, 人民出版社, 1984. p. 151 –152.

고위급 지도자의 관심, 개방적 외교정책과 뗄 수 없는 관계가 있다. 1950년대 중반, 중국 지도자들은 남아시아와 관련된 국제회의에 적극 참여하여 주변외교를 처리하는 정치적 주장을 내놓았다. 이로써 중국의 국제적 명망을 크게 향상시켜 중국과 남아시아 국가 관계에 커다란 영향을 끼쳤다. 중인 국경지역의 평화와 안녕이 유지됨에 따라 21세기 중인관계는 빠르고 광범위하게 발전하는 새로운 시기에 접어들었다. 양측 고위층의 상호방문은 이 새로운 시기 양자관계의 발전을 이끌었다. 2000년 5월, 중인수교 50주년을 맞아 인도 나라야난Narayanan 대통령이 중국을 방문했다. 이로써 1998년 이후 한동안 중단되었던 고위급 방문이 재개되었고 양국이 서로 위협을 조성하지 않을 것을 재확인하면서 점차 관계가 회복되었다.

중국과 인도를 비롯한 남아시아 국가 관계의 역사를 정리하면, 지센린季羨林 선생의 말과 같음을 알 수 있다. "두 개의 위대한 민족이 과거 2, 3천 년의 시간 속에서 서로 배우고 이해하면서 감정을 더하고 서로의 문화를 풍부하게 했다. 이것은 하나의 전통을 이루었으니, 그 전통은 역사가 길고도 뿌리 깊어 앞으로도 계속될 수밖에 없을 것이다."13) 이러한 역사적 우호의 기반 위에서 중인관계는 이웃관계이자 대국관계, 개발도상국관계, 다자간 무대 위에서 중요한 역할을 하는 관계가 되었다. 또한 "새로운 인도의 현실주의 대중국정책이 성과를 거두기 위해서는, 인도가 중국에 대한 대중의 여론을 정확하게 유도하는 동시에 전략적 자신감을 갖고 새로운 대중국정책의 논리를 수립하는 것이 무엇보다 중요하다. 이러한 근본적인 변화가 새로운 세기 중인 양국이 상호관계에 존재하는 각종 어려움을 극복하

---

13) 季羨林, 『中印文化關系史論文集』, 三聯書店, 1982, p. 1-3.

고 실현 가능한 해결방법을 찾아 평화와 협력이 양국관계의 주조로 전환되도록 하는 데 결정적인 요소가 될 것이다."14)

---

14) 宋德星, 「21世紀的中印關系:印度的根本戰略關切及其邏輯起點」, 『南亞研究』 2007年 第2期.

제2절

오늘날 중국과 남아시아 국가 관계

1 중국과 인도

(1) 21세기 이후 중인관계 발전성과

21세기 들어 중인관계의 발전은 새로운 역사적 시기에 들어섰다. 양국이 외교관계에서 지도적 원칙에 공감대를 이룬 가운데, 다자간 협력, 평화공존 5원칙, 상호존중, 상호관심, 평등을 강화하는 것이 장기간 건설적 협력 동반자관계를 발전시키는 정치적 기초가 되었다.[15] 이제 중인관계는 나날이 성숙해지며 새로운 단계로 발전하였다.

첫째, 중인 고위급 지도자의 상호방문이 늘고 정치적 신뢰가 깊어졌다. 근래 들어 중인 양국 고위급 지도자의 상호방문은 중국 주변 외교 역사상 예를 찾아보기 힘들 정도로 빈번했다. 2002년 인도-파키스탄 관계가 냉각되자 주룽지朱鎔基 총리가 인도를 방문했다. 다음 해에는 인도 바지파이Atal Bihari Vajpayee 총리가 답방했다. 2005년에는 원

---

15) 周剛, 「當前中國—印度關系和兩國經貿合作」, 『中國金融』 2004年 第20期 참조

자바오 총리가 인도를 방문했다. 2006년 후진타오胡錦濤 주석은 인도를 방문해 인도 대통령과 「공동선언」을 체결하고, 중인 간 전략적 협력동반자 관계를 충실히 하여 양국관계를 지속적으로 발전, 다양화하기로 했다. 2008년 1월에는 인도 싱Manmohan Singh 총리가 중국을 방문했다. 2014년 9월, 시진핑 주석이 인도를 방문해 일련의 중요한 전략문제에 인식을 같이하고 구체적인 협력계획을 내놓았고 2015년 5월에는 인도 모디Narendra Modi 총리가 중국을 방문했다. 이러한 상호방문은 양국이 신뢰를 증진하고 오해를 줄일 수 있는 통로가 되었으며 우호관계를 발전시키는 데 좋은 분위기를 조성해주었다. 중인 양국 지도자는 상호방문을 통해 다음과 같은 내용에서 인식을 함께 했다. 상대국가, 경쟁자를 위협하는 태도는 더 이상 양국관계의 이슈가 될 수 없으며 호혜협력의 동반자가 중인관계의 발전 방향이다. 양국은 공통의 이익이 민족·국경문제에 존재하는 이견보다 크며, 중국과 인도는 서로 무력을 사용하거나 무력으로 위협을 가하지 않는다. 고위급 상호방문을 통해 이루어진 양국 간 이해와 신뢰는 중인관계의 장기적, 안정적 발전을 보장해주었다. 중국과 인도는 모두 다극화된 세계를 지지하며 패권에 반대한다. 인도 외교의 특징은 비동맹주의이며, 중국은 흔들림 없이 평화발전의 길을 추구하는 가운데 호혜공영의 개방전략을 견지하고 주변국과 좋은 관계를 수립해 동반자로 삼는 주변외교방침 아래 편안한 이웃, 화목한 이웃, 잘사는 이웃의 주변외교정책을 유지할 것을 천명했다. 향후 5~10년간, 중인관계는 새로운 양국관계의 건설을 앞당기는 단계에 접어들 것이다.

둘째, 중인 무역액이 크게 증가했다. 점차 강화해온 경제협력으로 양국관계는 한 걸음 더 나아갈 수 있었고 심도 있는 발전을 위한 기초를 다졌다. 근래 들어 중인 양자 무역액은 2003년 75억 달러에서

2013년 650억 달러로 증가했다. 특히 티베트 육상변경무역액이 1억 달러를 넘어선 것은 전체 대외무역액에서 차지하는 비중은 크지 않지만, 양국에 중요한 의의를 갖는다.

셋째, 군사협력이 활발해졌다. 2003년 중인 양국이 상하이上海 부근 해역에서 '돌고래海豚0311' 연합해군군사훈련을 실시했으며, 이는 중인관계의 빠른 개선을 보여주는 중요한 상징으로 인식되었다. 다음 해 중인 양국의 국경수비대가 티베트에서 처음으로 연합산악훈련을 실시함으로써 양자 간 협력이 변강지역까지 확대되는 움직임을 보여주었다. 2005년 중국 해군은 두 번째로 인도 해군과 비전통안보 강화훈련을 가졌다. 뒤이어 2007년 양국 육군이 처음으로 대테러훈련을 실시했고 2011년에는 뉴델리New Delhi에서 중인 제4차 국방·안보 협상회의를 가졌다. 2012년 중국 국방부 고위급 인사들이 인도를 방문해 국방과 안보 관련 협의를 진행하여 양국 간 군사적 상호신뢰가 증진되었고 군사 영역의 관계가 건실하고 안정적으로 발전할 수 있게 되었다. 양국 해군은 상대국 항구를 방문, 해상 연합수색구조훈련을 실시했다. 이러한 교류들이 모두 중인 양국의 실질통제선LAC, Line of Actual Control(1996년 정한 인도와 중국의 사실상의 국경선, 역자주) 지역에서 평화와 안정을 유지하는 데 도움이 되었다.

넷째, 정무, 정당, 경제무역, 과학기술, 문화교육 등 분야에서 중인 간 상호방문과 민간교류가 눈에 띄게 증가했다. 2006년 이후 '중인 우호의 해', '중인 관광우호의 해' 활동을 펼쳤다. 2006년부터 중인 양국의 청년단체靑年百人團가 여러 차례 상호방문을 했다. 중인 간 직항도 이미 개통되어 인도는 아시아 지역 내에서 중국인들이 많이 찾는 관광지가 되었다. 양국은 베이징北京과 뉴델리에 각각 문화센터를 개설하는 데 동의했으며, 언론 교류협력이 이미 시작되었고 교육 분야

교류도 확대되고 있다. 중국과 인도는 인도 내 중국어 교육에 적극적으로 노력하고 있다. 역사적인 이유로 인해 종교는 양국 문화교류를 촉진하는 데 매우 중요한 의미가 있다. 양국 불교계는 이미 여러 차례 서로 대표단을 파견했다. 2014년 '중인 우호교류의 해'에는 양국의 문화, 청년 등 분야에서 교류를 심화하여 상호 간의 이해와 우의를 다졌다.

다섯째, 국제협력에서 '구동존이求同存異'의 태도를 유지하고 있다. 현재로서는 일치하는 점은 추구하고 이견은 보류하는 '구동존이'의 협력과 협조를 강화하는 것이 중인 양국관계 발전에 필요하다. 국제사무와 G20의 틀 안에서, 개발도상국이라는 공통점이 있는 중국과 인도는 국가 권익에 있어 협조할 만한 여지가 많다. 특히 경제발전, 환경보호 등에서 공통의 이익이 있다. 국제정세가 끊임없이 변화하는 상황에서 중인 양국의 이익이 일치, 혹은 가까워지면서 국제무역협상, 국제금융시스템 개혁, 세계 기후문제, 에너지안보 협력 등 분야에서 공통의 이익과 입장을 갖게 되었다.[16]

여섯째, 중인 간 인민우호의 관점에서, 양국은 주권이나 변강민족 등 민감한 문제에 대해 비교적 유연한 태도를 취해왔다. '티베트 문제'에서 인도는 티베트가 중화인민공화국 영토의 일부라는 점을 분명하게 인정했다. 중인 국경문제에서 양국은 평등한 협상을 통해 공정하고 합리적이며 양측이 모두 받아들일 수 있는 해결방안을 모색할 것을 강조했다. 2015년 3월까지, 양국 국경특별대표회담이 이미 18차례 열렸다. 중대한 국제문제에서 양국은 광범위한 영역에 걸쳐

---

16) 管輝·雷娟利,「對中印關系的熱期盼與冷思考」,『保山學院學報』2014年 第1期 참조.

공통의 인식과 이익을 가지고 있다. 국제사무에서 양국은 협상을 강화하며 긴밀히 협력하고 있다. 세계평화를 수호하고 공동의 발전을 모색하기 위해 양국은 세계다극화를 지지하고, 경제글로벌화의 공동번영을 촉진하며, 세계문명의 다양성을 존중함으로써, 공정하고 합리적인 국제 정치경제 신질서를 수립하기를 희망한다. 중국과 인도는 유엔의 역할을 강화해 국제 테러리즘에 대항하고 조직적인 국제범죄를 소탕하며 인구조절과 환경보호에 힘쓰고 국제사무에서 조화와 협력을 강화할 것을 주장하고 있으며, 이를 위해 긍정적인 역할을 하고 있다.[17]

중국과 인도가 체결한 각종 합의가 양자관계를 보장하고 있다는 점은 강조할 만하다. 현재 중인 양국정부는 이미 6개의 협약과 각서에 합의했다. 「중인관계 원칙과 전면적 협력 선언」은 향후 중인 양국이 수립할 새로운 관계에 대한 지도적 원칙을 담고 있다. 이 가운데 '적극성, 호혜성, 균형성, 상호 이익'의 원칙은 상호신뢰를 증진하고 양국관계의 장기적 발전을 도모하며 남아시아 지역의 항구적 안정과 번영, 발전을 지키는 데 중요한 역사적 의의를 갖는 것으로, '인도는 티베트자치구가 중화인민공화국 영토의 일부임을 인정한다'는 내용을 천명한 첫 선언이었다. 그리고 각자 특별대표를 한 명씩 임명해 국경문제 해결을 위한 틀을 모색하는 데 동의하고 중인 간 '평화와 번영을 지향하는 전략적 협력동반자 관계'의 수립을 선포했다. 「21세기 공동전망」에서는 투자, 에너지, 과학기술, 환경보호 등 분야에서의 협력을 위해 적절한 시기에 양국 지역무역에 관한 협상을 시작할 것, 양국 군사교류와 방위협상을 강화해 적절한 시기에

---

17) 周剛, 「中印關系現狀及未來」, 『現代國際關系』 2004年 第10期 참조.

제2차 대테러 연합훈련을 진행함으로써 국제 및 지역사무에서 양국이 긴밀히 협력하고 전통·비전통 안보위협에 공동 대응할 것 등에 대해서도 협정을 맺었다. 2014년 시진핑 주석의 인도 방문기간 동안, 중인 양국은 여러 개의 교류협정을 체결했다. 그 가운데 가장 주목을 받은 것은 '일대일로' 등 큰 틀 아래 진행된 협력 연구였다. 이 협정들에서 중국은 인도를 장기적 전략협력파트너로 보고 있으며 인도와 보다 긴밀한 발전파트너 관계를 수립, 양자·지역·세계적 차원에서 협력이 심화될 것을 기대하고 있다. 그에 대한 화답으로 인도는 티베트가 중국 영토의 일부임을 재확인하고, 티베트인들이 인도에서 반중활동을 벌이는 것을 불허한다는 입장을 밝혔다. 인도는 중국과 함께 노력하여 변경지역을 잘 관리하고 국경문제협상을 조속히 추진하여 하루빨리 해결방안을 찾기를 바라고 있다. 경제 분야에서 인도는 의약, 제조업 제품 수출 확대를 원하며, 양자 간 무역이 균형 있게 성장하기를 기대하고 있다. 중국의 고속철도기술이 빠르게 발전하고 에너지 건설에서 성과를 거두면서, 인도는 중국이 인도의 전력 건설과 철도 등 인프라설비 업그레이드 개조에 참여하는 것을 반기는 상황이다. 이러한 협정 가운데 일부는 중국 변강과 관련이 있다. 「중국 야루장부강雅魯藏布江—브라마푸트라강 홍수기 수문(水文) 자료를 인도에 제공하는 것에 관한 중국 수리부와 인도 수리부 간 양해각서」에 첨부된 「실시방안」은 상기 「양해각서」를 보충하는 성격의 문서인데, 중국 티베트의 누거샤奴各沙, 양춘羊村, 누샤奴下 등 3개 지역의 수문지질관측소에서 인도에 수문자료를 제공하는 범위에 대해 구체적으로 규정하고 있다. 중국 야루장부강은 인도 브라마푸트라강의 상류이다. 인도는 중국의 중요한 이웃국가이며, 홍수기 수문자료를 인도에 무상으로 제공하는 것은 중국과 인도의 선린우호

관계를 보여주는 좋은 예시가 된다.

세계정치의 다극화, 경제의 글로벌화, 사회의 정보화라는 환경 속에서 발전은 시대적 주제이다. 유럽과 미국 경제가 침체되고 중앙아시아와 서아시아 정세가 혼란스러운 가운데, 테러 사건이 중국 주변에서 빈번히 일어나고 있다. 아시아의 정보보안, 자원부족, 환경오염, 식량부족 등 문제는 여전히 악화되고 있다. 유구한 역사를 가지고 서로 이웃하며 각자 복잡한 국내 사정을 가진 인구대국으로서, 중인 양국이 어떻게 민족과 세계의 관점에서 자국의 민족부흥과 양국관계의 발전을 실현하고 아시아의 세기를 맞이할 것인가 하는 문제는 이미 일반적인 양자관계의 범주를 넘어섰다. 앞으로 교류와 협력을 심화하는 것은 여전히 중인 관계의 주요한 흐름이며 갈등과 경쟁은 언제나 부차적인 문제일 것이다. 자주적인 발전을 추구하는 것이야말로 양국관계를 발전시킬 통로가 될 것이다. 이러한 배경 아래, 중인 양국은 국가 차원에서 상호신뢰와 공동발전을 증진하여 아시아의 세기를 만들어가야 할 것이다.[18]

(2) 중국·인도의 전략이익과 변강

첫째, 인도의 변강 관련 전략이익에는 역사적 요인이 존재한다. 제2차 세계대전 시기, 영국령인도의 영토는 동·서·남쪽으로 삼면이 바다로 둘러싸이고 북쪽은 광활한 아시아대륙에 맞닿아 있었다. 영국은 가장 강대한 해군력을 보유하고 있었기 때문에 해상 안보와 방위에서는 바다로부터 오는 적의 위협을 걱정할 필요가 없었다. 그러

---

18) 陳宗海,「當前中國和印度的關系評析」,『國際論壇』2013年 第3期 참조.

나 북쪽의 육상 안보와 방위는 달랐다. 네팔, 시킴, 부탄, 미얀마, 아프가니스탄이 4천 마일에 달하는 육상 경계선에 나란히 늘어서 있었다. 이들 국가 및 지역은 세력이 강대한 것은 아니었다. 그러나 자연환경이 열악하여 생존의 필요에 따라 네팔, 시킴, 부탄 등 산악국가는 전투에 능한 군사를 보내 인도 평원을 약탈하곤 했다.[19] 19세기 영국과 인도는 이들 산악국가를 통제하는 데 주력했고 19세기 말에 이르러 인도는 자국을 둘러싸고 있는 동북부 산악국가들을 어느정도 제어함으로써 나중에 '내방어권內防御圈'이라고 부르는 방어선을 구축했다. '내방어권' 바깥, 즉 인도에게는 천연의 방어막이 되어준 히말라야산맥의 바깥쪽이 바로 티베트였다. 이로써 티베트 역시 자연히 '외방어권外防御圈'의 일원이 되었다. 이 가운데 가장 유명한 것은 커즌George Nathaniel Curzon의 '전진정책'과 2차대전 시기 인도 외교부 고위관료였던 올라프 카로Olaf Caroe의 몽골지연대蒙古地緣帶[20] 계획을 들 수 있다. 이 계획은 인도 북부와 동북부 변경의 방어에 대한 전략적 방안으로, '몽골지연대계획'[21]으로 불렸다. 네팔, 시킴, 부탄, 아삼 부족 지역을 인도 방어체제의 내부에 두고 티베트는 외부에 두었다. 식민시기에 형성된 이러한 남아시아 지정학적 전략은 여전히 인도에 영향을 끼치고 있다.

---

19) 胡菌·張永攀, 「"制蘇保印"與英屬印度的西藏政策」, 『雲南師範大學學報』 2007年 第4期 참조.

20) Confidential, The Mongolian Fringe, Note by Foreign Secretary, I. O. R. Caroe-18-1 -40 참조.

21) 이 계획의 내용은 7개 부분으로 나뉜다. 1. 몽골지연대(The Mongolian Fringe) 2. 네팔(Nepel) 3. 시킴(Sikkim) 4. 부탄(Bhutan) 5. 아삼 부족 지역(Assam Tribal Area) 6. 티베트(Tibet) 7. 전망(The Prospect).

둘째, '대국주의 사상'은 중국 변강과 밀접한 관계가 있다. 민족주의의 홍기는 인도에게 일종의 기회가 되었다. 인도는 티베트가 행사하던 기능의 일부를 대체하면서 남아시아 지역을 통합, 확대함으로써 영향력을 강화하고 히말라야 산맥 주변 국가들을 자신의 세력 범위 안에 두었다. 인도가 가진 이러한 국가 의지를 표현한 대표적인 예로 자와할랄 네루Jawaharlal Nehru의 발언을 들 수 있다. 그는 "현재 인도의 지위를 보면 세계에서 2등 역할은 할 수 없다. 역할이 분명한 대국이 되든지 아니면 소리 없이 사라지든지, 중간으로는 나를 움직일 수 없다. 나 자신도 중간에 머무는 것이 가능할 것이라고 믿지 않는다."22) 냉전 시기에는 인도의 지위가 두드러지지 않고 석유 자원도 부족했기 때문에 인도는 세계의 관심을 끌지 못했다. 지정학적 가치 역시 대국이 주목할 만한 것이 아니었다. 예를 들어 1990년대 미국의 헨리 키신저Henry Alfred Kissinger 전 국무장관은 "21세기 국제 체제는…… 적어도 6개의 주요 역량을 포함할 것이다. 그것은 미국, 유럽, 중국, 일본, 러시아, 그리고 어쩌면 인도가 될 수 있다. 이밖에 많은 중등국가와 소국이 있다"23)라고 말했다. 키신저의 논조는 분명 확신이 부족해 보인다.

셋째, 확실히 인도는 남아시아의 지전략地戰略적 중요성을 높였다. "자연자원이 풍부한 지역에 자리 잡아 경제가 지속적으로 발전할 수 있는 조건을 갖추었다는 점, 인도양 지역에서 강대한 세력을 가진 국가로서 영향력을 확대할 수 있다는 점, 세계에서 가장 강대한

---

22) 〔印度〕尼赫魯, 『印度的發現』, 齊文 譯, 世界知識出版社, 1956, p. 57.

23) 〔美〕塞繆爾·亨廷頓, 『文明的沖突與世界秩序的重建』, 周琪等 譯, 新華出版社, 2010, p. 6.

국가와 지리적으로 거리를 두고 있어 상대적으로 발전 공간이 넓다는 점, 세계에서 경제가 가장 활기를 띠고 있는 지역에 위치한 점, 인도의 지도자 역시 지정학적 우위를 인식하고 이용하고 있다는 점 등, 이 모든 것이 인도가 굴기할 지정학적 우위를 차지하고 있음을 보여준다."[24] 인도는 중국과의 협력을 통해 변경 안전에 대한 걱정을 덜고 군비 지출을 줄일 수 있다. 경제무역과 기술 등에서의 협력이 긴밀해지는 추세 속에서 이에 따른 이익도 얻고 있다. 또한 중국으로부터 대국으로서 지위를 인정받거나 혹은 남아시아 지역에서의 주도적 위치를 인정받을 수도 있다. 아울러 테러리즘과 국제범죄에 함께 대응하고 기타 다극화 협력에서 실질적인 이익을 얻을 수도 있다.[25]

넷째, 중국 변강과 인도양은 깊은 관련을 맺고 있다. 중국이 1만8천km의 해안선을 차지하고 있고 주변국가와 해양권익 분쟁을 겪고 있지만 그렇다고 해양강국은 아니다. 경제발전에 따라 중국은 해외 자원에 대한 수요가 커졌고, 인도양의 해상 안전을 어떻게 볼 것인가 하는 문제는 피할 수 없는 과제가 되었다. 미국의 '아시아태평양 재균형' 전략에서 볼 때, 중국을 봉쇄하기 위해 서태평양에 구축한 제1열도선First Island Chain은 냉전 종식과 함께 없어진 것이 아니라 중국이 태평양으로 진출하는 것을 막고 있다. 이러한 상황에서 중국으로서는 남중국해에서 인도양 방향으로 확장하는 것이 미국의 봉쇄선을 우회하는 다른 통로가 될 수 있다. 그러나 미국은 중국이 에너지,

---

24) 趙伯樂, 「印度崛起的地緣因素」, 『當代亞太』 2007年 第2期.

25) 唐世平, 「中國—印度關系的博弈和中國的南亞戰略」, 『世界經濟與政治』 2000年 第9期 참조.

무역, 변강 안보를 위해 장기적인 지전략 계획을 펼치고 있다는 것을 알고 있다. 인도 역시 중국이 인도양 연해국에 항구를 건설하는 의도가 인도를 전략적으로 포위하는 데 있다고 주장하고 있다.26) 이에 대해, 중국은 충분한 주의를 기울여야 한다.

2 중국과 네팔

21세기 중국과 네팔은 정치, 경제, 무역, 안보와 문화 등 분야에서 연계가 과거 어느 때보다도 밀접해지고 있다. "양국 간에는 어떠한 문제나 장애도 없으며 이러한 상호신뢰와 지지, 그리고 서로에 대한 호감을 바탕으로 하는 양국관계는 세계적으로도 유일무이하다".27)

(1) 중국과 네팔의 정치 협력

네팔은 히말라야산맥의 소국으로 중국과 인도 접경 지역에 위치해 있어 중인 양국의 전략적 '완충' 지역이자 두 나라를 잇는 연결고리 역할을 하기도 한다. 네팔은 중국과 심각한 충돌을 일으킬 일은 없을 것으로 보이며, 양국 간 정치관계는 오랜 기간 안정을 유지했다. 중국과 네팔의 정치 협력은 다음 세 가지 방면에서 주로 나타났다. 첫째, 전략적 상호신뢰와 구동존이는 중국-네팔 관계의 기초이다. 양국은 우호적인 대외전략을 취하고 있고 이를 통해 상호신뢰와

---

26) 陶亮,「印度的印度洋戰略與中印關系發展」,『南亞研究』 2011年 第3期.
27) 納蘭德拉・潘迪,「尼中關系五十年」,『和平與發展』 2005年 第3期.

이해를 증진했다. 이는 양국관계의 안정적인 발전에 주관적 요인이 되었고, 고위급 상호교류 역시 양국의 지속적이고 안정적인 관계에 제도적 뒷받침이 되었다. 주목할 만한 것은 중국과 네팔이 역사적으로 모두 영국 제국주의의 침략을 경험했고 외국 식민의 영향이라는 역사적 운명을 함께 겪었다는 것이다. 두 나라는 사회, 경제를 자주적으로 발전시키고자 하는 공통의 목표를 가지고 있다. 때문에 양국은 정치와 경제에서 서로 지지하고 협력함으로써 전략상 받침대의 역할을 하고 있으며, 중요한 지역문제 및 국제질서에 대해 의견을 함께하고 있다. 또한 양국의 변경지역에서 인도와 미국의 '억제'를 줄여 국제적 활동공간을 확대하고 안정을 유지하고자 한다. 이것은 중국과 네팔의 관계가 앞으로 장기간 안정적으로 발전하는 데 매우 중요한 내용이다. 둘째, 네팔이 제기한 평화공존과 비동맹원칙은 중국이 주장하는 '독립자주' 원칙과 잘 맞는다. 양국은 중요한 국제사무에서 공감대가 형성되어 있으며 서로를 지지하고 있다.[28] 지적할 만한 것은, 이러한 상태가 되기까지 몇 가지 이익 문제에서 중국의 양보가 있었다는 점이다. 1961년 「중국·네팔 변계조약」 체결 과정에서 중국은 양국 변경에 있는 에베레스트산 정상을 일부 양보했다.[29] 중국은 무역에서도 네팔에 일방적인 혜택을 제공하여, 제로관세 제품이 7787종에 달한다. 셋째, 양국은 대대로 우호가 이어지는 전면적 협력동반자 관계를 수립하고 고위층 상호방문이 점차 증가하고 있다. 2012년 1월 중국 원자바오 총리가 성공리에 네팔 방문을

---

28) 盧遠,「相互依存視域下的中國—尼泊爾關系」,『暨南學報』(哲學社會科學版) 2010年 第4期 참조.

29) 穆阿妮,「芻議中尼邊界談判中的焦點: "珠峰"問題的處理」,『黨史研究與教學』 2013年 第1期 참조.

마쳤다. 이것은 10년 만에 이루어진 중국 총리의 네팔 방문으로, 중국과 네팔은 정치, 경제무역, 인문 등 분야에서 우호교류와 협력을 강화하기로 의견을 모았다. 이때 체결한 「중화인민공화국과 네팔 공동성명」에서는 1955년 수교 이래 중국-네팔 관계가 계속해서 안정적으로 발전하고 있음을 확인하고, 양국관계의 특징이 평등한 관계, 화목한 공존, 우의 계승, 전면적인 협력에 있음을 강조했다. 또한 서로 독립과 주권, 영토를 존중하고 자국의 현실에 맞게 선택한 사회제도와 발전모델을 존중하면서 상대의 주요한 관심사와 핵심 이익을 이해하고 존중하기로 했다.[30] 2014년 9월, 중국 왕이王毅 외교부장은 유엔총회 기간 네팔의 판디Ramesh Nath Pandey 외교장관을 만나 중국은 네팔 인민이 자주적으로 선택한 발전모델을 지지하고 네팔의 평화와 제헌과정, 경제사회 발전을 지지하며, 특히 네팔이 중국의 핵심적 이익 문제—'티베트 문제'에서 중국에 변함없는 지지를 보내는 것에 감사를 표했다.

(2) 중국 변강 안정에 대한 네팔의 전략적 가치

우선, 지리적인 특징으로 티베트와 네팔 사이에 이어져 내려온 교통로의 존재를 들 수 있다. 중국 티베트와 네팔은 오랜 기간 밀접한 관계를 맺고 있으며 청대에는 네팔이 티베트를 여러 차례 침략해 변경을 어지럽히기도 했다. 게다가 네팔은 인도가 중국으로 북상하는 위치에 자리 잡은 완충지대이자, 중국이 14대 달라이라마의 활동을 억제하는 전략적 근거지이기도 하다. 특히 인도에 접한 네팔 남부

---

30) 「中華人民共和國和尼泊爾聯合聲明」, http://news.xinhuanet.com/world/2012-01/14/c_111438427.htm, 검색일: 2014年 3月 21日.

떠라이Terai(타라이Tarai)평원 변경지역은 더욱이 중요하다. 네팔 중앙 권력이 이곳까지 미치지 못한 탓에 이 지역은 친인도성향의 마데시Madhesi족이 장악하고 있고 주민 가운데 대다수가 인도 이민자의 후예이기 때문이다.[31] 오랜 기간 떠라이 사람들은 북부 산간지방 '카스트 귀족'의 박해를 받아 정치, 경제, 사회생활에서 불공정한 대우를 받았다. 이에 '떠라이 인민공화해방전선', '떠라이 인민권력포럼' 등 급진조직은 각종 시위 운동을 전개하며 중앙정부에 정치체제를 현행의 단일제에서 연방제로 바꾸고 떠라이 평원에 보다 많은 자치권을 부여할 것을 요구했다. 이러한 혼란 속에 떠라이 평원에서 인도 쪽으로 가는 변경지역은 통제불능 상태에 빠졌다. 결국 "변경지역은 1950년대 초부터 어쩔 수 없이 개방되어 네팔 주권에 대단히 불리한 영향을 미쳤고 네팔과 국경이 맞닿아 있는 중국 서부 지역의 안보에도 위협이 되었다"[32]. 인도인, '망명 티베트인'들은 비자 없이도 네팔에 들어갈 수 있었다. 2008년 베이징올림픽 기간 카트만두에서 '시위'를 일으킨 자들은 네팔에 거주하는 티베트인이 아니라 14대 달라이라마의 지시를 받고 떠라이 평원을 통해 네팔로 들어온 티베트 분열주의자들이었다. 2015년 이 지역의 정세가 혼란스러워지자 인도는 네팔에 대한 에너지 공급을 차단했고, 이 지역은 더욱 민감한 상황이 되었다.

---

31) 賀能坤, 「教育在西藏穩定發展中的作用初探」, 『貴州民族研究』 2013年 第2期 참조.

32) 〔尼〕馬丹·雷格米, 「雙邊關系的力量」, 烏彭德拉·高坦 主編, 『尼泊爾與中國的關系:邁向新的融合』, 中國國際友好聯絡會2005年承印, p. 154. 藍建學, 「21世紀的中國尼泊爾關系·國家利益的視角」, 『南亞研究』 2009年 第4期에서 재인용.

다음으로, 문화 측면에서 보면 히말라야산맥도 티베트와 네팔, 인도의 문화교류를 막지는 못했다. 오랜 교류의 역사 속에서 티베트문화를 주체로 하는 히말라야산맥 문화권이 형성되었다고 할 수 있다. 이 문화권의 영향력은 국경과 산맥을 넘어 고산과 협곡 간의 소통과 융합을 이끌었다. 티베트에서 티베트불교^{라마교}문화가 형성된 후, 불교는 중국과 네팔, 중국과 인도 교류의 매개체가 되었다. 송찬간포는 스리랑카에서 십일면관음보살상을 청해왔고 인도와 네팔 접경지역에서 하리^{Harihara}(비슈누와 시바 두 주요신이 결합된 혼합적인 신, 역자주)신전의 관음상을 가지고 왔다. 또한 네팔 척존공주를 아내로 맞이하며 부동불상, 미륵보살상, 도모(다라보살)상 등을 가지고 왔다. 후에 당나라 문성공주^{文成公主}를 왕비로 맞이하고 척존공주를 위해 대소사^{大昭寺}(조캉사원, 역자주), 문성공주를 위해 소소사^{小昭寺}(라모체 사원, 역자주)를 각각 지었다. 토번에 건축한 상야사^{桑耶寺}(사뮈에사원, 역자주)는 더욱이 중국과 인도 건축문화의 융합을 보여주는 전형이라고 할 수 있다.『현자희연^{賢者喜宴}』에는 티베트학자 탄미 상포찰^{吞彌·桑布扎}이 인도 유학길에 네팔을 지나면서 국왕에게 선물을 바쳤다는 기록이 남아있다. 오늘날 중국과 네팔의 문화교류는 국제사회에 중국의 변강 및 민족문제를 이해시키고 오해와 편견을 해소하는 데 도움이 된다. 2008년 티베트에서 '3·14' 소요사태가 일어난 후, 네팔에서는『티베트 소요와 진상』을 출판하고『중국일보』와 신화사 등 언론매체에서 발표한 티베트 관련 글을 번역했다. 또한『신흥네팔보
^{Rising Nepal}』에서는 라싸 '3·14' 당시 폭력 사건의 진상을 소개하고 서구 언론의 왜곡 보도를 비판하면서 분열을 조장하는 달라이라마 집단의 본질을 폭로했다. 2012년 '중국-네팔 우호교류의 해'를 계기로 양국의 문화, 교육, 청년, 언론, 싱크탱크, 학자, 우호단체 등 다양한 분야의 교류와 협력을 촉진하기로 했다.33) 중국의 날, 중국어 대회, 중국-네팔 우호주간 및 사회문화단체 상호방문 등 프로그램을 확정하기도 했다. 티베트 지방정부 역시 중국과 네팔의 문화교류에 주목하고 있으며, 2007년 카트만두에서 개최된 '중국 티베트 문화·카트만두 포럼'을 통해 네팔에서의 중국문화의 영향을 확대했다. 또한 떠라이 평원에 위치한 룸비니Lumbini는 석가모니의 탄생지로서, 중국과 네팔의 종교문화적 특수성을 더욱 두드러지게 하고 있다.34)

다음으로 민족문제의 관점에서 보면, 네팔에는 59개의 본토 민족이 있으며 이 가운데 일부는 히말라야산맥 남쪽 산등성이에 거주하고 있어 중국 티베트족과 유사한 점이 많다. 특히 민족의 유래와 문화에 있어 관련이 깊다. 네팔 훔라현Humla 경내에 거주하는 소수민족 닌바족Nyinba은 중국 티베트로부터 이주해왔다고 하는 수많은 민간전설이 전해오고 있다.35) 또한 국경을 넘어 두 나라에 걸쳐 거주하고 있는 셰르파족Sherpa36)은 네팔과 인도의 산간민족으로 '히말라야산의 짐꾼, 안내자'로 이름나 있으며 종교와 유래에 있어 중국 티베트족과 밀접한 관계를 맺고 있다.

마지막으로, 변강의 비전통적 안보문제에 대해 네팔은 히말라야 변경지역에서 중국과의 협력을 강화하고 있다. 양국은 밀수, 국경을 넘는 범죄활동과 질병전파 억제에 합의했다. 최근 들어 중국-네팔

33) http://www.fmprc.gov.cn/chn/gxh/tyblzyxw/t895814.htm.

34) 賀能坤, 「教育在西藏穩定發展中的作用初探」, 『貴州民族研究』 2013年 第2期 참조.

35) 趙萍, 「尼泊爾與我國西藏早期關系初探」, 『西藏研究』 2010年 第1期 참조.

36) 셰르파족(Sherpa)은 약 4만 명에 달한다. 주로 네팔에 거주하며 중국 티베트에는 약 1,200명 가량이 살고 있다.

변경지역의 에이즈 전파문제가 주목받고 있다. "티베트와 인접한 네팔의 일부 지역에서 남성들이 외지에 나가 일을 하면서 계절적 유동이 발생하고, 이 시기 많은 여성이 인도와 사우디아라비아 윤락업소로 팔려가는 일이 일어나고 있다. 이 때문에 네팔의 노동력이 제3국에서 에이즈 감염 위험에 노출된다."[37] 하버드대학교 공공위생대학에서는 2007년 연구보고서를 통해 인도에 가서 성매매를 강요당하는 일부 네팔 여성의 에이즈 바이러스[HIV] 감염률이 40%에 달했으며, 2015년 발생한 네팔 지진으로 인해 네팔 여성이 인도로 가는 인구유동 추세가 더욱 뚜렷해졌다고 발표했다. 이로 인해 에이즈는 현재 히말라야산맥 남쪽 지역에 만연하고 있으며 2014년 12월까지 이미 4만723명이 감염된 것으로 나타났다. 중국-네팔 변경 주민들의 잦은 왕래로 인해 에이즈가 변경지역을 넘어 티베트로 번질 위험이 있다. 때문에 전염병 통제관리에 대한 양국의 협력이 매우 시급한 상황이다.[38] 중국과 네팔 간 비전통 안보영역의 협력에서 네팔은 티베트가 중국의 일부라는 것을 줄곧 인정하고 '티베트 독립' 세력의 네팔 내 활동을 엄격히 단속함으로써, 중국의 서남 변강의 안보와 안정을 위해 적극 노력하고 있다.

---

37) 〔尼〕麥·德·巴特拉伊,「保護國家勞動力的健康」, 烏彭德拉·高坦 主編,『尼泊爾與中國的關系:邁向新的融合』, 中國國際友好聯絡會2005年承印, p. 234. 藍建學,「21世紀的中國尼泊爾關系·國家利益的視角」,『南亞研究』 2009年 第4期에서 재인용.

38) 藍建學,「21世紀的中國尼泊爾關系:國家利益的視角」,『南亞研究』 2009年 第4期 참조.

(3) 네팔 정세와 신시기 중국-네팔 관계에 영향을 미치는 요소

현재 네팔은 당파가 난립해 은원이 얽히고 암투가 횡행하여 의회 선거와 신헌법제정이 어려운 상황이다. 이는 중국과 네팔 관계 안정에도 영향을 끼친다.

1) 네팔의 정국 혼란

네팔에는 70여 개의 당파가 있다. 이 가운데 주요한 정당은 네팔통합공산당(CPN-MC, 마오주의 중앙), 네팔의회당(NC), 네팔공산당(CPN-UML, 통합 마르크스-레닌주의), 마오주의 네팔공산당(M), 마데시인권포럼(MPRF), 민족민주당 등 당파가 있다. 이들 세력은 네팔 정세의 향방을 결정할 중요한 역량이며, 최근 들어 투쟁이 격렬해지는 양상을 보이고 있다. 2001년 6월, 네팔왕실 총격사건으로 비렌드라Birendra 국왕을 비롯한 다수의 왕실 일족이 목숨을 잃자 왕의 동생 갸넨드라Gyanendra가 왕위에 올라 의회를 해산했다. 4년 후, 갸넨드라 국왕의 친정 아래 네팔의 주요 정당이 조직한 '7당연맹'은 마오주의 네팔공산당과 연합해 국왕에 반대하는 가두시위를 벌였다. 그 결과 의회는 기능을 회복하고 국왕은 권력 이양을 발표했다. 2007년 1월, 네팔 의회는 임시헌법을 선포하고 마오주의 네팔공산당을 포함한 임시의회를 구성했다. 이로써 마오주의 네팔공산당은 정치권 주류로 돌아왔고 다음 해 제헌의회선거가 순조롭게 진행되면서 제1당 지위를 차지, 국왕의 지위가 위태롭게 되었다. 같은 해 5월, 제헌의회에서 네팔연방민주공화국 수립을 선포하면서 국왕은 결국 퇴위하게 되었다. 이후 마오주의 네팔공산당의 수장인 프라찬다Prachanda가 네팔연방민주공화국의 초대 총리가 되고 당은 연합정부의 집권당이 되었다. 그러나 각 당이 새로운 헌법에 의한 연방 구성 등 중요한 문제에 대해 합의를 이루지 못해, 제헌의회는 끝내 계획대로 신헌법을 완성하지 못했다. 2013년 11월 치러진 제헌의회 선거에서 분열된 마오주의 중앙 네팔공산당이 참패하고 네팔의회당이 집권했다. 네팔 정국이 이렇게 많은 변화를 겪는 근원에는 네팔 특유의 국가 현실과 특수한 역사적 배경이 있다. 이러한 현실, 역사와 관련하여 각 정당의 정치적 이익이 서로 엇갈리는 상황에서 정당의 정책이 개인의 이익에 휩쓸리고, 절대적인 우위를 점한 정당이 없다 보니 각 당파 간 견제가 심해지고 주도적인 역량이 나오지 못하는 것이다. 정당 지도자의 개인적 은원이 정당 정책에 우선함으로써 제헌은 기약 없이 미뤄졌다.[39] 2015년 9월 20일, 네팔은 8년간의 제헌 과정을 거쳐 마침내 새로운 헌법을 반포, 실시하였다. 한 달 내에 대통령을 선출하고 새로운 헌법에 따라 네팔을 연방화해 전국이 7개 성省으로 나뉘었다. 그러나 따루족Tharu, 마데시족 등이 새로운 헌법에 반대하며 소요를 일으켰다. 이로 볼 때, 새 헌법이 네팔을 평화와 안정의 궤도에 올려놓을 수 있을지는 좀 더 지켜볼 필요가 있다. 네팔 국내에서 발생하는 일련의 중대한 변화와 그에 따른 대외정책은 중국 티베트지역의 발전과 안보, 안정에 직접적인 영향을 끼칠 것이다.

2) 인도 요인

지정학적으로 봤을 때, 네팔은 출해구出海口에서 멀리 떨어진 내륙국가로서 북고남저의 지리적 특징으로 인해 여러 방면에서 인도에

---

39) 龍興春·樓春豪, 「尼泊爾政局現狀及前景」, 『現代國際關系』 2009年 第9期 참조.

크게 의지하고 있다. 양국 사이에는 자연적으로 형성된 교통로가 여러 개 있고 이로 인해 역사적으로 네팔과 인도는 긴밀한 관계를 맺어왔다. 1816년 「수가울리조약Treaty of Sugauli」 체결 이전에는 양쪽 주민이 자유롭게 왕래할 수 있어, "세계 어느 나라도 네팔과 인도처럼 긴밀한 관계를 맺고 있지 않다"[40]고 했고, "인도와 네팔의 관계는 육체를 초월하는 일종의 정신적 관계"[41]라고 할 정도였다. 그러나 오지 히말라야산맥의 생존환경과 라나 가문의 보수성으로 인해, 국가로서 네팔의 영향력은 히말라야산맥 부근을 넘어선 적이 없다. 근래 들어 인도는 경제, 종교, 문화, 민족, 언어 등 여러 분야에서 네팔에 대한 영향력을 강화하고 경제무역정책을 조정, 네팔에 대한 무역을 간소화하였으며, 양국 간 분쟁지역 구획을 다시 점검하고 국경관리를 개방하였고, 네팔에 대한 원조를 확대하고 있다. "인도는 정치, 경제, 문화 영역에서 양국 간 연관성을 이용해 네팔에 영향력을 행사하고 심지어 통제하려 하고 있다. 네팔도 과거에는 인도의 영향과 통제에서 벗어나려 했지만, 역사적으로 형성된 통제/반통제 갈등의 경험과 교훈이 존재한다. 이로 인해 양국의 정책결정자들은 네팔이 인도를 떠날 수 없고 인도 역시 네팔에 대한 새로운 인식이 필요하다는 것을 알게 되었다."[42]

네팔에 대한 인도의 관심은 실질적으로 중국과 네팔이 더 가까워지는 것에 대한 경계와 네팔이 14대 달라이라마에 더욱 단호한 수단

---

40) M. D. Dharamdasani ed., *India-Nepal Partnership and South Asian Resurgence* (Delhi: Kanishka Publishers & Distributors, 2000), p. vi.

41) S. S. Bindra, *India and Her Neighbours: A Study of Political, Economic and Cultural Relations and Interactions* (New Delhi: Deep & Deep Publications. 1984), p. 248.

42) 吳兆禮, 「尼泊爾—印度關系:傳統與現實」, 『南亞研究』 2010年 第1期.

을 취할 수도 있다는 우려에서 비롯된 것이다. 일찍이 영국령인도 시기, 영국과 인도에게 네팔은 중국과 인도 사이의 완충지대였다. 티베트가 해방된 후, 인도는 안보전략에서 여전히 이러한 책략을 취했다. 중국과 네팔 간의 정상적인 교류는 인도의 과도한 의심에 부딪혔다. 네팔과 인도의 외교관계에는 일종의 '경계선'이 존재했다. 네팔이 인도에서 정한 이 경계선을 넘지 않으면 인도는 네팔에 회유적인 수단을 취했지만, 이 선을 넘을 때면 각종 조약과 정책을 통해 네팔에 압력을 가하고 다시금 인도에 유리한 노선으로 돌아오도록 했다.[43] 중국과 네팔의 관계에 대한 불안감으로 인해, 네팔이 조금이라도 이탈하는 조짐을 보이면 인도는 본능적으로 반응했다.[44] 사실 중국과 네팔의 관계가 전면적으로 발전하는 상황에서, 네팔의 발전은 인도의 이익에도 부합하며 인도는 이를 비난할 이유가 없다. 인도가 주의를 기울여야 할 문제는 인도와 네팔의 국경을 완전히 개방함으로써 양국관계에 일부 부정적인 영향을 가져온 것이다. 예를 들어 불법이민, '티베트독립' 세력의 유동, 마약밀수, 매춘과 인신매매, 무기밀수 등 문제가 전체 히말라야산맥 지역의 안보를 위협하고 있다. 1996년 네팔과 인도는 마하카리Mahakali강에 세운 사르다Shardar댐의 수력발전자원과 수자원을 공유하기로 함으로써 마하카리강 상류에 대한 영토분쟁이 해소됐다. 그러나 근래 들어 네팔이 계속해서 인도가 수스타Susta 등 65곳의 영토를 잠식하는 것에 대해 비난하고 일부 민족주의자들은 「수가울리조약」을 폐기하고 인도의 펀자브주

---

43) 吳兆禮, 「尼泊爾─印度關系:傳統與現實」, 『南亞研究』 2010年 第1期 참조.

44) 藍建學, 「21世紀的中國─尼泊爾關系:國家利益的視角」, 『南亞研究』 2009年 第4期 참조.

Punjab 일부 영토를 네팔에 반환하라고 주장하였다.

3) 미국 요인

네팔은 미국의 전통적 안보전략에서 중요한 지역은 아니다. 하지만 냉전시기 이데올로기 대립 속에서 미국은 네팔에 주목하기 시작했다. 빈곤으로 인해 공산주의가 확산될 수 있기 때문에, 경제성장을 통해 빈곤에 처한 네팔이 공산주의를 받아들이는 것을 막고 네팔에 대한 중국의 이데올로기적 영향을 약화시키고자 했다. 이에 미국은 네팔에 많은 원조를 제공하고 네팔의 주권독립과 영토를 지키는 것을 남아시아 안보의 중요한 요소로 간주했다.[45] 마오주의 네팔공산당이 네팔에서 집권하는 동안 미국은 남아시아지역 내에서의 네팔의 전략적 이익을 인정하지 않았다. 특히 "만일 폭력적이고 이데올로기로 무장한 '마오주의자' 폭동이 발생해 이 나라를 지배하고 평화로운 주변국가로까지 혁명을 확산시킨다면 우리의 걱정은 더욱 커질 것"[46]이라고 우려했다. 미국은 마오주의 네팔공산당을 '기타 테러조직' 명단에 분류하기도 했다. '9.11' 사건 이후, 미국은 신속하게 남아시아정책을 조정해 적극적으로 인도와의 관계를 발전시키고 네팔을 원조했다. 2003년 미국은 네팔 왕실군대와 한 달간 연합 군사훈련을 진행했는데, 이것은 매우 커다란 의미를 갖는다. 현재 네팔의 복잡다변한 정세 아래, 네팔은 미국에 지나치게 의존해서는 안

---

45) 王艶芬·汪詩, 「冷戰以來美國與尼泊爾的關系」, 『南亞硏究』 2009年 第1期 참조.

46) Review, August 11-17, 2005, 王艶芬·汪詩, 「冷戰以來美國與尼泊爾的關系」에서 재인용.

된다. 근본적인 해결책은 낙후한 농촌경제를 발전시키고 인민의 생활 수준을 향상시켜 불안정을 야기할 수 있는 근원을 뿌리 뽑는 것이고,[47] '티베트독립' 세력을 단속하는 데 있어 중국과 보다 긴밀히 협력해야 한다. 네팔은 남아시아 지역에서 가장 경제가 낙후한 국가 중 하나이며 자원도 부족하다. 미국 역시 이 지역에서 어떠한 자원이나 기타 경제적 이익을 얻지 못하고 있다. 단지 지정학적 가치를 고려해 중국의 변강 발전을 견제, 억제하는 수단으로 삼고 있을 뿐, 그 외에는 다른 전략적 가치가 없다. 현재 네팔의 새 정부는 민주체제를 유지하고 있으며 미국의 원조정책도 계속 진행 중이다. 2009년 미국 국제개발처(USAID)가 네팔 재정부와 체결한 양해각서는 현재까지 여전히 실행되고 있으며 총액은 2억500만 달러(약 157억4천만 네팔 루피)로 이 자금은 주로 네팔 민주화와 평화 재건에 사용된다. 2015년 네팔에 대지진이 발생한 후, 네팔 지진원조에 미국이 약속한 금액은 2600만 달러에 달하며 이는 중국이 원조한 1억4000만 위안과 비슷한 액수다. 하지만 미국과 네팔의 관계가 10년 전 수준으로 회복되려면 상당한 시간이 필요할 것으로 보인다.[48]

(4) 중국과 네팔 관계 발전에 대한 고려

첫째, 상호의존, 상호협력이 중국의 대네팔관계에서 이성적인 전략이 되어야 한다. 양국은 유엔헌장과 평화공존 5원칙, 비동맹과 내

---

47) 顔從文,「美國與尼泊爾關系升溫之原因探析及展望」,『南亞研究季刊』2003年 第1期 참조.

48) 王宏緯,「美國對尼泊爾:從半個世紀的漠視中突然轉變」,『世界知識』2003年 第4期 참조.

정불간섭 원칙을 지키면서 호혜평등의 기초 위에서 우호 교류와 협력을 발전시켜, 발전의 경험과 선진기술을 공유하고 전방위적인 협력을 강화하며, 공동발전과 번영을 실현해야 한다.[49] 네팔과 우호협력관계를 발전시키는 것은 중국의 발전에도 필요한 일이며, "중국은 네팔과 선린 우호관계를 발전시키고 적극적으로 남아시아지역 관련 제도 조정에 참여하고자 한다. 이것은 중국의 기본적인 대외전략이며 동시에 중국의 '평화적 굴기'를 실현할 버팀목이기도 하다."[50]

둘째, 평화와 안정, 우호, 협력을 기조로 하는 국경 환경을 조성한다. 현재 쌍방이 체결한 「중국-네팔 변경통상구 및 관리제도 협정中尼邊境口岸及其管理制度協定」과 「중국-네팔 변경주민 경외방목 협정中尼邊民過界放牧協定」은 변경지역 안정을 지키고 불법 월경을 방지하는 데 중요한 역할을 한다. 2012년 중국-네팔 제2차 국경방위 업무를 위한 회의에서는 '국경방위 방침과 안보의식 제고'를 주제로, 양국 변경 안보를 해치는 불법 활동을 엄정하게 단속할 것을 결의했다. 중국이 '일대일로'를 제기한 이후, 중국 공안부 변방국邊防局과 네팔 내정부는 다각적인 협력을 진행하며 양국 집행기관 간 회담제도를 개선하고 국경 관리감독을 심화하여 집행력 강화와 협력체계 구축 등에서 좋은 성과를 거두었다. 근래 들어 양국 국경지역은 전체적으로 평화롭고 안정적인 상태를 유지하고 있다.

---

49) 「中華人民共和國和尼泊爾聯合聲明(全文)」, http://news.xinhuanet.com/world/2012-01l14/c-11438427.htm 참조, 검색일: 2014年 12月 1日.

50) 盧遠, 「相互依存視域下的中國—尼泊爾關系」, 『暨南學報』(哲學社會科學版) 2010年 第4期.

셋째, 중국의 대네팔정책은 필연적으로 점점 명확하고 구체적인 방향으로 발전할 것이다. 현재 중국은 "유엔의 틀 아래 미국, 인도, 네팔 각 정치세력과 다자간 플랫폼을 구축하고 그 안에서 주도적 위치를 차지함으로써 향후 규칙 제정에 참여해야" 하며 "네팔 국민의 선택을 흔들림 없이 지지"함으로써 '화목한 이웃, 편안한 이웃, 잘사는 이웃'이라는 목표를 달성하고 네팔의 내정에 간섭하지 않는 동시에 다른 국가의 네팔 내정에 대한 간섭도 용인하지 않는다는 원칙을 견지하고 있다.[51] 이 과정에서 "시급히 해결해야 할 것은 양국 간 교류의 기초를 명확히 하고 확대함으로써 선린우호협력관계(Good Neighborly Partnership, GNP)의 틀을 유지, 발전시키는 일이다. 이 목표를 달성하기 위해 다음 네 가지 조건을 만족시켜야 한다. 첫째는 진정성 있는 태도, 둘째는 정책의 연결성, 셋째는 시대적 흐름에 맞는 변화, 넷째는 적극적인 호응이다"[52]. 이러한 기초 위에 중국과 네팔은 정치, 경제 분야에서 서로 지지, 협력하여 전략적 의존관계를 구축하고, 지역 및 국제 사무에서 의견을 일치시킴으로써 각자 변경 지역의 안정을 유지하고 양국에 대한 미국의 '억제'에서 벗어나 국제무대에서 활동공간을 넓혀가야 한다. 이는 중국-네팔 관계의 장기적, 안정적 발전에 중요한 내용이다.

넷째, 네팔에 대한 투자를 늘리는 것은 앞으로 중국-네팔 관계가 안정적으로 발전할 수 있게 해준다. 중국은 현재 20여 개 기업이 네팔에 투자하고 있으며 투자액은 1억 달러에 달한다. 웨스트세티West

---

51) 劉乃强,「尼泊爾: 中國外交的新挑戰」,『南風窓』2007年 第9期 참조.

52) Upendra Gautam. "Nepal and China: Sustaining GNP Framework." *Today* (Nepal). Vol. 19, No. 5, September-November, 2001. 藍建學,「21世紀的中國-尼泊爾關系: 國家利益的視角」,『南亞研究』2009年 第4期에서 재인용.

Seti 수력발전 프로젝트, 포카라Pokhara 국제공항, 카트만두 순환도로 정비 등 새로운 협력사업에서 진전을 보이고 있다. 물론 경제교류가 밀접해진 배경에는 강화된 정치관계가 있다. 네팔의 배후에는 언제나 인도가 사태를 주시하고 있지만, 네팔의 역대 지도자들은 공개석상에서 중국을 높이 평가하곤 했다. 2013년 8월 1일은 중국-네팔 수교 58주년이 되는 기념일로, 네팔의 전총리이자 마오주의 네팔공산당의 핵심 지도자인 바부람 바타라이Baburam Bhattarai는 중국과 네팔 관계를 언급하면서 중국의 새로운 정치 지도자들이 네팔과 중국 관계를 포함한 '이웃 관계'를 중시하는 점을 높이 평가하고 네팔 국민 역시 중국이 보여주는 '좋은 이웃' 정신에 호감을 가지고 있다고 전했다. "오늘날의 네팔-중국 관계는 이전 세대의 노력과 지혜의 결정체다."53) 2015년 8월 중국-네팔 수교 60주년을 기념하는 자리에서 네팔의 수실 코이랄라Sushil Koirala 총리는 네팔에서 '4.25' 대지진이 일어난 후 중국이 네팔에 제공한 뜻깊은 원조에 사의를 표하며 "가슴 깊은 곳에서 우러나는 감사를 전한다"고 했다.54)

다섯째, '망명 티베트인'의 불법 활동을 단속하는 방면에서 네팔 정부와의 소통 및 협력을 강화한다. 현재 네팔의 관련 규제 법률이 구속력이 약해 문제 처리의 효율을 떨어뜨리고 있다. 네팔 법률에 따르면 '망명 티베트인'이 '티베트 독립' 활동을 하다 잡힐 경우, 특별한 죄목이 없으면 당일 석방해야 한다. 때문에 '티베트 독립' 활동에 대한 네팔 경찰의 단속이 완비될 필요가 있다. 네팔과 인도 접경

---

53) 「尼泊爾前總理稱樂見中國重視鄰居關系」, http://www.chinanews.com/gj/2013/08-02/5115525.html. 검색일: 2014年 12月 1日.

54) 「紀念中國尼泊爾建交60周年招待會在加德滿都擧行」, http://www.chinanews.comlgj/2015/08-02/7442024.shtml. 검색일: 2015年 9月 27日.

지역은 '티베트 독립' 분자들의 도피 루트가 되고 있다. 2012년 '티베트 망명정부'의 일부 조직원이 이곳으로 도망친 후 네팔을 통해 중국 국경 내로 잠입, 소위 '평화적인 도보시위'를 벌이려고 한 일이 있었다. 2015년 5월 네팔 지진 이후, 수많은 '망명 티베트인'이 네팔에서 중국으로 불법 입국했고, 이를 틈타 '티베트 망명정부'는 네팔 정부에 3000만 네팔루피를 '재해구호금'으로 제공했다. 그 목적은 8월에 있을 '망명 티베트인'들의 14대 달라이라마 생일 경축행사에 네팔 정부가 단속을 하지 않도록 회유하려는 데 있었다. 이로 볼 때, 중국이 네팔 군·경을 비롯해 중국에 우호적인 기구와 협력·교류를 강화하는 것이 티베트 및 변강 지역 관리감독의 효과를 높이는 길이 될 것이다. 중국과 네팔 양국관계에서 티베트 안정을 위해 해결해야 할 문제가 여전히 적지 않다.

3 중국과 부탄

부탄은 남아시아지역에서 가장 작은 국가 중 하나로, 중국 티베트와 역사적으로 오랜 관계를 맺고 있다. 여러 가지 요인으로 인해, 부탄과 중국은 아직 국교를 맺고 있지 않지만, 2012년 브라질에서 열린 '리우+20' 정상회의에서 부탄대표단은 뜻밖에 중국 정부 대표와 양자회담을 가졌다. 이 자리에서 부탄의 지그미 틴레이 총리는 부탄과 중국의 관계정상화를 위해 노력하겠다고 밝혔으며, 이것은 중국과 국경을 맞대고 있으면서 수교하지 않은 마지막 국가의 태도가 달라졌음을 의미한다.[55] 중국은 부탄과의 관계를 어떻게 평가하고 또 어떻게 부탄을 대해야 할까. 이것은 우리가 깊이 생각해볼 만한 문제이다.

(1) 중국-부탄 관계 전망

첫째, 양국이 수교한다면 이는 부탄에 긍정적인 영향을 가져다 줄 것이다. ① 부탄의 국가 권익을 지키고 증진시킬 수 있다. 중국은 줄 곧 강권정치와 패권주의에 반대하고 개발도상국의 이익을 보호하며 각국이 평등한 권익을 누려야 한다고 주장해왔다. 개발도상국으로 서 부탄이 중국과 수교한다면 국제사회에서 더 많은 권익을 얻을 수 있을 것이고 국제적 발언권을 얻는 데도 도움이 될 것이며, 자신의 외교카드를 이용해 인도를 견제하고 인도의 지배력을 약화시킬 수 있을 것이다. ② 부탄의 국민경제가 발전한다. 오지 히말라야산맥에 위치한 부탄은 사회경제 발전이 뒤쳐져 있다. 무역파트너이자 원조 국으로 인도가 있으며 이 때문에 인도에 대한 의존도가 높다. 중국 과 부탄이 수교함으로써 만들어지는 경제적 연계를 통해 부탄은 특 산물을 중국에 수출하여 국내 상품판매 시장을 확대하고 국민경제 발전을 촉진할 수 있다. 또한 중국의 자금을 끌어들여 국민경제를 안정적으로 발전시킴으로써 인도에 대한 의존을 줄일 수 있다.[56]

둘째, 양국의 수교는 중국 티베트 지역에 긍정적인 영향을 가지고 올 수 있다. ① 중국 외교에서 제창하는 '잘사는 이웃, 화목한 이웃, 편안한 이웃' 정책은 부탄과의 수교에도 적용될 수 있는 시대정신이 며 부탄 주권에 대한 존중과 인정을 구현하고 있다. 이는 티베트의

---

55)「印度嚴控不丹結好中國」,『中國國防報』2012年 7月 3日.

56) 劉智偉・朱陸民,「中國與不丹關系的歷史、現狀及前景」,『金田』2013年 第7 期 참조.

안전과 안정을 공고히 하는 데 도움이 되며 '히말라야 경제벨트'를 확대하고 티베트를 남아시아를 향한 개방로로 활용하는 효과도 기대할 수 있다. ② 중국은 남아시아 여러 국가의 이웃으로서 다자관계를 잘 처리할 필요가 있다. 중국의 전략에 갖는 의의에 대해 말하자면, 티베트 주변 지역의 개발과 개방을 가속화할 수 있고, 이는 중국 '일대일로' 전략에 기대하는 효과와도 연결된다. ③ 부탄 국경 내에는 일부 '망명 티베트인'들이 살고 있다. 부탄 정부는 '망명 티베트인'들을 위험한 집단57)으로 보고 있기는 하지만, 이러한 티베트인들은 그 수가 여전히 많다. 중국과 부탄이 수교하면, 중국 정부가 이들 달라이라마 집단의 변강 지역에서의 분열 활동을 단속하는 데 도움이 될 것이다. 이는 중국 변강의 안정과 티베트지역의 안정적인 발전을 지키는 데 중요한 의의를 갖는다. ④ 중국과 부탄은 국경문제를 둘러싸고 이미 23차례 협상을 진행했다. 양국은 이러한 만남을 기초로 우호적인 협상을 진행하여 양국이 모두 수용할 수 있는 합리적이고 공정한 방안을 도출할 수 있기를 바라지만 지금까지도 해결하지 못하고 있는 실정이다. 그러므로 중국이 조속히 부탄과 수교할 수 있다면, 이는 양국 간 국경문제 해결에도 장기적인 이익을 가져다 줄 것이며, '주변국과 좋은 관계를 수립하여 동반자로 삼는' 이념의 실천이 될 것이다.58)

---

57) 1974년, 14대 달라이라마 집단은 부탄 국왕을 암살하고 부탄 정권을 전복해 부탄을 '티베트 독립' 활동 기지로 만들려 했으나 성공하지 못했다. 부탄 정부는 부탄에 거주하는 티베트인들에게 부탄 국적을 취득하도록 하고, 이를 거부하는 이들은 국경 밖으로 추방했다.

58) 齊鵬飛, 「中不邊界問題述論」, 『南亞硏究』 2011年 第1期.

(2) 중국-부탄 관계의 복잡성과 민감성

첫째, 국경문제의 복잡성. 중국과 부탄의 국경은 티베트 남부에 위치해 있다. 길이는 중국과 인도 국경에 미치지 못하지만 양국의 국경협상은 매우 복잡한 성격을 띠고 있다. 특히 불법적인 '맥마흔 라인McMahon Line' 문제가 걸려있다. 국경협상에서 논쟁이 되는 지역 주민들이 보호되어야 하며, 부탄은 '티베트 독립' 세력을 단속하는 중국에 협력해야 한다. 또한 국경 지역의 역사적 배경을 충분히 고려하는 동시에 방글라데시-중국-인도-미얀마BCIM 경제회랑과 실크로드 경제벨트 건설이 남아시아에 긍정적인 영향을 미칠 것이라는 점을 인식해야 한다. 부탄에서는 국경협상의 결과가 국민의회의 3/4의 찬성으로 비준을 받아야 한다. 만일 중국과 외교관계를 수립하여 경제무역 협력을 강화하고 개발과 개방을 전제로 중국과 관계를 개선하는 한편, 인도에 지나치게 의존하지 않음으로써 자국의 이익을 최대화한다면 국경문제 역시 적절한 해결책을 찾을 수 있을 것이다.

둘째, 부탄-인도 관계의 민감성. 부탄과 인도의 외교관계는 1949년 8월 8일 양국이 체결한 「영구적 평화와 우호 조약」으로 시작되었다. 이 조약에서 인도는 부탄 외교의 합법성을 인정했고 부탄은 인도 외교의 지도적 원칙을 승인했다. 하지만 실제로는 인도가 과거 영국을 대체한 것일 뿐이었다. 이후 부탄은 인도의 고위급과 긴밀한 관계를 유지해왔고 외교에서 인도의 견제를 많이 받았다. 1970년대 이후, 부탄은 외교의 독립자주를 시도했지만 여전히 인도와 가장 가까운 외교관계를 유지하고 있다. 부탄은 수력발전자원이 풍부하다. 1991년 1월 부탄 국왕 지그메 싱예 왕추크는 인도를 방문, 인도와 수력발전자원 이용에 관한 양해각서를 체결하고 수력발전 개발 분야에서 협력하기로 했다. 1996년 3월 왕추크 국왕은 또다시 인도를 방문, 부탄에 탈라Tala 수력발전소와 둥삼Dungsam 시멘트공장을 양국이 공동 건설하는 데 합의했다. 1998년 10월, 왕추크 국왕은 인도를 방문해 부탄이 인도에 수출하는 전기 요금을 50% 인상하기로 했다. 이 합의로 부탄의 재정수입이 크게 늘었고, 이후 인도에 대한 전력 수출이 부탄 경제에 가장 주요한 지주산업이 되었다. 부탄에는 현재 추후카Chhukha, 탈라 등 지역에 4개의 대형 수력발전소가 있고 이밖에 선코쉬Sunkosh 등 지역에 3개의 대형 수력발전소를 지었다. 부탄은 사용 후 남는 전력을 모두 인도로 수출할 계획이다. 2002년에는 인도에 대한 전력 수출 수입이 부탄 국민수입총액의 45%를 차지했다.[59] 2007년 부탄과 인도는 새로 수정한 「우호협력조약―2007 인도 부탄 우호조약」을 체결했다. 이 조약은 1949년 인도와 부탄이 체결한 「영구적 평화와 우호 조약」을 한층 발전시킨 형태이다. 부탄의 입장에서 보면 새로운 조약은 부탄과 인도 양국관계에 새로운 전환점이 되었다. 즉 부탄은 인도의 부속국과 같았던 과거의 지위를 벗어나 인도의 가까운 친구이자 평등한 파트너가 된 것이다. 그러나 남아시아 지역의 복잡한 정세 속에서 양국이 진정 평등한 관계로 나아갈 수 있을지는 실천을 통해 검증을 거쳐야 한다. 게다가 인도는 부탄이 중국과 어떠한 협약도 맺지 못하도록 암암리에 압력을 행사하고 있다. 만일 중국이 부탄과 수교하게 되면 부탄의 전략적 지위에 변화가 발생할 것이고 인도는 필연적으로 중국-인도 국경 지역에서 새로운 전략을 취할 것이다.

2014년 인도 모디 총리가 부탄을 방문했다. 그의 총리 취임 이후 첫 해외방문 일정으로서 이 방문의 의미는 부탄과의 "유일무이한

---

59) 劉建, 「不丹的對外關系」, 『南亞硏究』 2006年 第2期 참조.

특수 관계"를 공고히 하는 것이다. 모디는 "인도와 부탄은 지리적, 역사적, 문화적 요인으로 인해 유일무이한 특수 관계에 있는 바, 부탄을 첫 방문국으로 정한 것은 자연스러운 선택이었다"[60]고 밝혔다. 사실상, 모디 총리가 주변국에 서둘러 '매력공세'를 펼친 것은 남아시아 아대륙(인도 아대륙을 지칭, 역자주) 내 중국의 영향력을 견제하기 위해서였다. 부탄 사회경제 발전의 주요 파트너로서 인도는 전력수입을 통해 부탄의 국민경제를 지탱해주고 있으며, 게다가 이러한 에너지 협력은 양국 고위급 상호방문을 통해 점점 더 공고해지고 있다. 모디 총리의 목적은 첫째, 부탄에 대한 인도의 최대 무역파트너 및 원조국 지위를 유지하는 것이다. 인도는 부탄의 제10차 5개년계획 기간 동안 부탄에 340억 루피를 지원했다. 제11차 5개년계획 기간(2013~2018년)에는 9억 달러를 지원할 것을 약속했다. 이밖에, 인도는 경제수단을 이용해 부탄 정치에 영향력을 행사하려 한다. 2013년 7월, 부탄 총선을 앞두고 인도는 부탄 국내 연료용 기름과 가정용 가스에 대한 통제권을 이용해 부탄에 대한 경제 보조금을 철회함으로써 부탄의 기름, 가스 가격을 크게 상승시켰다. 그 결과 인도의 이익에 반하는 집권당은 총선에서 타격을 입었다.[61] 모디 총리의 부탄 방문은 실질적으로 에너지 소비시장에서 우위를 점함으로써 히말라야 지역에서 인도의 영향력을 회복하려는 의도였다.

---

60) 「莫迪首訪不丹展"魅力攻勢"被指平衡中國影響力」, http://news.xinhuanet.com/world/2014-06/16/c_126622373. htm, 검색일: 2014年 12月 12日.

61) 「莫迪首訪不丹展"魅力攻勢"被指平衡中國影響力」, http://news.xinhuanet.com/world/2014-06/16/c_126622373.htm, 검색일: 2014年 12月 12日.

(3) 중국-부탄의 조화로운 관계 실현을 위한 길

첫째, 에너지 협력관계를 적극 발전시킨다. 부탄은 수력발전 자원이 매우 풍부하다. 국토 내에 강과 하천이 많고 유량이 풍부하며 낙차가 크다. 잠재적 수력발전 규모는 600만 킬로와트(6000메가와트, 역자주)에 달한다. 1960년대 부탄의 첫 수력발전소 역시 인도의 원조로 건설되었고 당시 전기 출력량은 176.92메가와트(킬로와트의 오기인 듯, 역자주) 규모였다. 이렇게 생산된 전력은 부탄에서 사용하고 남은 전량을 인도에 판매했다. 십수 년 동안 부탄은 팀부^{Thimbu}, 파로^{Paro} 등지에 크고 작은 수력발전소 14개를 건설했고, 이밖에 7개의 화력발전소를 지어 전국 총출력량이 1550메가와트에 달한다.[62] 부탄은 자연생태보호를 위해 발전용 댐 등 수력발전 설비는 건설하지 않았으나 인도의 기술을 도입하면서 2020년 부탄의 총발전량은 1만 메가와트에 달할 것으로 예상된다. 티베트의 상황을 살펴보면, 2001년부터 전력공급 부족 현상이 나타났고 2005년부터 각 사업 분야에서 전력수요가 빠르게 증가했다. 그 결과 티베트는 전력과부하 연간 증가율이 줄곧 18%를 넘고 가장 높을 때는 27%에 달하기도 했다. 티베트의 에너지자원 구조를 보면 수력자원이 절대적인 비중을 차지하고 석유와 석탄은 부족하다. 전체적인 경제발전 수준이 낮은 데다 수력발전의 경우 건설 후 초기 사업효과가 크지 않다보니 티베트 중부지역에서 이미 가동에 들어간 즈쿵^{直孔} 수력발전소, 라오후주이^{老虎嘴} 발전소와 건설 중인 쉐카^{雪卡} 수력발전소, 라싸 긴급전력 외에는 가동조건이 갖춰진 전력비축 사업이 없는 상황이다. 티베트는 광물자원이 풍부해 라싸, 시가체 등 지역은 비교적 큰 규모의 구리 광산

---

62) 斯文,「不丹經濟發展淺析」,『南亞研究季刊』2001年 第4期 참조.

을 건설할 조건을 갖추었다. 향후 공업용 전기사용이 빠르게 증가해 전력과부하가 예상을 넘어설 것으로 보인다.63) 그러므로 중국 측에서 부탄에 수력발전 건설을 지원하고 전력에너지를 수입한다면 부탄과 중국 관계가 강화되는 한편 부탄이 인도에 의존하는 상황에도 변화를 가져올 수 있을 것이다.

둘째, 조속히 외교관계를 수립한다. 1985년부터 부탄은 점차 역외 외교관계를 중시해 네덜란드, 덴마크, 스웨덴, 스위스, 노르웨이, 일본, 핀란드, 한국, 오스트리아, 태국, 바레인, 호주, 싱가포르, 캐나다 등 21개 국가 및 EU와 외교관계를 맺고 국제무대에서 활약하고 있다. 게다가 미국 뉴욕과 스위스 제네바에 상주대표를 두고 있다. 부탄의 국책은 남아시아 각국과의 협력을 강화하는 것으로, '환벵골만 각 분야 경제기술협력이니셔티브'에 가입하고 '제4회 남아시아 보험 감독포럼', '환벵골만 각 분야 경제기술협력국 회의' 등 행사를 개최했다. 부탄이 중국이라는 대국과 수교할 것인가 하는 것은 전 세계가 주목하는 문제가 되고 있다. 2012년 6월 21일 원자바오 총리와 부탄 지그미 틴레이 총리는 '리우+20' 정상회의 기간 양국관계 발전을 주제로 회담을 가졌다. 중국과 인도의 언론은 이에 대해 잇따라 보도했지만, 부탄은 인도와의 관계를 고려해 침묵을 지켰다. 2012년 7월, 부탄에서 중국 자동차를 수입한 일은 부탄이 중국 상품에 관심을 가지고 있으며, '메이드인 차이나' 제품에 대한 수요가 있음을 보여준다. 부탄 주요 도시의 일부 상점에서는 비공식 루트로 티베트를 통해 들어온 중국 상품을 볼 수 있다. 하지만 2013년 취임한 체링 톱게Tsering Tobgay 총리는 국경을 확정하는 것은 중국과 외교 및 경제관

---

63) 「電送雪域高原, 助推青藏發展」, 『國家電網報』 2011年 12月 10日.

계를 수립하는 전제조건이며, 양국의 수교는 본질적으로 국경선을 확정하는 문제이자 부탄의 전략적 선택 문제라고 주장했다.[64]

셋째, 부탄의 정치, 문화와 민족은 남아시아지역의 정치, 민족과 종교문화의 기초에 뿌리를 두고 있으면서도 동시에 티베트의 영향을 받기도 했다. 특히 티베트불교문화와 본교本敎(티베트 토착신앙, 역자주), 티베트불교 드룩빠까규파의 영향이 지대하다. 역사적으로 거슬러 올라가보면 드룩빠 까규파의 나왕남걀이 무리를 이끌고 부탄으로 와 할거하던 각 세력을 합병하여 부탄의 통일을 완성하고, 나아가 '샵둥Shabdrung체제(정치와 종교 합일체제)'를 만들었다. 현재 부탄에 있는 200여 개의 사당과 1만 2000명 가량의 승려를 망라하는 티베트불교의 영향 역시 중국과 부탄의 종교 문화적 교류에 대단히 유리한 통로이자 접합점이 되고 있다.

정리하자면, 중국과 부탄은 역사적 교류의 기초 위에 정상적 외교관계를 수립할 가능성이 높다. 양국은 모두 선린우호의 원칙을 계승하고 있고 외교관계를 수립할 이유도 충분하다. 중국은 부탄에 타이완, 티베트와 관련된 중대한 문제에 대해 중국을 지지할 것을 요구하는 동시에 부탄이 자국의 현실에 따라 선택한 발전모델을 존중해야 한다. '이웃국가와 좋은 관계를 수립하고, 이웃국가를 동반자로 삼는다'는 주변외교방침을 따르는 중국으로서는, 평화공존 5원칙의 기초 위에 조속히 부탄과 공식 외교관계를 수립해야 한다. 양국은 빠른 시일 내에 양국 국경을 확정하고 변강지역의 교류와 개발, 개

---

64) 梅德哈·比什特(Medha Bisht), 『中國進軍不丹:外交噱頭還是戰略現實?』, 魏榮梅 編譯, http://www.zhongdaonet.com/NewsInfo.aspx? id=5282, 검색일: 2014年 12月 22日.

방을 강화하여 양국관계의 새로운 단계를 열어야 한다. 여기서 주의할 것은 인도의 존재와 양국 국경문제가 여전히 해결되지 않고 있다는 점이다. 특히 부탄의 인민민주당은 2003년 집권 후, 대외정책의 핵심 이념을 인도와의 관계를 심화, 발전시키는 것으로 정해 결과적으로 중국과 부탄의 수교를 지연시키고 있다. 그러나 이러한 요소는 양국 수교를 영구적으로 가로막는 핵심 요소가 되지 못한다. 시기적으로 성숙되면, 양국의 수교는 보다 구체화될 수 있을 것이다.[65]

---

65) 劉智偉·朱陸民,「中國與不丹關系的歷史、現狀及前景」,『金田』2013年 第7期 참조.

제3절

중국과 남아시아 이웃국가의 경제협력

남아시아 국가는 근대 이래 경제발전 수준이 낙후되었고 여기에 지리적인 장애요인도 있어 이 지역 국가들과 중국의 경제무역 관계는 상대적으로 소원했다. 그간 중국의 경제 전략에서 남아시아는 오랫동안 부차적인 위치에 있었다. 현재는 중국과 남아시아 국가 간 경제무역 규모가 증가하고 있고, 중국은 남아시아의 최대 이웃국가로서 적극적으로 정책과 관련 조치에 있어 호혜공영의 개방전략을 실시함으로써 중국-인도 변경무역을 강화했다. 게다가 국제경제 형세와 제도의 틀에서도 거대한 변화가 발생하여 변강경제를 발전시키는 전략은 중국에게 피할 수 없는 추세이다. 중국과 남아시아의 경제협력을 추진하고 "중국과 남아시아의 물리적 연결과 정신적 소통을 적극적으로 이끌어 서쪽으로의 개방을 심화, 확대시키는 것은 중국 신시기 서부대개발 전략을 한층 업그레이드시키는 내재적 요구일 뿐 아니라 동시에 새로운 형세 아래 중국이 '화목하고 편안하며 잘사는 이웃'을 추구하는 주변외교방침을 추진하기 위한 중요한 출발점이다"66).

1 중국-인도 변경지역 경제협력

(1) 중-인 경제무역 교류

21세기 들어 중국과 인도 간 양자협력의 영역이 확대, 심화되고 있다. 양국의 경제협력은 서로에 대한 의구심을 털어내고 상호신뢰를 증진하는 가운데 계속해서 발전하고 있다. 중국, 인도 경제의 빠른 성장 속에 양국의 경제무역관계 역시 새로운 발전기에 진입했다. 2007년 중-인 양자무역액은 342억 달러를 넘어섰고, 이 해부터 중국은 인도의 최대 무역파트너가 되었다. 이후 몇 년간 무역액은 해마다 증가해 2013년에는 인도와 중국의 화물무역액이 654억 7000만 달러를 기록하고 2014년에는 716억 달러에 달했다. 인도의 수출무역에서 중국은 미국과 아랍에미리트에 이어 3위를 차지하고 있다. 인도의 수입무역에서 중국은 인도의 최대 수입국이다. 인도의 10대 수입상품 가운데 중국에서 생산된 기계·전력설비, 방직품, 가구, 광학기기, 금속제품, 도자기 등이 큰 비중을 차지하고 있다. 그러나 하이테크 분야 운송설비나 귀금속, 화학제품, 정밀철강재 등에서는 미국, 유럽 국가 및 일본 등 선진국과의 경쟁에 직면해 있다.[67] 중국-인도 무역액이 2013년 다소 감소하기는 했지만, 중국은 여전히 인도의 가장 큰 무역파트너이다. 인도 PHD상공회의소의 보고서에 따르면, 2013년~2014년 중국-인도 무역액은 인도 대외무역총액의 8.7%를 차지했다. 미국은 460억 달러(8.1%)로 2위, 한때 인도의 최대 무역파트

---

66) 藍建學, 「中國與南亞互聯互通的現狀與未來」, 『南亞研究』 2013年 第3期.

67) 「2013年1~9月印度貨物貿易及中印雙邊貿易槪況」, http://www.2lfood.cn/html/news/36/1396946. html, 검색일: 2015年 2月 4日.

너였던 아랍에미리트는 454억 달러(8%)로 3위로 밀려났다.

표 3-1. 2010년~2014년 중국-인도 양자무역 데이터

단위 : 10억 달러

연도	2010	2011	2012	2013	2014
중-인 무역총액	56.84	69.37	68.79	65.95	71.60
인도의 대중국 수출액	14.58	16.54	14.85	14.56	13.32
중국의 대인도 수출액	42.26	52.83	53.94	51.39	58.28
인도의 대중국 무역수지	-26.67	-36.29	-39.09	-36.83	-44.96

출처 : 2010년-2011년, 주중국인도대사관 사이트, http://www.indianembassy.org.cn/
DynamicContent.aspx？MenuId=97&SubMenuId=0;2012~2014年, 중화인민공화국
상무부 사이트, http://countryreport.mofcom.gov.cn/default.asp

(2) 중국-인도 변경무역 발전

중국-인도 변경무역은 양국협력에서 중요한 내용이다. '일대일로'
와 '방글라데시-중국-인도-미얀마 경제회랑'이 심화, 발전함에 따라
변강의 관점에서 중국-인도 접경지역 개발개방과 지역협력을 이해
할 필요성이 커지고 있다. 이에 대해 인도의 한 학자는 "중인관계의
중요한 요소 중 하나가 상업과 무역이다. 근래 들어 양국관계는 활
발한 발전양상을 보이고 있으며 이는 중국 서남변경과 인도의 동부
지역 간 상호협력에 많은 기회를 제공해준다"[68]고 말했다.

변경지역을 통해 인도와 무역을 발전시키고 있는 곳은 주로 중국
티베트이다. 1986년부터 티베트의 수출총액은 계속 증가하고 있다.
1986년 834만 달러였던 것이 1994년에는 1231만 달러로 증가했다.

---

68) 迪潘卡・貝內,「中印關系和經濟合作—為了更加繁榮的南亞」,『印度洋經濟
體研究』2014年 第1期.

2004년 티베트 대외무역은 처음으로 2억 달러를 넘어섰으며, 2005년에는 2억 5000만 달러에 달했다. 주의할 만한 것은 티베트 대외무역 총액에서 변경수출입총액이 차지하는 비중이 계속해서 늘어나고 있다는 점이다. 1981년~1990년에는 10%~70% 사이에서 변동을 보이던 비중이 1991년~2000년에는 4%~83%를 보였다. 2000년 티베트 변경수출입총액이 전체 지역 대외무역총액에서 차지하는 비중은 83.31%에 달했다. 2002년 1월~7월 이 비중은 약 50%였다. 2003년 상반기 티베트 대외무역수출입총액은 6452만 달러였고, 같은 기간 변경무역총액은 3000만 달러였다.[69] 티베트 변경무역의 안정적인 발전으로 티베트 변강의 사회경제적 발전이 탄력을 받고 있으며 접경지역 역시 티베트의 가장 낙후한 지역에서 사회, 민생발전이 순조롭게 개선되고 있는 지역으로 탈바꿈했다. 2013년, 티베트 대외무역수출입 총액은 26억 2600만 달러에 달해, 전년 동기대비 5.75%가 증가했다. 이 가운데 수출총액은 24억 7000만 달러로 2.09% 증가했고 수입총액은 1억 5600만 달러로 144.75% 증가했다. 변경 소액무역수출입총액은 12억 2000만 달러로 19.57% 증가했다.[70] 대외무역은 전체적으로 안정적인 증가세를 보이고 있다.

중국 티베트의 변경 소액무역이 지속적, 안정적으로 성장하는 것은 근년 들어 진행된 티베트 도로, 철도, 항공운수 등 여건 개선 및 변경통상구 설치와 관계가 있다. 특히 2014년 라싸-시가체 철도의 개통으로 티베트철도 연선지역 건설사업과 경제공업화, 도시화가

---

69) 張婷婷, 「中國西藏與印度邊境貿易發展」, 碩士學位論文, 四川大學, 2006, p. 10.

70) 「西藏外貿過熱增長勢頭得到遏制」, 『拉薩晚報』 2013年 10月 18日.

촉진되었다. 이는 간체江孜 일대로까지 영향을 미쳐, 시가체 철도를 춤비春丕계곡까지 연결한다면 최근 성장세가 둔화된 나이두이라乃堆拉 ·Nathu La 변경통상구 무역이 다시금 전환의 계기를 마련할 수 있을 것이다. 현재 120여 개 국가와 지역이 티베트의 무역기업과 교역하고 있다. 티베트 Y형 철도망 아래 티베트는 중국 상품을 네팔, 인도 등 남아시아 아대륙지역으로 수출하는 육상교통로의 교두보가 될 것이다.[71] 정리하자면, 중국 티베트와 인도의 변경무역은 기초적인 수준에서 점점 성숙해가는 과정을 거쳐 새로운 발전단계에 들어섰다. 현재의 변경무역은 규모에 있어서나 구조에 있어서나 커다란 변화를 이루었다.

(3) 중인 접경 경제협력의 기회

중인 경제협력은 기회가 도전보다 크다. 경제무역관계가 점점 더 빠르게 발전하고 있고 변경경제협력의 기회가 두드러진다.

1) '일대일로' 전략구상

역사를 돌아보면, 중국 고대의 실크로드와 남방 실크로드의 형성과 발전에서 인도는 매우 중요한 역할을 했다. 2013년 '실크로드 경제벨트'와 '21세기 해상실크로드' 비전을 제시한 후, 중국은 주변 국가들과 공동으로 중국-중앙아시아-서아시아 및 신유라시아 대륙교大陸橋, 중국-몽골-러시아 3대 경제회랑을 구축하고자 노력하고 있으며

---

71) 齊永昌, 「西藏外貿過熱增長勢頭得到遏制」, http://finance.china.com.cn/roll/20131018/1885603.shtml, 검색일: 2015年 2月 10日.

해상실크로드 신항로 개척에 나섰다. 인프라의 연결과 에너지, 금융, 민생 등 분야에서의 협력 강화는 중국과 인도 양국에게 좋은 계기가 될 것이다. ① '일대일로'의 발전구도를 경제적인 관점에서 본다면 양국협력을 기반으로 멀리 극동과 유라시아, 아프리카 지역까지 확장하면서 중인 경제협력의 상호보완성을 실현해 양국 국내경제의 발전을 이끈다. ② '일대일로'의 틀 아래 중국-인도 인문교류를 통해 양국의 전략적 상호신뢰가 개선되도록 노력하고 양국 관계의 우호적인 분위기를 조성해 긴밀한 협력을 이루어낸다. ③ '일대'에 있어 지역안보문제는 테러리즘으로부터 심각한 영향을 받고 있다. 특히 중앙아시아, 서아시아 및 남아시아는 테러습격과 반테러투쟁이 빈번히 일어나는 곳으로 지역안보와 협력이 위협받고 있다. '일로'에서는 해적문제가 두드러진다. 중인 양국은 아시아의 양대 대국으로서 지역의 안보와 평화를 지키는 일에 책임감을 가져야 한다. 해상교통로와 지역 안보를 함께 지킴으로써 양국에게 모두 좋은 외부환경을 만들어갈 수 있고, 이는 양국 공통의 이익에도 부합하는 일이다.[72] "'일대일로' 건설은 중인 양국의 공통이익에 부합하며 남아시아지역 경제일체화 과정과도 서로 대립되는 일 없이 상호보완적이므로 중국과 인도의 전략적 협력동반자 관계에 새로운 성장점이 될 수 있다."[73] 2014년 시진핑 총서기가 인도를 방문했을 때 첫 방문지가 구자라트주Gujarat였다. 이 주는 해안선이 1600㎞에 달해 인도의 각 주 가운데 가장 긴 해안선을 가지고 있다. 역사적으로 해상무역활동이

72) 楊思靈, 「"一帶一路":印度的回應及對策」, 『亞非縱橫』 2014年 第6期 참조
73) 魏葦, 「"一帶一路"將成中印合作新增長點」, http://money.163.com/14/0522/17/9SS9OKDN00254TI5.html, 검색일: 2015年 4月 2日.

활발했고 이곳에 접한 아라비아해는 중국 고대 해상실크로드가 반드시 거쳐야 하는 곳으로, 21세기 해상실크로드 건설을 제창하는 중국에게 그 의의는 더 말할 필요도 없다. 티베트는 실크로드 경제벨트 전략을 2014년 정부업무보고에 포함시켰다. 어느 학자의 지적대로, 티베트는 당나라 때부터 당번고도唐蕃古道, 차마고도茶馬古道 등 역사 속의 교역로商道, 역참로驛道, 조공로貢道와 고대 실크로드로 연결되어 있었고, 개혁개방 이후 티베트 경제는 북쪽과 동쪽으로 발전하며 칭짱靑藏 경제일체화를 통해 '대서남경제권'에 포함되었으므로 어떤 의미에서는 이미 '실크로드 경제벨트'의 범위 내에 있다고 볼 수 있다.[74]

2) 양국 간 기나긴 국경선

중국-인도 간 국경은 대략 히말라야산맥 남쪽 기슭과 브라마푸트라강 북쪽 평원이 만나는 선을 따라 이어진다. 현재 중국과 인도의 전통적인 국경은 전장 약 2000㎞, 서쪽, 중앙, 동쪽 3개 구간으로 나뉜다. 서쪽 국경은 600㎞, 중앙 국경은 450㎞, 동쪽 국경은 650㎞이다. 티베트가 이웃국가 및 지역과 변경을 접하는 육지변경선은 3842㎞이며 변경에 접해 있는 현이 21개가 있다. 이 가운데 산난 지구地區(성省과 현縣 사이의 행정 단위, 역자주)에 4개―나가체현浪卡子·Nagarze, 초나현錯那·Cona, 뤼자현, 룽쯔현隆子·Lhunze, 린즈시林芝·Nyingchi에 4개―모뚸현墨脱·Medog, 랑현朗縣·Nang, 미린현米林·Mainling, 차위현察隅·Zayu, 시가체 지구에 9개―중바현仲巴·Zhongba, 싸가현薩嘎·Saga, 녜라무현, 딩르현, 캉

74) 毛陽海, 「論"絲綢之路經濟帶"與西藏經濟外向發展」, 『西藏大學學報』 2014年 第3期 참조.

마현, 야둥현, 강바현崗巴·Gamba, 딩제현定結·Dinggye, 지룽현, 아리阿里·Ngari 지구에 4개—푸란현普蘭·Burang, 자다현劄達·Zanda, 르투현日土·Rutog, 가얼현 噶爾·Gar이 있다. 접경현은 총면적 34만 제곱킬로미터, 인구 40여만 명이 살고 있다. 티베트 접경지역에는 이미 312개의 대외 교통로가 있고 이 가운데 상시적으로 통행이 가능한 교통로는 44개, 계절에 따라 통행이 가능한 교통로는 268개이고 인도로 통하는 길은 85개가 있다.[75] 이들 접경현은 자연자원이 풍부하고 일부 현은 인도와 통하는 천연의 교통로를 보유하고 있다. 역사적으로도 대외 경제왕래를 통해 이웃국가와 국경무역을 발전시키고 티베트의 발전과 안정을 추동하며 산업발전을 이끄는 데 유리한 요소가 되었다는 기록이 남아있다. 양국 간에 존재하는 긴 국경선과 지리적 조건은 중국과 인도 양국 변경무역의 발전을 촉진할 것이며, 양국 접경현과 도시의 낙후되고 폐쇄적인 환경을 개선하고 인민의 생활수준을 향상시키는 데 중요한 역할을 할 것이다. 또한 접경지역의 인프라 건설, 교통, 관광산업, 에너지 생산과 운수, 3차산업 등의 발전을 이끌고, 나아가 '환히말라야 경제벨트'의 인문 교류를 끌어낼 것이다.

3) 교통망 발전과 무역통상구

① 철도는 국민경제의 대동맥이자 국가의 중요한 기초설비, 교통수단으로서 국가 경제사회 발전에 중요한 역할을 한다. 칭짱철도 건설은 중국 인민의 오랜 숙원이었다. 1951년 티베트 해방 후 중앙정부에서는 칭짱철도 건설을 특히 중시했다. 그러나 여러 현실적 제약

---

75) 陳繼東, 『西藏開拓南亞市場及其特殊性硏究』, 巴蜀書社, 2003, p. 7.

으로 2000년에야 칭짱철도 건설이 정식으로 입안되었다. 그리고 2006년 7월 1일, 칭짱철도 전 노선이 개통되었다. 2014년에는 그 연장선인 라싸-시가체철도와 쿠거철도庫格鐵路(쿠얼러庫爾勒-거얼무格爾木를 잇는 철도, 역자주)가 개통되었다. 티베트철도의 발전은 티베트의 사회경제 발전에 중요한 의의를 갖는다. 티베트 경제발전과 지역민의 관념 혁신, 산업구조의 특화, 취업기회 창출, 칭짱철도 경제벨트 구축 등에서 긍정적인 역할을 한다.76) 라싸-린즈, 쓰촨四川-티베트, 윈난雲南-티베트, 중국-네팔 철도의 건설은 티베트 접경지역의 경제발전을 추동할 것이다.

② 티베트 도로망. 2002년에서 2013년까지 티베트 도로의 총길이는 3만 5583km에서 7만 591km로 증가해 약 두 배가 되었다. 새로 부설한 도로의 길이는 3만 9157km로, 2020년까지 티베트 도로 총길이는 11만 km에 이를 것이다. 철도는 1300km에 달하며 2002년에서 2013년까지 누적투자액은 767억 위안이다. 주요 간선도로와 도시도로 건설 외에 티베트 농촌의 도로 길이 역시 10년 새 크게 연장되었다. 농촌 지역에 개통된 도로 길이는 2002년 2만 4409km에서 2013년 말에 5만 3244km로 118.13% 증가했다. 향진鄕鎭(현 아래 행정단위로 한국의 면·읍에 해당, 역자주)과 건제촌建制村(성시급省市級 국가기관의 승인을 받아 건설된 촌, 역자주) 도로개통률은 각각 99.71%와 94.24%에 달한다.77) 라싸-린즈 고속도로는 곧 개통을 앞두고 있다. 티베트 도로망 건설은 기존의 운송방식을 벗어나 주민생활을 개선

---

76) 劉瑤等,「西藏交通運輸與和諧社會建設硏究」,『交通企業管理』2010年 第1期 참조.
77) 「西藏公路總裏程十年增加近一倍」,『石油瀝青』2014年 第28卷.

하고 생산요소의 집결과 확산에 있어 도로교통망의 역할을 충분히 발휘하도록 함으로써 중심도시의 교통 원활성을 향상시키고 활동반경을 확대하여, 라싸를 중심으로 시가체, 린즈, 나취那曲·Nagqu 등 도시로 확장하는 교통망을 형성한다. 앞으로 티베트 도로 건설을 더욱 발전시키는 것은 '일대일로' 전략의 수요이자 티베트 사회경제의 도약식 발전과 티베트 특색의 관광 프로젝트 실시, 자연 생태환경의 보호, 그리고 티베트 지역 주민의 단결과 오랜 안정 및 번영에 대한 수요이기도 하다.

③ 항공망. 티베트 국내외 항공노선은 48개 노선, 취항하는 도시는 29개로 국내 중·대도시를 연결하고 있다. 2013년 티베트민항 승객은 연인원 275만 9000명으로, 전년 대비 24.4% 증가했다. 2013년에는 라싸 공가貢嘎·Gonggar공항 이용객수가 처음으로 연인원 200만 명을 돌파, 성수기 일일 공항이용 항공기가 100대를 넘어섰다. 현재 산난 지역 공가공항을 중심으로 린즈 미린米林공항, 창두昌都·Qamdo 방다邦達·Bangda공항, 아리 쿤샤昆莎·Gunsa공항, 시가체 허핑和平공항을 지선으로 하는 공공운수망이 이미 갖춰졌다. 중국국제항공, 티베트항공, 쓰촨항공이 베이징, 상하이, 광저우廣州, 홍콩 등 도시와 라싸를 잇는 노선, 청두成都와 창두를 잇는 노선, 청두와 린즈를 잇는 노선을 연이어 개통했다. 네팔 카트만두와 티베트 노선도 이미 개통되었다. 티베트 지역의 주요 항공운송 가운데 소형비행기나 헬리콥터를 이용해 편벽한 국경지역의 교통운수 문제를 해결하는 것은 앞으로 계속 발전시킬 만한 분야다. 이는 변경무역과 지진재해 지역으로 충분한 물자를 운송하는 데 중요한 의의가 있다.

④ 변경통상구는 현재 장무樟木, 푸란, 지룽, 르우日屋가 개방되어 있다. 이 가운데 장무, 푸란, 지룽은 국가 1급 변경통상구이고, 르우는

국가 2급 통상구이다. 장무, 지룽, 르우 3개 통상구는 네팔과 교역하고, 푸란 통상구는 중국-인도, 중국-네팔 변경무역을 진행한다. 야둥 통상구는 역사적으로 중국-인도, 중국-시킴, 중국-부탄 변경무역을 담당해왔다. 이밖에 산난지구 공가공항은 1급 항공통상구이다. 현재 중국-인도 육상 변경무역의 주요한 통상구는 야둥의 나이두이라 통상구이다. 나이두이라는 과거 중국과 인도를 잇는 주요한 육상무역로로서, 청말 인도, 시킴과 중국 티베트 무역액이 가장 많았을 때는 은화銀圓 1억 위안에 달하기도 했다. 당시 나이두이라 통상구의 무역량은 심지어 중국-인도 변경무역 총액의 80%를 차지할 정도였다.

4) 양자무역시장 잠재력과 정책개방의 필요성

현재 중국-인도 변경무역은 역사적으로 흔치 않은 기회를 맞이하고 있다. 외부여건과 내부개혁이 모두 변경무역 발전에 좋은 환경을 만들어주었다. 예컨대, 2011년 야둥현 나이두이라 통상구의 변경호시邊境互市(변경 주민이 국경 20㎞ 이내에서 규정된 금액과 양을 초과하지 않는 범위에서 하는 상품교환활동, 역자주) 무역총액은 5434만 3000위안으로, 2006년의 36배가 되었다. 이후 나이두이라의 런칭강仁靑崗 변경무역시장이 또 한 차례 개축되어 2014년 나이두이라 수출입 변경무역총액은 1억 위안을 기록, 2006년의 63배로 성장했다. 나이두이라 변경호시 무역량이 크게 증가할 수 있었던 요인은 몇 가지가 있다. 첫째, 수년간 시장을 열고 닫는 과정에서 양국 변경주민들은 점차 정책을 이해하고 상호신뢰를 쌓으며 무역량을 늘려갔다. 둘째, 정책조정에 따라 2010년 이후 변경호시무역에 종사하는 변경주민들이 매일 거래할 수 있는 물품 한도가 5천 위안에서 8천 위안으로 증가했다. 셋째, 티베트 지방정부의 적극적인 지도 아래, 변경주민들이 변경 소액무역과 호시무역에 적용되는 여러 우대정책을 충분히 이용할 수 있었다. 넷째, 나이두이라 호시무역의 개방 시간이 기존의 3개월에서 현재의 7개월(매년 5월1일에서 11월30일까지)로 늘어나 교역시간이 증가했다.[78] 다섯째, 변경무역에 참여하는 변경주민의 수입이 크게 늘어, 변경무역호시에 투입되는 자금이 점점 증가했다.

(4) 중국-인도 접경지역 개발개방이 직면한 문제

중국-인도 접경 개발개방을 둘러싸고 '티베트 문제'와 국경문제가 중요한 이슈가 되고 있다. '아루나찰프라데시주Arunachal Pradesh(중국과 인도의 영토분쟁 지역으로 현재 인도가 실효 지배, 역자주)'가 불법적으로 수립되면서 비롯된 중국과 인도 간 비자 문제·이민 문제, 실질통제선에 대한 이견, 중인 변경지역 내 인도군 잠식 현상, 다람살라Dharamsala 티베트 '망명정부' 및 불법 월경 등 현실 문제 때문에 티베트와 인도 간 경제무역 협력관계가 영향을 받고 있다. 이에 대해서는 다른 저서에서 이미 언급하고 있으므로 자세히 논술하지는 않겠다. 경제분야에서는 주로 다음과 같은 도전에 직면해 있다.

첫째, 최근 세계경제의 침체 압력 속에 유럽 국가들의 채무위기가 확산되고 신흥경제체의 인플레이션 등의 문제가 인도 경제의 성장세에 영향을 미치고 있다. 몇 년 새 인도는 GDP 성장속도가 5% 아래로 떨어지고 인플레이션이 두 자릿수까지 치솟았다. 근래 들어 경제가 어느 정도 회복세를 보이고는 있지만, 재정적자와 경상수지적

---

78) 「亞東乃堆拉邊境互市貿易量連年大幅上升」, 『西藏日報』 2012年 5月 18日.

자가 이미 빠르게 확대되고 있다. 인도 경제의 역사를 돌아볼 때, 중공업 발전에 편중된 네루-마할라노비스의 정책(인도식 계획경제 정책, 역자주)은 실패했음이 증명되었다. 인도는 1960년~1980년대 제품가공을 특징으로 하는 1차 경제글로벌화 물결과 90년대 기술·자본 이전을 특징으로 하는 2차 경제글로벌화 물결 속에서 기회를 잡지 못했다. 그러나 90년대 말, 정보화시대에 들어서며 기회를 잡을 수 있었다. 1900년대 이후 인도는 전 세계에서 'BPO^{Business Process Outsourcing}' 업무를 가장 많이 하는 국가가 되었다. 영어 수준이 높고 컴퓨터 조작 능력이 뛰어난 데 비해 인건비가 상대적으로 낮아 '세계의 사무실'로 불렸다.[79] 그러나 '세계의 사무실'도 인도 경제발전의 근본적인 문제를 해결하지는 못했다. IT 정보기술 종사자는 인도 사회의 중등 이상 계층의 사람들이었고 그 성과가 일반 노동자에게 돌아가지는 않았다. 더욱 심각한 것은 '세계의 사무실'과 인도의 전통 경제, 1차·2차 산업 간의 괴리였다. 때문에 인도 경제의 고속성장이 얼마나 지속될 수 있을지 전망이 불투명했다. 이밖에 중국과 인도 사이에는 「중-인 투자 촉진 및 보호 협정中印雙邊投資促進和保護協定」이 맺어져 있었지만, 인도는 지정학적 전략, 변경안보, 산업안보 등의 고려로 인해 중국의 투자에 대해 '안보 우려'가 존재하고, 중국의 인도에 대한 투자는 더욱 복잡한 문제에 직면해 있다.

둘째, 중국-인도 변경지역 인프라 격차와 인도 일부 지역의 불안정이다. 티베트의 상황을 보면, 현급 지역의 교통, 에너지 건설, 수리

---

79) 브릭스BRICS 국가 가운데 남아프리카공화국은 '아프리카로 들어가는 문이자 다리', 브라질은 '세계의 원료기지', 러시아는 '세계의 주유소', 인도는 '세계의 사무실', 중국은 '세계의 공장'으로 각각 불렸다.

등 인프라 수준이 낮다. 특히 야둥, 초나 등 일부 주요 산간지역 도로는 기본 설비와 부대시설이 낙후되어 있다. 딩제현의 몇몇 향鄕은 아직 도로가 연결되지 않아 상업 서비스시설이 거의 전무하며, 현에 거주하는 주민에 대한 보조금 지원도 낮은 수준이다. 이곳의 외자유치에 대한 세수반환 우대정책은 여전히 개선이 필요하며 변경 출입절차가 까다롭고 수속도 복잡하다. 인도 동부지역은 안전 문제가 악화되고 있다. 폭력적인 테러로 인해 사망하는 사람이 증가하고 최근까지도 테러리스트 활동이 일어났다. 인도 동부지역의 분리주의, 테러리즘이 인도 주변지역까지 확산되는 추세를 보이고 있다. 아삼주에서는 현지 원주민과 무슬림 이민자 간에 대규모 무력충돌이 빚어져 인도 주변 안전을 위협하고 있다. '아삼연합해방전선'은 인도 동북부 변경지역에서 가장 골치 아픈 문제가 되었다.[80] 인도 루피와 위안화 간 환전이 어렵다는 점도 주의를 기울일 필요가 있다. 중-인 변경무역은 루피를 주요 화폐로 사용해 왔다. 현재는 대량의 루피가 중국 티베트 변경지역에서 무역활동에 종사하는 주민들 사이에 누적되어 루피의 가치가 하락하고 있다. 그런데 티베트 대다수 접경현과 시의 은행에서는 루피와 위안화 간 환전 업무를 하지 않아, 변경지역 주민들의 교역이 제대로 성장하지 못하고 있다.

셋째, 무역총액이 크지 않고 수지 차의 폭이 크며 인도의 교역리스트가 발전을 제약하고 있다. 인도는 중국에게 열 번째로 큰 무역 파트너로서 양자 간 무역총액이 매년 증가하고 있지만, 대외무역총액에서 차지하는 비중은 높지 않다. 중국과 인도의 인구, 경제규모,

---

80) 呂昭義 主編, 『印度藍皮書一--印度國情報告(2012~2013)』, 社會科學文獻 出版社, 2014, p. 263 참조.

거대한 시장을 놓고 봤을 때, 이 정도의 무역규모는 충분하지 않다. 양국은 보다 광범위하고 규모가 큰 경제무역 협력 공간을 마련해야 한다. 티베트가 인도로부터 수입하는 품목은 밀가루, 식물성 기름, 로실크Raw Silk, 방향제, 알루미늄 제품, 채소, 동銅항아리 등이다. 그리고 수출품으로는 캐시미어, 양모와 우모 직물, 마늘, 양탄자, 양, 유채씨, 일상잡화, 편직품, 오토바이, 생사生絲, 가전제품, 농기계, 건축자재 등이 있다. 중국으로부터 수입하는 제품이 수출품보다 가치가 높다 보니, 인도는 중국의 공업품이 티베트를 통해 인도시장으로 유입되는 것에 대해 불안을 느끼게 되었다. 이에 대한 대응으로, 인도는 중국과의 접경무역에서 일방적으로 교역리스트를 작성했고, 이 리스트로 인해 티베트의 접경무역 발전이 제약을 받고 있다. 지적할 만한 것은, 비록 무역적자가 크더라도 인도의 GDP 성장을 지탱하는 것은 첨단산업이라는 점이다. 예를 들어 2007년 인도 IT 첨단산업 수출은 400억 달러였지만 2014년에 860억달러로 증가했다. 첨단산업 발전과 특허기술을 중시하는 인도는 완비된 지식재산권 보호제도를 만들어 첨단산업이 인도 경제발전의 지주산업이 되도록 보장하고 있다.

넷째, 무역수지의 차이로 인해 인도에서는 얼마 전 '중국위협론'이 대두되었다. 이러한 위협론은 사실상 1962년 인도가 전쟁에서 패배한 것에 대한 심리가 경제에서 표현되는 것으로 볼 수 있다. 수입초과와 상품 종류의 차이로 인해 인도인의 자부심이 중국에 의해 손상되었다고 느끼는 것이다. 최근 들어 인도는 인구 증가율이 중국보다 높은 것 외에 다른 대부분의 경제지표에서 중국에 뒤처지고 있다. 이로 인해 좌익인사들은 불안을 느끼고 있으며 인도의 유명기업 타타그룹 총수인 라탄 타타Ratan Tata 회장은 블룸버그 통신과의 인터뷰에서 다음과 같이 말했다. "중국은 파키스탄을 지원하며 그들의 무장을 돕고 있다. 이것은 인도에 홍기紅旗를 꽂는 행위나 다름없으며 인도에 두 번째 계급의 적을 만들어내는 것이다."[81] 실질적으로 인도의 이러한 우려는 전혀 불필요한 것이다. 글로벌경제가 발전함에 따라 국가와 국가 사이의 의존도는 더욱 심화되고 있다. 게다가 인도와 중국은 아시아 최대 개발도상국으로서 서로 신뢰하고 의존해야 서로 '편안한 이웃, 화목한 이웃, 잘사는 이웃'의 국면을 만들어 갈 수 있다. 또한, 인도 경제가 빠르게 발전하면서 몇몇 지역에서 '인도위협론'이 형성되고 있다는 점도 언급할 만하다. 예를 들어 미국 주간지『워싱턴 이그재미너Washington Examiner』에서는 인도가 미국의 군사, 경제에 위협이 된다고 주장했다. 물론 이러한 논조는 인도 학자의 반발을 샀다. 인도 평화와국제연구소IPCS·Institute of Peace and Conflict Studies의 전문가는 다음과 같이 지적했다. "미국의 일부 인사들이 볼 때 중국과 인도의 발전은 국제사회에서 미국의 영향력 약화를 의미하며, 이들은 미국의 패권 지위를 유지하기 위해 끊임없이 '중국위협론'을 만들어냈다. 이제 미국에 '인도위협론'이 대두되는 것은 의심할 바 없이 인도의 발전을 시기하는 것이다. 이는 미국이 전략을 수정해 중국을 견제하는 동시에 인도에도 타격을 주려는 것으로 보인다."[82]

---

81) 「無需過度擔憂印度版"中國威脅論"」, http://opinion.china.com.cn/opinion_96_46296.html, 검색일: 2015年 2月 4日.

82) 「美國出現"印度威脅論"」, 『環球時報』 2006年 4月 7日.

(5) 중국 티베트 접경 개발개방에 대한 제안

현재 티베트는 적극적으로 '유치와 진출'을 병행하는 원칙 아래, 변경통상구 인프라 건설에 힘쓰고 있다. 통상구 서비스무역 역량을 제고하고 투자무역환경을 특화하면서 통상구와 변경무역시장 건설을 강화하려는 것이다. '남아시아 육상무역통로'와 '환히말라야 경제 벨트'를 목표로, 지룽 통상구 개통, 장무 통상구 개선, 야둥 통상구 재개방과 푸란·르우 통상구 건설에 나섰다. 이와 함께 통상구 계획 편제에 착수, 교통·에너지 등 관련 부대설비 건설을 추진하고 있다.

첫째, 중국-인도 자유무역구 건설을 앞당겨 세계경제에 적극 편입하고 무역보호주의를 지양하며 대외경제협력과 무역발전을 촉진한다. 2003년 6월 인도 바지파이 총리가 중국을 방문했을 때 중인자유무역구 건립을 제안한 바 있다. 뒤이어 2005년 양국이 발표한「정부 공동성명」에서도 자유무역구의 실현 가능성에 대한 연구를 진행해 2015년 자유무역구 건립을 위해 노력할 계획을 밝혔으나, 2007년 연구를 마친 후 중인자유무역구 건립에 대한 인도 측의 의지가 현저히 약화되면서 실현이 미뤄졌다. 이밖에 양국 인접지역 차원의 협력 협약을 적극적으로 추진해, 티베트와 인도, 네팔, 부탄 등 국가의 변경 지역에서 서로 대등한 수준의 파트너 간 변경무역, 경제, 문화 협력을 진행해야 한다.

둘째, 주변 지역의 교통인프라 건설을 조속히 추진한다. 시가체에서 간체에 이르는 철도의 계획 및 건설을 가속화한다. 장기적으로는 시가체에서 네팔에 이르는 철도건설 계획 아래, 시가체 중바, 싸가 등 현을 거쳐 서북쪽 아리 지역과 신장철도까지 닿는 순환선 건설을 추진한다. 야둥현성縣城에서 나이두이라산에 이르는 케이블카索道를 설치한다. 라싸에서 야둥에 이르는 도로와 푸란에서 중바현, 지룽현에 이르는 도로를 업그레이드한다. 라싸-야둥-인도 칼림퐁Kalimpong-뉴델리를 잇는 고등급 도로를 건설하고 318번, 219번 국도 고속화와 204번 국도의 고등급화를 추진한다. 중국 라싸에서 인도 뉴델리를 잇는 항공 직항을 개통하고 시가체공항 고속도로를 건설한다. 접경현의 인프라를 완비한 후에는 도로, 우편, 통신 등 여러 분야에서 인도와 왕래할 수 있도록 한다.

셋째, '방글라데시-중국-인도-미얀마' 경제회랑이 티베트에 가져다줄 확산효과를 잘 이용해야 한다. 2013년 5월 리커창李克强 총리의 인도 방문 기간, 중국과 인도는 공동으로 '방글라데시-중국-인도-미얀마' 경제회랑건설을 제창하고 중인 양대 시장의 보다 긴밀한 연계를 추진하기로 하였다. '방글라데시-중국-인도-미얀마' 경제회랑은 티베트와 윈난에 빠른 길을 만들어준 것이라 할 수 있다. 티베트는 대부분이 인도와 국경을 맞대고 있고, 차위현 동쪽만 미얀마 접경지역이다. 이곳은 중국 티베트의 접경현이자 중인 국경 분쟁지역이기도 하다. 차위현 주변지역이 '방글라데시-중국-인도-미얀마' 경제회랑의 확산효과와 결합될 수 있다면 지역 안정과 발전에 커다란 의의가 될 것이다.

넷째, '일대일로'가 티베트에 가져올 기회를 포착한다. 인도가 중국의 '일대일로'를 외면하고 있지만, 시진핑 주석과 모디 총리가 2014년과 2015년 두 차례 만남을 가진 것은 중인관계가 보다 심화될 것을 예고하는 것이며, '일대일로'의 틀 아래 중인관계의 미래 전망을 보여주는 것이다. 양국은 '일대일로' 전략구상을 함께 계획하여 교통, 물류의 통로를 열고 무역 및 투자편리화를 실현해 지역경제발전의 걸림돌을 극복하고 금융 협력을 통해 '에너지클럽'과 식량협력 메커니즘을 구축해야 한다. 양국이 국경을 맞대고 있는 지정학적 우위를 발휘해 교통, 무역, 금융, 관광, 에너지, 물류 등 분야에서 함께 발전하고 '일대일로' 전략구상을 추진하는 가운데 발전공간을 넓혀 가야 한다.[83]

다섯째, 에너지개발에서 전략적으로 인도와 협력한다. 인도는 일찍부터 에너지와 지정학의 관계에 주목, 국가 정치안보 등 분야에서 갈등요소는 일단 배제한 채 주변국가와 에너지협력을 전개하고, 변강의 에너지정책과 지정학적 전략을 결합함으로써 에너지 외교에서 중국의 영향력을 약화시키고자 했다. 티베트지역은 에너지자원이 풍부하지만 에너지 생산이 주변 지역과 국가로 확산되지 못하고 있다. 중국은 이러한 유리한 조건을 이용해 인도 및 주변국가와 수리설비 및 발전, 태양광발전과 원유수송관 분야에서 협력해야 한다.

여섯째, 변경통상구 무역경제 발전은 생태환경 보호와 결합되어야 한다. 티베트는 중국의 중요한 생태안전 기지로서, 이것은 티베트가 가진 장점이자 가치이기도 하다. 예를 들어 에베레스트산 자연보호구역은 생태가 비교적 취약해 변경통상구 무역경제 발전과 생태를 '일대일로' 건설의 중요한 전략과 정층설계(頂層設計, Top-level design)에 포함시켜야 한다. 산업경제가 생태환경을 파괴하지 않는 전제 아래 티베트 발전에 부합하는 산업구조를 설계, 실시함으로써 과거 중국 내륙 발전에서 빚어진 자원낭비와 환경파괴가 반복되는 일을 막아야 한다. 현지의 인문역사와 민속문화를 보호하면서 발굴해야 한다. 변경통상구 건설에서 민족적 풍모를 담아내는 창의성을 발휘해 민족특색을 가진 특수하고 유일하며 예술적인 변경통상구 문화경제벨

---

83) 苗楊·蔣毅, 「融入 "一帶一路" 戰略構想, 推動西藏跨越發展」, 『當代世界』 2015年 第1期 참조.

트를 건설해야 한다.

일곱째, 환히말라야 경제협력벨트 건설을 적극 추진한다. 환히말라야 경제협력벨트 건설은 티베트를 대^對남아시아 개방의 교두보로 삼고, 라싸·시가체 등 티베트 주요 도시와 티베트를 지원하는 내륙 도시를 발판으로 하며, 접경지역의 장무·지룽·푸란·야둥 등 통상구를 창구로 활용해 중국과 네팔, 인도, 부탄, 스리랑카 등 남아시아 국가의 경제무역, 물류, 투자 등 협력과 발전을 추진하는 중요한 계획이다. 티베트 특색의 산업으로는 티베트 관광문화업, 티베트 전통 의료의약업, 변강 농목축업, 민족 수공업, 뛰어난 광업, 양질의 생수, 생태림 과수업, 청정에너지 등이 있다. 이러한 기초 위에 중국과 인도의 변경무역회담 기제를 건립해 무역문제를 신속하게 해결한다.

2 중국과 네팔의 경제협력

이웃국가이자 우방으로서, 네팔과 중국의 상호관계에 변경무역은 대단히 중한 부분이다. 히말라야산맥을 넘나드는 중국-네팔 무역은 이미 수천 년의 역사를 가지고 있다. 역사적으로 네팔은 국내에서 생산한 생활용품, 식품, 종이, 종교용품 등을 티베트로 수출했고, 티베트로부터 소금과 양모 및 양모제품을 수입했다. 중국-네팔의 관계가 심화·발전되어 가고 있는 21세기, 양국 간 경제협력은 양국 변경의 안정과 발전에 긍정적인 의의를 갖는다.

(1) 중국과 네팔의 경제협력 현황

1) 양국 간 무역액의 빠른 증가

1983년 정부 차원의 경제무역위원회를 설립한 것을 시작으로, 중국과 네팔 무역이 증가하기 시작했다. 21세기 들어 양국 간 무역액은 기복을 보이면서도 빠르게 증가했다. 예를 들어 2001년 양국 간 무역액은 1억 5300만 달러를 기록했다. 2002년 1억 1000만 달러로 감소하긴 했으나 이후 해마다 증가하여 2007년에는 4억 달러에 달했다. 2008년에는 금융위기의 영향으로 조금 감소한 3억 8100만 달러에 그쳤다.[84] 하지만 이후 몇 년 동안 양국 간 무역액은 다시 빠른 증가세를 보여 2013년에는 20억 달러, 2014년에는 23억 3000만 달러에 달했다. 중국은 네팔의 2대 수입국이자 4대 수출국이 되었다.

2) 중국-네팔 무역에 유리한 변경통상구 발전

2008년 이후 티베트자치구는 지룽 통상구 건설에 힘을 쏟아 통상구 도로교통, 검역설비 등 기본적인 부대서비스시설을 완비했다. 2014년 지룽-라슈와熱索瓦·Rasuwagadhi통상구 시범운영 기간 동안, 통관을 거친 차량이 366대, 변경무역 총액은 2786.7만 달러로 전년동기 대비 850%가 증가했다. 화물운송량은 3580.8톤으로 전년동기 대비 580% 증가했다. 지룽 통상구의 개통으로 중국 내륙과 남아시아를 잇는 무역통로가 구축되었고 중국 국내 생산업체 및 판매업체와 인도, 네팔 등 남아시아국가의 무역이 연결됨으로써 중국과 남아시아 경제권의 연계가 강화되었다.[85]

---

84) 黃正多, 李燕, 「國尼泊爾經貿合作硏究」, 『南亞硏究』 2010年 第4期 참조.

3) 네팔 내 중국 투자 증가

네팔에서 활동하는 외자기업을 보면 중국에서 온 투자가 이미 인도의 투자를 넘어섰다. 2012년 한 해 동안 중국 투자 유치에 성공한 네팔기업은 565개에 달했다. 2013년 7월에서 12월 사이, 네팔에 대한 중국의 직접투자는 1억 7400만 달러에 달해 네팔에서 유치한 외자총액의 60%를 차지했다. 네팔에서 관광산업이 활발해지는 가운데, 중국 투자는 주로 호텔, 여행사 설립과 운영에 집중되었다. 그러나 '실크로드 경제벨트' 전략이 추진됨에 따라 티베트 시가체를 통과하는 중국-네팔 철도계획과 남아시아로 개방된 육로개통, 그리고 네팔 농업, 인프라, 수력자원 건설을 통한 중국 투자가 빠르게 증가하고 있다. 네팔 정부, 민간조직에서는 네팔에 대한 중국의 투자를 낙관적으로 전망하면서, 더 많은 중국 투자유치를 희망하고 있다. 또한 네팔 정부는 관련 경제법을 제정, 혹은 개정하여 중국에서 오는 투자를 더 많이 유치하기 위해 좋은 환경을 조성할 것을 약속했다.86) 중국-네팔 무역은 발전 잠재력이 크다. 특히 네팔의 경제발전을 위해서는 많은 인프라 설비, 교통 운송 기기, 각종 경공업 제품이 필요하며, 중국은 '세계의 공장'으로서 생산능력과 경쟁력을 갖춘 공업제품을 통해 네팔 시장에서 우위를 점할 수 있다.87)

---

85) 「中國吉隆一尼泊爾熱索瓦雙性性口岸開通運行」, 『中國西藏新聞網』, http://Tibel.new.cn/gdbb/2014-12/02/c_133827277.htm, 검색일: 2015年 2月 9日.

86) 「上一財年尼泊爾吸引中國投資達十一億元」, 『國際在線』 2013年 7月 24日, http://gb.cri. cn/42071/2013/07/24/6651s4193059.htm, 검색일: 2015年 4月 3日.

87) 蘇加, 「中國與尼泊爾雙邊貿易及投資前景分析」, 『經濟論壇』 2011年 第1期.

(2) 중국–네팔 경제무역 협력 발전의 기회

1) 중국의 대네팔 지원 증가와 중국–네팔 경제무역 협력

1956년 중국-네팔 간 첫 원조협약을 체결한 이래, 네팔은 중국으로부터 경제·기술 원조를 받았다. 1990년대 중반 이후, 공동 건설 사업을 위해 중국은 네팔에 많은 원조를 제공했다. 1999년 이후 중국은 여러 차례 네팔에 약품 및 의료설비를 지원했고, 2004년 체결한 경제기술협력협약에 따르면 카트만두 광케이블 부설공정을 지원하기도 했다.[88] 2014년 중국은 네팔과 양해각서를 체결, 중국과 인접한 네팔의 변경지역 발전을 지원하기로 약속했다. 이에 티베트 지방정부에서 4년 동안 4000만 위안을 제공해 네팔 15개 빈곤현의 위생, 교육과 인프라 건설 등 분야를 지원했다.[89] 이러한 실천을 통해 새로운 협력방식으로 양국의 적극성을 끌어내고 양국 경제협력의 영역을 심화·확대시켰음을 증명했다.

2) 중국·네팔 접경의 지리적 이점: 중국·인도 경제무역의 '중계경제체'

네팔의 갸넨드라 전 국왕은 장무 통상구가 네팔을 중계통로로 만들어 줄 수 있다는 점을 지적한 바 있다. 최근 네팔 정부에서는 여러 차례 그 실현 가능성에 대한 연구에 착수했다. 이에 대한 견해는 현재 두 가지로 나뉜다. 하나는 중국-인도 양국의 무역파트너 관계가 갈수록 긴밀해지고 있으므로 네팔이 이 가운데서 '무역중계지점'이

---

88) 蘇加, 「中國與尼泊爾雙邊貿易及投資前景分析」.

89) 「中国援助尼泊尔发展临西藏边境地区」, http://news.xinhuanet.com/world/2014-11/20/c_1113340108.htm, 검색일: 2014年 11月 27日.

되어 중계무역을 통해 자국 상품의 부가가치를 높이고 취업을 늘림으로써 국내경제를 발전시킬 수 있다는 생각이다. 또 한 가지 견해는 네팔이 중계경제를 발전시키려면 너무 많은 비용이 소요되고 네팔의 지리적 구조 역시 이러한 구상을 현실화하기에 적합하지 않다는 입장이다. 이밖에, 중계경제를 발전시킬 경우 발생할 부정적 영향에 대한 우려도 있다. 예를 들면 외래인구가 대량으로 네팔로 유입되어 국내 안전에 대한 위험이 높아지는 등 몇몇 사회문제가 있다.[90] 인도는 '중계경제체' 개념에 반대하지 않는다. 아마도 인도가 가장 먼저 네팔을 인도 상품의 중국시장 진입을 위한 교두보로 삼으려는 전략을 내놓은 것과도 관련이 있는 것으로 보인다.[91] 중국·네팔 변경지역에 중계 기능을 갖춘 경제특구가 건설된다면 티베트 중서부지역 일자리 증가와 네팔 측 무역수지 개선에 도움이 될 것이다. "네팔의 중계경제체 전략은 삼자 간 상생의 결과를 가지고 올 것이다. 인력과 상품이 중국, 네팔, 인도 간에 빈번하게 이동함으로써 삼국 관계가 개선될 것이고, 그러므로 이 전략이 제기된 것은 어느 정도 전략적 가치가 있다"[92].

3) 중국의 변강 발전 계획과 인프라

첫째, 이미 개통한 티베트-네팔도로는 라싸에서 출발해 시가체,

---

90) 「尼政府發展經濟的新思路"轉口經濟"」, http://np.mofcom.gov.cn/aarticle/jmxw/200508/20050800310232, 검색일: 2014年 11月 27日.

91) Madan Lamsal & Keshav Gautam, "Nepalin Transit," *New Business Age*, September 2005.

92) 藍建學, 「21世紀的中國—尼泊爾關系:國家利益的視角」, 『南亞研究』 2009年 第4期 참조.

딩르, 녜라무, 장무, 우정의 다리友誼橋를 거쳐 네팔의 수도 카트만두에 이르는 길이 943㎞의 도로다. 둘째, 건설 중인 도로 가운데 길이 22㎞의 샤라沙拉·Syaphrubesi~Rasuwagadhi Highway도로 건설 사업이 네팔 중부 바그마티 경제발전구Bagmati zone 내 라슈와현Rasuwa district에서 진행 중이다. 완공 후에 도로 남단은 카트만두와 시프루베시진Syaphrubesi을 잇는 도로와, 북단은 중국 티베트 시가체시의 지룽현 접경지역과 연결된다. 이는 중국과 네팔을 잇는 두 번째 육상통로가 될 것이며, 중국-네팔 변경지역 교통을 개선하고 지역경제와 양국 무역 발전을 촉진하는 데 중요한 역할을 할 것이다.[93]

(3) 중국과 네팔 무역의 주요 문제

1) 심각한 무역불균형 문제

네팔은 중국과의 상업무역 중 3%가 수출, 97%가 수입으로, 중국이 줄곧 흑자를 내고 있다. 흑자액은 2002년에만 979만 달러를 기록한 것 외에 다른 해에는 모두 1억 달러를 넘고 있으며, 2003년부터는 흑자액이 대폭 증가해 2003년 1억 1600만 달러, 2006년 2억 5100만 달러, 2007년 3억 7000만 달러에 달했고 2008년에는 3억7000만 달러에 근접했다.[94] 네팔의 대중국 무역적자의 주요한 원인은 양국 제조업 규모와 기술의 차이에 있다. 중국이 약 1만 종에 달하는 네팔 상품에 면세정책을 적용하고 있지만, 네팔의 국산제품은 여전히 저렴한 가격에 우수한 품질을 자랑하는 '메이드인 차이나'를 따라오지

---

93) 宋誌輝, 「尼泊爾接受外援情況淺析」, 『南亞研究季刊』 2005年 第2期 참조.
94) 黃正多, 李燕, 「中國尼泊爾經貿合作研究」, 『南亞研究』 2010年 第4期.

못하고 있다.

2) 상품구조와 정책 문제

중국이 네팔에서 수입하는 상품은 부가가치와 기술함량이 낮은 자원집약형 제품인 반면, 수출상품은 대부분 기술형 공산품이다. 네팔 무역수출촉진센터의 데이터에 따르면, 네팔의 5대 대중국 수출상품 증가율은 양탄자가 479%, 약초가 478%, 금속조각상이 406%, 모피ㆍ피혁이 376%, 밀가루가 203%를 기록했다.[95]

3) 네팔의 낙후한 인프라와 중국 변경지역의 문제

네팔은 농업국으로서 인구의 80%가 농업으로 생계를 유지하고 있으며, 유엔 통계에 따르면 세계에서 가장 낙후한 48개국 가운데 하나다. 네팔의 인프라는 낙후되어 있으며 도로가 적고 고속도로도 없다. 「국가운수정책2001」에서 네팔은 향후 20년간 지속될 도로발전계획을 수립했으며, 10차~13차 5개년계획 기간 동안 실시할 예정이다. 계획의 주요 내용은 '국가도로망을 개발ㆍ확장하고 전략 도로와 교량을 보수ㆍ개축ㆍ업그레이드하는 계획을 완성하기 위한 예산'이다. 네팔은 인도와 인접한 일부 지역에 비교적 짧은 거리의 철도가 있으며 카트만두에 유일한 국제공항이 있을 뿐이다.[96] 또한 수력발전소 등 건설이 부족해 전력이 부족한 실정이다.[97]

---

95) 「2014 第三屆中國尼泊爾貿易投資合作論壇介紹以及贊助方案」, hup://www. imcema.org/article-26319-1.html, 검색일: 2014年 12月 12日.

96) 네팔 정부는 2014년부터 네팔항공이 대형 항공기 7대를 구매해 국제노선에 사용하고 중소형 항공기 15대를 구매해 국내노선에 사용하도록 결정했다.

4) 인도 및 14대 달라이라마 문제

남아시아 역사를 봤을 때, 네팔과 인도의 전통적 우호관계는 의심할 여지가 없다. 그러나 공산주의를 핵심으로 하는 정당이 여러 차례 대선에서 결정적인 우위를 점하면서, 인도는 네팔이 지나치게 중국 쪽으로 치우칠까 우려하고 있다. 지정학적 요인을 고려해, 인도는 경제적으로 네팔에 도움을 주는 동시에 정치적 압력을 행사하며 네팔 끌어들이기에 적극적이다. 특히 남아시아지역협력연합^{SARC}이 경제일체화에 노력함에 따라 네팔의 대외경제를 끌어들이고 영향력을 강화하며 심지어 통제하려는 모습을 보이고 있다.[98] 중국과 네팔의 '중계경제체' 건설 과정이 '티베트독립' 세력의 방해를 받고 있다는 점도 강조할 필요가 있다. 티베트 '망명정부' 관계자 다와체링^{Dawa Tsering}은 다음과 같은 발언을 서슴지 않고 있다. "티베트와 네팔의 상업무역활동은 역사적으로 매우 활발"했지만 1951년 이후 "티베트와 네팔의 상업무역활동이 중단되었다. 역사적으로 이러한 무역의 이익은 티베트인에게 있었으나…… 현재 티베트 사람들이 무역활동의 이익을 계승할 수 있을지 의심스럽고", "장무는 유일한 대외 통상구로서 과거 현지 상인은 모두 티베트인이었으나 지금은 티베트 사람은 몇 되지 않고 거의 모두가 중국인이다. 특히 이들은 일반적인 한인^{漢人}도 아니어서…… 특수한 관계가 있는 중국인들이 장무에 배치되어 티베트족과 한족을 차별대우하면서 티베트인들은 그곳에서 계

---

97) 「關於尼泊爾公路建設現狀,發展目標的報告」, 『중국 주네팔 대사관』, 2014年 10月 26日, http://np.mofcom.gov.cn/aarticle/ztdy/jjfz/200410/20041000296711.html, 검색일: 2015年 2月 1日.

98) 王宗, 「尼泊爾一印度經貿關系初探」, 『南亞研究季刊』 1999年 第2期.

속 살아갈 수 없게 되었다."

(4) 중국-네팔 간 투자·경제협력 가능성

1) 중국 변경-네팔 관광시스템 일체화

네팔은 자연풍광과 역사문화유산의 가치가 높으므로 이러한 장점을 이용해 '네팔-중국 티베트' 변강 관광업 발전을 촉진하고 티베트 지역 발전을 이끌어야 한다. 2013년 5월 중순에서 2014년 5월 중순까지 네팔을 방문한 외국 관광객이 연인원 79만 8000명에 이르며, 이를 통해 13만 8000개의 일자리를 창출했고 그 가운데 중국에서 네팔을 방문한 관광객이 처음으로 10만 명을 넘어서 11만 3173명을 기록, 전년동기 대비 57.5% 증가했다. 네팔을 찾은 중국관광객이 크게 증가한 주요한 원인은 양국 간 항공노선이 빠르게 발전했기 때문이다. 2013년 항공편을 이용해 네팔을 방문한 중국관광객은 연인원 6만 2616명으로 55.3%를 차지했고, 육로를 통한 관광객은 연인원 5만 557명으로 44.7%를 차지했다.[99] 육로를 통해 네팔을 방문한 관광객은 중국 변강-네팔 변경지역 관광업 발전에서 매우 중요한 역할을 하며 라싸-카트만두 육로 노선은 거대한 관광 가치를 가지고 있다.

2) 네팔 수력발전 개발 협력

네팔에 잠재된 수력발전 용량은 8만4000메가와트에 달하지만 전력공급을 누릴 수 있는 인구는 전국 15%에 지나지 않는다. 네팔은

---

99) 「2013年中國赴尼泊爾遊客首次突破10萬人」, http://np.mofcom.gov.cn/article/j mxw/201408/20140800713527.shtml, 검색일: 2015年 2月 1日.

인도와 전력망 건설에 관한 협약을 맺고 양국 간 전력 자유무역을 위한 기초를 다졌다. 협약에 따르면 양국에서 허가를 받은 전력생산업체, 무역업체, 전력구매업체는 자국 법률에 따라 국가 간 전력무역과 전력전송 업무에 종사할 수 있다. 전력 전송을 위한 선로건설은 인도가 재정자금을 제공하고 첨단기술을 이용한 전력수송 계획 및 관리에서의 우위를 바탕으로 기술원조를 제공한다.[100] 중국은 수력발전 개발에서 성공적인 경험을 가지고 있으므로 인도의 방식을 참고하여 네팔과 수력자원 개발 분야 협력을 강화해야 한다. 이는 중국과 네팔 양국 변강지역 사회경제 발전에 도움이 될 것이다. '일대일로' 전략이 추진된 이후, 중국은 주변지역과의 에너지 협력에서 이미 좋은 성과를 거두고 있다. 2015년 중국은 네팔의 어퍼 마르샹디Upper Marsyangdi 'A' 수력발전소에 1억 6000만 달러를 투자했다. 어퍼 마디Upper Madi 수력발전소의 총투자액은 5830만 달러이다. 2015년, 네팔은 중국 산샤三峡그룹에 웨스트 세티West Seti 수력발전사업을 맡기는 안을 비준했다. 투자액은 16억 달러에 달해 인도를 놀라게 했다.

3) 중국-네팔 변경 경제무역협력 중 양국 기업과 민간조직의 역할

상대적으로 저렴한 네팔의 토지와 인건비를 이용해 중국기업이 네팔에 공장을 짓고 투자를 하도록 장려, 네팔의 국내 공업 발전을 촉진한다.[101] 예를 들어 네팔 공업시스템에서 자동차산업은 공백 상

---

100) 「尼泊爾與印度簽署電力貿易協議」, 『주네팔중국대사관』, 2014年 10月 25日, http://np.mofcom.gov.cn/article/jmxw/20141O/20141000776162.shtml, 검색일: 2015年 2月 1日.

101) 黃正多, 李燕, 「中國尼泊爾經貿合作硏究」, 『南亞硏究』 2010年 第4期.

태지만, 근래 들어 자동차 소비량이 빠른 증가세를 보이며 연간 성장률이 10%에 달하고 있다. 중국 자동차기업이 네팔에 진출할 좋은 기회라고 할 수 있다. 또한 네팔은 곡식 재배 기술이 떨어져 식량 수입이 빠르게 늘고 있다. 수입하는 곡물은 주로 밀, 옥수수, 벼, 메밀, 조 등이다. 2013년~2014년 회계연도 전반기 9개월간, 네팔의 곡물 수입은 180억 루피에 달해 전년동기 대비 26.6% 증가했다.[102] 이러한 상황에서 중국과 네팔은 공업기술 원조라든가 현대적인 곡식 재배 기술협력 등 새로운 경제협력의 형식을 논의해야 한다.

정리하자면, 중국과 네팔 변경 경제무역협력은 앞으로 발전할 수 있는 여지가 많다. 변경무역의 확대는 티베트 일대의 사회경제 발전을 촉진할 것이고 중국 변강의 인프라와 사회발전 수준을 향상시켜 줄 것이다. 이는 중국이 '일대일로' 전략을 통해 인도 아대륙과 연결하려는 중요한 조치이기도 하다. 중국-네팔이 변경무역을 발전시키는 것은 네팔 국민의 이익에 부합하는 것이며 네팔 정국의 안정, 사회 안정에도 도움이 된다.

---

102) 「過去五年裏尼泊爾糧食進口增長了10倍」, 『중국 주네팔 대사관』 2014年 10月 26日, http://np.Mofcom.gov.cn/article/jmxw/201406/20140600628462.shtml, 검색일: 2014年 6月 17日.

중국 티베트 안전과 안정 문제

남아시아지역은 현재 대변혁, 대조정의 단계에 들어섰다. 게다가 전통적, 비전통적 안보문제가 뒤섞여 있다. 미국 대테러전의 전장이 동쪽으로 이동하고 인도의 대국으로서의 지위가 향상되어 대국 간 힘겨루기가 격화된 이후, 다양한 이슈 속에서 중국의 남아시아 선린 외교는 기회를 맞이하고 있다. 그러나 문제도 존재한다. 그 가운데 중국-인도 국경문제, '티베트 문제' 등이 중국 변강 안정과 특히 밀접한 관계를 갖는다.

1 티베트의 사회 안정과 반분열투쟁

(1) 티베트의 사회 안정

1) 티베트 안정의 중요성

중국 서남 변강에 위치한 티베트는 국가적으로 중요한 안전 방어벽으로서 국가전략의 전체적인 구도에서 줄곧 중요한 위치를 차지해왔다. 티베트의 안정과 국가의 안정, 티베트의 안보와 국가의 안보가 상호의존적인 관계에 있음은 역사를 통해 증명되었다. '3.14' 소요사건 이후, 중국공산당 18차 당대회 이래 다양한 조치들을 통해 티베트는 안정이 지속되는 새로운 단계에 접어들었지만, 여전히 반분열투쟁의 최전선이기도 하다. 티베트는 현재에도 여전히 티베트 각 민족과 14대 달라이라마를 비롯한 분열세력 간의 특수한 갈등이 존재하며 반분열투쟁이 첨예하고 복잡하게 진행 중이다. 또한 형사범죄가 증가하고 인민 내부의 모순이 두드러진 시기에 국경 내외 세력이 결탁하여 외부의 간섭과 침투, 폭력적 파괴행위가 서로 연계되어 인민 내부의 모순과 적아敵我의 모순이 교차하는 복잡한 국면에 처해있다. 티베트 경제발전은 뒤늦은 출발과 허약한 기초, 부족한 역량으로 인해 경제사회발전의 전체적 수준이 내지와 커다란 격차를 보이고 있다. 이로 인해 '사회주의 조화사회' 건설이라는 임무에 상당한 어려움이 되고 있다.[103]

2) 티베트 안정에 영향을 미치는 요인들

첫째, 경제문제. 2015년 티베트 일인당 GDP는 2만 9897위안, 지역 생산총액은 20년 연속 두 자릿수 성장을 기록하며 연평균 12%의 성장속도를 유지했다. 경제·사회적으로 다양한 분야에서 뚜렷한 성과를 거두었지만, 경제성장에서 몇 가지 문제가 드러나고 있다. 우선 농목업에 종사하는 주민의 수입 성장 속도가 느리고, 도농 간 격차가 해마다 벌어지고 있다는 점이다. 티베트와 내지 농촌의 수입 격

---

103) 西藏自治區黨委政策研究室,「維護社會穩定, 建設和諧西藏」,『西藏日報』
2013年 4月 20日 참조.

차가 벌어지고 티베트 내 도농 주민 간 수입 격차 역시 계속해서 확대되고 있다. 농목업 종사인구의 수입은 전국 평균에 못 미치는 수준이다. 다음은 경제 규모의 문제다. 티베트 지역생산총액은 빠르게 증가하고 있지만, 총량으로 보면 여전히 전국에서 가장 낮은 수준이다. 일인당 GDP 역시 오랜 기간 전국 순위에서 뒷자리에 머물러 있다. 산업구조를 보면 1차산업의 비중이 가장 높고 2차산업 비중은 전국에서 가장 낮다. 3차 산업의 비중 역시 미미하다. 마지막으로 산업구조에 문제가 있다. 티베트는 산업구조가 불합리해 이에 대해 조정을 가하는 것이 티베트 경제사회의 도약식 발전을 실현하는 데 필요한 전략적 선택이 될 것이다. 중앙에서는 이미 "1차산업을 안정적으로 발전시키는 가운데 2차산업에서 중점을 정해 집중 발전시키며 3차산업을 적극 발전시킬 것", 그리고 "특색 있는 농목업 및 관련 가공업 발전에 힘쓸 것"을 티베트 경제발전의 주요한 임무로 제시한 바 있다.

둘째, 정치문제. 티베트 사회주의 민주정치 건설은 많은 성과를 거두었지만 주의를 기울일 만한 문제도 남아있다. 일부 간부, 대중은 여전히 준법의식이 부족해 행정과 집행에서 법률에 의거하지 않는 불공정한 사례가 발생하곤 한다. 민족종교문제에 대한 간부의 업무처리 능력을 제고시킬 필요가 있다. 일부 당원과 간부 사이에 중국 특색의 사회주의에 대한 이해와 인식에서 편차가 존재한다. 사회주의 신념이 동요하는 당원이 있으며 심지어 소수의 농목업 지역 당원과 간부는 정치적 신념을 상실, 투쟁의 방향을 잃고 당의 근본적 취지를 저버리기도 한다. 몇몇 당원은 사회주의 운동의 발전 상황을 이해하지 못하고 마르크스레닌주의가 아닌 종교에 의탁하는가 하면 문화를 공부하는 것이 아니라 불경을 읽기 시작한다. 이밖에도 정치적 입장과 신념이 흔들려 인민을 위해 복무한다는 취지를 망각하는 간부도 있다. 또는 간부들끼리 단결하지 못하고 자유주의로 흘러 사적인 이익을 위해 권력을 이용하고 법과 규율을 무시하기도 한다.[104] 이들 외에도 일부 대중이 달라이라마 사상에 눈이 멀어 "현세에는 공산당에 의지하고 내생에는 달라이라마에 의탁한다"고 하는 일도 있다.

셋째, 14대 달라이라마집단의 분열파괴 활동. 예로부터 티베트는 중국의 일부였으며 13세기 중엽 원나라가 중국을 통일했을 때 티베트족 지역 전체가 중앙의 직접 관리 아래에 들어왔다. 명대, 청대, 중화민국을 거쳐 중화인민공화국에 이르기까지, 티베트는 줄곧 중앙의 관리를 받는 행정구역의 하나였다. 18세기 이래, 일부 서구열강이 중국을 침략하려는 목적으로 티베트를 중국으로부터 분리하려 했다. 1947년 인도가 독립한 후, 대영제국이 반세기에 걸쳐 공들여온 티베트 분리계획은 결국 물거품이 되었다. 1951년 5월 23일 중앙과 티베트 지방이 티베트를 평화적으로 해방시키는 「17조협약」을 체결함으로써 티베트는 해방을 맞았다. 1959년 5월에서 6월 사이, 14대 달라이라마는 인도로 도망쳐 '티베트 망명정부'를 수립하고 '티베트 인민대표대회'를 소집, 소위 '헌법'을 반포하고 '티베트 망명정부'의 모든 업무에 대해 달라이라마의 동의를 거칠 것을 요구했다. 14대 달라이라마는 여전히 정교합일의 지도자인 것이다. 여기에 미국이 자국의 전략적 이익을 위해 14대 달라이라마 집단의 중국 분열 활동

---

104) 平措、德吉尼瑪,「當前西藏農牧區基層黨}建工作中存在的問題及對策」,『西藏發展論壇』 2006年 第6期; 索朗次仁,「關於西藏穩定問題的幾{點認識」,『西藏發展論壇』 2010年 第4期 참조.

을 부추기고 지원하고 있다. 현재 서구의 일부 반중국 세력은 중국을 억제하고 분열시키기 위해 해외에 망명 중인 달라이라마 집단과 결탁해 티베트 분열 활동을 계속하고 있다. 중앙과 티베트 지방정부는 장기간 달라이라마 집단과 치열한 투쟁을 해오며 조국의 통일과 민족 단결, 사회 안정을 지켜내고 있다.

(2) 14대 달라이라마 집단의 분열 활동과 추세

14대 달라이라마 집단은 정치적으로 '티베트독립'을 획책하며 티베트의 진보와 발전을 부인하고 티베트 각 민족인민의 성과를 무시하며 티베트가 올바른 길로 가고 있음을 부정한다. 그동안 14대 달라이라마 집단의 '티베트독립' 책략은 변화를 거듭해왔다. 1959년 3월, 14대 달라이라마 집단은 무장폭동이 실패하자 인도로 도주해 폭력적인 수단으로 '티베트독립'을 실현할 것을 공언했다. 1960년대 14대 달라이라마와 그 추종자들은 인도에서 소위 '티베트 망명정부'를 수립했다. 1970년대 말 중미관계가 완화되자 14대 달라이라마 집단은 국제정세가 불리함을 느끼고 소위 '중도노선'을 제기, 변형된 '독립'을 주장하기 시작했다. 이들은 국경 밖에서 티베트어 방송을 내보내고 분열을 조장하는 발언을 일삼으며 민족 간 갈등을 부추겼다. 1979년~1980년 달라이라마 집단은 '참관방문단(觀訪團)'을 조직해 약속을 어기고 암암리에 라싸 등지에서 '티베트독립'을 선동했다. 1989년 구소련과 동유럽의 정세가 급변하자, 14대 달라이라마 집단은 '티베트독립'의 때가 왔다는 잘못된 판단 아래 티베트의 '완전한 독립'을 주장하기에 이르렀다. 1992년과 1993년, 중앙정부는 성의를 갖고 달라이라마가 개인적으로 파견한 대표와 회담을 가졌으나 이 대표는 여러 차례 약속을 어기고 접촉 및 회담 상황을 악의적으로 외부에 유포하며 대화 내용을 멋대로 왜곡했다. 1993년 하반기, 달라이라마는 일방적으로 중앙정부와의 연락을 끊고 접촉과 협상의 문을 닫아 걸었다. 1994년 이후 14대 달라이라마 집단은 '티베트독립'에 희망이 없음을 알고 또 다시 입장을 바꾸어 '중도노선'을 내걸고 소위 '고도의 자치'를 요구하였다. 그리고 최근에는 '평화'와 '비폭력'의 허상을 앞세워 티베트에서 분열을 획책하고 있으며 '중도노선'을 극력 주장하고 티베트불교의 생불환생제도를 왜곡하고 있다.[105]

1) '평화'와 '비폭력'의 허상

'평화', '비폭력'은 인도의 성웅 간디가 식민통치에 저항한 투쟁방식인데, 14대 달라이라마는 그 명성에 기대 세계를 기만하고 있다. '평화'와 '비폭력'은 14대 달라이라마 집단이 내세우는 허울에 지나지 않으며 이들은 자신의 노선을 위해 폭력을 포기한 적이 없다.

첫째, 14대 달라이라마 집단은 폭력을 포기한 적이 없다. 1959년 14대 달라이라마 집단이 대규모 무장폭동을 일으키고 인도로 도피해 무장부대를 조직하고부터 1960년 네팔 북부의 무스탕Mustang에 '4수6강 수호군四水六崗衛教軍·Chushi Gangdruk'[106]을 설립하고 '망명 티베트인'

---

105) 「西藏白皮書:西藏發展道路的歷史選擇」, 『新華網』, 2015年 4月 15日, http://news.xinhuanet. com/ttgg/2015-04/15/c_1114974653_3.htm, 검색일: 2015年 6月 24日.

106) 4수6강(四水六崗)은 지리적 개념으로 쓰촨 티베트족藏族 지역, 윈난 장족 지역, 칭하이 위수玉樹 장족 지역과 티베트 창두昌都 지역을 가리킨다. 여기서 4수(四水)는 진사강金沙江, 란창강瀾滄江, 누강怒江, 야룽강雅礱江을, 6강(六崗)은 차와강擦瓦崗, 망캉강芒康崗, 마저강麻則崗, 무야라오강木雅繞

을 중심으로 '인도-티베트 경비대ITBP'를 조직한 것 등이 모두 무력에 기댄 '티베트독립'의 본질을 증명한다. 1980년대 티베트에서는 폭력 소요사건이 잇따랐다. 2008년 '3.14'사건 역시 14대 달라이라마 집단이 치밀하게 계획하고 선동한 사건이었다. 심각한 폭력사태를 일으킨 116명의 폭력범죄자가 사회와 대중에 커다란 상처를 입혔지만 14대 달라이라마는 이를 '평화적 항의'라고 미화했다.

둘째, 14대 달라이라마 집단은 평화를 상징하는 올림픽을 파괴함으로써 '비폭력'의 허상을 드러냈다. 2007년 5월 '제5회 국제티베트성원조직대회'에서는 '전략적 계획'을 통해 2008년 베이징올림픽 개최를 막으려 했다. 2007년 말에는 소위 '티베트청년회'와 '티베트여성협회'라는 조직에서 '티베트 인민 대봉기운동'을 일으켰다. 2008년 베이징올림픽이 열리는 동안에는 '티베트독립' 세력이 또다시 행사를 파괴하고 방해하려는 시도를 해 국제사회의 분노를 샀다.

셋째, '분신'을 부추기며 티베트 사람들의 생명을 경시한다. 폭력에 반대하고 생명을 존중하며 자비로운 마음을 갖는 것이 불교의 기본 교의이다. 불교는 살생과 자살에 반대하고 자비의 마음으로 생명을 아끼고 사랑하며 보호할 것을 주장한다. 그러나 2011년 8월, 스스로 '티베트불교'를 제창한다고 하는 '티베트 망명정부'의 새로운 우두머리인 롭상 상가이Lobsang Sangay는 '총리'에 취임한 후 새로운 '중도 비폭력노선'을 제창하며 분신을 부추기고 있다. 이로 인해 중국 칭하이靑海, 간쑤甘肅, 쓰촨 등 티베트족(장족)藏族 거주 지역에서 잇따라

崗, 써모강色莫崗, 쩌궁강澤貢崗으로 '4수6강'은 고대 티베트족 문헌의 기록 가운데 강바장족康巴藏族 지역에 대한 총칭이다. 바이두 참조. https://baike. baidu.com/item/%E5%9B%9B%E6%B0%B4%E5%85%AD%E5%B2%97/2250741?fr=aladdin, 역자주.

분신사건이 일어나고 있으며 이들은 심지어 『분신지도서』까지 배포하고 있다. '망명정부'는 분신자에게 구체적인 보상액을 제시하고 있는데, 분신으로 사망한 사람은 40만 루피, 부상자는 30만 루피이다. 이러한 방식에서 이들의 폭력성, 허위성을 알 수 있다.

넷째, 티베트불교의 정상적인 질서를 파괴하고 있다. 1970년 1월부터, 14대 달라이라마는 도르제 슉덴Dorje Shugden(티베트불교의 호법신장護法神將으로 반反달라이라마 측이 신봉, 역자주)이 자신을 해치고 자신의 사업과 '티베트독립활동'에 부정적인 영향을 미칠 것이라고 말하며 도르제 슉덴을 믿지 않겠다고 밝히고 도르제 슉덴 신봉자들을 억압하려 했다. 최근 들어 14대 달라이라마 집단은 다시 한번 '도르제 슉덴' 문제를 강조하며 '슉덴'을 비슷한 발음인 '흉천凶天(중국어 발음으로는 슝톈, 역자주)'으로 명명하고 있다. 14대 달라이라마는 도르제 슉덴을 믿어서는 안 되는 이유로 세 가지를 들고 있다. 티베트불교를 단순히 신을 모시는 형식으로 왜곡한다는 것, 각 종파 간의 공존을 가로막는다는 것, 티베트 사회의 조화와 안녕에 불리하다는 것이 그것이다. 사실상 이는 터무니없는 말이다. 14대 달라이라마의 진정한 목적은 자신의 강력한 지위를 이용해 티베트불교 내부에서 이견을 가진 사람을 배제하는 것이다.

2) '중도노선'을 핵심으로 하는 정치방안

달라이라마 집단이 '중도노선'을 표방한 1988년부터 지금까지 25년 동안, '중도노선'은 기대한 효과를 거두지 못했다. 2013년 '은퇴'를 선언한 14대 달라이라마는 또다시 서방을 향해 자신이 국내외 티베트 사람들의 '진정한 지도자'이며, '티베트 문제를 해결하는 가장 좋은 방법'은 '중도노선'임을 내세웠다. 이렇게 해서 근래 들어 '중도노선'이 다시금 달라이라마 집단과 일부 서구인들이 관심을 받고 있으며 달라이라마 집단은 이를 통해 내부 갈등을 봉합하려 하고 있다.

① '중도노선'이란 무엇인가? 14대 달라이라마는 '중도노선'에 대해 다음과 같이 정의하고 있다. "1974년 이래, 나는 줄곧 호혜를 기초로 한 중도노선의 입장을 견지했다. 이른바 중도노선이란, 모든 티베트인이 통일된 행정관리 아래 명실상부한 민족구역자치를 실시함으로써 진정으로 주인이 되어 스스로 자기 일을 관리하고, 외교와 국방 외에는 티베트족 지도자와 티베트족 간부가 티베트 사무에 책임을 지는 것이다." 달라이라마 집단은 '중도노선'을 '중관中観의 길'이라고 말하기도 한다. 티베트불교에서 말하는 '중관'이란 치우침이 없는 중앙을 말하며 다시 말해 유무有無 등 극단을 벗어난 중도와 그러한 견해를 갖는 것을 가리킨다. 달라이라마는 종교 용어를 가져다 사람들이 종교적 '성인'에 대해 갖는 미신을 이용하고 여기에 '티베트독립' 사상을 결합하여 국제사회에 '중도노선'을 퍼뜨리고자 안간힘을 쓰고 있다. 최근 들어 이러한 논조는 국제적으로 상당한 '지명도'를 누리고 있으며 국내에도 동정, 혹은 지지를 보내는 이가 적지 않다. 이러한 기만성과 악영향은 더 이상 간과할 수 없는 지경에 이르렀다.

달라이라마는 1988년 4월 처음으로 '중도노선'을 통해 소위 '티베트 문제' 해결을 주장했다. '중도노선'의 기본내용은 그가 1987년 미국에서 제창한 '5개 평화계획'에서 나타난다. ⓐ 중국군대와 경찰이 대티베트구大藏区(쓰촨, 간쑤, 칭하이 등 성의 자치주)에서 철수하고 대티베트구 전체를 비군사지역, 완충지역으로 만들 것[107], ⓑ 티베트족 외 이민족을 대티베트구에서 모두 철수시킬 것, ⓒ 티베트족이

자유선거를 통해 지도자를 뽑게 할 것, ⓓ 티베트의 자연환경을 회복, 보호하고 중국의 군사시설을 철거하며 티베트에서 핵무기를 생산, 실험하지 말 것, ⓔ 향후 티베트의 지위 및 티베트인과 중국 인민 간의 관계에 대해 진지한 협상을 진행할 것 등이다. '중도노선'의 내용은 1988년 6월 달라이라마가 프랑스 스트라스부르Strasbourg에서 제기한 '새로운 7개 건의'에도 드러나 있다. "ⓐ 티베트는 스스로 지배하는 민주적인 정치 실체가 되어 중화인민공화국과 연합관계를 유지해야 한다. ⓑ 중국 정부에서 티베트의 외교를 맡지만 티베트 정부는 국외에 종교, 문화 등 분야의 외교사무처를 설치할 수 있다. ⓒ 티베트 정부는 세계인권선언에 가입한다. ⓓ 티베트인은 주민투표를 통해 대티베트구 정부 수뇌를 선출하고 독립적인 재정, 입법, 행정, 사법권을 가지며 정부 소재지는 라싸로 한다. ⓔ 티베트 경제, 사회체제는 티베트 인민의 의지에 따라 결정한다(현행 사회주의제도를 부정한다, 인용자주). ⓕ 티베트는 핵무기나 기타 무기의 제조, 실험, 보관 및 핵 이용을 금지한다. ⓖ 영국, 미국 등 기타 국가가 참여하는 지역평화회의를 개최하며 대티베트구의 비군사화, 비핵화를 실현해야 한다". 이상의 내용은 실질적으로 변형된 티베트독립이라고 할 수 있다. 다시 말해, "티베트 문제를 해결하는 과정에서 티베트인은 현재 중화인민공화국에서의 지위, 혹은 상태를 받아들이지 않으며 티베트 주권독립의 지위를 추구하지도 않는다. 중도노선에 따라 중화인민공화국의 범위 내에서 티베트 3구 전체에서 명실상부한 자주·자치를 추구하는 것이다".

---

107) 대티베트구는 전체 중국의 1/4(240만 제곱킬로미터)를 차지한다. 즉 달라이라마는 중국 영토의 1/4을 차지하려 하는 것이다.

1989년~1993년, 국제사회 반중국세력의 달라이라마 집단에 대한 지지가 커지자, 달라이라마는 '중도노선'에서 '티베트독립'으로 입장을 바꾸기도 했다. 그러나 1993년부터 다시 티베트에 '고도의 자치' 실시를 주장했다. 21세기 글로벌화 시대의 도래와 함께 달라이라마는 '비폭력'을 티베트독립과 결합해 '중도노선'을 더욱 강조하고 특히 2013년부터는 '중도노선'을 언급하는 횟수가 뚜렷하게 증가하고 있다. 달라이라마는 자신이 살아있는 동안 '중도노선'을 통해 '티베트 문제'를 해결할 수 있다고 말하고 있으며, '티베트 문제'를 '중도노선'을 통해 해결하는 날까지 충분히 살 수 있다고 자신하고 있다.

② '중도노선'은 어떻게 변화하고 있는가. 첫째, 달라이라마 집단 내부의 '독립파'가 '중도노선파'로 바뀌는 추세를 보이고 있다. 2014년 9월, 소위 티베트의 '망명 커뮤니티' 비정부조직이 다람살라에서 제6회 전체회의를 개최하고, 회의에 참석한 여러 구성원의 요구에 따라 이 조직의 입장을 정치독립에서 중도노선으로 바꾼다고 선언한 바 있다. 둘째, 달라이라마 집단은 '중도노선' 홍보활동을 활발하게 전개하며 이 노선을 중하층 민중 사이에 퍼뜨리고 있다. 2013년 9월 18일, 인도 북부 다람살라에 위치한 '중도노선 민중운동'은 조직적으로 활동을 벌이며 제3회 '중도노선일'을 기념하고 '중도노선 정책'을 견지할 것을 밝혔다. 셋째, '중도노선 민중운동'은 민중을 내세우고 있지만 그 배후에는 달라이라마 집단의 고위층이 버티고 있다. '티베트 중앙행정부'의 '수석부장'을 역임한 한 인사는 '티베트 독립' 집단 내부의 갈등을 부인했다. 그리고 현재 '망명 티베트인' 사회에서 '티베트 문제'를 둘러싸고 벌어진 갈등, '티베트 독립인사'와 '중도노선' 지지자 간에 발생한 심각한 의견대립과 충돌을 언급한 국제사회와 언론의 보도를 모두 부정했다. 이 인사는 '망명 티베트인' 사

회가 이미 분열에 처해있음을 부인하고 "이런 사람들은 민주체제를 이해하지 못하기 때문에 서로 다른 정치적 의견이 보이면 분열된 사회라고 오해하는 것 같다"고 설명했다.

3) '환생 문제'로 전통 티베트불교 질서 파괴

14대 달라이라마는 1935년 태어나 역대 가장 수명이 긴 달라이라마다. 최근 건강상태가 좋지 않아 그의 환생 문제가 이슈가 되고 있다. 현재 14대 달라이라마 집단이 발표한 환생 관련 입장은 몇 가지로 나누어 볼 수 있다. 첫 번째는 환생제도를 끝내는 것이다. 2014년 12월, 영국공영방송BBC에서 달라이라마를 취재할 때 그는 '환생제도 종결'을 암시하기도 했다. "달라이라마라는 인위적인 제도는 결국에는 끝이 날 것이다. 앞으로 우매한 달라이라마가 나와 수치를 당하는 일이 없을 것이라 누구도 장담할 수 없다. 그렇게 된다면 참으로 슬픈 일이다. 그러므로 수백 년이 된 이 오랜 전통을 비교적 지지를 받는 달라이라마가 끝내는 것이 맞지 않겠나", "절대 다수의 티베트인이 달라이라마의 환생이 필요치 않다고 생각한다. 그렇다면 나 스스로가 마지막 달라이라마가 될 것이다." 두 번째는 '환생'할 것인지 명확히 밝히지 않는 것이다. 2015년 5월, 14대 달라이라마는 일본에서 "달라이라마의 환생은 14세기 말 시작되었다. 하지만 티베트에서 불교의 역사는 환생제도보다 7세기 정도 앞선다. 그러므로 앞으로 달라이라마의 환생 여부와 관계없이, 나란다Nalanda에서 전해진 티베트불교는 계속 이어질 것이다. 나란다불교는 한 사람으로 인해 영향을 받지 않을 것이다"라고 말했다. 세 번째는 중국 밖에서 환생자가 나타나는 것이다. 2015년 소위 '티베트인 행정중앙 싱크탱크 티베트

정책연구센터'라는 곳에서 여러 차례 밝힌 바, "현재 티베트 경내 정세가 더욱 어려워져 15대 달라이라마가 필요하다는 것은 의심의 여지가 없다. 게다가 현재 중국공산당의 정책을 보면 다음 달라이라마는 티베트 경내에서 환생할 가능성이 없다"는 것이다. 네 번째는 여성으로 환생하는 것이다. 2010년 14대 달라이라마는 여성 환생 가능성을 언급한 적이 있다. 그는 캐나다 언론과의 인터뷰에서 여성으로 환생했을 때 '유리한 점'을 설명했다. "여성의 신체와 정신은 고도로 발달되어 있으며 실천에 있어 매우 좋은 효과를 낼 수 있다." 여기서 '실천'과 '효과'가 무엇을 가리키는지는 알 수 없다. 나중에 14대 달라이라마는 『런던타임즈London Times』를 통해 자신의 환생이 어쩌면 '짓궂은 금발여성'이 될 수 있으며 "만일 그렇다면 그녀는 대단히 매력적이든지 아니면 누구의 주의도 끌지 않는 외모일 것이다"라고 밝혔다.

2014년 9월, 티베트 '망명정부'는 회의를 열고 달라이라마 환생에 관한 11개 항목의 공개성명을 통과시켰다. 여기서는 주로 환생제도의 유래, 전생과 내세에 대한 소개, 환생의 이유, 환생 후계자의 의의, 환생 인정, 티베트의 환생제도, 환생을 확인하는 방법, 현세환생, 금병金瓶추첨 등에 대해 설명하고 있다. 달라이라마는 이 성명을 통해 다음 달라이라마의 환생은 "본인이 전권을 가지고 결정하며 누구도 간섭할 수 없다"고 못박았다. 그리고 '티베트 망명정부 종교문화부'에서는 중화인민공화국 국가종교사무국에서 2007년 9월 2일 발표한「티베트불교 환생불 관리방법」을 인정하지 않는다는 공동성명을 또다시 발표했다. 14대 달라이라마의 이러한 언동은 사실 이미 낡은 방식이 되었다. 그는 이미 수년 전에 유사한 발언을 하여 사람들의 이목을 끌었다. 그러나 환생에 대한 각종 발언을 멋대로 발표함으로써 조국은 물론 티베트불교와 달라이라마 환생이라는 역사적 전통을 배신하고 있다.

달라이라마 환생에 대해서는 달라이라마 집단 내부에서도 서로 다른 목소리가 존재한다. 첫 번째 집단은 일부 고위 망명 승려들이다. 이들은 달라이라마 환생을 끝낼 것을 지지한다. 예를 들어 해외에서 어느 정도 영향력을 가진 짜야扎雅 환생불 로덴 세랍Loden Sherap Dagyab은 환생제도가 폐해가 크며, 티베트인들은 이를 폐지해야 한다고 주장한다. 그는 "우리가 존중해야 할 것은 불법 수련에 정진하는 고승과 게시格西(불교학 박사학위를 받은 라마승, 역자주)이지, 스풀쿠sprul-sku(환생불) 환생의 헛된 명분이 아니다. 티베트불교의 환생제도는 그 폐해가 크므로 폐지해야 한다"고 주장하고 "환생제도는 박물관으로 가야 한다. 이러한 제도는 폐해가 크고 보존해야 할 의미가 없기 때문이다"라고 지적했다. 두 번째 집단은 티베트 '망명정부' 관리들이다. 이들은 달라이라마 환생 종결을 그다지 지지하지 않는다. 롭상 상가이가 대표적인 인물이다. 그는 여러 차례 "달라이라마는 자신의 후계를 발표했다. 이는 환생이 될 수도 있고 선거를 통해서 나올 수도 있으며 자신이 임명할 수도 있다"고 밝힌 바 있다. 그의 어조에서 달라이라마 환생제도의 종결을 바라지 않는다는 것이 드러난다. 그러나 2015년 다람살라에서 열린 '티베트 종교대회'에서 달라이라마 환생문제에 대한 결의가 있었는데, 여기서 달라이라마가 회의에서 발표한 환생에 관한 11개 항 성명을 지지했다.

14대 달라이라마는 여러 차례 '달라이라마 환생 종결'을 강조했으며, 이는 14대 달라이라마 집단이 종교를 내세워 티베트불교의 질서를 어지럽히는 의도를 보여주는 것이다. 환생불은 단순한 종교 문제가 아니며 개인이 결정할 일도 아니다. 역사적으로도 전대 달라이라마가 다음 달라이라마를 인증한 선례가 없다. 환생제도는 티베트 역사에서 이미 수백 년에 걸쳐 만들어진 것이다. 청대 「흠정장내선후장정29조」에서부터 이에 대해 형식이 갖춰진 일련의 종교 의궤와 역사적 제도 확립이 있었던 것으로 나타난다. 역사적으로 볼 때, 역대 달라이라마의 환생과 인증은 중앙정부의 인정과 책봉을 거쳐야 했다.[108] 정리하자면 달라이라마는 '티베트독립'을 획책하는 분열주의 정치집단의 우두머리이자 국제사회 반중국 세력의 충실한 도구이며 티베트의 사회 혼란을 일으키는 근원, 티베트불교의 질서를 어지럽히는 장애물, 그리고 종교를 내세워 사회와 종교를 혼란스럽게 하는 정치꾼이라고 해야 할 것이다.

(3) 중앙의 반분열투쟁과 조화로운 변강, 티베트의 장기적 안정

14대 달라이라마 집단의 분열 행위에 대해서는 티베트의 평화적 해방 이후 중국공산당 1대 중앙영도체제에서부터 이미 심각하게 인식하고 있다. 「17조 합의」 체결과 티베트 민주개혁, 14대 달라이라마 집단 내란 평정, 티베트자치구 수립 등 중요한 역사적 사건을 거쳐 중앙에서는 티베트의 분열활동이 근대 제국주의의 중국 침략이 남긴 산물이며 티베트의 소수 상층 반동집단이 구체제통치를 지지하여 일어난 것임을 인식했다. 또한 "반분열투쟁은 먼저 국외 적대세력의 간섭과 파괴에 반대해야 하고 중국공산당의 영도와 사회주의 조국이라는 대가정 안에서만 성공할 수 있다. 반분열투쟁은 정치가 앞장서 이끌고 군사적 보조를 받아 정치와 군사가 서로 결합된 방침

---

108) 余巖, 「十四世達賴喇嘛緣何放言終結達賴喇嘛轉世」, http://www.chinanews.com/gn/2015/01-04/6934402.shtml, 검색일: 2015年 5月 25日.

을 실행해야 한다"[109]는 점을 분명히 했다. 개혁개방 이후, 당과 정부는 민족분열에 반대하고 조국통일을 수호해야 한다는 점을 재차 강조했다. 바로 여기에 중화민족 최고의 이익이 있다.

개혁개방 이후, 중앙에서는 티베트업무좌담회를 소집해 반분열투쟁에 대한 내용을 부단히 심화시키며 티베트 반분열 방침을 만들어왔다.

제1차 티베트업무좌담회는 개혁개방 이후인 1980년 열렸다. 중앙에서는 티베트의 사회, 경제, 정치, 문화건설에 대한 새로운 요구를 내놓았고 티베트 정세가 안정되면서 반분열 관련 내용은 그리 많지 않았다. 여기서 제기된 주요한 조치는 티베트 사회와 인민이 조속히 '문혁'의 영향을 벗어나도록 하는 것이었다. 1984년 2월 전국적인 티베트 원조계획이 시작된 것을 알리는 중앙 제2차 티베트업무좌담회가 열렸다. 이 회의에서는 반분열문제보다는 민족, 통일전선과 종교 업무를 잘 수행하여 단결할 수 있는 모든 역량 간에 단결을 이룰 것을 요구하였다. 1990년 장쩌민江澤民 주석은 티베트를 시찰하면서, 티베트의 경제발전을 앞당기기 위해 당 중앙과 국무원은 티베트에 대해 특별 정책과 유연한 조치를 취할 것이지만, 이에 앞서 정세 안정을 최우선시하고 지역 내 분열주의 세력이 문제를 일으키거나 사회 안정을 파괴하는 행위에 대해서는 단호하고 강력한 조치를 취해야 한다고 지적했다.

1980년대 말 티베트에서 일어난 몇 차례 소요로 인해 당 중앙에서는 반분열투쟁에 대한 방침과 정책을 강화해왔다. 1994년 7월 20일

---

109) 原思明, 「第一代中央領導集體反對分裂西藏鬥爭的理論與政策」, 『史學月刊』 2007年 第6期.

에서 23일까지 중앙 제3차 티베트업무좌담회가 열렸다. 이 회의에서
는 덩샤오핑의 중국 특색 사회주의 건설 이론과 당의 기본 노선의
지도 아래, 티베트 발전과 안정이라는 두 가지 주요 문제를 둘러싸
고 새로운 현실을 연구하고 새로운 문제를 해결하며 티베트 업무의
지도사상을 한층 더 명확하게 하였다. 이를 통해 발전을 앞당기고
안정을 지키기 위한 다양한 조치를 실시하여 티베트 업무의 새로운
국면을 열고자 했다. 제3차 티베트업무좌담회에서는 신시기 티베트
업무의 '하나의 중심, 두 개의 사업, 세 개의 보장'[110]이라는 지도방
침이 제기되어 「티베트 발전 가속화와 사회안정에 관한 의견關於加快西
藏發展, 維護社會穩定的意見」을 내놓았다.

21세기 티베트 정세에 직면해 2001년 6월 25일에서 27일까지 열린
제4차 티베트업무좌담회에서는 반분열의 근본계획에 있어 새로운
조정을 가했다. 티베트의 발전과 티베트족 동포의 운명은 역사적으
로 조국과 중화민족의 운명과 긴밀하게 연결되어 있음을 지적하고,
달라이라마 집단의 분열 활동과 국제적 반중국 세력의 간섭 및 파괴
에 맞서 투쟁을 전개하여 티베트의 안정과 조국의 통일, 안보 수호
를 요구했다. 제4차 좌담회가 열린 후 티베트에서는 달라이라마 집
단에 대한 투쟁 방침을 내놓았는데, '선명한 기치, 첨예한 대립, 적극
적 관리, 강고한 기초'로 요약할 수 있다. 근본 원인과 표면적 현상

---

110) 하나의 중심, 두 개의 사업, 세 개의 보장一個中心, 兩件大事, 三個確保이란,
"덩샤오핑이론과 장쩌민의 '3개 대표 이론'을 지도사상으로 삼아, 경제건설
을 중심으로 하는 노선을 견지하고 경제발전과 정세안정이라는 두 가지 중요
한 사업을 철저하게 실행하여, 티베트 경제발전과 사회의 전면적 진보, 국가
안보와 티베트의 장기적 안정, 각 민족인민의 생활수준 향상을 확보해야 한
다"는 것이다.

을 함께 다스리되 중점은 근본에 두고 일체의 분열 및 파괴 행위를 법에 따라 엄격히 다스리며 기층 기반과 사회 치안의 종합적인 관리 업무를 강화하여 신시기 애국통일전선을 공고히 다지고 발전시킴으로써 민주법제 건설을 강화하고 당의 정치 기반을 다지는 것이다.

제5차 티베트업무좌담회는 2010년 1월 18일 열렸다. 이 시기 14대 달라이라마 집단의 사주 아래 티베트와 주변 성에서 발생한 분열 활동에 대해, 사회적 분위기는 전체적으로 안정적이지만 반분열투쟁은 여전히 복잡한 상황이라는 지적이 나왔다. 또한 티베트에 존재하는 특수한 사회적 갈등은 당 중앙과 달라이라마 집단 및 이들을 지지하는 반중국세력 간의 투쟁이라는 객관적 현실에서 결정된 것으로, 이러한 특수한 갈등을 인식하는 것은 반분열투쟁의 원칙적 인식의 심화이자 발전된 형태로서 티베트의 현실에 부합한다고 밝혔다. 후진타오는 티베트의 도약식 발전을 추진하여 안정을 지키는 것을 흔들림 없는 첫 번째 임무로 인식하고 반분열투쟁을 지속해야 한다고 강조했다.

시진핑 총서기 역시 티베트 반분열투쟁에 대해 여러 차례 중요한 연설을 했다. 그는 2010년 티베트를 시찰하면서, 티베트의 안정은 국가의 안정과 관계된 문제이며 티베트의 안보는 국가의 안보와 연결되므로 자치구 각급 당 위원회와 지방정부는 정치적 문제를 분명히 인식하고 사회 안정과 사회주의 법제 수호, 인민의 근본적 이익과 조국통일 수호, 민족단결을 목표로 각 민족 간부, 대중과 단결하여 민족, 종교 업무를 강화하고 사회관리를 쇄신하며 각 민족 간 단결을 증진시키고 달라이라마 집단의 분열 행위에 반대하는 투쟁을 적극 전개함으로써 조국의 통일과 국가 안보, 티베트의 사회 안정을 지켜낼 것을 강조했다. 2011년 열린 티베트평화해방 60주년 경축행사에서 시진핑 총서기는 달라이라마 집단의 조국분열에 반대하는 투쟁을 확대하는 데 있어 각 민족 간부, 대중과 긴밀히 협력하여 장기적이고 근본적인 대책을 세움으로써 티베트의 안정을 파괴하고 조국 통일에 위협을 가하는 어떠한 시도도 철저히 분쇄해야 한다고 지적했다.

(4) 티베트 사회 안정과 반분열투쟁이 직면한 몇 가지 도전

중국공산당 제18차 전국대표대회 보고서에서는 "사회적 조화가 중국 특색의 사회주의의 본질적 속성"이라고 밝히고 있다. 시진핑 총서기는 제12기 전국인대 1차 회의 티베트대표단 심의에 참석해, 장기적 안정을 이끌 수 있는 기초 작업이 흔들림 없이 진행되어야 한다고 강조했다. 개혁개방 이후, 티베트는 당 중앙의 관심과 전국의 지원 아래 경제와 사회가 발전하고 티베트족과 다른 민족 간 단결을 실현하며 국경과 민심이 안정되어 티베트 사회발전에 있어 가장 좋은 시기를 맞이하고 있다. 그러나 사회 불안정 요소 역시 여전히 존재한다. 14대 달라이라마 집단의 분열, 교란, 파괴 행위가 티베트 사회 불안정의 가장 주요한 근원이다.

첫째, 서구 적대세력은 티베트지역 분열주의 세력에 대한 선전을 통해 이들을 지원하고 있다. 외부 반중국 언론과 분열 세력의 반동적 선전은 간과할 수 없는 수준이며, 근본적으로 이데올로기에 있어 '강한 서구와 약한 중국'이라는 사고방식이 여전히 바뀌지 않고 있다. 티베트족 거주지가 있는 5개 성에서 14대 달라이라마 집단과 반중국 세력은 대중과 선전매체, 민심을 얻기 위해 격렬한 투쟁을 벌이고 있다. 미국의 소리VOA, 자유아시아방송RFA, 티베트의 소리 등 국외 매체들은 아직도 날마다 티베트지역으로 티베트어 방송을 내보내며 14대 달라이라마의 '이념'을 전파하고 있다. 티베트와 칭하이, 일부 티베트족 유목지역은 비교적 편벽한 곳에 자리잡고 있어 관리가 쉽지 않아 사람들은 국외 TV, 라디오방송 수신이 가능한 위성수신기를 불법적으로 구매하곤 한다. 이는 국외 적대세력이 파괴, 침투, 전복을 위한 정보를 흘려보내는 주요한 경로가 되고 있다. 이밖에 서구의 일부 세력은 NGO 형식으로 간쑤, 칭하이, 티베트 지역에서 활동하며 작은 혜택을 미끼로 티베트족 대중을 끌어들이려 한다. 최근 들어서는 인터넷, 위챗 등 새로운 매체를 이용해 여론에 스며드는 추세이다.

둘째, 국외에서 돌아오는 사람들이 티베트에 좋지 않은 영향을 끼치고 있다. 14대 달라이라마는 조국을 떠나면서 수많은 티베트 사람들을 데리고 갔다. 이 가운데 일부, 혹은 그 후손은 '까샤정부噶厦政府(섭정과 고위 승려, 세습 귀족 등으로 이뤄진 티베트 정부, 역자주)'에서 요직을 맡았다. 최근 들어 이들 중 일부가 불법으로 되돌아오고 있으며, 특히 엄격한 훈련을 거친 특수요원들이 사원과 유목지역에 잠입해 달라이라마 관련 정보를 티베트 전역에 퍼뜨리고 있다. 이들 요주의 인물에 대한 정부의 감시, 통제에는 많은 허점이 있다. 일부 인물에 대해서는 추적을 통해 동태를 파악할 필요가 있다.

셋째, 사원 안정은 여전히 중요하면서도 어려운 임무이다. 규모가 비교적 큰 티베트 불교사원들은 광범위한 세속 '권력'을 가지고 있다. 티베트지역의 불안정을 획책하는 활동은 주로 국외에서 이루어지지만, 그 뿌리는 몇몇 사원에 있다. 사원이 안정되면 티베트가 안정된다. 사원 관리라는 핵심 임무를 잘 해결하면 티베트의 장기적인 안정을 기대할 수 있다. 현재 티베트에서는 사원과 승려에 혜택을 주는 정책을 시행하고 있다. 티베트 대부분의 사원에서는 법사가 순조롭게 진행되고 안정과 단결이 이루어지고 있다. 그러나 국경 밖 불법분자들은 이러한 현실을 바라지 않는다. 이들은 여전히 티베트 지역 사원에 대한 책동을 멈추지 않고 있으며 달라이라마가 신도들에 가지고 있는 영향력을 이용해 협애한 '민족주의'를 전파함으로써 대중과 승려가 문제를 일으키도록 선동하고 있다. 일부 사원에서는 티베트어 보호, 설산 환경보호, 티베트식 도축·판매문화 보호 등을 내세워 불법행동을 벌이고 있다. 여기에 몇몇 승려는 국외 세력과 연계하여 불법 선전물을 제작, 유포하고 있다.

(5) 티베트의 장기적 안정과 반분열투쟁을 위한 전략 대책

1) 티베트 안정과 중국의 안정, 발전

티베트의 안정을 지키기 위해서는 중앙과 티베트 지방 당·정·군의 통일된 지휘가 필요하며, 모두가 일치단결해 응집력을 가져야 한다.

첫째, 적극적인 관리를 유지하고 관리방식을 강화, 혁신한다. 티베트의 특수한 갈등을 면밀하게 파악하고 중국의 특색과 티베트의 특징을 고려한 새로운 사회관리 방식을 견지한다. ① 적극적인 행동을 취한다. 사회관리 법률과 체제, 능력, 인력 및 정보화 건설을 강화하고 사회관리의 과학적 수준을 향상시킨다. ② 적극적인 혁신을 꾀한다. 도시 네트워크화 관리 모델을 확대하여 운영관리의 수준을 끌어올리고 도시 네트워크화 관리를 점차 커뮤니티, 민간거주지, 촌민조직 및 사원으로까지 확장한다. ③ 적극적인 투쟁을 전개한다. 세부문제에 대해 엄격하게 관리하고 투쟁해온 경험을 종합하여 현재까지의 성과를 바탕으로 사회 치안의 입체적 예방관리시스템을 건립한다. ④ 모순을 해결한다. 삼위일체의 대화합시스템을 더욱 완비하여 적극적으로 개입하고 해결함으로써 갈등과 분쟁을 조정하는 능력을 강화한다. ⑤ 적극적인 서비스관리를 제공한다. 인간 중심의 대민서비스를 지속하여 대중의 만족도를 향상시킨다.[111]

둘째, 과학적으로 도약식 발전을 추진한다. 티베트 안정을 지키기 위해 견고한 물질적 기초를 다진다. 티베트 안정을 위해서는 견실한 지역경제 발전이 뒷받침되어야 한다. 티베트의 민족자치권은 안정적인 기초 위에서만 비로소 실현될 수 있다. "민족지역에 존재하는 갈등과 문제는 결국 경제를 발전시킴으로써 해결해야 한다." 티베트 경제발전 건설을 주요 목표로 민족단결을 보장하고 민생을 개선하여 중국 변강민족정책의 우수성을 구현해야만 티베트 분열세력의 도발에 타격을 가할 수 있는 것이다.

셋째, 선전업무, 특히 대외선전을 강화하여 티베트 안정에 양호한 국내외 환경을 조성한다. 국외 매체를 이용하는 14대 달라이라마 집단의 선전 아래, 국내외 많은 이들이 '티베트 문제'의 실상을 제대로 알지 못한 채 '티베트독립'을 잘못 이해하고 있다. 이제는 티베트의 실제 상황과 결합하여 당 중앙 차원에서 티베트 지방선전을 지원해야 한다. 학교와 사원에서 지방신문을 볼 수 있도록 하고 당보와 간행물 제작 설비를 교체하는 외에 티베트 관련 사이트 제작과 여론동향 조사, 라디오 및 TV 방송 제작, 농목촌(사원) 공공문화서비스 설비 건설, 무형문화유산보호 등 장기적으로 효과를 거둘 수 있는 기제를 통해 티베트에 맞는 지원정책과 경비보조를 제공함으로써 약

---

111) 西藏自治區黨委政策研究室,「維護社會穩定, 建設和諧西藏」,『西藏日報』 2013年 4月 20日.

점을 보완해야 한다. 특히 공공문화서비스를 확대하여 문화발전의 성과가 보다 많은 대중에게 미칠 수 있도록 하여 긍정적인 여론과 선전효과를 거두어야 한다. 선전매체 건설에서 새로운 매체에 주목할 필요가 있다. 예를 들어 휴대폰 애플리케이션^{APP}을 통해 라디오, TV 방송을 직접 수신할 수 있으며 사람들이 마을도서관이나 사원에 가지 않고도 휴대폰으로 책을 읽을 수도 있다. 티베트지역에 자금을 투입해 새로운 매체를 사용할 수 있도록 하면 선전에 있어 더 좋은 효과를 거둘 수 있을 것이다.

넷째, 법제 교육을 강화·심화시켜 티베트 안정을 위한 공정하고 정의로운 사법 시스템을 보장한다. 티베트의 불교 사원은 법제 교육을 강화하는 데 중요한 장소이다. 최근 들어 티베트는 사원 관리를 혁신하고 안정을 유지하는 방법을 정리하고 현재 티베트불교에서 나타나고 있는 새로운 문제를 분석했다. 사원에 나타난 새로운 상황, 새로운 문제에 대한 연구를 통해, 복잡하고 민감한 문제를 처리하는 관련 부처의 대응 능력을 제고시킬 것을 요구하고 있다. 이밖에 사원의 법제 선전교육을 심화하고 승려들의 사상인식 향상에 노력을 기울여 법을 준수하고 정책에 따르며 행동방식에 주의하도록 이끌어야 한다. 그리고 적극적이면서도 안정적이고 점진적인 원칙에 따라 사원의 특성과 개인 사정에 맞춰 종교 활동을 하도록 교육할 필요가 있다.[112]

2) 티베트 반분열투쟁 상황에 대한 인식

티베트의 장기적인 안정을 실현하기 위해서는 반분열투쟁을 지속

---

112) 洛桑江村,「因寺施教 因人施教 深化法制教育」,『西藏日報』2008年 6月 1日.

하는 한편 경제를 발전시켜야 한다.

첫째, 현재와 향후 일정 기간 반분열투쟁 양상이 가질 복잡성과 장기성, 어려움을 분명하게 인식해야 한다. 관련 임무는 목표를 명확히 하고 단호하게 대처함으로써 법에 따라 모든 분열, 파괴 활동을 엄정하게 처리해야 한다.

둘째, 14대 달라이라마의 '중도노선'에 대한 대응이 필요하다. 인도 정부와의 교섭을 통해 달라이라마 집단이 일반 '망명 티베트인'을 이용해 인도에서 '중도노선' 관련 활동을 전개하는 것을 막아야 한다. 또한 달라이라마 집단이 '중도노선'을 통해 소위 '원-원'이라든지 '원-원-원' 정책을 취하는 것에 대해 경각심을 가져야 한다. '티베트 중앙 행정부 수석장관'인 롭상 상가이는 중국 정부가 '티베트 자치'를 통해 '티베트독립' 단체와 '원원할 수 있는 티베트문제 해결방안'을 찾아야 한다고 여러 차례 밝혔다. 인도 정부의 지지를 얻기 위해 롭상 상가이는 티베트가 명실상부한 자치권을 획득하는 것은 인도, 티베트, 중국 모두에게 이익이 된다며, "뉴델리 당국이 이것을 핵심문제로 인식하고 관심을 가져야 한다"고 촉구했다. 당 중앙에서는 이에 대해 주의를 기울여야 한다.

셋째, 14대 달라이라마의 환생 문제를 분명히 해야 한다. ① 역대 달라이라마의 환생은 역사제도와 종교의궤에 따라 이루어졌다. 계승자 방문과 인증, 계승식 등 절차를 거쳐야 하며 중앙의 비준을 받아야 비로소 합법적인 지위를 인정받았다. 달라이라마 계승 존폐 문제는 중앙정부에서 결정할 일이지, 14대 달라이라마가 멋대로 할 수 있는 일이 아니다. ② 달라이라마 환생제도는 우연히 생긴 것이 아니라 복잡한 역사적, 시대적 배경이 있으며 형성과 발전의 과정을 거쳐 왔다. 환생제도는 청대 이래 티베트불교를 믿는 티베트 사회 민중 사이에서 긍정적인 영향을 미쳤다. 당시 중앙의 티베트지역 통치와 국가 통일에 부정할 수 없는 역할을 했다. 동시에 청대 이래 확립된 달라이라마 환생제도는 티베트, 몽골 등 변강지역의 통치를 강화해주었다. 달라이라마 환생에 대한 결정권은 티베트지역에 대한 중앙의 주권행위를 상징하는 것이다. ③ 달라이라마는 스스로 환생 문제를 결정할 권한이 없을 뿐 아니라 판첸 환생을 인정하는 데에도 권한을 가지고 있지 않다. 14대 달라이라마는 역사적 규범을 무시하고 10대 판첸라마의 후계자를 찾는 과정에 개입해 방해한 바 있다. 그는 국경 밖에서 소위 '10대 판첸라마의 후계자'를 지정하고 '판첸 계승은 순전히 종교적인 일로, 중앙의 비준이 필요하지 않다' 며 역사적 사실을 왜곡했다. 청대 이래 중앙정부와 지방정부의 만족滿族, 한족, 티베트족 역사기록과 관련 학자, 승려들의 기술을 찾아보면 티베트불교 겔룩파의 달라이라마와 판첸어르더니(만주어의 판첸라마, 역자주)와 같은 직책은 모두 중앙정부에서 책봉했음을 알 수 있다.[113]

2 중국과 남아시아 인접국 관계 속 '티베트'

남아시아 국가들은 지연, 종교의 원인으로 일찍부터 티베트와 밀접한 관계를 맺어왔다. 1959년 14대 달라이라마가 인도로 도망친 후, 인도는 달라이라마 집단과 긴밀하게 연결되어 있다.[114] 부탄에도 소

---

113) 「達賴妄稱將終結轉世制度, 中方回應」,『環球時報』2014年 12月 19日 참조.
114) 남아시아의 방글라데시는 영국령 인도에 속한 하나의 성(省)이었다. 오늘날

수의 '망명 티베트인'이 거주하고 있지만 이들은 이미 부탄 국적을 얻어 달라이라마 집단의 영향력이 크지 않다. 그런데 '망명 티베트인'들은 주로 네팔을 통해 불법으로 티베트로 들어오고 있다. 장기간 소위 '티베트 문제'는 중국과 일부 남아시아 국가 사이를 가로막는 장애물이었다. 적극적이고 안정적으로 이 문제를 처리하는 것은 양자 간 우호관계를 증진하고 장애물을 해소하는 데 중요한 의의를 갖는다.

(1) 중국-인도 관계 속 티베트문제

신중국 수립에 앞서 1947년 독립한 인도는 영제국이 티베트에 남긴 식민유산이 지속되기를 바랐고, 티베트 내각 '까샥' 내부의 분열주의자들 역시 인도의 지원 아래 한족을 배척하는 사건을 일으켰다. 중국의 신구정부 교체기를 맞이하여 티베트는 매우 어려운 정세에 놓였다. 1951년, 중앙정부는 티베트 진군을 결정하기에 앞서 미국, 인도, 영국 등 국가의 '티베트 문제' 정책을 분석, 티베트에서 인도의 이익을 지키려는 네루의 대국주의 사고를 이용해 외교적 돌파구를 마련했다. "내정간섭에 결연히 반대하는 동시에 조속히 국교를 수립하고 과거 인도에 대해 취한 정책을 수정하여 티베트에 대한 미국의 간섭을 효과적으로 제한하면서 순조롭게 티베트의 평화적 해방을 실현"115)한 것이다. 1959년 달라이라마 집단이 인도로 망명한 후, 달

방글라데시와 인도의 서벵골주를 포함한 이 성의 총독은 20세기 '티베트독립' 문제에 상당히 관심을 기울이기도 했다. 그러나 현재는 이 문제에 관여하지 않고 있다.

115) 王琛, 「試論1949 -1951 年中國的印度政策與西藏的和平解放」, 『當代中國硏

라이라마 집단은 인도 정부가 그들의 분열활동을 지지해줄 것을 백방으로 호소했다. 21세기 들어 14대 달라이라마는 인도 정부에 '중도노선'을 지지해줄 것을 여러 차례 요청하고, '중도노선'이 인도 정부의 티베트정책과 '상호부합'할 것이라고 설득했다. 달라이라마는 다른 종교 지도자들에게도 이러한 자신의 의견을 역설하고 있으며, 까르마빠Gyalwa Karmapa(티베트불교 까귀파 지도자, 역자주) 역시 인도는 이미 강국이므로 "티베트 자유운동에 전보다 더 많은 지지를 보내야 한다"고 호소하고 있다.

1) 인도 정부의 '티베트 망명정부' 지원

첫째, 인도 중앙정부는 14대 달라이라마 집단의 '망명정부'를 받아들이고 토지를 제공했다. 1959년 3월 31일, 14대 달라이라마는 중국과 인도 사이의 실질통제선을 넘어 변경 동쪽 인도 통제구역에 들어갔으며 그 과정에서 인도의 무장 호위를 받았다. 달라이라마 집단이 처음 자리를 잡은 곳은 인도가 달라이라마 집단의 행동을 통제하기에 불리해 곧 다람살라로 옮겨졌다. 현재 다람살라는 1만여 명의 '망명 티베트인'이 있는 소도시가 되었으며 달라이라마 집단은 이곳을 거점으로 조국을 분열시키는 활동을 펼치고 있다. 달라이라마가 인도로 도주한 초기, 인도 정부는 중국을 비난하고 반란집단을 동정하는 입장을 여러 차례 발표했다. 네루는 '티베트 망명자'와 중앙 사이에 '무력충돌이라기보다는…… 의지의 충돌'이 일어나고 있다고 하며 중국공산당의 반란 진압 정책을 왜곡했다. 또한 1959년 티베트

究』2002年 第2期.

반란을 티베트의 '민족봉기'라 표현하며 '티베트 인민에 깊은 동정을 표한다'고도 했다. 중국에 대한 인도 언론의 모욕과 공격을 인도 헌법이 규정한 언론의 자유라고 하는가 하면, 티베트에 대한 중국의 주권을 '종주권'116)이라고 왜곡하기도 했다. 1960년 달라이라마 집단은 다람살라라는 쾌적한 피난처에 머무는 것을 허락받고 여기에 '망명정부'를 수립했다. 인도가 얻은 것은 고원산간 작전에 능숙한 '변경특수부대'를 만드는 데 14대 달라이라마 집단의 도움을 받은 것이다.

둘째, 인도의 지방정부에서 14대 달라이라마 집단의 생활에 편의를 제공하고 있다. 인도 히마찰프라데시주Himachal Pradesh는 중국 티베트와 인접해 있으며 '망명 티베트인'이 티베트를 드나들기에 가장 편리한 거주지이다. 다람살라는 지방 행정체계에서 이 주에 속해있다. 2005년 히마찰프라데시주는 주 경계 안에 있는 '망명 티베트인'의 거주기한을 50년 연장한다고 발표하고, "티베트인은 우리 대가정 속 일원이며 달라이라마가 히마찰프라데시주에 거주하는 것은 현지 사람들에게 커다란 자산이다"라고 밝혔다. 하지만 이에 대해 인도의 일부 학자들은 의견을 달리한다. 이들 생각에 인도는 14대 달라이라마와 15만 명에 이르는 중국에서 온 티베트인만 받아들인 것이 아니라 전쟁으로 고향을 떠난 100여만 명의 방글라데시인을 받아들인 것이다. 이로써 인도는 전쟁으로 아프가니스탄 난민을 받아들인 파키스탄을 제외하고 세계에서 망명자를 가장 많이 받아들인 국가가 되었다. 2009년 달라이라마 집단은 히마찰프라데시주에 대한 감사를 표시하는 행사를 열었다. 히마찰프라데시주 고위관료는 "인도와

---

116) 張忠祥, 『尼赫魯外交研究』, 中國社會科學出版社, 2002, pp. 142-143 참조.

티베트는 유구한 역사적 관계가 있다"고 소개하며 히마찰프라데시주가 계속해서 망명 티베트인을 지원할 것을 촉구하고 개인과 정부 차원에서 14대 달라이라마 집단에 원조를 제공할 것을 약속했다. 히마찰프라데시주는 14대 달라이라마 개인의 안전도 보호하고 있으며, 2013년에는 소위 '티베트자위', '티베트3구 통일협회', '중도노선 민중운동' 등 11개의 '티베트 망명정부' 산하기관이 '티베트조직통일연맹'을 구성하고 히마찰프라데시주에 14대 달라이라마의 안전을 위해 더 많은 보호 조치를 취해줄 것을 요구했다.

셋째, 종교활동에 있어 달라이라마 집단을 지지하고 있다. 달라이라마는 여러 차례 인도에서 대형 법회를 열고 인도로부터 장소, 안전 등 다양한 지원을 제공받았다. 달라이라마는 이런 기회를 통해 자신의 이념을 전파하고 있다. 물론, 이러한 인도의 소위 종교 지원 활동에 의구심을 표하는 학자도 있다. "인도는 종교를 이용해 티베트에서의 자국의 권익을 최대한 보장하려 하고 있다. 때문에 달라이라마 집단은 아주 유용한 도구이다. 인도는 비록 불교의 발원지이지만 사실상 이미 불교 위주의 국가가 아니며, 종교국가이면서도 건국 이념과 정책은 세속주의 정치를 추구한다. 이로써 볼 때, 종교에서 인도의 대내정책과 대외정책에는 이중잣대가 존재한다는 것을 알 수 있다."117)

넷째, '망명 티베트인' 커뮤니티를 지원하는 새로운 정책을 발표하고 '망명 티베트인'의 인도 내 취업 환경을 개선하며 토지 사용을 합법화하고 빈곤구제를 진행함으로써 '망명 티베트인'의 '생활수준'을 향상시키고 있다. 그중 한 가지가 저금리 대출이다. 인도는 시킴

---

117) 尤升, 「印度的"西藏情結"及其對中印關系的影響」, 『南亞研究』 2013年 第2期.

주 경내 티베트인 커뮤니티와 다른 주에 분포된 12개 티베트인 커뮤니티에 저금리 농업대출을 제공하고 있다. 또 한 가지는 인도 내정부에서 발표한 「2014년 망명 티베트인 커뮤니티 원조정책」으로, 인도 정부와 '티베트 중앙 행정부'가 공동으로 새로운 정책을 추진한다고 밝혔다. 그 주요 내용은 다음과 같다. ① 각 항의 전제가 되는 절차를 거쳐 인도의 45개 '망명 티베트인' 커뮤니티와 토지계약을 맺고 토지 사용을 합법화하여 '망명 티베트인'들이 각자의 필요에 따라 자유롭게 토지 사용을 결정할 수 있는 권리를 부여하고 다수의 '티베트인 커뮤니티'에 관광지개발에 대한 권리를 부여한다. ② 인도 각 주는 '망명 티베트인'이 합법적으로 거주할 수 있는 증서를 발급하고, 이로써 '망명 티베트인'은 인도 중앙정부와 각 주정부의 빈곤구제 프로그램을 신청하거나 은행대출을 신청할 수 있는 권리를 갖는다. ③ 인도난민증서를 가진 모든 '망명 티베트인'은 조건을 갖추면 인도 정부의 경제, 보건, 상업 관련 부처에서 합법적으로 일할 수 있다.

2) 인도가 달라이라마 집단을 지지하는 목적

'티베트 망명정부'는 수립 후에도 어떤 국가나 정부로부터도 인정받지 못했다. 인도가 이들을 다람살라에 머물게 하는 것은 '동정'에서 비롯된 것이며 '정치적 피난처'를 제공하는 것이라고 말한다. 그러나 중국-인도 관계가 개선되면서 인도는 중국을 분열시키는 '망명 티베트인'의 활동을 허가하지 않고 있다. 지난 반세기 동안 '티베트 망명정부'는 인도의 묵인 아래 '티베트독립' 활동을 전개했다. 달라이라마에 대응하는 인도의 정책에도 때에 따라 변화가 일어나고 있다. 인도 정부의 목적이 단순한 동정이 아니라는 것을 보여주는 것이다. 인도의 목적은 다음과 같다.

첫째, 티베트를 중국과 인도 사이의 완충지대로 만들려 한다. 지정학적 관점에서 볼 때, 인도 지도자들은 줄곧 티베트를 자국의 안보에 커다란 가치를 가진 지역으로 생각해왔다. 이 점에 대해서는 1959년 소련공산당 서기장 흐루쇼프Nikita Sergeyevich Khrushchev가 중국 지도자와의 대화에서 언급한 바 있다. "티베트는 인도와의 국경 사이에 있는데, 인도로서는 독립적인 이웃이 있는 게 얼마나 중요할지 이해가 안 됩니까? 티베트는 아주 약한 지역이어서 그 자체로는 인도에 어떠한 위협도 되지 않겠지만, 중국에 속한 티베트는 인도에 위협이 되겠지요!"[118] 저우언라이 역시 "티베트가 낙후된 제도를 바꾸지 못하고 완충국으로 남기를 바라는 인도 일부 상층계급의 생각이 티베트 반동집단에 커다란 영향을 끼치고 있다"[119]고 지적하기도 했다. 인도 국방문제 분석가는 "티베트를 완충국으로 만드는 정책을 추진하는 것은 지정학적 관점에서 비롯된 결정일 뿐만 아니라 인도의 안보를 지키는 가장 경제적인 방법이기도 하다"[120]고 설명했다. 또한, 인도가 여전히 티베트에 대한 환상을 가지고 있는 것은 네루가 남긴 정치 엘리트의 '티베트콤플렉스' 때문이며, 이러한 콤플렉스는 정치문화의 형식으로 남아 정부의 힘을 빌려 전파되고 인도 정치이념의 기초이자 행동양식이 되어 부정적인 측면에서 '외부 효과Spillover effect'를 일으킨다고 말하는 학자도 있다.[121]

---

118) 赫魯曉夫, 『最後的遺言』, 東方出版社, 1988, p. 496.

119) 中央文獻研究室, 『周恩來外交文選』, 中央文獻出版社, 1990, p. 272.

120) 楊平學, 「淺析制約中印關系發展的幾個主要因素」, 『南亞研究』 2002年 第1期.

121) 尤升, 「印度的"西藏情結"及其對中印關系的影響」, 『南亞研究』 2013年 第2

두 번째, 중국-인도 국경 동쪽 지역의 귀속 문제에서 14대 달라이라마와 '티베트 망명정부'의 지지를 얻으려 한다. 역사적으로 티베트지방정부와 역대 달라이라마는 '맥마흔라인'의 합법성을 인정한 적이 없다. 그러나 인도는 전략적 야심을 위해 중국의 '티베트 문제'를 이용, 달라이라마 집단을 끌어들임으로써 맥마흔라인 이남 지역에서 이익을 얻고자 한다. 때문에 인도 정부는 국민회의당이 집권하든 인민당이 집권하든 달라이라마 집단과 좋은 관계를 맺으려 하는 것이다. 인도는 어느 정도 효과를 거두었다고 할 수 있다. 달라이라마는 여러 차례에 걸쳐 '인도의 타왕사達旺寺'(티베트불교 최대 사원 중 하나로 현재 인도 통제구역에 있다, 역자주)라는 표현을 사용했다. 뿐만 아니라 '티베트 중앙 행정부 총리'인 롭상 상가이는 인도 정부의 초청으로 인도 동북 변경지역을 돌아보면서, 1951년 이전 인도와 티베트는 수백 년 동안 변경지역에서 평화롭게 공존했으며, 영국령인도와 인도가 '맥마흔라인 이남' 중국 영토를 침략한 역사는 이미 잊었다고 발언했다. 달라이라마 집단은 티베트인들을 동원해 뉴델리에서 시위 활동을 전개, 뉴델리를 방문한 다이빙궈戴秉國 국무위원이 인도와 제15차 '중국-인도 국경회담'을 갖는 것에 항의했다.

셋째, 인도는 '티베트 문제'를 중국 견제 카드로 사용하려 한다. 중국은 '티베트 문제'에서 인도의 지지를 얻기 위해 시킴을 인도의 주로 묵인하고 인도의 유엔 상임이사국 진출을 지지했다. 몇몇 분야에서는 파키스탄에 대한 기술지원 속도를 늦추기도 했다. 그러나 중국을 억제하기 위해 인도 정부는 시종일관 '티베트 문제'를 중국과의 흥정에 카드로 사용하며 모호한 태도를 취하고 있다. 그 결과 이런

期 참조.

현상이 나타나기도 했다. 인도는 표면적으로 인도 내 티베트인들의 반중국 행위를 허가하지 않지만, 실질적으로 티베트인들의 행동을 일정한 범위 안에서만 통제하고 있다. 예를 들어 평소에는 '티베트 청년회'의 활동을 눈감아주었지만, 그 일원이 중국 대사관을 공격했을 때는 강력하게 추방 조치를 취했다. 이밖에 달라이라마는 종교를 내세워 서구 국가들의 '신임'을 얻고 있고, 인도 역시 역사적으로 형성된 종교신앙의 관계를 단번에 끊어내지 못하고 있다.[122] 그러나 인도는 어렵게 회복한 중국과의 관계를 어그러뜨리는 것도 원치 않는다. 인도의 무케르지Pranab Mukherjee 외교 장관은 달라이라마에게 경고를 보내기도 했다. "달라이라마는 인도의 손님으로서 인도에 머무를 수 있다. 그러나 인도와 중국의 외교관계를 해치는 일은 해서는 안 된다."[123]

현재 '티베트 망명정부'는 인도에서도 상당한 곤경에 빠져있다. 중국과 인도의 관계가 개선되고 경제무역 관계가 가까워지면서, 인도는 달라이라마 집단과 점차 거리를 두려는 것으로 보인다. 인도는 '망명 티베트인'들이 인도에서 중국 정부에 반대하는 어떠한 활동에 참여하는 것도 단호히 반대한다고 공개석상에서 여러 차례 밝혔다.

1947년부터 현재까지, 인도의 티베트 정책은 많은 변화를 거쳤다고 할 수 있다. 한때는 중국 티베트 정책에 가장 깊이 간여하는 국가 가운데 하나이기도 했다. 역사적으로 볼 때, 인도의 티베트콤플렉스는 그것이 형성된 양상과 심리를 봤을 때 미국과 전혀 다르다. 인도

---

122) 인도 시바신의 성지인 카일라스산과 마나사로와르호가 모두 티베트 경내에 있다.

123) 尤升, 「印度的"西藏情結"及其對中印關系的影響」, 『南亞研究』 2013年 第2期에서 재인용.

는 1947년 독립 후 '티베트 문제'를 이용해 중국을 견제하고 균형을 이루며 힘을 약화시키려 했다. 동북 방향으로 확장하는 정책은 역사적으로 인도 안보정책의 중요한 구성 부분이었다. 그러나 인도는 동시에 중국과 우호협력관계를 수립해야 한다. 그래서 이러한 모순 속에서 인도는 한편으로 달라이라마 집단을 적극 지지해 이들에게 거주지를 제공하고 일정한 범위 안에서 '티베트독립' 활동을 허락하고 있다. 이렇게 하는 목적은 단 하나, 달라이라마 집단을 중국 견제 도구로 사용하는 것이다. 그러므로 인도가 달라이라마 집단의 경내 거주를 허락하는 한, '티베트독립' 세력은 중국에 대한 분열, 파괴 활동을 멈추지 않을 것이다. 또 한 편으로 인도는 달라이라마 집단의 활동을 제한할 수밖에 없다. 그리고 달라이라마 집단도 중국 정부와 인도 정부 간 '티베트 문제' 교섭의 틈바구니에서 공개적·지속적으로 '티베트독립' 활동을 펼치지는 못한다. 또한 인도 사회 내부에서도 달라이라마 집단 문제에 대한 논쟁이 벌어지고 있다. 특히 국회의원과 지방 공무원들의 의견이 두드러지는데, 이들은 달라이라마 집단과 밀접한 관계를 유지하기를 바라며 게다가 이들을 인도의 안보방위와 함께 놓고 고려하고 있다. 몇몇 인도 학자 역시 인도 정부에 '티베트 정책'을 재고할 것을 요구하고 있다. 이들은 전임 바지파이 총리에 대해 그가 "이전 몇 대 총리보다 더욱 심각한 착오를 저질렀다", "중국과 협정을 체결하면서 인정(recognize)이라는 단어를 사용했다"고 비판하고 있다. 티베트자치구가 중화인민공화국 영토임을 인정한 일을 들어 중국-인도 국경문제에 있어 바지파이 총리의 책임을 묻고 있는 것이다.

(2) 중국-네팔 관계 속 티베트 문제

티베트가 평화롭게 해방된 후, 중국-네팔 변경지역에 대한 네팔의 통제가 느슨해진 탓에 네팔은 티베트 분열주의자들이 인도로 도피하는 지름길이 되었다. 1960년부터 달라이라마 집단은 네팔 각지에 불법 조직을 세우고 이들 조직의 반중국 시위, 데모, 집회 등을 이끌었다. 네팔에 있는 티베트인들을 세뇌교육해 중국 국경 내 티베트인들을 불법으로 네팔로 끌어들였다. 이후 이들 조직에 대한 단속이 시작되었지만, 달라이라마 집단은 여전히 네팔 영토에서 계속해서 반중국 분열 행위를 지속하고 있다. 이는 티베트지역 안정을 위협하고 중국과 주변 지역의 평화를 가로막는 장애물이 되었다.

1) 네팔과 14대 달라이라마 집단의 초기 관계

1958년 여름, 티베트 '4수6강 수호군'은 티베트 남쪽 저구종哲古宗· Drigu(현재의 초마이현措美縣·Comai, 역자주)에 새로운 사령부를 세웠다. 그러나 반란을 진압하는 해방군의 공격에 궤멸되다시피 한 '4수6강 수호군'은 남은 병력을 수습해 네팔 무스탕을 통해 국경을 넘었다.[124] 미국 중앙정보국CIA의 도움 아래 무스탕은 '티베트독립' 세력의 네팔 무장기지가 되었다. 1960년대 네팔 중앙정부는 그 영향력이 변방에 있는 무스탕까지 미치지 못하는 상황이었고, 때문에 이들에 대한 소탕 작전도 이루어지지 못했다. 1960년 4월 저우언라이 총리

---

124) 무스탕은 티베트와 네팔 경계에 위치해 있으며, 역사적으로 티베트의 일부분이었다. 티베트어로 '비옥한 평원'이라는 뜻을 가지고 있는 이곳에는 인도평원에서 히말라야산으로 통하는 가장 빠른 통로가 있으며 전략적, 경제적으로 매우 중요한 위치를 차지한다.

가 네팔을 방문했을 때 수행원들은 저우총리가 묵는 호텔 주변에서 캄康巴·Kham반란세력의 움직임을 포착하고 이들이 암살계획을 공언한 사실을 알아냈다. 이에 네팔 정부는 삼엄한 경계를 펼치고 '네팔 경내로 들어온 티베트 무장반란 세력은 이미, 그리고 앞으로도 국제법에 따라 처리한다는 방침'을 밝혔다.[125] 1974년 '4수6강 수호군'이 소탕된 후, 달라이라마 집단은 또 다시 네팔에서 각종 활동 기지를 세웠다. 달라이라마 집단은 '달라이라마 주네팔 사무처'를 설치하고 '독립세'를 걷어 사람들을 통제하고 티베트인들이 국경을 넘어오도록 유인해 숙식과 교통 등 편의를 제공하다가 인도로 보내 훈련을 시켰다. 그러나 1977년부터 네팔에서 「사단社團등기법」이 실시되자 '티베트독립' 집단은 법에 따라 정부에 등록하고 허가를 받은 후 활동해야 했다. 이 규정으로 인해 네팔에서 암약하던 '달라이라마 주네팔 사무처'의 활동은 제약을 받았다.[126] 1980년대 말 네팔은 입헌 군주 다당의회제로 바뀌었다. 내각이 빈번하게 교체되고 각 당파 간 치열한 투쟁이 전개되는 사이, 달라이라마 집단에 대한 네팔 정부의 관리가 약해졌고 이는 달라이라마 집단의 활동에 새로운 기회를 가져다주었다. 달라이라마 집단 주카트만두 사무처는 공개적으로 활동하지 못하고 기계수리점 간판을 달고 있었지만, 1990년 이후에는 '간덴甘丹사원' 간판을 내걸었다. 이듬해 네팔 정부가 공개적으로 달라이라마를 초청해 방문이 이루어졌고 달라이라마의 생일을 축하하는 행사에는 일부 고위 관료도 참석했다. 몇몇 의원은 공개석상에서

---

125) 中央文獻研究室 主編, 『周恩來年譜(1949-1976)』中卷, 1960年 7月 7日, 中央文獻出版社, 1997.

126) 宋國棟, 「尼泊爾境內"藏獨"勢力歷史與尼政府對其政策」, 『世界經濟與政治論壇』 2011年 第5期 참조.

달라이라마의 '티베트독립' 사상을 지지한다는 입장을 표명하기도 했다. 얼마 지나지 않아, 네팔이 중국-네팔 변경에 대한 통제를 완화하면서 티베트 변경은 또 한 차례 위기를 맞았다. 이 시기 수많은 티베트인이 달라이라마 집단의 꾐에 빠져 국경을 넘었다.

1992년 네팔왕국 코이랄라 총리는 중국을 방문해 중국 지도자와 여러 차례에 걸쳐 '티베트 문제'를 논의했다. 양측은 티베트가 중국의 일부분임을 인정하고 '티베트독립' 세력이 네팔에서 반중국 활동을 벌이는 것을 불허하는 데에 합의했다. 그리고 네팔 정부는 공개석상에서 달라이라마 초청 행사, '티베트독립' 가무단 활동을 중지하기로 약속하고, 변경 관리를 강화해 불법으로 월경하는 티베트인을 돌려보내는 데 동의했다. 네팔의 엄격한 관리 아래, 달라이라마 집단은 유엔난민기구UNHCR의 개입에 희망을 걸고 있다. 1991년 이후 비자가 없는 외국인은 네팔에 들어오거나 머물지 못하게 되자 달라이라마 집단은 대외활동을 통해 유엔난민기구를 끌어들였다. 유엔난민기구와 네팔 정부가 맺은 협정에 따라 티베트의 망명자는 우선 카트만두에 위치한 미국 정부에서 출자한 '티베트난민이동센터'로 보내진다. 이들 '망명 티베트인'들은 이곳에서 신체검사를 받은 후 백신 주사를 맞고 음식물과 의복을 받는다. 그리고 한 달 내에 인도로 출발해 뉴델리를 거쳐 인도 북부 다람살라로 이동한다. 운영에 필요한 비용은 유엔에서 부담한다. 수년간 이러한 루트를 통한 이동이 비교적 순조로웠으나 21세기 들어 중국과 네팔 관계가 더욱 가까워지면서 달라이라마 집단의 '티베트난민이동센터' 운영이 어려워졌다. 이후 달라이라마 집단은 여러 차례 네팔 정부가 유엔난민기구와 체결한 협정을 어겼다고 항의했다. 갸넨드라 국왕은 즉위 후 중국 지도자와 '티베트 문제'에 대해 의견을 나눴다. 중국은 중국-네팔 양국이 지역 및 국제사무에서 소통과 협력을 강화하기를 희망하며 또한 네팔이 티베트, 타이완, 인권 등 문제에서 중국을 지지해줄 것을 희망했다.[127)]

2) 달라이라마 집단의 네팔 내 활동

네팔에 거주하는 티베트 동포는 2만여 명에 이른다. 이들은 두 부류로 나뉜다. 하나는 티베트가 해방될 때 민주개혁이 두려워 네팔로 넘어간 티베트 귀족들이다. 이들은 이미 네팔 국적을 가지고 비교적 안정적인 생활을 영위하고 있다. 점차 현지화된 탓에 달라이라마 집단과 연계가 많지 않다. 그리고 1959년 달라이라마를 따라 인도로 갔다가 다시 네팔로 옮겨온 이들이 있다. 그 후손들 역시 달라이라마 집단의 활동에 대한 참여도가 그다지 높지 않다. 또 하나의 집단은 중국 국내에서 달라이라마 집단의 유인에 이끌려 불법으로 국경을 넘어 네팔로 간 이들이다. 이들 중 일부는 인도로 가기도 하고 또 일부는 인도로 들어가지 못해 네팔에 남아 달라이라마 집단 주네팔 기구에서 정해준 대로 몇몇 티베트불교 사원에 흩어져 지내고 있다. 이들은 달라이라마 집단의 활동을 맹목적으로 추종하며 달라이라마 집단의 네팔 내 활동의 주요 역량이 되고 있다.[128)] 네팔은 중국 티베트와 인접한 국가로, 지리적으로 봤을 때 달라이라마 집단이 분열 활동을 하기에 적합하다. 그러나 네팔이 '티베트 문제'에 대해 줄곧 중국과 같은 입장을 취하면서 달라이라마 집단을 난감하게 하고

127) 「江澤民會見尼泊爾國王」, 『新華網』, http://news.Xinhuanet.com/misc/2002-07/11/content_477767.htm. 검색일: 2015年 2月 18日.

128) 「尼泊爾藏民夾縫中求生存」, 『環球時報』 2012年 4月 17日.

있다. 이 부분에서는 할 수 있는 일이 없는 만큼, 다만 네팔을 '티베트인'들을 빼내는 통로로 삼을 뿐이다. 그래서 달라이라마 집단은 소위 '난민' 문제에 기댈 수밖에 없다. 21세기 들어 14대 달라이라마 집단은 네팔의 '망명 티베트인'들을 겨냥해 다음과 같은 활동을 전개했다.

첫째, 달라이라마 집단은 네팔을 방문해 소위 '난민'에 대해 시찰할 것을 여러 국제기구에 요청하고 있다. 네팔 수도 카트만두에 설치된 유엔난민기구 네팔사무소는 '망명 티베트인'을 외부로 빼내는 첫 관문이다. 이 기구의 통계에 따르면 매년 평균 2500명의 '망명 티베트인'이 네팔이나 인도에 도착한 후 이곳저곳을 거쳐 다람살라로 옮겨진다. 달라이라마 집단에서 발표한 수치에 따르면, 1990년 설립 후 이미 4만 3000명의 '난민'이 이 기구를 거쳐 갔으며 연평균 2500명에서 3500명에 이른다. '난민'은 네팔 현지 기관의 도움을 받는다. 유엔난민기구 네팔사무소는 '난민'과 면담을 갖고 그들의 상황과 배경을 알아본 후 차량 편으로 뉴델리를 거쳐 다람살라로 보낸다. 그곳에서 이들은 달라이라마와 만남을 가진 후 현지 기구의 배치에 따라 보육시설이나 사원, 성인학교 등으로 보내진다. 관련 자료에 따르면 이들 '난민'의 생활환경은 대단히 열악하다.

둘째, 네팔 정부의 입장에 항의를 표시한다. 네팔 정부는 여러 차례에 걸쳐 티베트에 대한 주권은 중국에 있으며 누구든 자국 영토 내에서 반중국 활동을 해서는 안 된다고 강조했다. 달라이라마 집단의 네팔 내에서의 활동을 겨냥해, 일부 '티베트독립' 세력을 체포하기도 했다. 이는 네팔의 입장에서 필요하고 공정한 조치이며 책임 있는 국가로서 반드시 취해야 할 태도이다. 달라이라마 집단은 이러한 체포 사건을 이용해 영향력을 행사하려 하고 있으며 네팔 경찰이 소위 '티베트 난민'을 체포했다고 항의했다. 이들은 국제적으로 여론을 불러일으켜 피해자 행세로 동정을 구하며 네팔 정부가 중국 정부에 '머리를 조아리고 있다'고 호소한다. 지난 10년간, 네팔 경찰은 20여 차례 '망명 티베트인'의 불법 활동을 단속했다. 이에 14대 달라이라마 집단은 다양한 방식으로 항의와 '구제' 활동을 벌이고 있다. 예를 들어 '티베트 망명정부 주네팔 사무처'와 '티베트 망명정부 네팔 난민지원소'에서는 네팔에 주재하는 유엔난민기구에 수시로 상황을 보고한다. 「국제난민조례」의 규정에 따르면 네팔 이민사무기관은 반드시 이들 '난민'을 유엔난민기구로 이송하고 그 다음에 유엔난민기구에서 '티베트 망명정부' 난민지원소로 보내게 되어 있다. 이러한 과정은 이민조례를 어기지 않는 것을 전제로 한다. 그러나 네팔은 유엔의 압력 아래 이들 티베트인들에 대해 가벼운 처벌을 내리고는 유엔 난민사무 책임자에게 넘기곤 한다.

셋째, 네팔에 머물고 있는 티베트인에 대해 세뇌 선전을 하고 중국의 티베트 정책에 항의할 것을 호소한다. 이러한 활동은 주로 '티베트 4수6강 수호협회'에서 맡고 있다. 최근 들어 다수의 티베트 난민과 승려가 중국대사관을 공격하면서 경찰과 충돌을 빚었고 심지어 네팔 수도 카트만두에 위치한 유엔사무소의 담장을 타고 오르기도 했다. 네팔 경찰은 이미 여러 차례 이러한 행위를 하는 자들을 해산시키고 많은 '망명 티베트인'을 체포했다.

3) 21세기 이후 달라이라마집단에 대한 네팔의 단속활동

첫째, 네팔 정부 지도자들은 하나의 중국 정책을 지지하며 어떠한 세력도 네팔 영토 내에서 이웃국가에 반대하는 활동을 해서는 안 된

다는 점을 분명히 했다. 또한 네팔에서 일어나는 소위 '티베트 운동'
을 엄격하게 통제하고 있다. 2009년, 네팔 프라찬다 총리는 카트만두
에서 중공중앙 대외연락부 류훙차이劉洪才 부부장을 만나, 네팔이 하
나의 중국 정책을 견지할 것임을 재확인했다. 프라찬다 총리 퇴임
후 후임 쿠마르Madhav Kumar Nepal 총리 역시 다음과 같이 밝혔다. "티베
트 문제에 대해 네팔 공산당(통합마르크스레닌주의 네팔공산당,
UML) 정책은 매우 분명하다. 티베트는 중국으로부터 분리할 수 없
는 일부분이고, 어떠한 세력도 네팔 영토 내에서 중국에 반대해 '티
베트독립'을 주장하는 행위를 해서는 안 된다. 신정부는 어떠한 '티
베트독립' 활동에도 타격을 가할 능력을 갖추고 있다." 2009년, 네팔
의회 대표단이 인도를 방문했을 때 이들은 달라이라마와 만남을 가
졌다. 이러한 비공식 만남이 공개되자 네팔 국내에서 커다란 반향을
불러일으켰다. 네팔 내무부는 하나의 중국 정책에 대한 지지를 다시
한번 표명하고 네팔과 중국의 우의를 해치는 어떠한 행위도 불허하
며 이러한 행사에 참석한 사람은 법적 책임을 묻게 될 것이라고 밝
혔다. 신임 쿠마르 총리는 이번 일에 '크게 놀랐다'고 밝히고 방문에
참여한 의원들을 관저로 불러 이들의 행동에 불만을 표시하며 즉시
시정할 것을 요구한 것으로 전해졌다.[129] 실제로 네팔의 몇몇 정당
은 달라이라마 집단의 방식에 반감을 가지고 있다. 네팔공산당(마오
주의 네팔공산당, M)은 2008년 8월 기관지 『Janadisha』에 달라이라마
집단이 교육의 기회를 제공해준다는 것을 미끼로 네팔 오지의 티베
트족 아동들을 끌어들이고 있다고 폭로하는 글을 발표했다.

---

129) 「尼政府批評議員私會達賴　禁止一切反華活動」, http://world.huanqiu.coml
roll/2009-07/507319.html, 검색일: 2015年 2月 2日.

둘째, '망명 티베트인'의 집회 활동을 금지했다. 2002년 9월 2일, 네팔의 '망명 티베트인'들은 네팔 대불탑 앞에 모여 집회를 준비했다. 네팔 정부는 대규모의 경찰을 출동시켜 티베트인들의 행사를 막고 티베트 '망명정부' 주네팔사무처 책임자를 경찰국으로 동행시켜 신문했다. 네팔 정부의 저지에 '망명 티베트인'들은 부근 티베트사원으로 가 '티베트 민주의 날'을 기념하는 행사를 열 수밖에 없었다. 이와 동시에 네팔 정부는 '티베트 망명정부 주네팔사무처' 및 그 산하의 '티베트 난민지원센터'에 대한 폐쇄 명령을 내렸다. 2008년 9월, 네팔 각지에 거주하는 72명의 '망명 티베트인'이 중국 주카트만두대사관 앞에서 시위를 벌여 이들 중 다수가 네팔 경찰에 체포되었다. 2010년 7월 6일에는 '망명 티베트인'들이 달라이라마의 생일을 축하하기 위해 모였다. 네팔 정부에서는 사회질서 유지를 위해 경축행사를 벌이는 이들에 대해 통제조치를 취했다. 이 과정에서 네팔의 안전질서를 해치는 일부 위법자들이 체포되어 300여 명의 '망명 티베트인'이 구금됐다.

셋째, '망명 티베트인'들의 난민 신분을 더 이상 인정하지 않을 계획이다. 수년간 네팔은 티베트인들이 인도로 망명하는 통로가 되었다. 이는 네팔의 사회 안정에 커다란 잠재적 위험이 되었다. 2014년 연말, 네팔 정부는 더 이상 난민에게 신분증을 주지 않는 방안을 마련하기로 했다. 네팔 정부의 이러한 결정은 14대 달라이라마 집단의 불만을 샀다. 그들은 네팔이 '국제법 규정을 무시'한다고 비난하고 네팔 정부가 이 결정을 재고해야 한다고 주장했다. 사실 중국에서는 정치난민이라는 신분이 없으며, 국경을 넘어 네팔 경내로 들어가는 행위는 모두 위법으로 간주한다.

4) 달라이라마 집단과 네팔의 복잡한 관계

1950년부터 지금까지, 네팔 정부의 대중국정책은 일관되고 현명했다. 네팔 정부는 달라이라마 집단의 활동을 저지하는 데 기여한 바가 크다. 대국들에 둘러싸인 작은 국가로서 네팔이 내린 현명한 선택이기도 하다. 그러나 네팔은 여전히 다양한 세력 아래 놓여 어떤 부분에서는 운신의 폭이 제한되기도 한다.

첫째, 네팔은 달라이라마 집단을 반대하는 데 적극적이지 않다. 네팔 법률이 약화되어 '티베트독립' 활동을 저지하는 데 영향을 끼치고 있다. 네팔 법률에 의하면 구금된 자는 죄명이 확정된 경우를 제외하고는 24시간 내에 석방해야 한다. 때문에 '티베트독립'에 대한 단속이 일관되지 못하고 효과도 미미하다. 중국과 네팔 양국관계에서 '티베트 문제'와 연관된 해결해야 할 현안이 산적해 있다. 중국 주네팔대사는 현지에서 시위를 벌이는 '망명 티베트인'들에 대해 네팔 정부가 취하는 조치가 너무 약하다고 비판했다. 그는 아침에 체포해 오후에 석방하는 조치로는 부족하며 이런 방식으로는 아무런 도움이 되지 않는다는 점을 지적하고 네팔 정부와 유엔이 이 문제에 대해 보다 엄정한 조치를 촉구했다. 네팔은 신정부가 새로운 관련법을 제정하지 않는 한, 현행법상 체포된 티베트 시위자를 저녁에 석방해야 하며 장기간 구금할 수는 없다는 입장이다.

둘째, 미국이 네팔의 티베트 관련 업무에 간섭하고 있다. 네팔 정부는 중국과 우호관계를 유지하려 하지만 국제적으로 구미 강국을 거스르기도 어려운 상황이다. 그래서 네팔 정부는 일부 시위 집회 등 불법행위를 하는 '티베트독립' 활동만 통제할 뿐, 국제적십자회나 유엔난민기구, 스위스적십자회가 네팔에서 조직하는 티베트 '난민' 활동은 묵인하고 있다. 때문에 네팔은 여전히 '티베트독립' 세력이 활동하는 중요한 기지이다. 미국은 또 다른 수단을 써서 네팔을 부추기고 있다. 미국의 『카트만두 포스트The Kathmandu Post』는 네팔 정부와 인민이 오랜 기간 티베트 난민에게 베풀어준 호의를 높이 평가하며 계속해서 티베트 난민을 지원할 것을 네팔에 촉구했다. 2012년 4월 초 미 국무부 관리가 네팔에 갔을 때는 네팔 외교부 관리를 만나지 않고 달라이라마 주네팔대표와 '티베트청년회' 분회 지도자를 만나 네팔 내 '티베트 문제'에 간섭했다.[130]

셋째, 2013년 11월 네팔에서 제2차 제헌회의 선거가 열렸다. 그 후 다양한 정치세력이 등장하면서 정국이 혼란스러워졌다. 89세 고령의 지미 카터Jimmy Carter 미국 전대통령까지 나서 시찰단을 이끌고 네팔로 와 대선을 감독했고 EU와 몇몇 국제기구 역시 네팔에 시찰 인력을 파견했다. 이러한 상황에서 달라이라마 집단에 대한 네팔의 정책 방향은 여전히 불분명하다.

3 중국과 인도의 국경문제

1914년 심라회의Simla Conference에서부터 시작된 중국-인도 간 국경문제는 1950년대 이후 중국-인도 양국관계가 복잡해지게 된 중요한 요인이자 양국의 의제 가운데 주요한 내용이 되었다. 중국-인도 국경문제를 어떻게 해결할 것인가 하는 것은 조화로운 변강을 건설하는 데 매우 중요한 문제다.

---

130)「尼泊爾藏民夾縫中求生存」,『環球時報』 2012年 4月 17日.

(1) 중국-인도 국경문제의 주요 내용

1) 중국-인도 국경 실질통제구역에 대한 주권 분쟁

중국-인도 국경선은 동, 중, 서 3개 구간으로 나뉘어 있다. 이 3개 구간을 둘러싼 중국과 인도 간 분쟁이 포괄하는 면적은 약 12만㎢에 이른다. 이 가운데 동단과 서단이 주요한 분쟁지역이며 특히 동단지역은 9만㎢(인도가 지배하고 있는 '아루나찰프라데시주'가 대부분으로, 중국은 이 지역을 '장난藏南지역'이라 부른다. 양자의 면적이 완전히 같지는 않다)에 달하며 중국에서는 역사적으로 티베트 먼위門隅·Monyul, 뤼위珞瑜·Luoyu, 차위察隅·Zayu 지역으로 불렸다. 중간 구간은 인도가 지배하는 면적 2000여㎢에 달하는 지역이다. 서쪽 구간은 주로 신장新疆 악사이친Aksai Chin 지역으로, 면적은 약 3만㎢에 달한다. 중국은 중국-인도 국경의 서쪽 구간에는 분쟁이 없고 국경 협상에서 주요한 문제는 동쪽 구간이라고 보고 있다. 분쟁지역의 국경선에 대해 중국은 전통적인 관습경계가 존재한다고 생각한다. 이 경계선은 역사적으로 형성된 것으로, 주로 이 지역에 대해 중국이 가지고 있던 역사적인 행정관할권을 근거로 확정된 것이다. 지도에서 보면 중국이 주장하는 동쪽 구간의 전통적 관습경계선은 중국과 인도, 부탄 3국의 교차지점에서 동쪽으로 동경 93도 47분, 북위 27도 1분까지, 그리고 동북쪽으로 전통적 관습경계선의 북쪽 지역 니짜무하터尼雜木哈特까지 이어진다. 이 경계선은 대략 히말라야 남쪽 기슭 산지와 브라마푸트라강 북쪽 평원이 맞닿아 있는 접경선을 따라 이어지는데, 인도는 이 경계선의 존재를 부인하며 1914년 심라회의에서 확정한 불법적인 '맥마흔라인'을 고수하고 있다.

2) '맥마흔라인'의 합법성에 관한 논쟁

1914년 3월 24일, 심라회의 기간 영국 맥마흔 경은 델리에서 티베트 지방대표에게 비밀문서를 건넸다. 문서에는 축소판 지도가 있었다. 맥마흔은 지도 위에 붉은색으로 영국령 인도 동북부 지역과 중국 티베트를 구분하는 '국경선'을 대충 그려놓았다. 문서에는 이에 대한 설명이나 근거가 되는 원칙도 적어두지 않았다. 중국 대표는 협정에 서명하는 것을 거부했다. 맥마흔이 그린 붉은 선은 서쪽 부탄 동북부에서 시작되어 동쪽으로 티베트 샤차위下察隅까지 이어졌다. 그 범위는 티베트의 먼위, 뤄위, 샤차위 등 3대 지역을 포함하고 있었으며 오랫동안 중국에 속해있던 약 9만㎢의 영토가 이렇게 불법적으로 영국령 인도에 귀속되었다. 이러한 '맥마흔라인'을 중국 역대 중앙정부와 티베트 지방정부는 한 번도 인정한 적이 없다. 서쪽 구간 국경문제 역시 중국이 인정한 적 없는 '매카트니-맥도널드 Macartney–Macdonald', '존슨Johnson', '아르다Ardagh' 등 3개 라인에서 비롯되었다. 중화인민공화국과 인도는 국교 수립 후 중국-인도 국경문제에 대해 여러 차례 협상을 벌였으나 인도는 '심라조약'의 문서인 '맥마흔라인'의 유효성을 주장할 뿐 아니라 이 라인을 북쪽으로 옮겨 '맥마흔라인' 이북지역까지 잠식하려 하고 있다.

3) 국경 구분의 분수령원칙 논쟁

인도는 중국-인도 국경 협상에서 먼위, 뤄위, 차위 지역의 히말라야산맥 이남은 인도 영토라고 주장하고 있다. 소위 분수령원칙이다. 인도는 전 세계 권위자들이 전통적 국경을 이야기할 때 모두 분수령원칙의 논리성을 증명했으며 인도와 중국의 국경선이 일치하는 곳

— 중간 구간의 대부분 — 역시 히말라야산맥이 형성한 분수령을 따라 이어지고 있음을 알 수 있다고 주장한다. 인도는 산맥이 병풍처럼 천연의 국경선을 만들어주며 이로써 분수령이 정확하고 구분하기 쉬운 국경선이 된다고 지적한다. 하지만 영국학자 램^{Alastair Lamb}은 '맥마흔라인'이 '천연의 국경선'이라는 말을 부인한다. 사실상 중국-인도의 전통적 관습경계는 주로 양국 역사 속에서 주권 관할이 미치는 범위에 근거한 것이며 이는 긴 역사 발전의 과정 속에서 형성된 것이다. 지리적 특징은 전통적 관습경계 형성과 관계가 있지만 결정적인 요소는 아니다.

(2) 국경문제 해결을 위한 양국의 노력과 성과

1) 국경지역 평화와 안녕 유지

1991년 리펑^{李鵬} 총리가 인도를 방문했을 때, 양국은 실질통제선 지역의 평화와 안녕을 유지하는 것에 동의했다. 이것은 21년 만에 처음으로 중국 총리가 인도를 방문한 것이며, 3년 전 라지브 간디 인도 총리의 중국 방문에 대한 답방이기도 했다. 1993년 인도 나라심하 라오^{Pamulaparthi Venkata Narasimha Rao} 총리가 중국을 방문해「중인 변경 실질통제선 지역의 평화와 안녕 유지에 관한 협정」을 맺었다. 양국은 실질통제선을 엄격히 존중하고 준수할 것을 밝혔고, 이로써 양국 변경의 실질통제선 지역의 평화와 안녕을 위한 기초를 다졌다. 1995년 11월 양국은 실질통제선 내에서 서로 지나치게 근접해 있는 왕둥^{旺東} 초소를 철거해 충돌에 대한 위험 요소를 줄였다. 1996년 11월 말, 장쩌민 주석은 인도를 방문해「중인 변경 실질통제선 지역 군사영역 신뢰구축 조치에 관한 협정」을 체결했다. 2003년 6월에는 중국을 방문한 인도 바지파이 총리와의 협상을 통해 국경사무 특별대표를 임명하기로 했다. 바지파이 총리는 '정치적 차원에서 국경문제 해결을 위한 틀을 내놓을 수 있기를 바란다'고 밝혔다. 뒤이어 양국은 「중화인민공화국과 인도공화국 관계원칙과 전면적 협력 선언」에 서명했다. 그 핵심 내용은 국경문제가 '최종적으로 해결되기 전, 양국은 변경지역의 평화와 안녕을 위해 함께 노력한다'[131]는 것이었다. 2005년 4월, 양국은 국경문제를 해결하기 위한 '정치지도원칙'에 합의하고 '국경은 양국이 동의하는, 분명하고 식별이 쉬운 자연 지리의 특징에 따라 확정하며, 국경 지역에 거주하는 사람들의 이익을 보호한다'[132]고 강조했다. 국경 지역의 평화와 안녕을 보장하고 대화를 촉진하기 위해, 2015년 5월 양국은 국경 여러 구간에 변방회담장을 설치하기로 했다.

2) 국경문제 특별회담 기제 수립

2003년 양국은 「중화인민공화국과 인도공화국 관계원칙과 전면적 협력 선언」에 서명하고 양국관계의 대국적, 정치적 차원에서 국경문제를 해결할 수 있는 틀을 만들어 각자 특별대표를 임명하기로 결정했다. 이로써 중국과 인도의 국경문제 특별회담이 만들어져 20세기 양국의 국경협상을 대체했다. 가장 최근에 있었던 회담은 2015년 3월 24일, 중국 특별대표이자 국무위원이었던 양제츠楊潔篪와 인도측

---

131) 「中華人民共和國和印度共和國關系原則和全面合作的宣言」, 『人民日報』 2003年 6月 25日.

132) 「外交部談解決中印邊界問題的政治指導原則」, http://news.xinhuanet.com/ newscenter/2005-04/13/content_2824999.htm, 검색일: 2015年 2月 2日.

특별대표이자 국가안보고문 도발Ajit Doval이 참석한 중인 국경문제 특별대표 제18차 회담이었다. 이밖에 2012년 만들어진 '중인 국경사무 협상 및 협조 기제'는 '중인 국경문제 특별회담'의 보조적인 역할을 하며 양국의 정보교류와 공조체제를 강화해주었다. 이 기제는 2010년 원자바오 총리가 인도를 방문했을 때 양국이 국경문제 해결을 위해 재확인한 '10개항 전략' 중 하나이다. 이 협상과 협조 업무 기제의 목적은 외교 차원에서 국경 관련 문제를 효과적으로 처리함으로써 상호 신뢰를 증진하고 양국 국경지역의 평화와 안정을 확보, 양국 국경문제와 관계 개선에 유익한 환경을 조성하는 것이었다. 이는 중인 양국이 국경 사무에서 협력을 강화하고 양국 국경의 평화와 안녕을 함께 수호하는 데 유리할 것이다.[133]

(3) 중인 국경문제 해결이 어려운 원인

1) 중인 국경전쟁의 영향

1962년 중인 국경전쟁은 중국이 동쪽 구간에서 서쪽 구간에 이르기까지 완전한 승리를 거둠으로써 막을 내렸다. '맥마흔라인' 지역에서 중국군은 전통적 관습경계 부근까지 침투했지만, 전후 중국은 1959년 11월 7일 정한 실질통제선 안으로 후퇴하고 '맥마흔라인'으로부터 약 20㎞를 물러서고 전쟁포로를 석방·송환하면서 양국 우호관계의 회복을 기대했다. 이후 중국이 되찾은 영토는 점차 인도의 통제권으로 들어가 양국 국경 동쪽 구간에서 인도는 다시금 9만㎢

---

133) 「中印簽署〈關於建立中印邊鏡事務磋商和協調工作機制的協定〉」, 『新華網』, 2012年 1月 17日, http://news.xinhuanet.com/worldl2012-01/17/c-111445915.htm), 검색일: 2015年 2月 2日.

에 이르는 지역을 점거했다. 중인전쟁은 양국관계에 커다란 영향을 미쳤으며, 1960, 70년대 양국관계는 냉각기에 빠졌다. 1962년 국경전쟁 후, 중국은 인도에게 파키스탄을 제외하고는 가장 큰 위협이자 적이 되었다. 중국에 대응하기 위해 인도는 비동맹정책을 제기하고 미국, 구소련과 함께 아시아에서 정치·군사협력을 진행함으로써 중국을 견제하고자 했다. 그러나 미국은 이데올로기 충돌을 국경 충돌로 연결시키지 않았다. 예를 들어 중인 간에 국경 충돌이 벌어지는 가운데, 미국 케네디 대통령과 긴밀한 관계에 있던 미국 주인도대사 갤브레이스John Kenneth Galbraith는 시종일관 이 사건을 국제 공산주의의 확장 시도로 보는 것에 반대했고, 미국과 인도가 이 기회를 빌려 인도를 '반공산주의 십자군의 새로운 동맹'으로 만들려는 시도를 막으며 네루에게 전쟁 중지를 촉구했다.[134] 그러나 인도의 '평화, 중립, 비동맹' 외교정책은 끝내 이상주의적 가치를 외면하고 인도의 국가이익에만 충실했다. 미국 역시 '지상군을 통해 중국에 대해 장기적 압박을 유지한다'는 인도의 입장을 지지함으로써 중인 국경의 무력 충돌은 인도인에게 민족주의적 정서를 더해주었다. 인도에서는 중국에 대해 배척과 불신, 불안감이 조성되었고 이는 양국이 국경문제를 해결하는 과정에 영향을 끼쳤다. 중인 경제가 발전하고 무역불균형이 확대됨에 따라 인도는 '중국위협론'를 내세워 양국 국경협상에 어려움을 더하고 있다.

---

134) 1972년 갤브레이스가 중국을 방문했을 때, 중국 외교부 관리는 그가 전쟁을 멈추는 데 발휘한 역할에 찬사를 보냈다. Galbraith, *A Life in Our Times*, pp. 433-439, 牛可, 「權力和良知·加爾布雷斯的政治」, 『開放時代』 2006年 第5期 참조.

2) 인도의 국가전략

앞서 서술한 바와 같이, 인도가 구상하는 '이상적인 국경'이란 인도 아삼주, 부탄, 네팔, 시킴, 라다크Ladakh 지역을 내방어선內線으로 삼고 티베트를 외방어선外線으로 하여 인도의 계단식 방어범위에 포함시키는 것이다. 역사적으로 인도는 이들 지역 가운데 일부를 성공적으로 합병하였다. 만일 '맥마흔라인' 이남 지역, '존슨-아르다라인' 혹은 '매카트니-맥도널드라인'까지 실질통제선으로 만들 수 있다면 인도에게는 더할 나위 없이 좋은 결과가 될 것이다. 이러한 생각은 인도의 정책결정자들에게 깊숙이 뿌리내려 있다. 연구에 따르면 역사적으로 인도 정부와 인도 민중에게는 일종의 관성적 사고가 존재한다. 이들의 사고에 따르면 중국과 인도 간에는 국경분쟁이 존재하지 않는다. '역사적 국경'이 인도의 영토에 대한 요구의 합법성을 증명할 수 있으며, 영국령 인도 시기 '맥마흔라인'이라든지 '존슨-아르다라인'과 같은 관련 조약과 협정은 단지 '역사적 국경'을 인정하는 것에 지나지 않는다. 따라서 '인도의 현재 국경은 역사적으로 줄곧 존재한 국경'이며 심지어 1950년대 중인협정으로 모든 현안이 이미 해결된 것이다. 이들이 보기에 중국은 이미 중인 국경 동쪽 구간의 '맥마흔라인'을 '묵인'했으며, '인도가 국경을 밀어내는 행위에 중국이 무력으로 반격하지도 않을 것'이라고 생각한다.[135] 20세기 말, 인도는 국력을 신장시키는 과정에서 지역 내 대국으로서의 영향력에 더욱 관심을 기울였다. 스스로 '최대의 민주국가'로 자리매김한 후, 인도의 정치사회화는 네루 시대의 대국주의 사상을 계승하면서 이를 인도 민중의 사상으로까지 확산시켰다. 신흥경제체 국가의 모범

---

[135] 隋新民, 「印度對中印邊界的認知」, 『國際政治科學』 2006年 第1期.

으로서 인도는 초강대국과의 관계를 개선하고 패권주의의 영향력에서 벗어나고자 노력하며 자주적인 이미지를 만들었지만, 대국주의 사상이 여전히 현재 인도 정치문화의 중요한 내용이며 인도 외교전략의 지도 사상이 되어 권력 계승자들을 자극하고 영향력을 행사한다. 반세기 동안 지속된 이러한 사유는 오늘날에도 여전히 존재하며 중인 국경협상에 각종 어려움을 야기하고 있다. 중국과 인도의 전통문화로 볼 때 중인 국경분쟁은 표면적으로 양국 영토주권을 둘러싼 것이지만, 실질적으로 양국 민중의 심리에 자리 잡은 문화인식의 충돌이라고 해야 할 것이다.

3) 단일 협상방식

1963년 '콜롬보 건의'가 사실상 중국의 이익을 무시하고 '서쪽 구간은 중국군이 후퇴하여 형성된 20㎞의 비무장지역이므로 중국과 인도 양국의 민정부처에서 관리한다'[136]고 결정한 일은 차치하더라도, 더욱 난감한 것은 1979년 덩샤오핑이 인도 바지파이 외교장관을 접견했을 때 '일괄 방안'을 제시하여 국경문제의 전면적인 해결을 제안했음에도 이데올로기 논리를 배제하고 저우언라이 시기 외교 전통을 계승한 이 방안이 외면당하고 있다는 점이다. 1981년부터 양국 관리들은 국경문제 해결을 위한 방법을 모색하였고 기나긴 협상

---

136) 1963년1월, 스리랑카의 총리 반다라나이케Bandaranaike는 뉴델리에서 '콜롬보 건의'를 발표했는데, 인도외교부에서 초안을 작성한 것이다. 이 가운데 중요한 내용은 다음과 같다. '국경 서쪽 구간은 중국군이 후퇴하여 형성된 20㎞의 비무장지역이므로 중국과 인도 양국의 민정부처에서 관리한다. 이것이 콜롬보 건의의 실질적 내용이다. 인도와 중국 양국정부가 협의해야 할 것은 검사소의 위치, 수, 그리고 구성인력 등이다.'

일정에 돌입했다. 1987년까지 양국은 여덟 차례에 걸쳐 회담을 가졌으나 이견이 너무 커 진전을 거두지 못했다. 1988년 12월, 인도 라지브 간디 총리는 국경문제 해결에 앞서 국경지역의 평화와 안녕을 유지하는 환경 속에서 중인 양국이 다른 영역에서 교류와 협력을 증진할 것을 제안했다. 이러한 사고는 논쟁을 잠시 보류하는 중국의 사고방식과도 일치하는 것이었다. 1989년 복잡한 국내외 상황에 맞서, 덩샤오핑은 '냉정한 관찰, 안정적인 발전, 침착한 대응, 도광양회, 낮은 기조, 나서지 않고 할 일을 하는' 대외관계 지도방침을 내놓고 '냉정하고 냉정하고 더더욱 냉정하게, 힘을 집중해 실질적인 일을 제대로 할 것, 우리 자신의 일을 할 것'[137]을 지시했다. 이 기본적인 지도사상은 안정을 유지하고 개혁개방을 지속하며 중국 내부의 건설과 발전이라는 중심사업에 집중하는 것이었다. 이러한 사고는 오늘날 중국의 상황에 부합하는 것이며 지금까지 이어지고 있다.

4) 중인 양국 민간 교류의 한계와 영향

인도 국민이든 중국 국민이든, 대다수가 서로에 대해 부정적인 인식을 가지고 있다. 이러한 배경 아래, 국경문제에 대한 언론매체의 편향적 보도는 양국 민간의 인식에 부정적인 영향을 끼치고 있다. 학자들은 인도 언론이 국경분쟁을 이슈화하려고 하는 것은 중인 양국 간 신뢰 부족에서 비롯되었다고 보고 있다. 구체적인 원인을 보자면 첫째, 1962년 인도군의 패배가 인도 민족주의와 충돌을 일으키고 있다. 둘째, 향후 중인 양국이 경쟁, 심지어 대결로 나아갈 수 있

---

137) 『鄧小平文選』第3卷, 人民出版社, 1993, p. 318.

다는 일종의 비이성적 정서가 존재한다. 셋째, 양국 경제발전의 격차로 인해 인도가 상실감과 조급증에 빠져있다. "민간 교류가 제한적이다 보니 상대의 이미지가 부정적으로 형성되는 경향이 있고, 이러한 요인이 상호작용하며 양국 정치와 전략에 좋지 않은 영향을 끼친다."[138]

5) 국경문제에 대한 인도 정부의 태도

대국 사이에서 줄타기에 능한 인도는 남중국해 분쟁에서 직접 중국과 대립하지는 않았지만, 인도 정치지도자들은 중국의 주변 정세가 긴장되고 '티베트 문제'가 부각되어 중국이 나서서 국경문제에서 인도와 협력함으로써 중인 국경협상에서 타협할 것을 기대하고 있다.[139] 국경문제에 대해 인도 모디 총리는 과거 국민대회당을 필두로 하는 인도 연합정부가 국경협상에서 중국에 타협적인 태도를 취했다고 여러 차례 비판했다. 모디 총리는 총리 당선 전, 표를 끌어모으기 위해 국경문제에 대해 강경한 태도를 취하며 '아루나찰프라데시주'는 떼어낼 수 없는 인도의 영토이며 중국은 확장주의를 버려야 한다고 주장하고, 어떤 대국도 이 지역을 인도로부터 빼앗아 갈 수 없다고 공언했다. 2015년 2월, 모디 총리는 '아루나찰프라데시주'를 방문해 '주 건립일' 행사에 참석했다.[140] 모디 정부는 거액의 예산

---

138) 吳兆禮,「中印邊界問題的緣起、談判進程與未來出路」,『南亞研究』2013年 第4期 참조.

139) 彭念,「莫迪上臺後的中印關系」,『中國與世界』2014年 第14期 참조.

140) 「外交部就印度總理莫迫赴中印邊界東段爭議區活動答問」, http://news.xin huanet.coml2015-02l20/c_1114411143.htm, 검색일: 2015年 2月 24日.

증액을 통해 중인 국경 실질통제선 지역의 도로, 통신, 전력 등 인프라 건설을 확대하고 소위 '아루나찰프라데시주' 주민들의 실질통제선 지역 이주를 장려함으로써 협상테이블에서 주도적인 위치를 차지하려 하고 있다.[141]

(4) 중인 국경문제 개선을 위한 제안

첫째, 중인 양국은 원칙 문제를 심도 있게 논의할 필요가 있다. 중인 양국의 전통적 관습경계는 주로 양국의 역사적 행정 관할이 미치는 범위를 근거로 하고 있으며 오랜 역사 발전의 과정을 통해 형성되었다. 국경의 지리적 특징은 전통적 관습경계의 형성과 관계가 있지만 유일한 결정적 요인은 아니다. 산간지역 주민들에게 고산은 그들의 활동에 절대적인 장애물이 아니다(특히 하천과 산입구가 지나는 봉우리는 더욱 그렇다). 국가의 행정 관할이 이러한 지역에 미치지 않는 것도 아니다. 중국 변강이 부단히 발전해 온 역사 속에서, 행정 관할과 주민 활동은 정치, 경제 및 기타 다양한 원인들로 인해 변화를 겪었다. 그러므로 전통적 관습경계의 형성 역시 필연적으로 변화의 과정을 거쳐 온 것이지, 어떠한 지리적 특징으로 인해 선천적으로 규정된 것이 아니다. '맥마흔라인' 이남 지역에 대한 티베트 지방정부의 관리는 이러한 문제를 더욱 잘 설명해준다. 1945년 밀스 J. P. Mills가 제출한 보고서 「써라色拉·Sela지역의 국경관리지구로서의 적합성」에서도 '관리의 관점에서 봤을 때 써라 지역을 국경으로 하여 맥마흔라인을 대체하는 방안은 흠잡을 데가 없다'고 평가했다. 이로

---

141) 張力, 「印度莫迪政府外交政策初探」, 『南亞硏究季刊』 2014年 第2期 참조.

써 볼 때, 소위 '맥마흔라인'은 마음대로 바꿀 수 있는 '국경선'이며 분수령을 넘는 것도 가능하다는 것을 알 수 있다.[142] 그러나 오랫동안 인도 측은 협상에서 '분수령원칙'을 고수하고 '사회와 정치조직의 범위는 자연환경의 제약을 받는다'며, 그러므로 분수령 이남은 인도에 귀속되어야 한다고 주장하고 있다. 이밖에 인도가 동부 분쟁지역을 점거한 지 이미 40여 년이 지나, 역사적 진상에 대해 잘 알지 못하는 일부 제3자는 이곳을 인도 영토로 오인하고 있다. 많은 국가의 지도 속에서 이곳은 인도 영토의 색깔로 채워져 있으며 이러한 추세는 중국에게 대단히 불리한 것이다. 중국은 적극적으로 이를 시정해야 한다.

둘째, 중국 국경지역 도시의 사회경제 발전을 가속화해야 한다. '아루나찰프라데시주'는 인도에서 이미 중점적으로 경제발전을 추진하는 지역이 되었다. 이는 중국의 '경제발전을 통한 변강 안정'이라는 사상과 유사하다. 하지만 이 지역이 주州가 된 이후, 역대 주 정부가 경제발전에서 그다지 성과를 보여주지 못하고 심지어 인구 유실과 사회 치안 불안 등 상황이 나타나 인도 정부의 골머리를 썩이고 있다. 인도 정부는 하는 수 없이 2004년 '아루나찰프라데시주'를 포함한 지역에 대한 「최저공동강령」을 제기하고 아시아은행에 약 29억 달러에 달하는 대출을 신청해 그 가운데 6천만 달러를 '아루나찰프라데시주' 보건의료, 수리설비 등 인프라 건설 자금으로 투입했다. 모디 총리는 총리 경선 과정에서 어떤 대국도 '아루나찰프라데시주'를 빼앗아 갈 수 없다고 공언하며 이 지역 경제발전을 약속했

---

142) 張永攀, 「英印以色拉(Sela)為界的"麥克馬洪線"變更計劃及政策分歧」, 『中國邊疆史地研究』 2010年 第3期.

다. 이러한 상황에서 중국은 티베트 국경지역 경제를 발전시켜 중국 영토의 회수를 조속히 실현하는 데 유리한 환경을 조성해야 한다. '맥마흔라인' 이북은 중국의 실질통제선으로, 린즈와 산난에 속하는 미린, 랑시엔, 모퉈, 차위, 보미波密·Bome, 초나 등 현성縣域은 경제발전이 빠르고 인민의 생활 수준이 '아루나찰프라데시주'보다 높지만, 사회경제발전과 산업구조, 인프라, 인구구조 등에서는 여전히 많은 문제가 남아있다.

셋째, 인도와 적극적으로 소통하여 14대 달라이라마 집단의 국경 지역 교란 활동을 막아야 한다. 최근 들어 14대 달라이라마는 중인 국경지역의 '망명 티베트인' 거주지역을 자주 방문하고 있다. 2003년 달라이라마는 '아루나찰프라데시주' 정부와 타왕사達旺寺·Tawang의 초청을 받아 전세기를 타고 아삼주 주도州都 구와하티Guwahati를 거쳐 '아루나찰프라데시주'를 방문했다. 그는 '아루나찰프라데시주', 다왕사와 '티베트 난민' 거주지 등에서 일주일 동안 종교활동을 진행했다. 원래 13대 달라이라마와 티베트 까샥은 '심라회의'에서 만들어낸 '맥마흔라인'을 인정하지 않았지만 이제 14대 달라이라마의 방문과 타국에 의지하고 있는 처지로 인해 '티베트 망명정부'도 이를 묵인하고 있는 것으로 보인다. 2009년 11월, 달라이라마 집단은 또 다시 타왕사를 방문했다. 명분은 종교활동이었지만 실질적으로는 현지 티베트인들을 끌어들이기 위한 것이며, 여러 행사 석상에서 '티베트 타왕'이 아닌 '인도 타왕'으로 지칭하기도 했다.[143] 중국의 전략을

---

143) 1951년 인도군은 타왕을 침략해 티베트 지방관리와 타왕사에 파견되어 있던 관리를 내쫓고, 티베트 관례에 따라 모사母寺인 드레풍사Drepung Monastery에서 타왕사로 켄포khenpo(scholar)를 파견하던 것도 금지시켰다.

볼 때, 달라이라마 집단의 '티베트독립'에 반대하는 것과 중국의 영토를 지키는 것은 하나로 연결된 문제가 되었다.

넷째, 중인 국경협상에서는 국제법을 더욱 중시해야 한다. 현재 복잡한 국제정세 속에서 중인 국경협상은 정치적 수단으로 합의에 이르기가 힘들 것으로 보인다. 그렇다고 무력을 동원해 상대방에게 자신의 국경을 받아들이라고 강요할 수도 없는 일이다. 국경협상에서 중국은 더더욱 국제법에 근거해 입장을 표명해야 한다. 중국이 주장하는 국경은 국제법에 부합하며 이러한 방식으로 해결하는 것이 공정하고 정의롭다. 그 원인은 다음과 같다. 첫째, 국제법은 국제적 분쟁을 평화롭게 해결하기 위해 만들어진 절차법이자 실체법의 규범이다. 둘째, 국제법은 중요한 협상카드로 강력한 설득력을 지닌다. 셋째, 국경협상에서 국제법을 사용하는 것이 현실적이다. 넷째, 국제법의 민주성이 점차 강화되고 있어 국제사회에서 그 중요성이 점점 높아지고 있다. 국제법에 따라 합의에 이른다면 중국과 인도 양국 국민이 이성적으로 국경을 받아들일 수 있을 것이다.[144]

4 티베트 생태 안전 장벽과 변강 안보

시진핑 총서기는 현재 중국의 '국가안보의 함의와 외연이 역사상 어느 때보다 풍부해졌고 시공간이 역사상 어느 때보다 넓어졌으며 내외 요인도 역사상 그 어느 때보다도 복잡해졌다'고 지적했다. 또한

---

144) 曾皓, 『中印東段邊界劃界的法律依據』, 中國政法大學出版社, 2013, p. 341 참조.

총체적 국가안보관을 견지함으로써 인민 안전을 종지로, 정치 안보를 근본으로, 경제 안보를 기초로, 군사와 문화·사회 안보를 보장하고 국제 안보 촉진을 버팀목으로 삼아 중국 특색의 국가안보의 길을 가겠다고 밝혔다. 국가안보와 생태 안전 장벽은 서로 뗄 수 없는 유기적 시스템이다. 2009년 2월, 국무원에서는 국무원 상무회의를 소집해 「티베트 생태안전 장벽 보호와 건설 규획(2008-2030년)西藏生態安全屏障保護與建設規劃(2008-2030年)」을 통과시켰다. 앞으로 이를 위해 155억 위안을 투입, 25년 내에 티베트의 3개 생태안전보호구역, 10개 하부구역에서 10개 항의 생태 보호 및 건설 공정을 실시할 것이다. 이를 통해 티베트 목초지 퇴화, 수토 유실, 토양 사막화, 동식물 보호와 하천·호수 보호를 효과적으로 관리하고 티베트 생태 안전 장벽을 건설할 것이다. 2010년 중앙 제5차 티베트업무좌담회에서도 티베트는 중요한 생태 안전 장벽이라는 전략적 위치를 명확히 했다. 2011년 시진핑 부주석은 티베트 평화해방 60주년 경축행사에 참석, 티베트는 중국의 중요한 생태 안전 장벽이라는 점을 재차 강조한 바 있다.

(1) 티베트 생태 안전 장벽의 전체적 구상

생태시스템은 복합적인 시스템으로, 자연 생태시스템과 자연·인공 복합 생태시스템을 포함하고 있다. 자연 생태시스템 보호와 인공 생태시스템 건설을 통해 공간에 있어 다차원적, 순차적 구조를 형성하고 환경안전을 보장하는 역할을 한다. 이러한 기능을 가진 생태 장벽을 생태 안전 장벽이라고 한다.[145] 티베트고원 생태시스템 보호

---

145) 王娜, 「對構建西藏生態安全屏障的幾點思考」, 『西藏發展論壇』 2011年 第3期.

와 건설에서 자연 생태시스템을 보호하고 인공 생태시스템을 건설하며 다차원적, 순차적 생태시스템이 일체화된 안정적 구조를 조성하는 것이 티베트고원 국가생태 안전 장벽을 구축하는 핵심이다.[146) 「티베트 생태 안전 장벽 보호와 건설 규획(2008-2030년)」에서 제기하는 주요 관리 조치는 현재의 자연 생태시스템 보호를 위주로 천연목초지, 중요 수원 삼림과 원시림 보호, 불합리한 개발 방지 등이 있다. 이 규획에서는 식생植被의 지리적 분포, 생태시스템 구조와 기능의 유사성, 지형 구조와 유형의 유사성, 생태환경과 경제사회 조건의 조합상 특징의 상대적 일치성을 근거로, 단위 유역의 상대적 완전성完整性을 고려하는 원칙에 따라 티베트를 3개 생태 안전 보호지역과 10개 하부구역으로 나누었다.

1) 티베트 북부 고원과 티베트 서부 산지 생태 안전 보호지역

이 지역은 티베트 북부 고원 호수분지와 티베트 서부 아리고원 산간지역 및 야루장부강 수원지를 포함하고 있다. 이 지역은 칭짱 지역의 한랭한 고기압 기후의 영향권 아래에 있어 강수량이 적고 평균적으로 기온이 낮으며 태양빛과 바람이 강하다는 특징이 있다. 지역내 환경은 동쪽에서 서쪽으로 한랭한 습지, 한랭한 습지와 초원, 한랭한 초원, 황무지초원, 온난한 황무지초원 등 생태시스템이 있다. 남쪽에서 북쪽으로는 한랭한 초원과 황무지초원, 황무지 등 생태시스템이 있다. 이 지역은 습지-초원-황무지 생태시스템이 위주가 된 생태 장벽 지역이다. 이 가운데 한랭한 초원 생태시스템의 면적이

---

146) 鐘祥浩 等,「西藏高原國家生態安全屏障保護與建設」,『山地學報』2006年 第2期.

가장 넓고 그 다음이 고지한랭 습지, 황무지초원과 황무지 순이다. 이러한 초원 생태시스템은 티베트의 한랭한 고원의 생물다양성을 유지시켜 주고 지역 생태환경 보호와 티베트 목축업 등 산업 발전에 중요한 역할을 한다. 이 장벽 지역에 대한 주요한 관리 조치로는 천연초지 보호를 통해 이 지역에 서식하는 야생 동식물을 보호하는 것이다.

2) 티베트 남부 및 히말라야 중간 구간 생태 안전 장벽

이 지역은 강디스산맥冈底斯山脉·Kailas Range(중간·동쪽 구간), 히말라야산맥(중간 구간)과 이 두 산맥 사이에 놓인 '하나의 강과 두 개의 하천(1강2하)―江二河'이라는 서로 다른 3대 지형으로 구성되어 있다. 강디스산맥은 고원 내부 생태환경의 중요한 분계선이다. 산맥 남쪽은 야루장부강 계곡 분지이며, 계곡 아래부터 산등성이까지 고도 차이가 1000미터 이상이고 고원 온대 반건조기후의 관목 초원을 기본으로 하는 다층적 산지 생태시스템이다. 히말라야산맥은 이 지역의 남쪽 끝에 위치해 있다. 거대한 산이 인도양에서 불어오는 따뜻하고 습한 기류가 고원으로 들어오는 것을 막아, 북쪽은 건조하고 비가 적은 기후를 보이며 거대한 고지 한랭 초원 생태시스템을 이루고 있다. 남쪽으로는 아열대 상록수림이 기본이 된 다층적 생태시스템이다. '1강2하'의 지역의 하곡河谷은 대부분 해발 4000미터 이하로, 하곡 평원은 면적이 크고 넓게 분포되어 고원 온대 반건조기후의 특성을 보이며 강수와 일조량이 비교적 균형을 이룬다. 주요 관리 조치로는 고산지역 천연 초지 보호, 수토 유실과 토지 사막화 방지가 있고, 이를 통해 농목업 생산발전을 위해 좋은 환경을 제공한다. 지역 내 서로 다른 생태시스템 유형의 공간배치 및 구조와 기능의 구역별 차이에 근거해 이 지역을 세 개의 생태 장벽 하부구역으로 나눌 수 있다. 야루장부강 중류의 계곡 토지 사막화와 수토 유실 통제 및 경제 중점발전구역, 중부 히말라야 북측 계곡분지의 토지 사막화 통제와 농목업 발전구역, 중부 히말라야 남쪽 생물다양성 보호와 관광업발전구역이 그것이다.

3) 티베트 동남부와 티베트 동부 생태 안전 장벽

이 지역은 티베트 동부와 동남부 고산 계곡지대에 위치해 린즈시 북부로는 녠칭탕구라산念靑唐古拉山·Nyainqen TangLha이, 중남부로는 히말라야산이 있고 야루장부강과 지류가 그 사이를 깊숙이 지난다. 창두시는 3대 고산과 3줄기 큰 하천이 지나고 있다. 서쪽에서 동쪽으로 순서대로 녠칭탕구라念靑唐古拉·Nyainqentanglha_보슈라령伯舒拉嶺·Baxoila, 누강怒江, 타녠타윙산他念他翁山·Tenasserim chain, 란창강瀾滄江, 다마라達馬拉·Damala_닝징산寧靜山(현재 망캉산芒康山·Markam), 진사강金沙江이 이어진다. 지역 내 산과 계곡 간 고도 차이가 매우 커, 계곡 바닥에서 산등성이까지 다층적인 산지 생태시스템을 품고 있다. 그 가운데 삼림 생태시스템은 유형이 다양할 뿐 아니라 분포 면적도 넓어 이 지역에서 경쟁력과 특색이 가장 뚜렷한 생태시스템 유형이 되었다. 이 유형에는 풍부한 생물다양성 자원이 포함되어 있다. 지역 내 수자원으로는 진사강, 란창강, 누강과 야루장부강 및 그 지류의 수량이 풍부해, 계절별 차이가 적고 수력자원이 가장 풍부한 지역 가운데 하나다. 주요한 관리 조치로는 수원 함양을 강화하고 생물다양성을 보호하며 특색 경제를 적절히 발전시키는 것이다.[147]

(2) 변강 안전의 독특한 장벽 역할

1) 티베트고원 생태 구성의 독특성

칭짱고원의 주체를 이루는 부분은 티베트고원으로, 이 지역은 수많은 산계, 고지 평원, 하곡, 호수분지, 빙하로 이루어져 있다. 지형이 복잡하고 다양하며 아주 높은 산, 높은 산, 중간 산, 낮은 산, 구릉과 평원, 습지 등이 있으며, 고원 생태시스템은 중국과 남아시아 국가의 주요한 강과 하천을 품고 있다. 칭짱고원은 남아시아 아대륙의 습하고 더운 기후에 고지 한랭지대가 침식되는 것을 막는 중요한 지역이기도 하다.[148]

2) 중국 기후시스템 안정에 대한 티베트고원의 영향

티베트 북부 고원은 일조 시간이 가장 길지만 현재는 줄어드는 추세에 있다. 반면 티베트 동부 고산계곡은 일조 시간이 가장 짧지만 뚜렷한 증가세를 보이고 있다. 티베트 남쪽 산간 호수분지는 연평균 기온이 가장 높은데, 기온 상승 폭은 비교적 작다. 티베트 북쪽 고원은 연평균 기온이 가장 낮은데, 기온 상승 폭은 가장 크다. 티베트 동쪽 고산계곡의 연평균 강수량이 가장 많고 티베트 북쪽 고원이 가장 적다. 티베트 남쪽 산간 호수분지의 강수량은 뚜렷하게 증가하고 있다. 티베트 북쪽 고원의 평균 풍속이 가장 빠르고 티베트 동쪽 고산계곡이 가장 약하다. 이들 지역의 평균 풍속은 전체적으로 빨라지

---

147) 「關於印發西藏生態安全屏障保護與建設規劃(2008-2030年)的通知」, 國家發改委辦公廳, 2009年 3月 2日 참조.

148) 孫鴻烈, 「青藏高原國家生態安全屏障保護與建設」, 『地理學報』 2012年 第1期.

다가 점차 약해지는 추세를 보이고 있다. 히말라야 고산지역과 티베트 동쪽 고산계곡지역은 습도가 상대적으로 높고 티베트 북부 고원지역과 남쪽 산간 호수분지는 비교적 낮다.[149]

3) 티베트 국경지역 수자원 안전 보장

중국-인도 국경 서쪽 구간 유역은 면적이 5만7000㎢로 수자원 총량이 약 20억㎥에 달한다. 주요 하천으로는 칩챕강奇普恰普河·ChipChap River과 썬거짱포森格藏布·SenggeZangbo(스취안하獅泉河)와 랑첸짱포朗欽藏布·LangqenZangbo(샹취안하象泉河)가 있고 모두 인더스강 간류와 지류의 시작이다. 중인 국경 중간 구간은 하천이 비교적 적고 하천 자원에 관한 분쟁도 거의 없다. 그러나 중인 국경 동쪽 구간은 다르다. 이 지역은 인구가 밀집돼 있고 식생이 풍부하며 야루장부강 유역의 오랜 문화역사 속에 경제가 발달했다. 유역 면적은 약 15만 5000㎢이고 수자원 총량은 약 1952억㎥이다. 이 유역 내 비교적 큰 지류로는 캉부마취康布麻曲·KambuMaqu, 뤄자누취洛紮怒曲·LhozhagNubqu, 다왕達旺·Tawang_냥장취娘江曲, 카먼하卡門河·Kameng, 시바샤취西巴霞曲·Subansiri, 차위하察隅河·Zayu 등이 있다. 이밖에 티스타하提斯塔河·Teesta와 야둥하亞東河, 펑취朋曲·PumQu 등이 중인 국경지역을 관통한다.

4) 티베트고원 황사가 중국 동부 및 북태평양 환경에 미치는 영향

칭짱고원 황사는 해발 3500미터부터 4500미터 이상에서 발생한다.

---

149) 楊春艷, 沈渭壽, 林乃峰, 「西藏高原氣候變化及其差異性」, 『幹旱區研究』 2014年 第2期.

고도가 가장 높은 황사 발원지라고 할 수 있다. 칭짱고원 및 주변 지역의 고밀도 황사는 이산화탄소 농도 감소 및 기온 하락과 관계가 있으며, 저밀도 황사는 세계 이산화탄소 농도 증가, 지구온난화와 연관이 있다. 이로써 이 지역의 황사변화와 세계기후변화 사이에 어떠한 관련이 있는지 밝힐 수 있을 것이다. 대규모의 유동 사구와 사막화는 황사 발생에 충분한 모래를 제공하고 있으며, 황사가 발생하는 빈도가 대체적으로 치앙탕고원羌塘高原을 중심으로 동남쪽에서 점차 감소하는 추세를 보이고 있다. 북태평양에 내려앉은 황사는 해양 생물학적 펌프 시스템의 효율을 높여 세계 기후에 영향을 미칠 것이다.[150]

(3) 생태환경 장벽 기능이 직면한 위협

티베트자치구 대부분 지역이 한랭한 고지로, 생태시스템이 대단히 취약하고 민감하다. 생태 안전 확장 폭이 크지 않고 환경이 수용할 수 있는 인구 수가 적어 현재 생태 안전 장벽 기능이 심각한 위기를 맞고 있으며 일련의 생태환경 문제가 발생하고 있다. 문제는 주로 다음과 같은 네 가지 방면에서 나타나고 있다.

1) 토지 사막화 문제

제3차 전국사막화측정통계 결과에 따르면, 티베트자치구의 사막화 토지면적은 2047만4100헥타르에 달해 전 지역 토지면적의 17.03%를 차지한다. 이는 전국 3위에 해당하며 게다가 매년 1.08%씩

---

150) 韓永翔, 「靑藏高原沙塵及其可能的氣候意義」, 『中國沙漠』 2004年 第5期.

확장 속도가 빨라지고 있다. 비공식 통계에 따르면, 티베트 토지 사막화가 초래하는 직접 경제손실은 매년 약 1억 위안에 달한다.[151]

2) 수토 유실 문제

티베트 북부, 서북부 고원과 서부 고원, 누강 유역, 라싸하 유역 및 야루장부강 유역, 티베트 동부의 진사강, 란창강과 누강 중상류의 수토 유실이 심각한 상황이다.

3) 초원 퇴화 문제

티베트의 목초지는 대부분 자연적으로 형성된 것이다. 숲과 초지가 혼합된 토지면적은 8207만 헥타르로 전국 천연 목초지 면적의 21%를 차지하고 티베트자치구 총 토지면적의 68%를 차지한다. 이 가운데 이용 가능한 면적은 5613만 헥타르이며 이미 사용 중인 면적은 4267만 헥타르이다. 대부분의 목초지가 해발 4천 미터 이상 지대에 위치해 목초 생산량이 적은 편이다. 여기에 방목량이 너무 커서 천연 목초지 생산능력이 크게 떨어졌고, 일부 목초지는 사막화가 뚜렷해 방목이 불가능해진 목초지 면적이 1억7천만 묘畝에 달한다.

4) 지질재해 문제

티베트는 면적이 넓고 지질재해의 종류가 다양하며 분포가 넓고 피해가 심각한 데다 발생이 빈번하다는 특징을 가진다. 재해의 유형

---

151) 張虎成, 「西藏生態環境建設與發展生態經濟的思考」, 『西藏科技』 2004年 第2期.

을 보면 주로 토사붕괴, 산사태, 이석류泥石流(흙과 모래와 돌 따위가 섞인 물 사태, 역자주), 토지 사막화, 빙하 융해와 염류화, 지진, 토사와 암석 흘러 내림, 눈사태, 얼음호수 붕괴 등이 있다. 강우는 토사붕괴, 산사태, 이석류 등 지질재해의 주요한 원인이 되며, 이 때문에 매년 우기마다 지질재해가 많이 발생한다.[152]

(4) 생태 안전 장벽 시스템 보호와 건설

티베트 생태시스템은 유형이 다양하고 시공간적으로 자연환경에 따라 규칙적인 변화를 보이고 있다. 즉, "공간적으로 수평지대성과 수직지대성이 서로 교차하는 3차원 지대성이자 다차원 구조시스템을 형성하고 있다. 때문에 티베트 생태 안전은 다차원 생태시스템의 안전이다. 공간적으로 이러한 시스템이 유기적으로 조합, 배치됨으로써 티베트 생태시스템 안전 장벽은 다차원 생태장벽이 구성하는 안전장벽 시스템이 되었다".[153]

1) 티베트 환경 보호에 대한 인식

티베트고원은 칭짱고원의 주체로서, 생태자원은 희소하지만 그 특수한 역할은 다른 것으로 대체할 수가 없다. 게다가 생태시스템이 매우 취약해 한번 파괴되면 회복할 수가 없다. 티베트 생태문명 건설의 전략적 지위는 대단히 중요하다. 티베트 생태보호 업무는 중대

---

152) 楊松,「西藏的生態環境與可持續發展戰略」,『中國藏學』2004年 第3期 참조.
153) 鐘祥浩 等,「西藏高原國家生態安全屛障保護與建設」,『山地學報』2006年 第2期.

한 의의를 가지고 있으며, 티베트 생태환경 보호에 대한 중앙의 지시에 따라 사상과 인식을 통일시켜 중화민족의 장기적 이익과 국가 전략이라는 관점에서, 자손후대에 대한 강한 책임감을 가지고 설역고원을 보호하고 국가 생태 안전 장벽을 구축하기 위해 노력해야 한다.154)

2) 각 민족 인민의 생태문명관 함양

근대 이후, 인류는 자연자원에 대해 약탈식 개발을 진행하면서 두 가지 매우 잘못된 관념을 갖게 되었다. 하나는 지구상의 자연자원이 무궁무진하다는 것, 또 하나는 인간이 자연을 이길 수 있으며 그 능력이 무궁무진하다는 생각이다. 그러나 이 두 가지 생각은 자연의 법칙에 어긋난다는 것이 사실로 증명이 되었다. 이것은 생존환경을 '경제성장'과 맞바꾸는 어리석은 짓이다. 티베트는 티베트족이 다수를 이루는 다민족지역이다. 여러 민족의 전통과 관념이 공존하며, 일부 전통관념이 현대 생태문명관념과 충돌하는 것은 피할 수 없는 일이다. 그러므로 일정한 메커니즘을 통해 각 민족 인민의 생태문명관을 함양함으로써 티베트의 발전이 반드시 생태균형을 이루는 기초 위에 이루어지도록 해야 한다. 티베트의 도약식 발전은 양적인 발전뿐만 아니라 질적인 향상을 동반해야 하며 티베트의 자연생태환경은 전국 인민이 생존할 수 있는 물질적 기초가 된다는 점을 인식하도록 해야 한다.

---

154) 「研究部署進一步加強生態環境安全工作」, 『西藏日報(漢)』 2013年 6月 20日 참조.

3) 티베트 생태환경에 적합한 산업정책과 지속 가능한 발전모델 모색

티베트 생태산업 발전모델에서 보면, 티베트 내 서로 다른 산업 간 조화와 협력이 필요하다. 이밖에 산업 가운데 선도기업이 중심이 되어 전체 생태산업시스템의 발전을 이끌고 생태브랜드 효과를 충분히 발휘할 것이 요구된다. 그러므로 미시적인 관점에서 티베트 생태산업의 발전전략으로는 산업 간 협력전략, 선도기업의 인도 전략과 브랜드 전략 등을 내놓을 수 있다.[155] 이밖에 목초지 도급경영책임제를 완비·개선해 전통적 목축업을 현대적 목축업으로 전환하고, 사람들이 거주에 적합한 지역으로 이주할 수 있도록 유도하는 등 과학적인 조치를 고려해볼 필요가 있다. 「티베트 생태안전 장벽 보호와 건설 규획西藏生態安全屛障保護與建設規劃」에 따라, 이를 법제적, 기술적으로 보장하고 생태환경보호법 체계를 완비해 집행과 감독 시스템을 수립해야 한다.

정리하자면, 티베트에서 도약식 발전과 함께 장기적 안정, 전면적 샤오캉사회 건설全面建設小康社會을 추진하고 있는 관건적 시기를 맞아 티베트 생태 안전 장벽을 구축하고 생태티베트를 건설하기 위한 중요한 단계에 들어섰다고 할 수 있다. 현재 티베트에서 가장 시급한 임무는 "생태환경 보호와 건설 강화, 국가 생태 안전 장벽 구축", "에너지 절감과 환경 관련 법률 집행 강화, 자원절약형·환경친화형 사회 건설", "생태환경 기초보장능력 건설 강화, 감시 및 관리 능력과 수준 제고"이다.

---

155) 羅華, 「西藏生態産業經營模式與發展戰略研究」, 『西藏大學學報』(社會科學版) 2010年 第2期 참조

티베트 발전과 대외개방전략

1 티베트의 경제발전전략과 지속 가능한 발전

　티베트의 평화적 해방과 민주개혁, 자치구 수립 이후, 티베트 경제에는 커다란 변화가 일어났다. 그러나 중국이 개혁개방의 길을 가는 동안에도 티베트는 여전히 전체적으로 낙후되어 있었다. 특히 내지와의 격차가 점점 더 벌어졌다. 중앙에서는 이 문제를 중시하고 경제발전전략을 제정해 발전 격차 축소와 지역 내 생산 및 생활환경 개선에 노력을 기울였다. 1980년 4월, 베이징에서 열린 중앙 제1차 티베트업무좌담회에서 티베트 경제발전 문제가 제기되고, "계획적으로, 단계적으로 티베트를 발전시키고 부와 번영을 실현"하는 것을 당시 티베트에서 진행할 중심 임무이자 목표로 제시했다. 1984년 2월, 중앙 제2차 티베트업무좌담회에서는 경제건설 과정에 존재하는 티베트의 특수성을 강조하고 "중심은 경제를 발전시키고 조속히 인민을 부유하게 하는 것"이라고 밝혔다. 또한 티베트 경제사회 발전에 대한 중대한 결정을 내렸다. 이 회의에서는 에너지 개발, 교통운수사업에 주의를 기울였으며, 경제건설의 기초 위에 농목임업과 민족수공업 발전을 촉진해야 한다고 지적했다. 특히 눈길을 끄는 것은 티베트에서 대외개방을 실시하고자 한 것이다. 그러나 1987년 '라싸 소요사건'과 1989년 14대 달라이라마의 소위 '노벨평화상' 수상 이후, 티베트 경제발전은 새로운 문제—사회안정 문제에 직면했다. 덩샤오핑은 1987년 6월 티베트 발전을 가속화하는 구상을 제기했다. 1994년 7월, 중앙 제3차 티베트업무좌담회에서는 사회주의 시장경제 환경 아래 티베트의 경제사회발전에 존재하는 특수한 어려움과 유리한 조건을 분석하고, 티베트 발전 앞에 놓인 일련의 문제 해결을 촉구했다. 또한 경제발전 가속화의 기본적 사유를 확정하고 티베트 개혁개방의 속도를 높여 새로운 체제를 수립하고, 티베트 지원과 티베트의 자력갱생 두 가지 측면에서 적극성을 발휘할 것을 요구했다. 이 회의에서는 1990년대 티베트가 사회안정 속에서 경제발전을 앞당길 수 있는 대책을 마련했다. 2001년 열린 중앙 제4차 티베트업무 좌담회에서 중앙은 티베트의 '두 가지 전환'을 제기하고 티베트 경제를 '발전 가속화'에서 '도약식 발전'으로 전환할 것을 요구했다. 2010년 1월, 중앙에서는 제5차 티베트업무좌담회를 개최해 새로운 정세 아래 티베트의 도약식 발전을 추진할 방안을 연구했다. 이 회의에서는 도약식 발전이 과학적 발전관을 지도사상으로 삼고, 경제와 사회가 조화롭게 발전되어야 함을 제기했다. 특히 자력발전을 강화하고 공공서비스 능력을 향상시키는 동시에 경제와 환경보호를 중시하고 내륙과의 교류협력을 확대하여 경제성장과 사회통합의 발전노선을 열어가야 한다는 목표를 제시했다. 이로써 티베트의 경제 발전전략은 비교적 완비된 체계가 마련되었다.

제4차, 제5차 티베트업무좌담회에서 '도약식 발전' 전략을 강조한 이후, 중앙에서는 신속하게 티베트에 대한 지원을 늘렸다. '도약식 발전'과 '장기적 사회안정'의 분위기가 점차 형성되어 민생이 크게 개선되었다. 구체적으로는 다음과 같은 변화가 있었다. 첫째, 도로, 철도 등 교통 인프라의 병목현상이 크게 완화되고 교통망이 완비되어 차량 이동거리가 크게 증가했다. 2014년까지 티베트에서 개통된 도로는 7만㎞에 달하고 라싸를 중심으로 간선도로 20개와 지선도로 74개가 놓여 티베트 중부, 동부, 서부의 고원 도로망이 방사형으로 뻗었다. 공가, 미린, 방다, 시가체와 쿤샤 등 5개 공항이 건설되어 국내외 48개 노선을 취항하고 있다. 2006년 7월, 칭짱철도가 개통된 이후, 라싸-시가체 지선도 2014년 개통되었다. 라싸-린즈 철도는 이미 건설이 시작되었으며 철도망이 부분적으로 형성되고 있다. 둘째, 경제가 지속적으로 빠르게 성장하고 있다. 우선 경제 규모가 확대되었고 성장 속도가 유지되고 있으며 현대산업구조가 새로운 성장방식이 되었다. 셋째, 경제 구조에 많은 변화가 있었다.

그러나 티베트 경제발전에는 제약 요소가 여전히 적지 않다. 주로 다음 다섯 가지 방면에서 나타난다. 첫째, 생태환경이 취약하다. 티베트는 고원지형이 매우 특수하고 생태시스템이 취약하다. 한번 파괴되면 단시간 내에는 회복이 불가능하다. 동아시아와 남아시아 대륙판의 압력으로 인해 칭짱고원은 지금도 고도가 점점 높아지고 있다. 그러나 지구온난화와 인류의 활동 증가로 티베트는 설선雪線이 점점 높아지고 빙하가 퇴화되며 토양 사막화, 수토 유실, 하천과 호수 수량水量 감소 등 문제가 발생하고 있다. 둘째, 인프라가 낙후되어 경제의 전체적 역량이 약하다. 개혁개방 이래 티베트에서도 신속하게 인프라를 건설하고 특히 교통, 에너지, 수리, 정보화, 관광설비 등에서 많은 성과를 거두면서 변화를 맞이했지만, 내륙의 발달한 성과 비교하면 티베트의 인프라 환경은 여전히 낙후되어 있다. 교통 분야를 보면 이미 라싸-린즈 고속도로가 이미 개통되었지만, 그 외 지역의 고속도로는 여전히 공백상태이다. 에너지 분야에서 석탄, 석유, 천연가스가 부족하고 공업생산과 주민들의 기본생활에 제약이 많다. 수리 분야에서는 수력자원이 풍부하고 다수의 대형 발전소를 세웠음에도 여전히 많은 수자원이 합리적으로 개발되지 못하고 있다. 게다가 농촌의 식수나 관개용수 등이 부족하다 보니 경제의 내생적 성장동력이 떨어진다. 이밖에 오랫동안 중앙의 지원에 의지해 온 관계로 시장경제 흐름에 대한 기업의 대응력이 떨어진다. 또한 고원의 지리적 조건으로 인해 경제발전을 위한 기술과 비용 부담이 크다는 객관적 한계도 존재한다. 셋째, 인력자원이 부족하다. 2012년 티베트는 전국에서도 선도적으로 15년 무상교육을 실시하고 농목업 종사자의 취학자녀에게는 특수한 '3포(三包, 숙식과 학비 제공, 역자주)' 정책을 적용해 농목민이 자녀를 학교에 보내는 것을 장려했다. 이 정책은 현재 도시의 빈곤가정에도 적용되고 있다. 티베트의 취학연령 아동의 취학률은 이미 99.59%에 달하고 중학교 취학률은 98.75%에 이른다.[156] 그러나 현재 2개 언어 교육은 몇 가지 해결해야 할 문제가 있다. 또한 교육 구조가 불합리하고 교육 내용이 시장경제와 맞지 않으며 중화민족공동체 교육이 부족하다. 넷째, 일부 주민들의 환경보호의식이 부족하고 생산방식이 낙후되어 삼림벌채 등이 농촌경제의 선순환적 발전을 가로막고 있다. 이밖에 거주지가 분산되어 있는 목축민들이 각자 원하는 대로 많은 가축을 방목해 생태환경의

---

156) 陳旭晨, 封海堅, 「西藏人力資本投資問題研究」, 『商場現代化』 2015年 第7期 참조.

부담이 과중하고 농촌의 지속 가능한 발전을 위협하고 있다.[157) 다섯째, 티베트에는 여전히 분열과 반분열의 특수한 모순이 존재한다. 14대 달라이라마집단은 티베트 경제발전이 고원 환경을 파괴하는 문제를 이용해 중앙의 티베트정책과 민족구역자치제도를 비판한다. 이에 대해 중국은 분열에 반대하고 티베트의 안정을 지키면서 동시에 티베트 경제를 발전시키고 생태환경을 보호해야 한다. 이는 매우 어려운 임무이다. 칭짱철도를 예로 들면, 관련 부처에서는 이미 그것이 환경에 미칠 영향에 대해 세밀한 연구와 평가를 마쳤다. 2006년 전 노선이 가동된 이래 현재까지 고원 생태환경에 어떠한 부정적인 영향도 끼치지 않았지만, 14대 달라이라마는 이를 정확히 알리지 않고 국제여론을 호도하고 있다.

티베트 경제발전을 위해 다음과 같은 제안을 할 수 있다. 첫째, 티베트 산업구조를 조정해 농업 인프라 건설을 추진하고 첨단기술 등 비전통 산업에 대한 투자를 늘리며 티베트 의약 등 경쟁력 있는 산업을 지원하는 한편 광업 등 낙후된 산업을 도태시켜야 한다. 특히 고원 특색의 생태산업을 육성하여 사회생산으로 인한 자연자원의 소모를 줄이고 자연환경오염과 생태파괴를 극복함으로써 사회발전과 생태환경을 함께 돌보면서 고원의 지속 가능한 발전을 지향하는 산업체계를 수립한다. 둘째, 농업 분야에서 티베트의 풍부한 자원을 경쟁력으로 전환시켜 생태농업을 발전시킨다. 과거 티베트 농업의 특징은 조방식, 약탈식 발전이었다. 이제는 환경에 좋고 시장발전에 적합한 모델을 찾아 티베트 특색의 자원을 이용해 생태농업을 발전시킴으로써 공해와 오염이 없고 안전하며 품질 좋고 건강한 녹색제

---

157) 任凱, 「西藏地區生態經濟發展探析」, 『經濟前沿』 2007年 第1期.

품을 제공해야 한다. 야생동물을 길들이고 사육하며, 야생식물을 재배하고 개량하여 신흥 생태목축업과 생태농업을 발전시켜야 한다. 셋째, 공업에서는 칭짱고원의 생태공업을 발전시켜야 한다. 현재 티베트의 생태시스템은 이미 인위적, 자연적 위협에 직면해 생태기능이 계속해서 퇴화되고 있다. 만약 전통공업화 모델에 따라 공업생산과 생태자원에 대한 약탈적 생산을 계속한다면, 이는 티베트의 취약한 생태에 치명적인 타격이 될 것이다.[158]

2 티베트 샤오캉사회 건설

샤오캉사회란 정치가 민주적이고 경제가 발전하고 사회는 조화를 이루며 문화가 번영하고 생활이 안정되고 환경이 아름다워 종합국력이 강대하고 국민의 삶이 편안한 사회를 의미한다. 2002년 당 16대(중국공산당 16차 대표대회)에서 '전면적 샤오캉사회 건설' 목표를 제기하였고 2012년 열린 18대에서는 2020년까지 '전면적 샤오캉사회 건설'을 실현할 것을 밝혔다. 이는 샤오캉사회 건설에 대한 중국공산당의 결의를 보여주는 것이며 동시에 이 임무의 긴박성을 보여주는 것이기도 하다. 티베트의 독특한 고원 지리와 유구한 역사문화 및 종교전통의 특징을 고려하면, 전면적 샤오캉사회 건설과 '두 개의 100년(공산당 창당 100주년과 중화인민공화국 건국 100주년을 지칭, 역자주)' 발전을 이루는 과정에서 티베트의 샤오캉 없이는 변

---

158) 徐愛燕, 安玉琴, 王大海,「論西藏生態產業體系及發展重點」,『西藏大學學報』 2010年 第4期.

강지역, 민족지역의 샤오캉은 불가능하며 나아가 전국의 샤오캉도 실현될 수 없게 된다. 2014년 9월, 시진핑 총서기는 중앙 민족업무회의에서, 티베트를 포함한 변강민족지구가 전국 다른 지역과 함께 샤오캉사회의 전면적 건설 목표를 이루는 것은 매우 어려운 일이므로 티베트의 발전을 앞당겨 도약식 발전을 이룰 수 있도록 노력할 것을 촉구했다.159)

(1) 티베트의 전면적 샤오캉사회 건설 현황

티베트가 해방된 후, 특히 제3차, 4차, 5차 중앙 티베트업무좌담회 이후 티베트는 사회발전이 빨라지고 뚜렷한 성과를 보였다. 2009년부터 티베트는 6년 연속 100억 위안 성장을 실현하였고, 세계적으로 경제발전이 낙후한 지역이라는 배경 속에서도 2014년 티베트지역 생산총액은 12% 성장한 925억 위안에 달했다. 당시 티베트에는 중앙 353억 위안, 중앙기업 100억 위안, 민간 300억 위안의 투자가 이루어졌고 이 세 개 항목의 총액은 2014년 티베트지역 생산총액의 81%를 차지했다. 2009년 티베트 농목민 일인당 평균 순수입은 3500위안 수준이었으나, 2014년에는 7500위안으로 증가했고 농목민 일인당 평균 순수입이 12년 연속 두 자릿수 성장을 이어가고 있다. 여기서 소비자물가지수를 제외한다면 티베트 농목민 수입 증가폭은 상당히 높은 편이다. 그러나 경제발전이 상대적으로 낙후해 있고 인프라가 부족

---

159) 시진핑 총서기의 '중앙민족공작회의 겸 국무원 제6차 전국민족단결진보표창대회中央民族工作會議暨國務院第六次全國民族團結進步表彰大會'에서의 연설, 王正偉, 「做好新時期民族工作的綱領性文獻」, 『求是』2014年 第20期 참조.

한 티베트에서 경제발전을 추동하는 주요한 동력이 여전히 투자와 정부사업이다 보니 자생적 발전에 필요한 선순환 기능이 떨어진다.

(2) 티베트의 전면적 샤오캉사회 건설 목표

2010년 1월, 제5차 중앙 티베트업무좌담회에서는 티베트 샤오캉 사회 건설을 위한 다음 단계 전체 목표가 제기되었다. 이 회의에서 제기된 목표는 2015년까지 티베트에서 경제의 도약식 발전을 유지하는 것으로, 농목민 일인당 평균 소득과 전국 평균 수준 간의 격차를 줄이고 공공서비스 능력을 향상시키고 생태환경과 인프라를 개선하고 민족단결과 화합, 사회안정을 지속하는 것이었다. 현재로서는 이러한 목표가 이미 실현된 것으로 보인다. 다음 5개년 계획에서 티베트는 2020년까지 농목민의 일인당 평균 순수입을 전국 평균 수준에 근접하게 하고 서민들의 생활수준을 향상시키며 생태 안전 장벽 건설에서 성과를 냄으로써 티베트 경제발전에서 자체발전 능력을 강화해야 한다. 이렇게 해야만 티베트의 전면적 샤오캉사회 건설이 가능해진다.

(3) 티베트의 전면적 샤오캉사회 건설이 직면한 도전

우선 빈곤인구가 많아 빈곤 탈피에 어려움이 있다. 티베트에는 생활이 어려운 인구가 많고 이들이 겪고 있는 어려움도 다양하다. 이것은 티베트의 사회발전 과정에서 나타난 결과이며 샤오캉사회 건설의 주요한 문제이기도 하다. 최근 들어 티베트의 사회발전이 빨라지기는 했지만, 전체 지역의 일인당 평균 GDP는 여전히 낮은 수준이다. 2013년 일인당 평균 GDP를 예로 들면 전국 평균 수준의 60%

에도 미치지 못했다. 농목업 지역에서 공공서비스 수준도 낮은 편이다. 2014년 티베트 GDP는 925억 위안으로, 일인당 평균 GDP는 3만 위안에 미치지 못해 전국 평균 수준을 밑돌고 있으며 순위로는 전국 28위이다. 각 지급시를 보면 티베트지역 내부에도 불균형이 존재한다. 라싸시, 시가체시, 창두시는 생산총액, 일인당 평균 GDP가 높은 편이지만, 나취, 아리, 산난 등은 상대적으로 낮은 수준이다. 지역 전체를 보면 약 50만 명에 가까운 인구가 빈곤을 벗어나지 못해 지원 업무가 어려운 데다, 빈곤의 원인이 복잡하고 지원 후에도 다시 빈곤해지는 사례가 많아 전면적 샤오캉사회 건설 목표를 가로막고 있다. 다음으로 경제 인프라가 취약하고 발전수준이 전체적으로 낮다. 지역 간 조건이 불균형적이고 발전환경과 인프라가 부족하다. 티베트의 경제성장 속도는 12%로 설정되어 있고 이는 2020년 전면적 샤오캉사회 건설을 이루기 위해서이다. 현재 티베트의 일부 인구는 교통이 불편하고 자연재해가 잦은 지역에서 거주하고 있으며 아직까지도 도로가 닿지 않는 행정촌이 137개가 있다. 주민들의 일인당 연간 전기소비량은 전국 평균수준의 25%에 그치며 많은 농지와 목초지가 효과적인 관개시설을 갖추지 못하고 있다. 티베트의 일부 편벽한 지역은 기본적으로 자연에 의지해 생계를 유지하고 목축을 통해 빈곤을 벗어나려 한다. 이러한 현실은 티베트의 샤오캉사회 건설의 발목을 잡고 있다. 마지막으로, 아직 빈곤탈피 체계가 완비되지 않았다. 빈곤탈피 정책과 시스템에 있어 티베트에는 새로운 환경, 새로운 임무, 새로운 요구와 부합하지 않는 현상이 남아있다. 이러한 현상들은 빈곤탈피를 가로막는 중요한 요인이 되고 있다.[160]

---

160) 曲尼楊培, 「對做好新時期西藏扶貧開發工作的初步思考」, 『新西藏』 2012年

(4) 티베트의 전면적 샤오캉사회 건설에 필요한 사고

1) 당 지도하의 사회안정 유지는 티베트의 도약식 발전과 전면적 샤오캉사회 건설 목표 실현을 위한 조건

티베트의 도약식 발전 전략과 샤오캉사회 건설은 반드시 사회 안정과 단결의 국면 위에 이루어져야 한다. 개혁개방 이래, 티베트 사회는 기본적으로 안정되어 있으며 경제성장 속도가 빨라졌다. 그 중요한 원인은 당의 지도를 견지했기 때문이다. 티베트 각급 당 조직과 정부기관에서는 중앙에서 제정한 반분열투쟁방침을 관철하고 적극적인 관리, 사회기반 강화와 인민 지원 정책을 통해 40년에 가까운 안정과 단결이라는 정치적 환경을 조성했다. 이는 티베트의 빠른 발전에 좋은 사회환경과 기회를 제공해주었다. 역사적 경험을 통해 우리는 동란 중에는 경제건설을 할 수 없고 불안정 속에서는 발전이 불가능하다는 것을 배웠다. 현재 여러 가지 원인으로 인해 몇몇 사회적 불안정 요소가 여전히 존재한다. 14대 달라이라마집단은 수단을 바꿔가며 계속해서 조국의 분열을 기도하고 있다. 티베트 지역 간 발전 불균형, 경제구조 불합리, 농목민 수입 증가의 한계, 퇴직 노동자의 생활보장과 재취업 등이 주요한 문제로 꼽는다. 이러한 상황에서 발전을 당 정책의 첫 번째 임무로 하여 각종 경제 관계를 잘 처리하는 것[161]이 티베트에 남아있는 어려움을 해결하는 열쇠가 될 것이다.

第4期.

161) 崔玉英,「關於在西藏全面建設小康社會的幾點認識」,『西藏發展論壇』2002年 第6期.

2) 도약식 발전 견지는 티베트 샤오캉사회 건설의 기초이자 전면적 샤오캉사회 건설 목표의 지도사상

티베트의 도약식 발전을 실현하려면 티베트의 사회, 자연, 기술, 인재 등 조건의 지역별 격차를 잘 고려해야 한다. 현재 티베트의 대다수 지역은 역사적, 종교적 원인으로 인해 기초가 약하고 개발의 어려움이 크다. 그러나 우리 앞에 놓인 임무가 시급하기 때문에 효율을 우선하며 공정한 방법을 찾아 몇몇 중점 분야에서 진전을 이루고 경제구조를 최적화하여 점진적인 발전 사고를 형성해야 한다.[162] 샤오캉사회 건설 과정에서 과거 불균형한 모델을 버리고 '수혈'보다는 '조혈'에 중점을 둘 필요가 있다. 다시 말해 중앙과 지원기관의 원조에 의지하는 동시에 스스로도 방법을 모색해야 하는 것이다. 사회주의 시장경제 아래 다양한 특혜를 제공하면서 전력, 교통, 에너지 등 산업 건설을 위한 새로운 사고를 시도해야 한다. '조혈' 과정 속에서 개혁을 진행하고 사고를 전환하며 능력을 강화해 '조방형' 구조가 '집약형' 구조로 전환될 수 있도록 해야 한다.[163]

3) 티베트의 특징에 맞는 발전목표 수립

발전목표를 수립하는 과정에서 우리는 단기 목표와 장기 목표 간의 관계를 생각해야 한다. 단기 목표는 제기되었을 때 그 효과가 빠르고 뚜렷해야 한다. 민생 개선과 관련된 조치로서 티베트 인민이

---

162) 劉慶慧, 「全面建設小康社會中的西藏跨越式發展研究」, 『西藏大學學報』 2004年 第3期.
163) 「加快全面小康步伐 西藏經濟逆勢上揚」, 『新華每日電訊』 2015年 1月 19日 第1版.

실질적인 혜택을 얻고 샤오캉사회 건설의 성과를 누릴 수 있어야 한다. 장기적인 목표는 '두 개의 100년'과 연결되는 원대한 목표이다. 실현 과정에서 전통적이고 단순한, 경제의 고속발전을 추구하는 사고방식을 수정하고 조화로운 발전을 통해 최종적으로 티베트 사람들이 편안하고 행복하게 일하고 살아갈 수 있도록 하는 것이다.

티베트의 전면적 샤오캉사회 건설은 실제로는 단순한 경제적인 개념만이 아니다. 이것은 정치, 문화, 생태 등 조화로운 발전을 추구하는 종합적인 개념이다. 물론, 티베트가 2020년까지 전면적 샤오캉사회 건설을 실현하기 위해서는 시간이 부족하다는 것을 인식해야 한다. 게다가 티베트 전 지역이 내륙과 다름없는 샤오캉사회의 수준에 이르기 위해서는 많은 어려움이 따를 것이다. 지금으로서는 티베트 농목민의 일인당 평균 수입과 기본적인 공공서비스를 전국 평균 수준으로 끌어올리는 목표를 가장 시급히 해결해야 할 과제로 삼고 노력해야 할 것이다.

3 중앙의 보조, 전국적 지원과 티베트의 발전

60여 년간 티베트에 대한 중국공산당의 거버넌스와 실천 과정에서 '중앙의 관심, 전국의 지원'이 점차 티베트 업무의 중요한 방침으로 확립되었다. 이 방침은 재정혜택정책, 보조정책, 물질기술과 간부 인력 배치 측면에서 티베트 발전을 보장하고자 한다. 중국 변강 관리의 구체적인 내용으로서, 이 방침은 중국 특색의 사회주의제도와 민족구역자치제도의 특징이 뚜렷하게 드러나는 정책이기도 하다.

(1) 중앙의 보조 및 지원 업무

티베트 해방 이후, 중앙정부는 티베트 건설을 지원하는 정책 제정자가 되었다. 그러나 신중국 수립 초기에는 티베트 지원제도에 관한 뚜렷한 개념이 정립되지 않았다. 유일하게 명확한 점이라면 중앙이 '티베트 지원'을 통해 티베트에서 민족 평등과 단결을 실현하고자 했다는 점이다. 신중국 수립 초기에는 국가행정체계가 제대로 갖춰지지 않아, 정치동원과 특별 보조 수단 등 정치적 색채가 강한 비체계적인 정책을 통해 티베트를 도왔다.164) 이 시기(1951년~1978년)는 중앙정부가 티베트의 발전을 돕는 업무에서 적극적인 탐색을 진행하던 시기였으며, 이때 주티베트 군대가 건설에 참여해 도로, 병원과 학교, 교량, 전력설비, 댐과 제방, 농업실험장 등 많은 인프라 시설을 건설했다.165)

개혁개방 이후, '티베트 지원기제'가 모양을 갖추기 시작했다. 1980년 3월 제1차 중앙 티베트업무좌담회에서 '중앙의 관심, 전국의 지원'을 제기하고 중앙 각 부처 위원회와 관련 지방 및 단위에 티베트의 특수한 수요에 근거해 물질적, 금전적, 기술적, 인적 지원을 적극 제공할 것을 요구했다. 1983년 8월, 국무원에서는 '티베트에 대한 전국적, 지속적 지원 방침 아래 쓰촨, 저장浙江, 상하이, 톈진天津 4개 성 (시)에서 중점적으로 지원할 것'을 결정했다. 얼마 지나지 않아 티베트자치구와 국가계획위원회, 국가경제무역위원회, 국가민족사무위

---

164) 謝偉民, 賀東航, 曹尤, 「援藏制度:起源、演進和體系研究」, 『民族研究』 2014年 第2期.

165) 賀新元, 「中央"援藏機制"的形成、發展、完善與運用」, 『西藏研究』 2012年 第6期 참조.

원회, 중앙통전부 및 지방 책임자로 구성된 티베트지원대표단이 건설사업지원과 경제기술협력 등에 대해 토론하고, 내륙 10개 지원부문과 50개 지원 및 협력사업을 확정했다. 1984년, 제2차 중앙 티베트 업무좌담회에서 티베트 지원을 제도화하는 문제를 논의한 결과, 베이징 등 9개 성과 시에서 티베트에 43개 건설 공정을 지원하고 4억 8천만 위안을 투자하기로 확정했다. 1987년 6월 미국 카터 전 대통령이 중국을 방문하자, 덩샤오핑은 그에게 티베트에 대한 중앙정부의 지원정책을 소개했다. "티베트에 대한 우리의 정책은 민족평등에 입각한다", "중요한 것은 어떻게 하는 것이 티베트 인민에게 유리한가, 어떻게 티베트를 발전시켜 중국의 4개 현대화건설에서 앞서나가게 할 것인가 하는 문제이다."[166] 티베트 지원정책의 목표와 의의에 대해 덩샤오핑은 매우 명확하게 설명하고 있다.

'티베트 지원기제'가 체계를 갖춘 것은 장쩌민이 총서기를 맡은 이후라고 해야 할 것이다. 1990년 7월, 장쩌민 총서기는 티베트를 시찰하며 티베트 지원의 중점은 과학, 교육, 문화, 의료 등 영역에서 시급히 요구되는 전문기술인력이며, 당 중앙, 국무원 각 부처 및 각 성시에서 적극 지지하고 도와야 한다고 지적했다. 1994년과 2001년 중앙에서는 제3차, 4차 티베트업무좌담회를 개최했다. 이 자리에서는 티베트 업무의 노선, 방침, 정책이 재확인되었고, 구체적인 업무 분담을 진행하여, 베이징, 상하이 등 14개 성과 시에서 티베트의 7개 도시에 대해 업무를 나누어 지원하기로 했다. 제3차 티베트업무좌담회에서는 '티베트 지원기제'를 확립하고 정책법규의 형식으로 '결연식 지원對口援藏'을 주체적인 원조모델로 확정하였다. 제4차 티베트업

---

166) 『鄧小平文選』第3卷, 人民出版社, 1994, p. 246.

무좌담회에서는 이 '티베트 지원기제'라는 큰 틀을 더욱 심화시켜, 결연지원 관계를 구체화하고 이를 상대적으로 고정화했다. 이밖에 간부의 티베트 지원 참여시스템을 만들고 지원범위를 전면적으로 확대함으로써 '중앙의 관심, 전국의 지원'이라는 정책을 '분업 책임, 결연 지원, 정기적 순환'이라는 구체적인 운영메커니즘으로 전환시켰고, 간부의 지원을 필두로 하여 그것을 보조할 경제지원, 인력지원, 기술지원이 긴밀히 연결되는 업무구조를 갖추었다.[167] 2010년 제5차 티베트업무좌담회에서는 이러한 '분업 책임, 결연 지원, 정기적 순환'을 지속하고 간부의 지원과 경제, 인력, 기술 지원을 결합하는 업무구조를 보다 완비할 것을 결정했다.

(2) 지원을 통한 티베트 사회발전 촉진

중앙정부의 지원 아래, 티베트는 커다란 진보를 이루었다. 여기에는 중국 사회주의제도의 우월성과 중화민족이 가진 상부상조의 전통적 미덕이 바탕이 되었다. 중앙정부는 줄곧 티베트의 발전을 중시했으며 티베트 각 민족인민의 복지에 주의를 기울였다. 이에 전국적으로 티베트를 지원하고 각종 특혜정책을 통해 인력과 물자, 자금지원을 강화함으로써 티베트의 발전과 진보를 이끌었다. 1952년에서 2012년까지 티베트에 배정된 중앙재정의 각 분야 보조금은 4천 543억 4천만 위안에 달해, 티베트 지방재정이 형성된 이래 누적 지출액의 96%에 이른다. 2011년에서 2015년까지 중앙정부는 민생, 인프라, 특색산업, 생태환경을 개선하는 중점 분야에서 226개 항목의 주요

167) 賀新元 等, 「中央"援藏機制"的形成、發展、完善與運用」, 『西藏研究』 2012年 第6期; 徐志民, 「中共中央援藏工作述論」, 『濟南大學學報』 2012年 第3期 참조.

사업을 수립하고 5년간 1931억 위안을 투자했다. 이 가운데 중앙정부의 투자가 71.5%를 차지한다. 2010년 중앙 제5차 티베트업무좌담회 이후, 중앙정부는 각 성과 시의 재정수입 1/1000을 티베트 지원에 참여하는 17개 성(시)의 원조자금으로 정하고 안정적인 성장 메커니즘을 수립했다.168)

1) 티베트 경제력 증강

티베트 지원 업무가 제도화된 이후, 티베트의 전체적 경제력이 크게 강화되었다. 경제발전 환경이 개선되고 인민의 생활 수준과 생활의 질이 부단히 향상되었다. 2008년에서 2013년까지 티베트 경제성장의 속도와 질적 효율이 함께 향상되어, 지역 생산총액이 잇따라 400억 위안, 500억 위안, 600억 위안, 700억 위안을 돌파하며 연평균 12%의 성장률을 보였다. 일인당 평균 GDP는 2만 위안을 넘어섰고, 사회소비품 소매총액은 250억 위안을 넘어 연평균 17%씩 성장했다. 공공재정 예산수입이 30억, 50억, 80억 위안을 연이어 넘어서면서 세수가 153억 5600만 위안에 달했다. 농목민 일인당 평균 순수입은 5645위안으로 2007년의 두 배로 증가, 연평균 15%의 성장률을 기록했다. 도시주민 일인당 평균 가처분소득은 1만 8056위안으로 2007년보다 62.2% 증가했고 연평균 10.2%씩 증가했다. 2014년 티베트 생산총액은 924억 위안으로 12% 성장했다. 사회고정자산투자는 1100억 위안으로 19.8% 증가했고, 공공재정 예산수입은 124억 위안으로 30.8% 증가했다. 세수수입은 174억1천만 위안으로 17.8% 증가하고

---

168) 中華人民共和國國務院新聞辦公室,『西藏的發展與進步』白皮書, 2013年 10月.

사회소비품 소매총액은 323억 6천만 위안으로 12.9% 증가했다. 농촌 주민 일인당 평균 가처분소득은 7471위안으로 14% 증가했고, 도시 주민 일인당 평균 가처분소득은 2만 2026위안으로 8% 증가했다. 농촌주민 일인당 평균 가처분소득과 사회소비품 소매총액, 공공재정 예산수입의 증가 속도는 전국 상위권 수준이다.[169]

2) 새로운 경제 성장동력 육성

① 티베트 지원을 통해 티베트 특색 공업이 규모를 갖추기 시작했다. 티베트 지원기제의 실시와 지지 아래, 티베트의 공업경제발전은 개혁개방 후 두 단계로 나누어 볼 수 있다. 1978년에서 2000년은 공업구조 조정 단계였다. 제1차 티베트업무좌담회 이후, 티베트에서는 계획에 맞춰 '폐쇄, 운영중지, 합병, 전환'을 진행해 공업구조에 조정을 가하고 티베트 공업의 안정적 발전을 위한 기초를 마련했다. 이후, 국유기업 개혁을 단행, 다양한 성격의 기업이 끊임없이 쏟아져 나왔다. 티베트의 광업, 석탄업, 의약업, 기계업 등 분야에서 주식회사가 상장하고 티베트의 공업은 안정적인 발전궤도에 오를 수 있었다. 2001년 이후는 티베트 공업이 건전하게 발전한 단계이다.[170] 2001년 제3차 티베트업무좌담회는 티베트의 특성에 근거해 공업 분야의 티베트 지원사업을 제기했다. 이들 사업은 티베트 경제발전에

---

169) 洛桑江村,「2015年西藏自治區第十屆人民代表大會第三次會議政府工作報告」,『人民網』 2015年 1月 22日, 검색일: 2015年 5月 20日.

170) 王昕秀,「西藏工業從傳統家庭作坊走向新型現代化之路」,『中國西藏網』 2011年 7月 28日, http://www.tibet.cn/news/index/xzyw/201107/120110728_1111513.htm, 검색일: 2015年 5月 20日.

서 중요한 기능을 담당했다. 이 시기 경제발전의 방침은 티베트의 거대한 자원 경쟁력을 경제 경쟁력으로 전환하여 경제적 효과와 사회적 효과를 함께 거두는 것이었다.

② 티베트 지원을 통해 농목업 생산이 새로운 단계로 올라섰다. 티베트의 농목업은 자금, 기술, 시장 등 방면에서 커다란 발전을 거두었다. 2003년에서 2013년까지, 티베트 농목업 특색산업에 대한 누적 투자액이 약 21억 위안에 달했으며, 농목업 특색산업 생산기지 200여 개를 건설하고 450개 이상의 농목업 특색산업 사업을 배정했다. 2013년까지, 농목업 특색산업에서 티베트 주민들이 벌어들인 누적 수입은 약 11억 5천만 위안이며 여기에 혜택을 입은 주민이 티베트 인구의 절반에 달해, 가구당 평균 수입증가액이 3천여 위안, 연평균 증가율은 22.26%에 이른다.[171] 티베트 농목업은 자랑할 만한 성과를 거두었으며 이는 내륙 인민의 지원과도 밀접한 관계가 있다. 티베트 지원사업으로 티베트의 농목업 산업화 수준이 향상되었고, 산업화를 통해 농목업 제품 시장을 갖출 수 있었다. 기술지원으로 티베트 전통 농목업이 안전하고 우수하며 친환경적이면서도 효율이 높은 고원 특색의 현대농목업으로 발전했고, 수많은 농목업 선도기업을 육성, 성장시켰다.

③ 티베트 지원을 통해 대외경제무역, 관광이 지주산업이 되었다. 1980년대 이후 국가에서는 티베트 지원업무 가운데 호텔 등 숙박시설과 변경통상구에 대규모 건설 투자를 진행하고 수출제품 생산기

---

171) 「西藏農牧業特色産業項目實施十年累計投資20.94億」, 『中國西藏新聞網』 2014年 5月 30日, http://www.chinatibetnews.com/2014/0530/1338766.shtml, 검색일: 2015年 5月 21日.

지를 개척했다. 이로써 티베트의 대외경제무역 규모가 점차 확대되고 경쟁력이 강화되었으며 대외 관광수입도 크게 증가했다.[172] 티베트 지원 업무가 시작된 이후 국가여유국國家旅遊局과 티베트에 원조를 제공하는 성·시는 줄곧 티베트 관광산업 육성을 중시하며 자금 투입, 사업 홍보, 인재 육성, 프로그램 개발 등을 통해 티베트 관광업의 건전한 발전을 이끌고 도약식 발전의 역사적 전기를 마련했다.

(3) 티베트 지원 업무에 대한 사고

티베트 지원이 실시된 이래 티베트 사회경제에 걸쳐 뚜렷한 발전 성과가 나타났다. 이것은 중앙과 각 성·시, 각 부 위원회, 중앙기업의 지지와 원조 아래 이루어진 것이다. 그러나 지금까지도 티베트 자체의 '자생적 발전' 기능은 여전히 취약하다. 티베트를 지원하는 기제와 정책이 구체적으로 실시, 실천되는 과정에서 나타나는 다양한 원인으로 인해 기대한 목표에는 아직 미치지 못하고 있다. 국가에서는 정책적 투입을 늘려 산업구조를 조정하고 기술 투입을 강화함으로써 '조혈' 메커니즘을 만들기 위해 노력하고 있다. 첫째, 결연식 지원은 장기적인 임무이다. 파트너로서 티베트 지원 임무를 맡은 각 성·시, 중앙 국가 부처 위원회와 중앙기업은 장기적으로 티베트를 지원할 수 있는 메커니즘과 관련 정책, 업무 방안을 마련해야 한다. 둘째, 티베트의 풍부한 특색 자원을 조화롭게 고려하고 통합하여 티베트 각 지역과 지원 업무 간의 연계 메커니즘을 형성함으로써 티베트의 경쟁력이 향상되도록 이끌어야 한다. 셋째, 서로 다른 지

---

172) 李曦輝, 「援藏與西藏經濟社會50年變遷」, 『中央民族大學學報』(哲學社會科學版) 2000年 第5期.

방에서 서로 다른 특징을 가진 티베트 지원 방안을 제정하여 취약한 부분과 병목현상이 나타나는 부분에 대해 '조혈' 능력을 강화해야 한다.[173] 결연식 지원 업무에서 각 항의 조치들이 티베트 현지의 현실에 부합해야 한다. 앞으로 긴 시간 동안 티베트 지원 업무는 농목민의 식용수, 통신망, 도로교통, 전력에너지, 농목업 현대화생산력 수준 저하 등 문제를 중점적으로 해결해야 할 것이다. 넷째, 티베트와 내륙의 인력 격차는 인력자원이 전체적으로 부족한 것 외에도 인력 구성비가 불합리하다는 점에서도 드러난다. 일반지식형 인력이 많고 전문형 인력은 상대적으로 적다. 행정관리 인력이 많고 경제경영 인력은 적다. 전통지식형 인력이 많고 신지식형 인력은 적다. 그러므로 교육투자를 늘려 티베트 농목민의 자질을 향상시키고 인력자본의 축적을 촉진하여 중앙정책 실시와 티베트 자신의 발전을 위해 인력 기초를 다져야 한다.[174]

4 티베트 대외개방 전략

티베트의 대외개방과 주변국가 시장과의 협력은 장기간 계속되어 온 티베트의 폐쇄, 혹은 반폐쇄 상태를 타개할 효과적인 방법이다.

---

173) 郭盼,「對口援藏讓西藏各族人民共享現代化生活 — 訪中國邊疆史地研究中心孫宏年研究員」, 『中國西藏網』 2014年 7月 15日, http://www.tibet. cn/news/index/xzyw/201407/t20140708-2006224.htm, 검색일: 2015年 5月 21日.

174) 劉毅, 楊明洪,「中央援藏政策對西藏經濟發展影響的實證分析」, 『西南民族大學學報』(人文社科版) 2008年 第4期. 朱維群,「以科學發展觀推動對口援藏工作」, 『人民論壇』 2012年 第18期 참조.

중국은 '일대일로' 전략을 실시하고 있다. 중국-인도-미얀마-방글라데시 지역경제협력을 실현하고 티베트를 남아시아로 향하는 육상통로로 건설해야 하며, 티베트의 대외개방을 종합적으로 검토하여 티베트 경제개발과 대외개방에 새로운 발전의 기회를 제공해야 한다.175)

(1) 역사적 전통으로서의 티베트 대외개방과 무역

티베트지역은 중국이 남아시아와 무역을 진행하는 데 중요한 위치를 차지하며, 일찍부터 중요한 육상통로였다. 일찍이 토번 시기, 티베트는 인도, 네팔과 빈번하게 무역 왕래를 했다. 서기 17세기 이후, 티베트는 인도를 비롯한 남아시아 지역 전체와 더욱 활발한 무역 왕래를 이어갔다. 티베트 서부에서 현지 주민들은 호수소금湖鹽 등 지역 산품을 인도의 말, 과일 등과 맞바꾸었다. 티베트 동남부의 먼위, 차위 등지에서는 양쪽 변경민들이 교역장소를 정해놓고 호시무역을 진행했다. 이후, 청대 건륭 시기 「선후장정이십구조」를 통해 티베트 지방의 대외무역정책이 분명해졌다. 1888년 이후 영국은 총과 대포를 앞세워 티베트의 시장을 개방했다. 야둥, 파리帕里·Phari, 푸란 등 지역에 변경통상구를 개설하고 세금을 받지 않았다. 특히 야둥은 이 가운데에서도 우위를 점한 통상구로서 티베트와 인도 무역의 주요한 통로가 되었다. 1894년 「중영회의장인조관中英會議藏印條款」을 체결한 다음 해, 청 정부는 야둥(옛 야둥)에 세관을 설치했다. 개방이 막 시작된 1895년, 야둥 세관의 수출입 무역액은 각각 41만 루피,

---

175) 陳繼東, 「西藏對外開放的新機遇」, 『西藏研究』 2002年 第3期 참조

63만 루피에 달했다. 1899년에서 1900년까지 중국 티베트와 인도 간 무역총액은 289만 7272루피를 기록했다. 1904년 영국령 인도 당국은 제2차 티베트 침략전쟁을 일으키고 불평등한 무역 관계를 이용해 심각한 무역 불균형을 야기했다. 1904년 영국인들은 간체에 무역사무소商務代辦處를 설치했다. 1907년 청 정부는 간체에 등급이 더 높은 상무국과 해관을 설치하고 간체의 수출입 무역을 관리했다. 이후 티베트 지방정부 역시 1911년 간체에 상무총관을 두었다. 간체를 예로 들면 1930년대 이 지역에는 티베트·네팔 상인이 약 100여 가구가 있었고, 심지어 티베트가 해방된 뒤에도 티베트, 네팔, 인도 상인이 여러 가구 남아있었다. 1923년에서 1942년까지, 그리고 1947년에서 1950년까지 기간 동안 티베트 까샤정부가 중인 변경지역을 통해 사들인 무기에 대한 지출이 455만 루피에 달했다. 매년 약 16만 루피씩 지출한 셈이며, 이는 까샤정부 외환 지출의 40%를 차지하는 액수다.[176] 까샤정부는 여전히 변경지역의 야둥, 파리, 푸란, 다왕 등지에서 양모와 소금에 대한 대외교역세를 징수했으며 1933년 한 해에만 332가구의 상인들로부터 당시 티베트은화 18만 4864냥 53푼을 징수했다. 청 말에서 민국 시기에 이르는 동안 티베트의 대외변경무역은 티베트사회가 근대 공업사회로 다가가는 창구이자 영국령 인도 세력이 티베트로 들어오는 통로였던 것이다. 그러나 근대 티베트의 대외경제는 귀족계급이 장악하고 있어 영국령 인도의 지배를 받지 않았다.

---

176) 周偉洲, 『英國、俄國與中國西藏』, 中國藏學出版社, 2000, p. 453 참조.

(2) 티베트 대외개방의 외교적 기초

1947년 8월, 인도는 독립하면서 영국령 인도가 티베트에 가지고 있던 각종 이익을 계승하고 티베트에 무역사무소를 유지했다. 그리고 중화인민공화국 수립 이후 중국에 친화적인 태도를 취해 사회주의국가가 아님에도 불구하고 주동적으로 신중국과 국교를 수립했다. 1951년 인도 국내에 문제가 발생했을 때, 중국은 우의를 바탕으로 식량 66만 톤을 무상원조했다. 이에 대한 보답으로, 인도는 중국의 유엔회원국 지위 회복을 지지했다. 그러나 또 한편으로, 인도는 시종일관 티베트에 대한 특권적 이익을 포기하지 않았다. 인도는 1952년 2월 자국의 이익이 "관례와 협정에 의해 발생한 것"이라는 이유를 들어 중국에 「티베트에서 인도의 이익 현황에 관한 양해각서 '關於印度在西藏利益現狀' 備忘錄」를 체결할 것을 요구하며 상업적 이익을 얻고자 했다.[177] 1954년 4월 29일, 중인 양국은 「중화인민공화국, 인도공화국의 중국 티베트 지방과 인도 간 통상과 교통에 관한 협정中華人民共和國' 印度共和國關於中國西藏地方和印度之間的通商和交通協定」을 체결하고 서로 무역사무처를 설치하는 것에 동의했다. 이 협정이 정식으로 발효된 후, 티베트와 인도의 무역량이 크게 늘었다. 인도로부터 수입하는 상품으로는 쌀, 밀가루, 야자유 등 곡류와 기름이 있었다. 티베트 아리지구는 6개의 산간통로와 10개의 시장을 인도에 개방하기로 했다. 1951년에서 1961년까지 티베트의 대외무역총액은 1만 862위안에 달했다. 1950년대 티베트의 대외무역은 이 지역 안정과 민주개혁을 뒷받침해 주었고, 양국 간 국경무역 협력을 통해 인도, 네팔과 1950년대 초중반 정치외교관계에서 안정과 발전을 이루며 무역환경과 무

---

177) 『解放西藏史』, 中共黨史出版社, 2008, p. 283.

역통로 개선에 기여했다. 이는 양국 국경지역 주민의 경제활동의 수요에 부합하는 일이자 티베트지역 경제발전의 수요에도 부합해, 객관적으로 국경지역 안정에 도움이 되었다. 네루 정부 초기의 중인 국경무역 관련 조치는 중인관계의 관점에서 봤을 때 전후 아시아태평양 지역의 긴장국면을 완화하는 데 어느 정도 도움이 되었고, 심지어 '협정' 서문에 양측의 평화공존 5원칙을 기입함으로써 이 원칙을 양국관계에서 국제관계로 확대시켰다. 그러나 미국과 구소련의 관계가 복잡해지면서 인도와 파키스탄, 중국과 파키스탄 관계 및 국경과 '티베트 문제'도 복잡해졌다. 이에 따라 중인 경제협력은 점차 악화되었다. 1950년대 말, 티베트 정세의 변화와 국경문제로 이러한 추세가 더욱 격화되었다. 1959년 14대 달라이라마집단이 라싸에서 무장반란을 일으킨 후 인도로 도주하자 인도는 이들을 정치적으로 비호했고, 이는 경제에도 영향을 끼쳤다. 인도는 일방적으로 티베트로 수출하던 식량과 석유, 자동차부품, 목재 등 상품의 운송을 금지하고 인도 주재 중국 무역사무소의 업무를 방해했다. 중인 국경전쟁 후 양국은 잇따라 자국 대사를 소환해 양국관계는 임시대리대사 수준으로 떨어졌다. 양국 정치관계는 전면적으로 냉각되었고 무역로 역시 막히게 되었다. 1954년 협정의 유효기간은 8년으로, 1962년 6월 3일이면 효력을 상실하는 것이었다. 효력 상실 전인 1961년 12월 3일, 중국 정부는 세 차례에 걸쳐 인도 정부에 외교서한을 보내 '평화공존 5원칙'에 따라 새로운 통상·교통협정을 맺을 것을 건의했다. 그러나 인도정부는 중국이 중인 국경지역에서 철군할 것을 선결조건으로 내세우며 중국 측의 제안을 거부했다.[178] 이에 중국 주 칼림

---

178) 朱廣亮,「中印兩國關於1954 年"中印協定"期滿失效問題的外交交涉」,『黨

풍, 캘커타^{Calcutta} 무역사무소는 철수하였다. 1962년 연말, 인도는 중국 티베트와의 모든 왕래를 완전히 봉쇄하고 시가체, 야둥, 아리, 푸란 등 변경통상구와 변경무역시장을 모두 폐쇄하여 티베트와 인도의 통상무역은 전면 단절됐다. 1976년 중국과 인도가 대사급 외교관계를 회복한 후에야 양국 무역이 점차 회복될 수 있었다.

(3) 티베트 대외개방 상황

1) 티베트 대외개방에 대한 중앙과 티베트 지방의 지속적인 정책지지

중앙에서 연이어 개최한 티베트업무좌담회는 티베트 경제사회발전에 관한 방침에 지도적 견해를 제시했다. 1980년 제1차 좌담회에서 나온 「티베트업무좌담회요록^{西藏工作座談會紀要}」에서는 '변강을 건설하고 국방을 공고히 하며, 계획과 단계에 따라 티베트의 부와 발전, 번영을 촉진한다'는 것을 강조하고 있다. 1984년 제2차 좌담회에서는 티베트의 「대외무역 체제개혁 의견 보고서」와 「상업체제의 몇 가지 문제에 관한 보고서」를 채택하고 기업의 경영자주권, 경영관리제도, 판매망, 물가관리체계, 재무결산체계에 대한 개혁을 요구했다. 1992년, 티베트에서는 「대외무역체제개혁과 완비에 관한 몇 가지 결정」, 「시장건설과 관리강화에 관한 의견」, 「상품유통 체제개혁 심화에 관한 의견」과 「티베트지역 대외경제무역의 지속적인 발전에 관한 결정」을 내놓고, 티베트 대외무역의 목적과 전략을 명확히 하는 가운데 상품유통체계, 시장체제 건설에 대한 규정을 마련했다. 1994년, 중앙에서는 대외무역 등 분야에서 티베트에 유연하고 특수한 특

史研究與教學』 2012年 第1期 참조.

혜정책을 실시하기로 했다. 1999년 공표한 「티베트자치구의 투자유치에 관한 몇 가지 규정」은 1996년 발표한 「변경무역 관련 문제에 관한 국무원 통지」에 맞춰 티베트의 낙후한 투자환경을 개선하고 투자자의 투자 의욕을 끌어올리며 합법적인 투자가 보호받을 수 있도록 한 조치였다. 2000년, 티베트자치구, 국가대외경제무역부는 홍콩에서 '티베트자치구 홍콩 투자무역상담회'를 공동 개최하여 티베트 대외무역의 영향을 확대했다. 이듬해에는 제1차 '티베트-네팔 무역상담회 겸 상품전시회'를 중국과 네팔 변경지역인 티베트 장무통상구에서 개최하고 이와 함께 티베트자치구 대외경제무역촉진회를 설립, 대외경제무역상담회를 열어 체제 방면에서 변경무역의 발전을 추진하고 있다.

2) 티베트 변경통상구의 점진적 개방

변경통상구 설치 정책을 살펴보면, 1986년 '제1회 시가체 주변국 변경무역 수출입 상품교역회'를 개최하고, 「티베트자치구 변경주민 호시무역 관리에 관한 임시 규정」을 발표했으며, 티베트자치구 대외경제무역청을 설립하고, 1991년 중국-인도 간 변경무역 회복에 관한 양해각서를 체결했다. 이러한 조치는 티베트 변경통상구가 점진적으로 개방된 것을 의미한다. 1992년, 중국과 인도는 「변경무역 출입국 수속에 관한 의정서」를 체결하고 양국 간 변경무역을 회복했다. 같은 해 푸란통상구가 1급 통상구(一類口岸; 1급 통상구는 국무원에서, 2급은 성급 인민정부에서 비준해 설립한다, 역자주)로 정식 개방됐다. 이듬해 중국과 인도는 「시프키라산Shipkila 입구를 통한 변경무역 확대에 관한 의정서」를 체결했다. 무역량은 50만 달러 규모였다. 변경통상구 개방이라는 시대적 배경 아래, 국경분쟁도 중인관계의 주요 의제에서 조금씩 멀어졌다. 1990년대 중인 양국이 체결한 국경 평화안정과 군사분야 신뢰에 관한 협의는 더욱이 양국 경제협력을 위한 기초가 되었다. 중국에 있어 2000년 이후 칭짱철도의 건설은 변경무역 통로개방을 앞당겨주었다. 인도 바지파이 총리는 2003년 중국을 방문해 중국과「전면적 경제무역협력 5개년 계획」을 체결하고 야둥현 런진강仁進崗 나이두이라와 시킴주에 각각 변경무역시장을 열기로 했다. 양국은 나이두이라통상구가 2008년까지 200억 달러의 무역량을 달성하기를 희망했다. 같은 해 7월 6일, 야둥현 나이두이라산 입구의 변경무역로가 다시 개방됐다. 개방 초기에는 세계은행과 중국, 인도 모두가 커다란 관심을 보였고, 아시아개발은행에서는 나이두이라산 입구가 개방된 후 중인 간 무역의 생명선이 되어 이로부터 새로운 아시아 무역그룹이 형성될 것이라고 전망했다.179) 그러나 인도의 무역리스트 제한으로, 지금까지도 이러한 목표까지는 갈 길이 멀다. 이후「중인 투자촉진과 보호 협정」등이 잇따라 체결되었다.

3) '일대일로'와 티베트 대외개방

'일대일로'는 티베트 대외개방을 전략적으로 보장해주고 있다. 이러한 틀 아래, 티베트는 고원철도 칭짱선, 촨짱선川藏線(쓰촨성 청두와 티베트 라싸를 잇는 도로, 역자주)을 주요 간선으로 공가공항을 중심으로 하는 항공 허브와 라싸를 중심으로 하는 고속도로망을 기반으로 다양한 자유무역구와 보세구를 설치하고, 히말라야산 국가공

---

179)「承諾的路線」, 印度『前線』雙周刊 2003 年7月.

원이라는 관광자원을 이용함으로써 야둥, 천탕陳塘, 지룽, 장무 등 변경통상구를 통해 티베트를 '남아시아무역 육상대통로'의 주체적 무대로 만들어갈 것이다. '일대일로'는 티베트에 유리한 조건을 만들어 줄 것이다. 티베트의 사회안정이 유지되면 개방 관련 부대정책이 만들어져 티베트자치구와 인도, 네팔 간 양자관계를 발전시킬 수 있을 것이다.[180] 이는 중인 국경문제 해결에도 어느 정도 도움이 될 것이고 중국과 부탄 간 국교수립을 앞당겨 중국-부탄 간 국경문제도 빠른 시일 내에 해결할 수 있을 것이다.

---

180) 顧國愛, 「西藏地區發展"一帶一路"的對策」, 『中國流通經濟』 2015年 第5期.

제6절

중국 티베트의 안보, 안정, 발전과
중국의 남아시아 국제전략 설정

전략은 거시적이고 총체적인 관념이며 전체를 총괄하는 장기적인 계획이다. '장막 안에서 전략을 짜 천 리 밖에서 승리를 거둔다'는 말이 바로 그런 의미이다. 전략은 또한 사유방식이자 중대한 사건을 정리하고 가장 효과적인 행동방침을 정하는 것이기도 하다. 본서에서 다루고 있는 중국의 전략이란 대외관계, 남아시아 환경과 티베트의 안보, 안정과 경제발전을 결합한 종합적 사유이다.

21세기 이후 중국 경제의 전체적 역량이 증강된 결과, 국제사무에서 중국의 영향력이 커졌고 중국 정부가 추진하는, 외교노선에서 이데올로기를 배제하는 전략이 중국과 다른 국가 간 교류에 공간을 만들어주었다. 이로 인해 중국과 국제사회의 상호작용이 과거에 비해 크게 증가되었다. 그런데 티베트의 안보와 안정 및 발전은 중앙 외교전략의 총괄적 발전과 뗄 수 없는 관계에 있다. 2010년 제5차 티베트업무좌담회에서는 신시기 티베트 업무의 지도방침에서 반드시 '국내와 국제 환경을 전체적으로 살펴야 한다'고 지적했다. 티베트의 안보와 발전, 안정은 필연적으로 주변국가와 연관되며, 경제가 발전함에 따라 남아시아지역 내 중국의 영향력이 커졌음을 의미하는 것이다. 이러한 배경 아래, 주변 환경에 대한 업무는 티베트의 현황과 연계해 진행할 필요가 있다. 시진핑 총서기가 지적한 바, "중국 주변에는 생기와 활력이 가득 차 있고 발전할 수 있는 잠재력이 있다. 중국의 주변 환경은 전체적으로 안정적이고 선린우호, 호혜협력이 주변국가의 대對중관계에서 주류를 이루고 있다. 우리는 대세를 파악하고 전략을 잘 세워 계획을 수립함으로써 주변 외교업무를 더 잘 해내야 한다", "중국과 주변국가 간 경제무역의 연계가 더욱 긴밀해지고 상호영향이 전에 없이 밀접해졌다. 이러한 객관적 요구 아래 우리의 주변외교 전략과 업무는 반드시 시대에 발맞춰 적극적이 되어야 한다."[181] 중국 티베트지역의 발전과 남아시아 국가 관계의 전략적 위치 및 기본적인 사유를 정확하게 파악하고 티베트의 발전과 안정을 사회주의 건설, 국가안보, 민족의 근본적 이익이라는 전략 수준으로 끌어올려 중국의 남아시아 국제전략을 사유하는 것이다.

첫째, 남아시아 전략에 있어 중국은 티베트와 남아시아의 지정학적 중요성을 중시해야 한다. 티베트는 남아시아 아대륙을 내려다보는 고원 오지이다. 전략적 고지에서 중국의 서남쪽을 지키고 있으며, 남으로 미얀마, 인도, 부탄, 네팔 등 국가와 인접해 4천㎞에 달하는 국경선을 형성하고 있다. 지정학, 안보, 종교, 민족, 문화와 경제 등 다양한 방면에서 남아시아와 매우 강한 관련성을 가지고 있으며, 중국 내륙의 후방 장벽이자 남아시아로 통하는 관문이기도 하다. 남아

---

181) 習近平, 「讓命運共同體意識在周邊國家落地生根」, 『新華網』 http://news.xinhuanet.coml2013-10/25/c_117878944_2.htm.

시아의 중심인 인도는 지정학적으로 봤을 때 아시아 남부에 위치해 있어 동쪽으로는 방글라데시, 서쪽으로는 아라비아해, 남쪽으로는 인도양에 면해 있으며, 북으로는 히말라야산맥, 쿤룬崑崙산맥으로 중국과 분리되었다. 지형적 특성과 민족, 역사적 원인으로 인해 인도를 중심으로 북쪽은 서로 이어져 있는 지리환경이다. 이러한 지역에서 네팔, 부탄 및 역사상 존재했던 시킴이 인도를 둘러싸고 보호했다. 역사적으로 볼 때, 히말라야산맥으로 남아시아 각국과 중국의 왕래가 단절되지는 않았다. 지역 내 국가로서, 역사적으로나 현재 상황에서나 이들은 모두 중국과 깊은 관계를 맺어왔다. 그러므로 어떤 의미에서 인도 등 남아시아 국가는 하나의 지리적 개념으로서의 의미가 더 크다고 해야 할 것이다.[182] 레이몽 아롱Raymond Aron이 지적한 바와 같이, "지도상의 위치는 한 국가의 외교 혹은 전략에 일정한 방향성을 강화해준다. 이 방향성은 영원불변한 것은 아니더라도 오랜 기간 지속될 가능성이 크다"고 할 수 있다.[183] 티베트의 지연적 특수성으로 인해 중국의 남아시아 전략은 독특한 특성을 갖게 되었다. 셀렌Rudolf Kjellen의 『생명 형태로서의 국가』나 매킨더Halford Mackinder의 『역사의 지리적 중심축』, 혹은 머헨Alfred Thayer Mahan의 '제해권이론' 등을 통해, 우리는 아시아의 '대륙 심장지대'와 유라시아 대륙의 주변 지역이 중요성에 있어 결코 대등하지 않음을 알 수 있다. 주변 지역은 해상 강국과 대륙 강국 간 충돌이 발생하는 지역이기도 하며, 이러한 의미에서 인도의 지정학적 중요성은 매우 분명해 보인다.

둘째, 남아시아 관계를 발전시키는 과정에서 평화공존 5원칙을 엄

---

182) 陶亮, 「印度的印度洋戰略與中印關系發展」, 『南亞研究』 2011年 第3期.
183) 雷蒙·阿隆, 『和平與戰爭』, 中央編譯出版社, 2013, p. 277.

격하게 준수해야 한다. "중국은 흔들림 없이 평화발전의 길을 갈 것이며 한결같이 호혜공영의 개방 전략을 따르고 평화공존 5원칙의 기초 위에서 세계 각국과의 우호협력을 발전시킬 것이다."[184] 이러한 원칙의 지도 아래, 장기간 중국과 인도는 티베트, 국경분쟁 등 역사가 남겨놓은 문제에서 발생하는 이견을 잘 처리해왔다. 21세기 들어 양국 간 협력동반자 관계가 수립되고 평화와 번영의 전략 위에서 양자관계를 전면적으로 제고시켰다. 중국과 인도는 신흥시장국가, 브릭스의 중요한 구성원으로서 중요한 국제 및 지역사무에서 광범위한 공감대를 형성했다. 글로벌 거버넌스, 기후변화, 에너지 및 식량안보 등 중대한 문제에서 공조하고 수많은 개발도상국의 권익을 함께 지켰다. 그러므로 평화공존 5원칙을 계승, 발전시켜 중인관계를 새로운 단계로 끌어올려야 한다.[185] 그러나 중인 국경전쟁의 역사가 설명하듯이, 인도에서 사상적으로 영국령 인도 식민통치의 그림자를 완전히 걷어내는 것은 쉽지 않아 보인다. 중인관계를 발전시키기 위해서는 어느 학자가 지적했듯, 우선 인도가 사상적으로 과거 영제국 패권주의와 결별해야 한다. 이 문제가 해결되지 않으면 인도 주변 국가의 사무를 처리하는 과정에서 문제와 분쟁이 발생할 수 있다.[186] 인도 학자 데싱카(Giri Deshingkar)는 다음과 같이 말했다. "만일 인도의 새로운 통치자 - 인도 국민대회당의 지도자가 인도공화국이라

---

184) 習近平, 「積極樹立亞洲安全觀, 共創安全合作新局面」, 『習近平談治國理政』, 外文出版社, 2014, p. 354.

185) 熊煒, 「以和平共處五項原則為基礎推動中印關系邁上新臺階」, 『人民網』, http://www.theory.peple.com.cn/n/2014/06/28/c4053/-25213159.html. 검색일: 2015年 1月 13日.

186) 王宏緯, 「有關中印關系的幾點思考」, 『中國藏學』(英文版) 2010年 第2期.

는 새로운 국가의 국가적 이익과 방어에 대해 독립적이고 확고한 사상을 가지고 있다면, 인도와 중국 관계의 다가올 역사는 또 다른 광경이 펼쳐질 것이다."187)

셋째, 전략적 협력관계의 남아시아 지역 전략을 구축한다. 2014년 9월, 시진핑 주석은 인도를 방문해 "중인 양국은 전략적 협력을 하는 글로벌 파트너로서 국제질서가 더욱 공정하고 합리적인 방향으로 발전하도록 노력해야 한다"고 밝혔다. 아시아에서 중국과 인도는 두 개의 굴기 중인 대국으로서, 지정학적 전략에서 중요한 영향력을 갖는다. 중국과 인도의 전략은 양국 주변 지역 내에서 불일치하는 부분이 있을 수밖에 없으며, 지역협력의 공간과 이익을 최대화함으로써 건강한 경쟁 메커니즘을 구축해 소프트파워를 발휘하여 전략적으로 협력할 수 있는 기회를 모색해야 한다. 중국으로서는 남아시아 평화와 중국 주변의 안정을 지켜야 하는 필요성에 의해 인도와 파키스탄 관계 및 남아시아 기타 주요 분쟁과 위기를 예의 주시하며 외교적으로 운용할 수 있는 공간을 확대해야 한다. 중국이 이미 20여 년간 시행해 온, 인도 및 파키스탄과 우호관계를 병행 발전시키는 대외정책은 여전히 중국이 지속해야 하는 남아시아 전략이자 변강정책이다. 인도의 입장에서는 중국이 남아시아 중소국가와 관계를 강화하는 현실 속에서, 남아시아에서 증대되고 있는 중국의 영향력을 새로운 관점에서 이해할 필요가 있다. 네팔과의 상호의존 및 협력은 중국이 네팔관계에서 내린 이성적 선택이며 네팔과의 선린

---

187) 吉里·德辛卡爾, 「印中關系的展望」(The Prospects for India-China Relations), 1992년 9월 중국사회과학원에서의 강연 원고, p. 3, 王宏緯, 「有關中印關系的 幾點思考」, 『中國藏學』(英文版) 2010年 第2期에서 재인용.

우호관계를 발전시키는 것은 중국의 '평화 굴기'를 실현하는 하나의 지렛대이다.[188] 중국은 네팔의 복잡한 내정에 개입하지 않을 것이며 다른 국가가 네팔 내정에 개입하는 방식으로 중국에 돌발하는 것도 허용하지 않을 것이다. 부탄에 대해 중국은 타이완, 티베트 등 중요한 문제에서 중국의 입장을 지지해 줄 것을 요구하고 부탄과 정식 외교관계를 수립해야 한다.

넷째, 중국과 남아시아 국가가 관련된 안보, 방위, 국경 문제에서 공동의 안보 위협에 공동으로 대응해야 한다. 여러 원인으로 인해 중인 양국은 전략적 상호신뢰와 전통적 안보 분야에서 획기적인 진전을 이루지 못했지만, 비전통적 안보협력에서는 더 큰 발전 가능성을 보이고 있다. 현재 협력을 모색하고 있는 잠재적 영역으로는 양국 변강지역의 테러리즘과 극단주의에 대한 대응, 불법 월경과 마약, 무기 밀수 등이 있다.[189] 특히 중국과 남아시아 국가의 국경문제에서 평화적, 안정적, 우호적, 협력적인 국경 환경을 조성하고 협상을 통해 중국의 영토 이익을 지켜야 한다. 중인 국경 문제에서 양측은 원칙 문제를 깊이 있게 논의하고 중국 변경지역 도시의 사회경제 발전을 앞당겨 인도와 적극적으로 교류하는 한편, 14대 달라이라마집단이 변경지역에서 벗어나는 일을 막아야 한다. 중인 국경협상에서 역사적 권리와 국제법에 더 무게를 두어야 한다. 협상카드를 얻어내기 위해 협상 중에 국제법을 적용해 인도를 설득할 필요가 있다. 즉, 중국이 주장하는 국경이 국제법에 부합하며 이렇게 해야만 공평과

---

188) 盧遠, 「相互依存視域下的中國—尼泊爾關系」, 『暨南學報』(哲學社會科學版) 2010年 第4期.

189) 張力, 「印度戰略崛起與中印關系:問題、趨勢與應對」, 『南亞研究季刊』 2010年 第1期.

정의가 구현된다는 점을 강조하는 것이다. 중국-네팔 국경문제에서 양국이 체결한 「중국-네팔 변경통상구 및 관리제도 협정」과 「중국-네팔 국경주민 월경방목 협정」은 국경지역의 안정을 지키고 불법월경을 방지하는 데 중요한 역할을 한다. 양국 법 집행기관의 회담제도를 완비하고 국경 지역에 대한 관리감독을 강화하며 법 집행 능력 강화를 위해 협력하는 등의 노력은 모두 중국-네팔 국경지역의 평화와 안정을 지키는 데 도움이 된다. 중국-부탄 국경분쟁은 양국이 우호협상을 통해 조속히 외교관계를 수립하고 협상 방식을 심화함으로써 양국이 모두 받아들일 수 있는 해결방안을 찾아야 한다. 이런 노력을 통해 중국-부탄 국경이 확정되면 양국 국경지역의 시가체 등 도시는 진정한 의미에서 남아시아를 향해 개방된 대통로가 될 것이다.

다섯째, 전략적 신뢰관계를 촉진, 상대의 전략적 의도를 오해·오판하지 않도록 한다. 중국이 제창하는 '실크로드경제벨트', '21세기 해상실크로드' 등 전략적 계획에 인도 관방은 긍정적인 반응을 보이고 있지만, 중국과 인도의 경쟁이 육로에서 해양으로 전환되었다고 주장하며 '중국위협론'을 제기하는 여론이 나타나기도 했다. 이러한 문제에서 중인 양국은 실무적인 태도로 이견과 갈등, 이익충돌을 직시하고 솔직하고 실질적인 태도로 전략적 대화를 진행함으로써 상호신뢰를 쌓아가야 한다. 시진핑 총서기의 다음과 같은 지적도 같은 맥락에서 나온 것이다. "아시아의 안정은 새로운 도전에 직면해 있다. 논쟁적인 문제가 여기저기서 나타나고 전통적 안보위협과 비전통적 안보위협이 동시에 발생하고 있다. 이 지역의 장기적인 안정을 실현하기 위해서는 지역 내 국가들이 신뢰를 증진하고 힘을 합쳐 노력해야 한다." 티베트를 남아시아로 개방된 대통로로 만들면 중국에게든 남아시아 국가에게든, 서로의 변강지역에 혜택이 돌아갈 것이다. 이 대통로는 양자 간 상호신뢰의 통로이자 매개체가 될 것이다. 중국의 변경은 히말라야산맥을 통해 인도 동북부 변경지역, 네팔 동부지역, 부탄 서부지역과 인접해 있다. 이들 지역 모두에게 티베트는 교량 역할을 할 수 있을 것이며 조화로운 변경을 건설하는 데 중요한 의의를 갖는다.

여섯째, 남아시아 국가와 경제협력을 발전시킨다. 인도는 독립한 이래 남아시아, 나아가 아시아의 경제 중심이 되고자 했다. 오늘날 글로벌 경제시스템 아래 중국 티베트와 인접한 현실 속에서 인도는 중국과의 변경 경제무역 협력관계를 중시했다. 이와 함께 '육상권', '해상권'과 '대국전략'을 강화, 중국을 협력 동반자로 보는 동시에 '위협 상대'로 간주하고 있다. 중국은 인도의 국제적 지위를 객관적으로 파악하고자 한다. 냉전 이후 인도가 거둔 커다란 성과를 존중하고 양국 간 무역관계를 적극적으로 발전시켜 육상 변경무역을 추진하고 있다. 만일 중국과 인도가 변경무역에서 계속해서 협력을 심화시킨다면 시진핑 주석의 제안을 추진할 수 있을 것이다. 즉 "인프라 건설, 상호투자 등 분야에서 호혜협력을 전개하고 다양한 영역에서 협력과 지지를 확대함으로써 개발도상국가의 정당한 권익을 함께 지키고 세계적인 문제들에 공동으로 대응할 수 있다."[190] 이러한 기초 위에서 양자 간 무역액이 확대된다면 양국 변경지역의 안정에도 도움이 될 것이며 중인 간에 존재하는 많은 문제가 해결될 수 있을 것이다. 네팔에 대한 중국의 전략은, 네팔이라는 중계경제체를

---

190) 「習近平提改善中印關系方案」, 『新華網』 http://www.chinadaily.com.cn/hqgj/jryw/2013-03-21/content_8560657.html, 검색일: 2015年 2月 9日.

통해 중국과 남아시아 각국 간의 지역협력을 심화·확대하고 티베트 지역에서 네팔에 이르는 전통적 무역노선을 계승·발전시키는 것이다. 또한 "네팔의 전략은 중국의 경제발전이라는 기회를 충분히 이용해 중국과 남아시아 지역의 관계를 이어주는 중계지점의 역할을 담당하는 것이다."[191] 물론, 남아시아국가 외교관계에 대한 전략을 세울 때, 중국과 남아시아국가의 협력 상황을 정확하게 인식하고 특히 중국과 인도 간에 우호협력을 심화시킬 수 있는 전략적 환경을 조성하려면 여전히 갈 길이 멀다는 것을 알아야 한다. 인도를 비롯한 남아시아국가에 대해 중국은 변강발전, 남아시아 국가관계 발전 등에서 미국의 지지를 얻어내는 것이 불가능하다는 점을 인식하도록 설득해야 한다. 양측은 이성적인 태도로 전쟁 등 역사문제를 대면하고 계속해서 확대되는 공동의 이익이 분쟁보다 크다는 것을 알아야 한다. 중인 간 정치관계가 양국 경제관계의 발전에 따른 수요를 만족시키지 못하는 상황에서, 인도가 남아시아에서의 패권을 도모한다면 남아시아 각국이 연합해 이에 대항할 것이다.[192]

특히 중요한 것은, 대외전략 가운데 티베트의 안정을 지키기 위해서 티베트에 대한 중앙의 관리를 강화해야 한다는 점이다. 티베트 발전에 관한 중앙의 기본적인 사고 및 전략은 티베트의 발전 법칙에 대한 중앙의 깊이 있는 이해와 인식이라는 현실을 기반으로 하고 있다. 티베트지역의 중요한 전략적 위치 및 정치, 경제, 종교, 문화 등 분야에서의 특수성으로 인해, 티베트는 신중국 역대 지도자집단이

---

191) 李濤, 戴永紅, 「尼泊爾政局與中國的策略選擇」, 『南亞研究季刊』 2010年 第3期.

192) 唐世平, 「中國—印度關系的博弈和中國的南亞戰略」, 『世界經濟與政治』 2000年 第9期 참조.

모두 관심을 갖고 중시해온 지역이다. "티베트의 안정은 국가 안정과 관계되고 티베트의 발전은 국가의 발전과 관계되며 티베트의 안보는 국가의 안보와 관계된다. 티베트 업무를 중시하는 것은 실질적으로 전체 국면에 관한 업무를 중시하는 것이다. 티베트 업무를 지지하는 것은 전체 국면에 관한 업무를 지지하는 것이다"193), "티베트 업무를 잘 처리하는 것은 전면적 샤오캉사회 건설 전체와 관계된 것이고 중화민족의 장기적인 생존·발전과 관계된 것이며 국가안보와 영토수호, 그리고 중국의 국가 이미지와 국제적 환경과 관계된 것이다."194) 2013년 3월, 시진핑 주석은 연설을 통해, 티베트의 경제발전을 서두르고 민생 보장과 개선에 힘을 쓰며 사회주의 선진문화를 적극 선양하여 사회안정을 지키고 티베트의 도약식 발전과 장기적 안정을 추진함으로써 2020년까지 전면적 샤오캉사회 건설이라는 임무를 완수할 것을 주문했다. 또한 "국가를 다스리려면 변강을 다스려야 하고, 변강을 다스리는 데 우선되어야 할 것은 티베트 안정"이라는 점을 지적했다. 이것은 중국공산당의 티베트 관리이념에서 나타난 혁신이자 심화이다. 시진핑 총서기의 이러한 중요한 발언은 변강 관리와 티베트 업무에 대해 간결하게 압축한 개괄적 설명이며, 앞으로 티베트지역의 중국 국제전략 상에서의 위치를 어떻게 인식할 것인가 하는 문제에서 중요한 지도적 의의와 심원한 역사적 의의가 있다.

---

193) 『江澤民文選』第1卷, 人民出版社, 2006, pp. 390~391.

194) 「黨的十六大以來中央關於西藏工作的基本方略」, 『西藏日報』2012年 11月 1日.

제4장

동남아시아 정세와 중국 서남
변강지역의 안보, 안정 및 발전

오늘날 중국의 서남 변강지역은 개념상 광의와 협의로 나눌 수 있다. 광의의 서남 변강지역은 광시좡족자치구廣西壯族自治區, 윈난성雲南省, 티베트자치구西藏自治區 등 3개의 지역을 포함하지만, 협의의 개념은 일반적으로 중국 서남지역의 변경지대 즉, 광시, 윈난, 티베트 3개의 변강지역과 인접한 경계에서부터 일정 거리까지의 지리적 공간을 의미한다. 오늘날의 서남 변강지역은 역사상의 서남 변강이 변화 발전한 것으로 점진적인 역사발전의 과정을 거쳤다. 선진先秦시대에는 파巴, 촉蜀, 야랑夜郎, 전滇 등 부족 지역에 대해 확장과 경영이 이루어졌고, 진한秦漢에서 남(북)조南(北)朝시기에는 군현郡縣 설치 지역이 오늘날 쓰촨四川, 윈난, 구이저우貴州, 광시, 하이난海南 등과 미얀마, 라오스, 태국의 일부 지역, 그리고 베트남 북부와 중부 지역에까지 확장되었다. 뒤이어 당송唐宋시기에는 토번吐蕃, 남조南詔, 대리大理 등 지방민족정권이 서남지역에서 부상하여 당송 왕조와 함께 중국 서남 변강지역을 다스렸다. 특히 토번, 남조정권 시기에는 그 영토를 남쪽과 서쪽으로 확장하였고, 송왕조가 교지交趾(오늘날 베트남의 북부와 중부)의 독립건국을 승인했던 시기에 서남지역으로 확장하고, 중국의 강토를 공고히 하여 원나라元朝가 중국을 통일하던 시기의 서남 변강의 판도를 마련하였다. 그러나 명明, 청淸, 중화민국中華民國 시기에는 남아시아 및 동남아시아 주변국의 성장과 서구열강의 침략 등으로 서남 변강이 포괄하던 지역이 전반적으로 축소되었다. 1949년 이후에는 신중국 정부가 네팔, 미얀마, 파키스탄, 라오스, 베트남 등 주변국과 영토 경계를 합의하여 서남지역의 국경 일부를 확정지었다. 다만 중국과 인도, 부탄과의 경계는 오늘날까지 확정되지 않아 협상을 진행하고 있다.

역사적으로, 그리고 신중국 건립 이후에도 서남 변강지역은 이중성을 가지고 있다. 즉, 서남 변강지역은 중국 영토의 서남쪽 가장자리이자 중국과 서남부 주변국 또는 그 주변 지역과의 인적교류와 경제무역이 이루어지는 최전방 지역으로서 중국과 동남아시아, 남아시아지역 간 인적, 물자, 문화교류 등을 담당하는 교량이자 연결고리인 셈이다. 신중국 건립 이후 서남 변강지역과 동남아시아, 남아시아 사이의 교류는 갈수록 빈번해졌다. 2013년 이래 중국은 상호연결·상호소통互聯互通 전략과 지역경제통합을 적극적으로 추진하면서 실크로드 경제벨트, 21세기 해상실크로드, 중국·파키스탄 경제회랑, 방글라데시·중국·인도·미얀마 경제회랑, 아시아인프라투자은행AIIB 등 주요 이니셔티브와 중국-아세안 자유무역지구 업그레이드, 아시아 통화안정시스템, 아시아 신용 및 투·융자협력시스템 구축 등을 위한 협력을 제안했다. 이러한 제안들은 상당수의 동남아시아 및 남아시아 주변국의 지지를 받음으로써 서남 변강지역이 개방과 개발, 그리고 발전에 있어 중요한 기회를 맞이하고 있다. 이 같은 배경하에 서남변강의 주변국과 그 지역 정세는 어떤 새로운 변화가 있으며, 중국 서남변경의 안보와 안정, 그리고 발전에 영향을 미치는 요소는 무엇인가? 서남 변강지역은 실크로드 경제벨트, 21세기 해상실크로드, 방글라데시·중국·인도·미얀마 경제회랑 건설 등의 기회를 어떻게 이용하고 있으며, 주변국 또는 지역과의 협력 및 변경의 개방과 개발을 어떻게 가속화 하고, 서남 변강지역 전체의 안정과 발전을 어떻게 촉진할 것인가? 국가안보 수호와 접경지역의 안정, 조화로운 주변관계 정립 측면에서 중국은 서남 변강지역의 안보, 안정, 발전 전략을 어떻게 수립해야 하는가?

본 장은 동남아시아지역과 중국 서남 변강지역의 관계 및 전략적 위치 설정 문제에 대해 주로 연구하고자 한다. 본서 전체 내용을 고려하여 본 장에서 지칭하는 서남 변강지역은 광시좡족자치구와 윈난성으로 한정하고, 광시와 윈난 두 지역과 동남아시아 주변국과의 관계 및 전략적 위치 설정 문제에 대해 중점적으로 다루고자 한다.

동남아시아의 지정학적 환경과
중국 서남 변강지역

중국 서남 변강지역은 역사적으로 점진적 변화 과정을 거쳤으며, 그 주변 환경 또한 변화를 거듭해왔다. 본 절에서는 각 시기별로 서남 변강지역의 지정학적, 주변 환경적 특징을 간략히 살펴보고, 신중국 수립 이후 서남 변강지역과 동남아시아 지역의 관계 및 지정학적 환경, 특히 최근 베트남, 미얀마 등 주변국과의 관계와 그 영향을 중심으로 살펴본다.

1 동남아시아 지정학적 환경의 특징과 중국 서남 변강

오늘날 광시, 윈난 두 지역만 놓고 봤을 때, 1840년 이전 중국의 역대 중원왕조^{中原王朝}가 계속해서 서남 변강지역을 다스려왔으며, 지금의 베트남, 미얀마, 라오스 국경 내의 왕조 또는 정권과 중국의 봉건왕조는 '천조^{天朝}-속국^{藩屬}'이라는 종번관계^{宗藩關係}를 유지하였다. 비록 베트남, 미얀마 등 몇몇 인접국과의 영토분쟁이나 군사충돌이 있었지만, 그 기간이 상당히 짧았고, 대체로는 평화롭고 우호적인 관계가 주류였다. 그러므로 서남 변강지역은 중국과 주변국 간의 우호적 교류를 위한 교량이 되었으며, 그 주변 환경도 대체로 평화롭고 안정적이었다.

근대에 접어들어 네덜란드, 영국, 프랑스, 미국 등 서구열강의 침략은 중국 주변의 지정학적 구조를 바꿔놓았다. 동남아시아 국가 중 독립국의 지위를 유지한 시암Siam(태국의 옛 명칭)을 제외한 오늘날의 베트남, 라오스, 캄보디아, 미얀마, 필리핀(스페인의 식민지였다가 미국 식민지가 됨, 역자 주) 등은 각각 영국과 프랑스의 식민지로 전락하였다. 19세기 말, 중국과 동남아 주변국 간의 '천조-속국' 종번관계가 완전히 와해되면서 광시, 윈난 지역도 영국과 프랑스의 쟁탈 대상이 되었고, 20세기 전반까지 서남 변강지역 주변 환경이 지속적으로 악화되면서 끊임없는 영토 침략과 자원 약탈이 발생했다. 이에 중국은 베트남, 미얀마 등 주변국 민중들과 함께 서구 침략에 맞서 대항하면서 민족독립을 쟁취했고, 이는 아시아·아프리카·라틴아메리카拉非亞지역 민족해방운동의 중요한 부분을 이루었다.

중화인민공화국 수립으로 서남 변강지역의 반봉건·반식민지 상태는 막을 내리게 되었다. 1950년대에는 신중국과 미얀마가 외교회담을 통해 육상 경계선 문제를 성공적으로 해결하기도 했다. 그러나 냉전 및 미국과 소련의 패권경쟁 구도 속에서 서남 변강지역은 장기간 미국이 주도하는 대중국 포위망의 '직접적 대항지대直接對抗地帶'가 되었고, 중국이 베트남을 지원하여 함께 프랑스, 미국에 대항하는 전선이 되기도 했다. 이후 중국-인도, 중국-베트남 국경분쟁이 일어나면서 주변 형세는 긴박하게 흘러갔다. 1980년대에서 21세기 초반까지 중국과 베트남은 관계 정상화와 함께 육상 국경선과 통킹만^{Gulf} of Tonkin(중국어 베이부만^{北部灣}, 베트남어 박보만^{Vinh Bac Bo}) 해양경계 확정 문제를 공평하게 해결하고, 「통킹만어업협력협정」을 체결하기도 했다. 중국과 라오스 역시 협상을 통해 육상경계 문제를 해결했다. 이뿐만 아니라 중국과 아세안 국가들은 동아시아 정상회의, 중국-아세안 정상회의, 아세안-한·중·일 정상회의, 아세안지역포럼 등을 창설하기도 했다. 2010년에는 중국-아세안 자유무역지구를 건설하여 중국의 '여린위선, 이린위반^{與鄰爲善, 以鄰爲伴}(이웃과 화목하고, 이웃을 동반자로 삼는다, 역자주)'이라는 외교정책을 실현하고, 서남 변강지역의 개방과 주변국과의 경제무역 교류를 확대하여 광시, 윈난 등 접경지역의 사회 안정과 접경무역 활성화를 이루게 되었다. 한편 윈난, 광시에는 비전통적 안보문제가 자주 불거졌다. 예를 들면 2011년 메콩강 10.5참사[1]는 란창강^{瀾滄江}-메콩강 국제수로에 대한 안보의 심각성을 보여줬다고 할 수 있다. 또한 역외 강대국의 개입, 특히 미국의 아시아·태평양 재균형 전략에 대해 소수의 동남아 국가가 동조하면서 2011년 이후 남중국해 정세는 갈수록 복잡해졌다. 이는 중국과 베트남, 아세안 관계의 정상적인 발전을 저해하고, 중국 서남 변경 주변의 지정학적 구도에 대한 새로운 도전이자 변수로 자리 잡게 된다.

---

1) 역자주: 2011년 10월 5일 화핑(華平)호와 위싱(玉興)8호 두 척의 상선이 미얀마·태국·라오스 변경지역에서 습격을 당하여 중국 선원 총 13명이 사망하고 1명이 실종된 사건. 범인은 태국군 소속 9명의 병사로 밝혀짐. 2013년 3월 1일 주범들에 대한 사형이 윈난 쿤밍(昆明)에서 집행됨.

2 동남아시아의 지정학적 환경과 중국 서남 변강지역에 미치는 영향

　중화인민공화국 수립 이후, 중국과 동남아시아 각국의 관계는 변화를 거듭해왔고, 이에 서남 변강지역의 지정학적 환경도 각 시기별 국제정세에 따라 변화를 이어왔다.

　2차 대전 이후, 동남아국가들은 식민지배체제가 끝나면서 독립국가로 거듭나게 되었다. 냉전시기의 많은 지정학자들은 당시 동남아를 '파쇄지대破碎地帶(다양한 민족, 종교, 문화 등이 공존하여 관련 충돌이 잦은 지역, 역자주)'로 여기고, "미국, 소련, 중국 등 외부세력이 그 역내 차이를 자신들이 냉전冷戰 또는 열전熱戰을 발동하기 위한 목적으로 활용한다"고 보았다.2) 그러나 동남아의 지정학적 전략안보의 중요성 즉, 해양성과 대륙성을 모두 갖고 있다는 특수성은 곧 인도양과 태평양 사이 연결노선을 통제할 수 있게 된다는 것을 의미한다. 그러므로 아시아의 역외 국가 및 서방 지지 세력도 점차 해양지정학적 안보전략에서 동남아국가의 중요성을 인식하게 되었다. 이에 냉전 이후 동남아의 지정학적 전략위치는 완전히 바뀌게 된다. 동남아 파쇄지대에 속하는 대부분의 국가와 아시아·태평양 연안지역이 통합되면서 러시아의 영향력은 거의 사라지게 되었고, 중국의 주요 전략적 관심도 원래의 인도차이나 국가와의 관계로 옮겨가게 되었다. 호주와 일본은 각각 신新아시아·태평양 연안지역 남과 북의 전략적 초석 역할을 하기 시작했다.3) 구체적으로 살펴보면, 말레이

---

　2) [미] 索爾 科恩,『地緣政治學—國際關系的地理學』, 嚴春松 譯, 上海社會科學院出版社, 2011年, p. 316.

시아와 태국은 공업이 크게 발전하고, 일본, 미국과도 활발한 경제
교류를 이어갔다. 싱가포르는 해양지정학적 전략지역海洋地緣戰略地域의
한 부분으로서 경제적으로 큰 성장을 이루었다. 인도네시아 역시 서
방국가 및 인근 해역의 아시아 주변국과 관계를 새롭게 정립하기 시
작했다.4) 그 외에도 소련이 동남아에 대한 원조를 철회하고 스스로
도 해체의 길로 접어들게 되면서 1990년대에 베트남, 캄보디아, 라오
스는 아세안에 가입하고 동아시아권으로 회귀하게 되었다. 2010년
에는 미얀마가 민주선거를 치르면서 소위 민주화 과정에 돌입했고,
이는 중국 서남 변강지역의 안보와 안정에 잠재적 영향을 미치게 된
다.5)

　우선 냉전시기 동남아국가들은 이데올로기를 기준으로 크게 3가
지 세력을 형성하고 있었다. 하나는 미국을 필두로 하는 자본주의
진영으로 태국, 필리핀, 남베트남 등이 있었고, 다른 하나는 소련을
필두로 하는 사회주의 진영인 북베트남과 라오스 등이 있었으며, 마
지막으로 중립을 추구하는 국가로 인도네시아, 캄보디아, 미얀마를
들 수 있다. 이 시기 중국과 동남아 각국의 관계도 종잡을 수 없는
탐색기에 접어들게 되면서 인도차이나반도에서 중국의 영향력도 등
락을 거듭했다. 이에 중국과 베트남의 관계도 변화를 반복했으며,
중국이 캄보디아, 미얀마, 태국, 라오스와의 우호적 관계를 형성하는
데에도 영향을 미쳤다. 도서지역에서는 인도네시아, 말레이시아, 싱
가포르, 필리핀이 중국과의 관계에서 갈등과 화해를 반복했다. 그

---

3) [미] 索爾 科恩, 『地緣政治學—國際關系的地理學』, p. 316.

4) 孔愛莉 編譯, 「冷戰結束後的全球地緣政治格局」, 『人文地理』, 1992年 第4期.

5) 方天建·何躍, 「冷戰後東南亞地緣政治變化中的大國戰略調整述評」, 『世界
　　地理研究』, 2013年 第3期 참조.

예로 신중국 수립 초기 중국과 인도네시아의 관계는 우호적이었지만 냉전시기 양국관계는 악화되었고, 이후 다시 수교로 이어진 적이 있다. 또한 중국과 말레이시아, 필리핀, 싱가포르의 수교 과정에도 비슷한 내용을 발견할 수 있다. 냉전시기 형성된 중국과 동남아 각국 간의 외교 구도는 냉전 이후 지금까지 동남아 각국의 대중 정책에 영향을 미치고 있다.

다른 하나는 아세안 통합과정 중 발생한 각국의 대중 정책 변화이다. 냉전 종식 당시 아세안은 1980년대 형성된 6개국의 작은 아세안에 머물러 있었고, 육상국가와 해양국가의 특징을 모두 가진 태국을 제외하고 나머지는 해양국가에 속했다. 냉전시기 동남아 국가들은 미국과 소련 등 열강의 세력다툼 속에서 스스로 분열되어 세계지정학의 양대 '파쇄지대' 중 하나가 되었고,[6] 이로써 아세안의 발전도 제약을 받게 되었다. 냉전기간 중 지정학적 안보 위협을 느낀 아세안국가들은 중소국가로서 각자의 힘만으로 안보를 수호하는 것이 역부족이라는 것을 깨달으면서 냉전 이후에야 비로소 아세안 스스로가 발전할 수 있는 공간이 생겨나게 되었다. 이에 냉전 이후 아세안회원국들은 대외안보전략을 전면 재검토하고, 단결을 통해 그 역량을 확대하여 한목소리로 역외 대국들과의 외교에 임하기 시작했다.[7] 1990년대 말 6개국으로 구성되었던 작은 아세안은 이후 10개국을 포함하는 큰 아세안으로 거듭났다. 한 학자는 아세안체제에 대해 첫 10년 동안은 회의 개최에 소극적이었지만, 두 번째 10년 동안은

---

6) 다른 하나는 중동지역이다.
7) 方天建·何躍, 「冷戰後東南亞地緣政治變化中的大國戰略調整述評」, 『世界地理研究』, 2013年 第3期 참조.

인도차이나반도의 충돌을 해결하기 위한 외교적 노력을 기울였다고 평가했다. 그리고 세 번째 10년 동안은 아세안이 과거의 적이었던 베트남 및 라오스, 미얀마, 캄보디아를 회원국으로 받아들임과 동시에 아세안포럼을 통해 아세안 외교 스타일을 동북아까지 확대시켰다는 점을 언급했다.[8]

2008년 이후 아세안국가들은 국제금융위기와 급변하는 국제정세에 대해 더 적절하게 대응하기 위해 아세안 정상회의를 개최하여 아세안 통합에 대한 아젠다와 청사진을 논의했다. 2008년 12월에는「아세안헌장」을 채택하여 아세안 통합의 로드맵 - 2015년 아세안공동체 창설 계획- 을 확정하였다. 2012년에는 캄보디아가 아세안 의장국이 되면서 아세안 통합이 더욱 진전되었고, 기존 목표였던 '아세안공동체'가 '운명공동체ASEAN: One Community, One Destiny'로 격상되기도 했다. 아세안이 빠른 통합을 이룰 수 있었던 원인에 대해 전 아세안 사무총장 수린 핏수완Surin Pitsuwan은 "그동안 전 세계는 하나의 포괄적 투자, 상품 및 서비스 시장으로서 아세안 회원국들의 잠재력과 가능성을 평가해 왔다. 동시에 아세안 각국도 외부의 간섭을 받지 않는 하나의 공동체를 건설하기 위해 노력하고 있으며, 이를 통해 공동 안보와 공동 번영에 기초한 새로운 지역질서를 형성하였다." 라고 기고한 바 있다. 또한 그는 "아세안은 충분한 지리적 이점을 지니고 있으며, 중국, 인도, 일본, 한국, 호주 등 보다 강대한 경제체로부터 인정을 받고, 그들과 어깨를 나란히 할 만한 자격이 있다. 이들 경제

---

8) David Marthin Jones and Michael L. R. Smith, "Making Process Not Progress: ASEAN and the Evolving East Asian Regional Order," *International Security* Vol. 32, No. 1, Summer 2007, pp. 148-184.

들도 이제 전례 없는 세계 경제 회복을 이끄는 선두 주자가 됐다. 게다가 아세안은 세계에서 가장 역동적인 경제 통합 플랫폼을 만들어 크게 기여하고 있고, 더욱 광범위한 경제협력과 지역 통합허브 역할을 담당하고 있다"고 덧붙였다.[9] 이러한 변화들은 나아가 아세안 국가들의 대중 정책 향방에도 영향을 미쳤다. 냉전 후 소련이 해체되면서 세계지정학 판도에 중대한 변화가 생겼고, 이에 따라 아세안국가들의 대중 정책도 조정이 불가피했다.[10] 아세안이 통합되는 과정에서 각국의 대중 정책은 크게 2단계 발전을 거쳤다. 1단계는 정상화 단계(1990~1997년 금융위기 이전)이며, 뒤이어 대대적으로 관계가 발전 또는 격상되었지만, 일부 국가와는 갈등을 빚게 되는 2단계(1997년~현재)이다. 아세안의 주요 대중 정책은 전면적 교류, 최대한 이용, 견제 강화 세 가지 측면으로 나뉠 수 있다.[11] 구체적으로 살펴보면, 동남아지역 도서국가인 인도네시아, 말레이시아, 싱가포르의 대중 정책은 경제이익을 중시하므로 보다 실용적이라 할 수 있다. 반면 필리핀의 경우 남중국해 분쟁으로 인해 중국에 대해 '친미연일합월親美連日合越'(즉, 미국과의 동맹관계를 지속적으로 강화하고, 일본과는 전략적 협력동반자 관계를 수립하며, 남중국해 문제에 대해서는 베트남과 양자 간 분쟁을 배제하고 중국에 대해 함께 대응한다) 전략을 수립하고 있다. 인도차이나반도 국가인 베트남은 남중국해 분쟁이 격화됨에 따라 '근미라일이아목비近美拉日利俄睦菲'[즉, 미국의

---

9) 素林·披素旺,「亞細安—亞洲之心」, 싱가포르『聯合早報』, 2011年 6月 16日.

10) 이와 관련한 구체적 연구로는 陳喬之 等著,『冷戰後東盟國家對華政策硏究』, 中國社會科學出版社, 2001年 참조.

11) 曹雲華,「21世紀初的東盟對華政策硏究」,『世界經濟與政治論壇』2007年 第4期 참조.

베트남 회귀전략美國重返越南戰略에 적극 협력하고, 국제적으로 중국과 댜오위다오釣魚島(일본명 센카쿠 열도) 문제를 놓고 분쟁 중인 일본과 전략적으로 협력한다. 남중국해 석유 및 가스 채굴권과 캄란만 Cam Ranh Bay군항을 활용하여 러시아를 이용하며, 남중국해 분쟁에 대해 필리핀과 함께 중국에 대항한다는 표면적 합의를 체결한다 등]라는 대중 정책을 취하고 있다. 미얀마 경우에는 민주화 추진 이후 다원화된 외교정책을 실시하면서 중국의 지배적 영향력에서 탈피하고자 하는 반면, 정국이 혼란스러운 태국은 중국과의 관계를 전면적으로 격상하고 발전시켰다. 캄보디아와 라오스는 여전히 우호적인 대중관계를 유지하면서 지역 이슈에 대해서는 비교적 중립적인 태도를 취하고 있다. 동남아국가들의 대중 정책과 중국에 대한 태도에 대해 미국 의회 보고서는 다음과 같이 평가했다. "미얀마, 캄보디아, 라오스, 태국은 동남아지역에서 중국의 영향력 확대를 암묵적으로 허용하고 있고, 말레이시아와 필리핀은 남중국해 주권분쟁으로 인해 중국의 영향력에 대해 모순적 태도를 취하고 있으며, 베트남과 싱가포르는 현실주의에 입각하여 역외 강대국의 힘을 빌려 중국의 영향력과 균형을 이루고자 한다. 인도네시아는 지역 주도권을 놓고 중국과 대립하는 경쟁자이다."[12]

---

12) China's Activities in Southeast Asia and the Implications for U. S. Interests, before the U. S. - China Economic and Security Review Commission one hundred eleventh Congress second Session, February 4, 2010, pp. 20-188.

3 베트남의 대중 정책 변화와 중국 서남 변강지역에 대한 영향

중국과 베트남은 지리적으로 산과 강으로 연결되어 있으며 양국 관계는 오랜 역사를 이어오고 있다. 베트남은 서기 968년 독립된 봉건국가가 되었지만 이후 각 봉건왕조의 문화나 제도 역시 중국과 유사하거나 상통하는 부분이 있었다(이전까지 장기간 중국의 지배를 받음, 역자주). 근대에 접어들어 양국은 열강의 침략에 함께 맞서 민족독립을 쟁취했다. 1945년 9월 2일 베트남은 독립을 선언하고 베트남민주공화국(북베트남, 역자주)을 건립했다. 이에 대해 1950년 1월 18일 중화인민공화국은 공식적으로 베트남민주공화국을 인정하면서 세계에서 가장 먼저 베트남민주공화국을 인정하고 수교를 맺은 국가가 되었다. 1950~60년대 중국이 프랑스, 미국과 항전을 벌이는 베트남을 전폭적으로 지원하면서 양국은 친밀한 '동지이자 형제同志加兄弟' 관계에 접어들게 된다. 1975년 베트남은 남북통일을 이뤘지만, 중국과는 역사인식, 화교, 영토경계 등의 문제로 소위 '형제간 갈등兄弟鬩於墻'(시경 소아 당체詩經 小雅 棠棣: 형제가 담 안에서는 싸우지만, 외부의 수모가 있을 때는 함께 막아낸다는 뜻, 역자주)을 빚음으로써 양국관계는 비정상적 시기에 접어들었으며, 심지어 국경지역에서는 무장충돌이 발생하기도 했다. 그러나 양국의 노력으로 1991년 중국과 베트남의 관계는 다시 정상화 괘도에 오르게 된다. 20여 년간 중국과 베트남의 선린우호관계는 더욱 강화되었고, 양국의 고위급 교류도 활발히 이루어졌다. 또한 양국의 당·정·군·민간 단체와 지방 간 교류도 활발해지고 경제, 문화, 과학기술 등의 교류와 협력도 확대되면서 경제·무역 교류와 협력이 눈에 띄게 발전했다. 양국은 육상경계 문제와 통킹만 해양경계 문제를 해결함과 동시에 「통킹만어

업협력협정北部灣漁業合作協定」을 체결했다. 이어 1999년 '선린우호睦鄰友好, 전면협력全面合作, 장기적 안정長期穩定, 미래지향面向未來'(당시 베트남은 이를 "황금과 같은 16개 글자黃金般的16個字"라 일컬었다)이라는 양국관계원칙을 확정짓기도 했다. 2002년 양국 정상은 양 국가와 국민이 좋은 이웃好鄰居이자 친구好朋友, 동지好同志, 동반자好伙伴가 되어 상호 이해와 신뢰, 양보, 도움을 바탕으로 함께 발전해 나갈 것을 다짐했다. 2008년 5월 베트남 공산당 총서기 농 득 마잉Nong Duc Manh이 중국을 방문한 자리에서 양국 정상은 양국관계를 전면적 전략협력동반자 관계로 격상하기로 결정했다. 현재 중국과 베트남의 경제·무역 교류는 지속적으로 확대되어 2011년 기준 무역액이 402억 달러에 달해 동기대비 33.6% 성장했다. 중국은 베트남에 주로 전기전자제품과 공업원재료 등을 수출하고, 베트남은 중국으로 광산품과 농산물을 주로 수출했으며[13], 이후에도 양국 무역액은 지속적으로 확대되었다. 중국 해관총서의 통계에 따르면, 양국 무역액은 2014년 1-10월까지 659억 7천만 달러로 동기대비 24.4%의 성장을 나타냈다. 그중 중국의 대베트남 수출이 499억 6천만 달러, 수입은 160억 1천만 달러로 동기대비 각각 26.9%, 17% 성장했다. 베트남은 싱가포르를 제치고 아세안에서 중국의 제2 교역 상대가 되었다.[14]

　최근까지도 중국과 베트남은 여전히 우호적 관계를 유지하고 있다. 예를 들면 2015년 2월 11일 중국공산당 총서기이자 국가주석인 시진핑習近平은 베트남 공산당 총서기 응우옌 푸 쫑Nguyen Phu Trong 과의

---

13) http://www.fmprc.gov.cn/mfa_chn/gjhdq_603914/gj_603916/yz_603918/1206_60 5002/sbgx_605006.

14) 梁澤,「越南成爲我在東盟第二大貿易伙伴」, http://vn.mofcom.gov.cn/article/zxhz/ tjsj/201411/20141100804400.shtml 참고.

통화에서 "65년 동안 우호협력은 중국과 베트남 관계의 큰 흐름이었다. 중국과 베트남은 당, 국가, 국민이 서로 지지하고 도우면서 당의 영도와 사회주의 노선을 견지하고 전략적 의의를 갖는 운명공동체로 나아가야 한다"고 말했다. 이에 대해 응우옌 푸 쫑은 "호치민^{Ho Chi Minh}과 마오쩌둥毛澤東 등 양국의 선대 지도자들이 공들여 키운 '동지이자 형제'의 우의와 선린우호 관계는 양국 인민 혁명 사업의 승리를 이끄는 중요한 요소"라고 강조했다.[15] 그러나 양국관계는 동시에 '해묵은 문제'와 새로운 도전을 맞게 되면서 베트남의 대중 정책에도 변화가 생기게 된다. 1970-80년대 중국과 베트남 관계에 영향을 미치는 주요 요인이 역사인식, 화교 및 영토경계 등의 문제였다면, 2011년 이후는 역사인식과 남중국해 분쟁이 그 핵심이라 할 수 있다. 이 두 문제는 서로 연관되어 있을 뿐만 아니라 양국 간 경제, 무역 협력 등 여러 영역에 걸쳐 영향을 끼치고 있다.

역사인식의 경우, 1991년 이후 여러 분야에서 양국 간 우호적 협력과 교류가 확대되었지만, 과거 중국과 베트남 관계에 대해서 베트남은 시종일관 북방 중국의 침략에 대한 저항을 역사교육과 국방교육의 주요 내용으로 삼고 있으며, 베트남이 프랑스·미국과 항전을 벌이던 당시 중국이 베트남을 지원한 역사적 사실은 중요하게 다루고 있지 않다. 게다가 베트남이 프랑스 식민 지배를 받던 당시의 '영토疆城'를 계승했다는 점도 강조한다.[16] 이는 베트남의 많은 청소년들이 진정한 중국과 베트남 관계에 대한 사실을 파악할 수 없게 하고, 그로

---

15) http://www.fmprc.gov.cn/mfa_chnlzyxw_6022511t1236674.shtml.

16) 孫小迎,「越南歪曲的歷史教育遲早結出惡果」,『環球時報』, 2014年 5月 20日 참조.

인해 청소년들은 역사적으로 중국과 베트남 사이에서 이루어진 우호적 민간 교류나 중국이 베트남의 민족독립과 통일국가 실현에 보냈던 진심 어린 지지와 도움을 모를 수밖에 없다. 그들은 그저 중국을 베트남 역사상 가장 큰 위협으로 여기고, 1970-80년대 중국이 베트남과 전쟁을 치렀다는 점만 강조하며, 심지어는 프랑스가 인도차이나 반도를 점령했을 당시 베트남에 속했던 남중국해 군도를 중국이 강탈해갔다고 여기면서 중국에 대해 극도의 증오와 반감을 갖고 있다. 이 때문에 중국과 베트남이 갈등을 빚기만 하면 이 같은 생각을 가진 사람들과 베트남 내 각종 시위대 - 서방으로 망명한 반베트남공산주의 단체 포함 - 가 연계하여 반중활동을 벌였으며, 실제로 2008년 이후 베트남에서는 크고 작은 반중시위가 일어났다.

2014년 5월 7일, 베트남은 디엔비엔푸Dien Bien Phu전투 60주년 기념식을 성대하게 치렀다. 60년 전 중국은 디엔비엔푸에서 베트남이 프랑스의 침략을 물리치는 데 도움을 주면서 상황을 반전시킨 바 있다. 이에 2014년 4월 22-29일 베트남 국방부와 우호단체연합회는 기념행사를 위해 전쟁 당시 베트남을 도왔던 중국 전문가와 고문, 그리고 '중국과 베트남 모두에서 장군 계급兩國將軍'을 받았던 응우옌 선Nguyen Son·阮山 가족 등으로 구성된 교우단親友團을 베트남으로 초청했다. 해당 교우단은 중국-베트남 우호협회友協 부회장이자 전 주베트남중국 대사 치젠궈齊建國를 단장으로 하여 전 중국군사고문단 단장 웨이궈칭韋國淸의 부인 쉬치첸許琪倩, 베트남고문단援越顧問團판공실 주임 장잉張英의 아들 장바오청張寶成 등과 함께 베트남을 방문해 무엉팡Muong Phang(디엔비엔푸 전투 지휘소였던 역사 유적)을 참관하고, 베트남과 중국이 함께 싸웠던 당시의 파란만장한 세월을 회고했다. 또한 대프랑스 항전 중 베트남의 호치민 주석과 중국군사고문이 함께 찍었던 사진을 베트남 국가주석 쯔엉 떤 상Truong Tan Sang에게 전달하기도 했다. 4월 23일 베트남 국가주석은 교우단을 맞이한 자리에서 "대표단의 이번 방문은 양국 인민 간의 두터운 우정을 나타낸다"는 말과 함께 "중국의 고문, 전문가 등이 일찍이 베트남의 민족해방투쟁 중 보내 준 도움에 대해 감사를 표하고, 양국의 우호관계가 더 발전되기를 희망한다"고 언급했다.17) 4월 24일에는 베트남 국방부 장관 풍 꽝 타잉Phung Quang Thanh이 대표단을 맞이하면서 "베트남의 당, 국가, 군대, 인민은 중국의 당, 국가, 군대, 인민들의 도움을 항상 기억하고 있으 며, 여기에는 베트남 민족해방투쟁 중 중국의 전문가와 고문이 보여 준 공로와 공헌도 포함된다"고 강조했다.18)

그러나 5월 12일에 이르러 상황이 급변했다. 당일 베트남 빈즈엉 성Binh Duong, 호치민시, 동나이성Dong Nai 등지에서 다수의 반중국 시위 가 일어났고, 다음날인 13일과 14일에는 각지에서 베트남 주재 중국 대륙, 대만, 홍콩 기업에 대한 약탈 파괴 등 강도 높은 폭력 사태가 벌어졌다. 4명의 중국인 근로자가 무참히 맞아 사망했고, 100여 명이 부상을 입었다. 그 외에도 싱가포르, 한국 등의 베트남 주재 기업도 정도는 다르지만 위협과 공격을 받았다. 7월 6일에는 홍콩에서 40여 명의 베트남인이 베트남 군복을 입고, "호앙사 Hoang Sa군도(영어명

---

17) 越通社新聞,「加強關系, 將越中友誼薪火相傳」, Tăng quan hệ, truyền cho thế hệ trẻ tình hữu nghị Việt-Trung, HO NG GIANG - HO NG HOA(TIXVN/ VIETNAM +) L C: 23/04/14 20:48.

18) 越通社新聞,「國防部長接見中國顧問親友團」. Bộ trưởng Quốc phòng tiếp thân nhân cựu cố vấn Trung Quốc, UỲNH HOA(TTXVN/VIETNAM +) LC: 24/04/14 20: 53. 越通社新聞 자료와 관련해 도움을 준 쑨샤오잉(孫小迎) 연구 원에게 감사를 표한다.

파라셀 군도Paracel Islands, 중국명 시사군도西沙群島, 역자주)는 베트남 것이다"라고 쓴 현수막을 들고 중국외교부 홍콩특파원 공관 앞에서 시위를 벌였다.19) 이들이 끊임없이 반중국 시위를 이어가면서 무자비하게 중국기업들을 공격하고 중국인 근로자들을 살해한 것은 일부 베트남 당국의 묵인 또는 종용과 관련 있는 동시에, '민의'를 빌려 중국에게 압력을 가하고 국제사회에 약자 이미지를 심어주기 위함이었다. 다른 한편으로는 오랫동안 베트남 역사교육에서 강조된 '중국을 적대시하는 관념仇華觀念'이 낳은 결과이기도 하다.

경제와 무역 측면에서 보면, 2014년 5월 베트남에서 중국계 기업에 대한 공격과 중국인 근로자 살해 등 심각한 폭력사태가 발생하자 베트남의 국제적 이미지가 실추되었고, 투자환경이 악화되면서 중국과 베트남의 경제, 무역 발전에도 악영향을 끼쳤다. 베트남은 2007년 세계무역기구WTO 정식회원국이 되면서 외국인투자를 적극적으로 유치했고, 이듬해 2008년 717억 달러의 외자를 유치하게 되면서 사상 최대 외국인투자액을 기록했다. 2014년 4월 20일까지 베트남은 총 16,323건의 외국인직접투자 사업을 유치했고, 그 등록자본총액은 2376억 3천4백만 달러에 이르렀다. 그중 중국본토로부터의 투자가 1,019건, 그 등록자본은 78억 2천만 달러에 달했으며, 나아가 중국본토, 대만, 홍콩, 마카오까지 포함하면 4,132건에 등록자본은 481억 3천만 달러까지 확대되었다. 그러나 폭력사태로 인해 5월 13일 최소 19개의 외자기업이 방화 피해를 당했고, 400개의 외자기업이 약탈 파괴되었으며, 1,100개 기업은 어쩔 수 없이 업무를 중단하게 되었다. 해당 사건은 베트남의 투자환경을 크게 악화시켰고, 베트남기획

---

19) 邱永錚, 「在港越南人著軍裝示威反華」, 『環球時報』, 2014年 7月 8日 참조.

투자부 장관 부이 꽝 빈[Bui Quang Vinh]은 한 언론을 통해 베트남이 20년간 조성한 투자환경이 "크게 훼손되었다"고 언급했다. 실추된 국가 이미지 회복을 위해 베트남 사법부는 폭력시위대를 처벌하기 시작했고, 5월 26일 동나이성은 22건의 사건과 관련하여 241명의 용의자에 대해 기소를 진행하기도 했다.

베트남에서 외자기업에 대한 폭력사태가 발생한 이후, 중국은 즉각 엄정한 교섭嚴政交涉(상대방 국가의 외교 책임자를 호출하여 자국의 입장과 요구사항을 정식 전달하는 외교적 행위, 역자주)을 벌여 베트남 측에 확실하고 강력한 조치를 취해 사태를 단호히 처리할 것과 아울러 범죄행위를 엄벌하여 베트남 주재 중국시민의 안전과 권리를 보호해줄 것을 요구했다. 2014년 5월 19일 중국은 선박과 항공기를 보내 중국인 근로자를 철수시키고, 중국외교부와 국가관광국은 "베트남 여행을 잠정적으로 중단한다"고 경고했다. 이에 대해 베트남 정부는 성실하게 대응하지 않고, 단지 '국가 영토주권과 해양권익'을 수호하기 위한 모든 조치를 취해야 한다고만 강조했다. 베트남의 한 의원은 국회에서 중국과 베트남 관계에서 반드시 준수해야 하는 '장기적 안정, 미래지향, 선린우호, 전면협력'이라는 가이드라인과 '좋은 이웃, 좋은 친구, 좋은 동지, 좋은 동반자'라는 정신에 대해 의문을 제기하고, 중국이 오랫동안 베트남에 대해 품고 있는 속내를 알 수 없으므로 신뢰할 수 없다며 목소리를 높였다. 또 다른 의원은 중국산 기계와 공업제품 수입에 따른 베트남의 무역적자와 중국기업이 베트남의 각종 사업을 낙찰받는 것에 대해 의구심을 나타내면서, 이것이 베트남 경제가 장기적으로 중국에 종속되고 있다는 것을 반증하므로 이 같은 '종속'상황을 바꾸어야 한다고 주장했다.[20] 6월 20일 베트남 국가주석 쯔엉 떤 상은 베트남 언론과의 인터뷰에서 베트남과 중국과의 무역협력은 빠른 속도로 발전하고 있지만, 동시에 중국에 대한 무역적자 폭도 갈수록 증가하고 있으며, 이러한 상황이 오래 지속되고 있다는 점을 지적했다. 또한 베트남 일부 상품이 중국시장에 과도하게 의존하고 있으므로 "중국경제에 대한 의존도를 낮춰야 한다"고 언급하기도 했다.[21] 이러한 발언들은 곧 베트남과 중국의 관계에도 영향을 미쳤다. 우선 접경지역의 무역과 인적교류에 직접적인 영향을 미쳤다. 보도에 따르면 5월 13일 이후(베트남 주재 중국기업에 대한 공격 사건 발생일, 역자주)에도 둥싱통상구東興口岸는 정상운영 되었지만, 그 이전 매일 만여 명의 이용객이 있었다면, 5월 19일 전후로는 대폭 감소되었다고 밝혔다. 베트남에 투자한 중국인들도 베트남에서 사업을 잠시 중단하고 매일 2천여 명이 본국으로 돌아갔고, 광둥廣東에서 일하던 베트남인도 속속 귀환하면서 매일 둥싱통상구를 통해 귀국하는 베트남인이 천여 명에 달했다.[22]

둘째는 베트남 정부가 '민의'의 영향을 받음으로써 중국과의 경제, 무역 발전이 저해되고, 중국의 대베트남 투자와 관광에도 부정적 영향을 끼치고 있다는 점이다. 중국과 베트남은 2004년부터 활발한 경제무역 교류를 이어오고 있는데, 중국은 줄곧 베트남의 최대

---

20) 黃興球,「越南會一邊倒嗎?」, 칭화대학 당대국제관계연구원(當代國際關系研究院)이 주최한 2014년 제7회 정치학과 국제관계 학술공동체연례회의 "국제관계 백년 변천: 회고와 전망"(國際關系百年變遷:反思與前瞻)의 발표문(미발간).

21) 王盼盼·柳玉鵬,「越南主席聲稱欲減少對華經濟依賴」,『環球時報』, 2014年 6月 23日.

22) 丁雨晴 等,「外媒稱越南放任將自受其害」,『環球時報』, 2014年 5月 20日 참조.

교역상대국이자 투자, 관광 등을 막론하고 베트남의 경제발전에 중요한 촉진제 역할을 해왔다. 2013년 중국은 베트남의 약 900여 건의 사업에 투자했고, 직접투자는 약 23억 달러까지 증가했으며, 투자도 가전, 섬유, 부동산, 채광업 등 다양한 분야에 이루어졌다. 같은 해 베트남을 찾은 해외관광객은 연인원 기준 700만 명이었고, 그중 중국여행객이 190만 명으로 가장 많았으며 이는 2위인 한국관광객의 2.5배, 3위인 일본관광객의 3.1배 수준이었다.[23] 한편, 베트남 국회의원과 민간 인사의 반중정서는 베트남 정부가 중국의 '예속附屬'에서 벗어나야 한다는 '민의'를 따르도록 만들었다. 그 예로 섬유산업에 대해 쯔엉 떤 상 주석이 "일부 상품이 중국시장에 과도하게 의존하고 있다"고 언급한 것을 들 수 있다. 베트남 섬유산업에서 원재료의 60%를 중국산이 차지하고 있었고, 이에 2014년 6월 베트남 정부는 관련 업계에 2013~14년까지 중국대륙으로부터 조달한 면, 섬유, 망사, 천, 실, 단추 등 원재료와 관련한 데이터를 요구하여 국내 원자재 공급 계획을 수립하고, 중국본토로부터의 수입을 최소화하도록 했다.[24] 베트남의 이런 움직임은 국제사회의 관심을 끌었고, 특히 인도의 한 매체가 매우 민감한 반응을 보였다. 『The Indian Express』는 10월 11일 보도에서, 28일 인도를 방문할 베트남 총리 응우옌 떤 중 Nguyen Tan Dung이 베트남의 대중 무역불균형과 섬유산업 원재료의 높은 대중 의존도를 개선하기 위해 섬유산업을 양국 정부 차원의 주요 협력 분야로 삼을 것이라고 밝혔다. 2013년 베트남과 중국의 무역액이 약 500억 달러인 반면 인도와의 무역액은 80억 달러 정도에 불과했

---

23) 劉暢, 「經貿關系惡化, 中越誰更受傷?」, 『環球時報』, 2014年 5月 27日 참조.
24) 穀棣, 「越南紡織業欲擺脫中國依賴」, 『環球時報』, 2014年 6月 24日 참조.

612

지만, 양국의 경제무역 협력은 빠른 속도로 확대되었고 동시에 국방 분야의 협력도 강화되었다.[25] 이러한 움직임은 경제발전이 중국에 제약되는 상황을 피하기 위한 경계 심리가 발현된 것이고, 국익을 보호하기 위한 합리적 요소이기도 했다. 그러나 당국의 소극적 자세는 베트남 각계의 중국에 대한 경계와 대립심리를 더욱 악화시켰고, 인도와의 경제, 군사협력 강화는 다시 중국에 대한 견제로 이어져 중국의 베트남 투자와 여행을 위한 환경 및 여건을 악화시키고 양국 관계의 내실 있는 발전에도 악영향을 미친다.

남중국해 분쟁은 2011년 이후 줄곧 중국과 베트남의 선린우호관계 발전을 저해하는 주요 원인이다. 최근 몇 년간은 역외 강대국의 개입으로 인해 사안이 더 복잡해지면서 중국과 베트남의 갈등도 고조되었고, 이에 미국, 일본 등 역외 강대국의 개입도 갈수록 심화되고 있다. 2011년 이후 정세변화를 감안한다면, 베트남의 외교전략은 남중국해 문제에 있어 '통일전선統一戰線'을 구축하고 중국을 견제하는 모양새다. 그러나 이 같은 추세를 경계해야 하는 것은 맞지만 지나치게 염려할 필요는 없다. 왜냐하면 베트남의 '전방위' 외교는 1980년대 이후에야 점진적으로 형성된 것으로, 베트남의 국익을 수호하고 확장하는 데에는 해당 전략이 유리하기 때문이다. 단, 세계 각국의 외교 전략은 모두 자국의 이익에서 출발하며, 어떤 국가는 중국과 베트남의 분쟁과 끊임없는 충돌을 통해 자국의 전략적 의도를 관철시키려 할 수도 있다. 그러므로 중국이 계속 부상하는 상황에서 중국과 베트남의 남중국해 분쟁은 결국 당사자 간에 해결할 수밖에 없다. 그러므로 2014년 5월 이후 중국과 베트남의 관계가 대립각을

---

25) 王天印, 「越印密集互動減少對華依賴」, 『環球時報』, 2014年 10月 13日 참조.

세우고 복잡하게 흘러가다가 다시 완화되는 것을 볼 수 있었다. 2014년 6월 중국 국무위원 양제츠楊潔篪는 베트남으로 건너가 베트남 부총리겸 외교장관인 팜 빈 민Pham Binh Minh과 중국-베트남 양국협력지도위원회단장회담中越雙邊合作指導委員會團長會晤을 가졌다. 2014년 8월에는 베트남 공산당 총서기 응우옌 푸 쫑의 특사로 베트남 공산당 중앙정치국위원이자 중앙서기처 상무서기 레 홍 아잉Le Hong Anh이 중국을 방문했다. 뒤이어 2014년 9월 난닝南寧에서는 제11차 중국-아세안 박람회와 중국-아세안 비즈니스 및 투자 정상회담이 개최되었고, 이 행사에 베트남 부총리겸 외교부 장관인 팜 빈 민이 참석했다. 2014년 10월에는 중국의 리커창李克强 총리가 밀라노에서 베트남 응우옌 떤 중 총리와 회담했고, 중국-베트남 해상공동개발협의체 제3차 회의도 열렸으며, 베트남 공산당 중앙군사위원원회 부서기 겸 국방부 장관 풍 꽝 타잉이 중국을 방문하였고, 중국-베트남 양국협력지도위원회 7차 회의도 개최하였다. 2015년 4월, 베트남 공산당 중앙총서기 응우옌 푸 쫑이 중국을 국빈 방문하고, 이 기간에 「중국-베트남 공동성명中越聯合公報」을 발표했다. 여기서 양국은 "장기적 안정, 미래지향, 선린우호, 전면협력"이라는 가이드라인과 "좋은 이웃, 좋은 친구, 좋은 동지, 좋은 동반자"라는 정신을 계속 견지하여 중국과 베트남의 '전면적 전략협력 동반자' 관계를 발전시켜 나갈 것임을 재확인했다.

　양국의 노력을 통해 중국과 베트남은 양국 지도자들이 형성한 공감대를 성실히 이행하고, 양국의 전면적 전략협력 동반자 관계를 안정적으로 발전시킬 수 있다는 데 인식을 같이 했다. 또한 「중국-베트남 전면적 전략협력 동반자 관계 이행 행동계획落實中越全面戰略合作伙伴關系行動計劃」의 효과적 실행을 지속하는 한편, 양국의 당, 외교, 군사, 법집행·안보, 인프라, 금융, 과학기술, 농업, 교육, 문화, 청년 등의 교류

협력을 촉진하고, 관련 협의와 공감대를 바탕으로 해상문제를 원만하게 처리하기로 했다. 그리고 중국과 베트남 정부의 국경협상 메커니즘을 잘 활용하여 쌍방이 모두 만족할 수 있는 근본적이고 항구적인 해결책을 모색하고, 해상분규를 원활하게 관리하여 논란을 확대시키거나 복잡하게 만드는 행동을 지양하고 양국 정세와 남중국해의 지속적인 평화를 유지하기로 했다.[26]

중국과 베트남의 우호적 관계는 양국 이익과 국민들의 염원에 부합하지만 다른 한편으로는, 향후 양국관계의 발전이 남중국해 분쟁이나 민간의 '상호신뢰도' 등으로 인해 저해될 수도 있으며, 나아가 우호적 교류라는 큰 틀에도 영향을 미칠 수 있음을 짐작할 수 있다. 다만, 중국과 베트남 관계의 회복과 개선에 대해서는 양국 각계에서 환영하는 분위기이다. 예를 들면 베트남의 소리 Voice of Vietnam 방송국의 북경특파원 리원바오黎文寶는 "베트남과 중국의 고위급 소통이 기쁨을 불러왔다"고 밝힌 바 있다. 이어 "중국과 베트남 간의 해상마찰이 발생한 이래 2014년 5월부터 양국관계가 점차 회복되고 발전하였다. 양국 정상은 잦은 방문을 통해 양국관계를 발전시킬 수 있는 동력을 제공하고 확고한 기반을 다졌다"고 말했다. 또한 중국과 베트남 양국의 실제 경제무역 관계도 대체적으로 양호한 상황을 유지했다. 베트남통계총국의 자료에 따르면 2014년 전반 8개월 동안 베트남의 대중 수출액은 98억 달러를 기록하며 동기대비 15.2% 상승했고, 2014년 전체 기간 대중 상품수출 총액은 목표치 150억 달러를 달성할 수 있을 것으로 전망된다. 나아가 2015년에는 양국 무역액이

---

26) 「中越擧行雙邊合作指導委員會第七次會議」, http://www.fmprc.gov.cn/mfa_chn/zyxw_6022511tl204295.shtml, 검색일: 2014年 10月 27日 참조.

600억 달러까지 성장할 것으로 예상된다. 베트남 공산당 총서기 응우옌 푸 쫑은 "베트남과 중국은 양국의 우의를 위해 노력하고, 양국 국민들에게 실질적인 혜택을 제공하기 위해 적극적이고 효과적인 조치를 지속하기 바란다"고 언급하기도 했다.[27]

이와 함께 중국학자들은 2014년 5월 이후 베트남 특사의 방중, 베트남 지도자의 중국 고위급 접견에서 양국의 전통적 우호관계를 중시하고 중국과의 관계 개선을 원한다는 언급에 주목했다. 그러나 베트남 매체는 베트남 지도자가 언급한 양국관계 개선과 관련한 '성의'를 거의 보도하지 않았다. 게다가 10월 말 베트남 지도자가 중국을 방문해 중국과의 관계를 중시한다고 언급할 당시, 베트남국가석유가스그룹Petro Vietnam은 미국의 엑슨모빌Exxon Mobil과 남중국해 까보이사인Ca voi xanh(중국명 란징藍鯨) 가스전을 공동 개발하기로 잠정 합의했다. 해당 가스전은 중국의 중젠다오中建島(베트남명 찌톤섬dao Tri Ton, 영문명 트리톤섬Triton Island)의 서쪽해역에 위치하여 이미 남중국해의 단속선斷續線을 넘어 중국의 시사해역에 들어오는 곳이다. 이 합의를 통해 베트남이 남중국해 문제에 대해 양쪽으로부터 이익을 얻고자 양쪽에 베팅하는 정책성향을 보인다는 것을 알 수 있다.[28] 이는 베트남과 중국의 각계인사 및 고위층이 양국관계 개선을 희망하고 있음에도 불구하고, 남중국해 관련 분쟁은 이미 양국의 중대한 이익, 특히 핵심이익을 다투는 중대한 문제가 되었다는 것을 보여준다. 나아가 베트남 언론은 역사인식과 실질적 이익에 영향을 받아 일정 기간 양국 관계 발전에 불리한 목소리를 내보내면서 양국 국민 간의 호감

---

27) [베트남] 黎文寶, 「越中高層互動帶來欣喜」, 『環球時報』, 2014年 11月 7日.
28) 黃宇澄, 「越南想在南海問題上兩頭獲利」, 『環球時報』, 2014年 11月 8日.

도와 상호신뢰도 형성에 악영향을 끼쳤다. 이러한 문제들은 모두 양국관계의 발전과 개선에 걸림돌이 되고 있다. 그러므로 양국이 함께 노력해야만 중국과 베트남의 관계와 남중국해의 평화 및 안정이 유지되고, 전면적 전략협력 동반자 관계의 안정적이고 폭넓은 발전을 이끌어 나갈 수 있다.

4 미얀마 정세변화와 중국 서남 변강지역에 대한 영향

미얀마는 동남아시아, 남아시아 그리고 동아시아가 합류하는 지점에 위치하고 있어 21세기 세계 지정학적 구도에서 대단히 중요한 위상을 차지하고 있다. 역사가 증명하듯, 중국의 동부 연해 지역이 봉쇄되어 공격당할 당시 미얀마는 외부 세계를 연결하는 안전한 통로였으며, 평화시에는 중국이 인도양과 그 주변국으로 통하는 교역로이자 에너지, 문화교류의 통로였다. 또한 미얀마는 미국이 육상과 해상에서 중국을 봉쇄하는 데에 중요한 지역이고, 아시아 문제 주도권을 놓고 중국과 인도가 확보하고자 하는 핵심 대상이기도 하다. 베트남의 국내 정세 및 대외정책의 향방과 미얀마 북부지역 정세는 중국 서남 변강지역의 안보, 안정, 발전과 중국의 대인도양 개방의 성패와 관련 있다. 요컨대 미얀마는 중국 일대일로一帶一路 전략의 거점 국가라 할 수 있다.

2010년 11월 미얀마에는 총선을 기점으로 세계가 주목할 만한 정치적 변화가 일어났다. 이와 함께 미얀마 북부의 카친주Kachin State와 샨주Shan State의 소수민족 지방무장세력(이하 '민병대')과 정부군의 충돌도 격화되고 있다. 이 같은 미얀마의 정치적 변화와 북부지역의 지속적인 긴장상태는 중국에게 매우 악영향을 미치고 있다.

(1) 미얀마의 정치적 변화는 개발도상국의 비전형적인 민주화로서 미래의 발전을 낙관하기 어렵다

미얀마는 2차 세계대전 이후 군부가 가장 오래 집권한 국가였다. 미얀마 군부는 1958~1960년 사이 국가정권을 장악했으며, 당시 국방군 참모총장이었던 네윈Ne Win 장군이 과도정부 총리를 맡았다. 1962년 3월 네윈 장군은 쿠데타를 일으켜 온전히 군인으로만 구성된 혁명평의회를 만들어 전국을 이끌었다. 1974년 이후 네윈정부는 비록 표면적으로는 정치를 민간인에게 돌려줬지만, 모든 것을 군부가 장악하여 군인들이 정부와 기업 요직의 절대다수를 차지하고 있었다. 1988년 9월부터 2010년 10월까지 미얀마는 또다시 군부가 정권을 잡으면서 50년 넘게 군부가 집권하게 되었는데, 이는 2차 세계대전 이후 세계 정치에서 유례가 없는 일이었다.

미얀마는 1948년 독립 이후 두 차례의 정치적 변화를 겪었다. 첫 번째는 1962년 3월 민주정치체제에서 군부 지배를 특징으로 하는 권위주의 정치체제(혹은 전체주의全能體制)로의 변화이고, 두 번째는 권위정치체제에서 민주정치체제로 다시 전환된 것이다. 이 중 두 번째 변화는 1988년 3~9월 민주화 운동에서 비롯되었다고 할 수 있다. 1988년 9월 18일, 여전히 군부세력이 정권을 잡고 있었지만, 정치개방과 경제개혁이 어느 정도 출현하고 있었다. 그 예로 새로운 군부정권이 다당제를 허용한 것을 들 수 있다. 1990년 다당제하에서 총선을 치르면서 이상주의 색채가 강한 '미얀마식 사회주의'를 포기하고, 계획경제에서 시장경제로의 전환을 추진했다. 그러므로 1988년

3월부터 2010년 11월 7일 총선 전까지의 기간은 미얀마가 권위주의 정치체제에서 민주주의 정치체제로 변화하는 정치자유화 단계라 할 수 있다. 총선 이후 지금까지는 공개적 경쟁선거를 통해 민선정부가 수립되고, 정치권력 이양의 제도화가 이루어지고 있었으므로 '민주주의 전환기'의 정치민주화 단계에서 '민주주의 공고화 시기'로 진전되는 단계라고 할 수 있다.

2011년 3월 30일 미얀마 테인 세인Thein Sein 대통령은 취임 선서와 동시에 22년 동안 몸담았던 국가평화발전평의회SPDC(1997년 11월 전까지는 국가법률및질서정상화위원회SLORC)를 해산했다. 새 회계 연도가 시작된 2011년 4월 1일 미얀마의 새 정부가 공식 출범했다. 상당수의 서방 언론이 새 정부에 대해 "약탕만 바꾸고 약은 바꾸지 않았다换湯不换藥(형태는 바뀌었지만 내용은 그대로다는 뜻, 역자주)"라며 비판했음에도 불구하고 미얀마 정치제도의 변화는 부정할 수 없는 현실이며, 사실상 새로운 시대로 접어들었다고 할 수 있다. 새 정부 출범 이후 지금까지 미얀마는 매우 빠른 속도의 정치개혁을 단행했고, 이를 두고 미국정부와 학자들도 자신들의 예상을 뛰어넘는 수준이라고 판단했다. 예를 들면, 언론에 대한 통제를 완화하고 신문에 대한 검열을 없애고, 정부 비판 사이트 개설까지 허용할 정도로 국내외 모든 언론을 개방했으며, 아웅 산 수지Aung San Suu Kyi와 킨뉸Khin Nyunt 전 총리를 비롯한 거의 모든 정치범들을 석방했다.

미얀마의 정치적 변신과 민주화는 비교적 뚜렷한 진전을 이루어냈고, 평화적, 타협적, 점진적이라는 특징과 함께 아랍의 봄 이후 유일하게 대규모 국내 충돌 없이 변화한 국가였다. 그럼에도 불구하고 원천적으로 매우 낙후된 몇몇 요소들은 미얀마의 현 정세를 복잡하게 만들었다. 우선 낙후된 경제수준과 기형적인 사회구조 그리고 현대적 정치문화의 부재는 미얀마로 하여금 서구식 민주정치체제를 제대로 운영할 수 없게 했다. NGO(비정부기구)와 민간매체의 과도한 팽창과 무책임, 88세대 학생그룹(1988년 미얀마 민주화 시위를 이끈 학생 지도자 단체, 역자주), 969운동(불교근본주의자들이 주도하는 불교원리주의 운동, 역자주) 등 급진세력의 성장과 그에 따른 불교도와 무슬림의 충돌, 해외투자에 대한 범정치적 공격 등을 그 예로 들 수 있다. 다음으로 단기간에 근본적으로 해결할 수 없는 복잡하고 뿌리 깊은 민족 갈등이다. 지금까지 미얀마의 민주화와 정치적 화해는 일시적으로 미얀마족 내부(군부와 아웅 산 수지가 이끄는 민주주의민족동맹)의 갈등을 해결했을 뿐, 미얀마족 민족주의와 지방 민족주의 사이에 수백 년간 이어온 대치 상황은 미얀마를 진정한 민족화해라는 목표로부터 멀어지게 하고 있다. 테인 세인 정부와 지방 민병대가 가서명한 전국적 정전협정은 표면적인 문제만 해결했을 뿐, 소수민족의 무장해제와 주동자 처리 등 핵심문제는 여전히 다뤄지지 않았고, 총선 전까지 전국적 정전협정이 정식으로 체결되지 않을 가능성이 높다. 마지막으로 테인 세인 정부의 집권능력과 위기관리 능력 부족으로 사회경제발전은 정치적 변화에 비해 크게 뒤떨어졌다. 또한 아웅 산 수지가 이끄는 민주주의민족동맹은 인재, 경험, 능력 등에서 부족하여 미얀마인의 민주주의민족동맹에 대한 믿음을 흔들리게 할 뿐만 아니라, 서방국가를 포함한 국제사회 역시 민주주의민족동맹 집권 이후 미얀마의 발전에 대해 관망적 태도를 취하게 했다.

미얀마의 정치적 변화는 단기적으로 역행하지는 않겠지만, 미래 전망이 불확실한 가운데 치러질 2015년 총선은 미얀마 정치 변화의 연착륙 여부를 결정짓는 열쇠라 할 수 있다. 우선 2015년 총선 전,

미얀마의 민족분쟁과 종교 갈등은 근절되기 어려우며 오히려 총선을 앞두고 사태가 악화되거나 증폭될 가능성이 있다. 둘째, 2015년 총선과 대통령 선거를 둘러싸고 총선 전 헌법, 선거법 개정을 단행할 경우 통합단결발전당USDP, 민주주의민족동맹 등 주요 정당 간 또는 거대 정당 내에서 정치적 난투극이 벌어질 수 있으며, 비주류로 전락한 것에 불만을 품은 88세대 학생그룹과 NGO, 민간 매체들도 사태를 악화시킬 가능성이 높다. 마지막으로 미얀마 최대의 기득권 집단인 군부는 자신의 정치적, 경제적 특권 유지와 국가 미래에 대한 우려 때문에 정치무대에서 빨리 내려오기를 원치 않는다. 군부는 과거 역사로부터 벗어나 개혁을 지지하는 긍정적 이미지를 심어주려 노력하면서도 한편으로는 주권과 영토 수호, 나아가 사회안정이 군과 떨어질 수 없다는 인식을 심어주려고 한다. 이 때문에 카친독립군Kachin Independence Army·KIA과 같은 민병대와의 관계를 처리하는데 있어 정부의 명령에 순응하지 않으면서 헌법 개정을 적극적으로 저지하고 있다.

(2) 미얀마의 정치적 변화는 중국과 미얀마의 관계에 큰 충격을 안겨주었지만, 이를 단순히 중국이 미얀마와 멀어졌다고 여길 수는 없다

2011년 미얀마 테인 세인 정부 출범 이후 일련의 정치, 경제, 사회 개혁이 이루어졌고, 특히 정치 분야의 개혁은 처음부터 심화 단계에 들어갔다. 미얀마의 정치개혁과 계속된 변화는 그동안 중국과 미얀마 사이에 깊게 박혀있던 갈등을 폭발시켰고, 여기에 더해 주요국들이 미얀마에 대한 관여를 확대하면서 중국과 미얀마의 관계는 전례 없는 충격을 받았다. 미얀마의 정치적 변화가 양국관계에 미치는 영향은 1988년 이래 가장 심각한 수준이다. 미국 브루킹스 연구소 객원연구원 쑨윈孫韻은 2011년 8월 이후 벌어진 일련의 사건으로 인해 중국이 미얀마에 대해 실망하게 되었고, 밋손Myit-son 수력발전소의 공사중단이나 미얀마와 서방국가, 특히 미국과의 관계 개선이 미얀마를 가장 가까운 몇몇 동반자 중 하나로 보았던 중국의 시각에 근본적 변화를 가져왔으며, 중국이 미얀마에 대해 갖고 있던 전략적 비전의 근간을 흔들어 놓았다고 평가했다.[29] 즉, 전략적 측면에서 보면 미얀마의 변화된 외교정책은 아세안, 인도양 나아가 전 지역에서 미얀마의 전략적 역할에 대한 중국의 기존 계획을 실행하기 어렵게 만들었다.[30] 주미얀마중국대사 양허우란楊厚蘭은 미얀마의 정치적 변화가 중국과 미얀마 관계의 큰 틀에는 영향을 미치지 않는다고 강조했지만,[31] 중국과 미얀마의 '형제의 정胞波情誼'이 역사적 변화의 기로에 서 있음을 인정했다.[32] 미얀마의 정치적 변화가 중국과 미얀마 관계에 미치는 영향은 크게 다음 네 가지로 나타났다.

첫째, 미얀마 국민의 중국에 대한 불만이 급격히 높아지고 있으며, 이러한 추세가 지속되고 있다는 점이다. 미얀마 언론이 자유화된 이후 대중국 불만 여론이 각종 민간매체를 휩쓸었고, 그중에는 거짓 기사도 상당수 포함되었다.[33] 이 같은 불만은 주로 군사정부에

---

29) Yun Sun, "China's Strategic Misjudgement on Myanmar," *journal of Current Southeast Asian Affairs*, 31, 1/2012, p. 73.

30) Yun Sun, "China and the Changing Myanmar," *journal of Current Southeast Asian Affairs*, 31, 4/2012, p. 52.

31) 黃昉苊, 「緬甸轉型複雜局面對中國更多地意味著機遇一專訪中國駐緬甸大使楊厚蘭」, 『中國靑年報』, 2014年 1月 28日 참조.

32) 「中國駐緬甸大使 : 中緬"胞波"情誼面臨曆史轉型期」, 國際在線專稿, 2013年 3月 29日, http://gb.cri.cn/27824/2013/03/29/6611s4068944_1.htm 참조.

대한 미얀마 국민의 불만에서 비롯됐다. 1988년부터 2010년까지 22년간 중국은 미얀마 군사정부의 주요 지지자였고, 이 때문에 일부 미얀마 국민들은 중국정부를 군사정부와 동일시하거나 군사정부에 대한 불만을 중국에 전가했다. 둘째, 중국의 대미얀마 투자가 자원개발에 집중되었기 때문에 중국은 미얀마인의 자원을 강탈하고 미얀마인의 시장과 일자리를 빼앗은 것으로 여겨졌다. 또한 미얀마에서 관광 또는 자영업을 하는 일부 중국인들은 미얀마의 법규나 종교, 문화풍습을 존중하는 것에 대해 주의를 기울이지 않았다. 게다가 서방을 배후로 하는 NGO의 선동까지 더해져 중국에 대한 미얀마 국민의 불만은 빠른 시일 내에 해소되기 어려운 상황이다.

둘째, 미얀마 당국 고위층과 일반 국민들이 서구에 경도되는 경향이 한층 더 뚜렷해지는 한편, 중국에 대한 우호세력은 약화되면서 서구 정치체제, 민주주의 가치관, 서구 매체의 영향력이 갈수록 커지고 있다.

셋째, 중국의 대미얀마 투자가 전반적으로 정치화되고, 일부 중국기업은 막대한 손실을 입으면서 중국과 미얀마의 경제무역 협력이 정체되는 사례가 발생하고 있다. 대표적으로 밋손 수력발전소 공사 중단을 들 수 있으며, 이처럼 중국의 투자는 대부분 비판받고 과도하게 정치화되고 있다. 물론 타가웅산Tagaung Taung 지역 니켈 공장은 가동에 들어갔고, 중국-미얀마 가스관도 개통되었으며, 중단되었던 중국-미얀마 레파다웅Letpadaung 구리광산 개발 협의도 다시금 체결했

---

33) 貌達, 「文化古都龍的脚印」 (緬文版), 『七日新聞周刊』, 第12期 4號, 2014年 2月 12日 참조. 해당 문헌은 미얀마 옛 수도 만달레이의 중국인 수와 현지 사회에 미치는 악영향을 크게 과장한 측면이 있다.

지만, 중국의 대미얀마 투자가 전면적으로 정치화로 내몰리는 상황에는 변함이 없다. 또한 미얀마 내에는 군사정부 시절 중국 기업과 체결한 투자 사업을 재협상 또는 재평가해야 한다는 목소리가 아직도 강해 미얀마 주재 중국 기업들이 매우 힘든 시간을 보내고 있다. 현재도 중국은 여전히 미얀마의 최대 외국인 투자자지만 2011년 이후 새로운 대형 투자 사업이 체결되지 않고 있고, 일부 중국의 대미얀마 대출 프로젝트도 진행이 어려운 상황이다.

넷째, 중국이 교류해야 하는 미얀마 정치주체들이 많아지면서 전략적 경쟁상대도 증가하여 양국관계 향방에 대한 중국의 통제력이 약화되었다. 과거 중국은 단지 미얀마 군사정부와의 관계만 잘 관리하면 됐다. 그러나 정치적 변혁 이후에는 정부 외 민주주의민족동맹과 기타 중소 정당, NGO, 민간매체, 노동조합, 여성단체 등 사회단체와 소수민족조직, 무장단체, 싱크탱크 등 모두가 미얀마의 정치·외교에 영향을 미치고 있다. 그러므로 중국도 이러한 주요 정치주체 모두와 교류하지 않을 수 없다. 그 외에 인도를 포함한 미국, 일본, 유럽연합 등 중국의 주요 전략적 경쟁자들도 미얀마 관련 문제에 대한 개입을 확대하고 있다. 주목할 것은, 서방국가들이 미얀마 문제에서 보이지 않는 통일 전선을 구축하고 있다는 것이다. 미국과 유럽연합은 주로 미얀마의 민주화 프로세스가 역행하지 않도록 노력하고, 일본과 서방국가가 통제하는 세계은행, 국제통화기금(IMF), 아시아개발은행 등 국제기구는 이에 대한 경제적 지원을 제공하고 있다. 비록 중국이 여전히 미얀마의 최대 투자국이지만 2012년 이후부터 그 투자 규모가 대폭 축소되고 있고, 오히려 서방(특히 일본)의 미얀마에 대한 원조와 차관 규모가 이를 추월하고 있다. 이에 중국이 미얀마에 제공하기로 한 300억 위안의 특혜차관 프로젝트도 진행이 어려운 실정이다.

유럽연합과 세계은행 등 국제기구도 본격적으로 미얀마에 대한 원조를 고려하고 있는데, 세계은행은 이미 20억 달러의 포괄적 원조 계획을 밝힌 바 있다.[34] 따라서 전체적으로 중국과 미얀마 관계에서 중국의 주도권이 다소 약화되었다고 볼 수 있다.

중국과 미얀마의 관계가 전례 없는 도전에 직면한 것을 인정한다고 해서 그것이 양국관계가 이미 돌이킬 수 없거나, 중국이 미얀마를 잃었다는 것을 의미하는 것은 아니며, 하물며 미얀마가 이미 미국에 포섭되었다거나 미얀마를 포기하자고 제안하는 것도 아니다. 오히려 중국에 대한 미얀마 당국과 국민의 태도에 변화의 여지와 가능성이 존재하므로 중국의 대미얀마 사업도 여전히 전도유망하다고 할 수 있다. 현재 중국과 미얀마의 관계는 이전의 비정상적 관계에서 정상적 국가 관계로 전환되는 적응기에 있다. 지난 20여 년간 중국과 미얀마의 관계는 특정 역사적 조건하에서 이루어진 것이며, 미얀마에 대한 서방의 장기 제재와 군부의 강압적인 통치는 객관적으로 중국이 미얀마와 소통하는 데 있어 그 대상과 수단의 단일화를 야기했다. 그러나 현재 중국과 미얀마의 관계가 수많은 도전에 직면하고 있다고 해서 지난 20여 년간의 대미얀마 사업과 중국과 미얀마의 관계를 완전히 부정할 수는 없다. 예를 들어, 과거 중국이 설령 미얀마 야당 및 일반 국민과 소통을 강화하려 했을지라도 객관적 형세가 그것을 허용하지 않았다.

국제여론이 중국과 미얀마의 관계를 부정적으로 언급하는 목적은 아주 간단하다. 중국이 미얀마 관계를 관리하는 데 어려움을 인정하

---

34) 「世界銀行行長宣布20億美元長期援緬計劃」, 新華社仰光電, http://news.xinhuanet.com/world/2014-01/27/c_119142260.htm 참조.

고 물러나기를 바람과 동시에 중국이 미얀마를 통해 인도양으로 진출하는 것을 막고자 하는 것이다. 중국 내에서 일부는 이에 휩쓸리고, 어떤 이는 미얀마의 실상에 대해 잘 모르기도 하고, 일부 순수한 사람들은 극단적인 주장에 이끌려 자기주장을 내세우기도 하고, 또 어떤 이는 개인의 이익을 고려하기도 한다. 이러한 상황은 미얀마 정세 변화에 중국이 냉정하게 대응하는 데에 불리하고, 또한 미얀마에 대한 단편적인 강경 대응도 문제 해결에 별 도움이 되지 않는다.

(3) 중국의 미얀마 대형 프로젝트에 대한 투자는 제동이 걸렸지만, 중소형 투자는 지속적으로 증가하여 중국-미얀마 경제무역은 재차 최고점을 갱신하고 있다.

지난 몇 년 동안 미얀마 투자환경의 급격한 변화로 인해 중국기업, 특히 국유기업이 신중한 태도를 보이면서 미얀마에서 새로운 대형 프로젝트 투자가 저조했다. 하지만 중국의 일부 민간 기업과 중소형 기업은 활발한 움직임을 보이면서 잇따라 미얀마 시장을 찾았다. 더욱이 2012년 11월 미얀마 정부가 새로운 「외국투자법」을 공포한 이후, 미얀마에 공장을 건설하기 위해 현지조사와 투자를 진행하는 중국자본 기업이 점차 증가했다.

중국의 통계에 따르면, 2013년 중국과 미얀마의 무역액은 101억 5천만 달러로 10년 동안 약 10배 증가했으며, 이는 2013년 미얀마 대외무역총액의 약 30%를 차지하는 수준이었다. 2014년 중국-미얀마 무역액은 다시 최고점을 갱신하면서 약 249억 7200만 달러를 기록하여 그 증가폭이 200%를 초과했다.[35] 미얀마 상무부에 따르면, 2014-

---

35) http://www.customs.gov.cn/publish/portaI0/tab49667/info730498.htm.

2015년도 전반 9개월(2014년 4월 초에서 12월 말) 동안 중국과 미얀마의 접경무역액은 약 40억 달러로 직전 연도 동기간 30억 달러보다 10억 달러 증가한 것으로 나타났다.[36] 현재, 중국은 미얀마의 최대 무역상대국이자 두 번째로 큰 수출시장이고, 동시에 최대 수입국이기도 하다. 또한 미얀마 역시 중국기업의 중요한 투자지 중 하나다. 미얀마의 통계에 따르면 2013년 말까지 중국 본토기업이 미얀마와 체결한 투자협의 누적총액은 143억 7천만 달러에 달하며, 이는 미얀마가 유치한 외국인투자총액의 32.5%에 해당하는 액수다.[37] 중국과 미얀마의 경제무역 관계는 아시아태평양지역 전체 형세와 밀접한 관련이 있다. 미얀마는 중국주도의 AIIB 출범을 지지하였으며, 2014년 10월 24일에는 미얀마와 중국을 포함한 아시아 21개국이 AIIB 설립에 관한 양해각서에 서명했다. 11월 8일 테인 세인 미얀마 대통령은 베이징에서 열린 '상호연결과 소통을 위한 파트너십 대화互聯互通伙伴關系對話會'에 참석하여 방글라데시, 라오스, 몽골, 타지키스탄, 캄보디아, 파키스탄 등 정상들과 공동언론발표를 통해 중국이 제안한 실크로드 경제벨트와 21세기 해상실크로드(일대일로) 구상 및 중국 주도의 AIIB 설립을 지지하고, 각국은 인프라와 경제회랑 건설을 확대하고, 무역, 교통, 금융, 인문 등 전방위에 걸친 상호연결과 소통을 강화하고, 지역경제통합을 촉진하여 보다 개방된 아시아경제를 만들어 나가자고 강조했다.

새로운 「외국투자법」에 따라 미얀마는 전력, 석유와 천연가스, 광

---

36) http://mm.mofcom.gov.cn/article/jmxw/2015ol/20150100865339.shtml.

37) 「外交部就李克強總理出席東亞合作領導人系列會議並訪問緬甸擧行中外媒體吹風會」, http://www.fmprc.gov.cn/mfa_chn/zyxw_602251/tl207956.shtml, 검색일: 2014年 11月 6日.

업, 제조업, 요식업과 여행업, 부동산, 교통운수, 통신, 건설과 기타 서비스업 등에 대한 외국인투자를 허용하였다. 또한 새로운 법률은 미얀마 기업과 외자기업이 합자기업을 설립할 경우 5년간 세금감면 등의 혜택을 제공하는 정책도 포함되었다. 이에 새로 개방된 업종에 대한 투자에 관심이 집중되고 있다. 예를 들면, 통신인프라 시설이 낙후된 미얀마는 전 세계에서 휴대전화와 인터넷 보급률이 가장 낮은 국가 중 하나이기 때문에 해당 분야의 시장 전망이 매우 밝다고 할 수 있다. 최근 몇 년 동안 중싱中興, 화웨이華爲 등 중국자본 기업은 밋손발전소 공사중단 사건의 영향을 받지 않으면서 미얀마 시장에서 정상적인 투자와 경영활동을 이어오고 있다. 중싱의 한 관계자에 따르면, 지난 몇 년간 중싱의 미얀마 사업은 지속적으로 성장하여 연평균 20~30%의 증가세를 보이고 있고, 2014년 중싱의 대미얀마 영업액은 약 2억 달러에 이른다고 밝혔다. 또한 2014년 화웨이는 미얀마의 휴대전화 시장에서 약 50%의 점유율을 기록하면서 삼성과 애플을 큰 격차로 앞지른 것으로 알려졌다. 현재 화웨이는 미얀마에 5개의 플래그십 스토어와 30개의 브랜드샵, 2000여 개의 소매점을 두고 있으며, 브랜드 홍보활동을 통해 브랜드 인지도와 영향력을 끌어올리면서 현지에서 중국기업의 브랜드 이미지를 높이고 있다. 바꿔 얘기하면, 2011년 이후 미얀마에서 중국이 영향을 받은 투자 분야는 주로 전력, 광업 등 자원개발과 관련된 업종이었으나 반면, 민생 관련 분야에 대한 투자는 지속적으로 증가했다고 할 수 있다.

상술한 내용을 바탕으로 보면, 밋손발전소 사건 이후 중국과 미얀마의 투자 협력은 미얀마의 정치·경제적 환경의 변화에 따라 이미 대대적으로 조정되었다고 할 수 있다. 그러므로 중국의 대미얀마 투자액에서 나타난 변화를 객관적으로 바라볼 필요가 있다. 밋손발전소 사건 이전, 중국의 대미얀마 투자가 최고점을 기록한 이유는 밋손 발전소, 중국-미얀마 가스관 및 레파다웅 구리광산 등 대형 사업이 집중적으로 시작되고 있었기 때문이다. 과거 중국의 대미얀마 투자는 주로 광산, 수력발전소 등 자원개발 사업에 집중되어 있었다. 밋손 발전소 사건 발발로 중국의 대미얀마 투자가 큰 정치적 위기에 직면하면서 중국기업 역시 미얀마에 대한 투자 방식과 구조를 적극적으로 조정했다. 미얀마 투자기업국의 자료에 따르면 1988~2015년 1월 말까지 중국의 미얀마 투자총액은 약 144억 달러로 미얀마에 투자하는 국가 또는 지역 중 1위였다. 만약 정확히 통계에 반영할 수 없는 몇몇 사업까지 더해진다면 지난 몇 년간 중국의 대미얀마 투자는 결코 정체되었다고 할 수 없다. 이는 미얀마에 대한 투자가 분명 시장성이 있고, 미얀마 역시 중국의 투자를 필요로 하는 게 확실한 만큼 양측에 굳건한 경제협력 기반과 현실적 수요가 있음을 보여준다.

다른 측면에서 보면, 미얀마가 민주화를 추진한 이래 일찍이 서방의 투자에 큰 기대를 걸었고, 서방 기업이 미얀마에게 더 큰 이익을 가져다 줄 것이라 여겼다. 그러나 실제로 최근 몇 년간 서방국가의 대규모 투자자금은 미얀마로 유입되지 않았다. 2012년 11월 미국 오바마Barack Obama 대통령의 역사적 미얀마 방문이 이루어졌음에도 불구하고, 미얀마에 투자하는 국가 또는 지역 중 미국의 이름은 보이지 않았다. 미얀마 투자기업국이 공개한 자료에 따르면 2015년 1월까지 미국의 대미얀마 투자액은 200만 달러 수준이었다. 이는 정치적 변화가 반드시 투자를 유인하는 것은 아니며, 경제발전을 의미하는 것도 아니라는 것을 보여준다. 서방의 대미얀마 투자는 주로 개인자본이었고, 이윤추구는 투자자의 천성이며, 국가전략에 복종하거나 봉사할 의무도 없으므로 양국의 정치관계 개선이 투자자의 투자 증가를 불러오지는 않는다. 이러한 점에서 미얀마에 대한 서방의 지지는 말뿐인 호의에 그칠 수 있다.

2015년 미얀마는 새로운 총선을 치르게 된다. 만약 순조롭게 진행된다면 미얀마의 '민주화 열정'이 정상적 국가 건설로 이어지고, 경제발전이 새로 수립될 정부의 중점 업무이자 그 합법성을 획득하는 중요한 원천이 될 것이다. 미얀마 경제가 급속도로 발전하기 위해서는 외부로부터의 투자, 특히 중국으로부터의 투자가 필수불가결한 요소이다. 그러나 이를 위해 미얀마 측은 보다 공평하고 공정한 시장 환경을 조성해야 하고, 투자에 대해 보다 확실한 안전과 이익을 보장해야 한다. 다른 한편으로는 중국기업들도 미얀마의 새로운 시장 환경과 요구에 따라 투자업종, 지역, 방식 등을 맞춰나가야 한다. 다행히도 이러한 변화에 대응하는 노력은 이미 진행 중이다. 그 외에도 미얀마는 중국이 제안한 일대일로와 중국 주도의 AIIB 설립을 지지하고 있다. 또한 방글라데시·중국·인도·미얀마 경제회랑 틀 속에서 인프라 건설을 확대하고 무역, 교통, 금융, 인문 등 전방위에 걸쳐 상호소통과 연결을 추진하는 데 합의했다. 2014년 11월 12~14일 리커창 총리의 미얀마 방문 당시, 양국은 경제무역, 농업, 금융, 에너지 등 영역에서 협력하기로 하고 관련 문서에 서명한 바 있다. 만약 중국 국가발전개혁위원회가 미얀마의 중대 프로젝트에 대한 심사와 승인을 재개할 경우, 미얀마 전력사업에 대한 중국기업의 투자는 다시 폭발적으로 증가할 가능성이 있다.

(4) 2015년 총선이 중국-미얀마 관계에 미칠 영향이 제한적이라 할지라도 다양한 대응 조치를 필요로 한다

미얀마는 일대일로 전략의 거점 국가 중 하나이다. 그러므로 중국은 미얀마 정국에 대한 관심과 미얀마의 대중국 정책에 대한 기대가 높을 수밖에 없다. 최근 미얀마 북부 코캉Kokang 지역 충돌이 야기한 중국인 사상자 발생과 미얀마 군용기 및 포탄이 수차례 중국 영내를 침범한 사건은 중국으로 하여금 양국관계의 향방을 더 주시하게 만들었고, 새 정부가 중국과의 관계에서 새로운 적극적 조치를 취할지도 모른다는 기대를 갖게 했다.

사실 중국과 미얀마 관계의 향방을 2015년 미얀마 총선에 건다는 시각은 단편적이다. 그 이유는 일정 기간 대체로 안정적이었던 국제 정세로 인해 중국에 대한 세계 각국의 인식이 비교적 고착화되고 기본적으로는 안정적이므로 정부나 지도자의 교체만으로 대중국 정책이 크게 달라지지는 않을 것이기 때문이다. 최근 20년간 역대 미국 정부의 대중국 정책이 비교적 안정적이었던 것처럼, 4년간의 조정을 거치면서 현재 미얀마 정치 엘리트의 대중국 인식과 태도 역시 기본적으로는 안정적이다. 그들은 고정불변의 이웃국가로서 중국의 존재를 경시할 수 없으므로 강대한 중국과 우호적 관계가 필수적이며, 큰 틀에서는 중국의 자금과 기술적 우위를 빌려 미얀마의 현대화를 촉진하고, 일대일로 전략을 통해 중국과 협력을 확대하고자 한다. 다른 한편으로 미얀마는 중국에 대한 과도한 의존이나 미얀마 내 중국의 영향력 확대를 원하지는 않는다. 그러므로 미얀마는 계속해서 그 지정학적 우위를 바탕으로 미국, 일본, 인도, 유럽 등을 활용하여 중국의 영향력과 균형을 이루고자 한다. 동시에 미얀마는 대국들, 특히 미국과 중국이 각축전을 벌이는 싸움터가 되기를 원하지 않는다. 따라서 미얀마는 미국에게 군사기지를 제공하지 않을 것이므로 중국은 미군의 미얀마 주둔을 걱정할 필요가 없다. 이러한 측면에서 현재의 테인 세인 대통령이 연임하든 야당 지도자 아웅 산 수지가 정권을 잡든, 혹은 현 하원 의장 투라 쉐 만^{Thura Shwe Mann}이나 3군 총사령관 민 아웅 흘라잉^{Min Aung Hlaing}장군이 군복을 벗고 집권을 하든지 간에 다음 정권의 향배가 미얀마의 대중국 정책에 근본적 변화를 야기하지는 않을 것이며, 전술적 변화나 구체적 정책에 대한 조정 정도만 있을 것이다. 바꿔 얘기하면, 국제정세에 큰 변화가 일어나지 않는 한 가까운 미래에 중국과 미얀마의 관계가 1988~2010년 당시처럼 친밀하기는 어렵고, 미얀마는 파키스탄이나 캄보디아와 같은 중국의 친밀한 벗^{密友}이 되지도 않겠지만, 그렇다고 적이 되거나 경쟁자가 되지는 않을 것이다. 물론 미얀마가 중국과 일대일로 협력에 합의했지만, 중국-미얀마 철도, 육해상 복합운송 등 상호연결을 위한 사업 시행에 어려움이 많고, 중국의 미얀마 수력발전, 광업 등 자원분야에 대한 투자위험도 여전히 높은 수준이다.

미얀마 엘리트층의 중국에 대한 인식은 거의 고착화되었지만 그렇다고 중국이 미얀마의 총선에 전혀 관심을 갖지 않아도 된다는 것을 의미하는 것은 아니다. 현재 미얀마의 정치 세력은 확연히 다원화되어 군부, 정부, 의회, 야당, 소수민족 정당과 기타 중소 정당, NGO, 언론매체, 종교계, 싱크탱크 등이 모두 정치에서 큰 역할을 할 수 있다. 그러므로 중국은 이들 각 정치 세력과 교류를 강화하고, 필요한 선의를 베풀어 우호적 관계를 형성해야 한다. 이는 곧 향후 협력을 위한 기반 마련으로 이어질 수 있다. 2015년 6월 10~14일 아웅 산 수지는 민주주의민족동맹 대표단을 이끌고 중국을 방문했다. 6월 11일 공산당 총서기이자 국가주석인 시진핑은 대표단과의 회동에서 중국과 미얀마가 친밀한 이웃임을 강조하고, 중국이 항상 높은 수준의 전략과 장기적 관점에서 양국관계를 바라보고 있다고 전했다. 또한 "미얀마의 주권독립과 완전한 영토 보전을 지지하고, 발전 노선에 대한 미얀마의 자주적 선택과 미얀마의 민족화해 과정을 지지하며, 중국과 미얀마의 전통적 우호와 내실 있는 협력을 변함없이 추진하겠다"고 언급했다. 그리고 "미얀마가 양국관계에 대한 문제에서 일관된 입장을 견지하고, 미얀마 정세변화와 상관없이 중국-미얀마 관계의 발전을 위해 적극적으로 나서줄 것"이라 믿고 있다고 덧붙였다. 이에 대해 아웅 산 수지는 "미얀마와 중국은 이웃이고, 이웃은 선택할 수 없는 것이므로 양국의 우호적 관계 발전에 주력하는 것이 중요하다"고 화답했다. 또한 미얀마 민주주의민족동맹은 미얀마와 중국의 우호를 중시하고 이번 방문을 통해 "양당의 관계가 더 깊어지고, 양국 국민 간의 우호적 관계가 진전되길 바란다"고도 언급했다.[38] 이번 방문은 중국이 처음으로 아웅 산 수지를 초청하여 높은 수준의 예우를 표한 것이며, 이는 중국이 새로운 역사적 환경 속에서 미얀마 사회 각층과의 교류를 강화하고자 하는 유의미한 시도라 할 수 있다. 또한 아웅 산 수지의 반응 역시 중국과의 관계에 대한 그녀와 민주주의민족동맹의 입장을 명확하게 보여주고 있다고 할 수 있다. 즉, 양국의 우호적 관계를 중시하고, 이를 발전시키기 위해 지속적인 노력을 하겠다는 것이다.

---

38) 「習近平會見緬甸全國民主聯盟代表團」, http://news.xinhuanet.com/politics/2015 -06/11/c_1115590688.htm, 검색일: 2015年 6月 11日.

(5) 미국의 대미얀마 정책조정은 주로 중국을 겨냥한 것이지만, 중국 과 미얀마 사이의 모든 문제를 미국의 탓으로 돌릴 수는 없다

현재 중국학계에서는 미국 오바마 행정부의 대중국 정책에 대한 이견이 크다. 일부 학자는 미국의 아시아태평양 회귀와 아시아태평양 재균형 전략이 중국을 겨냥한 것임이 분명하다고 생각한다. 더욱이 최근 몇 년 동안 중국과 일본의 댜오위다오 분쟁과 중국과 필리핀, 베트남 사이의 남중국해 분쟁이 고조되고 있는 것에도 미국의 그림자가 짙게 드리우고 있는데, 이는 오바마 행정부가 중국의 부상을 억제하고자 하는 의도를 그대로 드러낸 것이라고 주장한다. 또 다른 학자들은 오바마 행정부의 대중국 '억제' 전략이 그렇게 간단하지도 않고, 냉전시기 당시 소련에게 한 것처럼 중국을 억제할 수도 없다고 주장한다. 2011년 2~3월 필자는 미국을 방문하여 수십 명의 미국학자와 관료들을 만났는데, 당시 그들 모두는 미국이 중국을 억제하는 전략이나 정책을 가지고 있다는 것을 부인했고, 만약 있다 하더라도 그것은 미국 역사상 가장 실패한 전략일 것이라고 말한 바 있다. 그 이유로는 중국이 이미 부상했기 때문이라고 덧붙였다. 과연 미국 현 정부가 중국을 어떻게 대하고 있는 것인지, 필자는 오바마 행정부의 미얀마 관련 개별 안건 분석을 통해 이 문제에 대한 인식을 심화시키고자 한다.

우선 미국은 미얀마에서의 경제적 이익을 무시할 수 있으며, 미얀마는 미국의 안보에도 위협이 되지 않는다. 미얀마가 동남아에서 자원이 풍부한 국가라 할지라도 세계 최대 경제체인 미국에 비하면 미얀마의 그 같은 자원은 그리 중요하지 않다. 그러므로 미국 학자들조차도 미얀마에서 미국의 경제이익은 무시될 수 있다고 얘기한다. 또한 미얀마는 미국이 반드시 장악해야 하는 중요한 지역이 아니다.

이외에도 미얀마에는 미국을 겨냥한 테러 조직이나 테러 활동이 감지되지 않고, 미얀마 군사정부가 북한과 연계하여 핵무기를 제조했다는 것도 사실이 아닌 것으로 밝혀졌다. 하물며 21세기에 접어들어 황금 삼각지대Golden Triangle에서 생산된 헤로인과 기타 마약들도 미국에서 거의 유통되지 않고 있다. 요컨대 오바마 행정부가 미얀마에 대한 정책을 조정하고 미얀마와의 관계를 다지는 것은 결코 경제적 이익이나 미국의 안보를 위한 것은 아니다.

둘째, 미얀마의 민주화 확산과 인권보호는 오바마 행정부의 주요 목표가 아니다. 미국인이 민주와 인권을 추앙하고, 미국의 민주적 가치관과 정치시스템을 확산시키는 것을 미국 3대 대외전략 목표 중 하나로 삼고 있지만, 미얀마 관련 사안을 보면 민주와 인권이 오바마 행정부의 핵심 목표가 아니라는 것을 확인할 수 있다. 알다시피 1988~2010년 동안 미얀마를 통치한 군사정부는 분명 세계에서 가장 전제적이고 포악한 정권은 아니었다. 또한 미국은 사우디아라비아, 쿠웨이트, 카타르 등 중동 국가 및 아시아의 부루나이 등 절대 군주제 국가들에 대해서는 강력하게 민주화를 추진하고자 하지 않았고, 파키스탄과 태국에서 끊임없이 벌어지는 군사정변에 대해서는 못 본체하며 별 타격 없는 몇 마디 비난에 그치거나 중요하지 않은 군수품 판매 취소 또는 군사훈련 취소로 대응했다. 나아가 필리핀 내 납치, 정치적 학살 등 인권 관련 사건은 더더욱 묵과하고 있는데, 왜 미얀마와 관련해서 유독 관심을 갖고 개입하려 하는가? 미얀마 군사정부는 미국의 맹우가 아니며, 미국 내 막강한 로비세력 때문에 미국이 미얀마 군부의 호의를 받아들이는 것을 용납하지 않는다고 밖에 할 수 없다.

셋째, 미얀마에서 취하는 미국의 조치 대부분은 중국을 겨냥한 것이다. 앞서 밋손발전소 사업이 중단된 표면적 이유는 미얀마 민중의 반대 때문이다. 그러나 밋손발전소 사건이 하필 테인 세인 정권 초기에 군중의 주목을 받는 민감한 사안으로 변모한 것은 사전에 많은 미국계 NGO가 기반을 닦고 선동한 데 원인이 있다. 필자가 직접 겪은 여러 경험들은 이러한 사실을 뒷받침한다. 우선, 미국정부는 밋손발전소 건설을 공개적으로 규탄하지 않았지만 실제 행동으로 미얀마 정부의 밋손발전소 사업 보류를 지지했다. 미국은 테인 세인 정부가 민의를 존중한다고 치켜세우면서 양국간 고위급 교류를 강화하는 것은 물론 2010년 미얀마 총선에 대해 더 이상 추궁하지 않는 등 미얀마에게 일종의 '포상獎賞'을 했다. 2011년 12월 당시 미 국무장관 힐러리 클린턴Hillary Rodham Clinton의 미얀마 방문을 앞두고는 미얀마 국민들에게 미얀마 자원을 약탈하는 외국투자를 경계해야 한다고 환기시키며 창끝이 더욱 중국을 향하게 만들었다. 또한 다수의 미국 관료나 학자들은 2013년 초부터 지속적으로 중국학자들에게 미얀마 북부 민간 무장단체와 중앙정부 간의 평화협상에 대한 미국의 개입을 지지할 것을 호소했다. 게다가 카친독립군 등 미얀마 북부 민간 무장세력 지도자의 미국방문을 공공연하게 허용하는 것은 미국이 이미 중국 정부의 중대 관심 사안에 대한 아무런 고려 없이, 중국안보와 관련된 중대 문제에 대해 직접 개입하려 한다는 것을 보여준다. 미얀마 북부 평화협상에 개입하려는 이유에 대해 미국 측은 미얀마 북부의 계속되는 충돌이 인도주의와 인권문제를 야기하므로 좌시할 수 없다는 입장이다. 또한 중국과 미국 양측은 구체적인 기술적 협력을 통해 상호 불신을 줄여나갈 필요가 있는데, 평화협상과 관련한 미국의 경험이 중국에 유리하게 활용될 수도 있으므로 미얀마 북부 평화교섭이 미중 간 협력의 돌파구가 될 수 있다고 설명한다. 그렇다면, 만약 중국이 미국과 멕시코 간의 국경에 존재하는 문제를 미중 간 구체적 협력을 추진하기 위한 돌파구로 삼는다면 미국은 어떻게 생각하겠는가?

상술한 세 가지 분석을 보면 오바마 정부의 대미얀마 정책 조정에 대한 논리가 아주 명확해진다. 미국은 미얀마로부터 직접적으로 경제나 안보상의 이익을 취할 것은 없지만, 미얀마는 중국의 대외개방 전략에 있어 중요한 의의를 갖고 있고 미얀마의 정세 변화, 특히 미얀마 북부 지역의 충돌은 중국 접경지역의 안보와 안정에 직접적 영향을 미친다. 과거 20여 년 동안의 대미얀마 제재나 오바마 행정부의 '회유와 채찍' 전략의 목표는 오직 중국과 미얀마의 협력 확대와 미얀마를 통한 중국의 인도양 진출을 저지하며, 나아가 중국의 부상을 제지하고자 하는 것이다. 민주와 인권은 오바마 행정부의 대미얀마 정책의 부산물일 뿐이며, 미얀마가 민주화 개혁을 통해 '바람직한 정치善治'를 시행할지 여부는 미국의 관심사가 아니다.

물론 오바마 행정부의 대중 전략을 '억제'로 규정하는 것은 단편적이며 정확하다고도 할 수 없다. 미국과 중국은 일부 분야에서 여전히 많은 협력을 하고 있음은 물론이고, 오바마 행정부의 중국 견제 수단도 냉전시기 미국이 소련에게 했던 것과는 큰 차이가 있다. 즉, 군사적 수단을 지양하여 양국이 직접적인 무력 대치로 치닫지 않도록 하고 있다. 현재 미국은 큰 틀에서 국제규범과 가치관의 주도권을 이용하여 규범의 해석이나 서방 매체의 과장된 표현을 통해 중국의 국제적 이미지를 깎아내리면서 기존 국제시스템을 이용하여 중국의 부상을 제지하고 있다. 예를 들면, 미국은 미얀마에서 민주주의 가치관의 우위와 미얀마의 민족주의 정서를 이용하여 '기업의 사회적 책임', '환경영향평가', '사회영향평가' 등의 개념을 폭넓게 활용하고 있다. 이를 통해 미얀마에 대한 중국의 원조나 투자를 중국과 미얀마 관계에 부정적 영향을 미치는 자원으로 변모시키는 데에 성공했다. 그러나 어떤 측면이든 간에 미국은 미얀마와의 관계 발전이 중국을 겨냥한 것은 아니며, 미국이 미얀마에서 중국과 경쟁하는 일은 없을 것이라고 말하지만 이는 외교적 언사의 표명일 뿐, 그대로 믿을 수는 없다.

또 다른 하나는 미얀마 북부 카친과 코캉 지역에서 일어나는 충돌의 배후를 모두 미국으로 단정하는 것은 상식에 어긋난다는 점이다. 한 매체에 따르면 미국과 미얀마는 2015년 1월 11일에서 15일 사이 미얀마 수도 네피도Naypyidaw에서 인권회담을 개최했으며, 미국 측 대표단으로는 앤서니 크러치필드Anthony G. Crutchfield 미 태평양사령부 부사령관과 토머스 하비Thomas H. Harvey 미 국방부 부차관보 등 군 인사들이 포함되었다고 밝혔다. 이들은 회담 개최 전인 1월 9일 조용히 미치나Myitkyina를 방문했는데, 이를 두고 매체들은 미국이 미얀마 북부 문제에 개입하려는 확실한 증거로 여겼다. 또한 미얀마 정부와 미국이 막후 거래를 하여 "미얀마 정부군이 북부 반군문제를 해결하는 것을 미국이 묵인하고, 미얀마는 2015년 총선문제를 미국과 타협하기로 했다"고 밝혔다. 알다시피 미국은 미얀마의 민주화 프로세스에 대해 대체로 만족하고 있으나, 미국 의회와 일부 민중은 미얀마 정부군의 민간 반군 탄압, 로힝야족Rohingya people에 대한 시민권 배제, 불교도와 무슬림 간의 충돌 등 인권 관련 문제에 대해서는 불만을 표시하고 있다. 만약 미국 측 대표단이 미얀마 정부군의 민간 반군 진압을 용인했다면 미얀마와 인권회담을 개최할 필요가 있는가? 귀국 후 의회 등의 비난에는 어떻게 대응할 것인가? 그 외에도 2015년 2월 9일 코캉에서 충돌이 발생한 이후 일각에서는 또다시 당해 충돌이 미국인의 선동에 기인한 것이며 미 특수부대 퇴역군인들이 미얀마 북부지역에서 훈련을 담당하고 있고, 미 공군이 2015년 5월 미얀마 라시오Lashio 공군기지에 진주할 것이라는 등의 불확실한 정보를 퍼뜨렸다. 미국이 중국과 미얀마를 두고 경쟁하면서 미얀마 북부 문제에 개입하려는 시도는 객관적 사실이지만, 미얀마 북부에서 발생하는 모든 문제를 미국과 결부시키는 것은 객관적이지 않다.

(6) 미얀마 정국의 변화는 중국의 에너지 안보와 서남지역에 상당한 영향을 미친다

중국이 미얀마에 개설한 가스관과 가스채굴 및 그와 관련한 협력에 대해 미국 측은 2005년 11월 중국석유공사와 미얀마가 30년간 6조 5천억 입방피트의 천연가스 채굴 협약을 체결한 것으로 파악했다. 해당 천연가스는 중국과 미얀마가 협의한 2,400㎞ 길이의 가스관을 통해 벵골만Bay of Bengal에서 중국 윈난성으로 수송된다. 2006년 2월 중국은 미얀마에게 8천 500만 달러의 차관을 제공하기로 하고 미얀마로부터 추가로 2개의 석유광구를 사들이면서 중국이 미얀마에서 운영하는 석유광구가 12개로 늘어났다. 중국은 에너지 안보 차원에서 미얀마의 석유자원을 필요로 한다. 또한 중국이 페르시아만에서 수입하는 석유는 미얀마 연해를 지나야 하기 때문에 미얀마와 우호적 관계를 유지해야 한다.[39] 중국과 미얀마의 석유가스관 건설과 운영에 대해 미국은 다음과 같이 평가한다. "중국은 이미 미얀마를 통

---

39) Jared Genser, "China's Role in the World: The China-Burma Relationship," Hearings in the U.S.-China Economic and Security Review Commission, August 3, 2006, p.2. http://www. uscc. gov.

해 벵골만으로 진출했고, 이에 미얀마가 중국의 가장 중요한 통로가 되면서 중국은 미얀마를 통해 석유가스를 중국 서남지역으로 바로 수입할 수 있게 되었다. 즉, 믈라카Melaka해협과 남중국해를 거치지 않아도 되는 것이다." 게다가 중국은 전통적인 교역로의 영향을 받지 않고 물자를 미얀마 북부 카친주의 바모Bhamo로 직접 수송할 수 있고, 이를 바로 화물컨테이너에 싣고 이라와디Irrawaddy강을 따라 라카인Rakhine 산맥을 지나 중국이 현재 미얀마에 건설 중인 차욱피우Kyaukpyu 심해항까지 갈 수 있다. 이 육상통로는 벵골만에서 중국과 미얀마 접경지역까지 겨우 800마일 정도의 거리이다. 그러므로 중국의 이 육상통로 역시 미국이 극도로 경계하고 반대하는 요소 중 하나이다.[40]

1,200마일 길이의 중국-미얀마 석유가스관 건설을 통해 중국은 중동의 석유를 벵골만을 통해 미얀마 영내로 들여와 이라와디강 무역로를 따라 중국 윈난으로 수송할 수 있게 된다. 이렇게 되면 중국의 믈라카해협에 대한 의존도를 낮출 수 있을 뿐만 아니라 에너지 안보 차원에서 소위 전략적 '병목지점'인 '믈라카의 곤경馬六甲之困' 위험을 낮출 수 있다.[41] 한편, 중국과 미얀마의 에너지 협력에 대해 일본도 격한 반응을 보였다. 이를 두고 일부 학자들은 일본의 대미얀마 정

---

40) "China's Growth as a Regional Economic Power: Impacts and Implications," Hearing before the U.S.-China Economic and Security Review Commission One Hundred Eighth Congress First Session, December 4, 2003, p.155, p.158,176. http://www. uscc. gov.

41) "China's Activities in Southeast Asia and Implications for U.S. Interests," before the U.S.- China Economic and Security Review Commission, One Hundred Eleventh Congress Second Session, February 4, 2010, pp.60-66. http://www. uscc.gov.

책에서 중국은 고려하지 않을 수 없는 요소로서, 줄곧 중국의 미얀마에 대한 영향력이 일정 수준을 유지하도록 하는 것이 그 정책적 고려 중 하나였다고 설명한다. 서방국가들이 미얀마에 대한 고립과 제재를 실행할 때 베이징은 미얀마가 실질적 혜택, 특히 중국-미얀마 석유가스관, 경제회랑, 수력발전소, 구리광산 개발 사업 등 에너지 분야 사업을 통해 실질적 이익을 얻을 수 있도록 하는 정책을 펼쳤다. 그러나 이는 일본이 원치 않는 것들이다.42) 미얀마는 일본이 원유수송을 위해 이용하는 인도양 해상수송로 상에 위치하고 있을 뿐만 아니라, 지정학적으로도 중요한 위치에 있다. 그러므로 일본 정부는 미얀마와의 관계 증진을 희망하는 동시에 미얀마와 긴밀한 관계를 갖고 있는 중국을 견제하는 것이다.

(7) 미얀마 북부 충돌문제는 중국 윈난 변경의 안보, 안정 및 발전에 부정적 영향을 미치므로 적절한 대응이 필요하다

오랫동안 이어진 미얀마 북부지역의 무력충돌은 중국에게 수많은 부정적 영향을 미치고 있다. 미얀마 북부지역 민간 무장 세력의 문제는 단기적으로 완전한 해결이 어렵고, 이 문제로 야기된 부정적 영향은 한동안 지속될 것이다.

우선, 윈난 접경지역의 안보와 안정을 심각하게 위협하고 있다. 미얀마 북부 민간 무장세력 간의 내홍이든 민간 반군과 정부군 간의 충돌이든, 미얀마와 국경을 접하고 있는 윈난 접경지역은 그 영향을 피해갈 수 없다. 그중 대표적인 것이 미얀마 접경주민들이 중국 국

---

42) 趙洪, 「中日在緬甸的競爭與合作」, 『聯合早報』, 2013年 10月 29日 참조.

경을 넘어 밀입국을 시도하는 것이다. 2009년 8월 코캉사건43) 발발 이후 약 3만 7천여 명의 접경주민들이 잇따라 중국 국경을 넘어왔는데, 그중 무기를 소지한 코캉 동맹군도 상당수 포함되어 있었다. 이렇게 넘어온 접경주민들은 중국에서 수개월 머물다 돌아갔지만 일부는 송환을 거부하기도 했다. 2011년 6월 9일 카친독립군과 미얀마 정부군 간의 충돌 이후 중국과 미얀마 접경지역에는 10여만 명의 난민이 발생했고, 이미 천여 명이 넘는 미얀마 난민이 중국에 들어와 중국 내 지인의 집에서 머물고 있었으며, 가장 많은 경우 7천여 명이 중국으로 넘어오기도 했다. 그중 일부 카친족 접경주민들은 현재까지 중국에 머물고 있다. 2015년 2월 9일 펑자성膨家聲·Pheung Kya-shin(중국 쓰촨 출신-역자주)이 이끌던 코캉 동맹군과 미얀마 정부군의 충돌이 있은 후, 중국으로 넘어온 미얀마 난민 수는 최대치를 기록했다. 미얀마 측 통계에 따르면 전쟁을 피해 중국으로 넘어온 코캉족은 약 8만 명에 달했다.

미얀마 북부지역은 무장 수준이 상당하고 총기와 탄약의 밀반입이 만연했으며, 더욱이 충돌 당시에는 총기와 탄약이 가장 흔했던 시기였기 때문에 중국과 미얀마 접경지역은 중국 내 범죄자들이 불법적으로 총기와 탄약을 구하는 주요 통로가 되었다. 그 예로 과거 중국 공안이 사살한 살인범 저우커화周克華가 미얀마 북부에서 총을 구했던 것으로 알려졌다. 한편, 미얀마 정부에 대항하기 위한 자금을 모으기 위해 미얀마 북부 민병대 점령지역, 특히 미얀마 정부 통

---

43) 역자주: 미얀마 정부군이 코캉자치주를 공격하여 약 1,500명에서 2,000명 사이의 코캉 동맹군을 사흘 동안의 전투로 제압하였고, 이때 많은 피난민이 중국 국경을 넘어 피난하였다.

제구역과 인접한 지역에서 양귀비 재배가 최근 몇 년 동안 급격히 증가하였다. 이 지역 양귀비 재배는 2007년 역대 최저규모인 27.9만 무畝(1.86ha)까지 떨어졌었지만, 이후 다시 점차 증가하여 2012년에는 76.5만 무(5.1ha), 2014년 말에는 약 90만 무(6ha)에 이르게 되었다.[44] 그 가운데 민간 무장 세력 점령지역과 미얀마 정부 통제지역의 경계 지역은 양귀비 재배 반등이 가장 크게 이루어진 지역이다. 카친독립 군 등 민간 무장 세력들은 그들의 생존 공간을 확대하기 위해 최근 미국 등 역외세력과의 관계를 강화하여 미국의 지지를 이끌어 내고 자 하였다. 이는 외부 세력이 미얀마 북부 문제 개입하게 하고, 나아 가 중국 접경 안보를 위협할 기회를 제공했다.

둘째, 중국 접경지역 주민의 생명과 재산상 안전을 위협하고 있 다. 2009년 8월 코캉사건으로 중국인 2명이 사망하고 15명이 상해를 입었으며, 약 5억 위안의 직접적 경제손실이 발생했다. 그중 쿤밍昆明 지리경제무역유한회사를 비롯한 여러 (마약)대체재배기업의 자산손 실이 매우 심각했다. 2011년 4월 17일에는 밋손발전소 공사현장에서 연쇄 폭발이 일어났고, 비록 인명피해는 없었지만 대량의 공사설비 가 파손되었다. 2012년 1월에는 접경지역의 중국인 주민이 카친독립 군과 정부군의 교전에서 정부군의 공격에 의해 사망하기도 했다. 2012년 4월 26일에는 카친독립군과 정부군이 중국과 미얀마 접경지 역에서 충돌했고, 당시 일부 유탄이 중국 영내로 떨어졌다. 2012년 12월 30일에는 카친독립군 본부가 위치한 라이자Laiza와 강 하나를 두 고 떨어져 있는 중국 윈난 잉장현盈江縣 나방진那邦鎮에 미얀마 정부군 이 쏜 105밀리미터 곡사포 포탄 세 발이 떨어져 민가 한 채가 파손

---

44) http://yn.people.com.cn/news/n/2015/0106/c336247-23454232.html.

되기도 했다. 2013년 1월 9일에도 한 발의 포탄이 나방진 산꼭대기 공터에 떨어진 바 있다. 당시 직접적인 인명피해는 없었지만, 접경 지역 중국인 주민들의 심적 안정에 심각한 위협이 되었다.

2015년 3월 8일 미얀마에서 쏜 유탄과 군용기가 투하한 폭탄이 윈난성 경마현耿馬縣 멍딩진孟定鎮의 산촌과 강촌에 수차례 떨어지면서 민가 한 채가 파손된 바 있다. 13일에도 역시 여러 발의 폭탄이 멍딩진 강 외곽의 마을에 떨어져 중국 민간인 5명이 사망하고 다수가 부상 당했다. 이 사건 이후 중국은 미얀마 측에 사건 경위에 대해 철저히 조사하고 그 결과를 중국 측에 통보해줄 것, 그리고 관련자에 대한 엄벌과 적절한 사후조치를 요구했다. 또한 즉각 효과적인 조치를 취해 유사한 사건의 재발을 방지하고, 중국과 미얀마 국경지역의 안전을 확고히 해야 한다고 주장했다. 이와 함께 3월 13일 중국 공군은 전투기 편대를 발신시켜 중국 국경 근처에서 비행하는 미얀마 군용기를 추적하고, 감시, 경고, 차단 기동 등을 통해 중국 영공주권을 수호했다. 그 이튿날 중앙군사위원회 부주석 판창룽範長龍은 미얀마 국방부 총사령관 민 아웅 흘라잉과 긴급통화를 갖고 미얀마 측에게 해당 사건을 즉각 엄중히 조사하여 관련자를 엄벌하고, 사상자 가족에게 정중히 사과할 것과 중국 측에 해당 사건 내용을 상세히 설명할 것을 요구했다. 또한 미얀마 군 수뇌부가 부대를 엄격하게 통제하고, 유사한 사건의 재발 방지를 요구했다. 4월 2일 미얀마 대통령 특사로 외교부 장관 우나 마웅 르윈Wunna Maung Lwin이 중국을 방문하여 특별 회담을 갖고 미얀마 정부와 군부를 대표하여 중국에 공식 사과하고, 배상과 관련하여 중국 측과 소통하고, 법에 따른 책임 규명, 관련자 처벌 및 유사 사건의 재발 방지를 약속했다.

미얀마 정부의 사과로 중국과 미얀마 관계는 잠시 화해 분위기가 조성되었으나, 미얀마 정부와 북부 소수민족지역 무장 세력이 완전한 정치적 화해에 도달하지 못함으로써 북부 정세는 여전히 불안정하였고, 이는 중국 접경지역에도 지속적으로 부정적 영향을 미쳤다. 2015년 5월 14일 미얀마 코캉지방 무장세력과 정부군의 계속된 교전 과정에서 또 다시 중국 영내 전캉현鎭康縣 난산진南傘鎭에 포탄 2발이 떨어지면서 5명의 부상자가 발생했다. 미얀마 언론에 따르면, 미얀마 정부군 관계자들은 성명을 내고 중국 영내에 포탄이 떨어진 이번 사건의 책임이 소수민족지역 무장 세력에게 있다고 주장했고, 미얀마 대통령 대변인 예 툿Ye Htut은 "중국은 미얀마와 국경지역 안정을 수호하는데 함께하고, 코캉 반군이 국경지역을 점령하지 못하도록 해야 한다"고 호소하기도 했다.[45] 5월 15일 중국 외교부 대변인은 해당 사건에 대해 강한 불만을 표시하면서 미얀마에게 유효한 조치를 취해 유사한 사건의 재발 방지를 촉구하고, 중국이 추가적 대응을 할 권리를 유보하고 있다고 덧붙였다. 이어 6월 11일 미얀마 민주주의민족동맹군은 성명을 통해 일방적 휴전을 선언하고, 곧 치러질 미얀마 총선을 위해 평화 분위기를 조성했다. 이는 미얀마 북부의 정세 완화 여건을 조성하기 위함이었지만, 미얀마 북부의 평화 프로세스는 다자간의 노력을 필요로 한다. 다음 날인 12일 중국 외교부 대변인은 미얀마의 그 같은 조치에 대해 환영의 뜻을 전하면서 미얀마의 바램처럼 평화 프로세스를 추진하는 데에 이번 조치가 건설적인 역할을 할 것이라 밝혔다.

　한편, 지속되는 접경지역 충돌은 정상적인 위생방역 활동을 방해

---

45) 曲翔字·王盼盼,「緬軍稱落入南傘的炮彈來自叛軍」,『環球時報』, 2015年 5月 20日.

하고 있다. 에이즈는 물론 말라리아, 결핵, 홍역, 콜레라, 장티푸스, 뎅기열 등 전염성 질병이 국경을 넘어 전파되는 것을 막는 데 심각한 제약을 받음으로써 중국 접경지역 주민들의 건강을 위협하고 있다.

셋째, 미얀마 북부지역에 대한 중국의 정상적 투자와 기업의 경영 활동에 심각한 영향을 미치고 있다. 잦은 충돌로 인해 미얀마 정부와 미얀마 북부 민병대가 중국-미얀마 접경지역의 육로 통상구를 빈번하게 폐쇄하면서 양국의 정상적 경제, 무역 활동을 제약하고 있다. 예를 들면, 칭수이허清水河 통상구는 윈난 경마현耿馬縣 내 국가 1급 통상구國家1類口岸로 줄곧 중국과 미얀마의 경제무역과 인적교류를 위한 중요한 통로 역할을 했다. 2015년 2월 9일 전까지 매일 많게는 연인원 2,600여 명이 출입국 했으나, 코캉지역 충돌 이후 한동안은 하루 연인원이 200명 정도로 감소했다.[46] 중국 상인들이 카친주에서 재배하는 바나나도 최근 몇 년간 정상적으로 중국에 들여와 판매하지 못하게 되면서 그 피해가 심각한 수준에 이르렀다. 또한 중국기업이 투자하여 건설하는 이라와디강 지류의 다페인太平江·Dapein 발전소는 건설 과정에서 소수민족지역 무장 세력에게 높은 '자원세資源稅'를 지급해야 했고, 평소에도 각종 강탈과 갈취가 빈번해 완공된 뒤에도 정상적인 발전소 운영이 힘들었다. 또한 중국전력투자지주회사中電投가 카친주에 투자하여 건설한 칩위Chipwi 수력발전소는 이라와디강 상류에 계단식으로 개발한 발전소였지만(이라와디강 상류에 계단식으로 7개의 발전소 건설, 역자주), 완공 후 줄곧 제때 전력을 생산하지 못하다가 작년에 다시 전기 공급을 재개했다. 미얀마 정부에 의해 밋손발전소 사업이 중단된 것 역시 민병대의 방해와 위협이 주요

---

46) 邱永嶺,「走訪果敢戰火陰影下的南傘」,『環球時報』, 2015年 3月 20日.

원인으로 작용했다. 그 외에도 2009년 이후 정세가 계속 긴장상태를 이어오면서 중국기업이 미얀마 북부지역에서 실시하고 있는 양귀비 대체작물 재배와 관련 개발 사업이 심각한 영향을 받았다. 일부 기업은 자산을 탈취당했고, 대부분 기업의 대체재배 사업은 침체에 빠졌으며 해당 지역에 인력을 파견하여 관리할 엄두조차 내지 못했다. 특히 다수의 대체재배 사업은 미얀마 북부 민병대의 관할지역에 위치하고 있어, 이들 세력과 미얀마 중앙정부 사이의 문제가 제대로 해결되지 않는 한 미얀마에서 당해 사업의 법적 지위를 확립할 수 없다.

현재도 미얀마 북부 민병대와 정부군의 충돌이 계속되고 있으며, 만약 충돌이 격화된다면 카친 수비군과 팔라웅Palaung 민족해방군이 관할하는 지역을 지나는 중국-미얀마 가스관(사업)에까지 영향을 미칠 수 있다. 또한 민병대 또는 일부 불법 세력이 중국-미얀마 가스관을 습격할 가능성도 배제할 수 없다.

넷째, 중국의 국가 이미지와 접경지역의 민족단결, 그리고 국가전략 수행에 영향을 미친다. 다수의 외신들은 미얀마 북부 충돌로 인해 발생한 난민들에 대해 중국이 인도주의적 구호책임을 다하지 않았다며 여러 차례 비방한 바 있다. 한 예로, 2012년 8월 윈난 지방정부는 카친독립군과 협의를 통해 중국 영내 머물고 있는 수천 명의 카친족 접경주민들을 카친독립군 관할지역 내 안전지대로 이주시키기로 했다. 그러나 일부 외신들은 카친족 난민의 사활이 걸려있음에도 불구하고 중국정부가 카친족 난민을 충돌이 계속되고 있는 위험지대로 내몰았다고 비난했다. 또한 미얀마 북부 민병대는 줄곧 중국인들을 그들 관할지역으로 유인하거나 중국 본토의 범죄자 여럿을 수용 또는 용병으로 삼고, 마약과 도박에 끌어들이기도 했다. 미얀마 북부 민병대가 장기간 '군대를 보유하여 자립하고, 점령지를 자체 관할하는擁軍自立 占地自管' 상황 역시 윈난의 과계민족跨境民族(서로 다른 국가에 살고 있는 동일한 민족, 역자주)들에게 은연중 영향을 미칠 뿐만 아니라 윈난의 민족단결을 저해하고, 번영과 안정을 통해 접경지역의 모범으로 거듭나는 데 불리하게 작용하고 있다. 한 예로 2013년 1월, 카친독립군과 미얀마 정부군의 충돌이 격화된 이후 일부 징포족景頗族들이 더훙주德宏州 잉장현 나방진(카친독립군 본부인 라이자 맞은편)으로 가서 카친족 동포를 성원하고 위문했는데, 많게는 하루 수백 명에 달했다. 어떤 이들은 국경을 넘어 라이자로 가서 카친독립군이 정부군에 대항하는 것을 도우려 했다. 이처럼 미얀마 북부 충돌은 중국과 미얀마의 외교적 노력으로도 해결이 힘든 중대한 문제로서 실제 양국 인프라 연결 사업 추진에도 영향을 미치고 있다. 이는 중국이 동남아시아 진출을 위해 윈난을 방사형 구조의 중심으로 만드는 데에도 불리하게 작용하고 있다.

미얀마 북부 민병대 문제는 중국과 미얀마 양국의 역사, 국제공산주의운동, 과계민족, 지정학과 대국 게임 등 다양한 요인과 연관되어 있고, 미얀마 국내 정치발전과도 밀접한 관계가 있기 때문에 단기간에 완전한 해결이 힘들다. 그러므로 중국은 다각도의 접근을 통해, '일대일로' 건설이라는 큰 틀에서 미얀마 북부 민병대 문제를 적절하게 해결해야 한다.

동남아시아 이웃국의 비전통적 안보와
중국 서남 변강지역

최근 몇 년 동안 중국 국내외 정세 변화에 따라 윈난, 광시 및 동남아시아 이웃국가의 비전통적 안보문제가 갈수록 부각되고 있으며, 여기에는 접경지역의 불법적인 인구이동, 다국적 범죄, 마약, 국제하천·항로의 안전, 국제하천 수리·수력 발전 협력 등 많은 문제를 포함하고 있다. 또한 이 문제들은 상호 연관됨으로써 중국 서남 변강의 안정과 발전을 위한 새로운 도전 과제이자 중국과 동남아 주변 국가 간의 선린우호관계의 발전과 협력을 위한 새로운 영역이 되었다. 본 절은 최근 중국과 베트남, 라오스, 미얀마 등 주변국 접경지대의 비전통적 안보문제에 대해 중점적으로 다루고자 한다. 또한 중국과 관련국의 양자 또는 다자 협력 현황과 해결 과제에 대해서도 살펴보도록 한다.

1 서남 접경지대의 불법적 인구이동 현황

중국 서남의 윈난과 광시는 중국 내륙과 동남아, 남아시아를 잇는 곳에 위치해 있고, 각각 베트남, 라오스, 미얀마 3개국과 국경을 접하고 있으며, 태국, 캄보디아, 인도, 방글라데시와 가깝다. 이들 지역의 접경선 길이는 약 4,700㎞에 달하는데, 그중 중국과 베트남 접경선이 190㎞, 중국과 라오스 접경선이 71㎞, 중국과 미얀마 경계의 윈난구간雲南段이 1,997㎞에 달한다. 윈난구간에는 13개의 국가 1급 통상구, 7개의 2급 통상구가 있고, 그 접경선상에는 90개의 접경주민 호시통로互市通道(호시는 변경 주민이 국경 20㎞ 이내에서 규정된 금액과 양을 초과하지 않는 범위에서 하는 상품교환활동, 역자주) 103개 접경무역 호시지점邊貿互市點이 있다. 광시구간廣西段에는 5개의 국가 1급 통상구, 7개의 국가 2급 통상구, 25개의 접경주민 호시무역지점互市貿易點이 있다. 두 지역에서 주변국으로 연결되는 샛길과 지름길은 셀 수 없이 많다.

서남 변강지역의 길고 긴 접경선상에는 16개 소수민족이 국경을 넘나들며 거주하고 있다(좡壯, 다이傣, 부이布依, 먀오苗, 야오瑤, 이彝, 하니哈尼, 징포景頗, 리수傈僳, 라후拉祜, 누怒, 아창阿昌, 두룽獨龍, 와佤, 부랑布朗, 더앙족德昻族). 그들과 주변국의 일부 민족들은 공통된 역사적 연원을 가지고 있으며, 심지어 동일한 문화적 근원을 갖고 있고, 언어, 풍속, 종교 등이 유사하거나 같다.

서남 접경지역에서 불법적으로 이동하는 사람들은 주로 국경을 넘나드는 과계민족 주민이다. 이들의 국가간跨國 인구 이동은 국내인구 이동과 구별된다. 이들은 통상적으로 두 주권 국가를 넘나드는 경계선 지대에 거주한다. 윈난과 광시의 육로 접경지대에서 접경선

650

양쪽은 산과 강이 연결되어 있어 자연적 장벽이 없다. 또한 접경지역의 과계 민족 간의 친지나 지인 방문, 혼인, 무역거래가 매우 활발하며, 이는 접경지역의 사회와 경제발전을 이끌고 있다. 중국경제의 급속한 발전과 더불어 접경무역도 빠르게 성장하면서 서남 접경지역과 주변국을 거치는 내륙인의 무역거래 및 관광이 점차 늘고 있는 반면, 접경지역 양측의 불법 출입국도 갈수록 심각해지고 있다. 특히 접경지역의 경제와 문화 발전 수준은 상대적으로 낙후되어 접경주민의 국경선에 대한 인식과 법 관념이 부족하다. 이 때문에 출입국을 위해 관련 증명을 지참해야 한다는 인식이 낮아 불법 출입국 문제가 빈번하게 발생하고 있다.

(1) 서남 접경지역의 불법 인구이동이 야기하는 문제

윈난과 광시 접경지역에서 발생하는 불법적 인구 이동으로 인해 발생하는 주요 문제는 다음과 같다.

첫째, 불법 취업 문제다. 서남 접경지역 인근 동남아 주변국인 미얀마, 라오스, 베트남 3개국 중 라오스와 미얀마는 가장 저개발국가에 속한다. 긴 육상 경계선으로 인해 중국과 아세안 각국의 경제, 무역, 관광이 급속하게 발전했고, 양측 접경주민들도 경제와 생활 측면에서 교류가 빈번하다. 지인 방문, 혼인, 무역, 과계 농목업, 종교활동, 명절모임 등 다양한 활동을 통해 오랫동안 상호 교류를 이어오고 있는 것이다. 경제교류는 양측의 가장 일반적 교류 형태로서 접경지역에서 호시무역이나 농번기 일손 돕기, 또는 모종, 벌목, 물 대기, 방목, 고기잡이, 퇴비생산, 상호 금전대차 등을 예로 들 수 있다. 이 같은 상호 관계에 기초한 경제방식에 부정적 측면도 있다. 베트남, 미얀마,

라오스 3국은 낙후된 경제상황으로 인해 공업의 현대화 수준이 낮고, 통신시설과 교통수단도 낙후되어 있다. 특히 중국 서남지역과 국경을 접하고 있는 미얀마 북부지역은 주로 산악지역으로 관목이 무성하고 거주민 대다수가 소수민족이며, 대부분 수공업과 농산물 매매에 종사하고 있어 생활형편이 좋지 못하다고 할 수 있다. 반대로 중국 측 상황을 보면, 중국 국경지역 경제는 비교적 발전되어 있고 값싼 공산품과 광활한 내륙 농산품 소비시장을 두고 있으나, 현지 주민들은 도리어 내륙으로 가 일하면서 국경지역의 노동력 부족 문제를 야기하고 있다. 이에 주변국 접경주민들이 생존을 위해 중국으로 넘어와 일할 기회를 찾으면서 서남 접경지역에는 수많은 불법 입국, 불법 체류 또는 불법 취업한 역외 접경주민들이 머물게 되었고, 이들은 주로 단순노동에 종사하며 생계를 유지하고 있다.

둘째, 불법 혼인 문제다. 예로부터 양측 접경주민들은 모두 통혼 풍습이 있어 서남 접경지역의 먀오족, 야오족, 좡족 등은 이 전통을 유지하면서 서로를 결혼 상대자로 여겨왔다. 최근 몇 년 동안 중국 경제는 급속한 발전을 이루었지만, 접경지역은 지리적으로 변방에 위치해 경제발전이 상대적으로 더디게 진행되면서 접경지역의 젊은 이들이 내륙 도시로 가 구직활동을 하는 경우가 많았다. 특히 교육 수준이 높은 일부 젊은이들이 산촌생활에 염증을 느껴 농사일을 포기하고 도시로 갔다. 이들 중 일부 여성들은 배우자를 선택할 때 고향으로 돌아가기보다는 내륙인과 혼인하는 것을 선호하면서 접경지역 남성들은 배우자 찾기가 어려워져 결국 주변국 젊은 여성을 찾을 수밖에 없게 되었다. 주변국인 베트남, 라오스, 미얀마 3국의 경우 경제적 빈곤과 정치·사회적 불안정, 남녀 성비 불균형(예를 들면 베트남과 라오스 접경지역), 중국 접경주민과의 풍속 및 언어의 동질성 등을 이유로 많은 현지 여성들이 중국으로 출가하길 원하고 있으며, 실제로 양측 접경지역의 많은 주민들이 민간 풍습에 따라 혼인하여 장기간 중국 영내에 거주하고 있다.

셋째, 불법 이주 문제다. 이 문제는 1990년대 말 비교적 두드러지게 나타났다. 그 주된 이유로는 당시 '사람은 많으나 농지가 적은人多地少' 중국의 상황을 꼽을 수 있다. 서남 접경 소수민족지역은 거의 대부분이 빈곤한 산악지역이므로 접경주민의 생활 역시 근근이 의식주만 해결하는 정도에 머물러 있었다. 또한 일부는 내륙지역과 달리 일반적으로 둘 이상의 자녀를 출산하면서 인구 팽창을 야기하여 '사람은 많으나 농지가 적은' 현상이 나타났다. 그러나 주변국의 경우 반대로 사람이 적고 농지가 넓은 것이 일반적이었다. 그러므로 주변국들은 접경지역 개발을 위해 중국 접경주민에게 상대적으로 유리한 혜택을 제공하여 그들이 당해 지역을 개발하도록 장려했는데, 이것이 접경주민, 특히 과계민족들의 대규모 해외 이주에 일정 부분 영향을 미쳤다. 예를 들면, 미얀마의 지방민족 세력인 와족Wa people 자치구와 미얀마 정부는 평화협정 체결 이후 10만여 명을 태국과 미얀마 접경의 멍라현Mengla County, 다톈현Datian County·大田县(중국에서 옌청岩城으로도 불림, 역자주) 등지에 정착시키는 '남천계획南遷計劃'를 수립하여 와족 측이 식량, 정착비, 생활용품, 주택, 무료교육 등 우대정책을 제공함으로써 많은 중국 측 접경주민의 참여를 유도했었다. 통계에 따르면, 윈난 란창瀾倉, 시멍西盟, 멍롄孟連 3개 현의 접경민족 중 와족, 라후족, 하니족 799가구의 2,832명이 미얀마 와족 관할지역으로 이주하였다.

결국 중국 서남 접경지역과 주변국 양쪽의 국경을 넘나들며 사는 접경주민의 불법적 국경 이동은 긴 국경선을 따라 이미 보편화된 현상으로 자리 잡았으며, 경제적 이익을 좇아 불법 출입국, 불법 혼인, 불법 이주, 불법 지인 방문 등의 형태로 나타나고 있다. 광시와 윈난 접경지역에 분포해 있는 각기 다른 국가의 '싼페이三非(불법입국, 불법혼인, 불법취업)'주민 간에는 각각의 특징이 있지만, 중국 국경지역 싼페이 주민의 경우에는 오랜 기간 존재한 집단이거나 3가지 형태의 불법 주민이 동시에 구성된 무리이거나 혹은 각각 다른 나라와 관련이 있을 수도 있다. 예를 들면, 윈난 푸얼시普洱市 경우, 동남쪽은 라오스, 베트남과 인접하고 있고, 서남쪽은 미얀마와 국경을 접하고 있으며, 약 460㎞에 이르는 국경선의 육로상에 자연적 장애물이 없어 접경주민과 역외주민의 불법적 출입국이 빈번하게 일어나고 있다. 또한 역외 접경주민, 통혼한 접경주민, 싼페이 주민, 외국으로 이주했다 귀환한 주민 등이 특수한 '무국적자無國籍人' 집단을 형성하고 있다. 관련 부처에 따르면 2013년 8월 전후로 푸얼시 접경지역의 무국적자 수는 8,400여 명에 이른다. 그중에는 베트남, 라오스, 미얀마에서 중국으로 출가한 무국적 여성뿐만 아니라 미얀마, 베트남, 라오스의 빈곤 산악지대에서 중국으로 넘어와 지인이나 친인척과 거주하며 불법 취업 중인 노동자들도 포함되어 있다. 이들은 중국에서 합법적 신분증명이 없어 중국 국민에게 주어지는 각종 혜택을 받지 못하고, 그 자녀들도 역시 호적 기재, 입학 또는 구직이 어렵다. 그래서 관련 부문은 이들에게 생업, 생활상의 도움을 주려 하지만, 국가 정책과 법규의 뒷받침이 부족하여 실제 도움으로 이어지는 게 힘든 것이 현실이다.47)

---

47) 孫宏年,「雲南繁榮穩定邊疆建設的實踐特色與基本經驗」,『民族團結雲南經驗——"民族團結進步邊疆繁榮穩定示範區"調研報告』, 社會科學文獻出版社,

다음에서는 중국 서남 접경지역의 윈난 인근에서 자주 발생하는 미얀마와 베트남 접경주민의 불법 입국, 불법 혼인, 불법 취업 등 '싼페이' 문제에 대해 구체적으로 살펴보도록 하겠다.

(2) 중국과 미얀마 접경지역 '싼페이' 주민 문제[48]

최근 몇 년 동안 주변국가인 미얀마의 정세 변화는 중국 서남 변강의 사회 안정에 많은 영향을 미치고 있으며, 특히 윈난성 접경지역의 안정과 경제발전에 심각한 위험요소가 되고 있다.

중국과 미얀마 접경은 크게 2개 구간으로 나눌 수 있는데, 하나는 시짱구간西藏線이고 다른 하나는 윈난구간雲南線이다. 윈난구간은 그 길이가 1,997㎞에 달하며 누장怒江, 바오산保山, 더훙, 린창臨滄, 푸얼, 시솽반나西雙版納 등 6개 지구급地區級(성省과 현縣 사이의 행정 단위, 역자주)과 19개 접경현邊境縣, 110개 접경향진邊境鄉鎮, 692개 행정촌行政村이 미얀마와 국경을 접하고 있다. 중국과 미얀마 접경지역의 윈난구간은 산맥을 횡단하는 종곡縱谷(나란한 두 개의 산맥 사이에 산맥과 거의 평행하게 나 있는 골짜기, 역자주)지역으로서 고산협곡이 종횡으로 교차하고 국경지역의 산수가 맞닿아 있다. 중국과 미얀마 접경지역에서 미얀마 쪽은 역사와 여러 현실적 요인으로 인해 미얀마 중앙정부가 직접 관할한다. 이 지역은 윈난성 더훙주德宏州로부터 수백㎞ 내로 한정되며, 그 나머지 구역은 크고 작은 지방 민병대들이 통제하고 있다. 중국 누장주怒江州와 인접한 곳은 '카친 신민주군New Democratic

---

2014, pp. 553-582 참고.

48) 본 절의 내용은 吳喜, 「論中緬邊境地區雲南段"三非"問題及策略應對」, 『雲南警官學院學報』, 2013年 第4期 참고.

Army-Kachinland·NDA-K’이, 바오산지구와 인접한 곳은 ‘카친독립군’이, 린창지구와 인접한 곳은 코캉의 ‘민족민주동맹군MNDAA’과 ‘와족연합군UWSA‘이, 시솽반나 지역과 인접한 곳은 ‘샨족 동부민족민주동맹군 National Democratic Alliance Army-Eastern Shan State‘이, 푸얼지구와 인접한 곳은 ‘와족연합군’이 통제하는 지역이다. 이들 소수민족의 무장통제구역과 중국의 8개 소수민족이 ‘국경을 넘나들며’ 살고 있고, 이들 간에는 동일한 풍습과 종교·신앙, 통혼과 접경주민 호시 등의 전통풍습을 공유하고 있다. 접경통상구와 국제도로의 경우, 현재 중국-미얀마 접경선을 따라 누장주 루수이현瀘水縣의 펜마片馬, 바오산시 텅충현騰沖縣 허우차오猴橋, 더훙주의 루이리瑞麗, 완딩畹町, 잉장 현성盈江縣城 및 룽촨현隴川縣의 장펑章鳳, 린창시 전캉현鎭康縣의 난산南傘과 칭수이허, 겅마현의 멍딩孟定과 창위엔현성滄源縣城, 푸얼시 멍롄현孟連縣 멍아猛阿 및 시솽반나주 멍라현猛臘縣의 관레이항關累港과 다뤄打洛 등 13개의 국가 1, 2급 접경수륙통상구水陸口岸가 건설되어 있으며, 각각은 역외 미얀마 측의 크고 작은 통상구와 호응하고 있다. 또한 교통이 아주 편리하여 윈난구간에 접한 지역에는 100여 개의 지선도로 및 접경통로 입구와 연결된 수많은 산림지역 샛길이 있다.

윈난구간의 미얀마 쪽은 정부가 아닌 소수민족 무장관리 구역이므로 접경관리 업무가 장기간 중국 쪽에서만 진행되면서 불법입국, 불법체류, 불법취업 문제를 심화시켰다. 그 유형은 크게 다음 4가지로 구분할 수 있다.

첫째는 불법혼인(또는 동거)으로 인한 불법체류자이다. 둘째는 미얀마 중앙정부와 접경지역 소수민족 무장세력 사이의 충돌을 피해 중국 국경지대로 도망쳐 나오는 지방주민으로, 2009년 중국과 미얀마 접경지역의 ‘8.8’사건 당시 중국 영내로 피신하여 머물고 있는 피난민들을 그 예로 들 수 있다. 셋째는 경제적 이익을 목적으로 중국 영내에서 무역, 상업, 노동 등을 위해 불법거주나 불법 구직을 하는 주민이다. 네 번째는 범죄자들이 국경을 넘어 미얀마 출신의 여성이나 아동을 납치하여 인신매매하면서 발생된 불법입국자나 불법체류자이다. 상술한 4가지 유형 중 불법혼인의 증가세가 가장 두드러진다고 할 수 있다. 특히 2009년 이후 미얀마 접경주민과 윈난 접경주민의 혼인이 급증하면서 혼인지역이 기존 접경지역 촌락에서 미얀마 내륙 중심지역으로 확대되었고, 결혼상대도 접경주민에서 미얀마 내지 거주자로 바뀌어 갔다. 중국의 경우에도 혼인지역이 기존 접경지역 촌락에서 윈난 내륙 중심으로 확대되었고, 혼인상대도 접경주민에서 중국 내륙의 시市나 현縣의 주민으로 바뀌면서 예로부터 행해졌던 접경의 동족 간 혼인형태가 변모했다.

　미얀마 출신의 싼페이 주민은 주변 다른 국가 사람들과 차이가 있다. 자연적 요소와 역사적 원인에 비추어 볼 때, 윈난구간은 온대와 아열대 내륙지역으로 기후가 습윤하고 일조시간이 길며 다양한 동식물 및 뛰어난 자연환경 과 지리적 조건을 갖춘 곳이다. 그러나 변방지역으로서 고대부터 개발이 미비하여 생산방식이 비교적 낙후되어 있다는 단점이 있다. 한편 근대 이후 미얀마가 영국의 식민 지배를 받던 시기에는 아편이 미얀마의 주요 고부가가치 작물이 되면서 다른 농경기술이 제대로 발달할 수 없었다. 이에 따라 아편 재배가 금지된 이후에는 다른 작물재배 기술이 부족한 현지 주민들의 생활여건이 악화되기 시작했다. 특히 중국의 개혁개방 이후 중국과 미얀마 접경주민의 생활여건은 더욱 극명하게 대조되었다. 윈난구간은 자연적 장애물이 없어 양국 접경주민의 교류와 무역이 아주 편리하고, 동일한 풍습과 생활습관을 유지되고 있다. 이러한 요인들은 미얀마 출신의 싼페이 주민들이 중국 접경지역에 체류하게 되는 원인으로 작용하게 된다. 동시에 역사적으로 전쟁이나 정변 등으로 인해 외국에서 체류하는 중국 접경주민의 일부가 미얀마 국적을 취득하지 못하면서 그 대부분이 중국과 미얀마 접경지대에 살고 있으며, 이들의 생활여건도 열악한 수준이다. 일부는 스스로를 줄곧 중국인이라 여기고 중국으로 돌아오려는 열망을 품고 있다. 그러나 현행 중국 접경지역 관리 체계를 보면, 미얀마 측의 경우 미얀마 소수민족 지방 무장세력의 통제하에 놓여 있으며, 해당 지역 주민의 대다수는 명확한 신분증명이 없어 국적을 확인하기 어려운 실정이다. 중국의 경우 미얀마에서 입국하는 사람에게 발급하는 관련 증명을 그 국적증명으로 볼 수 없으므로 입국자가 입국 후 해당 증명서를 지참하지 않는다면 그 신분을 확인할 방법이 없다. 중국 현행「중화인민공화국 외국인출입국관리법」49), 「중화인민공화국 공민출입국관리법」50), 「중화인민공화국 국적법」51) 등의 법률은 출입국 관리업무 수행 중 중국과 미얀마 접경에서 입국하는 사람에 대한 신분을 확정할 수 없고, 상응하는 관리나 처벌도 할 수 없도록 규정하고 있다. 또한 현행「윈난성 중국-미얀마 접경지역 역외 접경주민 출입국 관

---

49)「中華人民共和國外國人入境出境管理法」은 1985년 11월 22일 중화인민공화국 제6차 전국인민대표대회 상무위원회 13차 회의에서 통과되어 공포되었으며, 1986년 2월 1일부터 시행되었다.

50)「中華人民共和國公民出入境管理法」은 1985년 11월 22일 제6차 전국인민대표대회 상무위원회 13차 회의에서 통과되어 1985년 11월 22일 중화인민공화국 주석령(主席令) 제32호로 공포되었으며, 1986년 2월 1일부터 시행되었다.

51)「中華人民共和國國籍法」은 1980년 9월 10일 제5차 전국인민대표대회 3차 회의에서 통과되어 1980년 9월 10일 전국인민대표대회 상무위원회 위원장령(委員長令) 제8호로 공포되었으며 1980년 9월 10일부터 시행되었다.

리규정」은 「입법법」과 「행정처벌법」이 시행되기 전에 제정된 것이므로, 해당 규정의 합법성과 법률효력에 다툼의 여지가 있다. 그로 인해 접경지역의 역외 접경주민을 어떻게 구분·관리하고, 그 관리 근거를 무엇으로 삼을지에 대한 법적 공백이 발생하였고, 이는 곧바로 관리업무의 공백으로 이어졌다.

중국의 개혁개방 이후 중국인의 생활수준과 질은 향상되었지만, 국경을 접하고 있는 미얀마 대부분 지역은 자연적 여건으로 인해 환경이 열악하고 경제발전이 더디게 진행되면서 빈곤한 생활을 이어갈 수밖에 없었다. 이에 많은 미얀마 접경주민들은 좀 더 나은 생활을 위해 중국으로 넘어가고자 수단과 방법을 가리지 않고 중국 영내 밀입국을 시도했다. 더군다나 접경주민은 보통 교육수준이 낮은 편이라 출입국 시 증명서를 소지해야 한다는 인식이 거의 없어 중국 접경관리 부문에서 소지율을 높이는 조치를 취한다 하더라도 불법 입국 문제를 근절하기는 어렵다. 특히 미얀마 접경주민들의 증명서 소지율이 더 낮은 편이므로 그들의 불법 입국 문제가 더 자주 발생하고 있다.

한편, 중국 접경지역의 청장년층 대다수가 대도시로 떠나 취업하면서 일부 농촌 가정에서는 노동력 부족 현상이 발생하고 있다. 이 때문에 더 저렴한 인건비의 미얀마 노동자를 고용함에 따라 미얀마 접경주민의 불법 입국과 취업의 원인이 되고 있으며, 특히 봄·가을 농번기에 이러한 문제가 더 자주 발생하고 있다. 물론 이 같은 인력 부족 현상은 싼페이 주민들에게 생존 공간이라 할 수 있다. 동시에 광둥, 광시, 후난湖南 등의 잇따른 '민공황民工荒'(농민공의 부족, 역자 주) 현상으로 인해 소수의 중국 범죄자들은 중국과 미얀마 임금 차이를 이용해서 미얀마 접경 주민들을 불법으로 조직하거나 유인하여 광둥 등 대도시로 보내 일하게 하고 중간에서 이득을 편취하고 있다.

미얀마 여성의 불법 입국과 중국인과의 혼인 문제 역시 불법 이민의 대표적 사례가 되고 있다. 중국 서남 접경지역의 낙후된 경제발전으로 그 생활수준이 내륙 대도시와 큰 격차를 보이면서, 많은 젊은 여성들이 내륙으로 가서 취직이나 결혼을 하게 됨으로써 접경지역 젊은 남성들은 배우자를 찾는 데 어려움을 겪을 수밖에 없다. 이에 중국 접경지대 남성들은 어쩔 수 없이 비용을 들여 미얀마 여성을 찾고 있다. 게다가 양측 접경주민 다수는 같은 민족으로서 언어와 풍속이 동일하고, 과거부터 혼인, 친인척 교류, 호시를 하던 전통이 남아 있다. 또한 미얀마 여성의 사회적 지위가 낮고 그 생활수준이 중국에 비해 낮다 보니, '혼인'을 목적으로 중국에 불법 입국하고자 한다. 이로 인해 미얀마 출신의 싼페이 주민이 갈수록 늘고 있다.

미얀마 출신의 싼페이 주민은 중국 서남 접경지역에 노동력을 제공하는 '보너스紅利'일 뿐만 아니라 가정을 이루고자 하는 접경주민의 소망을 일정 부분 이뤄준다는 측면도 있다. 그러나 그 이면을 보면 서남 접경지역의 안보가 비교적 큰 위험에 직면해 있다는 사실을 알 수 있다. 일부 미얀마 접경주민들은 유효한 증명서 없이 국경지대의 각종 통로나 지름길을 통해 밀입국하거나, '접경통행증邊境通行證'52)을 받아 중국에 입국한 뒤에는 관련 규정을 어기고 제한된 활동 영역을 벗어나거나 임의로 내륙까지 진입하여 쇼핑, 여행, 불법 체류 등을 하면서 출입국 관리 질서를 어지럽히고, 중국의 주권과

---

52) 접경통행증은 헤이룽장(黑龍江), 신장(新疆), 시짱(西藏), 광시, 윈난, 간쑤(甘肅), 네이멍구(內蒙古) 방문 시 발급하는 통행증이다.

법률준엄을 훼손하고 있다. 더군다나 중국 당국이 불법 구직활동을 하는 일부 미얀마 출신 싼페이 주민을 적발하여 처리하려 해도 미얀마 측에 정상적인 통보가 불가능하고, 심지어 미얀마 관련 당국은 중국 측이 요청한 신분조사, 송환업무에 소극적 태도를 보이고 있어 정상적인 송환업무가 힘들다. 이외에도 변경지역에 거주하는 싼페이 부녀들은 일반적으로 결혼하여 아이를 낳는데, 국적이나 어떠한 증명서도 갖고 있지 않고 돌아가고자 하는 마음도 없다. 게다가 미얀마 관련 당국은 중국에서 미얀마로 송환된 접경주민에 대한 관리를 제대로 하지 않아 미얀마로 송환된 싼페이 주민이 중국에 밀입국하고 다시 송환되는 경우가 반복되기도 한다. 특히 접경지역에서 이미 혼인한 미얀마 출신의 싼페이 여성을 송환할 경우에 종종 혼인상대인 중국 측 접경주민이 송환업무를 제대로 이해하지 못하거나 반대하고, 심지어는 반항하는 사례도 있다. 특히 주의를 기울여야 할 것은 중국 접경주민과 불법 혼인한 미얀마 출신 싼페이 여성 대다수는 신분증명이 불가능하고, 혼인증명서나 출산증명서도 발급받을 수 없다. 이에 중국 공안 당국은 해당 여성뿐만 아니라 출산한 자녀에게도 호적등록을 해줄 수 없기 때문에 통상적 내국민 대우가 불가함으로, 이들은 결국 '헤이런 헤이후黑人黑戶(신분 증명을 위한 법적 절차를 거치지 않은 사람, 역자주)'가 될 수밖에 없다. 또한 중국에 머물고 있는 미얀마 출신의 싼페이 주민은 현지 사정을 잘 안다는 점을 이용하여 접경지역 일대에서 절도, 마약밀매, 부녀자 및 아동 인신매매 등의 범죄를 저질러 접경 지역의 치안질서를 파괴하고 사회 안정에 심각한 악영향을 끼치고 있다.

이 같은 미얀마 출신의 싼페이를 관리하는 중국 접경지역 관리 당국도 업무 수행의 어려움을 토로하고 있다. 정책적 측면에서 보면,

1985년 제정되어 시행되고 있는 「중화인민공화국 외국인 출입국관리법」은 사회, 경제의 발전으로 인해 그 처벌강도가 현재 상황과 부합하지 않는다는 문제가 있다. 30여 년 전 제정된 벌금상한액은 교육이나 처벌 그리고 위법행위를 방지하고자 하는 법 집행 목적에 현저히 미치지 못하며, 10~100위안 정도의 벌금액으로는 불법행위를 저지하기도 어렵다. 공안 당국 역시 미얀마 출신의 싼페이 송환 시 어려움을 겪고 있다. 우선, 경찰력이 매우 부족하고 송환업무를 위해 할당된 경비가 없어 업무의 연속성을 저해하고 있다. 둘째, 외국인 전용 구치소가 따로 마련되어 있지 않아 미얀마 출신의 싼페이 주민에 대한 수감이 어렵다. 셋째, 일부 미얀마 출신 싼페이 주민은 국적과 신분의 검증및 확인이 어려워 미얀마 측도 수용을 거부할 때가 있다.

접경지역의 취업 상황과 역외 혼인이 야기하는 사회 문제에 대해서 짚고 넘어갈 필요가 있다. 「외국인 출입국관리법」의 경우 외국인의 취업과 관련한 규정이 미흡하다. 게다가 노동관련 부문이 관리하는 국내 취업 외국인은 주로 여권을 소지하고 입국하거나 국내에서 필요로 하는 과학기술 인재로 그 신청과 접수 절차가 비교적 엄격한데 반해, 미얀마 접경주민은 '대집단大群體'으로서 그 일부는 정책과 법규에 근거한 구체적 고용주체가 없다. 입국방식도 대부분이 접경통행증을 통한 것으로 「외국인의 중국취업관리규정外国人在中国就业管理规定」에 따른 취업허가증을 발급할 수 없는 대상에 속하며, 이는 곧 불법 취업 문제로 이어지게 된다. 가장 어려운 것은 불법 혼인 문제를 처리하는 것이다. 중국과 미얀마의 통혼 역사는 유래가 깊다. 국가 법규와 정책 등의 이유로 많은 혼인당사자 중 일방이 중국 국적이 없거나 법률이 규정하는 혼인등기 절차를 이행하지 않는 경우가 있다. 이들 사이에서 '다출산多生, 초과출산超生' 등의 문제가 빈번하게 발생하여 인구관리의 어려움을 가중시킬 뿐만 아니라 가족구성원의 자질 향상을 어렵게 한다. 한편, 접경주민 간의 통혼으로 유발된 결혼 사기, 매매혼 등 각종 범죄로 인해 민간 분쟁이 점차 증가하면서 접경지역 혼인 가정과 사회 안정에 다양한 문제를 야기하여 관리 당국의 법 집행을 어렵게 하고 있다.

주목할 만한 것은, 최근 몇 년 동안 관리 당국이 중국과 주변국의 접경주민 통혼 관련 정책을 발표했으며, 오랫동안 광시와 윈난 접경지대 안정에 영향을 주었던 쌘페이 주민 문제를 해결하기 위해 윈난 푸얼시와 스뎬현施甸縣 등 일부 접경지역에서 유익한 시도와 탐색이 있었다. 국가정책으로는 1995년 민정부民政部가 「중국과 주변국 접경주민의 혼인등기관리시행판법中國與毗鄰國邊民婚姻登記管理試行辦法」을 공포했고, 2012년 8월 8일 다시 「중국 접경주민과 주변국 접경주민 혼인등기판법中國邊民與毗鄰國邊民婚姻登記辦法」을 공포하여 당해 10월 1일부터 시행에 들어갔다. 「중국 접경주민과 주변국 접경주민 혼인등기판법」에 따르면, ①중국 접경주민과 주변국 접경주민이 중국 국경지대에서 결혼할 시 남녀 당사자 쌍방은 반드시 함께 일방의 중국 거주호적소재지常住戶口所在地의 혼인등기기관에 혼인등기를 해야 한다. ②혼인 등기 시 중국 접경주민은 반드시 본인의 주민호적부居民戶口簿와 주민신분증居民身份證을 제시하고, 본인이 미혼이라는 사실과 상대방과 직계혈족 및 3대 이내 방계혈족 관계가 없음을 서약해야 한다. 주변국 접경주민은 혼인등기 시 반드시 본인의 접경주민신분을 증명할 수 있는 유효한 여권, 국제여행증國際旅行證件 또는 접경지역출입국통행증出入境通行證件을 제시해야 하고, 소재국 공증기관 또는 관련 당국이 발급하거나 소재국에 주재하는 중국대사(영사)관이 인증하거나 혹은 중국에 주재하는 소재국의 대사(영사)관 또는 중국 향鄕(진鎭)인민정부와 동급인 주변국 정부가 발급한 미혼 증명을 제시해야 한다.[53] 판법 시행에 있어 주변국 정책과의 연계 문제가 고려되어야 하지만, 해당 판법의 공포로 일단은 중국-미얀마, 중국-베트남, 중국-라오스 접경지역에 거주하는 중국인 접경주민의 국경 간 결혼문제에 대해 적절한 법적 보장을 제공하고 있다.

접경지역을 조사해 보면, 푸얼시의 경우 윈난성 법규에 따라 일종의 시험적 조치를 시행하고 있다. 첫째는 윈난성과 외교부에 관련 자료를 보고하는 것으로서, 2009년부터는 이를 중국-미얀마, 중국-라오스 영사 간의 협의 내용에 포함시켜 현재 양측 협상이 진행 중이다. 두 번째는 보건·위생분야로서 중대한 전염병 발병에 대한 모니터링과 유행성 질병 예방 업무를 강화하고, 영내 외국인과 무국적자, 중국인을 동등하게 대우하며, 입국 주민의 에이즈, 말라리아, 전염성 폐결핵 등 중대 질병에 대한 무료 상담, 검사 및 진단을 실시하는 것이다. 이를 통해 말라리아나 결핵 치료제 제공 및 의료기술을 전수하고, 접경지역의 국경 간 혼인 가정 아동을 국가면역규획國家免疫規劃에 포함시켰다. 셋째, 가족계획計劃生育의 경우, 국경 간 혼인 당사자 중 무국적자에 대해 국가가 무료로 산전건강검진 프로그램을 실시하고, 주민건강기록부 작성과 건강교육, 예방접종, 임산부 건강관리 등 기본적인 공공위생 서비스를 제공한다. 바오산시 스뎬현은 미얀마 출신 기혼여성을 위한 '전자진료기록부'를 만드는 등 혁신을 시도한 바 있다. 스뎬현의 야오관진姚關鎭에는 157명의 미얀마 출신 기

---

53) 「中國邊民與毗鄰國邊民婚姻登記辦法」, http://www.mca.gov.cn/article/zwgk/fvfg/shsw/20 1208/20120800346042.shtml, 검색일: 2014年 8月 20日 참조.

혼여성들이 있으나 여러 가지 이유로 의료혜택을 받을 수 없었다. 야오관의 보건소衛生院는 관할 주민의 전자건강기록부居民電子健康檔案 작성을 추진하던 중 이들 미얀마 여성이 의료건강서비스를 제대로 받지 못하는 상황을 파악하고 2013년 말 이들에 대한 주민전자건강기록부 작성을 완비했다. 해당 전자건강기록부는 개인의 건강상태, 가족병력, 투약반응내역 등을 포함할 뿐만 아니라, 의료진이 파악하고 있는 만성질환 환자에 대해 실시간으로 방문과 검진을 자동으로 알려주어 미얀마 기혼여성들이 무료로 공공의료 서비스를 받을 수 있도록 하고 있다. 이 같은 조치들은 접경지역의 안정과 발전, 그리고 향후 접경지역사회 관리를 제도화하기 위한 유익한 시도라고 할 수 있다.[54]

2 서남 접경지역의 국제범죄와 마약문제

서남 접경지역은 열대와 아열대가 만나는 지점으로서 예로부터 여행, 상업, 무역이 활발하기로 유명하지만, 반면에 국제범죄, 마약 등의 문제도 빈번하게 발생하여 '국제범죄의 천국'으로도 알려져 있다. 국제 범죄자들은 중국의 개혁개방에 편승하여 무역을 빌미로 중국 서남 접경지역에 들어와 매춘과 인신매매 등에 종사했다. 주변국들에서는 역외 유동인구의 매춘, 인신매매가 드문 현상이 아니다. 라오스처럼 극빈국이지만 관리가 엄격한 국가라 할지라도 원난 인

---

54) 孫宏年, 「雲南繁榮穩定邊疆建設的實踐特色與基本經驗」, 『民族團結雲南經驗──"民族團結進步邊疆繁榮穩定示範區" 調研報告』, pp. 553-582 참고.

근의 퐁살리Phongsali에서 많은 사람들이 매춘과 인신매매에 종사하고 있고, 중국 윈난 허커우河口의 베트남타운 시장越南街市場에서도 매일 밤 수많은 베트남 여성이 환한 불빛 아래 불법 성매매 활동을 벌이고 있다. 또한 중국과 미얀마, 베트남 접경지역에는 역내외 사람들이 모의하여 지하 도박장을 개설했다. 주변의 지방 범죄조직 세력들은 많은 실업 청소년들을 불법적 무역활동에 이용하고, 조직을 결성하여 폭력, 살인 및 횡포를 일삼고 있다. 접경지역에서는 무기와 각종 고급사치품 밀매도 빈번하게 일어나며, 윈난 인근 미얀마 접경지역에서는 지방민족 무장세력이 미얀마 정부에 대항하고 있기 때문에 다수의 접경주민들도 무기를 소지하고 있다.

한편, 중국 서남지역과 동남아 주변국이 연루된 폭력테러사건은 폭력적, 무장, 다수의 사상자, 큰 파급력을 그 특징으로 하고 있어 안보문제가 중국 서남과 주변국 정치, 경제, 사회 교류에서 반드시 짚고 넘어가야 하는 문제라는 것을 보여준다. 동남아시아와 중국 서남 변강지역을 놓고 보면, 역외 잠재적 테러 세력은 소수민족이 거주하는 접경지역에 줄곧 수많은 비전통적 안보위협이 되고 있다. 냉전 이후, 동남아 지역의 민족분리주의 세력, 종교극단주의 세력, 국제테러리즘, 마약밀매, 국제범죄 등의 문제는 그 정도에 차이는 있지만 중국 서남 접경지역에 직·간접적 영향을 미치고 있다. 1990년대 이후 서남지역과 주변국의 안보환경이 실질적으로 개선되었지만, 국지적 문제는 나날이 복잡해지고 있다. 2011년 메콩강 '10.5'참사 관련국은 4개국에 이르며, 중국과 주변국 사이 안보 관련 사건 중 가장 잔인하고 끔찍한 사건으로 기록되고 있다. 2014년 쿤밍 기차역에서 벌어진 '3.1'테러사건[55]은 중국 내륙에서 테러활동을 전개하기 어려운 상황에서 서남 접경지역과 동남아 극단세력의 오랜 근거지가 결국 이상적인 활동지이자 귀착점임을 다시금 일깨워주었다. 이에 해외 테러세력에 대한 경계 강화는 현재 중국 서남 접경지역에서 가장 중요한 문제가 되었다.

　마약 문제를 살펴보면, 동남아시아 지역은 세계에서 가장 큰 마약 생산지 이다. 미얀마, 라오스, 태국 접경지대에 위치한 '황금 삼각지대'는 세계적 마약 생산지 중 하나이다. 오랜 마약퇴치 활동으로 한때 황금 삼각지대의 양귀비 재배 면적이 대폭 축소되었지만, 최근에 신형 마약 거래가 증가하면서 양귀비 재배가 다시 늘고 있다. UN이 발표한 보고서에 따르면, 동아시아와 동남아시아 지역이 필로폰, 엑스터시를 포함한 암페타민류의 각성제 폐해가 가장 심각한 곳으로 나타났다. 2008~2010년 사이에 라오스, 미얀마, 태국, 중국에서 압수된 암페타민류 각성제의 양은 4배 증가했다. 신형 마약의 생산이 오히려 전통 마약 사업을 부흥시키는 계기가 되면서 최근 황금 삼각지대의 양귀비 재배가 다시 증가세를 보이고 있다. 그 추세를 보면, 2010년 미얀마에서 생산된 아편의 양은 총 580톤으로 전년대비 20% 증가했다. 2009년 태국 경찰은 엑스터시 2700만 정, 2010년에는 4천만 정을 압수했으며, 2011년에는 전반 8개월 동안에만 3,280만 정을 압수하기에 이르렀다. 2011년 이후 태국에서 압수된 4대 마약은 헤로인이 약 353kg, 엑스터시 3,280만 정, 필로폰 674kg, 아편 9,000kg에 이른다. 태국 내 마약 중독자 수는 130만여 명에 달하며, 이는 인구 1천 명당 19명에 해당하여 국제수준인 인구 1천 명당 3명을 크게 상회하였다. 2010년 태국의 마약범죄사건의 수는 2002년 이후 최대였

55) 역자주: 2014년 3월 1일 윈난성 쿤밍시 기차역에서 신장 위구르 분리독립운동 단체가 무차별적으로 흉기를 휘둘러 29명이 사망하고 143명이 다친 사건.

으며, 라오스에서 발생한 마약밀수 관련 폭력사건도 사상 최대 건수를 기록했다. 미얀마에서 압수된 필로폰 수량도 전년 대비 배로 증가했다.[56] 더 심각한 것은 다량의 마약들이 중국과 미얀마 접경지대를 통해 중국으로 유입되고 있다는 것이다.

마약 판매경로를 보면, 1997년 이후 중국에서 미얀마 북부 마약밀매 세력에 의한 마약 반입 시도가 증가했다. 중국으로 유입되는 마약의 대다수는 줄곧 미얀마 북부 무세Muse—팡셍Pang Hseng—몽코Mongko 일대와 코캉지역의 콩키얀Konkyan—라우카이Laukkaing—칭수이허 통상구 일대를 통해 들어온다. 헤로인의 경우, 중국 마약시장의 90%이상이 미얀마 북부에서 유입되는 것으로 조사되었다. 2000년도에 미얀마 북부와 인접한 윈난성에서 건당 1만 그램 이상의 헤로인 범죄사건 총 41건이 적발되었고, 2,114.091킬로그램의 헤로인이 압수되었다. 그중 34건, 1,912.9킬로그램의 헤로인이 미얀마 북부의 무세, 팡셍, 몽코, 코캉지역으로부터 유입된 것이었다. 2001년 이후 미얀마 북부를 통해 중국으로 유입되는 마약이 갈수록 더 늘어났다. 2001년 중국 전체에서 1만 그램 이상의 헤로인 사건 145건을 적발했고, 7,225.8킬로그램의 헤로인을 압수했다. 그중 윈난에서만 105건, 5,816.1킬로그램의 헤로인이 압수되었고, 이는 중국 전체 헤로인 관련 사건수와 만 그램 이상 사건 수의 72.4%, 80.5%를 차지하는 것으로서 미얀마 북부 마약범죄의 심각성을 보여준다.

특히 2001년부터는 미얀마 북부의 필로폰 제조도 급증하여 중국으로의 유입이 늘어났다. 2001년 윈난성에서 358건의 필로폰 관련

---

56)「金三角毒品販運與種植情況探訪: 新毒品大量出現」,『人民網』, 2011年 10月 17日 참조.

사건이 적발되었고, 806.4킬로그램의 필로폰이 압수되어 사건수와 압수량이 전년 대비 각각 38.3%, 39.4% 증가했다. 그 대다수의 필로폰은 미얀마 북부 와족연합군, 코캉동맹군 및 몽코지역으로부터 유입된 것이었다. 2002년 1~9월 사이 윈난성에서 적발된 필로폰 사건은 226건이며 압수된 필로폰 양만해도 465킬로그램에 이른다. 미얀마 북부 필로폰은 동남쪽 연해에서 내륙까지 대량 유입되기 시작했는데, 예를 들면 2002년 7월 16일 선전철도공안처深圳鐵路公安處는 미얀마 북부 산주 제4특구를 통해 들어온 필로폰 2만 4백 정을 압수한바 있다. 2002년 미얀마 북부지역의 필로폰 1정 가격은 위안화 1위안이 채 되지 않았고, 입수도 어렵지 않아 윈난성의 시솽반나, 쓰마오思茅 등 접경지역에서 산발적 매매가 성행하면서 그 소비층이 늘어났다.

변경의 지리적 환경과 장기간의 마약퇴치 현황을 보면 서남 접경지역의 국제범죄와 마약문제가 다음과 같은 요인의 영향을 받았다고 할 수 있다.

첫째는, 변방에 위치하여 단속이 어려우므로 국경을 넘나들며 마약을 파는 것이 용이하다. 세계 최대 마약 산지인 황금 삼각지대에 인접해 있기 때문에 국제 마약밀매 조직이 인근 지역으로 침투하여 지역 내에서 되파는 수법을 쓰고 있다. 또한 중국 서부 윈난, 광시, 신장, 티베트 등은 황금 삼각지대와 '황금 초승달Golden Crescent 지역'의 요충지에 해당되기 때문에 마약이 중국 동부지역, 나아가 해외지역으로 밀반출되는 중간 기착지가 되었다. 서남 변강지역은 황금 삼각지대와 인접해 있다는 점과 긴 국경선으로 인해 많은 해외 마약 밀수범들이 들어와 도처로 퍼져나갔다. 대표적으로 윈난의 경우, 황금 삼각지대의 마약을 중국으로 들여오기 위해 반드시 통과해야 하는 길목에 해당하기 때문에 압수된 마약의 양이나 적발 건수 측면에서 오랜 기간 중국 최대를 기록해왔다. 동시에 갈수록 심각해지는 마약 문제와 쏟아져 나오는 새로운 마약유통경로는 접경 통상구와 출입국 관리에 큰 부담이 되고 있다.

둘째, 막대한 이익을 취하고자 하는 다수의 취약 계층들이 마약을 직접 복용하거나 밀매의 길로 빠지고 있다. 근대 이후 서남 변강지역에 양귀비 재배가 성행하면서 아편 제조, 밀매, 복용 등 연초·마약업이 사회 전반으로 확대되었다. 신중국 수립 이후 당과 정부는 3-4년이라는 짧은 시간 만에 마약을 근절시켰으나 200여 년 동안 지속된 아편의 폐해가 서남 변강지역에 뿌리 깊게 박혀있어, 역사상 가장 심각한 아편 피해 지역이 최근 몇 년 동안에는 마약범죄가 창궐하는 지역이 되었다. 역사적 인식과는 대조적으로, 현실세계의 빈곤문제와 마약을 통한 막대한 이윤은 해당지역 주민을 유혹하기에 충분했으며, 특히 빈곤문제는 마약범죄 활동의 근본적인 도화선이 되고 있다. 중국 서남쪽에 위치하고 있는 윈난, 광시는 모두 서부대개발西部大開發 정책에 포함되는 지역이지만, 오랜 기간 발전이 지체되어 단기간에 빈곤에서 벗어나지 못하고 있다. 윈난성의 관련 통계에 따르면 윈난성에서만 현재 200여만 명의 극빈계층이 거주하고 있는 것으로 나타났다. 다수의 빈곤·인구와 싼우三無(생계수단, 노동능력, 부양해줄 가족이 없는) 주민으로 인해 빈곤 탈피에 대한 욕구가 비교적 강한 지역이며, "부유해지려면 위험한 길로 가야 한다要想富, 走險路"는 그릇된 생각이 서남 변강 빈곤지역에 만연하면서 많은 빈곤계층과 싼우 주민이 마약범죄의 길로 빠져들었다. 예를 들면, 중국과 미얀마 접경지역인 더훙, 린창 등지의 빈곤지역 거주민 중 다수는 장기간 시달려온 가난에서 벗어나고자 출입국이 용이하다는 지리적 이점을 이용해 거대 마약조직이나 판매상에 가담하고 있다. 이들 지역의 빈곤문제는 마약범죄의 주요 원인이 되고 있다. 또한 싼우 주민 대부분은 외지고 빈곤한 산악지역에 거주하기 때문에 기후, 높은 산세와 험준한 도로, 단일한 생산구조, 낙후된 경제, 자연환경 등의 여건이 현지 경제발전과 생활수준 향상을 제약하고 있다. 때문에 주민 생활이 극도로 궁핍하고, 취업난과 식량난을 겪고 있을 뿐만 아니라 연료와 소금이 부족한 농가도 상당수이다. 어떤 이들은 현실생활에서의 각종 격차로 인해 정당한 취업이 어렵게 되면서 자신의 물질적 욕구에 미치지 못하는 현실을 타개하기 위해 적은 노동력으로 많은 수익을 얻을 수 있는 마약밀매 대열에 합류하기도 했다.

현재 서남 변강지역은 이미 마약의 폐해가 가장 심각한 지역으로서 마약 중독자가 늘고 있지만, 그에 대한 치료가 미흡하여 지역 내 마약흡입 인구가 급증하고 있다. 또한 서남 변강지역에 사실상 존재하는 거대한 마약 소비시장도 마약범죄의 버팀목이며 마약범죄가 근절될 수 없는 이유이다. 엄청난 양의 마약 복용 행렬은 마약범죄를 위한 광활한 시장이 되고 있으며, 동시에 대부분의 마약 중독자들은 고액의 마약 비용을 충당하기 위해 마약범죄 활동에도 가담하고 있다. 게다가 마약 중독자와 밀매자가 이익을 위해 더 많은 사람을 마약으로 이끌고, 그 중독성으로 인해 마약의 소용돌이에 빠지면서 마약 중독자의 증가와 함께 관련 범죄도 더욱 기승을 부리게 되었다.

셋째, 부족한 교육과 법치 문제이다. 서남 접경지역의 부진한 경제 상황과 문화 발전 격차 및 빈곤 문제는 교육의 결핍으로 이어졌다. 다수의 마약 복용자들이 마약에 중독되는 이유는 마약과 그 위험에 대한 이해 부족 또는 자극적인 것을 추구하거나 호기심을 충족시키기 위해 마약을 복용하기 때문이다. 게다가 마약 밀매에 고용된 많은 사람들은 교육 수준이 낮아 마약밀매 폐해에 대한 인식과 법의식이 부족하며, 사형에 처해질 수도 있는 마약밀매 행위의 크나큰 위험, 그리고 수많은 가족의 행복과 사회 안정 및 민족의 존폐가 걸려 있다는 사실을 잘 알지 못한다. 최근 몇 년 동안 의무교육이 보편화됨에 따라 서남 변강지역의 교육수준이 향상되었지만, 많은 청소년들이 9년의 의무교육을 마치고 중학교에서 고등학교로 진학하는 단계에서 갈림길에 들어서고 있다. 중국 실정에 따르면 고등학교 진학은 선발에 의해 이루어짐으로 대부분의 중학교 졸업생이 고등학교에 진학하여 학업을 이어갈 수 없다. 이에 중학교를 갓 졸업한 청소년 대다수가 사회에 진출해 각종 유혹에 직면하게 되면 인지능력과 분별능력이 부족하여 잘못된 길로 빠지기 쉽고, 심지어는 범죄의 길로 들어서기도 한다. 더욱이 윈난, 광시 등지의 청소년 중 극히 일부만이 중학교 졸업 후 고정된 직장에 자리 잡게 되고, 급속한 도시화로 농경지를 잃은 농민 상당수가 고정 수익을 잃게 되면서 사회에 많은 유휴인력과 싼우 주민이 발생하여 사회치안에 혼란을 야기하고 있다. 이러한 것들에 비추어 보아 서남 변강지역의 마약문제와 교육, 취업 등 민생문제가 밀접한 연관이 있음을 알 수 있다.

현재 마약문제는 중국 서남 변강지역과 주변국의 치안에도 영향을 미치고 있다. 중국 정부의 호소와 조직하에 미얀마, 라오스, 베트남 3개국은 중국 경찰 당국과 마약퇴치를 위한 장기적 협력관계를 수립하여 마약과의 전쟁에서 눈부신 성과를 거두었다. 그러나 다국적 범죄 집단은 서남 변강지역의 지리적 이점을 이용하여 서남 변강지역으로의 진출을 늘리고 있다. 마약밀매 조직은 과거 경제적 이익에 국한되어 마약밀매에 종사했지만, 점차 무장 태세를 갖추기 위해

672

마약을 매매하기에 이르렀다. 중국과 주변국 정부는 테러분자들이 마약매매를 통해 연대하는 것을 매우 주시하고 있다. 특히 서남지역 은 주변 각국을 대상으로 고도의 경계태세를 유지하고, 구체적 사회 현상 등 치안에 영향을 미치는 요소에 대한 대비책을 강화해야 한 다. 예를 들면 전통적인 '조사, 봉쇄, 통제'의 방식과 더불어 마약퇴 치를 위한 포괄적인 방어선을 구축하고, 마약범죄 예방을 위한 홍보 교육을 강화하여 전 국민의 마약근절 의식을 높이고, 실제 관리에서 도 혁신을 통해 마약퇴치의 효력을 강화시켜야 한다.

3 국제 하천 항로 안전과 중국 서남 변강지역 안정 및 발전

국제하천 항로는 국가 사이를 연결하는 중요한 허브이다. 중국 경 제의 발전에 따라 국제하천을 통한 운송은 이미 국가 간 경제교류의 통로가 되었다. 그중 란창강-메콩강 유역은 중국 서남 변강지역과 동남아 주변국을 연결하는 중요한 통로로서, 1990년대부터 2000년도 까지 협의를 통해 중국, 라오스, 미얀마, 태국 4개국이 수운협약을 체결한 바 있다. 4개국은 란창강에서 메콩강을 잇는 선박 운행을 통 해 경제와 무역 부문에서 막대한 수익을 얻었지만, 동시에 국제수로 안전 문제가 도마에 올랐다. 2004년 11월 11일 아세안 10개국(필리 핀, 캄보디아, 라오스, 말레이시아, 미얀마, 태국, 브루나이, 싱가포 르, 인도네시아, 베트남), 중국, 일본, 한국, 인도, 스리랑카, 방글라데 시 등 아시아 16개국 정부는 도쿄에서「아시아에서의 해적행위 및 선박에 대한 무장강도행위 퇴치에 관한 지역협력협정亞洲打擊海盜及武裝搶 劫船只的地區合作協定」(Regional Cooperation Agreement on Combating Piracy and Armed Robbery against Ships in Asia, 이하 'ReCAAP 협정')을 체결했다. 'ReCAAP 협정' 제1조는 '해적Piracy'과 '해상 무장 강도Armed Robbery against Ships'라는 두 개의 법률용어를 사용하여 서로 다른 해역에서 발생한 해상 불법행위를 구분하였다.[57]

2011년 란창강-메콩강 유역에서 13명의 중국인 선원이 살해된 '10.5참사'는 중국, 미얀마, 라오스, 태국 4개국에 경종을 울리는 사건이었다. 즉, 안전이 보장되지 않는 해상운송은 극히 위험하며, 항로 보호를 위한 연대가 반드시 필요하다는 것이었다. 10.5참사는 잔혹하고 그 피해가 극심하여 란창강-메콩강의 핵심 항로인 태국 수역에는 중국 측 내하內河 화물운송까지 중단되기에 이르렀다. 이로써 중국, 태국, 미얀마, 라오스 4개국의 화물은 오직 메콩강 내하 운송만 가능하게 되어 중국은 막대한 경제손실을 입을 수밖에 없었다. 동시에 메콩강 수로의 위험으로 중국이 기존에 투자한 하천 준설, 항구 시설 건설 등의 자금 회수도 어렵게 되었다. 참사의 공포로 일반 국민들은 정부의 해외 공민 보호 능력에 대해 우려를 나타냈다. 중국 정부는 참사를 기점으로 적극적인 조치를 취하게 된다. 2011년 10월 29일 원자바오溫家寶 총리는 태국의 잉락Yingluck Shinawatra 총리에게 참사에 대한 심리를 서둘러 흉악범들을 법에 따라 엄중히 처벌하고, 중국, 라오스, 미얀마, 태국 4개국 연합의 법 집행 및 안전협력체계를 구축하여 메콩강 항행질서를 공동으로 수호하자고 제안했다. 2011년 10월 31일 중국 공안부 부장 멍젠주孟建柱, 태국 부총리 코윗 와타

---

57) 「아시아에서의 해적행위 및 선박에 대한 무장강도 행위 퇴치에 관한 지역협력협정」 정보센터 홈페이지: ReCAAP, Regional Cooperation Agreement on Combating Piracy and Armed Robbery against Ships in Asia, www.recaap.org, 검색일: 2011年 12月 2日.

나Kowit Wattana, 라오스 부총리 겸 국방부 장관 두앙차이 피칫Douangchay Phichit 미얀마 내정부 장관 코 코Ko Ko 등이 협상을 위한 회의에 참석하여「중국, 라오스, 미얀마, 태국 메콩강 유역 법집행과 안전협력에 관한 연합성명中老緬泰關於湄公河流域執法安全合作的聯合聲明」을 발표하고, 메콩강 유역 합동 순찰과 법 집행 강화, 문제해결을 위한 공동 대응, 다국적 범죄에 대한 합동 단속, 긴급 사건에 대한 공동 대응 등의 의제에 합의했다. 더불어 2011년 12월 메콩강 유역 경제협력 정상회의 개최 전 메콩강 운항을 회복하기로 하였다. 그러나 4개국이 연합하여 구축한 법 집행과 안전협력 체계에 대한 실효성에는 의문이 있다. 중국군 또는 경찰이 아덴만 무장 해군의 선박보호 활동처럼 메콩강에서 보호 활동을 펼칠 수는 없기 때문이다. 왜냐하면 메콩강은 해양이 아니므로 '공해' 개념이 없어 주권문제에 대한 해결이 힘들다.[58]「공해협약公海公約」과「유엔해양법협약聯合國海洋法公約」에 따르면, 공해는 어떠한 국가의 주권지배를 받지 않는 해역으로서 "어떠한 국가도 공해상의 어떤 부분을 유효하게 자국의 주권하에 두겠다고 주장해서는 안 된다"고 규정하고 있다.[59] 다시 말하면, 공해는 모든 국가에 개방되어 있으며 세계 각국 국민들의 공통된 이익을 위해 이용할 수 있다는 뜻이다. 공해는 평화를 위한 목적으로만 활용할 수 있다. 어떠한 국가도 공해 또는 그 일부를 소유할 수 없으며 그에 대한 관할권을 행사할 수도 없다.[60] 그러므로 상술한 메콩강 국제하천 특정 유역의 사건에 대해 중국은 내수內水·internal waters에 관한 규정으로만 검

---

58) http://news.time-weekly.com/story/2011-11-03/120139.html, 검색일: 2012年 1月 2日.

59)「공해협약」제2조,「유엔해양법협약」제89조 참고.

60) 邵津,『國際法』, 北京大學出版社, 2005, p. 145.

토할 수 있다.

내수는 일국 영해기선 내의 모든 수역으로 호수, 하천 및 그 하구, 내해內海, 항구, 만 등을 포함한다. 군도群島 국가의 내수는 그 군도수역 혹은 하구, 만, 항구, 항구 폐쇄선 내의 수역을 가리킨다.[61) 내수는 육지영토와 같이 국가 영토의 구성 부분으로서, 국가는 그에 대해 완전하고 배타적인 주권을 가진다. 그러므로 허가 없이 외국 선박이나 비행기가 일국의 내수 영역에 들어가 항해하거나 어업 등의 활동을 할 수 없다. 직선기선 방법으로 영해기선을 확정해 종전에 내수가 아니었던 구역이 내수로 포함되는 경우, 그 수역에서 외국 선박의 무해통항권을 인정한다.[62)

복잡한 항로와 수역에서 중국과 라오스, 미얀마, 태국은 합동 순찰, 법 집행을 통해 강도를 소탕하면서 점차 란창강-메콩강 항로의 안전을 되찾아가고 있다. 법적인 측면에서 보면 나오 캄Naw Kham 일당(미얀마 샨족 출신으로 황금 삼각지대 일대 거대 마피아조직 수장, 역자주)의 행위는 「유엔해양법협약」에 정의된 해적행위와 일치한다. 「공해협약」제1조는 공해의 정의를 "영해 또는 내해수內海水 내 전 해역을 포함하지 않으며, 국가의 배타적 경제수역, 영해, 내수 또는 군도국의 군도 수역 내의 전 해역도 포함하지 않는다"고 규정하고 있다. 여기서 필자는 「유엔해양법협약」의 규정에 따라 어느 나라든 공해상의 해적행위를 단속할 수 있는 권리와 의무가 있다고 본다. 물론, 일국의 관할권 내 발생한 해상 무장강도는 그 나라만이 관할권을 갖는다. 이 차이는 해적퇴치를 위한 법률적용과 관련한 국제협

---

61) 「유엔해양법협약」 제8조 1항, 제50조.
62) 「유엔해양법협약」 제8조 2항.

력에 직접적 영향을 미친다. 10.5참사는 국제하천인 중국, 미얀마, 라오스, 태국 4개국 하천 내수 안에서 발생했다. 내수는 육지영토와 같이 국가 영토의 구성 부분이므로 국가는 그에 대해 완전하고 배타적인 주권을 갖는다.

4개국이 연합하여 법을 집행하기로 한 구상을 실행에 옮기는 것은 어려움이 많다. 우선 지리적 환경의 제약으로 인해 메콩강 상류는 시원原始수로에 속해 수로 치안이 관리되고는 있지만 여전히 위험이 도사리고 있다. 또한 200여㎞의 수로는 거의 원시림 일대로 몇몇 작은 촌락만이 강 주변을 따라 흩어져 있다. 둘째, 경제여건의 제약이다. 4개국이 상시적으로 선박보호 활동을 벌이는 데 드는 비용이 매우 높고, 현재 운행하는 선박 대부분은 벌크선이기 때문에 아직 대형 호위부대를 조직하여 보호 활동을 벌일만한 규모도 아니다.

지난 몇 년 동안 각종 불안정 요소들이 메콩강의 화물운송 발전과 메콩강 유역 공동 발전 계획의 추진에 영향을 미쳤다. 10.5참사의 경우, 미얀마와 중국의 협력 구도에 심각한 영향을 미쳤다. 또한, 2011년 11월 30일 미국 국무장관 힐러리 클린턴이 미얀마 수도 네피도에 도착하면서 시작된 역사적 방문도 미얀마와 중국 관계에 간접적인 영향을 미쳤다. 힐러리의 방문은 1955년 당시 미국 국무장관이었던 존 포스터 덜레스John Foster Dulles의 미얀마 방문 이후 50여 년 만이었다. 2008년 이후 미얀마는 새로운 헌법을 통해 새 대통령을 선출하고, 반대파의 대표 격인 아웅 산 수지를 비롯한 일부 정치범들을 석방하여 그들과 대화를 시도했다. 그리고 인터넷 사용의 자유화와 의회 과정의 공개, 민주세력과 반대당 활동에 대한 자유로운 보도를 허용하였으며, 외신들의 미얀마 내 지국 설립 허용과 신문 검열 제도의 철회를 선포하기도 했다. 미얀마의 정치는 진일보했지만 오랜 정치,

경제 등의 불안정한 요소들로 인해 빠른 시일 내 지역 혼란을 잠재울 수는 없다. 이러한 상황이 지속된다면 결국 미얀마와 각국의 안보협력에 영향을 미치는 것은 물론이고, 상업적 경쟁, 안보위험, 환경보호문제 등을 해소하기도 힘들 것이다. 한편, 메콩강과 황금 삼각지대에서의 선박보호 절차와 합동순찰작전은 주권과 관련된 문제이므로 각국은 타국의 무장세력 진입을 반대할 수밖에 없다. 일반적으로 각국의 합동항해순찰부대가 다른 국가에 진입할 때는 총을 소지할 수 없는데, 이 같은 상태에서 무장세력의 기습을 받는다면 유효한 자기방어조차 불가능하다. 따라서 중국은 메콩강 유역의 전통·비전통적인 안보요소에 대한 평가를 강화하여 중국의 이익에 대한 위협을 완화할 필요가 있다.

4 국제하천 문제와 중국 서남 변강지역 대외 수리·수력 발전 협력

국제하천은 두 개 혹은 두 개 이상의 국가를 거처 흐르는 하천이다 (호수, 운하, 지하 함수층 포함). 중국 서남 변강지역을 거치는 국제하천은 이라와디강(중국 시짱西藏을 발원지로 하고, 미얀마를 거쳐 흐름), 란창강-메콩강(중국의 칭짱고원青藏高原을 발원지로 하며 중국내에서는 란창강이라고 부름. 미얀마, 태국, 베트남, 라오스, 캄보디아를 거쳐 남중국해로 유입됨), 누강怒江-살윈강Thanlwin River중국 칭짱고원을 발원지로 하며 미얀마와 태국을 거쳐 흐름), 주강珠江(중국 윈난을 발원지로 하고, 베트남을 거쳐 흐름), 위안강元江(중국 윈난을 발원지로 하고 베트남, 라오스를 거쳐 흐름)이 있다. 이들 국제하천 중 수리

·수력발전 문제가 발생하는 곳은 주로 란창강-메콩강 유역이다.

국제하천 문제는 국제관계에서 충돌의 형태로 나타난다. 보통은 국제하천 유역의 국가들이 공동으로 승인하여 운영되는 관리기구나 통일된 법규가 없는 가운데 각국이 자국 수자원 이용의 양과 질, 그리고 하천 수자원의 종합적인 기능을 보장하기 위해 서로 경쟁적으로 수자원을 이용함으로써 충돌이 발생한다. 란창강-메콩강은 중국과 그 주변 5개국을 연결하는 국제하천으로서 유역 내 수자원이 비교적 풍부하지만, 각국은 서로 다른 지정학 및 문화적 배경으로 인해 수자원의 이용과 보호에 있어 각자의 이익을 고려할 수밖에 없다.

서남 변강지역의 개발과 발전을 촉진하기 위해 중국은 란창강 중·하류 수력발전개발 사업을 결정했다. 그러나 중국의 이 같은 개발 사업은 동남아 주변국들과의 논쟁을 촉발시켰다. 미얀마의 경우, 상류에 위치하고 있어 유역 면적이 상대적으로 작아 중국 발전소 건설의 영향을 비교적 적게 받는다. 반대로 라오스는 하류에 위치하여 수력발전개발로 인한 잠재력이 매우 크다고 할 수 있다. 수리·수력발전 개발은 라오스 국내 전력수요를 충족할 수 있을 뿐만 아니라 전력 수송을 통해 외화를 벌어들일 수 있어 중국의 전력개발과 일정 부분 충돌이 생길 수밖에 없다. 태국의 경우 하류 평야지대에 위치하여 농업 관개를 위한 메콩강 수자원 수요가 더 많은 편이며, 수리·수력발전을 위해 중국과 협력하고, 투자를 통해 전력을 수송하여 국내 수요를 충족시키고자 한다. 캄보디아는 국내 85%의 토지가 강 유역에 위치하고 있어 국내 최대 담수호인 톤레 삽Tonle Sap호에만 의존해도 농업이 가능하며, 자연조건을 이용해 어업생산량과 관개를 조절할 수 있다. 이에 국내 어업생산량과 관개에 미칠 영향을 우려하여 중국이 란창강-메콩강 일대에서 계단식 수력발전소를 건설하는 것에 대해 반대하는 입장을 취하고 있다. 하류에 위치한 베트남은 메콩강 삼각주 일대의 농업이 국가의 기간산업에 해당하므로 관개를 위한 충분한 물 공급이 중요하다. 그러므로 베트남은 중국의 발전소 건설로 인해 국내 유량이 줄어들 것을 우려하고 있다.

수리·수력발전의 개발로 중국 윈난은 1980년대부터 란창강-메콩강 상류와 중류지대에 수력발전소 14기를 계획하여 건설하기 시작했으며, 전반기 사업으로 공궈치아오功果橋, 샤오완小灣, 만완曼灣, 다차오산大朝山, 뉘자두糯紮渡, 징훙景洪, 간란바橄欖壩, 멍쑹猛松의 계단식 발전소 8기를 포함하고 있다.

발전소 개발과 건설현황을 살펴보면 다음과 같다. ① 만완 발전소: 1단계 공사로 125만 킬로와트(kW)급 시설을 설치하였으며, 중국 최초의 부部와 성省이 합자로 건설한 대형 수력발전소이다. 1993년 6월 제1기 발전시설에 총 37억 8900만 위안을 투자하였고, 매년 홍수기에 광둥으로 송전하는 윈난성 최초의 서전동송西電東送(서부에서 생산하여 동부로 송전하는) 수력발전소이다. ② 다차오산 발전소: 만완 발전소 하류 약 100㎞ 지점에 건설된 대형 수력발전소로 77억 위안을 투자하였다. 중국 최초로 전방위 투자를 허용해 현대적 기업제도에 따라 건설된 발전소이다. 1997년 8월 정식으로 착공하여 2001년 12월 26일 제1기 발전시설의 전력망 구축을 완료하였으며, 2003년에는 모든 건설이 완료되어 전력생산에 돌입했다. ③ 샤오완 발전소: 만완 발전소 상류 70여㎞ 지점에 건설된 420만 킬로와트급 발전소이며, 총저수량 149억 1400만㎥ 규모의 다년주기 수위조절 댐多年調節水庫도 함께 건설되어 있다. 란창강 중하류 계단식 발전소 중 대표격이다. ④ 뉘자두 발전소: 2006년 착공한 550만 킬로와트급 발전소로 란창강에서 건설 규모와 유효 저수량이 가장 크다. ⑤ 징훙 발전

소: 2005년 착공한 150만 킬로와트급 발전소로 2013년 준공되어 전력생산에 돌입했다. 태국 GMS가 사업비의 70%를 투자하여 중국 최초로 외국인 지배주주가 직접 투자한 대형 수력발전소이다. 또한 중국 최초로 전력생산량 전부를 외국(태국)에 판매하는 대형 발전소이기도 하다. 란창강 중하류의 만완, 다차오산, 샤오완, 뤄자두, 징훙 5기 발전소의 총 설비용량은 1,405만 킬로와트로 중하류 발전소 건설 계획의 90%를 차지한다. 총저수량은 405억㎥로 중하류 댐 총저수량의 98.9%를 차지한다. 660만 킬로와트의 전력생산을 보장하고, 연간 발전량도 652억 킬로와트시(kWh)에 이른다. 현재 중하류에 추가로 3기의 발전소가 계획 중에 있다.

란창강 중하류 수력발전소 건설은 중국 서남 변강지역 경제발전에 긍정적 역할을 할 수 있다. 첫째로 원활한 수위 조절기능과 전력 보충 효과를 발휘한다. 현재 윈난성의 전력구조는 자연유하식徑流式 발전소의 비중이 매우 높아 수위 조절기능이 미흡하여 전력시스템의 '홍수기'와 '갈수기' 차이가 크기 때문에 조절기능이 우수한 대형 수력발전소 개발에 박차를 가할 필요가 있다. 샤오완과 뉘자두 2기의 수력발전소가 완공된 이후, 원활한 다년 주기의 수위조절 기능을 갖추게 되었고, 설비용량이 각각 420만 킬로와트, 585만 킬로와트, 보장출력은 각각 185만 4천 킬로와트, 240만 6천 킬로와트, 다년간 평균 발전량이 각각 190억 6천만 킬로와트시, 239억 1천만 킬로와트시에 달할 뿐만 아니라, 추가로 하류의 계단식 발전소에 전력을 보충할 수 있게 되었다. 또한 유역 간 시스템 결합의 최적화를 통해 윈난 수력발전소들 간의 조절기능을 더욱 향상시키고, 윈난 전력망과 남방지역 전력망의 전력원 구조를 개선하고, 최적화할 수 있게 되었다. 그 예로 샤오완 발전소는 완공 이후 하류의 만완, 다차오산,

징홍 발전소 보장전력이 약 110만 킬로와트 증가했고, 갈수기 발전량도 약 27억 킬로와트시 증가했으며, 홍수기와 갈수기 전력량 비율이 샤오완 발전소 건설 전의 1.67:1에서 0.93:1로 개선되었다. 또한 보장 전력량이 1년 전력량에서 차지하는 비율 역시 46.6%에서 86.4%로 증가함으로써 100만 킬로와트를 생산할 수 있는 첨두부하용 발전소 Peak-load power station 1기를 새로 건설한 것과 같다.

둘째, 윈난의 지속 가능한 발전을 위한 전략적 조치가 될 수 있다. 수력발전소 건설은 윈난성이 녹색경제강성緣色經濟强省전략 목표를 달성하는 데에 중요한 부분으로서, 가스, 석탄 사용을 대체하여 다량의 유해물질 배출을 절감하고 환경의 질을 개선할 수 있다. 재생 가능한 청정수자원 개발을 통해 자원 우위가 경제 우위로 전환되고, 점차 수력발전 위주의 전력기반산업이 형성되어 타 산업 발전을 견인하면서 경제성장을 이끌어 빠른 경제발전을 이룰 수 있다. 발전소 건설은 미얀마, 라오스, 태국, 베트남 등 유역 인근 국가의 지속 가능한 경제발전에도 유익할 뿐만 아니라, 국제협력을 통해 각종 부정적 영향들을 통제 또는 해소할 수 있다. 선박운송의 경우, 중국, 라오스, 미얀마, 태국 4개국이 서명한 「상선운항협정商船通航協定」을 바탕으로 샤오완, 뤄자두 댐이 가동에 들어가면서 댐의 저수량 조절이 가능해져 란창강 하류의 유량이 일정해지고, 운항여건도 현저하게 개선되면서 란창강-메콩강의 수운사업과 관광업 발전도 유리해졌다. 더불어 란창강 수력발전소 건설로 홍수방지 수준이 높아지면서 홍수 위험도 줄고, 하류 인근 지역과 농경지의 홍수 위험도 낮출 수 있게 되었다. 샤오완 발전소를 예로 들면, 샤오완댐의 홍수조절량은 11억 ㎥로 최대 홍수량의 12%를 줄일 수 있어 하류 인근 라오스, 미얀마, 태국의 홍수재해 위험을 감소시킬 수 있다. 또한 갈수기에 샤오완과 뉘자두댐을 통해 유량을 증가시킬 수 있어 하류 연안의 농업 관개용수 공급과 하구에서 해수의 역류를 막는 데에도 도움이 되고, 베트남의 메콩강 삼각주에도 긍정적 영향을 미친다.

중국 서남지역의 전력개발은 중국 서남과 주변국 간의 협력과 교류에도 도움이 된다. 2002년 11월 주룽지朱鎔基 총리는 캄보디아 프놈펜Phnom Penh에서 열린 제6차 아세안-중국(10+1) 정상회의에 참석해 중국-아세안 자유무역지구 추진과 포괄적 경제협력을 촉진해야 한다고 밝혔다. 윈난과 인접 지역을 연결하는 교통, 전력 등 인프라 건설과 개선에 박차를 가하고, 란창강 수력발전소 개발을 가속화 하는 것은 윈난의 전력을 외부로 수출하는 또 다른 길을 여는 것이다. 1998년 11월 12일 태국 총리실總理府과 중국 국가경제무역위원회國家經貿委는 「태국과 중화인민공화국 전력 구매에 관한 양해각서關於泰王國向中華人民共和國購電的諒解備忘錄」를 체결했다. 2001년 3월 20~27일 중국 국가전력공사, 윈난성 전력지주회사와 태국 국가전력발전국, 태국 GMS-POWER가 회담을 갖고 태국이 중국으로부터 전력을 구매하는 첫 번째 협력사업으로 징훙발전소 건설을 확정했다. 2013년부터 태국은 중국으로부터 150만 킬로와트의 전력을 구매하기 시작했고, 2014년부터는 중국으로부터 추가로 150만 킬로와트 전력을 구매하기 시작했다. 중국과 태국의 협력 관련 원칙 및 합의에 따라 양국의 수력발전소 건설과 운영을 위한 협력은 한 단계 더 발전했다. 베트남, 캄보디아, 라오스, 미얀마 4개국은 비록 경제발전 수준이 낮고 그 규모도 크지 않지만, 각국의 경제가 발전하면서 전력수요가 점차 증가할 것이므로 중국과의 국제 수력에너지 협력이 더 확대될 수밖에 없다.

물론 란창강 수력발전소는 하류 인근 국가에게 불리한 영향을 미치기도 한다. 우선 댐 용수 비축 기간에 국경 밖으로 흐르는 유량이 줄어든다는 것이다. 둘째는 수온 변화가 하류에 서식하는 생물의 생존에 영향을 준다는 것이다. 셋째는 직접적으로 강물을 농작물 관개에 이용하는 지역이 영향을 받는다. 모든 사물의 발전은 항상 양면성을 가지고 있지만, 중국 서남 변강지역 란창강 수력발전소 개발이 주변국에 미치는 영향은 실보다 득이 많다는 것을 알 수 있다. 원칙적으로 중국 영내의 수자원 개발은 중국 주권 범위 내에 속하는 사안이므로 어떠한 외세의 간섭을 받지 않고 자주적으로 개발하고 이용할 수 있다. 그러나 중국은 주변 국가들과 실질적이고 진정성 있는 협력과 교류를 실천하기 위해 란창강 수력발전소 개발 추진과 동시에 주변국과의 협의와 소통을 강화해 불이익을 최소화하고 유역 인근 국가들의 이익을 증진하는 데 주력하고 있다.

5 과계민족 및 경제문화 교류

중국 서남 접경지역과 주변국 사이에는 4,700여㎞의 접경선이 이어져 있고, 국경선 양쪽으로 약 20개 민족이 분포하고 있으며, 그중 십여 개 민족이 베트남, 라오스, 미얀마 국경을 넘나들며 살고 있다. 이들 과계민족의 집단거주 구역은 대부분 빈곤지역이고 변방에 위치함으로써 그 지역 소재국에서도 험지로 인식되어 결국, 각국 접경지역에는 경제통합발전과 거리가 먼 변방낙후지대가 형성되었다. 이 낙후지대는 소지역 경제통합 대상지역 중에서 다양한 민족 구성과 낙후된 경제 그리고 폐쇄적인 사회에 머물러 있다는 특징을 갖고 있다. 접경과 연결된 지역은 산과 강이 이어져 있고, 연결된 통로가 많으며, 민족, 언어, 풍속이 유사하거나 동일하고, 과계민족 왕래가 잦은 지역의 인문적 특성을 갖고 있다. 그러므로 이들 지역의 사회, 경제발전과 주변국가 또는 지역의 발전은 아주 밀접한 연관이 있다고 할 수 있다.

원난성을 예로 들자면, 이곳 과계민족의 지역적 분포는 다음과 같은 특징을 갖고 있다. 첫째, 거주지역의 동일성이다. 민족 거주지가 상대적으로 집중되어 있고, 동일 민족 간 거주지가 인접하거나 연결되어 있어 민족의 지리적 분포도 대체로 연결되어 있다. 둘째, 다양한 민족이 포함되어 있다. 원난의 25개 소수민족 중 과계민족이 64%를 차지하고 있고, 4,060㎞의 국경선상에 16개의 민족이 거주하고 있다. 셋째, 거주지 분포가 서남 주변국인 베트남, 라오스. 미얀마 등 많은 국가에 걸쳐 있다. 넷째, 동일한 과계민족이라도 그 인구 규모는 각 국가에서 큰 차이를 보인다. 그 예로 원난의 과계민족은 민족별로 수천 명에서 수백만 명까지 다양하다. 다섯째, 소수민족별 또는 민족집단族群별 역내외 분포 차이가 비교적 크다. 예를 들면 별개의 소수민족으로 분류되지 않았던 집단인 커무인克木人의 경우, 원난에는 단지 2,595명이 있지만 베트남에는 3만여 명, 라오스에는 30만여 명에 이르면서 커무족克木族임이 확인되었다. 원난 내 100만여 명에 달하는 하니족은 미얀마에는 6만여 명이 있지만, 베트남과 라오스에서는 만여 명 정도에 불과하다. 중국 서남변강과 인근 과계민족 간의 문화적 상호작용 관계는 역사의 연장선이자 근현대 이후 국제 지정학적 구도 변화의 산물이며, 중국 서남 변강지역과 주변국 접경지역의 경제교류와 관련해서 과계민족 간 경제, 문화교류는 중요한 요소 중 하나이다.

중국 서남 변강지역과 국경선 양쪽에 분포되어 있는 과계민족의 언어 분포는 대략 다음과 같다. 쫭퉁어족壯侗語族(타이Tai어파와 카다이

Kadai·Kra-dai어파를 포함하는 '타이카다이어족'을 지칭하는 중국식 표현, 역자주)에 속하는 좡족, 다이족, 부이족; 짱몐어족藏緬語族(티베트·버마어족, 역자주)에 속하는 이족, 하니족, 라후족, 리수족, 징포족; 먀오야오어족苗瑤語族(또는 몽몐 Hmong-Mien어족, 역자주)에 속하는 먀오족, 야오족; 멍가오미엔어족孟高棉語族(오스트로아시아어족에 속하는 '몬크메르어파Mon-Khmer languages'를 지칭하는 중국어, 역자주)인 와족佤族, 부랑족, 커무인이 있다. 오랫동안 같은 문화적 기원을 바탕으로 한 동질성과 문화적 공감대는 과계민족의 기본적인 특징을 형성해왔다. 그러나 근현대 이후 서로 다른 국가제도의 영향으로 과계민족의 문화가치 방향은 본국 주류문화의 흐름에 따라 각기 다른 발전양상을 띠게 되었다. 또한 서로 다른 지역에 거주하는 과계민족은 그 문화에서 일정 부분 변화가 나타났다. 이는 서남 변강지역과 주변국 과계민족의 역사적 흐름으로 인해 나타나는 특성과 관련이 있다.

그 예로 윈난과 인근 과계민족의 기원은 주로 중국 남쪽 백월족百越族과 저강족氐羌族에서 유래하며, 이들이 훙허紅河, 란창강-메콩강, 살윈강, 이라와디강의 하곡河谷을 따라 계속해서 남쪽으로 이주하면서 일부가 국경을 넘어 인도차이나반도 각지에 정착하게 된다. 이들이 오랜 기간 분열과 통합을 반복하면서 오늘날의 좡퉁어족과 짱몐어족에 해당하는 민족이 형성되었다. 구체적으로 보면, 오늘날 윈난의 좡족, 다이족, 부이족, 베트남의 다이족岱族·Tay, 농족儂族·Nung, 미얀마의 샨족撣族, 베트남과 라오스의 타이족泰族·Thai, 태국의 러인泐人·Tai Lue은 대체로 백월계 민족이 역사의 흐름에 따라 자발적으로 남진하여 형성된 민족들이다. 또한 윈난에 분포하는 이족, 하니족, 라후족, 리수족, 징포족과 베트남과 라오스에 분포하는 로로족倮倮族·Lo Lo, 베트남, 라오스, 미얀마, 태국의 아카족阿卡族·Akha, 가오족高族·Khao, 미얀마, 태국, 라오스, 베트남의 라후족, 미얀마와 태국의 리수족 및 미얀마의 카친족 모두 짱몐어족에 속하는 민족들이다. 그들은 주로 명청시기부터 하곡을 따라 인도차이나반도로 이주하면서 형성된 과계민족이다. 먀오야오어족의 대표적 과계민족은 먀오족과 야오족으로, 이들 모두 진한시기 당시 지금의 후난과 후베이의 '장사만長沙蠻', '무릉만武陵蠻', '오계만五溪蠻' 민족에서 유래하였다. 이들은 남북조 시기에 각각 남쪽으로 이주하기 시작하여 명청 시기에는 일부 먀오족과 야오족이 윈난을 거쳐 베트남, 라오스, 미얀마, 태국 등지로 천거하여 오늘날 중국, 베트남, 라오스, 미얀마 등의 국경선 주변에 거주하는 과계민족이 되었다.

상술한 바와 같이 중국 서남 변강지역 주변국의 과계민족은 주로 중국 남방에서 뻗어져 나온 쫭퉁어족, 짱몐어족, 먀오야오어족에 포함되어 그 민족적 기원이 같다고 할 수 있지만, 오랜 기간 이동하면서 같은 민족이 서로 다른 국가와 지역으로 흩어지게 되었다. 이로 인해 윈난과 인근 과계민족 사이에는 필연적인 연관관계가 존재하고, 이는 과계민족이 공통된 문화와 정체성 및 문화적 동질감을 형성할 수 있는 근원이라 할 수 있다.

과계민족은 지정학적 관계에서도 서남지역과 주변국의 원활한 문화교류의 첨경이자 창구가 된다. 예를 들면, 1998년 8월 하순, 미얀마의 팔라웅족이 남캄Namhkam 부근 산 아래에서 팔라웅족 문자 창제 26주년을 축하하는 성대한 행사를 열었다. 26년 전 팔라웅족의 지도부가 23명의 지식인들을 모아 버마 문자와 다이 문자傣文, 영문의 기호와 규칙을 참고하여 독자적인 병음문자체계를 창제하여 모든 사람이 사용하도록 했다. 그 이후 8월 30일은 미얀마 팔라웅족 모두가 문자 창제를 경축하는 성대한 명절이 되었다. 경축행사로 팔라웅족이 모여 민족 역사를 회고하고, 각지에서 온 동포들과 경연대회 및 각종 친목활동을 벌인다. 최근 몇 년 동안 경축행사조직위는 매년 중국의 더앙족(중국에 거주하는 팔라웅족, 역자주)에게 초청장을 보내왔는데, 2003년 마침 윈난성민족학회 더앙족 분회가 설립되어 많은 더앙족 및 연구자들이 초청을 받아 행사에 참여하게 되었다. 모든 행사 참가자는 새로운 팔라웅족 문자로 인쇄된 자료를 수령하면서, 해당 자료의 문자를 익히고 주변 동포들에게 확산시키겠다고 언급했다.

과계민족 간의 문화교류는 접경지역의 일상생활에 깊이 자리하고 있다. 그 예로 경작, 수확, 방목, 건설, 접경호시, 경축행사, 종교활동, 친지·지인 방문 등을 들 수 있다. 이러한 상호활동이 끊임없이 이어져 과계민족 공통의 문화를 지속적으로 계승하고, 문화적 공통성과 정체성을 공고하게 만든다.

오랜 기간 과계민족 경제, 문화 교류는 양측 접경지대의 평화와 안정, 그리고 발전을 촉진해왔다. 과계민족의 역사, 문화교류는 중국 내 각 민족들로 하여금 국가 정체성에 대해 깊은 공감대를 형성하게 했으며, 민족의 존망이나 국가 위기 시에는 다른 민족처럼 애국주의 정서를 강하게 표출해왔다. 근대 중국 서남 변강지역과 주변국 사이에서 일어난 '마가리 사건(1875년 영국 외교관 마가리^{A. R. Margary}가 윈난으로 향하던 중 살해된 사건, 역자주)', '류융푸劉永福 프랑스 항전(1873년 흑기군을 조직하여 하노이^{Hanoi}에서 프랑시스 가르니에가 이끄는 프랑스군을 격퇴한 사건, 역자주)', '7개 지역 광산채굴권七府礦權 수호 투쟁(영국과 프랑스가 1902년 윈난을 포함한 주변 7개 지역 광산채굴권을 불합리한 협정을 통해 넘겨받자 이를 회수하고 수호하기 위해 윈난 주민들이 일으킨 투쟁 운동, 역자주)', '반홍班洪 사건

(1934년 영국의 윈난 반홍 침략에 대한 현지인들의 반침략 투쟁 사건, 역자주)', '펀마片馬 사건(1894년 영국의 윈난성 펀마 무력침략에 대한 현지인의 반침략 투쟁 사건, 역자주)' 및 뎬시滇西(滇은 윈난성의 다른 이름, 역자주)의 각 민족들이 참가한 항일 투쟁 등이 이러한 사실을 증명한다. 중국의 개혁개방 이후 과계민족의 경제, 문화 교류활동은 갈수록 증가하여 각국 접경지역의 경제, 문화 발전뿐만 아니라 주변국과의 선린우호관계 발전도 촉진시켰다. 중국과 미얀마 접경민족지역을 예로 들자면, 1985년 중국정부는 더훙주 한편에 접경무역지대를 설립하여 그 이전부터 이미 존재하던 접경주민 호시를 합법화하고 확대하였다. 미얀마 정부도 1988년 정책을 완화하여 국내 검문소를 없애고 접경무역을 개방하여 중국과 미얀마 접경무역의 새 시대를 열었다. 중국과 미얀마 접경무역의 활성화는 접경지역의 경제발전을 촉진시켰고, 더훙주의 경우 1994년 접경무역을 통한 지방세수가 전체 재정수입의 31.8%에 달했다. 또한 중국과 미얀마의 접경무역은 무세, 팡셩, 남캄 등 생활환경이 낙후한 소읍小鎭을 미얀마에서 가장 번성하는 통상구로 변모시켰고, 교통, 통신, 토목 등 사회기반시설도 크게 확충시켰다. 특히 중국쪽 접경주민의 '시범효과'는 역외 민족에게 긍정적 영향을 미치고 있다. 미얀마 측의 일부 접경주민은 중국 쪽에 있는 친인척의 도움을 받아 사탕수수, 사과, 팔각회향, 양춘사, 기타 약재 등 경제성 높은 작물을 재배하면서 수익을 창출하기 시작했다.

80년대 중반까지 과계민족을 주축으로 한 접경무역이 비약적으로 발전했지만, 단순한 상품 구조와 단일한 협력 모델 등의 문제가 지속적으로 제기되었다. 물론 독특한 지역적, 인문적 요인과 기존의 접경무역을 통해 형성된 협력 기반은 상호 간 경제적 유대를 더 강화하고, 협력 공간을 넓힐 수 있는 환경을 조성했다는 것에는 이견이 없다. 또한 과계민족 간 밀접한 관계와 빈번한 경제, 정치, 문화, 종교 교류 등의 특징은 지역경제통합 과정 중 과계민족의 경제, 문화교류를 더욱 긴밀하게 만들 수 있다.

서남 변강지역과 베트남, 라오스, 미얀마 과계민족은 앞서 설명했듯 자연적 혹은 사회적 유대가 존재하기 때문에 경제와 문화교류가 매우 빈번하다. 이는 21세기 이후 윈난 접경지역의 소액무역 현황을 보면 잘 알 수 있다. 윈난 접경지역의 소액무역 규모는 2000년도 수출 2억 7,808만 달러, 수입 7,821만 달러에서 2012년에 수출 13억 9,500만 달러, 수입 7억 5,400만 달러로 대폭 증가했다.[63]

한편 중국경제의 고속 성장에 따라 변경지역 관광산업도 발전했고, 그에 따라 윈난 접경 8개 지역의 통상구를 이용하는 주변국 과계민족 당일 여행객과 외화수입도 대폭 증가했으며, 이는 윈난과 주변국 과계민족이 경제와 인문교류 측면에서 유대가 강함을 보여주는 것이기도 하다. 구체적으로는 바오산시, 푸얼시, 훙허주紅河州, 린창시, 원산주, 시솽반나주, 더훙주, 누장주의 통상구를 이용하는 주변국의 당일 여행객 수와 외화수입이 2006~2012년 연속 증가세를 나타냈다.[64] 통상구는 서남 변강지역이 주변국 과계민족과 경제, 인문교류를 이어가는 가장 직접적 통로이며, 앞서 말한 8개 통상구의 여행객 수와 외화수입의 증가세는 윈난과 주변국 과계민족의 경제, 인문교류가 활발함을 나타내는 것이다.

21세기에 접어들어 윈난과는 달리, 광시 접경지역과 그 주변국인

---

63) 雲南省統計局 編, 『雲南統計年鑒 2013』, 中國統計出版社, 2013, p. 122.
64) 구체적 내용은 2006~2013년 『雲南統計年鑒』 참조.

베트남의 경제, 인문교류는 주로 소액무역의 형태로 나타났다. 2005 ~2009년 사이 광시 접경지역이 베트남 접경 과계민족지역으로부터 수입한 농가 향토특산품 금액과 수출금액은 약 10만 위안 수준이었고, 공업품과 기타 상품의 수출입 금액도 지속적으로 증가하였다.[65]

서남 변강지역과 그 주변국 간의 경계는 모두 장벽이 없는 산길과 하천으로 이어져 있어 과계민족이 중국 서남 변강지역을 비교적 자유롭게 드나들 수 있도록 한다. 또한 서남 변강지역과 그 주변국 과계민족은 같은 조상과 풍속을 가지고 있어 이들 간 혼인도 상당수 이루어지고 있다. 윈난과 광시 접경지대만 보더라도, 중국계와 베트남계 과계민족 간의 혼인이 상당히 많고, 일부 촌락은 이 같은 혼인이 수십 건 이루어지고 있다. 그러나 그곳 풍습상 합당하지만 법리상으로는 불법인 혼인은 그 지역 사회 안정에 부정적 영향을 미치고 있다.

이처럼 21세기에 접어들어 서남 변강 과계민족지역과 그 주변국 간의 경제, 무역, 인문, 사회 교류가 점차 확대되고 있다. 윈난만 보더라도, 접경의 과계민족 지역과 그 주변국의 경제교류가 상승세를 띠고 있을 뿐만 아니라 윈난 접경 8개 지역의 통상구를 이용하는 당일 여행객도 지속적으로 증가하고 있다. 광시 접경지역도 베트남 접경지역과의 경제교류가 활발하게 이루어지고 있다. 양측의 무역거래 현황은 그 활발함을 보여주는 척도라 할 수 있다. 서남 변강지역과 그 주변국은 이 같은 과계민족 간 경제교류를 통해 공생하고 있기 때문에 문화교류 과정에서 물질적·경제적 토대가 형성되었다고 할 수 있다. 이로 인해 서남 변강의 과계민족지역, 특히 중국과 미얀

---

65) 구체적 내용은 廣西統計局, 『廣西統計年鑒』(2005-2009), 中國統計出版社 참조.

마 접경지대는 비전통적 안보문제가 가장 빈번하게 발생하는 지역 중 하나가 되었다. 비전통적 안보 요소로는 마약재배와 매매 등 마약문제, 종교, 인구이동 문제 등이 포함된다.

6 인도차이나반도 주변국의 비전통적 안보 및 중국 서남 변강지역과의 협력

전통적 안보위협과 달리 비전통적 안보위협은 국제성, 그 원인의 불확실성, 형식의 동태성, 수단의 비군사성, 주권과의 연관성, 협력의 필요성 등을 특징으로 한다. 그러므로 중국과 인도차이나반도 국가들은 해적 문제, 테러활동, 민족·종교 충돌, 마약문제 등 비전통적 안보위협에 대해 기존의 각 국가별 대응이 점차 협력을 통한 대응으로 바뀌고 있고, 역외 국가와의 협력을 강화하여 공동 대응의 형태로 발전하고 있다. 비전통적 안보 영역에서 중국과 인도차이나반도 국가의 협력은 주로 다음과 같은 형태로 나타난다.

첫째, 새로운 '협력안보관'을 수립한다. 그 예로 「아세안안보공동체행동계획」을 체결하여 법률로써 아세안 내부의 비전통적 안보위협에 대한 대응을 통일하는 것이다. 또한 인도차이나반도 국가들은 역외 국가와의 비전통적 안보협력을 강화하는 데에도 적극적으로 나서고 있다. 이에 따라 중국도 2002년 11월 아세안과 「중국-아세안 비전통적 안보영역 협력 연합 선언」을 발표한 바 있다.

둘째, 민족과 종교 충돌에 대한 대응을 위해 적극적으로 중재하고, 민족·종교 충돌로 인해 발생한 국가 간 갈등과 대립을 완화 혹은 해소하고자 한다. 미얀마에서 발생한 불교도와 무슬림인 로힝야족 간의 충돌에서 중국과 아세안이 적극적으로 중재에 나선 것도 사태를 완화하는 데 일정 부분 역할을 했다고 할 수 있다.

셋째, 마약문제 해결을 위해 중국과 미얀마, 태국, 라오스는 적극적으로 협력하고, 이를 위한 협정을 체결하는 등 마약근절을 위해 함께 노력하고 있다. 또한 마약을 대체하는 작물을 경작하기 위한 과학기술 협력을 강화하고 있다. 이 같은 협력이 효과를 거두어 황금 삼각지대의 마약 재배, 가공, 판매 활동이 어느 정도 억제되고 있다.

상술한 협력 외에도 중국은 인도차이나반도 국가와 「인신매매 척결 성명」에 서명하고, 돈세탁 근절, 메콩강 생태 환경 보호와 운항 안전, 생태 다양성 등을 위해 광범위한 협력을 추진하고 있다.

중국과 인도차이나반도 국가들의 비전통적 안보 분야 협력은 일부 성과를 보이고 있으며 해적퇴치, 대테러, 마약근절 등에서 많은 경험을 축적하였다. 그러나 객관적으로 보면 아직 더 많은 노력이 필요하다고 할 수 있다. 사실 비전통적 안보문제는 인도차이나반도 지역의 사회적 문제에서 기인한 것이라고 할 수 있다. 예를 들면 부패문제, 특히 태국, 미얀마, 베트남, 라오스, 캄보디아의 심각한 부패 상황이 직접적 영향을 미쳤다고 할 수 있다. 부패문제는 인도차이나반도 국가 금융시스템의 투명성을 저해하고 국가 금융위험을 증대시켰으며, 은행 신용도를 하락시키고 수입분배에 부정적 영향을 미친다. 또한 조세 차별을 낳고, 공공정책과 빈곤 탈피라는 사회목표를 왜곡시키기도 한다. 이는 다시 간접적으로 민족·종교 문제, 빈곤 문제, 빈부격차 확대 문제 등 비전통적 안보 요인과 직결되는 사회 문제를 낳고 있다. 게다가 인도차이나반도 국가들의 영토분쟁(예: 중국과 베트남의 남중국해 해양영토 분쟁, 캄보디아와 베트남의 코친차이나 영토문제, 태국과 캄보디아의 영토분쟁 등), 정세 불안과 불확실성 문제(예: 태국과 미얀마), 과계민족 문제, 불법 이주 노동자 문제, 국제하천 분쟁 등의 갈등은 중국과 인도차이나반도 국가들의 비전통적 안보 분야의 포괄적 협력을 저해하고 있다. 이와 함께 인도차이나반도 국가들의 지역 환경의 특수성으로 인해 역외 국가들이 이 지역의 마약거래 단속, 각종 분쟁 해결, 메콩강 항해 안전 등 비전통적 안보협력을 명분으로 이익추구와 힘의 균형을 시도하는 것 역시 중국과 인도차이나반도 국가들의 협력을 저해하는 요소 중 하나이다.

제3절

동남아시아 주변국과
중국 서남 변강지역 경제협력

　　중국 서남 변강지역 요충지인 광시는 베트남과 육지와 바다로 연결되어 있고, 윈난은 베트남, 라오스, 미얀마와 국경을 접하고 있으며, 이 두 지역은 역사적으로도 인도차이나반도와 긴밀한 경제, 문화교류를 이어왔다. 이뿐만 아니라 광시와 윈난은 남중국해와 인근의 수많은 강과 하천을 통해 인도양과 연결되는 지역이기도 하다. 1949년 이후, 특히 1980년대 이후부터 중국의 개혁개방이 확대되면서 광시와 윈난의 개방도 가속화되었고, 범통킹만泛北部灣경제 협력, 메콩강 유역 협력, 중국-아세안 자유무역지구, 방글라데시·중국·인도·미얀마 경제회랑 건설, 21세기 해상실크로드 건설 등 다양한 협력 기제를 활용하여 가까운 동남아, 남아시아지역과의 경제무역, 인적교류 및 협력을 강화하였다. 본 절에서는 주로 광시, 윈난과 동남아 주변국과의 교류 및 협력 현황을 살펴보고, 방글라데시·중국·인도·미얀마 경제회랑 건설과 관련한 문제에 대해서도 함께 논의하고자 한다.

1 광시와 윈난의 대외개방과 메콩강 유역 협력, 중국-아세안 자유무역지구 건설

20세기 80년대 이후 광시, 윈난 두 지역의 개방이 확대되면서 베트남, 라오스, 미얀마 등 동남아 국가들과의 교류가 더 활발해지고, 20세기 말에서 21세기 초에는 메콩강 유역 협력, 중국-아세안 자유무역지구 건설 등에 적극적으로 참여하면서 변경지역의 개방 및 개발이 가속화되었다.

(1) 광시, 윈난의 대외개방 과정과 그 역내·외 요인

개혁개방 이후 광시, 윈난은 접경무역 발전의 가속화로 인해 동남아 국가들과 다양한 분야에 걸쳐 여러 형태의 경제무역 협력을 하게 되었다. 이는 국가정책 및 주변 정세의 변화와 무관하다고 할 수 없다.

광시의 대외개방은 1970년대 말에서 1980년대 초부터 시작되었다고 할 수 있다. 1979년 광시는 외국인투자를 활용하기 시작했는데, 그해에 유입된 외국자본은 1,081만 달러 수준이었다. 1981년 광시좡족자치구 인민정부는 지역 내 최초로 외국과의 합자기업(난닝존스 Jones유한회사南寧琼斯有限公司) 설립을 비준했다. 국무원은 각각 1982년 1월 우저우항梧州港에서 시장西江을 통해 홍콩으로 가는 직항 여객선 운항 재개와 1983년 7월 외국 국적 선박에게 팡청강防城港 개방을 허용했다. 1983년 10월 중국은 접경지대를 따라 장墟市을 개설하여 베트남 접경주민이 국경을 넘어와 교역할 수 있도록 허용했다. 다신大新, 룽저우龍州, 핑샹憑祥, 팡청강도 잇따라 중국과 베트남 접경지대에 교역지점을 설치하여 양국 접경지역 충돌로 중단되었던 접경 호시를 다

시 개시했다. 이와 함께 광시는 대규모 해외 여행객을 맞이하기 시작하여 1981~1983년 사이 유치한 여행객이 연인원 62만 4700명, 여행수입은 7,222만 위안에 달했다. 1984~1992년 중국 전역의 대외개방 폭이 확대되면서 광시 연해 지역의 개방도 확대되었다. 1984년 수립된 「베이하이시(팡청강시 포함) 경제개발구 규획 방안北海市(含防城港)經濟開發區規劃方案」은 "베이하이에서 팡청강까지 친저우만欽州灣을 따라 띠 모양의 개발지구를 건설하여 이 지대를 서남지역 전체의 대외개방 창구로 만든다"는 방침을 명확히 했다. 또한 1988년 광시는 대외개방 지역을 도시에서 농촌지역으로까지 확대하였고, 그 개방 면적은 1만 8,900㎢로 8개의 시와 현을 포함하며, 해당 지역 인구는 약 467만 2,500명에 이른다.

1991년 중국과 베트남 관계가 정상화되면서 접경지역의 정세도 완화국면에 접어들었다. 1992년 국무원은 난닝, 쿤밍, 핑샹, 둥싱東興 등 5개 접경지역의 개방을 더 확대하기로 결정하고, 유이관友誼關 등 국가 1급 육지 통상구와 지방 통상구도 다시 개통시켰다. 또한 핑샹, 둥싱에 접경경제협력구邊境經濟合作區를 조성하고 인프라 구축과 통상구 건설을 확대해 접경무역과 가공업을 발전시키기로 했다. 1992년 1월 광시는 베트남에 대표단을 파견해 접경 통상구, 호시, 접경통로무역通道邊境貿易과 경제·기술협력, 접경 치안관리 등에 관한 회담을 진행하고 합의를 이끌어 냈다. 같은 해 3월 광시는 자치구 접경무역업무회의를 개최하고 접경무역과 관련한 중앙의 정책을 잘 활용하여 접경무역을 발전시키고 광시 경제를 부흥시켜야 한다고 주문했다. 1990년대 중반 광시는 이미 연해개방도시, 연해경제개방구, 접경개방도시 및 각급 경제개발구를 결합하여 연해, 강변, 연선 도시와 중심도시들이 다층적 전방위 개방구도를 형성하고 있었다.[66] 21세기 이후 광시는 다시금 범통킹만 지역경제협력과 발전 전략을 제안하여 실시하면서 새로운 대외개방의 단계에 접어들었다.

원난의 대외 개방도 광시와 같이 국내 개혁개방 정책 및 주변 형세의 변화와 밀접한 관련이 있다. 물론 원난의 과감한 결단과 적극적인 참여도 큰 역할을 했다. 접경무역의 발전이나 메콩강 유역 개발을 위해 원난성은 중앙의 개혁개방 정책을 적극 활용하고, 스스로의 강점과 주변 형세를 적극 고려한 과감한 정책 시도를 통해 중앙으로부터 우대혜택을 얻어 내기도 했다. 1980년대 이전 중국 접경무역정책의 출발점은 접경무역 및 주변국 접경주민과의 교류 유무에 따른 정책 조정과 양측 접경주민의 생산, 수요 관리를 통해 선린우호관계를 증진하는 것으로서, 그 '목표'는 당시에도 접경의 안정을 추구하는 것이었다. 원난성의 접경무역도 이 같은 목표에 따라 진행되었으나, 1949년 이후 30년간 원난 접경지역은 국제 또는 지역적 충돌이 잦은 지역이었기 때문에 원난성 정부가 접경무역 발전을 위한 적극적 조치를 취할 수 없었다. 1984년 중앙정부는 「접경지역 소액무역 관리 판법邊境小額貿易管理辦法」을 공포하여 접경지역 소액무역에 대한 관리 권한을 관련 성, 자치구 인민정부에 위임했다. 중앙정부 방침에 따라 1985년 원난은 새로운 접경무역 정책을 제정하게 되었다. 기존 접경주민의 무역거래를 접경선 반경 20㎞ 내로 제한했던 것을 없애고, 주변국과 국경을 접하고 있는 27개 현과 시 모두 접경무역을 할 수 있도록 허용하여 사실상 이 지역 모두를 접경무역지구로 설정하였다. 더훙주의 5개 현과 1개의 진鎭을 통합한 접경무역지구를 만들어 개방하고, 주州 내외 각 기업들이 접경무역을 하도록 장

---

66) 秦勇·時永久 主編, 『北部灣崛起』, 中國經濟出版社, 2013, pp. 47-67.

려했다. 또한 접경지역에서 독점무역을 할 수 없도록 규정하고, 접경지역과 성 내 상공업 기업은 비준을 받고 등록한 후 무역에 참여할 수 있도록 했다. 이러한 정책은 중앙정부의 방침에 따른 것으로서 지역에 맞는 과감한 정책 시도를 통해 윈난과 주변국의 접경무역을 빠르게 발전시켰다.

한편, 윈난은 메콩강 유역 개발 협력과 관련하여 1992년 전에 이미 초보적 구상을 가지고 있었다. 1996년 윈난은 기존 목표와 구상을 더 구체화하고 중앙당국과 소통하면서 다양한 경로를 통해 의견을 관철하였다. 이 같은 다양한 노력을 통해 중앙의 메콩강 협력에 대한 관심도가 점차 높아지면서 1992년 이후 메콩강 유역 협력 프로그램에 대한 중국의 참여를 결정짓는 데 일정 부분 영향을 미쳤고, 윈난의 제안이나 의견들이 중앙정부에 보다 더 많이 반영되기 시작했다.[67]

(2) 광시, 윈난의 메콩강 유역 경제협력 참여

메콩강 유역 경제협력 프로그램Greater Mekong Subregion Economic Cooperation Program, GMS은 1992년 수립되었으며, 그 취지는 각 가입국 간의 경제 연결 강화와 빈곤퇴치를 통해 강 유역 경제와 사회발전을 촉진시키고자 하는 것이었다. 이 프로그램은 아시아개발은행 주도로 란창강-메콩강 유역 내 중국, 미얀마, 라오스, 태국, 캄보디아, 베트남 등 6개국이 공동으로 발기하여 당사국으로 참여하고, 아시아개발은행이 창설기관이자 GMS 관련 회의와 구체적 사업 수행을 위한 기술과 자

---

67) 楊洪常, 「雲南省與湄公河區域合作:中國地方自主性的發展」, 香港中文大學 香港亞太硏究所, 2001, pp. 68-78, 110-124.

금을 지원하고 있다.

GMS 수립 이후 중국은 이를 중시하고 지속적으로 협력 이니셔티브를 제안하면서 GMS를 발전시키고자 했다. 2002년 GMS 첫 정상회의에는 주룽지 중국 총리가 참석한 바 있다. 2005년 중국 쿤밍에서 GMS 제2차 정상회의가 개최되었고, 당시 회의를 주재한 원자바오 중국 총리는 인프라 건설 확대, 무역·투자 원활화 촉진, 농업개발협력 확대, 자원·환경보호의 중요성, 인재양성, 보건위생협력 강화, 발전 자금조달의 다양화 등을 건의했다. 원자바오 총리는 뒤이어 2008년 GMS 제3차 정상회의에도 참석했다. 2011년 11월에는 중국 국무위원 다이빙궈戴秉國가 GMS 제4차 정상회의에 참석하여 전방위 상호연결과 소통을 통한 협력, 교통회랑 건설 촉진 등을 포함한 새 시대 지역협력 강화를 건의하고, 「란창강-메콩강 국제항운 중장기 발전 규획 방안」을 수립했다. 이 방안은 메콩강 수로 개선과 초고속통신망 구축 및 그 응용, 유역국 간 전력망 연결 확대, 운송·무역 원활화와 경제회랑 개발, 환경보호 강화, 농업·과학기술·인력양성 협력, 협력을 위한 자원조달 능력 강화, 지방정부와 민간부문의 협력사업 참여 장려 등을 포함하고 있다.[68]

이니셔티브 제안과 함께 중국은 GMS 사업 계획과 시행, 특히 교통, 에너지, 통신, 농업, 환경, 관광, 인재개발, 무역 원활화와 투자 등의 협력에 적극적으로 참여했고, 이에 적극적으로 동참한 지역이 광시와 윈난이다.

---

68) 「戴秉國出席大湄公河次區域經濟合作第四次領導人會議」, http://www.fmprc
.gov.cn/mfa_chn/gjhdq_603914/gjhdqzz_609676/1hg_610326/xgxw_610332/t888974
.shtml, 검색일: 2011年 12月20日 참조.

GMS 제2차 정상회의 이후 중앙정부의 지원과 방침에 따라 광시, 윈난과 메콩강 유역국 및 관련 지역과의 협력관계가 지속적으로 확대되었다. 여기에는 우선 다층적 협력기제가 마련된 것을 들 수 있다. 광시는 2005년 정식으로 메콩강 유역 협력에 참여함과 동시에 이와 관련한 당국 협의체를 마련하고, 협력전략과 실행계획을 수립했다. 윈난성과 유역국의 관련 지역은 '윈난-태국 북부 실무단', '윈난-베트남 5개 성시 경제협의회滇越五省市經濟協商會', '윈난-라오스북부 실무단', '윈난-미얀마 협력 비즈니스 포럼滇緬合作商務論壇' 등 상호 협력기제를 출범시켰다.

둘째, 도로, 철로, 수운, 공항, 항구, 전력, 통신 등 인프라 건설이 순조롭게 진행 중이고, 이미 완공된 시설도 원활하게 운영되고 있다. 2008년까지 윈난성과 베트남, 라오스, 미얀마 3국 접경지역에는 이미 11개의 국제 화물여객수송로가 개통되었고, 쿤밍-비엔티안Vientiane 구간 여객 수송로도 이미 운영 중이다. 광시도 이미 22개의 베트남 국제수송로 통행에 대한 승인을 받았고, 그중 10개 노선은 이미 개통되었다.

셋째, 농업개발, 환경보호, 관광, 위생, 인재개발 등의 협력사업이 본격적으로 구체화되고 있다. 광시와 베트남 꽝닌성Quang Ninh은 농업 협력협약을 체결하고, 언어적 유사성을 바탕으로 중국-아세안 인재 개발·협력 광시 지부를 설립하고 유역국이 다양한 인재를 양성할 수 있도록 했다. 윈난성은 라오스, 미얀마, 캄보디아 등의 관련 지역과 각각 농업과학기술시범단지 설립을 위한 협약을 체결하고, 주변 국가의 다양한 전문기술인재 양성을 위해 유학생의 70% 이상을 당해 국가로부터 유치한다.

넷째, 광시, 윈난은 중앙정부가 승인한 메콩강 유역 기타 협력사업을 적극적으로 수행하고 있다. 마약근절을 위한 협력을 예로 들면, 국가 지원과 방침에 따라 윈난은 유역국과 마약밀매 단속, 마약단속 인력양성, 양귀비 대체작물 재배, 정보교류 등을 위한 협력을 지속적으로 강화하고 있다. 특히 중점적으로 추진되고 있는 녹색마약근절綠色禁毒 사업과 양귀비 대체작물재배 분야에서 다양한 모델을 시도하고, 대체작물재배 기업의 해외 진출을 장려하여 효과를 거둔 바 있다. 2007년 7월 말까지 중국 전역에서 해외로 진출한 대체작물재배 기업은 약 135개로 2005년도의 73개에 비해 84.9% 증가했다.[69]

1992~2008년 사이 메콩강 유역 경제협력 중 광시, 윈난과 주변국 협력의 상당수가 괄목할 만한 성과를 이루었고, 특히 쿤만고속도로昆曼公路(중국 쿤밍과 태국 방콕Bangkok을 잇는 고속도로)의 개통은 주목할 만한 대목이 아닐 수 없다. 2008년 3월에 전체 길이 1,807㎞의 쿤만고속도로 전 구간이 개통되어 쿤밍에서 방콕까지의 여정이 기존 48시간에서 20시간으로 단축되었다. 이 고속도로가 제안되어 정식으로 개통되기까지 16년이 소요되었다. 1992년 첫 '란창강-메콩강 유역 경제협력회의'에서 윈난성 대표가 '1-2-1' 협력, 즉 아시아개발은행이 주도하는 교통·에너지 협력을 기반으로 철로 1개, 도로 2개, 공항 1개를 건설하는 협력을 제안한 바 있는데, 쿤만고속도로가 그 2개의 도로 중 하나였다. 1994년 제3차 란창강-메콩강 유역 경제협력회의에서 윈난은 쿤만고속도로 건설을 다시 제안했다. 1998년 란창강-메콩강 유역 경제협력회의가 '메콩강 유역 경제협력 장관급 회

---

69) 國家發展和改革委員會, 外交部, 財政部, 『中國參與大湄公河次區域經濟合作國家報告』, 『外交部網站』, 2008年 3月 28日 발표, http://www.fmprc.gov.cn/mfa_chn/gjhdq_603914/gjhdqzz_609676/1hg_610326/zywj_610338/t419061.shtml.

의'로 격상되고, 다시 쿤만고속도로가 포함된 '삼종삼횡三縱三橫'구상
이 발표되어 GMS 각 당사국의 승인을 받았다. 2001년 중국과 라오
스, 태국, 아시아개발은행이 쿤만고속도로 건설 협약에 합의하고, 그
중 중국·라오스·태국 3국이 각각 3,000만 달러를 출자하여 공동으
로 라오스 구간을 건설하기로 하고, 아시아개발은행은 라오스를 위
해 차관을 제공하기로 했다. 2004년 4월 쿤만고속도로 라오스 구간
은 중국 측이 맡은 구간이 먼저 공사를 시작했고, 뒤이어 라오스, 태
국이 맡은 구간이 착공에 들어갔다. 4년의 공사기간을 거쳐 중국 쿤
밍과 태국 방콕을 잇는 고속도로 전 구간이 완공되어 개통되었다.[70]
쿤만고속도로는 현재 중국과 동남아 국가를 잇는 중요한 도로로 중
국과 GMS국가 협력의 중요한 성과 중 하나이자 윈난과 라오스, 태
국이 적극 협력하여 참여한 GMS 주요 성과이기도 하다.

2008년 이후 광시, 윈난과 GMS국가 간의 협력이 더 확대되면서
그 협력범위도 넓어졌다. 광시와 GMS국가들은 교통, 무역, 농업, 에
너지 개발, 인재개발, 의료위생 등 분야에 걸쳐 협력을 추진하였다.
2009년을 예로 들면 당시에도 경제, 무역이 주요 협력 분야였으며,
광시와 GMS 국가 간 무역액이 약 41억 8천만 달러로 동기대비
26.2% 증가했고, 이는 광시와 아세안 무역액의 84.4%에 해당하는 규
모였다. 인재개발과 관련해서 2009년 5월 광시에서 GMS 제9차 인적
자원실무회의가 개최되기도 했다. 한편, GMS국가와의 개발 협력 중
윈난과 라오스의 협력은 새로운 단계에 진입했으며 특히, 라오스 북

---

70) 餘伯明, 「從昆曼公路貫通看南寧一新加坡經濟走廊建設」, 廣西壯族自治區
    發展和改革委員會 編 『廣西壯族自治區區域經濟合作與發展報告 (2004-
    2010)』, 廣西人民出版社, 2010, pp. 206-215.

부 9개 성省과 무역, 투자, 농업, 교통, 통신, 문화, 과학기술, 환경보호 등의 영역에서 밀접한 협력이 이루어지고, 그 같은 추세는 더 확대되었다. 2011년 윈난성 시솽반나주 국가급자연보호구관리국國家級自然保護區管理局과 라오스 퐁살리성Phongsali의 농림청은 중국-라오스 접경지역 공동보호구역 조성 협약을 체결하였다. 본 협약에 따라 양측은 약 3년간 구간별 연결 방식으로 길이 약 220㎞, 평균 폭 9㎞, 면적 약 19만 헥타르에 이르는 중국-라오스 접경지대 녹색생태회랑과 야생동물국제회랑 건설 및 중국-라오스 접경 녹색생태안전장벽을 설치하기로 했다. 이 협약은 시솽반나의 '생태변경生態邊疆' 건설에 있어 진전을 이뤄냄과 동시에 국가생태안전, 중국과 라오스 등 주변국 접경지역 생물다양성 보호에도 긍정적 영향을 미쳤다. 또한 2012년 윈난성 대표단이 라오스를 방문하여 문화, 교육, 관광, 농업, 도시건설 등 10여 개 분야, 총 4억 6700만 달러에 달하는 협력사업을 체결하기도 했다.[71]

(3) 광시, 윈난의 중국-아세안 자유무역지구 참여

1990년대 이후 중국과 아세안의 정치적 신뢰가 증대되고 경제협력도 갈수록 확대되어 더욱 긴밀한 사회문화 교류가 이루어졌다. 1991년 양측은 대화 모멘텀을 마련하고 2001년 자유무역지구 설립에 합의했으며, 2002년 「중국-아세안 포괄적 경제협력구상 협정」을 체결하고 2010년 자유무역지구 설립을 완료하기로 했다. 2003년 중국과 아세안은 전략적 동반자관계를 수립하였다. 2002년 체결된 구

---

71) 方芸, 「老撾: 世貿組織和亞歐峰會成爲年度關鍵詞」, 孔建勳 主編, 『東南亞報告(2012-2013)』, 雲南大學出版社, 2013, pp. 56-71.

상 협정의 내용에 따라 양측은 2004년 「화물무역협정」, 2007년 「서비스무역협정」, 2009년 「투자협정」을 연이어 체결했다. 2010년 중국-아세안 자유무역지구의 설립을 정식으로 선포하고, 이로써 세계 최대의 개발도상국 자유무역지구가 출범하게 되었다.[72]

자유무역지구 설립은 중국과 아세안 관계의 새로운 변화를 의미한다. 21세기에 접어들어 중국과 아세안은 서로가 중요한 무역·투자 파트너가 되었고, 2004~2013년 동안 중국과 아세안의 무역거래액은 1,059억 달러에서 4,436억 달러까지 증가했고, 양국의 투자누적액도 1200억 달러를 넘어섰다. 중국과 아세안의 전방위적 협력은 갈수록 확대되어 농업, 정보산업, 인재개발, 상호투자, 메콩강 유역 개발, 교통, 에너지, 문화, 관광, 공공위생, 환경보호 등 11개의 중점 분야와 기타 수많은 영역에서 실질적 협력이 이루어지고 있다. 또한 양측은 140여 건의 자매결연 도시협약을 체결했고, 매주 천여 편이 넘는 항공 노선이 운항되고 있으며, 매년 연인원 1,800만여 명의 인적 왕래와 18만 명이 넘는 유학생을 유치하고 있다. 게다가 양측이 힘을 합쳐 극심한 자연재해와 전염병 확산에도 효과적으로 대처했다.[73]

중국과 아세안의 우호협력(자유무역지구 설립 포함)은 양측 국민들의 복지 증진과 지역 평화, 안정 그리고 발전을 촉진하였다. 그렇

---

72) 王玉主, 「中國-東盟自由貿易區的建成: 影響與前景」, 李向陽 主編, 『亞太地區發展報告(2010)』, 社會科學文獻出版社, 2010, pp. 255-267.

73) 張高麗, 「攜手共建21世紀海上絲綢之路共創中國-東盟友好合作美好未來——在第十一屆中國-東盟博覽會和中國-東盟商務與投資峰會上的致辭」, http://www.fmprc.gov.cn/mfa_chn/zyxw_ 602251/t1191739.shtml, 검색일: 2014年 9月 16日.

다면, 중국과 동남아를 잇는 광시와 윈난은 어떻게 중국-아세안 자유무역지구에 참여하고, 어떠한 영향력을 발휘할 것이며, 또한 해당 자유무역지구 건설이 광시와 윈난의 발전에 어떠한 영향을 미칠 것인가?

광시는 육지와 바다를 끼고 있어 연해, 강변, 접경의 독특한 지리적 이점을 가지고 있으며 중국 유일의 내하, 항구, 육로, 여객·화물 운송 공항을 모두 갖추고 있는 지역이다. 이에 광시는 중국-아세안 자유무역지구 설립 과정에서 중요한 역할을 했으며, 이미 많은 협력 사업에도 참여하고 있다. 우선 광시는 중요한 협력 플랫폼을 구축했다. 2004년부터 난닝에서 제11회 중국-아세안 박람회와 중국-아세안 비즈니스·투자 정상회의를 성공적으로 개최하여 중국-아세안 자유무역지구 설립의 촉매제 역할을 했다. 2006년부터는 광시에서 여러 차례 범통킹만 경제협력포럼을 개최했으며, 광시의 핑샹, 둥싱 두 지역은 매년 베트남의 몽카이^{Mong Cai}, 랑선^{Lang Son}과 각각 연계하여 접경상품교역회邊境商品交易會를 개최하기도 했다. 둘째, 고위급 방문을 포함하는 일련의 협력 체제를 구축했다. 2004년부터 광시의 주요 지도자들은 매년 대표단을 구성해 아세안 국가들을 방문해왔고, 아세안 국가 지도자들 역시 중국-아세안 박람회와 중국-아세안 비즈니스·투자포럼에 참석해왔다. 동시에 광시와 아세안 각국 정부 및 기업 간의 협력기제도 마련되었으며, 특히 중국과 베트남 접경지역의 정기회담 체제를 정비하여 2007년 광시와 베트남 랑선성, 꽝닝성, 까오방^{Cao Bang}성이 합동업무위원회를 설립하여 하노이, 난닝에서 정기회담을 갖고 중국과 베트남 접경지역 관련 현안에 대한 협력을 논의했다. 셋째, 경제협력을 더욱 확대했다. 2010년 이전 광시는 중국-아세안 조기수확프로그램(협정이 발효되기 전, 공통의 관심과 상호 보완성이 있는 상품을 대상으로 관세를 인하하는 조치, 역자주) 시행과 자유무역지구의 세금 인하를 계기로 아세안 국가와의 무역 및 쌍방향 투자를 계속 확대해 왔다. 2008년에는 광시 기업이 아세안국가에서 수행한 직접투자 총액이 처음으로 1억 달러를 돌파했고, 이는 광시 대외직접투자 총액의 78.7%에 해당하는 것이었다. 2008년까지 아세안국가 기업이 광시에 설립한 외국인투자기업은 총 454개이며, 그들의 투자신고총액(계약) 20억 2천만 달러 중 9억 7,500만 달러가 실제 투자로 이어졌다.[74]

중국과 아세안의 자유무역지구 설립 과정 중 윈난은 동남아 국가들과 경제무역 협력 관계를 더 강화하고 긴밀하게 만들었을 뿐만 아니라, 기존 단일한 화물무역협력 형태에서 서비스무역, 투자, 정보통신, 교통, 에너지, 문화, 관광, 메콩강 개발 등으로 협력 분야를 확장하였다. 최근 몇 년 동안 중국-아세안 자유무역지구 발전에 따라 윈난과 동남아의 경제무역 협력에도 새로운 특징이 나타났다. 왕스루王士錄, 천톄쥔陳鐵軍 등 학자들의 연구에서는 2012~2013년 윈난과 동남아시아의 경제·무역 거래가 다음과 같은 특징을 가지고 있다는 점에 주목하였다. 첫째, 고원이라는 지형적 특색이 윈난 농산물의 지속적인 수출입 증가를 촉진하고 있다. 2012년 1~10월 동안 윈난의 각종 농산품 총수출은 95만 5천 톤, 수익은 15억 7천만 달러로 2011년 동기대비 각각 24.2, 13.9% 증가했다. 이는 성省 전체 수출에서 상당 부분을 차지하는 것으로서, 아세안이 여전히 윈난 농산품의 주요 시장임을 보여주는 것이다. 둘째, 에너지 수송로 건설의 가속화, 특

---

74) 廣西壯族自治區發展和改革委員會 編, 『廣西壯族自治區區域經濟合作與發展報告 (2004-2010)』, pp. 15-22.

히 중국과 미얀마의 가스관 건설은 윈난과 미얀마의 에너지 협력을 위한 중요한 기반이 되었다. 셋째, 2012년 윈난은 이미 구축한 기본적 전력망을 바탕으로 주변 국가와의 전력협력을 확대하고, 도로, 철로, 수로에 이어 '윈난 전력을 외부로 송전雲電外送'하는 수송로를 완공하여 중국과 메콩강 유역을 잇는 네 번째 경제통로가 되었다. 넷째, 관광분야 협력을 확대하여 윈난과 동남아 주변국 간의 여행 통로가 더욱 편리해졌고, 관광 상품 개발이 성공적으로 이루어지면서 윈난으로 오는 해외 관광객이 지속적으로 증가했다. 다섯째, 국제금융업계에서 위안화가 미얀마, 라오스, 베트남 등 인접국 주민이 선호하는 민간기축통화民間儲備貨幣로 급부상하면서 윈난 접경무역의 위안화 결제비율이 95%까지 확대되어 위안화 결제가 증가세를 보이고 있다. 2011년 접경무역의 위안화 결제액은 250억 위안을 넘어섰고, 2012년에는 전반 3분기만에 위안화 결제액이 311억 위안을 넘어섰다.[75]

2 광시: 범통킹만 협력과 중국−아세안 자유무역지구 업그레이드, 21세기 해상실크로드 건설

21세기 이후 광시와 동남아 주변국 협력에서는 두 가지 뚜렷한 특징이 나타났다. 하나는 범통킹만 경제협력을 적극적으로 추진한다는 것이고, 다른 하나는 중국-아세안 자유무역지구 업그레이드를 위

---

75) 陳鐵軍,「雲南與東南亞的合作向多領域拓展」, 載孔建勳主編,『東南亞報告 (2012-2013)』, 雲南大學出版社, 2013, pp. 233-244.

한 준비와 21세기 해상실크로드의 건설에 적극 참여하는 것이다.

21세기 초반 중국, 베트남 등 통킹만 연해지역의 개방에 따라 개발속도가 빨라지면서 범통킹만 지역 경제협력에 대한 관심도 갈수록 높아졌다. 광시는 이러한 기회를 포착하여 2006년 난닝에서 국무원 서부지역개발영도소조, 재정부 등과 공동으로 "중국-아세안 신성장 동력 구축"을 주제로 '환통킹만 경제협력 포럼'을 개최하였다. 이 포럼에서 발표된 「환통킹만 경제협력 포럼 의장 성명」은 "동아시아 협력의 최고점에서 중국-아세안 전략적 동반자 관계의 확대와 강화를 중심으로 범통킹만 경제협력지구를 건설하고, 환통킹만 경제협력을 바다 건너 이웃하는 말레이시아, 싱가포르, 인도네시아, 필리핀, 브루나이 등 아세안 해상국가로까지 확대하며, 이들과 물류, 산업, 무역, 투자 협력을 긴밀히 함으로써 함께 당해 지역의 발전을 촉진시켜야 한다"고 밝혔다. 이 포럼에는 중국, 베트남, 말레이시아, 싱가포르, 인도네시아 등의 관료와 학자 및 기업가 160여 명이 참석했으며, 처음으로 '범통킹만 경제협력지구' 건설 구상이 명확하게 제시되어 이후 2007년 범통킹만 지역경제협력의 토대를 마련했다고 할 수 있다.

광시는 중앙정부의 지원으로 2007년 첫 '범통킹만 경제협력 포럼'을 개최한 이후 매년 본 포럼을 개최하고 있고, 2012년까지 7차례의 포럼을 개최하면서 범통킹만 경제협력의 이념, 체제 등을 수립해왔다. 광시는 "하나의 축, 두 개의 날개一軸兩翼"라는 지역경제협력 이념 즉, 중국과 베트남의 환통킹만 경제협력을 바다 건너 이웃인 말레이시아, 싱가포르, 인도네시아, 필리핀, 브루나이 등 아세안 해상국가로까지 확대하고, 범통킹만 경제협력지구와 메콩강 유역을 "두 날개兩翼"로, 난닝-싱가포르 경제회랑을 중간축中軸으로 하여 중국-아세안의 '하나의 축, 두 개의 날개' 지역경제 협력이라는 새 틀을 마련할 것을 제안했다. 이는 중국과 범통킹만 관련 국가 지도자들의 지지를 받았다. 범통킹만 경제협력 역시 이 같은 공통된 인식에서 출발하여 실제 행동으로 이어지면서 2008년 합동 전문가팀이 발족했고, 이들은 2009년 8월 「범통킹만 경제협력에 관한 행동건의」를 제출했다. 이 건의는 범통킹만 경제협력이 난닝-싱가포르 경제회랑 건설, 범통킹만 초고속정보통신망 건설, 범통킹만 지역 인프라 및 통신망 구축 등 주요 인프라 건설 협력을 촉진할 것을 제안했다. 또한 항구, 물류, 통관 원활화, 교통 분야를 범통킹만 경제협력의 길잡이로 삼고, 범통킹만 역내 교통, 무역 원활화, 범통킹만 협력사업 데이터베이스 구축, 인적교류 확대 등을 지속적으로 추진할 것을 제안하기도 했다.[76]

광시는 범통킹만 경제협력포럼을 적극적으로 개최하여 협력의 장을 마련하는 한편 능동적으로 참여하면서 관련 사업을 강력하게 추진했다. 2008년 1월 「광시 통킹만 경제지구 발전계획廣西北部灣經濟區發展規劃」이 국무원의 비준을 받음으로써 광시는 통킹만 (광시) 경제지구 계획과 건설에 본격적으로 착수했다. 이 경제지구는 난닝, 베이하이, 친저우, 팡청강 등 4개 시의 관할 구역으로 구성되어 있고, 위린玉林, 충쮀崇左 두 도시의 교통, 물류를 총괄하며, 그 육지면적은 4만 2,500㎢에 달한다. 이 경제구역 건설의 목표는 중국과 아세안의 개방 협력을 위한 물류기지이자 상업무역기지, 가공제조기지, 정보교류센터로 조성함과 동시에 서부대개발 전략을 견인하고 뒷받침하는 전략

---

76) 廣西壯族自治區發展和改革委員會 編, 『廣西壯族自治區區域經濟合作與發展報告 (2004-2010)』, p. 141.

적 요충지이자 중요한 국제 지역경제협력지구로 만들고자 하는 것이다

오랜 노력으로 광시 통킹만 경제지구의 경제와 사회는 빠른 속도로 발전했다. 지속적인 경제성장으로 2012년도 4,316억 위안의 GDP를 달성했는데 2007년 대비 1.45배 증가한 것이며, 이는 연평균 15.2%의 증가율을 나타내는 것이었다. 이는 지역 전체의 1/5에 해당하는 면적에서 1/4 정도의 인구로 경제총량의 1/3, 재정수입의 2/5, 수출입 총액의 1/2을 창출한 것이었다. 초반에 건설한 물류기지와 상업무역기지를 통해 2012년 통킹만 항구의 물동량은 1억 7,400만 톤을 달성하여 2007년 대비 1.43배 증가했고, 해운의 경우 100여 개의 국가 또는 지역의 200개가 넘는 항구로 취항하게 되었다. 한편, 가공·제조기지의 건설을 가속화하여 14개의 중점산업단지를 건설하고 석유화학, 제지·펄프, 야금, 신소재, 곡물·유류가공식품, 조선 등을 중심으로 하는 현대적인 가공제조업 구조를 형성하였다. 인프라도 지속적으로 확충되어 난닝-친저우(팡청강)-베이하이 고속도로와 충쭤-친저우 구간 등 4개의 고속도로가 완공되어 '1시간 경제권'이 형성되었다. 또한 대외개방이 지속적으로 확대되면서 동남아 각국과의 협력도 한층 더 강화되었고, 중국-말레이시아 친저우산업단지中馬欽州産業園, 중국-태국 충쭤 산업단지中泰崇左産業園, 둥싱중점개발개방시험구東興重點開發開放試驗區가 잇따라 착공에 들어갔다. 2012년 해당 경제지구의 대외 수출입 총액은 2007년 대비 2.65배 증가하여 연평균 29.5%의 성장률을 달성했다.[77]

한편 중국은 2013년 중국-아세안 자유무역지구 업그레이드와 21

77) 『廣西北部灣經濟區開放開發報告 (2013)』, 社會科學文獻出版社, pp. 1-12 참조.

세기 해상실크로드 건설 등 주요 이니셔티브를 제안했고, 광시는 이 이니셔티브를 범통킹만 경제협력과 결합하면서 각종 협력사업에 적극 참여했다. 이는 2014년 9월 개최된 제11회 중국-아세안 박람회, 중국-아세안 비즈니스·투자 정상회의 등에서 잘 나타났다. 중국과 아세안이 전략적 동반자 관계를 수립한 지 두 번째 10년이 된 2014년, 중국과 아세안 관계의 새로운 역사적 출발에서 중국과 아세안의 자유무역구 업그레이드 추진 및 중국-아세안 운명공동체와 21세기 해상실크로드 건설은 제11회 중국-아세안 박람회와 중국-아세안 비즈니스·투자정상회의의 주요 이슈가 되었다. 본 박람회와 정상회의에는 2,300여 개 기업이 전시에 참가했고, 약 5만 7천 명이 참석했으며 해상실크로드 건설을 위한 상호연결, 산업협력, 해상협력, 금융협력 등 중점 분야와 관련해 13개의 고위급 포럼과 투자협력 라운드테이블, 산업단지 투자유치총회, 주아세안 중국공관 경제비즈니스 참사관과 기업 간 교류회 등의 행사가 열렸다. 회의 기간 각국은 항구협력, 상호연결, 국제전자상거래 등 해상실크로드 건설을 위한 중점 사업에 합의하고, 국내 경제협력사업 100건, 국제 경제협력사업 72건을 체결하기도 했다. 이번 박람회와 정상회의의 개최지인 광시는 적극적 협력 추진과 함께 다음과 같은 막대한 성과도 얻었다. 우선 본 회의 기간에 열린 산업단지 투자유치총회에서 18개의 아세안 산업단지와 함께 광시의 중국-말레이시아 친저우찬업단지, 둥싱국가 중점개발개방시험구가 소개되었다. 또한 광시는 싱가포르와 합작하여 항만부두를 건설하고, 해운 정기노선을 개통하기로 했다. 게다가 광시 친저우항과 말레이시아 콴탄Kuantan항, 캄보디아 시아누크빌Sihanoukville항은 국제 자매항 협약을 체결함과 동시에 도로 연결 사업도 추진하기로 했다.[78]

최근 몇 년간 광시와 동남아 지역의 협력 과정에서 친저우항과 콴탄항이 체결한 자매항 협약은 주목할 만한 협력모델이다. 중국과 말레이시아 양국 정부가 함께 건설한 중·마 친저우산업단지와 마·중 콴탄산업단지馬中關丹産業園는 '두 개의 국가, 두 개의 산업단지'라는 국제협력의 새로운 지평을 열었다. 이 협력모델은 양국 모두에게 이익이 되는데, 일단 광시만 보더라도 2013년 친저우에서 중국-아세안 항구도시 협력 네트워크기지 설립에 착수하여 아세안 국가 47개 항구도시를 아우르는 항로 네트워크 구축에 박차를 가하고 있다. 2014년 친저우는 '중국-아세안 항만물류정보센터' 착공과 '중국-아세안 항구도시 협력 네트워크 시스템 기구中國-东盟港口城市合作网络机制机构'를 설립하고, 내륙항구無水港를 건설하여 서남·중남 내륙 중심과 해상-철로 연계운송을 확대해 중국 친저우항과 아세안 국가 주요 항구도시 간 연결을 가속화하고, 중국-아세안 협력을 위한 지역적 국제항만물류센터를 조성했다. 국제 자매항 협약 체결과 콴탄항의 항로가 개통되면 말레이시아의 제비집, 팜유, 두리안 등을 실은 화물선이 말레이시아 콴탄항에서 북상하여 천여 해리를 거쳐 3일 후 중국 친저우에 도착하게 된다. 말레이시아 국제통상산업부 차관 리 치 레옹Lee Chee Leong은 정부 계획에 따라 말레이시아는 인프라를 더 확충하여 마·중 콴탄산업단지와 콴탄항 간의 연결을 더 용이하게 하고, 중국 친저우항과 말레이시아 콴탄항 간의 협력을 더욱 강화하겠다고 밝혔다.79) 이에 친저우항과 콴탄항이 자매항 결연을 맺은 것은 중·마

---

78) 「中國-東盟博覽會綜述鑽石十年共建海上新絲路」, http://www.caexpo.org/lindex.php?m= content&c=index&a=show&catid=21580&id=205747, 검색일: 2014年 9月 28日.

79) 「中國欽州港與馬來西亞關丹港締結國際姐妹港」, http://www.caexpo.org/index.

친저우산업단지와 마·중 쿠안탄산업단지의 발전에 긍정적 시너지를 발휘하고, 광시가 적극적으로 참여하고 있는 범통킹만 경제협력을 강화시키는 동시에 중국-아세안 자유무역지구 업그레이드, 21세기 해상실크로드를 건설하기 위한 유익한 시도이기도 하다.

3 윈난: 교두보 전략과 방글라데시·중국·인도·미얀마 경제회랑, 실크로드 경제벨트 건설

21세기 초 윈난과 동남아 주변국과의 협력에서 눈에 띄게 나타나는 특징은 서남쪽 개방을 위한 주요 교두보 건설 전략 실시와 방글라데시·중국·인도·미얀마 경제회랑 건설, 실크로드 경제벨트 건설에 적극 참여하는 것이다.

서남향 개방을 위한 주요 교두보 건설 전략(이하 '교두보 전략')은 윈난이 추진하는 국가전략이며, 2011년 5월 국무원이 발표한 「윈난성 서남 개방 주요 교두보 건설 가속화에 관한 의견關於支持雲南省加快建設面向西南開放重要橋頭堡建設的意見」은 윈난성의 교두보 건설 구상이 중앙정부의 지지와 긍정적 평가를 받고 있다는 것을 의미한다. 2012년 교두보 건설 전체 계획이 다시금 국무원의 비준을 받아 같은 해 윈난이 이를 본격적으로 시행했다. 우선 윈난성과 관련 당국, 중앙기업은 84건의 전략적 협력 협약을 체결하고, 제1차 부서간 연석회의部際聯席會議를 개최했다. 또한 쿤밍에서 중국-남아시아 박람회가 정식으로 개최되었고, 중

hp?m=content&c=index&a=show&catid=21288&id=205743, 검색일: 2014年 9月 28日.

국-미얀마 가스관, 쿤밍·뎬츠 국제컨벤션센터昆明滇池國際會展中心 등 굵직한 건설 사업도 착공에 들어갔다. 그 외에도 루이리 중점개발개방시험구瑞麗重點開發開放試驗區의 건설이 시작되고, 국제경제협력구跨境經濟合作區와 접경경제협력구邊境經濟合作區의 건설도 순조롭게 진행되었다.

'서남향 개방'을 위한 윈난의 교두보 건설 전략은 접경지역 개발 및 개방, 그리고 동남아시아, 남아시아와의 협력관계 강화와 밀접한 연관이 있다. 이에 21세기 초부터 시작한 방글라데시·중국·인도·미얀마 경제회랑 건설과도 연결되는 측면이 있다. 방글라데시·중국·인도·미얀마 경제회랑(영문 약칭 'BCIM')은 동남아시아, 남아시아, 동아시아 3대 시장을 연결하는 것으로 학계가 최초로 제안한 개념이었다. 1998년 윈난 학계는 인도, 미얀마, 방글라데시 학계와 연계하여 이들 지역의 경제협력 구상을 앞장서 제안했다. 뒤이어 1999년 쿤밍에서 제1회 방글라데시·중국·인도·미얀마 지역경제협력포럼이 개최되었다.[80] 2013년 방글라데시·중국·인도·미얀마 경제회랑 구상이 각국 정부의 승인을 받았으며, 같은 해 2월 방글라데시·중국·인도·미얀마 지역경제협력포럼 제11차 회의가 방글라데시 수도 다카Dhaka에서 개최되었다. 이와 함께 방글라데시, 중국, 인도, 미얀마 4개국 콜카타Kolkata-쿤밍 자동차 랠리가 개최되기도 했다. 5월에는 리커창 총리가 인도를 방문하여 양국 공동성명을 발표하고, 방글라데시·중국·인도·미얀마 지역협력포럼의 틀에서 이루어지고 있는 지역협력의 진행에 대해 찬사를 보내기도 했다. 또한 각 참여국과 합동실무단을 구성하여 지역 간 연결 확대와 경제무역 협력,

---

80) 「孟中印緬經濟走廊 : 雲南對外開放新機遇」, http://news.kunming.cn/yn-news/content/2013-08/20/content_3381015_3.htm, 검색일 : 2014年 8月 20日.

인적교류 촉진 방안 모색에 합의하고, 방글라데시·중국·인도·미얀마 경제회랑 건설을 제안했다. 이 제안은 이후 방글라데시와 미얀마의 적극적 지지를 얻어 12월에는 쿤밍에서 방글라데시·중국·인도·미얀마 경제회랑 합동실무단 제1차 회의가 개최되었다. 당시 각국 참석자들이 회의 요록과 경제회랑 합동연구계획에 서명하면서 공식적으로 4개국 정부가 추진하는 지역협력체제가 수립되었다. 각국의 노력으로 방글라데시·중국·인도·미얀마 경제회랑의 건설은 이미 많은 진전을 이루었고, 윈난성과 방글라데시, 미얀마, 인도 간의 무역액도 2000년 4억 1600만 달러에서 2012년 28억 300만 달러로 증가했으며, 중국과 방글라데시, 미얀마, 인도 3개국과의 무역액 역시 2000년 44억 5,300만 달러에서 2013년 662억 1천만 달러로 증가했다.

윈난성은 2013년 중국 정부가 제안한 실크로드 경제벨트 건설, 21세기 해상실크로드(이하 '일대일로')와 윈난의 교두보 건설 전략을 연계하여 개방 확대와 주변과의 협력을 가속하기 위해 다음과 같은 방안을 제시했다. 첫째, 교두보 건설 추진을 가속화하여 일대일로 건설에서 윈난이 중요한 관문 역할을 수행한다. 이를 위해 주변국과 정책소통, 도로연결, 무역 원활화, 화폐유통, 민심소통 강화에 박차를 가한다. 둘째, 메콩강 유역 협력 업그레이드를 추진하고, 일대일로 지역협력에서 윈난의 전략적 역할을 발휘하도록 한다. 셋째, 방글라데시, 중국, 인도, 미얀마와 경제협력을 촉진하고, 일대일로 선린외교 전략에서 윈난이 통로 역할을 수행한다. 또한 방글라데시·중국·인도·미얀마 경제회랑 건설을 통해 윈난의 새로운 전략적 공간을 모색한다. 넷째, 접경 개방을 가속화하여 일대일로에서 윈난이 선행시범구先行先試區 역할을 수행하도록 한다. 윈난은 뎬중산업신구滇中産業新區, 접경금융종합개혁시험구沿邊金融綜合改革試驗區, 루이리중점개발개

방시험구瑞麗重點開發開放試驗區, 국경간경제협력구跨境經濟合作區 건설을 가속
화하고, 중국-남아시아 박람회, 쿤밍수출입상품교역회, 접경상품교
역회를 대외개방 플랫폼으로 자리 잡게 하며, 접경개방형沿邊開放型 경
제 수준을 한층 더 높인다.

이 같은 윈난성의 구상은 2013년 실행에 옮겨졌다. 구체적으로는
쿤밍에서 첫 번째 중국-남아시아 박람회를 개최하고, 제3회 중국-남
아시아 우호단체포럼中國南亞友好組織論壇을 주관하여 중국과 동남아시아,
남아시아 국가 간 교류와 협력을 위한 새로운 장을 마련했으며, 방
글라데시와 협력하여 방글라데시·중국·인도·미얀마 지역협력포럼
孟中印緬地區合作論壇 제11차 회의 개최 및 제1회 방글라데시·중국·인도·
미얀마 4개국 자동차 랠리도 조직했다. 또한 윈난-라오스 북부 협력
실무단雲南-老北合作工作組 제6차 회의와 제1회 윈난-미얀마 협력포럼滇緬合
作論壇도 개최했다. 윈난 당국과 접경지역들은 이 같은 활동에 적극
참여했으며, 여기에는 두 가지 특징이 있었다.[81]

우선, 각 부문이 각자의 장점을 바탕으로 각 지역 실정에 맞는 계
획을 세우고 이에 따라 접경지역의 개방과 개발을 추진했다. 대표적
으로 문화·교육부문이나 루이리시를 예로 들 수 있다. 윈난의 문화
·교육부문은 윈난에 과계민족이 많다는 점과 주변국과의 교류가 밀
접하게 이루어지고 있다는 특징을 바탕으로 주변국과 교류 협력을
적극적으로 추진했으며, 민족언어로 제작한 방송 프로그램을 방영
하고 '궈먼학교國門學校'(중국인으로서의 소속감을 교육하는 변경 학교

---

81) 윈난 각 부문과 접경지(주, 시), 현의 대외 경제문화협력 참여 현황은 모두
2014년 1월 순훙녠(孫宏年)이 윈난 현지조사에서 얻은 자료를 바탕으로 했다.
이에 윈난 각 부문과 지방의 지원에 감사를 표한다.

제4장 동남아시아 정세와 중국 서남 변강지역의 안보, 안정 및 발전 717

로서 타 국적 학생도 수용하며 기숙사도 운영, 역자주)를 운영하는 등의 활동을 전개했다. 윈난성에는 16개의 과계민족이 있고, 그들과 같은 민족이거나 같은 연원을 가진 타국 소수민족이 약 2,000만 명에 이른다. 이러한 상황을 반영하여 윈난방송국은 더훙다이어德宏傣語, 시솽반나다이어西雙版納傣語, 리수어傈僳語, 징포어景頗語, 라후어拉祜語 등 5개의 소수민족언어 프로그램을 개설하고, 16개 주州와 시市 가운데 8개의 민족자치주와 그 관할 접경현들이 소수민족언어 방송 프로그램을 개설하고 있다. 윈난방송국은 5개의 소수민족언어 방송 프로그램을 제작함으로써 중국 민족언어 방송 중 가장 많은 어종으로 제작하는 성급 방송국이라 할 수 있다. 방송 송출 범위는 윈난성 내의 시솽반나, 더훙, 누장, 바오산, 푸얼, 린창, 리장麗江, 디칭迪慶, 다리大理, 훙허 등 접경 소수민족지역과 미얀마, 라오스, 태국, 베트남 등 주변국을 포함하며, 윈난과 주변국 간 문화교류 측면에서 중요한 역할을 담당하고 있다. 한편 윈난은 국경지역에 광범위하게 '궈먼학교'를 설립하여 주변국 접경지역의 중국어 교육을 위한 교류를 확대하고 있다. 그 예로 2014년 초까지 텅충현 18개 향진鄉鎭 중 15개 향진의 학교가 미얀마 국적의 학생을 받았고, 의무교육단계에서는 모든 향진이 미얀마 국적의 학생을 받았다. 또한 그들에게 '양면일보兩免一補(정부가 의무교육 기간 동안 농촌이나 저소득 가정의 자녀에 대해 교재와 기타 비용을 면제해주고, 생활보조금을 지급하는 정책, 역자주)' 혜택과 급식을 제공하기도 했다. 중등교육단계에서는 화교반僑生班을 개설하여 학비면제뿐만 아니라 매월 350위안의 생활보조금을 지급했다. 동시에 교육지원을 위해 미얀마 중국어학교華文學校에 교사들을 파견했으며, 현지 여러 중국어학교에서는 중국의 9년 의무교육에 사용되는 교재를 채택하기도 했다.

더훙주의 루이리시는 삼면이 미얀마와 국경을 접하고 있어 제가오 접경무역지구姐告邊境貿易區와 루이리, 완딩 두 개의 국가 1급 통상구를 설치하고 있으며, 여기에서 이루어지는 접경무역액은 윈난 전체 무역의 약 50%를 차지하고 있다. 2013년 12월 더훙주 인민정부는 미얀마의 정세변화에 따라 조세, 투융자, 산업과 무역, 토지자원, 통상구 통관과 여행 관리, 공공서비스 관리 등에 관한 21개의 정책을 담은「루이리 중점개발개방시험지구 건설 촉진에 관한 정책」을 발표하여 본 시험구 건설을 장려했다. 본 정책에서 조세분야의 경우, 2014~2020년까지 더훙다이족징포족자치주德宏傣族景颇族自治州는 매년 시험구에 5000만 위안의 특별재정보조금을 지급하며, 이는 인프라 건설과 주요 산업 발전을 지원하는 데 사용한다. 주급州級 재정에 있어 자금관리나 예산 배정도 시험구 건설과 관련된 사업에 집중되었다. 투융자의 경우, 각종 금융기관은 시험구 건설과 관련된 업무 및 여신지원을 중점 업무로 두고, 시험구 발전을 위한 특별 대출과 함께 일정 조건을 갖춘 시험구 입주 기업이 국내외 자본시장을 통해 자금을 조달할 수 있도록 지원한다. 산업과 무역 부분에서는 동부산업이전 프로젝트東部產業轉項目 관련 기업과 대기업, 대형 사업을 시험구에 우선 유치하도록 한다. 또한 해외 자원, 에너지, 시장 등을 바탕으로 한 공업 부문을 통해 시험구가 발전할 수 있도록 지원한다. 토지의 경우, 루이리시에 주급州級 토지관리 권한을 위임하여 시험구 건설 상황에 따라 토지이용에 관한 전체 계획을 수정 또는 평가할 수 있게 하고, 도농건설용지城鄉建設用地 관리와 연계하여 언덕처럼 효율성이 낮은 토지의 2차 개발과 도시 내 촌락개조사업 등 종합적인 토지 개발·이용 업무를 추진할 수 있도록 한다. 마지막으로 통상구 통관과 여행관리의 경우, 시험구 통상구 건설에 대한 지원 폭을 확대하도록 한다.

둘째, 정부가 주도하고 당黨, 정政, 상商, 학學, 군軍 등 각계의 적극적 참여를 유도한다. 이와 관련해 루이리시, 바오산시, 푸얼시 등의 시도를 눈여겨볼 필요가 있다. 근래 루이리시, 바오산시, 푸얼시 등은 비영리재단을 설립한 바 있다. 2013년 10월 루이리시는 국제문화교류의 장을 마련하고, 민족전통문화의 발전과 접경사회의 화합을 이끌어내고자 중국-미얀마 접경문화교류협회를 설립했다. 이는 중국과 미얀마 접경민족 문화가 서로 화합하고, 지리적 인접성을 바탕으로 출판물과 영상물을 통해 민족문화를 전승하여 종교의 화합과 안정을 도모하고, 양국 교류와 상호 신뢰를 증진시키고자 함이었다. 본 협회는 미얀마와의 정례회동, 업무교류, 상황보고 등을 통해 양국 문화를 심층 연구하고, 양국 문화의 의미를 드높여 특색 있는 문화 브랜드를 양성하여 양국 문화의 영향력을 확대시키고자 한다.

2013년 12월 바오산시는 '남아시아 (바오산)국제무역연합회 준비대회南亞(保山)國際貿易聯合會籌備大會'와 '바오산 이우 국제도매시장 기업유치 설명회暨保山義烏國際商貿城招商說明會'를 개최하여 바오산 주재 기업 간의 친목을 다지고, 협력을 통해 남아시아 진출을 위한 매개와 연대를 구축할 수 있도록 했다. 또한 시는 '국내 유치와 해외 진출請進來, 走出去' 전략을 채택하여 남아시아 국제무역 통로를 확장하는 한편, 바오산 이우 국제도매시장保山義烏國際商貿城 내에는 미얀마관을 포함하는 200여 개의 점포가 입점된 남아시아명품구南亞精品區를 설치하기로 했다. 나아가 남아시아, 동남아시아, 심지어 유럽에도 상품시장을 마련하여 최종적으로는 중국과 각국 간 거대한 상품 유통망을 실현시키고자 했다. 같은 해 12월 6일 '푸얼시 동남아·남아시아 경제무역협력발전연합회'라는 비영리조직이 발족되었다. 본 연합회는 푸얼시의 지리적 이점을 바탕으로 중국 국내와 동남아시아, 남아시아를 연결하고, 지역의 양자 및 다자간 협력을 촉진하여 상호이익 증대와 공동이익을 도모하기 위해 설립되었다. 이는 중국이 서남향 개방 교두보 전략을 실시하는 데 있어 쿤만국제고속도로 요충지대에 위치한 푸얼시가 그 지리적 이점을 발휘하여 선도적인 역할을 수행할 수 있도록 했다.

4 중국 서남 접경과 동남아 주변국 경제협력 분석

2013년 중국이 제안한 일대일로, 방글라데시·중국·인도·미얀마 경제회랑 건설, 아시아인프라투자은행 등 주요 이니셔티브는 상호 연결과 소통을 촉진하고, 지역협력을 위한 전략적 구상을 주변에 실익을 가져다주는 구체적 성과로 만들어 중국과 아시아 국민의 행복을 증진시키는 데에 그 의의가 있다고 할 수 있다. 그중 일대일로 건설은 유라시아대륙을 연결하는 실크로드 경제벨트와 태평양과 인도양을 잇는 해상실크로드를 구축하는 것으로서, 이는 '우선 고대 실크로드 특유의 가치와 이념을 발굴하여 새로운 시대적 함의를 불어 넣기 바라는' 데에서 출발한 것이다.[82] 2014년은 중국과 아세안의 전략적 협력동반자 관계가 2번째 10년을 맞이하는 해로, 중국과 아세안 관계가 새로운 역사적 출발선상에 서 있다고 할 수 있다. 그

---

82) 「外交部長王毅在瑞士出席達沃斯世界經濟論壇年會期間接受中方媒體聯合採訪」, http://www.fmprc.gov.cn/mfa_chn/zyxw_602251/t1122904.shtml, 검색일: 2014年 1月 28日.

렇다면 이후 중국과 아세안의 관계는 어떻게 발전할 것이며, 광시와 윈난은 어떻게 동남아시아, 남아시아 주변국들과의 협력을 확대할 수 있을 것인가?

첫째, 중국은 이미 중국과 동남아 주변국, 중국과 아세안 간의 협력과 관련해 다수의 이니셔티브를 제안한 바 있다. 2014년 9월 16일 부총리 장가오리張高麗는 중국 정부를 대표하여 참석한 제11회 중국-아세안 박람회와 중국-아세안 비즈니스·투자 정상회의에서 중국정부가 항상 아세안과의 우호협력을 중시하고, 아세안을 주변외교의 우선순위로 두고 있으며, 아세안의 성장과 아세안 공동체 건설 그리고 지역협력에서 아세안의 주도적 위치를 지지한다고 밝혔다. 또한 그는 6개의 이니셔티브로서 정치적 상호 신뢰 증진, 중국-아세안 자유무역지구의 수준과 질 향상, 상호연결과 소통互聯互通 강화, 해상협력 확대, 소지역 협력 강화, 인문교류 증진을 제안하고, 구체적 방향과 목표에 대한 중국의 입장도 함께 밝혔다. 그중 중국-아세안 자유무역지구의 수준과 질 향상을 위해 중국이 무역·투자 원활화를 21세기 해상실크로드 건설의 우선 영역으로 삼고 있다는 점과 양측이 정식으로 자유무역지구 업그레이드에 대한 논의를 개시한 데에 환영의 뜻을 표했고, 하루빨리 다음 단계 실무 방안에 대해 확정할 것을 건의했다. 그리고 시장을 더욱 개방하고, 경제, 무역, 투자 분야의 협력을 확대하여 2015년 양측 무역액을 5000억 달러 수준으로 높이고, 2020년에는 1조 달러까지 확대한다는 목표를 제시했다. 게다가 중국은 아세안 국가와의 상호 투자를 지지하며, 중·싱가포르 쑤저우공업단지中新蘇州工業園區, 중·싱가포르 톈진생태도시中新天津生態城 등의 사업은 이미 중국과 아세안국가 간 투자 협력의 모범사례가 되었고, 진행 중인 중·마 친저우산업단지와 마·중 콴탄산업단지도 성공적으로 조성해야 한다고 언급했다. 또한 그는 접경지역에 접경경제협력구의 설립을 적극 검토하여 접경지역이 양측 이익을 융합하는 연결고리 역할을 할 수 있도록 해야 한다고 덧붙였다. 한편 그는 상호연결과 소통은 21세기 해상실크로드의 주요 내용으로서 중국은 이를 강화하여 중점 도로와 연결지점 등 주요 공사에 박차를 가하고, 해운·수운망, 고속도로망, 고속철로망, 항공망, 통신 광케이블망을 구축하여 안전하고 효율적인 통합 네트워크를 만드는 데 주력하며, 중국-아세안 항구도시 협력 네트워크 및 중국-아세안 항구 물류정보 공공플랫폼 구축도 서둘러야 한다고 건의했다. 그리고 아시아인프라투자은행 설립을 적극 추진하여 이 지역, 특히 동남아지역의 융자 병목현상 해소를 통해 지역 발전을 촉진하는 한편, 양측의 통화스와프 규모 및 범위 확대, 위안화 역외 무역결제의 확대, 위안화와 아세안국가 화폐의 시장거래센터 건설, 금융인프라 구축, 금융서비스 협력 등을 촉구했다. 마지막으로 소지역 협력 추진을 위해 중국은 범통킹만 경제협력의 지속적 확대와 난닝-싱가포르 경제회랑 건설, 각종 자원 및 생산요소의 지역 간·국가 간 이동 촉진 등을 제안하고, 상호보완, 지역분업, 연계개발, 공동발전을 위한 통로인 경제벨트를 형성하여 중국-아세안 협력의 큰 흐름을 구축할 것을 제안했다.[83]

중국이 제안한 이니셔티브에 대해 일부 동남아시아 국가는 적극적 지지를 보냈다. 제11회 중국-아세안 박람회와 중국-아세안 비즈니스·투자 정상회의 기간 인도네시아, 베트남 등의 정부 인사들은

---

83) 張高麗, 「攜手共建21世紀海上絲綢之路共創中國-東盟友好合作美好未來——在第十一屆中國-東盟博覽會和中國-東盟商務與投資峰會上的致辭」, http://www.fmprc.gov.cn/mfa_chn/zyxw_602251/t1191739.shtml, 검색일: 2014年 9月 16日.

적극적인 호응을 보였다. 인도네시아 무역부 차관 바유 크리스나무르티Bayu Krisnamurthi는 중국이 인도네시아의 제1의 협력 파트너이고, 양측의 협력공간은 아주 넓으므로 에너지, 물류, 교통, 기술 등 영역에서 중국과 협력하기를 희망한다고 밝혔다. 인도네시아는 21세기 해상실크로드 건설을 기회로 삼아 현재 적극적 참여 방안을 모색 중이다.[84] 베트남 부총리 겸 외교부 장관 팜 빈 민도 9월 16일 열린 박람회 개막식 축사에서 베트남이 중국과 아세안 기업들의 베트남 투자에 대해 편의를 제공하고, 중국과 아세안 국가들과의 친선 및 상호 이익과 협력을 강화하여 함께 번영과 평화, 안정의 아시아를 만들어 나가자고 말했다.[85]

2014년 11월 리커창 총리는 미얀마에서 개최된 동아시아 협력 정상회의와 같은 달 13일 열린 제17차 중국-아세안(10+1) 정상회의에 참석했다. 그는 중국과 아세안의 전략적 협력동반자 관계가 새로운 역사적 단계에 진입했으며, 중국정부는 줄곧 아세안을 주변외교의 우선순위로 두고 아세안공동체 건설을 확고하게 지지하고 있으며, 아세안 국가들과 각 분야의 실무 협력을 확대하여 더 긴밀한 중국-아세안 운명공동체를 만들겠다고 강조했다. 이를 위해 그는 중국-아세안 관계 발전 대전략의 수립, 중국-아세안 자유무역지구 업그레이드 공동 추진, 상호연결과 소통을 위한 인프라망 구축 가속화, 해상

---

84) 「印度尼西亞貿易部副部長巴尤·克利斯納穆迫: 博覽會爲中印尼提供了巨大合作空間」, http://www.caexpo.org/index.php?m=content&c=index&a=show&catid=21606&id=205450, 검색일: 2014年 9月 18日.

85) 「越南副總理:更加努力加强中國和東盟各國的友誼及合作」, http://www.caexpo.org/index.php?m=content&c=index&a=show&catid=21606&id=205640, 검색일: 2014年 9月 19日.

협력을 위한 새로운 계획 수립, 전통· 비전통 안보 보장, 인문·과학 기술·환경보호 등의 새로운 협력 분야 발굴 등 6개 분야의 건의를 제안했다. 그 구체적 내용은 다음과 같다.

① 중국-아세안 관계 발전 대전략 수립을 위한 협력을 위해 중국 측은 조속히「중국-아세안 평화와 번영을 위한 전략적 동반자 관계 공동 선언」제3단계 행동계획(2016~2020) 수립에 착수할 것과 「중국 -아세안 국가 선린우호 협력 조약」체결을 위해 적극적으로 협의할 것을 요청했다. 또한 중국은 10+1 틀에서 란창강-메콩강 대화 체계 를 구축하고, 2015년 중 적절한 시기에 외교장관 회의와 외교 고위 급 회의를 개최하여 아세안 소지역 발전을 도모해야 한다고 밝혔다. 그리고 중국은 동아시아 빈곤 해소에 적극 협력하고, 2015년에는 아 세안 저개발국에 30억 위안의 무상 원조를 제공함으로써 아세안 내 부의 발전 격차를 줄일 수 있도록 지원하고자 한다는 점도 밝혔다.

② 중국-아세안 자유무역지구 업그레이드와 관련해서 중국 측은 2015년 말까지 관련 협상을 완료할 것을 요청하고, 앞으로 3년간 3000만 위안을 제공하여 자유무역지구 틀 아래서 경제·기술 협력을 지원할 것임을 밝혔다. 또한 중국은 아세안 국가들과 과경跨境 경제 협력지구와 산업단지 조성을 추진하고, 양측이 자유무역지구 규칙 과 표준 수립을 위해 협력하며, 산업연계, 중소기업 협력 등 다양한 분야에서 연구와 협력을 강화하길 바란다고 언급했다.

③ 상호연결과 소통을 위한 인프라망 구축을 위해 중국은 육해공 을 연결하는 복합 수송로 건설 및 통신·전력·인터넷 등의 연결계획 을 적극 추진하고, 통관 편의, 시장감독과 관리, 표준규범 등 제도적 기반을 개선하는 데에도 주력할 것을 요청했다. 또한 아시아인프라 투자은행의 조기 운영을 모색하여 인프라 건설을 위한 자금을 지원

하고, 실크로드기금을 조성하여 상호 연결과 소통을 위한 사업에 우선적으로 지원하겠다고 밝혔다.

④ 중국은 새로운 해상협력 계획을 수립하기 위해 2015년을 '중국-아세안 해양협력의 해'로 지정하고, 관련국가 해양장관이 참석하는 해양협력포럼 개최를 위한 논의를 제안했다. 또한 해상의 법 집행기구 간 대화와 협력을 강화하고, 해양협력센터의 설립을 제안하기도 했다. 그리고 중국은 아시아개발은행의 지원을 통해 완성된 「범통킹만 경제협력 로드맵」에 대해 환영의 뜻을 표하고, 각 당사국과 실무협력을 이어가길 바란다고 언급했다.

⑤ 인문, 과학기술, 환경보호 등 새로운 협력 분야를 발굴하기 위해 중국은 「중국-아세안 문화협력행동계획」을 조속히 구체화시키고, 교육, 농촌 빈곤해소, 공공위생, 인재양성, 과학, 환경보호 등 분야에서 협력을 강화할 것을 제안했다.[86]

이 같은 중국의 제안에 대해 아세안 각국 지도자들도 환영의 뜻을 밝히고, 중국과 정치적 신뢰 증진, 실무협력 강화, 상호 무역·투자 규모 확대, 지역 간 상호연결과 소통 확대가 이루어지길 희망한다고 언급했다. 또한 「아세안국가-중국 선린우호 협력 조약」체결을 적극 추진하여 아세안과 중국의 전략적 협력동반자 관계를 격상하는 데에도 동감했다.

둘째, 일대일로와 방글라데시·중국·인도·미얀마 경제회랑 건설, 상호 연결과 소통 확대를 위해 중국은 동남아시아, 남아시아 주변국과의 협력을 강화할 새로운 방안을 제시했고, 이 또한 관련국의 긍

---

86) 「李克強在第十七次中國-東盟(10+1)領導人會議上的講話」, http://www.fmprc
.gov.cn/mfa_chn/zyxw_602251/tI210820.shtml, 검색일: 2014年 11月 14日.

정적 반응을 이끌어냈다.

2014년 11월 방글라데시 대통령 하미드Abdul Hamid, 라오스 대통령 촘말리Choummaly Sayasone, 몽골 대통령 차히아긴 엘베그도르지Tsakhiagiin Elbegdorj, 미얀마 대통령 테인 세인, 타지키스탄 대통령 라흐몬Emomali Rahmon, 캄보디아 총리 훈센Hun Sen, 파키스탄 총리 샤리프Nawaz Sharif가 중국에 방문하여 8일 열린 「상호연결 소통 동반자 관계 강화 대화加强互聯互通伙伴關系對話會」에 참석했다(이하 '대화회'). 본 대화회에서 시진 핑 주석은 400억 달러를 출자하여 실크로드 기금을 조성하겠다고 선언했다. 또한 그는 아시아 국가에 초점을 맞춰 경제회랑을 바탕으로 교통 인프라를 돌파구로, 금융플랫폼 건설을 수단으로, 인문교류를 연결고리로 삼아 일대일로 실무 협력을 확대하여 아시아 국가들 간의 상호연결 소통 협력동반자 관계를 강화하고 함께 발전하는 운명공동체를 만들어 나가야 한다고 강조했다.

이에 대해 방글라데시, 라오스 등 7개국 정상들은 중국의 일대일로와 실크로드기금 조성에 대해 높이 평가하고, 아시아인프라투자은행의 설립을 지지하면서 중국의 구상과 주장이 각국 발전 수요에 부합할 뿐만 아니라 각국에 중요한 기회를 제공한다고 화답했다. 11월 12~14일 리커창 총리는 동아시아협력정상회의에 참석한 후 미얀마를 방문하여 「양국 포괄적 전략 협력 확대에 관한 공동성명」을 발표했다. 미얀마 측은 중국 측이 제안한 '실크로드 경제벨트와 21세기 해상실크로드 공동 건설'이라는 이니셔티브에 환영의 뜻을 밝히고, 양국 간 해양경제, 상호연결 소통, 과학기술·환경보호, 사회·인문 등 각 영역의 실무협력 확대 및 양국과 기타 연선 국가 간의 협력을 촉진하여 공동의 발전과 이익을 추구하기로 합의했다. 또한 양측은 본 협의를 확대하여 방글라데시·중국·인도·미얀마 경제회랑 건설 전반기前期 사업과 이와 연계한 중국-미얀마 도로건설 등 기타 연결 사업을 지속적으로 추진하고, 다른 관련국들과의 소통도 긴밀히 이어나가기로 했다.

중국이 추진하는 일대일로 건설과 상호연결 소통 사업 등은 라오스, 캄보디아, 방글라데시 등 동남아시아와 남아시아 각국 정부 및 각계 인사의 적극적 지지를 받고 있다. 라오스는 인도차이나반도에서 유일한 내륙국가로서 중국, 미얀마, 태국, 캄보디아, 베트남 중간에 위치하여 교통이 불편하고, 기업 및 투자 유치도 저조하여 아세안 국가 중 경제가 낙후된 편이다. 이에 라오스는 '육상연결 국가陸聯國·Land-linked-Country'라는 단어를 만들었는데, 이는 '육상폐쇄 국가陸鎖國·Land-locked-country'의 반대 개념으로서 내륙국가라는 열세를 지리적 이점으로 바꾸어 주변국들을 연결하는 허브로 거듭나고, 특히 중국과 아세안을 연결하는 핵심 연결지점이 되고자 하는 것이다. 라오스의 '육상연결 국가' 개념은 이미 국가전략으로 승격됨에 따라 일대일로 및 상호연결 소통 강화 사업을 주시하면서 이에 편승하고자 한다. 라오스 KPLKhaosan Pathet Lao통신사 사장 순톤Sounthone Khanthavong은 중국의 국제헤럴드리더國際先驅導報·International Herald Leader와의 인터뷰에서 "상호연결 소통 사업이 추진됨에 따라 라오스가 '육상봉쇄 국가'에서 '육상연결 국가'로 거듭나 중국의 발전에 편승하여 라오스의 경제발전을 촉진할 수 있고, 2020년까지 빈곤국가 탈출이라는 목표 실현과 함께 개방과 포괄적 발전을 이룰 수 있을 것이라 믿는다"고 언급했다.[87] 순톤의 시각은 라오스의 대표적 견해라 할 수 있으며 라오스 정부 역시 그와 비슷한 입장을 취하고 있다. 대화회 기간 동안 라오스 대

---

87) 榮忠霞, 「安旺奔的期盼」, 『國際先驅導報』, 2014年 11月 21~27日.

통령 촘말리 역시 "이번 대화회는 지역협력 촉진에 있어 중요한 의미를 가진다. 라오스는 중국과 교류·협력을 강화하고, 아시아인프라투자은행 준비에 적극 참여할 것이며, 라오스의 농업, 인프라 건설을 촉진하고 경제발전에 박차를 가할 것이다."라고 말했다.

캄보디아 훈센 총리는 중국 측이 본 대화회와 APEC^{Asian-Pacific Economic Cooperation·아시아 태평양 경제협력체} 비공식 정상회의를 주최하는 것을 전적으로 지지하며, 일대일로 건설에 힘입어 캄보디아 인프라 건설과 경제발전을 이끌어 내고, 지역통합에 참여하여 지역평화와 안정을 이뤄내길 희망한다고 말했다. 최근 몇 년 동안 중국이 캄보디아에서 신설 또는 보수를 진행한 도로는 캄보디아 국도의 35% 이상으로 그 길이만 2,169㎞에 달하며, 이를 통해 캄보디아 교통상황을 크게 개선시켰다고 할 수 있다. 현재 캄보디아는 더 높은 수준의 폐쇄식 고속도로 건설을 적극 검토 중이며, 2014년 5월 중국의 한 교통설계기술원이 2,230㎞에 달하는 고속도로 설계 계획이 담긴 캄보디아 고속도로 발전 기본계획 보고서를 제출한 바 있다. 이에 훈센 총리는 대화회 기간 중 특별히 중국기업 대표를 만나 캄보디아에 하루빨리 고속도로가 건설되길 희망한다고 전했다. 캄보디아 평화 협력 연구소^{Cambodian Institute for Cooperation and Peace}의 한 학자는 중국의 실크로드 기금이 지역의 인프라 연결 사업 추진에 있어 결정적인 보완 역할을 함으로써 이 지역 국가 발전에 더 많은 기회를 제공할 것으로 보았다.[88]

방글라데시 경우, 76%의 화물운송과 73%의 여객운송이 도로를 통해 이루어지고 있지만, 교통 인프라가 취약하고 그 속도도 느려 방글라데시 발전을 저해하는 주요 요소로 자리 잡고 있다. 이에 방글

---

88) 薛磊·李弘,「送水節成功擧辦背後」,『國際先驅導報』, 2014年 11月 21~27日.

라데시는 방글라데시·중국·인도·미얀마 경제회랑 건설과 상호연결 소통 전략에 대해 적극적 지지를 표명하고, 아시아인프라투자은행에 창립회원국으로서 가입하기도 했다. 2014년 6월 방글라데시 총리 셰이크 하시나Sheikh Hasina Wazed가 중국을 방문하여 「더욱 긴밀한 포괄적 협력동반자 관계 심화에 관한 공동성명」을 발표하고, 방글라데시·중국·인도·미얀마 경제회랑 건설이 지역의 다른 상호연결 소통 이니셔티브와 중요한 상호보완 관계를 이루고 있다는 점을 인식하고, 양국의 상호협력과 지속 가능한 발전을 위한 장을 마련할 것이라고 강조했다. 또한 방글라데시·중국·인도·미얀마 경제회랑을 통해 지역의 발전 잠재력을 일깨워 지역의 평화와 안정, 공정 그리고 지속 가능한 발전을 실현해야 한다고 밝혔다. 11월 방글라데시 대통령 하미드는 대화회 기간 중 현재 방글라데시가 빈곤해소와 발전을 위해 노력하고 있으며 일대일로를 기회로 삼아 양국 무역과 연결을 확대하겠다고 재차 언급했다.

셋째, 광시와 윈난은 지방 차원에서 향후 동남아시아, 남아시아 주변국과의 협력 강화를 위한 사항들을 면밀히 검토하고 있으며, 일부 관료와 학자들도 관련 구상이나 건의를 제안하고 있다.

2014년 9월 16일 중국-싱가포르 경제회랑 거점도시 시장市長 라운드테이블 회의에서 광시는 아세안과의 협력과 개방의 창구로서 아세안 국가들과 협력을 확대하고, 범통킹만 협력과 중국 난닝-싱가포르 경제회랑 건설을 가속화하여 중국 서남과 중남부 지역 개방을 위한 새로운 전략 거점을 조성하기 위해 노력하겠다고 밝혔다. 또한 동남아 주변국들과 손잡고 중국-싱가포르 경제회랑을 추진함으로써 21세기 해상실크로드와 중국-아세안 운명공동체 건설이라는 목표를 실현하길 바란다고 밝혔다. 그리고 중국-싱가포르 경제회랑 인근 지역 및 도시 간의 협력을 확대하기 위해 인프라 건설을 더욱 확대하여 육해공을 복합적으로 연결하는 구조를 만들고, 국경 간 산업, 투자, 관광 협력과 통관수속 간소화에 박차를 가하는 한편, 협력기제 마련에 더욱 노력하여 발전역량을 결집할 것을 제의했다.[89] 황즈융黃志勇 연구원은 해상실크로드 참여에 있어 광시는 서남국제항운센터西南國際航運中心 건설의 가속화를 중심으로 친저우항 보세구역欽州保稅港區, 핑샹종합보세구역憑祥綜合保稅區, 난닝보세물류센터南寧保稅物流中心, 베이하이수출가공구역北海出口加工區 등 세관 특수 관리감독구역의 기능과 관련된 정책을 완비하여 통관체계 혁신과 효율성 제고를 달성해야 한다고 주장했다. 친저우항 보세구역, 중·마 친저우산업단지를 기반으로 아세안으로 향하는 통킹만 자유무역항을 설립하기 위해 상하이 자유무역지구에 적용된 정책뿐만 아니라 좀 더 혁신적인 정책제도와 새로운 혜택을 적용해야 한다고도 언급했다.[90] 또한 그는 난닝에 중국-아세안 지역성 국제금융센터를 건립하여 중국-아세안 상호연결 소통 투·융자 플랫폼을 난닝에 개설함으로써 중국과 아세안 간의 화폐거래를 촉진시키고, 상업은행의 위안화-아세안 화폐 공시거래를 장려할 것을 제안했다. 이뿐만 아니라 그는 광시좡족자치구 정부와 당위원회가 아시아인프라투자은행 창설을 위한 준비와 관련 업무에 관심을 갖고, 난닝에 아시아인프라투자은행 본부를 유치하기 위한 현안 연구가 하루빨리 조직되길 바란다고 덧붙였다.[91]

---

89) 「中國廣西副主席·深化與東盟合作打造對外開放新支點」, http://www.caexpo.org/index.php?m=content&c=index&a=show&catid=21606&id=205639, 검색일: 2014年 9月 19日.

90) 「黃志勇: 不失時機地加快建設西南國際航運中心」, http://www.gass.gx.cn/html/2014/mt_0512/1159.html, 검색일: 2014年 9月 19日.

윈난이 주변국과의 협력을 확대하는 데 있어 상호 연결과 소통은 매우 중요하다. 다만, 윈난과 미얀마·라오스 등 주변국과의 일부 사업은 이미 완료되었지만 정책소통과 연계문제가 남아 있는 상황이다. 예를 들면, 쿤만고속도로가 개통되었지만 원활하게 운영되지 못하는 문제가 나타났다. 그 이유는 쿤만고속도로 건설이라는 하드웨어는 이미 완성되었지만 중국과 관련국 사이 정책소통과 무역 원활화라는 소프트웨어적 뒷받침이 미흡하여 상호연결 소통 측면에서 아직 제대로 된 역할을 발휘하지 못하고 있기 때문이다. 또한 이미 완공된 윈난과 미얀마·라오스 등 주변국과의 사업은 이후 더 원활한 운영이 필요하다. 2014년 11월 14일 중국-미얀마 국제 육지광케이블 공사가 완료되어 윈난 루이리에서 시작해 미얀마 무세, 만달레이Mandalay, 네피도, 양곤Yangon을 거쳐 인도양의 항구도시인 응웨사웅Ngwe Saung까지 연결되는 전체 길이 1,500㎞, 80×10G 전송 시스템이 설치되었으며, 이 사업에 중국롄퉁中國聯通은 약 5,000만 달러를 단독 투자했다. 이 광케이블 공사로 말미암아 중국의 아세안 진출을 위한 통신 허브로서 윈난의 위상이 부각되면서 중국과 동남아시아의 상호연결 소통 사업도 탄력을 받게 되었지만, 향후에는 사업의 원활한 유지와 운영이 관건이 될 것이다. 일부 새로운 사업은 조속히 개시 또는 건설되거나 지속적인 확대와 강화가 필요하다. 윈난은 육상통로의 이점이 있어 남쪽으로는 라오스와 인접하고 서쪽으로는 텅충 허우차오 통상구騰沖猴橋口岸를 통해 출국하여 미얀마 미치나를 거쳐 인도양 동부까지 도달할 수 있으며, 그 거리는 300㎞에 불과하다. 윈난

---

91) 「黃志勇: 不失時機地加快建設西南國際航運中心」, http://www.gass.gx.cn/html /2014/mt_0516/1161.html, 검색일: 2014年 9月 19日.

은 현재 도로, 철로, 항공, 수로, 가스관 등 인프라 건설을 계획 중이며, '동쪽은 구이저우와 광시를 통해 바다로 연결되고, 북쪽은 쓰촨과 충칭重慶을 통해 중원中原으로 나가고, 남쪽은 베트남과 라오스를 거쳐 싱가포르와 말레이시아로 이어지고, 서쪽은 미얀마를 거쳐 인도, 파키스탄과 연결東連黔桂通沿海, 北上川渝進中原, 南下越老達新馬, 西接緬甸連印巴'되는 국제교통로를 건설하여 중국과 동남아시아, 남아시아 지역협력을 한층 더 확대시키고자 한다.

2014년 이후 중앙 당국과 기업의 지원 아래 윈난과 동남아시아·남아시아의 상호연결 소통 사업과 관련한 몇몇 의견이 합의에 이르렀다. 그중 3가지 내용을 주목할 필요가 있다. 첫 번째는 중국과 동남아 주변국을 연결하는 주요 사업 중 하나인 중국-라오스 철로이다. 2014년 4월 라오스 정부는 중국 정부로부터 70억 달러 전액을 차관으로 들여와 중국-라오스 접경에서 비엔티안으로 이어지는 철도건설 사업을 심의 의결했다. 또한 중국철로총공사中國鐵路總公司는 미얀마 철도운수부와 잇따라 양해각서와 기본 협의를 체결하여 무세-차욱피우 철도건설을 위한 협력원칙, 협력기제 및 로드맵을 확정지었다. 둘째는 중국 서남지역에서 남아시아, 동남아시아로 통하는 도로건설은 중국과 동남아시아, 남아시아 육로 건설에 있어 중점 사업이자 상호연결 소통 추진을 위한 중요한 기반이다. 현재까지 중국학자들은 북선北線, 중선中線, 남선南線 3개 노선의 건설을 제안한 바 있다. 북선은 2차 세계대전 당시 스틸웰 도로Stilwell Road(제2차 세계대전 당시 미국 조셉 스틸웰 장군의 지휘로 착공되어 완성된 도로이며, 중국의 항일 전쟁 시기에는 이 도로를 통해 군수 물자가 중국으로 수송된 바 있음, 역자주)를 개보수하는 것으로, 쿤밍에서 바오산, 텅충을 거쳐 미얀마의 미치나, 인도의 레도Ledo로 이어지고 다시 방글라데시 치타공Chittagong을 거쳐 인도의 콜카타까지 연결된다. 2007년 4월 윈난 텅충현에서부터 미얀마 미치나까지 2급 도로 전 구간이 개통되었으며, 전체 길이가 200㎞인 이 도로는 북선로 건설을 위한 유용한 기초가 되었다. 중선은 쿤밍에서 출발하여 루이리를 거쳐 미얀마 만달레이, 방글라데시 다카에서 종점인 인도의 콜카타까지 이어지며, 이는 방글라데시·중국·인도·미얀마 자동차 랠리경주 노선이기도 하다. 남선은 쿤밍에서에서 바오산, 루이리를 거쳐 미얀마 만달레이, 메이크틸라Meiktila에서 방글라데시의 치타공, 마지막으로 인도의 콜카타까지 이어진다. 이들 3개 노선은 모두 윈난을 출발점으로 하고 있다. 향후 관련국들과의 소통을 통해 하루빨리 이들 노선을 완공하여 중국과 동남아시아, 남아시아의 지역협력을 한층 더 강화시켜야 한다. 세 번째인 범아시아 철로 역시 하루빨리 완공해야 할 중요한 사업이다. 2006년 아시아 18개국은 한국 부산에서 체결한「아시아 횡단철도 정부 간 협정」을 통해 유라시아대륙을 하나로 연결하고 간선과 지선이 종횡으로 교차하는 거대한 경제협력 및 인적교류 네트워크를 형성하는 4개의 '철의 실크로드鋼鐵絲綢之路' 건설 계획에 합의했다. 이 철도망의 동쪽 노선은 쿤밍에서부터 허커우를 통해 국경을 넘어 다시 하노이, 호치민시, 프놈펜, 방콕, 쿠알라룸푸르Kuala Lumpur를 거쳐 싱가포르에 도착하는 것으로서 중국 윈난의 '새로운 쿤허철로新昆河鐵路(새로운 쿤밍-허커우 구간 철로, 역자주)'가 바로 이 동쪽 노선의 일부이다. 2013년에는 새로운 쿤허철로의 위시玉溪-멍즈蒙自 구간이 개통되었다.

한편 아세안은 이미 아세안 고속도로망 계획AHN, 5,100㎞의 내하항로 건설 계획, 47개의 주요 항만 건설 및 보수 계획, 항공운송 설비 개선 계획, 아세안 천연가스망 계획TAGP, 1997년 착공한 아세안 전력망 계획^{APG}등을 수립한 바 있다. 이러한 계획들은 아세안 국가들 간의 상호 연계와 소통을 강화함과 동시에 향후 중국과 아세안의 상호연결 소통 추진을 가속화하는 토대가 될 것이다. 따라서 이와 관련한 아세안 국가들 간의 다자협의와 더불어 중국 정부도 적절하게 개입할 수 있을 것으로 전망되며, 실크로드기금과 아시아인프라투자은행 등을 통해 관련국들과 협의하여 효과적인 다자협력기제를 구축하고, 아세안 국가들이 조속히 위의 계획을 실행에 옮길 수 있도록 도와야 할 것이다.

넷째, 중국 서남 접경지역 간의 경제협력과 상호연결 소통이 한층 더 강화되었다. 현재 광시, 윈난 모두 범汎주강삼각주 지역 내 국내 협력사업에 적극 참여하고 있고 범통킹만 경제협력지구, 메콩강 유역 개발 등에서 각자의 역할을 수행하고 있으며, 아울러 윈구이雲桂(윈난과 광시) 협력은 이미 논의에 들어갔다. 예를 들어 윈구이철로 雲桂鐵路 건설은 중국 서남 변강지역의 상호 연결과 소통을 강화할 수 있는 좋은 출발이라 할 수 있다. 윈구이철로는 국가「중장기 철로망 계획」의 간선 철로 중 하나로 광시 난닝에서부터 서쪽으로 윈난 쿤밍까지 이어지며, 전체 길이 710㎞ 중 윈난 구간의 길이만도 431㎞에 달하며, 2016년 완공을 앞두고 있다. 광시 구간은 전체 길이가 279㎞이며 2014년 10월 17일 광시 구간의 바이서역白色站이 착공에 들어갔다. 해당 철로 전 구간이 개통되면 쿤밍-난닝 구간은 기존 12시간에서 5시간으로 단축되며, 이로써 중국 서남 변강의 연결과 소통을 가속화시킬 수 있는 한편, 후쿤滬昆(상하이-쿤밍), 위쿤渝昆(충칭-쿤밍), 쿤위昆玉(쿤밍-위시), 난쿤南昆(난닝-쿤밍), 난닝-광저우 고속철을 연결하여 범주강삼각주 지역과 환통킹만 지역의 해상진출 통로를 형성할 수 있다.

다섯째, 광시, 윈난과 동남아시아 주변국 간의 경제무역 협력은 접경지역 개방과 개발에 중요한 영향을 미치고 있다. 물론 광시, 윈난이 속한 접경지역의 상황은 각기 다른 특징을 갖고 있지만, 이미 국내외적으로 각종 사업을 공동 추진하면서 협력하고, 역내 민족단결과 사회 안정을 기반으로 주변국 접경지대와 경제·인문 교류를 강화하고 있는 것이 공통된 특징이다. 이는 팡청강시 사례에서 알 수 있다.

1993년 확정된 팡청강시는 총면적이 6,222㎢이고, 현재 한漢, 쫭壯, 야오瑤, 징京 등 20여 개 민족이 살고 있으며, 중국 서남 변강지역 중 유일하게 국경선과 연해가 만나는 지급시地級市이다. 1993년 이후 팡청강시의 경제는 급속하게 발전했다. 이곳은 각 민족이 조화롭게 모여 살면서 전통과 현대의 융합, 민족단결뿐만 아니라 함께 번영하고 화합하는 모습을 잘 보여주고 있다. 팡청강시는 과거에 중국과 베트남 관계 및 중국의 접경정책 변화를 단적으로 보여주는 곳이었지만, 현재는 대외개방과 접경개발이 가속화되면서 주변국인 베트남 및 동남아시아 국가들과의 교류가 날로 빈번해지고 있다.

중국과 베트남 접경지대에 위치한 팡청강시는 통킹만에 인접해 있어 오랫동안 양국 접경주민의 교류와 무역거래가 이루어지던 곳으로, 1950~1970년대 중반 베트남이 프랑스, 미국과 항전할 당시에는 중국이 베트남을 지원하던 전초기지였다. 그러나 1979년 이후 중국과 베트남의 관계가 악화되면서 팡청강시는 한동안 양국이 대치하는 최전선으로 변모하면서 양측 주민의 교류와 무역거래도 침체기에 접어들었다. 1992년 팡청현防城縣에 속한 둥싱진東興鎭이 대외개방을 위한 접경도시로 승인되면서 중국과 베트남 양국은 접경호시와 통상구 운영을 재개했다.

현재 팡청강시는 이미 4개의 국가급 통상구를 설치하고 있고, 그 중 둥싱통상구는 중국 육지 접경에 위치한 통상구 중 가장 크다. 게 다가 둥싱국가중점개발개방시험구, 둥싱접경경제협력구, 중국·베트 남 둥싱-몽카이 국경 간 경제협력구, 국경금융개혁시험구 건설이 큰 진전을 이루면서 중국과 베트남 접경무역도 급속도로 발전했다. 국 경 간 경제협력구가 시행됨과 동시에 팡청강시는 베트남 등 국가와 의 경제무역 거래 및 인문교류를 강화했다. 경제무역 측면에서 둥싱 시는 2004년 중국·베트남 접경(팡청강시 둥싱) 상품교역회 개최를 시작으로 2005년 중국·베트남 접경(팡청강시 둥싱) 상품교역회 및 관광제를 개최했고, 2006년부터는 둥싱시와 베트남 몽카이시가 돌 아가며 국제비즈니스·관광박람회를 주최했다. 즉 2006년, 2008년, 2010년 짝수 해에는 둥싱시에서 중국·베트남 접경(둥싱-몽카이) 비 즈니스·관광박람회를, 2007년, 2009년, 2011년 홀수 해에는 몽카이 시에서 베트남·중국(몽카이-둥싱) 국제비즈니스·관광박람회를 개 최했으며, 그 행사 규모와 영향력도 날로 확대되었다.

한 예로 2006년 해당 박람회의 개막식과 관련 행사에는 중국과 베 트남의 공무원, 전문가, 학자 및 기업인 등 200여 명의 초청자가 참 석했으며 접경주민, 바이어, 기업 대표 등을 포함한 연인원 10만여 명이 참가 또는 참관했다. 이들이 계약한 주문과 대리협의代理協議는 128건이었고, 그중 중국기업이 베트남 등 기업과 체결한 계약과 협 의가 7건, 체결주문은 72건으로 약 1억 5,800만 위안에 달했고, 전시 ·판매한 상품의 총액도 6,000만 위안에 이르렀다. 또한 중국기업이 베트남 기업과 체결한 대리협의는 56건이었으며, 중국측 전시상품 의 직접 판매액은 2,100만 위안에 달했다. 2012년까지 본 박람회의 개막식 및 관련 활동에 베트남, 한국, 태국, 캄보디아 등과 중국 광시, 윈난, 푸젠福建, 저장浙江, 마카오, 광둥 등지의 공무원, 전문가, 학자, 기업인 등 약 663명이 초대되었으며, 국내외 참석자 수는 연인원 20만 명, 전시상품 판매계약액은 7,932만 8천 위안에 이르렀다. 더불어 투자환경 소개 및 사업협약회에서 체결한 국내 투자 사업은 16건, 그 투자총액은 87억 6천만 위안이며, 중국과 베트남 간의 8,518만 달러에 달하는 국제 경제·무역 협력 사업도 10건 체결되었다.[92]

인문교류 측면에서는 팡청강시와 인접한 베트남 쾅닌성의 몽카이시, 하이하현Huyen Hai Ha, 빈류현Huyen Binh Lieu 및 기타 동남아시아 국가들이 자매도시협약 체결, 체육대회 공동 개최, 접경주민 교류회, 문화축제 등 다양한 교류활동을 전개하고 있다. 최근 개최된 많은 행사의 예로 2010년 팡청강 별관에서 열린 중국-베트남 청년교류회와 2013년 중국 둥싱시 인민정부와 베트남 몽카이시 인민위원회가 둥싱에서 공동으로 주최한 중국 둥싱-베트남 몽카이 '베이터우배北投杯' 정월대보름 축구 친선경기를 들 수 있다. 2014년에는 팡청구防城區와 베트남 하이하현, 둥싱시와 인도네시아의 방카블리퉁제도Bangka Belitung Islands 둥블리퉁현이 자매도시협약을 체결했다. 또한 팡청강시는 베트남 하롱시Thanh pho Ha Long의 문화관광축제에 문화예술 대표단을 파견하기도 했다.

상술한 바와 같이 중국은 아세안과의 경제·무역 협력을 바탕으로 향후 정부 간 협력을 위한 전략적 방안, 특히 중국-아세안 미래 발전 전략 수립, 중국-아세안 자유무역지구 업그레이드 추진, 상호연결 소통 인프라 건설 가속화, 해상협력 강화, 무역·투자 간소화 등을

---

92)「歷屆博覽會主要成果一覽表」, http://www.dxzf.gov.cn/syqjs/bsfwjg_417/201308/t20130826_12130.html, 검색일; 2014年 9月 26日.

제안했고, 이에 대해 관련 국가들이 긍정적 반응을 보이고 있다. 요컨대 중국과 동남아시아 주변국과의 경제, 인문 등 다양한 분야에 걸친 교류협력은 충분히 기대를 걸만하다. 쿤만고속도로가 16년에 걸쳐 개통된 사실 역시 함께 노력하고 협력한다면 양측 협력의 미래도 밝고 희망적일 수 있다는 것을 보여주는 사례이다. 따라서 광시, 윈난 등 변경지역의 발전에도 긍정적 영향을 미칠 수 있다. 한편 광시, 윈난 역시 지역 실정에 맞는 계획을 수립하고 관련 구상을 내놓고 있다. 그러나 국제 정세와 각국 국내 요인으로 인해 중국과 동남아 주변국의 협력이 또 다시 각종 도전과 어려움에 직면할 수 있음을 기억해야 한다. 이러한 도전과 난관은 정치, 경제, 문화, 사회 등 많은 요소들에 도사리고 있으며 비전통적 안보, 영토분쟁, 각국 정세변화, 환경보호, 역외 강대국의 개입, 기술협의 등 중요한 문제들을 내포하고 있다.

우선 영토분쟁을 살펴보면, 남중국해 분쟁으로 인해 베트남과 필리핀 국내에 반중정서나 반중관련 사건들이 일어나고 있고, 이것이 양측의 경제무역 협력에도 불리한 영향을 미치고 있다. 인도 역시 중국과 국경영토 분쟁을 겪고 있는 데다, 1962년 발생한 국경분쟁은 일부 인도 사람들의 마음속에 여전히 부정적으로 남아 있어 어떤 이는 이 같은 '오래된 문제'를 근래 무역 불균형 등 '새로운 문제'와 결부시키기도 한다. 이를 두고 인도 학자 야빈 토마스Jabin Thomas는 그의 글에서 중국과 인도의 관계가 "역사적 기회를 맞이하고 있다"고 기술한 바 있지만, 현 단계에서 양국 관계는 기회보다는 경제무역 불균형이라는 큰 문제에 직면해 있다. 인도가 적자를 감수하고는 있지만, 국경문제의 경우 양자관계에서 역사적으로 남아 있는 문제라 할 수 있다. 중국과 인도 양국 정부는 이미 국경문제에 대해 "잠시 보류하거나 국경문제가 양국관계 다른 측면의 발전을 저해하지 않도록 한다"는 공감대를 형성하고 있지만, 일부에서는 양국의 역사분쟁을 의도적으로 틀어쥐고 있으므로 이 '마음의 매듭'을 풀지 못하면 중국과 인도 간의 갈등은 더 부각될 수밖에 없다.[93] 이는 방글라데시·중국·인도·미얀마 경제회랑 건설에도 부정적 영향을 미칠 수 있다.

둘째는 각국 정세가 지역협력에 미치는 영향이다. 최근 미얀마와 태국 정세에 중대한 변화가 발생하면서 중국 및 기타 국가와의 경제무역, 인문교류 등에도 일정 부분 영향을 미쳐 중국과 태국의 고속철도 건설 협력이 잠시 보류되고, 중국기업이 미얀마에서 추진하던 레파다웅 구리광산 개발과 밋손댐 건설도 차질을 빚게 되었다. 게다가 일부 국가의 국지적 형세는 광시, 윈난의 개방과 협력에도 일정한 영향을 미친다. 예를 들면, 중국 윈난과 인접한 미얀마 일부 지역의 민병대나 인도 동북부지역의 '아삼연합해방전선United Liberation Front of Assam, ULFA' 등 반군세력은 1970년대부터 현재까지 무장테러 활동을 일삼으며 해당 지역사회 안정을 저해하고 있다. 인도의 한 학자는 이처럼 '정치적으로 불안정한' 지역에서 어떠한 조치를 취해야만 각국의 경제무역 협력이 강화되고, 방글라데시·중국·인도·미얀마 경제회랑이 추진될 수 있는지에 대해 질문을 제기하기도 했다.

셋째는 환경보호 문제이다. 각국의 환경보호 의식이 높아짐에 따라 중국기업도 주변국에 투자할 때 환경문제에 대해 포괄적이고 적절한 대처가 필요하다. 2014년 9월 15일 중국기업이 캄보디아 코콩성Koh Kong에서 투자를 위한 현지 조사를 진행할 당시, 30여 명의 지역

---

93) [인도] 鄭嘉賓, 「中印面臨一個曆史性機遇」, 『環球時報』, 2014年 9月 19日.

주민과 '대자연'이라는 비정부조직의 환경보호론자들이 시위를 벌이며 항의한 일이 있었다. 당시 지역주민들은 보상금이 너무 낮다는 불만과 함께 댐을 건설하면 환경을 훼손할 수 있다고 주장했다.[94] 이 사건은 중국기업들의 경제활동이 비록 중국의 전통적 우방인 캄보디아 당국의 승인을 받았다 할지라도 민간부문에서 경제적 이익이나 환경보호 등의 이유로 제약을 가할 수 있다는 것을 보여주는 사례이므로 이 같은 문제 해결에 신중을 기해야 할 것이다.

넷째, 기술 관련 협의 또는 조율 문제이다. 중국 주변 국가들의 상황이 각기 다르므로 향후 무역·투자 원활화나 상호연결 소통 강화를 위해서는 기술 및 그 실행과 관련한 협조 또는 정책적, 소프트웨어적 조율이 필요할 것이다. 예를 들어 상호연결 소통 확대를 위한 해상, 육상, 항공 복합운송로는 철로, 공항, 항구 등 하드웨어적 인프라 시설이 필요할 뿐만 아니라 통신, 전력, 인터넷 등의 연결과 조합 그리고 통관 편의와 시장관리감독, 표준규범 등 소프트웨어적 뒷받침도 필요하다. 현재 주변국가 중 적지 않은 국가의 인프라 시설은 낙후되거나 하드웨어나 소프트웨어 강화를 필요로 하므로 각종 협의기제 수립과 보완을 위한 국가 간 협의가 매우 중요하며, 이를 위해 오랜 기간 함께 노력하고 협력해야 상호연결 소통을 실현할 수 있을 것이다.

---

94) 楊奇·藏翔, 「束埔寨逮捕抗議中國建大壩人士」, 『環球時報』, 2014年 9月 17日.

제4절

동남아시아 주변국과 중국 서남변경의
안보와 안정, 발전의 전략적 위치 정립

2013년 중국은 일대일로 등의 이니셔티브를 제시하여 중국의 개혁개방을 확대하고 지역경제통합과 상호연결 소통을 촉진하는 중대한 전략을 수립했다. 중국 외교부의 한 관계자는 이에 대해 다음과 같이 강조했다: "중국이 지역경제통합을 추진하면서 제안한 중국-아세안 자유무역지구 업그레이드 추진, 아시아 화폐 안정 체계, 아시아 신용체계, 아시아 투융자 협력 체계 마련 등 주요 이니셔티브는 지역협력을 확대시키고, 상호이익과 공동번영을 증진시키려는 중국의 적극적 의지를 구현하였다." 중국은 상호연결 소통을 적극적으로 전개하면서 "실크로드 경제벨트, 21세기 해상실크로드, 중국·파키스탄 경제회랑, 방글라데시·중국·인도·미얀마 경제회랑 건설, 아시아인프라투자은행 창설 등 주요 이니셔티브를 제안한 바 있다."[95]

---

95) 「銳意進取, 唱响亞洲合作主旋律——外交部副部長劉振民談亞洲形勢和周邊外交」, http://www.fmprc.gov.cn/mfa_chn/wjbxw_602253/t1113493.shtml, 검색

일대일로 건설과 중국·파키스탄 경제회랑, 방글라데시·중국·인도·미얀마 경제회랑은 모두 지리적 위치에 기반한 상호연결 소통 전략으로서 중국-아세안 자유무역지구 업그레이드, 아시아 화폐 안정체계, 아시아 신용체계, 아시아 투·융자 협력체계 건설 및 아시아인프라투자은행 설립과 함께 입체적이고 다원화된 대외개방과 지역협력전략 체계를 구성한다. 이는 곧 중국이 새로운 대외개방 구도를 형성하기 위한 토대를 마련했음을 보여주는 것이다.

2014년 11월 7~13일 APEC 제22차 정상회의가 북경에서 성공리에 개최되었다. 이 회의에서 아시아·태평양 지역협력과 관련해 다음과 같은 성과를 거두었다: ① 향후 아시아-태평양 협력의 비전과 목표를 설정하고, 「APEC 아시아·태평양 자유무역지구 추진 로드맵」을 승인하여 아시아·태평양 자유무역지구 프로세스를 개시하기로 했다. ②「APEC 상호연결 소통 건설 계획」을 비준하여 아시아 태평양 상호연결 소통 네트워크 건설의 새로운 청사진을 제시하고, 2025년까지 각국이 서로 하드웨어적, 소프트웨어적, 인적 교류를 확대시킨다는 목표와 그 구체적 지표를 실현하면서 전방위적, 다층적, 복합적인 아시아·태평양 상호연결 소통 네트워크를 구축해 나가기로 합의했다. ③「APEC 혁신적 발전, 경제개혁 및 성장 합의문」을 채택하여 경제개혁, 신경제, 혁신성장, 포용적 지원, 도시화 5개 분야에서 거시적 정책 협의를 확대하고, 실무협력과 경험공유 그리고 혁신을 위한 능력 배양을 촉진하기로 했다. 이러한 성과들은 '상호연결 소통 협력동반자 관계 강화 대화회'의 성과와 호응하여 중국의 전방위 대외개방의 새로운 구도를 형성하는 데 보다 확장된 외부환경을 제

일: 2014年 9月 20日.

공할 뿐만 아니라, 중국 서남 변강지역의 개방과 발전에 보다 유리한 국제적 협력 기제를 제공하고 있다.

서남 변강지역은 중국이 새로운 전방위 개방 구도를 구축하는 데 중요한 전략적 위치를 차지하고 있으며, 중국이 인접국은 물론 태평양, 인도양 지역과의 교류 협력을 위한 창구이자 최전방, 그리고 중국 서남향 개방을 위한 새로운 전략거점이기도 하다. 이러한 위치적 의의는 그 역사와 현실에 기초한다고 할 수 있다. 오늘날 광시, 윈난은 '남방 실크로드'('서남 실크로드'로 불리기도 함)와 '해상 실크로드' 건설에 있어 중요한 지점에 위치하고 있고, 역사적으로도 중국과 동남아시아, 남아시아 간의 경제무역, 인문교류 및 화합의 교량이자 최전방 지대이다. 또한 중국을 동남아시아, 남아시아와 연결하고 나아가 인도양으로 진출할 수 있도록 하는 중요한 '회랑지대走廊地帶'라는 천혜의 지정학적 이점이 있다. 다른 한편으로 광시와 윈난은 현재 중국 대외개방 전략에 적극 참여하고 있고, 특히 서남 변강지역은 창장경제벨트, 범주강삼각주 지역 협력 벨트, 범통킹만 경제협력구, 메콩강 유역 개발, 실크로드 경제벨트, 21세기 해상실크로드, 방글라데시·중국·인도·미얀마 경제회랑 등 많은 협력사업이 교차되는 지역이다. 그중에서도 광시는 범통킹만을 통해 남중국해 주변국들과 긴밀하게 연결되어 있고, 남중국해를 거쳐 태평양·인도양으로 진출할 수도 있으며, 중국-아세안 자유무역지구 업그레이드, 21세기 해상실크로드 전략에서도 뛰어난 입지를 차지하고 있다. 반면 윈난의 경우, 북쪽으로는 실크로드 경제벨트와 연결되고, 남쪽으로는 해상실크로드와 연결되어 육로를 통해 동남아시아, 남아시아와 교류할 수 있으며, 나아가 중동을 거쳐 유럽, 아프리카까지 연결됨으로써 일대일로 건설, 중국-아세안 자유무역지구 업그레이드, 방글라데시·중국·

인도·미얀마 경제회랑의 건설에서도 역할을 발휘할 수 있다. 윈난과 광시가 일대일로에 적극 참여하고, 이들 지역이 중국-아세안 자유무역지구 업그레이드, 방글라데시·중국·인도·미얀마 경제회랑에도 포함되면서 중국의 새로운 대외개방 구도가 남부와 서남 변강지역에 안착될 수 있을 뿐만 아니라 중국과 동남아시아, 남아시아 주변국 간 지역협력의 새로운 국면이 조성될 수 있을 것이다.

서남 변강지역이 자신의 위치를 정립하는 과정에서 광시와 윈난은 먼저 중국과 동남아시아 관계 발전에 관한 중앙의 방침을 관철시켜야 한다. 특히 2013년 10월 시진핑 주석이 첫 주변외교업무좌담회에서 강조했듯이 주변외교에 더욱 힘쓰고 노력하여 중국의 발전을 위한 최적의 주변 환경을 조성하고, 중국의 발전으로 말미암아 주변국이 더 많은 혜택 누리고 함께 발전할 수 있도록 해야 하며, 변경지역 개방 및 주변국과의 상호 이익과 협력을 확대해 나가야 한다. 또한 지역과 소지역 안보협력에 능동적으로 참여하여 관련 협력기제의 발전과 전략적 상호 신뢰를 증진하고, 중국과 주변국과의 관계가 장기적으로 발전할 수 있는 사회·민심 기반을 공고히 하여 운명공동체 의식이 주변국에서도 싹틀 수 있게 해야 한다. 이를 위해 광시, 윈난은 아세안과의 우호 협력을 적극적으로 확대하고, 주변국과 선린우호 및 동반자 관계를 견지하면서 '친親, 성誠, 혜惠, 용容'의 이념을 바탕으로 양자관계를 발전시키고, 21세기 해상실크로드와 중국-아세안 운명공동체를 함께 건설해 나가야 한다. 나아가 서남 변강지역의 안보, 안정 그리고 발전이 또다시 도전과 난관에 직면하게 된다면 국가차원의 정책과 함께 광시, 윈난과 그 관할 지방 실정에 맞는 적절한 대응과 관련 조치를 취해야 할 것이다.

서남 변강지역, 특히 광시와 윈난의 육지접경지역은 접경 관리와 비전통적 안보문제가 장기간 이어져 왔다. 그 예로 불법 입국, 마약 범죄, 총기밀수, 에이즈, 불법적 인구이동, 불법 혼인 등을 들 수 있다. 그중 중국-미얀마 접경지역의 미얀마 소수민족 민병대와 미얀마 정부 간의 불안정한 관계로 인해 무장세력 사이에 내홍과 내전이 빈번하게 발생하고, 때로는 정부군과의 충돌도 발생하는데, 이러한 충돌들이 중국 접경지역의 안전을 직접적으로 위협하고 있다. 게다가 란창강-메콩강 운항 안전도 범죄자들로부터 위협받고 있으며, 특히 2011년 10월 중국인 선원이 살해당한 메콩강 참사는 사람들로 하여금 란창강-메콩강의 운항안전과 중국과 주변국 접경지대의 무역 안전에 더욱 관심을 갖게 했다.

이러한 도전 과제들에 대해 국가와 지방차원에서 함께 주변국과의 협력을 강화해야 한다는 것을 알 수 있다. 국가차원에서 중국은 체계적이고 포괄적인 새로운 안보관 수립이 필요하며, 이는 전략적 관점에서 체계적으로 설계되어 통일성을 잃지 않아야 한다. 또한 주변국과의 협의나 조율을 통해 비전통적 안보 '위험'을 기회로 삼아 양자·다자 협의 또는 조율이 가능한 협력 기제를 마련해야 한다. 2011년 10월 발생한 메콩강 참사 이후 중국, 태국, 라오스, 미얀마 4국은 같은 해 12월 10일부터 메콩강 유역에서 여러 차례의 합동 순찰과 법 집행을 통해 란창강-메콩강 수로 안전을 지키고 있다. 중국은 태국, 라오스, 미얀마 3국과 합동 조사를 벌여 사건 용의자였던 마약조직 두목 나오칸과 그 일당을 체포했으며, 2012년 9월 21일 쿤밍에서 실시한 해당 사건 공판에서 나오칸 측이 유죄를 인정하면서 약물사형을 집행한 바 있다. 이러한 사건들은 '위험'이 '기회'로 전환될 수 있음을 보여주는 사례이다.

2014년 11월 13일 리커창 총리는 제9회 동아시아 정상회의에 참석하여 동아시아가 직면한 어려움들을 주시하고, 정치안보와 경제발전이라는 '두 바퀴가 함께 도는' 상황을 잘 포착하여 지역평화와 안정을 추구하고, 전 지구적 도전에 적극 대응하며, 경제·사회 등의 협력을 확대함과 동시에 평화와 번영이 깃든 동아시아지역을 만들기 위해 노력해야 한다고 언급했다. 같은 날 그는 제17차 중국-아세안(10+1) 정상회의에도 참석하여, 전통적 안보 분야와 비전통적 안보 분야를 포함한 '쌍안보雙安全'를 보장하기 위해 노력할 것을 제안했다. 또한 양측이 전략적 상호 신뢰를 증진하기 위해 이듬해 아세안국가 국방장관들이 중국에 모여 중국-아세안 국방장관 비공개 회동을 갖는 것에 대해 환영의 뜻을 표했다. 해당 회동에서 양측의 국방 핫라인 구축과 합동군사훈련 실시 및 비전통적 안보 분야에서의 지속적 협력에 대해 논의할 수 있을 것이라고 덧붙였다. 중국의 이같은 제안은 장기적 관점에서 중국과 동남아시아 지역의 비전통적 안보 분야 협력을 촉진하기 위한 적극적 태도를 표명함과 동시에 이 지역 국민의 공동이익에도 부합한다고 할 수 있다. 향후 양측은 일정 기간 동안 전통적, 비전통적 분야 '쌍안보' 협력을 지속적으로 확대하고, 이를 위한 국가차원의 지원을 제공할 것이다. 한편 국경간 결혼跨國結婚과 같은 비전통적 안보 문제와 관련해 2012년 10월 1일부터 「중국 접경주민과 인접국 접경주민의 혼인등기판법」을 시행하고 있는데, 실제 집행과정에서 베트남, 라오스, 미얀마 등 주변국의 정책과 연계할 필요성이 있다. 또한 해당 판법을 접경회담邊境會晤商談의 의제에도 포함시켜 국경 간 결혼 문제를 해결하기 위한 법률기반을 제공하고, 양측 협력의 제도화와 체계화를 실현해야 한다.

지방차원에서는 관련 정책을 지방, 특히 접경지역에서 우선적으로 시행하고, 그 경험의 신속한 평가를 통해 선별된 효과적인 정책이 다른 지역에도 적용될 수 있도록 장려해야 한다. 예를 들면, 장기간 접경지역의 안정에 영향을 주고 있는 '싼페이 주민' 문제는 윈난 푸얼시, 스뎬현 등 일부 접경지역에서 유익한 시험이 이루어지고 있다. 서남 변강지역은 앞으로도 계속해서 양자·다자적 '쌍안보' 국제협력에 적극 참여하고, 효과적인 정책 모델을 빠르게 확산시켜 서남 변강지역의 안정을 수호하며, 중국과 동남아시아, 남아시아 지역의 국제안보 협력을 촉진시켜야 한다.

2 안정: 지역소통과 협력체계 수립

최근 몇 년 동안 광시, 윈난 지역사회는 전반적으로 안정과 화합된 모습을 보여주고 있다. 또한 급속한 경제발전을 이루면서 민족단결과 변경 안정에 있어 다양한 경험을 축적해왔다. 그러나 동시에 수많은 도전에 직면하면서 지역 외부에서 들어오는 '유입형 안보위협輸入性安全威脅'과 역내 요인이 결합되어 사회 안정을 저해하고 있다.

먼저 일부 극단세력의 경우, 광시와 윈난을 국경을 넘기 위한 '서남쪽 통로'로 삼고, 심지어는 광시와 윈난에서 테러사건을 일으켜 서남 변강지역의 민족단결과 종교 간 화합을 저해하고 있다. 윈난과 광시 모두 다양한 민족과 종교가 공존하는 변경지역으로, 최근 몇 년간 역내외 민족분열세력, 종교 극단주의세력, 테러세력 등이 그 지리적 특징을 이용하여 빈번하게 밀입국을 하고 있다. 또한 일부 극단세력은 폭력사태를 일으키면서 윈난을 포함한 변경지역의 안정을 저해하고 있다. 쿤밍에서 발생한 '3.1폭력테러사건'은 전형적인 '유입형' 폭력사건이라 할 수 있다.

둘째, 역외 세력 및 조직이 기독교를 이용해 접경민족지역과 대학으로 침투하는 현상이 기승을 부리고 있다. 개혁개방 이후 역외 기독교 조직은 린창, 바오산, 더훙, 누장 등 소수민족지역을 주요 공략대상이자 요충지로 삼고 소위 '파종계획播種計劃'을 실시하여 중국 접경 소수민족지역에 대대적으로 침투했다.

셋째, 윈난 주변은 세계적인 마약 재배 및 가공 지역이다. 접경지역은 앞서 언급한 역외 종교세력 침투 차단과 마약 및 에이즈 철퇴라는 이중고를 겪고 있어 민족단결과 변경 안정을 수호하는 임무가 매우 막중한 지역이기도 하다.

넷째, 접경지역의 전염병 방역도 심각한 도전에 직면해 있다. 윈난은 접경선 길이만 해도 4,061㎞에 달하고, 그 인접지역(또는 국가)의 경우 의료기관, 시설 및 인력이 부족해 방역능력이 취약하기 때문에 홍역, 말라리아, 뎅기열 등 전염병이 창궐하고 있다. 따라서 역외 전염병의 유입을 막는 '비전통적 안보' 압력이 거셀 수밖에 없다.[96)]

상술한 문제의 해결을 위해 관련 당국은 전방위적 대책을 수립하고, 변경과 내륙, 그리고 변경지역 간의 반분열, 반테러 투쟁 협력을 강화함과 동시에 이웃 국가들과도 협력체계를 구축해야 한다. 최근 몇 년 동안 '동투르키스탄' 분리세력의 폭력테러활동이 신장지역에

---

96) 孫宏年, 「雲南繁榮穩定邊疆建設的實踐特色與基本經驗」, 『民族團結雲南經驗─"民族團結進步邊疆繁榮穩定示範區"調研報告』, pp. 553~582 참조.

제4장 동남아시아 정세와 중국 서남 변강지역의 안보, 안정 및 발전 **749**

서 여타 변경지역으로 확대되는 추세이고, '10.28 진수이교 테러습격 사건'金水橋恐怖襲擊事件(2013년 10월 28일 베이징 톈안문 앞 진수이교 인근에서 발생한 동투르키스탄 세력의 차량돌진 테러사건, 역자주)과 '3.1사건' 모두 신장과 내륙, 신장과 윈난 등 변경지역 간 대테러 협력 강화와 공동 대응이 시급함을 보여준 사례이다. 게다가 최근 몇 년간 태국, 인도네시아, 말레이시아 등지에서 중국으로부터 도주한 동투르키스탄 분리세력 또는 그 의심세력97)이 출몰하고 있는데, 이 역시 동남아시아 주변국과의 협조 및 협력체계 구축의 시급성을 보여주는 것이다.

중국 지방차원에서도 접경지역이 적극적으로 개방, 발전, 안정 간의 관계를 정립하도록 장려하는 한편, 인접국 접경지역과 관리협력을 강화하여 개방을 통해 발전을 촉진하고, 발전을 통해 안정을 유지할 수 있도록 노력해야 한다. 이와 관련하여 광시, 윈난 등 일부 접경지역은 효과적인 방안을 찾아내기도 했다. 예를 들면, 윈난 훙허주 허커우 야오족瑤族 자치현은 베트남 라오카이Lao Cai와 인접해 있고, 이들 두 지역 모두에 양국 접경무역에서 중요한 통상구가 있다. 최근 허커우 출입국관리소는 중국-아세안 자유무역지구 협의를 거쳐 통관 원활화에 합의함에 따라 베트남 라오카이성 출입국관리 부문과 관리업무 협조체계를 강화했다.

---

97) 羅平, 「泰國抓捕220名非法入境者」, 『環球時報』, 2014年 3月 17日; 邱永眸 等, 「印尼披露伏擊"東突"分子內幕」, 『環球時報』, 2014年 9月 23日; 邱永嶺·邢曉媚, 「"東突"分子投奔ISIS路線圖」, 『環球時報』, 2014年 9月 22日; 「馬來西亞查扣155名非法入境維族人」, 『環球時報』, 2014年 10月 9日 참조.

3 발전: 기회, 기제와 위치 정립

중국이 제안한 일대일로 등 일련의 이니셔티브들은 서남 변강지역과 동남아시아 주변국들에게 역사적 기회임이 분명하지만, 과연 어떻게 이 기회를 포착하여 협력하고 발전을 가속화시킬 수 있을 것인가? 이를 위해서는 다음과 같은 내용이 선행되어야 할 것이다.

첫째, 중앙과 지방의 '적극성'이 상호 결합되어야 한다. 우선 중앙정부는 관련국들과의 협상에 박차를 가하고, 하루빨리 양자 또는 다자적 협의를 실행으로 옮겨 실크로드 경제벨트, 21세기 해상실크로드, 방글라데시·중국·인도·미얀마 경제회랑 건설을 적극적으로 추진해야 한다. 특히, 협력기제 마련, 상호연결 소통 추진, 무역·투자 원활화 등에 있어 '조기수확 프로그램'을 실시하여 향후 아시아·태평양 지역 통합을 위한 여건을 마련해야 한다. 방글라데시·중국·인도·미얀마 경제회랑 건설을 예로 들면, 현재 미얀마와 방글라데시는 아주 적극적으로 다자협력에 참여하고 있고, 인도 역시 모디 Narendra Modi 정부 출범 이후 긍정적 반응을 보이고 있고, 4국 관계도 우호적 양상을 띠고 있다. 또한 경제무역 관계도 더 긴밀해지고 육로, 항공, 항구, 정보 연결도 보다 편리해졌으며, 인적교류도 더 활발하게 이루어지고 있어 경제회랑 건설에 유익한 기반이 갖추어지고 있다. 그러나 이 같은 경제회랑 건설에도 다음과 같은 부정적 요인이 있다. ① 각국의 정치적 신뢰 기반이 약하다. 특히 중국과 인도 양국은 영토, 티베트, 무역불균형 문제와 관련해서 대립각을 세우고 있으며, 중국에 대한 인도의 심리도 복잡 미묘하다. ② 4국 간 효과적인 다자협의기제가 부족하다. 관련국이 각각 자국의 이익을 추구하고 무역투자, 통관검역, 법률제도 등의 차이로 인해 각국이 관련 문제의 조율에 있어 비교적 신중한 태도를 보이고 있으므로 효과적인 다자협의기제를 수립하기 위해 더 많은 협의와 노력이 필요하다. ③ 상호연결 소통 추진에는 막대한 자금이 필요한데, 미국, 일본 등도 미얀마, 인도에 대한 전략적 투자를 늘림으로써 사실상 4국 간 인프라 건설 협력을 제한하고 있다.

방글라데시·중국·인도·미얀마 경제회랑의 조속한 건설을 위해 가장 시급한 것은 하루빨리 4국 간 고위급 협력기제를 마련하여 경제회랑건설계획을 공동으로 수립하고, 상호연결 소통 건설 확대와 함께 에너지 개발, 관광 분야 등 산업협력도 적극적으로 추진해야 할 것이다.

둘째, 각 지역은 중앙정부의 정책기조를 잘 파악하고, 거시적 측면에서 2013년 이후 중국이 제시한 주요 이니셔티브의 '평면적 구도平面格局'와 '입체적 전략立體戰略'을 적절히 고려하여, 각 지역의 지리적 특징에 따라 그 참여방식을 결정해야 한다.

최근 몇 년 동안 일부 성급 지역들은 '일대일로 참여'라는 중요한 기회를 확보하고자 '주요지역主體省份'이라는 지위를 강조하면서 많은 정책적 혜택을 얻고자 했다. 해당 지역의 발전 측면에서 본다면 이러한 요구는 이해될 수 있지만 주목해야 할 것은, 이 같은 요구가 주로 실크로드 경제벨트나 21세기 해상실크로드 건설에 대한 과도한 관심에서 비롯된 것으로 이니셔티브 전체에 대한 연구나 이해가 부족하다는 것이다. 중국의 이니셔티브들은 현재까지도 보완과 수정과정을 거치고 있지만 전체적으로는 이미 '평면적 구도'와 '입체적 전략'이 결합되어 기초적인 이론체계를 구축하고 있다.

평면적 구도라 함은 실크로드 경제벨트가 유라시아대륙을 연결하는 '서향전략'의 주요 플랫폼이라는 것을 뜻한다. 21세기 해상실크로드는 남중국해에서부터 인도양에 이르는 지역의 협력을 강화하는 것을 목표로 태평양과 인도양을 연결하고 있다. 방글라데시·중국·인도·미얀마 경제회랑은 미얀마, 방글라데시, 인도 3국을 주요 협력 대상으로 삼고, 동남아시아와 남아시아가 맞닿는 지역에서부터 인도양으로 향하는 경제회랑 건설을 목표로 하고 있다. 중국·파키스탄 경제회랑은 파키스탄과의 경제·무역 거래 확대를 목표로 양국의 우호관계를 위해 보다 견고한 경제적 기반을 제공하는 것이다. 그러므로 실크로드 경제벨트, 21세기 해상실크로드, 중국·파키스탄 경제회랑, 방글라데시·중국·인도·미얀마 경제회랑은 사실상 동남아시아, 남아시아, 서태평양, 인도양으로 진출하는 '대외개방 협력 평면도'를 형성한다. 동시에 중국 동남 연해에서 광시, 윈난, 티베트를 거쳐 신장에 이르는 4개 지역의 새로운 대외개방 구도를 형성하고 있다. 이 '평면도'의 4개 지역은 각기 다른 방향으로 뻗어 나가는 중요한 대외개방 협력기제인 만큼 각 성급 당국은 자기 지역과 일대일로 사이의 연관성을 강조하기보다는 각 지역 위치에 적합한 협력기제에 적극 참여해야 할 것이다.

입체적 전략이란, 2013년 이후 중국이 제안한 실크로드 경제벨트, 21세기 해상실크로드, 중국·파키스탄 경제회랑, 방글라데시·중국·인도·미얀마 경제회랑 건설이 아시아인프라투자은행, 중국-아세안 자유무역지구 업그레이드, 아시아 화폐안정체계, 아시아 신용체계, 아시아 투·융자협력체계 마련 등과 밀접한 연관이 있다는 것을 의미한다. 일대일로와 관련한 이니셔티브가 지역, 방향, 위치에 따라 설계한 대외개방 및 협력 플랫폼이라면, 다른 이니셔티브들은 협력의 구체적 내용을 보다 많이 담고 있다. 그중 중국-아세안 자유무역지구 업그레이드는 향후 자유무역지구 발전의 로드맵을 제시하고 있고, 아시아인프라투자은행, 아시아 화폐안정체계, 아시아신용체계, 아시아 투·융자 협력체계 등은 금융분야 협력의 중요성을 나타내는 것이라 할 수 있다. '입체적 전략'에서 광시, 윈난, 티베트의 역할이 중요하다. 예를 들면 3개 지역은 주변국과 접경무역이나 국경 간 노동력 협력을 위해 금융협력을 강화할 필요가 있는데, 특히 이들 주변국에서 위안화가 대량으로 유통되고 있으므로 각국의 기존 경험을 바탕으로 금융플랫폼을 더욱 개선할 필요가 있다.

2015년 3월 중국 국가발전개혁위원회, 외교부, 상무부가 공동으로 발표한 「실크로드 경제벨트와 21세기 해상실크로드 공동 건설 추진 비전과 행동」에서 서남 변강지역과 관련된 계획은 다음과 같다. ① 서남지역은 광시와 아세안 국가들이 육지와 바다로 연결된다는 이점을 바탕으로 통킹만경제지구와 주장-시장 경제벨트珠江-西江經濟帶의 개방과 개발을 가속화한다. 또한 아세안으로 향하는 국제통로와 서남, 중남지역의 개방과 발전을 위한 새로운 전략 거점을 조성하여 21세기 해상실크로드와 실크로드 경제벨트가 유기적으로 연결될 수 있는 중요한 관문을 형성한다. ② 윈난의 지리적 이점을 살려 주변국과의 국제운송로 건설을 추진하고, 메콩강 유역 경제협력의 새로운 고지를 설정하여 윈난을 남아시아와 동남아시아로 향하는 방사형 구조의 중심으로 만들어야 한다.[98] 이 같은 계획들은 광시와 윈난으로 하여금 각자의 위치 설정을 명확히 하여 보다 적극적이고 효율적으로 일대일로에 참여할 수 있도록 한다.

---

98) 「推動共建絲綢之路經濟帶和21世紀海上絲綢之路的願景與行動」, http://www.fmprc.gov.cn/mfa_chn/zyxw_602251/t1249574.shtml, 검색일: 2015年 3月 28日 참조.

셋째, 광시, 윈난 등 변경지역은 그 위치와 자원 우위를 바탕으로 중앙정부의 관련 방침을 잘 관철하여 일대일로에 참여하는 기회를 얻고, 각 지역 상황에 따라 적극 동참하면서 변경지역 개방과 발전을 촉진시켜야 한다.

최근 몇 년 동안 광시, 윈난은 중앙정부 방침을 잘 관철하고 현지 실정에 맞는 정책을 수립하여 빠른 발전을 이룩했다. 그 예로 광시는 '3개의 기지와 1개의 중심三基地一中心' 건설 즉, 아세안으로 향하는 물류기지, 상업·무역기지, 가공제조기지 건설과 팡청항, 친저우항, 베이하이항 건설에 박차를 가하고, 친저우항 보세구역, 난닝보세물류센터, 베이하이수출가공구역, 핑샹종합보세구역 등 건설 프로젝트도 속도를 높이고 있다. 또한 중국 둥싱-베트남 몽카이 국경간 경제협력지구 역시 대외개방 협력을 위한 중점 사업 중 하나이다.[99] 광시 각 지역도 적극적으로 움직이고 있는데, 그 예로 친저우를 들 수 있다. 1919년 쑨중산孫中山 선생이 쓴 『건국방략建國方略』에는 광저우에 버금가는 "남방 제2의 항구"를 친저우에 건설하기 바란다는 내용이 있다. 이처럼 친저우는 일대일로에 참여하여 '남방 제2의 항구 건설'이라는 목표를 실현하기 위해 노력하고 있으며, 현재는 중국-아세안 항만물류정보센터 건설을 매개로 해상실크로드 관문항으로 거듭나기 위한 인프라 구축을 가속화하고 있다. 최근 몇 년간 친저우는 컨테이너 처리물량이 천만 TEU에 달하는 간선항 건설을 위해 30만 톤급 항로와 부두를 건설했고, 중국 서남과 중남 내륙 주요 도시를 잇는 해상·철도 복합운송체계를 마련했으며, 친저우에서 동남아시아

---

99) 呂餘生 主編, 『泛北部灣合作發展報告(2013)』, 社會科學文獻出版社, 2013, pp. 19-28 참조.

항구, 나아가 중동, 아프리카, 유럽의 주요 항구에 이르는 원양항로 망遠洋直達航線網絡을 구축하기도 했다.

2010년 중앙정부가 새로운 서부대개발전략을 발표할 당시, 광시의 둥싱, 윈난의 루이리, 네이멍구의 만저우리滿洲里 중점개발개방시험구의 적극적 추진을 강조했고, 2012년 7월 국무원이 이들 3개 시험구를 건설하기 위한 실행방안을 통과시켰다. 그중 둥싱시험구는 중국과 아세안의 전략적 협력을 위한 주요 플랫폼이자 변경지역의 경제성장 거점, 동남아시아 국제통로로 향하는 주요 허브이자 목린·안린·복린睦鄰安鄰富鄰(이웃 국가와 화합, 안정, 부유를 누리는)시범구로 건설될 것이다. 루이리시험구는 중국과 미얀마 접경지역의 경제무역 중심이자 서남 개방에서 중요한 국제 내륙항, 국제문화교류 창구, 변경 일대 도농복합 발전을 위한 시범구, 그리고 목린·안린·복린시범구로 건설될 것이다. 2013년 말 국무원은「변경지역 개발과 개방에 관한 몇 가지 의견」을 발표하여 변경지역 개발과 개방의 가속화와 전방위 개방을 위한 새로운 틀을 구축하고, 주변국과의 선린우호 협력 확대와 변경지역 번영 및 안정을 촉진하기 위한 중대한 전략적 포석을 마련했다. 해당 의견에는 광시 핑샹, 윈난 모한磨憨, 네이멍구 얼롄하오터二連浩特, 헤이룽장黑龍江 쑤이펀허綏芬河, 지린吉林 옌지延吉, 랴오닝遼寧 단둥丹東 중점개발개방시험구 설립을 검토한다는 내용도 포함되었다. 이와 함께 국가차원에서 발표한「변경지역개방계획(2014-2020)」은 '삼권삼대三圈三帶' 즉, 서북 국제경제협력권, 동북 국제경제협력권, 서남 국제경제협력권과 중국·몽골경제협력벨트, 압록강 중국·북한경제협력벨트, 환히말라야경제협력벨트를 계획하고, 미래 변경지역 개방과 지역경제 협력의 틀을 보여주었다.

2014년 10월 27일 시진핑 주석은 중앙전면심화개혁영도소조中央全面

深化改革領導小組 제6차 회의를 주재하면서, "상하이자유무역시험구 설립 이후 새로운 성과들이 만들어지고, 전국적으로도 개혁 심화와 개방 확대를 위한 새로운 방안이 모색되어 새로운 경험들이 축적되었다"고 강조했다. 중국 공산당 18기 3중전회에서는 기존 시범사업 추진 상황을 바탕으로 적합한 지방을 선정하여 자유무역단지(또는 항구)를 발전시켜야 한다는 의견이 제시되었다. 또한 상하이자유무역시험구를 통해 얻은 경험은 '실험이라는 밭에서 재배한 씨앗'으로, 이 같은 씨앗을 더 넓게 뿌리고 확산시켜 조속히 꽃을 피우고 결실을 얻으며, 실험에서 얻은 복제 또는 확산 가능한 경험은 다른 지역이나 전국으로 확산시켜야 한다고 언급했다.

상술한 바와 같이, 변경개방과 상하이자유무역시험구 확대에 대한 중앙의 방침은 서남변경 개방을 위한 방안을 확장하는 데에 중요한 견인차 역할을 한다. 동시에 이는 관련 지방과 부처로 하여금 다음과 같은 고민을 불러일으킨다. 광시, 윈난이 '삼권삼대' 개방 구조를 통해 지역 개방을 확대할 수 있는가? 둥싱, 핑샹, 루이리, 모한 등 시험구는 어떻게 상하이자유무역시험구의 경험을 본받아 개혁을 확대하고 개방과 개발을 가속화할 것인가? 광시, 윈난은 어떻게 상하이자유무역시험구의 경험을 흡수하고, 일대일로와 결합하여 그 계획을 더 구체화시키고, 지역 실정에 맞는 변경개발개방구를 건설할 것인가? 이를 위해서는 체계적 계획 수립과 이론적 분석이 필요할 뿐만 아니라 광시, 윈난 및 관련 지역의 실정에 맞는 정책 수립과 그 실행에 있어 발상의 전환, 그리고 적극적 추진력이 필요할 것이다.

넷째, 동남아시아 주변국과의 협력에서 민관관계를 원만하게 조율하고, 정부가 주도하고 당, 정, 상, 학, 군 등 각 주체가 적극적으로 참여하는 새로운 개방적 구조를 형성해야 한다. 이를 위해 광시, 윈난은 접경지역들이 적극적 대응하고, 기업, 상회商會 등이 변경개방에 있어 제 역할을 충분히 발휘할 수 있도록 장려하며, 이를 지속적으로 지원해야 한다.

그렇다면, 서남 변강지역은 여러 협력 플랫폼의 교차지대에 위치한다는 이점을 어떻게 발휘하고, 대내협력과 대외개방을 확대하는 동시에 인근 지역과의 협력을 강화할 수 있는가? 광시, 윈난은 창장경제벨트, 범주강삼각주지역협력벨트, 범통킹만경제협력구, 메콩강 유역 개발, 실크로드 경제벨트, 21세기 해상실크로드, 방글라데시·중국·인도·미얀마 경제회랑 등 다수의 협력사업이 교차하는 지대에 위치하고 있으며, 각 지역별로 자원 및 지리적 특징을 갖고 있다. 그러므로 모두가 범주강삼각주지역 내 국내협력에 적극적으로 참여함과 동시에 범통킹만경제협력구, 메콩강 유역 개발 등에서 각자의 역할을 발휘하는 한편, 어떤 분야에서는 경쟁하기도 한다. 전방위적 대외개방 구도에서 서남 변강지역이 그 역할을 한층 더 강화하기 위해 현재 윈구이雲桂협력이 추진되고 있으며, 이는 국가차원의 조율뿐만 아니라 두 지역 간의 협조와 소통도 필요로 한다.

제5장

중국의 해양권익 보호와
조화로운 해양 수립

중국은 해양 대국이다. 18,000㎞가 넘는 해안선을 가지고 있으며, 관할이라고 주장하는 해역 면적이 약 300만㎢에 달한다. 역사적 원인과 함께 현실적 이익의 충돌로 인해 최근 섬의 주권, 해역의 획정 등의 문제에서 주변의 몇몇 국가들이 끊임없이 분쟁을 일으키고 있다. 이에 따라 중국의 주변 해양 정세에서 일련의 새로운 문제들이 나타났다. 더구나 역외 세력의 개입과 간섭으로 해양 분쟁이 계속 고조되고 주변 해양의 정세가 더욱 복잡해졌다. 이 때문에 중국 정부는 적극적으로 대응하여 국가의 해양 주권과 합법적인 이익을 단호히 수호하고 있다. 아울러 평화롭고 우호적인 외교정책을 줄곧 고수하면서 외교적인 협상을 통해 적절하게 갈등을 해결하고 있다.

해양 분쟁의 상황이 변화무쌍하고 어려움도 많지만, 전체적으로 중국의 주변 해양 정세는 안정적이며, 통제 가능한 범위 안에 있다. 새로운 시기를 맞아 시진핑習近平 총서기는 중국이 아세안 국가들과 해상협력을 강화하여 해양협력 동반자 관계를 발전시키길 바란다고 언급했다. 또한 21세기 '해상 실크로드'를 함께 건설하고 중국-아세안 운명체 등 일련의 전략을 만들자고 제시했다. 이는 주변 국가와 해양 분쟁을 타당하게 해결하고자 하는 중국의 바람을 잘 보여준다. 또한 평화의 바다, 우호의 바다, 협력의 바다를 건설하기 위한 튼튼한 기초가 되었다.

중국이 직면한 해양안보 상황

1 해양 주권 분쟁의 돌출

(1) 남중국해 분쟁과 남중국해 주변 국가들의 주장

역사적으로 오랫동안 남중국해 주변 국가들은 남중국해 도서들에서 중국이 보유한 주권에 대해 이의를 제기하지 않았다. 1940년대 필리핀 정부가 중국 난사군도南沙群島, Spratly Islands의1) 일부 섬과 암초들을 점유하려고 했지만, 국민정부의 항의를 받은 이후에는 추가적인 행동을 취하지 않았다.

1956년 베트남 외교부 차관 웅 반 키엠Ung Van Khiem이 베트남 주재 중국 영사관 대리대사 리즈민李志民과 접견했을 때, 베트남의 자료에 따라 역사적으로 보면 시사군도西沙群島, Paracel Islands,2) 난사군도는 당연

---

1) 역자주: 광활한 지역인 만큼 각국의 명칭도 각각 다르다. 베트남은 쯔엉사(Truong Sa) 군도, 필리핀은 칼라얀(Kalayaan) 군도, 말레이시아와 브루나이는 스프래틀리 군도라고 부른다.

히 중국 영토에 속한다고 발언했다. 당시 배석했던 베트남 외교부 아시아국 국장 레 록黎祿·Le Loc도 역사적으로 시사군도와 난사군도가 일찍이 송나라 시기에 이미 중국에 속했었다고 말했다.

1958년 9월 4일 중국 정부는 영해의 폭을 12해리로 정한 성명을 발표하고, 남중국해의 도서를 포함하여 모든 영토에 이를 적용했다. 베트남의 『인민보人民報·Bao Nhan Dan』가 9월 6일에 이 성명을 상세하게 보도했다. 9월 14일 베트남 총리 팜 반 동Pham Van Dong은 저우언라이周恩來 총리에게 이 성명에 대한 승인과 동의를 표시했다.3) 이 시기 베트남에서 출판된 각종 교과서와 베트남 정부가 출판한 지도는 남중국해 도서들을 중국 영토로 표기했다.4) 베트남 정부는 여러 차례 공식적으로 시사군도와 난사군도가 중국 영토임을 승인했는데, 이는 국제법상으로 중요한 의미가 있다.

1968년 유엔 아시아·극동 경제위원회ECAFE·Economic Commission for Asia and Far East 산하의 아시아 연안 지역 광물자원 공동개발 조정위원회CCOP ·Committee for Co-ordination of Joint Prospecting for Mineral Resources in Asian Offshore Areas는 남

---

2) 역자주: 베트남은 호앙사(Hoang Sa) 군도라고 부른다. 중국은 행정구역상 하이난(海南)성 싼샤(三沙)시, 대만은 가오슝(高雄)시, 베트남은 다낭(Da Nang)시 호앙사현으로 편입했다.

3) 『越南人民報』 1958年 9月 22日.

4) 대표적으로 다음과 같은 것들이 있다. 1960년 베트남 인민군 총참모부 지도처가 편찬한 『세계지도』, 1964년 베트남 국가측량국이 출판한 『베트남 지도집 (Tap Ban do Viet Nam)』, 1972년 베트남 총리부 측량제도국이 인쇄한 『세계지도집』 등이다. 또한 1974년 베트남 교육출판사가 출판한 보통학교 지리교과서의 「중화인민공화국」 관련 장에서는 "난사군도, 시사군도의 각 섬부터 난하이섬(南海島), 타이완섬(台灣島)까지 …… 중국 대륙을 방어하는 하나의 장성을 형성한다"고 쓰여 있다.

중국해 해역에 풍부한 석유자원이 매장되어 있을 수 있다는 보고서를 발표했다. 이 보고서가 남중국해 주변 국가들에서 강력한 반응을 불러일으켰다. 말레이시아 정부는 난사군도의 범위에 있는 8만㎢의 해역을 '광구'로 획정했다. 난캉 모래톱南康暗沙·South Luconia Shoals, 베이캉 모래톱北康暗沙·North Luconia Shoals, 쩡무 모래톱曾母暗沙·James Shoal 및 여기에 속한 암초와 모래톱이 광구에 포함되었다. 1969년 인도네시아와 말레이시아는 양국의 대륙붕을 획정하는 협정을 체결하여 삼단三段으로 구성된 해양 경계를 확정했다. 여기에는 난사군도의 일부 섬과 암초, 인근 해역이 포함되었다.[5]

　아울러 필리핀과 남베트남은 무력을 사용하여 제멋대로 난사군도의 일부 섬과 암초를 탈취했다. 1970년 필리핀은 해군 함정을 보내 중국 난사군도의 마환다오馬歡島·Nanshan Island를 점유하고 그 명칭을 '라왁Lawak 섬'으로 변경했으며, 동시에 군대를 주둔시켰다. 이어서 필리핀은 난사군도의 페이신다오費信島·Flat Island, 난위에다오南鑰島·Loaita Island, 중예다오中業島·Thitu Island, 시위에다오西月島·West York Island, 베이쯔다오北子島·Northeast Cay도 점령했다. 같은 해 난사군도의 리웨탄禮樂灘·Reed Tablemount도 침범하여 '렉토Recto'로 개명했다. 남베트남은 난사군도의 난웨이다오南威島·Spratly Island, 타이핑다오太平島·Itu Aba 등 10여 개의 섬을 점유하여 남베트남의 프억뚜이성福綏省·tinh Phuoc Tuy으로 귀속시켰었다. 말레이시아는 난사군도의 부근 해역에서 가스를 탐사하기 시작했다.

　1974년 1월 11일 중국 외교부 대변인은 필리핀과 남베트남이 난사군도의 섬과 암초를 침범한 점에 대하여 강력히 항의하면서 난사

---

5) 國家海洋局政策研究室(編), 『國際海域劃界條約集』, 海洋出版社, 1989, pp. 302-305.

군도, 시사군도, 중사군도中沙群島·Macclesfield Bank + Scarborough Shoal, 둥사군도東沙群島·Pratas Islands가 모두 중국 영토의 일부이며, 중화인민공화국이 이들 도서에 대하여 논쟁의 여지가 없이 주권을 보유하고 있음을 재차 천명했다. 같은 해 3월 유엔 아시아·극동 경제위원회 제3차 회의가 콜롬보Colombo에서 열렸다. 이 회의에서 중국과 남베트남은 남중국해 주권 문제로 격렬하게 맞붙었다. 중국은 시사군도, 난사군도가 베트남에 속한다는 남베트남의 황당한 논리를 꿋꿋하게 반격했다.

1975년 4월 베트남의 통일전쟁이 끝나가면서 베트남 인민군은 기세를 몰아 남베트남 수중에서 난사군도의 난쯔다오南子島·Southwest Cay, 훙슈다오鴻庥島·Namyit Island, 징훙다오景宏島·Sin Cowe Island, 난웨이다오, 안보사주安波沙洲·Amboyna Cay를 '해방'시켰다.6) 6월 3일 베트남 외교부 중국국中国局은 베트남 주재 중국 대사관에 "쯔엉사군도長沙群島·Quan Dao Truong Sa(난사군도의 베트남 명칭, 역자주)는 예로부터 베트남의 영토였다"라고 표명하고, "호앙사군도黃沙群島·Quan Dao Hoang Sa(시사군도의 베트남 명칭, 역자주)가 베트남 영토에 속한다는 점을 증명하는 충분한 자료가 있다"고도 말했다.7) 베트남은 또한 국내외 여론을 크게 조장하여 시사군도와 난사군도가 자신들의 영토라고 선전했다.

1976년 1월 필리핀과 스웨덴 기업이 리웨탄 탐사에 대하여 비밀협정을 맺고, 3월에 비밀리에 석유 탐사에 착수했다. 이어서 6월 15일 필리핀 외교부 장관은 리웨탄이 필리핀의 대륙붕 범위와 200해

---

6) 「越通社報道"越南南方: 解放了沿海島嶼"」, 『參考資料』 1975年 5月 7日(下), p. 18. 4월 16일 남베트남의 군 대변인은 베이쯔다오에 주둔한 부대와의 무선 연락이 14일 오후 6시에 중단되었다고 말했다.

7) 郭明 主編, 楊立冰 等撰, 『中越關係演變四十年』, 廣西人民出版社, 1992, p. 154.

리의 배타적 경제수역에 속하며, 따라서 필리핀의 영토라고 선포했다. 6월 18일 필리핀은 정허 암초군鄭和群礁·Tizard Bank와 안두탄安渡灘·Ardasier Reefs을 '특별허가' 지역으로 선포하여 외국기업의 투자와 탐사를 허가했다. 7월 20일 필리핀의 마르코스 대통령이 리웨탄에서 석유를 이미 시추했다고 발표했다. 8월 3일 마르코스Ferdinand Marcos 대통령은 직접 비행기를 타고 리웨탄 상공에서 석유 탐사를 시찰하고, 필리핀 에너지개발국에 석유 탐사를 서두르라고 지시했다. 1977년 2월 1일 필리핀은 리웨탄에서 두 개의 유정을 추가로 시추하기로 결정했다. 실제로 3월에 이르러 필리핀이 새로 굴착한 유정은 세 개가 되었다. 석유 탐사를 보장하기 위해 필리핀은 멋대로 소위 '주권'을 강화하고, 리웨탄의 군사시설 건설을 서둘러 강행하였다.

1977년 5월 베트남 정부는 「베트남 사회주의 공화국의 영해, 접속수역, 배타적 경제수역, 대륙붕에 관한 성명」을 발표하여 남중국해 해역에 대한 광범위한 주권을 주장했다. 이 성명에는 시사군도와 난사군도가 베트남의 영토이며, 베트남이 여기에서 영해, 접속수역, 배타적 경제수역, 대륙붕을 보유한다고 나온다. 1977년 11월에 열린 중국과 베트남의 국경 담판에서 시사군도와 난사군도 문제가 다시 큰 문제가 되었다.

동시에 필리핀도 난사군도에서 기존의 이익을 끊임없이 확대하고 공고화했다. 1978년 2월 필리핀은 중예다오에 간이 비행장을 건설했다. 3월에 필리핀 국방부는 난사군도 7개 섬을 이미 점령했다고 인정했다. 6월에는 마르코스 필리핀 대통령이 대통령령 1596호에 서명하여 난사군도의 일부 도서가 필리핀의 영역임을 정식으로 선포했다.

1980년대에 접어들어 남중국해 주변 국가들이 남중국해를 침범하고 분할하려는 파고가 다시 새롭게 일어났다. 1980년 3월 21일 인도네시아가 독단적으로 200해리의 배타적 경제수역을 선포하고,[8] 더 나아가 중국의 난사 해역을 침범했다. 5월에는 말레이시아가 200해리의 배타적 경제수역을 선포했는데, 그 범위는 중국의 전통적인 해양경계선海疆線을 17만㎢ 침범한 것이었다. 브루나이는 1984년 1월 1일 독립 이후, 입법을 통해 200해리의 배타적 경제수역을 실행한다고 선포하고,[9] 난사군도의 루이자 암초Louisa Reef, 즉 중국의 난퉁자오南通礁에 대한 점유 주권을 주장했다. 동시에 난사 해역 3,000㎢를 분할했다. 1986년 11월 말레이시아는 잇따라 군대를 보내 중국 난사의 난하이자오南海礁·Mariveles Reef와 광싱자이자오光星仔礁·Ardasier Reef를 점령했다. 인도네시아는 난사군도를 점령하지는 않았지만, 인도네시아가 주장하는 관할 해역은 남중국해에서 중국의 전통적인 해양경계선을 침범하고 있으며, 그 면적이 5만㎢에 달한다. 또한 인도네시아는 자신이 관할하는 남중국해의 일부 해역을 '나투나 제도Natuna Islands'라는 명칭으로 귀속시켰다.

1987년 베트남은 바이자오柏礁·Barque Canada Reef와 비성자오畢生礁·Pearson Reef를 점령하고, 1988년에는 다셴자오大現礁·Discovery Great Reef, 류먼자오六門礁·Alison Reef, 우메자오無乜礁·Pigeon Reef, 르지자오日積礁·Ladd Reef, 둥자오東礁·East Reef 등의 섬과 암초를 점령하여 군사시설을 건설했다.[10] 3월 14

---

8) 海洋國際問題硏究會 編, 『中國海洋鄰國海洋法規和協定選編』, 海洋出版社, 1989, pp. 101-114.

9) G.肯特(George Kent)·M.J.瓦倫西亞(Mark J. Valencia), 『東南亞的海洋政策(Marine Policy in Southeast Asia)』(內部資料), 國家海洋局海洋科技情報硏究所(譯), pp. 171-173.

10) 「外交部發言人對記者發表談話, 正告越方立即停止侵占中國南沙島礁」, 『人民日報』, 1988年 4月 6日.

일 베트남 해군이 난사의 츠과자오赤瓜礁·Johnson South Reef에서 정상적인 조사 임무를 수행하던 중국 선박을 습격하여 무장 충돌을 일으켰다.

(2) 댜오위댜오 분쟁과 동중국해 경계 획정 문제

댜오위댜오釣魚島·Senkaku Islands와 그 부속도서는 예로부터 중국의 영토였으며, 명나라 시기에 이미 중국의 영역에 포함되었다. 댜오위댜오와 관련된 내용이 기재된 가장 오래된 것으로는 명나라 시기의 『순풍상송順風相送』이 있다. 본 저서에서 댜오위댜오는 푸젠福建에서 류큐琉球로 가는 길에 항로의 지표가 되는 곳으로 기재되어 있다. 이후에도 중국에서 댜오위댜오에 대한 역사적 기록은 끊이지 않았다.

댜오위댜오와 그 부속도서가 중국의 관할이라는 점은 당시의 일본인과 류큐인도 알고 있었다. 일례로 1719년 일본의 역사지리학자 아라이 하쿠세키心井白石가 저술한 『남도지南島志』에 그려진 류큐국의 전국 지도에는 가장 서남단에 있는 요나구니 섬與那國島과 서남단의 쿠메 섬久米島을 류큐국의 경계로 삼았고, 댜오위댜오를 류큐국 전국 지도의 범위에 넣지 않았다. 1785년 일본의 역사지리학자 하야시 시헤이林子平가 저술한 『삼국통람도설三國通覽圖說』 중의 「류큐의 3성과 36개 섬의 지도」에서는 일본 본토를 자주색으로, 류큐왕국을 다갈색으로, 중국 본토를 담홍색으로 그렸는데, 댜오위댜오, 황웨이위黃尾嶼·Kuba Island, 츠웨이위赤尾嶼·Taisho Island 등의 섬을 모두 중국 본토의 색깔과 동일하게 칠하여 댜오위댜오가 중국 영토의 일부분임을 드러냈다. 1809년 일본학자 다카하시 가게야스高橋景保가 그린 「일본변계약도日本邊界略圖」에도 댜오위댜오를 류큐에 포함시키지 않았다.

서구인의 일부 저술에서도 유사한 기록이 있다. 예를 들어 1809년 프랑스 지리학자 피에르 라피Pierre Lapie 등이 그린 「동중국해 연안 각국의 지도」는 댜오위다오, 황웨이위, 츠웨이위를 타이완 섬과 같은 색으로 그렸다. 1811년 영국에서 출판된 「최신 중국 지도A New Map of China」 또한 댜오위다오를 중국의 영역으로 포함했다.

근대 이후, 중국은 댜오위다오에 대한 영유권을 강화했다. 동치同治 2년(1863년), 호림익胡林翼, 엄수삼嚴樹森 등이 편집하여 제작한 『황조일통여도皇朝一統輿圖』는 중국어 지명을 사용하여 댜오위다오, 황웨이위, 츠웨이위 등의 섬 명칭을 표시했다. 또한 일본이나 류큐에 속한 모든 도서는 일본 지명을 달았다.

1871년 발간한 『중찬복건통지重纂福建通志』는 댜오위다오를 타이완 이란현宜蘭縣의 해상방어 요충지로 꼽고 있다. 여기에 쓰여있기를 "카바란청噶瑪蘭廳은11) 싼댜오三貂를 북쪽 경계로 하고, 동쪽 연안의 큰 바다에는 야만인들이 모여 산다. …… 청이 관할하는 남쪽의 항구 입구는 넓어서 큰 배도 수용할 수 있고, 카바란청에 속한 병영이 나누어 방어한다. 또한 타이완 동북쪽後山 대양의 북쪽에는 댜오위타이釣魚台(댜오위다오의 별칭, 역자주)가 있으며, 항구의 수심이 깊어 수많은 큰 선박이 정박할 수 있다. 숭효崇爻(오늘날 화롄花蓮으로 불리는 지역, 역자주)에 속한 설파란薛坡蘭(현재의 베이샤오다오北小島와 난샤오다오南小島를 함께 부르는 통칭, 역자주)이라는 섬에는 거룻배舢板船가 진입할 수 있다."12)

이제까지의 논의를 통해 늦어도 명나라 시기부터 댜오위다오와

---

11) 역자주: 대만 원주민 카발란족(Kavalan)의 음역으로, 1810년 행정구 설치 요구에 따라 현재의 이란현에 설립.

12) 臺灣銀行經濟研究室 編, 『臺灣文獻叢刊』 第084種; 『福建通志』 卷八十六 「海防」 「臺灣府·噶瑪蘭廳」, 1960.

그 부속도서가 이미 중국 영토의 일부로 인식되었다는 점을 알 수 있다.

일본은 메이지 유신 이후, 대외 확장의 길로 들어섰다. 1879년 공식적으로 류큐를 병탄하고 오키나와현을 설립했으며, 이를 발판으로 남쪽으로 대외 확장을 추진했다. 일본 당국에 따르면, 일본인이 처음으로 댜오위다오를 발견한 때는 1884년이다. 코가 타츠시로古賀辰四郎라는 일본 상인이 황웨이위에 도착하여 섬 위에서 대량의 깃털과 새똥을 발견하고 이게 돈이 된다고 생각했다. 그래서 그는 오키나와현 지방정부에 보고하고, 이 섬들을 '빌릴拜借' 수 있기를 원했다.13) 같은 해 일본 외무성의 대서기관大書記官 모리나가 요시森長義가 비밀 지령을 내려 댜오위다오와 부속도서에 사람을 보내 몰래 조사를 하고 기회를 봐서 국경 표시를 세우도록 했다. 그러나 중국 측이 이를 발견하여 1885년 9월 6일, 즉 청나라 광서光緒 11년 7월 28일『신보申報』에 "타이완 동북쪽의 섬에 최근 일본인이 일본 국기를 걸어 점거하려는 형세가 있다"고 게재했다. 중국의 반응을 염려하여 일본 정부는 경거망동을 하지 못했다.

1894년 일본 군국주의 세력이 청일전쟁甲午戰爭을 일으켰고, 일본은 댜오위다오를 탈취할 기회가 무르익었다고 생각했다.

---

13) 이 표현이 사실인지는 고증을 기다려야만 한다. 칭화대학 류장융(劉江永) 교수와 일본 시모노세키 시립대학(下關市立大學) 히라오카 아키토시(平岡昭利) 교수의 고증에 따르면, 일본 외무성은 코가 타츠시로가 명치(明治) 17년(1884년)에 댜오위다오 등의 도서에서 어업 활동을 시작했고, 정부에 국유지 차용서를 제출했다고 했으나, 이는 실제로 존재하지 않는다. 코가 타츠시로는 먼저 내무대신 노무라 야스시(野村靖)에게 댜오위다오의 개발 신청을 했다. 이때는 명치 28년(1895년) 6월로서 불평등한「시모노세키 조약」이 체결된 이후이다.

1895년 1월 14일 일본은 내각회의를 열고 댜오위다오와 부속도서를 일본 영토에 편입한다는 결의를 비밀리에 통과시켰다. 이 결의는 일본 천황에게 보고되지도 않았고, 대중에게 공포되지도 않았다. 일본 해군성조차 이에 대해 전혀 몰랐다. 청나라 정부는 더더구나 일본이 비밀리에 댜오위다오를 점령한 상황을 알 수 없었다. 이처럼 일본은 댜오위다오를 탈취하고 중국 영토로 영역을 넓혀갔다.

1895년 3월 청나라 정부는 전장에서의 패색이 짙어져 직예총독直隸総督 이홍장李鴻章을 전권 대표로 임명하고 일본의 시모노세키로 보내 강화를 할 수밖에 없었다. 4월 17일 이홍장은 일본의 위협 속에서 주권을 빼앗기고 국가에 치욕을 안긴 「시모노세키 조약」을 체결했다.

조약은 할양된 랴오둥 반도, 펑후 제도澎湖列島의 지리적 경계를 매우 분명하게 확정했지만, '타이완에 부속된 각각의 도서'에 대해서는 표현이 모호했다. 일본이 공포한 「시모노세키 조약」의 교섭 의사록을 보면, 일본 정부는 일부러 타이완 부속도서의 범위를 모호하게 처리했는데, 여기에는 다른 꿍꿍이가 있었다.

「시모노세키 조약」은 중국 동남쪽 해양 경계에 큰 영향을 미쳤다. 중국은 류큐에 대해 문제를 제기할 능력을 상실했으며, 타이완과 펑후 제도를 할양해야만 했다. 또한 일본 정부가 타이완의 부속 도서에 대해 모호하게 표현함으로써 나중에 댜오위다오 분쟁이라는 후환이 시작된 셈이었다.

1943년 제2차 세계대전 기간에 중국, 미국, 영국 세 나라가 카이로에서 정상회담을 열고 「카이로 선언」을 결정했다. 본 선언은 세 연합국의 목적이 일본의 침략을 저지하고 징벌하는 데 있으며, 세 나라가 자신의 이득을 취하지 않고, 영토를 확장할 의도도 없다는 점을 밝혔다. 또한 세 나라는 일본이 1914년 제1차 세계대전 이후에

태평양에서 차지하거나 점령한 모든 도서를 되돌리고, 동북의 네 개 성省, 타이완, 펑후 제도 등 일본이 탈취한 중국 영토를 중화민국에 반환하기로 하였다. 탐욕과 무력으로 약탈한 다른 땅들에서도 일본을 반드시 몰아내기로 했다. 타이완의 부속도서로서 일본이 탈취한 댜오위다오 또한 반환 대상에 포함되었다.

1945년 연합국이 발표한 「포츠담 선언」은 일본이 탈취한 중국 영토를 반환해야 한다는 「카이로 선언」의 규정을 재차 표명했다. 동시에 일본의 주권을 혼슈本州, 홋카이도北海道, 규슈九州, 시코쿠四國와 연합국이 정한 기타 섬들로 제한한다고 규정했다. 이는 일본 영토의 범위를 혼슈, 홋카이도, 규슈, 시코쿠로 하며, 이 범위 이외의 지역이 일본 영토인지 여부는 연합국이 결정한다는 것으로 댜오위다오와 기타 부속도서가 일본 영토의 범위가 아니라는 점을 명확히 드러낸다.

1951년 9월 4일 미국의 기획으로 대일 강화 회담이 샌프란시스코에서 개최되었다. 9월 8일 소련, 폴란드, 체코 등 사회주의 국가의 대표단이 참석하지 않은 상황에서 미국, 영국 등의 국가와 일본이 「샌프란시스코 강화 조약」을 체결했다. 조약의 3조는 다음과 같이 규정했다. "일본은 미국이 유엔에 제출한 류큐 제도, 다이토 제도大東諸島를 포함한 북위 29도 이남의 난세이 제도南西諸島와 오가사와라 제도小笠原諸島·니시노섬西之島·이오섬(유황도)硫磺列島을 포함한 소후 암초孀婦岩 이남의 난포 제도南方諸島, 그리고 오키노토리沖之鳥 암초와 미나미토리섬南鳥島을 유엔 신탁통치하에 두는, 그리고 미국을 유일한 통치 당국으로 하는 어떠한 제안에도 동의한다. 이와 같은 제안과 그에 대한 적극적 조치가 이루어질 때까지 미국은 영해를 포함한 이 도서들의 영토와 주민들에 대해 행정, 입법, 사법의 모든 권한을 행사할 권리를 갖는다."

9월 18일 저우언라이 총리 겸 외교부장은 중국 정부를 대표하여 다시 엄숙하게 다음과 같은 성명을 발표했다. "샌프란시스코 대일 강화조약은 중화인민공화국이 참여, 준비, 입안, 체결하지 않았기 때문에 중앙 인민정부는 불법이자 무효라고 보며, 따라서 절대로 승인할 수 없다."

중국은 샌프란시스코 강화 회담에 초대를 받지도 않았고, 「샌프란시스코 강화 조약」에 서명하지도 않았다. 그러므로 「샌프란시스코 강화 조약」을 통해 법률적 측면에서 댜오위다오와 부속도서가 일본 영토임이 확인되었다는 일본 정부의 주장은 전혀 성립될 수 없으며, 국제법의 효력도 갖추지 못한다.

「샌프란시스코 강화 조약」 체결 이후, 미국은 류큐의 '합법적 관리자'가 되어 자신의 관리 권한을 행사하기 시작했다. 1952년 2월 29일 류큐 민정부民政府는 「류큐정부 장전琉球政府章典」을 반포했는데, 1조 1항에 규정된 류큐 정부의 관할 경계는 다음과 같다. "북위 28도·동경 124도 40분, 북위 24도·동경 122도, 북위 24도·동경 133도, 북위 27도·동경 131도 50분, 북위 27도·동경 128도 18분, 북위 28도·동경 128도 18분 간의 각 지점을 기점으로 한다."[14] 댜오위다오와 부속도서가 바로 이 범위 안에 위치하여 미국의 류큐 신탁통치 영역에 불법적으로 편입되었다. 류큐 민정부가 어떤 조사도 거치지 않고 일방적으로 댜오위다오와 부속도서가 그 관할 아래에 있다고 선포한 것은 명백히 불법이며 무효이다.

미국이 중국의 승인을 거치지 않고 멋대로 본래 중국 영토에 속한 댜오위다오와 부속도서를 신탁통치의 영역에 편입한 것은 「유엔 헌

---

14) 鄭海麟, 『釣魚台列嶼: 歷史與法理研究』, 明報出版社, 2011, pp. 166-167.

장」중에서 국가 평등의 원칙 및 유엔의 취지에 어긋나는 어떠한 방법으로도 다른 국가의 영토 완전성을 침해해서는 안 된다는 원칙을 위배한 것이다. 이에 대하여 중국 정부는 미국의 오키나와에 대한 이른바 신탁통치와 군대 주둔을 분명히 반대하고, 미국이 멋대로 중국 영토인 댜오위다오와 부속도서를 오키나와의 관할 영역으로 편입한 것도 인정하지 않는다는 성명을 발표했다.

1955년 5월 5일 중화인민공화국 외교부장 저우언라이가 「미국의 불법적이며 독단적인 대일 강화조약 발효 선포에 관한 성명關於美國宣布非法的單獨對日和約生效的聲明」을 발표하여 다음과 같은 내용을 지적했다.

> 미국 정부는 자신들이 스스로 서명한 1942년 1월 1일의 「연합국 선언」과 「카이로 선언」, 「얄타 협정」, 「포츠담 선언」, 「포츠담 협정」, 그리고 1945년 모스크바에서 열린 외교장관회의의 연합국 일본위원회 설치에 대한 결정, 항복 이후 일본에 대한 극동위원회의 기본정책 결의 등 일본 문제와 관련된 국제 협의를 고려하지 않은 채로 혼자 도맡아서 불법적으로 제정했던 독단적 대일 강화조약의 발효를 제멋대로 선언하고, 극동위원회와 연합국 일본위원회를 함부로 해산했다. 이러한 일방적 조치는 완전히 불법적이며 이치에 맞지 않는 것이다. …… 이 같은 소위 '강화조약'을 중국 인민은 줄곧 단호히 반대했다. …… 미국이 발효되었다고 선포한 불법적, 독단적 대일 강화조약은 절대로 인정할 수 없다.15)

1968년 10월 유엔 아시아·극동 경제위원회가 동중국해 해역에 대한 해저 자원 조사를 진행하여 댜오위다오 부근 해역에 대량의 천연

---

15) 国家海洋信息网, http://www.coi.gov.cn/news/zhuanti/dyd/gfwj/ty/jiujinshan/2013 05/t20130531_27319.html.

가스가 매장되어 있을 수 있다는 점을 확인했다. 동 위원회가 1969년 공표한 「에머리 보고서Emery Report」는 타이완과 일본 사이의 대륙붕이 세계에서 천연가스가 가장 풍부한 지역 중 하나이며, 심지어 또 다른 페르시아만이 될 수 있다고 보고했다. 일본은 즉시 이 지역에 대해 지대한 관심을 보이며 일방적인 행동을 취했다.

이 보고서가 나오자 즉각 여러 국가들의 높은 관심을 끌었다. 1970년 8월 31일 미국의 감독하에 있는 류큐 정부의 입법원이 「센카쿠 열도尖閣列島 영토 방위 신청에 관한 결정」의 초안을 내놓고 처음으로 이 열도에 대한 영유권을 공개적으로 주장했다. 같은 해 9월 10일과 17일 류큐 정부는 「센카쿠 열도의 주권과 대륙붕 자원의 개발권에 관한 주장」과 「센카쿠 열도 주권에 관하여」라는 성명을 발표하고, 댜오위다오와 부속도서에 대한 영유권을 주장했다. 중일 양국의 댜오위다오 주권 귀속에 대한 분쟁은 여기에서 시작되었다.

1971년 6월 17일 미국과 일본은 「오키나와 반환 협정」에 서명하고 오키나와의 관할권을 일본에 반환했다. 이 과정에서 미국은 댜오위다오의 주권 분쟁을 명확히 알고 있었음에도 댜오위다오의 '시정권施政權'을 일본에 반환했다. 국내외의 중국인들이 이에 대해 한목소리로 규탄했다. 같은 해 12월 30일 중국 외교부는 엄정하게 성명을 발표하여 다음과 같이 지적했다. "미·일 양국 정부가 오키나와를 '반환'하는 협정에서 댜오위다오 등 우리나라의 도서를 '반환 지역'에 포함시킨 것은 완전히 불법이다. 이는 중화인민공화국의 댜오위다오 등의 도서에 대한 영토 주권을 조금도 바꿀 수 없다."16) 타이

---

16) [일] 浦野起央 編, 『釣魚台群島(尖閣諸島)問題研究資料匯編』, 刀水書房, 2001, p. 35.

완 당국 또한 단호한 반대를 표명했다.

중국 정부와 인민의 강력한 반대에 직면하여 미국은 댜오위다오 주권 귀속 문제에 대한 입장을 분명하게 밝히지 않을 수 없었다. 1971년 10월 미국 정부가 밝힌 내용은 다음과 같다. "일본으로부터 취득한 이들 도서에 대한 시정권을 일본에 반환하는 것은 이와 관련된 주권에 대한 주장을 조금도 침해하지 않는다. 미국은 일본이 이들 도서에 대한 시정권을 우리에게 주기 이전에 영유했던 법률적 권리를 증대시킬 수 없으며, 일본에 시정권을 반환함으로써 다른 요구자들의 권리를 약화시킬 수도 없다. …… 이들 도서에 대한 모든 논쟁은 당사자들이 서로 해결해야 할 사항이다."[17] 같은 해 11월 미국 상원이 「오키나와 반환 협정」을 비준했을 때, 미국 국무부는 성명을 발표하여 미국이 이 섬들의 시정권을 일본에 반환하더라도 중일 쌍방이 이 섬들을 자신의 영토라고 대립적으로 주장하는 것에 대해서는 중립의 입장을 취하며, 분쟁 중인 어느 일방의 편에 서지 않는다고 밝혔다. 이때부터 댜오위다오 문제는 중일 관계의 우호적인 발전을 가로막는 큰 장애물이 되었다.

댜오위다오 주권 분쟁 외에 중일 양국은 동중국해 경계 획정에서도 이견이 존재한다. 1982년 중국 주재 일본대사관이 중국 교통부에 지도를 제출하여 중간선에 따라 중일 간의 해역 분계선을 획정하는 방법을 제시했다. 이에 대하여 중국 정부는 수용하기 어렵다는 입장을 표명하면서, 중일의 해역 획정은 국제법의 대륙붕 획정 원칙을 따라야 한다는 점을 강조하고 오키나와 해구가 획정 분계선의 역할을 한다고 주장했다. 동시에 공평한 원칙에 따른 획정을 고수했다.

---

17) 漠帆, 「釣魚島大事記」, 『日本現代經濟』, 1997年 第5期.

그러나 일본은 배타적 경제수역에 따른 획정에 치중하면서 배타적 경제수역에 대한 규정이 대륙붕 개념을 수용하고 있기 때문에 중간선 원칙을 적용해야 한다고 강조했다.

2004년 일본 교린대학杏林大學의 히라마쓰 시게오平松茂雄 교수는 비행기를 타고 중국이 동중국해에서 천연가스 채굴 설비를 건설하는 상황을 조사했다. 귀국 후 그는『주니치신문中日新聞』기고문을 통해 중국의 '춘샤오春曉' 가스전 위치가 일본이 일방적으로 획정한 소위 '중간선'에서 5㎞ 정도밖에 되지 않고, 중국이 동중국해로 확장하여 동중국해 해저자원의 독점을 기도하고 있다는 점에 놀랐다고 서술하면서, 일본의 해양권익을 수호하기 위해 정부가 행동을 취해야 한다고 요구했다. 이후에 일본 정부가 동중국해 문제에 대한 중국의 해결 방안을 무시하고 수많은 잘못된 조치를 취하면서 동중국해 문제가 날로 격앙되었다.

동중국해 문제로 발생한 분쟁을 해결하기 위해 중·일 양국은 일련의 협상을 벌였다. 2004년부터 2008년까지 양국은 동중국해 문제에 대하여 11차례 협상을 진행했다.

중·일 양국의 정부 대표들은 2010년 7월 27일 도쿄에서 동중국해 문제의 원칙 합의를 위한 정부 간 문서교환 협상을 처음으로 개최했다. 그러나 일본 해상보안청이 댜오위다오와 부속도서의 주변 해역에서 중국의 어선과 선장을 불법적으로 체포하는 사건이 발생했다. 이로 인해 협상의 분위기가 깨져 회담이 중단되었고, 현재까지 재개되지 못하고 있다.

2012년 9월 11일 일본 정부는 또다시 소위 '댜오위다오 국유화' 소동을 연출했다. 이는 중국의 주권과 영토 완전성을 심각하게 훼손한 것으로 직접적으로 쌍방의 협상을 중단시키는 사태를 야기했다.

동중국해 획정 분쟁에서 중일 양국의 쟁점은 주로 다음과 같은 세 가지 문제에 집중된다. 첫째, 해역 획정의 원칙에 관한 문제이다. 둘째, 오키나와 해구의 성격과 역할을 포함한 해역 획정의 방법 또는 자연 분계선의 문제이다. 셋째, 댜오위다오 및 부속도서의 지위와 이것이 경계 획정 과정에서 갖는 역할의 문제이다. 일본은 일방적으로 승인한 '중간선' 서쪽 해역에서 중국이 개발하는 가스전이 소위 빨대 효과로 인해 자국의 권익을 심각하게 침해한다고 본다.

사실 일본의 주장은 전혀 이치에 맞지 않는다. 배타적 경제수역과 대륙붕은 독립적이고 동등한 두 개의 제도이다. 게다가 해저 자원 문제에서는 대륙붕이 배타적 경제수역에 우선한다.[18] 또한 일본이 획정한 중간선은 댜오위다오와 그 부속도서를 포함하여 기점으로 삼는데, 이는 중국 정부가 승인하거나 용납할 수 없다. 따라서 중간선은 배타적 경제수역의 획정을 시작하는 선이 될 수 없다. 일본은 이 중간선을 수정해야 한다. 그러지 않는다면, 동중국해 문제에서 경계 획정의 타협과 관련 협의의 체결을 달성할 방법이 없다.

남중국해와 동중국해는 정치안보, 경제안보, 군사안보라는 국가이익과 밀접하게 관련되며, 전통 안보와 비전통 안보의 각 요소들이 교차하는 지점이다. 또한 해양안보 문제가 갈수록 선명하게 부각되고 있어서 해양 문제 해결의 복잡성이 배가되고, 중국 동남 연해의 안보가 더욱 엄중한 도전에 직면하고 있다. 이로 인해 해상에서 비롯되는 전통, 비전통 안보 위협에 대한 적절한 대응은 중국이 직면

---

18) 「유엔 해양법 협약」 56조 3항은 연해 국가의 배타적 경제수역 내에서 해저와 저토(底土)에 관한 권리는 대륙붕 제도의 규정에 따라 행사되어야 한다고 규정하고 있다.

해야 하는 중대한 문제가 되었다.

2 역외 강대국의 분쟁 개입

역사적으로 보면, 미국의 남중국해 문제에 대한 정책은 상대적 중립에서 불개입으로, 다시 개입과 깊숙한 개입의 과정을 거쳤다. 냉전 시기, 미국은 남중국해 문제에 대하여 불개입과 입장을 표명하지 않는 정책을 취했다. 1980년 미국 국방부의 연례보고서는 남중국해 문제를 거의 언급하지 않았다. 단지 깜라인만^{Vinh Cam Ranh}과 다낭^{Da Nang}에 대한 소련의 이익, 그리고 미국 제7함대의 일본 연락선^{聯絡線} 합동 방어 임무가 남중국해 때문에 어떻게 복잡하게 되었는지에 대해 서술했을 뿐이다.[19]

냉전이 종결된 초기에 미국의 남중국해 문제에 대한 기본정책은 영토를 주장하는 각자의 적법성에 대해서 판단하지 않고, 단지 평화적 수단을 통한 영토 분쟁의 해결을 강조하는 것이었다. 동시에 남중국해에서 항해의 자유에 대한 관심을 기울였다. 1990년 미국 국방부가 의회에 제출한 동아시아 관련 보고서만 해도 남중국해 문제를 언급하지 않았다. 1992년 보고서에서 동아시아와 태평양 지역을 불안정하게 만드는 아홉 가지의 잠재적 문제 중 하나로 난사군도를 포함시켰을 뿐이다. 국무부 동아시아 담당 차관보 리처드 솔로몬^{Richard Solomon}은 미국이 난사군도에 대하여 특별한 책임을 갖고 있지 않다고

---

19) Aug Cheng Guan, "The South China Sea Dispute Revisited," *Australian Journal of International Affairs*, Vol. 54, No. 2, 2000, p. 207.

말했었다.[20]

미국이 진정으로 남중국해 문제에 관심을 가지고 개입하기 시작한 것은 1995년 메이지자오^{美济礁, Mischief Reef} 사건[21]이 상징적이었다. 이 사건 이후, 미국 국무부의 기자회견에서 남중국해 문제가 수차례 언급되었다. 1998년 미국 하원의원 데이나 로러배커^{Dana Tyrone Rohrabacher}가 필리핀 정부가 준비한 필리핀 공군기를 타고 메이지자오를 비행하고 나서 성명을 발표했다. "우리가 상공을 비행할 때, 중국인들이 필사적으로 방어공사를 하고 있는 걸 봤다. 우리는 용접 불빛이 번쩍이는 걸 봤는데, 공포스럽고 불길한 징조로 보였다. 중국인들이 여기에 군함을 파견했는데, 이웃국가의 영토를 빼앗으려는 목적이다."[22] 이는 미국 국회가 필리핀의 입장을 지지한다는 것을 보여준 상징적 사건으로 여겨졌다.

21세기에 접어들어 미국의 남중국해 문제에 대한 관심이 더욱 강해졌다. 2000년 5월 쿠알라룸푸르^{Kuala Lumpur}에서 개최된 제15차 아세안-미국 대화에서 미국 관리가 남중국해는 여전히 잠재적 분쟁 지역이라고 언급했다.

오바마 집권 이후, 이른바 '아시아-태평양 재균형' 전략이 제기되면서 명확히 편향된 정치적 간섭 정책이 점차 채택되었다. 베트남,

---

20) "Work with China on Spratly Row, U.S. Urges ASEAN," *Straits Times*, March 28, 1992, p. 19, http://eresources.nlb.gov.sg/newspapers/Digitised/Article/straitstimes19920328-1.2.29.7. aspx, 검색일: 2014年 4月 30日.

21) 역자주: 중국이 메이지자오에 어민대피소를 건설하며 실효지배를 하자 필리핀이 아세안을 통해 항의한 사건.

22) 「第二次美濟礁事件: 非拉攏美議員對華放狠話」, http://v.ifeng.com/miVarms/201306/a3b45d6c-71a7-43e3-8dfd-blcba212d979.shtml, 검색일: 2014年 3月 18日.

필리핀 등의 도발 행위조차도 얼렁뚱땅 공개적으로 지지하였으며, 도리어 중국의 어쩔 수 없는 반격을 함부로 질책했다. 2009년부터 남중국해 문제는 미국이 전 지구적 차원과 아시아-태평양 차원에서 중점적으로 관심을 갖는 문제가 되어버렸다. 2009년 베트남 하노이 Hanoi에서 열린 아세안 지역안보 포럼에서 당시 미국 국무장관이었던 힐러리Hillary Rodham Clinton는 남중국해에서 항행의 자유, 아시아 공해상의 개방성, 그리고 남중국해 지역에 대한 국제법 존중이 모두 미국의 국가이익과 관련된다고 선언했다. 또한 미국은 영유권 주장국聲索國이 외교적 협력의 방식으로 각종 영토분쟁을 해결하고 위협을 배제하는 것을 지지하며, 어떠한 일방적인 무력 사용이나 무력 사용 위협도 반대한다고 밝혔다.

힐러리의 발언은 미국의 남중국해 정책의 전환점이었다. 미국의 중대한 정책 조정과 함께 남중국해 문제에서 중국과 미국의 분쟁이 시작되었음을 보여주었다.

2013년 말 중국이 동중국해에서 방공식별구역을 설정하자, 미국은 더욱 무섭게 몰아붙였다. 동중국해와 남중국해의 분쟁에 대한 개입을 한층 확대하고 남중국해에서 군사력 배치를 강화했다. 또한 베트남, 필리핀과의 국방 협력을 심화하고, 남중국해 지역에서 입체적인 군사 네트워크를 수립했다. 여기서 예상할 수 있듯이 미래에 미국은 동중국해와 남중국해 문제에 대하여 입장을 완화하지 않을 것이며, 정책적으로 더욱 강경해지고 개입의 정도도 심해질 것이다. 이는 남중국해 지역의 정세뿐만 아니라, 중국의 주변 환경과 아시아-태평양 지역의 국제관계에도 심대한 영향을 미칠 것이다. 중국은 이에 대하여 신중히 정책을 선택하고 충분한 대응을 준비해야만 한다.

3 해상 항로의 안보 문제

모두 알다시피 해상전략통로는 한 국가의 항운과 해상안보에서 중요한 전략적 의의를 갖는다. 중국의 해역은 반쯤 봉쇄된 형태이며, 두 개의 도련선島鏈에 둘러싸여 있다. 인근 해역의 해협과 항로는 수가 적고, 중국이 직접 통제할 수 있는 항로도 거의 없다. 중국의 생존과 발전에 관련된 수많은 주요 해협들과 항로들의 주변은 모두 해양의 권익을 두고 중국과 분쟁이 있는 국가들이다. 중국은 수입 석유의 80% 이상을 말라카(믈라카)Malacca · Melaka 해협을 통해 국내로 들여오므로 해협의 항로가 지장을 받는다면, 석유 공급의 중단이라는 위기에 직면할 것이다.

현재 중국의 주변에서 중요한 전략적 가치가 있는 해상전략통로는 아래의 여섯 개다.

말라카 해협. 말라카 해협은 동남아 중부 말레이시아 반도와 수마트라섬 Sumatra 사이에 위치하며, 남중국해와 안다만해Andaman Sea를 연결하고 태평양과 인도양으로 통하는 중요한 해상 통로이다. 말라카 해협은 세계에서 가장 분주한 해협 중 하나로서 매일 해협을 통과하는 선박 중 60%가 중국을 오간다. 말라카 해협은 중국의 중요한 해상 전략 통로인 것이다. 말라카 해협은 현재 싱가포르, 말레이시아, 인도네시아 삼국이 공동으로 관리한다.

미야코 해협宮古海峽 · Miyako Strait. 미야코 해협은 류큐 제도 중남부의 오키나와섬과 미야코섬 사이에 위치하는데, 동중국해에서 태평양으로 진입하는 중요한 통로이다. 중국 선박이 남태평양의 호주, 뉴질랜드 등의 국가로 가거나 태평양을 가로질러 중남미 지역으로 가려면, 미야코 해협을 통과해야 한다. 이 해협은 류큐 제도와 가까워 미군의 제7함대와 일본의 해상자위대가 자주 순항한다. 댜오위댜오와 부속 도서도 가깝기 때문에 이 전략 통로는 극도로 민감할 수밖에 없다.

오스미 해협大隅海峽·Osumi Strait. 오스미 해협은 일본 규슈의 남단과 오스미 반도 사이에 위치하여 동중국해와 태평양을 연결한다. 즉 황해, 발해, 동중국해, 한반도 연안의 각 항구에서 태평양으로 가는 중요한 통로로서 화물 운송량이 많다. 미·중 무역 운송량의 약 25%가 이 항로를 통과한다. 오스미 해협은 일본의 해군 기지와 군항으로부터 가깝고 미국의 7함대가 자주 사용하는 항로이다.

타이완 해협. 타이완 해협은 타이완과 푸젠福建성 사이에 위치한다. 동중국해와 남중국해 사이의 해운 요충지이자 중국의 남북 해운에서 요로를 차지한다. 중국 남북 간에 대량의 화물을 해상으로 운송하려면 타이완 해협을 통과해야 한다. 동시에 타이완 해협은 동북아 지역에서 남쪽으로 내려가 남아시아, 중동, 아프리카, 유럽, 대양주 등의 지역으로 가기 위한 중요한 국제 해상 항로이다.

바시 해협巴士海峽·Bashi Channel. 바시 해협은 타이완 남단과 필리핀 사이에 위치하며, 남중국해와 필리핀해를 연결하는 서태평양에서 중요한 국제 해로 중 하나이다. 또한 중국이 남중국해와 태평양과 소통하는 중요한 무역항로이며, 군사전략 측면에서도 중요한 가치를 갖는다.

순다 해협巽他海峽·Sunda Strait. 순다 해협은 인도네시아의 수마트라섬과 자바섬Java 사이에 위치하며, 중국에서 인도양으로 가는 중요한 전략 통로 중 하나이다. 또한 아프리카로 가거나 희망봉을 돌아 유럽으로 가기 위한 요로로서 적재량 20만 톤 이상의 대형·초대형 유조선이 다닐 수 있어 전략적으로 중요하다. 미군은 줄곧 순다 해협을 매우 중요시했는데, 미 7함대는 이곳을 태평양과 인도양을 오가는 중요한 해로로 여긴다.

중국경제의 지속적인 발전으로 해상통로가 갈수록 중요해졌다. 따라서 해상 항로의 안보 수호가 중국의 미래 발전에 매우 중요하다. 2005년 미국은 국가안보 차원에서 해상안보 전략에 관한 첫 번째 백서인 『국가 해상안보 전략The National Strategy for Maritime Security』을 내놓았다. 여기에 서술된 미국이 직면한 해상안보에 대한 위협, 전략 목표, 채택된 전략 행동 등의 내용은 미국의 관점을 보여준다. 일본은 「미·일 안보조약」을 기초로 해서 1,000해리의 해상교통로를 지키는 것을 주요 임무로 확정하였다. 반면에 중국은 해양전략이 부족하고 전략 항로의 안보 문제에 대해서 명확한 정책목표가 결여되어 있다. 이는 국가의 안보와 발전을 저해한다. 실제로 상술한 몇 개의 전략 항로와 관련하여 불확실한 내용이 많다. 말라카 해협을 예로 들자면, 이 해협은 말레이시아, 싱가포르, 인도네시아 삼국이 공동으로 관리하는데 해협을 왕래하는 선박이 너무 많아 삼국의 협력이 어렵다. 영토 분쟁까지 더해져서 해협의 관리에 빈틈이 많아 한동안 해적이 빈번하게 출몰했다. 이 전략 항로를 보호하는 안보 문제는 중국이 당면할 수밖에 없는 문제이다.

남중국해 분쟁에 대한 중국의 입장과 노력

1 남중국해에서 중국의 주권과 권리

남중국해 분쟁에서 중국은 줄곧 남중국해에 대한 중국의 주권이 역사적으로 형성된 것이라고 주장해 왔다. 일찍이 2000여 년 전 한나라 시기에 중국인은 남중국해에서 항해와 생산활동을 시작했다. 제일 처음으로 남중국해의 여러 섬을 발견하고 남중국해를 초보적으로 인식했던 것은 중국인이었다.

당나라 시기에 남중국해 영토의 주요 범위에는 이미 둥사군도와 시사군도의 일부 해역이 들어 있었고, 이를 관할 범위에 포함시켰다. 『구당서舊唐書』의 「지리지地理志」에 "진주振洲는 수나라의 임진군臨振郡이다. 무덕武德 5년에 진주를 설치했다. 천보天寶 1년에 이를 임진군으로 개칭했다. 건원乾元 1년에 다시 진주로 돌아왔다. 4개의 현을 관할하였는데 …… 동남쪽으로는 대해大海의 27리에 이르렀고, 서남쪽으로는 대해의 천 리에 이르렀으며, 서북쪽으로는 연덕현延德縣 90리에 이르러 애주崖州와 함께 대해에 접한 지역이었다."23) 진주의 관청소재지가 지금의 하이난海南성에 있었다. 당나라의 거리 단위로 계산하면, "서남쪽으로 대해의 천 리에 이르렀다"는 것은 지금의 시사군도 일대이다.24) 또한 송나라 조여적趙汝適의 『제번지諸蕃志』에 따르면, 당나라 시기에 '천리장사千裏長沙('천 리의 모래섬'이라는 뜻으로 현재의 시사군도 지역, 역자주)'와 '만리석당萬裏石塘('만 리의 돌섬'이라는 뜻으로 현재의 난사군도 지역, 역자주)'은 하이난의 네 개의 주州와 군軍(송나라의 지방 행정구역 명칭, 역자주)에 속했었다.

송나라 시기에 중국의 남중국해에 대한 인식은 한 걸음 더 나아갔는데, 『경관지瓊管志』는 다음과 같이 기술하고 있다. "길양吉陽은 땅은 넓고 산은 높은데 …… 그 바깥쪽에는 오리烏裏, 소밀蘇密, 길랑吉浪이라는 주洲가 있다. 또한 참파占城(현재의 베트남 지역, 역자주)와 마주보고 있는데, 서쪽에는 진랍眞臘(현재의 캄보디아 지역에 있던 크메르왕국, 역자주), 교지交趾(현재의 베트남 지역, 역자주)가 있으며, 동쪽은 천리장사, 만리석당이 있다."25) 여기서 알 수 있듯이 송나라는 당나라가 설치했던 행정구역을 따라 남중국해의 섬들을 광남서로廣南西路의 경주瓊州에 속한 길양군吉陽軍의 관할 범위에 두었다. 이는 중국 정부가 이미 남중국해의 섬들을 자신의 판도에 포함시켜 행정구역을 확정했다는 점을 보여준다.

당나라와 송나라 시기 중국 정부는 남중국해의 섬들에 수사水師를 파견하여 해양 경계를 순시토록 했다. 『무경총요武經總要』는 송나라 집

---

23) 『舊唐書』 卷四十一.

24) 당나라 시기 1리는 약 454미터였다.

25) [宋] 義太初(序), 『瓊管志』. [宋] 王象之, 『興地紀勝』 卷127, 廣南西路·吉陽軍·風俗形勝條을 보라. 함풍(鹹豊) 5년에 남해의 오숭요(伍崇曜)가 수정하여 간행하고, 월아당(粤雅堂)에서 판각을 시작했다.

현교리集賢校理 증공량曾公亮이 저술하고 인종이 직접 어명을 내려 서언을 쓴 것으로 매우 권위가 있는 문헌이다. 송나라 태조는 개보開寶 4년(971년)에 남한南漢의 류창劉鋹을 평정한 이후, 순해수사巡海水師를 설치하여 남중국해를 순시하고 관리하도록 했는데, 『무경총요』에서 이에 대해 상세히 기술하고 있다.

원나라 시기 중국의 영토 범위를 더욱 명확히 하기 위해 세조 쿠빌라이는 칙령을 내려 당시 도수감都水監이었던 천문학자 곽수경郭守敬에게 국토를 실제로 측량하도록 했는데, 이것이 이른바 '사해측험四海測驗'이다. 사료에 따르면, "동쪽으로는 고려, 서쪽으로는 전지滇池, 남쪽으로는 주애朱崖를 넘어 북쪽으로는 철륵鐵勒까지 모두 시행했다. 사해측험은 총 27개 지역에 걸쳐 17년(1280년)에 완성되었다."26)

『신원사新元史』의 기록에 따르면, 곽수경은 세조 쿠빌라이에게 바친 상주문에서 다음과 같이 지적했다. "당나라의 일행一行(천문학자이자 승려, 역자주)이 개원開元 연간에 남궁열南宮說에게 각지에서 해의 그림자를 측량하라고 명령했는데, 책에 열세 곳이 기재되어 있다. 현재의 영토가 당나라 시기보다 커서 먼 곳을 측량할 수 없다면, 일식과 월식의 때가 서로 같지 않을 것이다 …… 결국 황제도 그 주청을 받아들였다."27) 이 내용은 사해측험의 27개 장소가 모두 중국의 영토 내였으며, 측량의 범위 또한 중국의 영역 안이었음을 보여준다.

명나라에 이르러 남중국해의 섬들에 대한 발견과 명명이 이전 시대보다 크게 발전하였다. 당시의 범위는 이미 오늘날의 남중국해 4

---

26) 『元史』卷164, 列傳第51, 郭守敬. 곽수경이 '남해에 도착'하여 "남해, 북극으로부터 15도"라고 측량하였다. [明] 宋濂, 『元史』卷48, 天文志一, 開明書店鑄版.
27) 『新元史』卷34「志第一」.

개 군도를 모두 포괄하였다.

명나라는 송나라의 행정구역을 이어받았는데, '장사', '석당'이 그대로 판도에 포함되어 광둥廣東성 경주부瓊州府 만주萬州 관할에 속했다.

정화鄭和가 1405~1433년 일곱 차례에 걸쳐 서쪽으로 대항해를 할 때, 왕복 경로는 모두 남중국해 해역을 통과했다. 1621년 모원의茅元儀가 지은 『무비지武備志』에 「보선창에서 뜬 배가 용강관에서 출항하여 외국의 여러 나라에 다다르는 지도自寶船廠開船從龍江關出水直抵外國諸番圖」가 있는데, 이것이 그 유명한 「정화항해도鄭和航海圖」이다. 이 지도는 명확하게 남중국해의 여러 섬을 중국의 판도로 포함하고 있으며, 교지양交趾洋(현재의 통킹만Gulf of Tongking으로 중국 명칭은 베이부만北部灣, 역자주)과 교지와의 경계交趾界도 명확하게 구분하고 있다. 또한 남중국해 여러 섬이 광둥의 행정구역에 속한다는 점을 명시했다.

명나라 시기에 남중국해 여러 섬들은 여전히 중국의 해상방위 범위에 포함되었다. 황좌黃佐의 『광둥통지廣東通志』에 '칠주양七洲洋'이 기재되어 있는데, 오늘날의 시사군도를 말한다. 이는 시사군도에 속한 광대한 해역을 분명히 포함하고, 모두 명나라의 수군이 순찰하며 방어했던 범위에 든다.[28] 『경산현지瓊山縣志』 제 14권의 금석조기金石條記에도 명나라 해남위海南衛가 만여 명의 병사를 통솔하여 해로 수만 리를 순찰하고 멀리는 남중국해 여러 섬에 이르렀다고 기재하였다.

청나라 시기, 남중국해에서 중국의 영토 범위가 남중국해의 거의 모든 섬들을 포함하는 전 해역으로 확대되었고, 이에 따라 남중국해 영토의 기본적인 범위가 확립되었다. 청나라의 공식 문서들에서 만

---

28) [明] 黃佐, 『廣東通志』 卷66, 「外志」 3, 夷情上, 番夷, 海寇, p. 71. 明嘉靖蘭十七年(1558) 木刻本.

주萬州에 속하는 산천과 행정구역은 시기마다 약간의 변동이 있었지만, 장사해長沙海와 석당해石塘海가 만주의 영역에 포함된다는 점은 청나라 시기 동안 조금도 변하지 않았다. 다음과 같은 공식 문서들은 모두 '천리장사, 만리석당'이라는 표현으로 그곳의 산천을 광동성 경주부 관할의 만주에 속한 판도로 삼았다. 이들은 1676년(강희康熙 14년) 양광총독兩廣總督 김광조金光祖가 편찬한 『광동통지』의 산천·만주조山川·萬州條, 1725년(옹정雍正 3년) 경연강관經筵講官이자 호부상서戶部尙書인 장정석蔣廷錫 등이 교정하고 1726년(옹정 4년) 옹정황제가 서문을 쓰고 손수 이름을 정한 『흠정고금도서집성欽定古今圖書集成』의 직방전·경주부職方典·瓊州府 산천고2山川考二 만주조萬州條, 1731년(옹정 9년) 광동총독廣東總督 옥린玉麟 등이 편찬한 『광동통지』 산천·만주조, 1822년(도광道光 2년) 양광총독 완원阮元이 총괄하고 광동순무廣東巡撫 이홍빈李鴻賓 등이 감수한 『광동통지』 산천략십삼山川略十三 경주부 만주조, 1679년(강희 18년) 만주 지주知州 이염李炎 등이 원저하고 1819년(가경嘉慶 24년) 만주 지주 왕장령汪長齡이 수정을 책임졌으며 1828년(도광 8년) 만주 지사知事 호단서胡端書가 이어서 수정한 『만주지萬州志』 천조川條, 1841년(도광 21년) 명의明誼가 수정하고 장악숭張岳崧이 편찬한 『경주부지瓊州府志』 만주해방조萬州海防條 등이다.

동시에 이러한 행정단위 배치는 청나라 지도에도 많이 반영되었다. 다음의 지도들은 청나라 정부가 제작한 것으로 하나도 빠짐없이 장사해와 석당해를 청나라의 판도로 그려 넣었다. 1724년(옹정 2년) 새겨 만들어 사용한 「청직성분도淸直省分圖」의 「천하총여도天下總輿圖」, 1755년(건륭 20년) 이전에 간행된 「황청각직성분도皇淸各直省分圖」의 「천하총여도」, 1767년(건륭 32년) 간행된 황증손黃證孫의 「대청만년일통천하전도大淸萬年一統天下全圖」, 1767년(건륭 32년) 이후에 간행된 주석령朱錫齡의 「대청만년일통전도大淸萬年一統全圖」, 1810년(가경 15년) 간행된 「대청만년일통지리전도大淸萬年一統地理全圖」, 1817년(가경 22년) 간행된 도진陶晉의 「대청일통천하전도大淸一統天下全圖」, 1895년(광서 21년) 간행된 「고금지여전도古今地輿全圖」 등이다.

청나라 후기(1840~1911년)까지 청나라 정부는 하이난섬에 애주협崖州協(협은 청나라 군대 등급, 역자주) 산하의 수사영水師營(영은 협 휘하의 군대 등급, 역자주)을 설치했다. 『경주부지』가 그 직무에 대하여 다음과 같이 기술했다. "애주협 수사영은 해수면을 나누어 관리한다. 동쪽으로 만주萬州 동오항東澳港에서 시작하여 서쪽으로는 창화현昌化縣 사경사四更沙까지 이르는데, 모두 천 리의 바다를 감시한다. 남쪽으로는 시암暹邏과 참파의 이양夷洋을 직접 마주한다."[29] 『애주지崖州志』에도 대체로 비슷하게 기재되어 있다.[30] 이 밖에도 청나라 말기에 정부가 권리를 보호하기 위한 조치를 취했다. 1883년 독일이 시사군도와 난사군도에서 불법적인 조사와 측량을 진행하여 청나라 정부의 주의를 끌었는데, 광동 지방정부가 책임지고 독일에 대하여 항의를 하고 이러한 활동을 중단시키도록 했다.[31]

여기서 명백히 알 수 있듯이 청나라 조정은 남중국해의 여러 섬에 수사를 파견하여 순시하도록 했는데, 그 범위와 빈도가 이전의 역사 시기보다 많았다. 장기간 남중국해의 해상 변경을 순시한 것을 근거로 1909년 광동수사제독廣東水師提督 이준李准이 명령을 받들어 시사군도를 순시했는데, 이것이 청나라 시기 남중국해 여러 섬에서 주권 관

---

29) [淸] 明誼, 『瓊州府志』 卷18, 海防, p. 5. 도광(道光) 신축년(辛醜年)(1841) 판본.
30) [淸] 鍾元棣, 『崖州志』 卷12, 海防志一, 海防·環海水道, p. 178. 민국 3년(1914년)에 광서 34년(1914) 판본을 근거로 삼아 조판 인쇄했으며, 1962년 재판되었다.
31) 陳天錫, 『西沙島東沙島成案匯編』, 1928.

할을 행사했다는 두드러진 사례가 되었다.

중국에 왔던 많은 외국인들도 중국인의 남중국해 여러 섬에서의 생산활동과 생활상을 기록했다. 일례로 1868년 영국인이 편집한『중국 해수로지China Sea Directory』의 여러 곳에는 중국 어민들이 남중국해에서 활동한 상황이 기재되어 있다.32) 외국 항해자들은 남중국해 어민의 사투리 발음에 근거하여 남중국해 여러 섬들의 이름을 그들의 문자로 해도에 표기하였으며, 이런 방식을 장기간 사용하였다.

중화민국 초기에 일본, 영국, 프랑스가 남중국해에서 갈수록 빈번히 활동했다. 이들은 남중국해의 여러 섬들을 침범하여 자원을 함부로 약탈하고 중국의 주권을 심각하게 훼손했지만, 많은 기록을 남기기도 했다. 1918년 2월 일본인 고쿠라 우노스케小倉卯之助가 난사군도에 왔었는데, 이후에『폭풍의 섬暴風の島』이라는 책을 통해 쌍쯔다오雙子島, Seafoam Islands에서 이미 거주하던 세 명의 중국인을 만난 상황을 써 놓았다. 1923년 영국 해군 측량국이 편집한『중국 해수로지』에는 안보사주에서 중국인들의 '허름한 집의 흔적'을 발견했다는 기록이 있다. 또한 다음의 내용도 있다. "티자드 암초군Tizard Bank(즉 정허 암초군)의 하이난 어민들은 해삼과 조가비를 주워서 생활한다. 각각의 섬들에 모두 이들의 족적이 남아 있으며, 암초 틈에서도 오래 거주한 흔적들이 발견되었다. 하이난에서 조그만 배들이 매년 식량과 기타 필수품을 싣고 섬으로 가서 어민들과 해삼, 조개를 교환하였다." 또한 타이핑다오는 "하이난 어민들이 늘 머무는 곳으로 해삼과 조가비 등을 채취한다"고 쓰여 있다.33)

---

32) *China Sea Directory* Ⅱ, hydrographic office, admiralty, 1868, pp. 69-71.
33) 英國海軍測繪局 編,『中國海指南』, 1923, 第3卷. 번역문은『外交評論』1933

1933년 프랑스가 난사군도에서 난웨이다오, 타이핑다오 등 9개의 섬과 암초를 불법 점령했다. 즉시 중국 정부와 각계 민중들이 일치하여 항의했다. 프랑스 주재 공사관이 명을 받아 프랑스 당국과 교섭을 진행하였는데, 결국 프랑스 측이 이러한 침략 행위를 멈추지 않을 수 없도록 했다.

남중국해에서 중국의 권익을 더욱 공고히 하기 위해 중화민국 정부의 내정부內政部가 조직한 수륙지도심사위원회水陸地圖審査委員會는 1934년 12월 25차 회의에서 '중국 남중국해 섬과 암초의 중국어 및 영어 명칭'을 심의하여 결정했다. 이는 남중국해의 섬, 암초, 사주 132개에 대한 명칭을 비교적 자세하게 나열했다. 1935년 1월에는 남중국해의 도서 명칭에 대한 중국어와 영어 대조표를 공표하고, 처음으로 남중국해의 여러 섬들을 4개 부분으로 나누었다. 1935년 4월 수륙지도심사위원회는 『남중국해 각 도서 지도中國南海各島嶼地圖』를 출판했다. 이는 중화민국 정부가 공개 출판한 공식적인 첫 번째 남중국해 전문 지도이다. 지도에는 남중국해 여러 섬들이 상세하게 그려졌고, 남중국해의 최남단이 북위 4도의 쩡무 모래톱으로 표시되어 있다.

항일전쟁 시기 일본이 남중국해의 섬들을 점령했다. 항전에서 승리한 이후, 중국 정부는 시사군도와 난사군도의 주권을 접수하여 회복하기로 결정한다. 1946년 9월 2일 중화민국 정부는 시사군도와 난사군도의 수복에 관한 훈령을 공표하고 내정부, 외교부, 국방부의 논의를 통해 해군을 주축으로 접수 인원을 파견하여 순조롭게 접수하였다.

1947년 중화민국 정부는 둥사군도, 시사군도, 중사군도, 난사군도

年 9月 第9期 第2卷, pp. 16-19.

등 네 개의 군도와 그 부속도서의 명칭을 다시 심의하여 결정하고, 남중국해 섬들의 신구 지명 대조표를 정식으로 공표했다. 그중에는 둥사군도의 3개, 시사군도의 33개, 중사군도의 29개, 난사군도의 102개 등 총 167개의 섬, 암초, 사주가 포함되었다. 1948년 2월 내정부가 『중화민국 행정구역도中華民國行政區域圖』와 그 부속 지도인 『남중국해 도서 위치도南海諸島位置圖』를 발표하였다. 이 지도가 표시한 남중국해 도서의 명칭과 11단선11條斷이 표준이 되었다.

1935년 4월부터 1948년까지 국내에서 출판된 각종 지도 중에서 적어도 60종이 비교적 온전하게 난사군도를 표기하였다.

1949년 10월 중화인민공화국이 수립되자, 남중국해의 여러 섬들에 대한 중국의 주권 관할이 새로운 시대로 접어들었다. 1951년 8월 15일 저우언라이 외교부장이 『영・미의 대일 강화조약 초안과 샌프란시스코 회의에 관한 성명關於英美對日和草案及舊金山會議聲明』을 발표하여 시사군도와 난사군도가 '본래 중국 영토'이며, 중국이 주권을 향유하고 있다고 지적하였다. 이후에도 외국의 시사군도와 난사군도 침범에 대하여 수차례 성명을 발표하고 중국이 시사군도와 난사군도에서 불가침의 주권을 가지고 있다는 점을 엄숙하게 거듭 천명하였다.34) 출판된 각종 지도들은 기본적으로 11단선을 따라 남중국해에서 중국의 귀속 범위를 표시하였다. 1953년 베이부만北部灣의 두 단선을 제거하여 현재 남중국해의 아홉 개 '단선斷續線'이 되었다. 그 후로는 중국 지도상의 단선에 거의 변화가 없었다.

요컨대 남중국해에서 중국의 권리는 중국 인민이 장기간의 실천 과정에서 형성한 것이며, 역사적 산물이다. 역사적 사실이 보여주듯

---

34) 『中華人民共和國對外關係文件集』 第2集, 世界知識出版社, 1958, p. 30.

이 중국인이 남중국해의 여러 섬들을 최초로 발견하고, 최초로 명명하고, 최초로 개발했다. 또한 유효한 관할권을 지속적으로 행사하였다. 중국은 남중국해에서 2000여 년 동안 주권을 가지고 있었으며, 관할권을 행사해 왔다. 「유엔 해양법 협약」과 기타 국제적인 조약, 법규, 문건의 정신에 근거하면, 중국이 남중국해에서 역사적 권리를 향유해야 한다. 중국이 남중국해에서 향유하는 역사적 권리는 다음과 같이 두 가지 내용으로 개괄할 수 있다.

첫째, 중국은 남중국해의 여러 섬들과 기타 지리적 구조물에 대한 주권을 향유한다. 역사적 사실이 증명하듯이 중국이 남중국해 여러 섬들을 최초로 발견하고 최초로 개발하고 최초로 명명했으며, 관할권도 최초로 행사한 국가였다. 중국 정부가 여러 차례 발표한 성명과 몇몇 법률 문건들은 모두 남중국해의 여러 섬이 '예로부터 중국의 영토'이며, '본래 중국 영토의 분할할 수 없는 일부분'이자, 중국이 이들 도서에 대하여 논쟁할 것이 없는 주권'을 가지고 있다는 점을 강조하고 있다. 근대에 몇몇 제국주의 국가들이 남중국해의 주권과 관할권을 침범하려고 했지만, 중국이 남중국해 여러 섬들의 진정한 주인이라는 사실을 끝내 부정할 수는 없었다. 오히려 제국주의 국가들의 남중국해 주권에 대한 침범이 남김없이 실패했다는 사실은 중국의 남중국해에 대한 주권적 지위가 흔들릴 수 없다는 점을 보여준다. 이에 따라 중국이 남중국해의 여러 섬들과 부근 해역에 대해 주권을 소유하고 있다는 사실은 확고하고 반박할 수 없는 역사적, 법리적 근거를 갖는다.

둘째, 남중국해의 '단선'은 중국이 선 안의 수역과 대륙붕에서 어업, 항행, 가스 개발 등과 같은 해양활동에 대한 역사적 권리를 향유한다는 점을 나타낸다. 중국 어민들은 오랜 항해와 생산 활동을 통해 남중국해의 섬과 암초에 익숙할 뿐만 아니라, 이 지역과 관련하여 항행, 기후, 물의 흐름과 변동水文, 지형, 지질 등에서도 풍부한 지식과 경험을 축적했다. 신중국 성립 이후, 남중국해에서 여러 차례의 과학 조사가 수행되었다. 현대의 국제해양법은 연해 국가가 역사적 수역에서 향유할 권리에 대하여 명확하게 한계를 설정하고 있지는 않지만, 2000여 년의 역사 속에서 중국 인민의 남중국해에 대한 의존 관계가 객관적으로 존재하기 때문에 중국이 남중국해의 자원을 이용할 권리도 마땅히 존중되어야만 한다.

지적해야 할 점은 중국이 남중국해 전체에 대하여 주권을 요구한 적이 없으며, 남중국해의 단선이 중국과 외부의 경계라고 인정한 적도 없다는 것이다. 중국 정부는 여태까지 외국 선박과 비행기가 남중국해의 국제 항로를 항행하고 비행할 자유와 안전을 존중하고 있다. 1995년 5월 18일 중국 외교부 대변인은 "중국이 난사군도의 주권과 관련 해양권익을 유지한다는 점이 외국 선박과 비행기가 국제법에 따라 남중국해의 국제 항로를 항행하고 비행할 자유와 권리에 영향을 미치지 않는다"고 발언하며, "관련 국가들은 분쟁이 존재한다는 이유로 각국 선박이 남중국해를 통해 정상적으로 항행하는 것에 영향을 주어서는 안 될 것"이라고 호소했었다.[35]

2 남중국해 문제의 해결을 위한 중국의 정책

1990년대 이후, 중국은 지역의 안보와 안정을 유지한다는 대국적

---

35) 『人民日報』 1995年 5月 19日.

차원에서 출발하여 남중국해의 주권 권리를 지킨다는 전제하에서 협상과 대화의 방식으로 남중국해 분쟁을 해결하기 위해 노력했다.

1992년 7월 아세안 외교장관들이 25차 회의를 열고 남중국해 문제를 토론했다. 여기서 「아세안의 남중국해에 관한 선언ASEAN Declaration on the South China Sea」을 통과시키고 관련 국가들이 무력행사가 아닌 평화적 수단을 이용하여 분쟁을 해결할 것을 호소했다. 무력행사가 아닌 평화적 방식으로 남중국해와 관련된 소유권과 관할권 문제를 해결해야 한다고 강조하고, 각 당사자들의 자제를 호소하면서 모든 분쟁의 최종적 해결을 위한 적극적인 분위기를 조성했었다. 또한 이 지역에서 직접적 이익이 있는 국가들의 주권과 관할권을 침해하지 않는다는 전제 아래, 남중국해와 관련된 해상 항행과 교통안전, 해양 환경 보호와 오염 방지, 수색 구조 활동에 대한 협조, 해적과 무장 강도에 대한 적극적 단속, 불법 마약 매매 등에서 협력의 가능성을 탐색했다. 아울러 관련 당사자들이 「동남아 우호협력 조약The Treaty of Amity and Cooperation in Southeast Asia」의 원칙을 기초로 하여 남중국해 국제 행동규칙을 수립할 것을 건의하였다.[36]

아세안의 주장에 대해 회의에 참가한 중국 외교부장 첸치천錢其琛은 아세안 회의와 회의에서 발표할 선언이 남중국해 질서에 대해 긍정적인 작용을 할 것이라고 평가하고, 중국의 입장을 표명했다. "난사 문제에서 우리와 분쟁이 있는 국가는 모두 중국과 우호적인 이웃 나라들이다. 우리는 이들 국가와의 우호협력 관계를 중시하며, 의견의 차이로 충돌이 발생하여 국가 간의 우호관계의 발전과 이 지역의

---

36) 李金明, 『南海波濤: 東南亞國家與南海問題』, 江西高校出版社, 2005, '附錄 一', p. 210.

평화와 안정이 영향을 받는 것을 보고 싶지 않다. 우리는 '논쟁 보류, 공동 개발擱置爭議, 共同開發'을 제안한다. 조건이 성숙해지면 관련 국가와 협상하여 해결 방법을 찾고, 조건이 성숙하지 못하면 잠시 보류하여 양국 관계에 영향을 미치지 않기를 원하는 것이다."37) 회의에 참석했던 말레이시아 외교부 장관 압둘라 바다위Abdullah Badawi는 첸치천의 발언에 진심 어린 동의를 표명하고, 그 중요성을 인정하면서 역내 상호신뢰 관계의 구축을 돕기로 하였다.38)

1994년 중국이 아세안 지역안보 포럼ARF의 구성원이 되면서 중국과 아세안은 신뢰조치를 위한 각종 협력을 진행했다. 중국은 이 포럼을 통해 아세안에 자신의 남중국해 정책을 상세히 설명했다. 1995년 8월 제2차 아세안 지역안보 포럼에서 중국 외교부장은 유엔 해양법이 난사 문제의 해결에 적용될 수 있다는 의견을 제시하고, "「유엔 해양법 협약」을 포함하여 공인된 국제법과 현대 해양법에서 확립된 기본 원칙과 법률 제도를 근거로 삼아 관련 국가들이 평화적인 협상을 통해 논쟁을 해결"하기를 원한다고 발언했다.39)

지역 안정이라는 대국적 차원에서 출발하여 남중국해 문제를 처리하려는 중국의 태도는 끊임없이 새로운 분란을 만들려는 필리핀의 태도와 선명히 대비된다. 1997년 5월 초, 중국 국가해양국의 선박 두 척이 중국과 해외의 무선통신 아마추어 애호가들(일본인 2명, 미국인 3명, 중국인 6명)을 태우고 황옌다오黃岩島 · Scarborough Shoal에 가서

---

37) 「就經濟合作與地區安全問題, 錢其琛向東盟闡述我國主張」, 『人民日報』 1992年 7月 23日.

38) 李國强, 『南中國海研究: 歷史與現狀』, 黑龍江教育出版社, 2003, p. 375.

39) 丁寶忠 · 王星橋, 「中國與東盟關系前景廣闊, 東盟各國重視中國的有關立場」, 『人民日報』 1995年 8月 3日.

796

방송을 했다. 그 와중에 필리핀의 군용 정찰기와 해군 군함이 계속 방해를 했다. 이로 인해 중국과 필리핀 사이에 황옌다오의 주권과 관련한 분쟁이 일어났다. 1997년 이전에는 필리핀이 황옌다오에 대해서 어떠한 영토 주장도 한 적이 없다. 1978년 필리핀에서 국가지도와 자원정보를 담당하는 기관이 출판한 지도조차도 황옌다오를 필리핀의 영토로 표기하지 않았다.[40]

  1997년 5월 20일 필리핀 순시선이 황옌다오 부근에서 21명의 중국 어민을 체포하고 이들의 어선을 압류했다. 5월 말, 필리핀의 라모스 대통령은 "필리핀이 황옌다오의 자원을 탐사하고 개발할 주권을 가지며, 황옌다오는 필리핀의 배타적 경제수역에 속한다"고 주장했다.[41] 필리핀이 공식적으로 황옌다오에 대한 주권을 주장한 것이다. 6월 5일 필리핀 외교부 장관 시아손(Domingo Siazon)이 하원 외교·국방위원회의 공개 청문회에서 황옌다오와 관련해 다음과 같은 성명을 발표했다. "우리는 황옌다오가 우리 영토의 일부분이라는 주장을 견지한다." 필리핀 헌법 제1조에서 국가의 영토는 필리핀 군도와 군도 내의 모든 도서와 수역, 필리핀이 주권과 관할권을 이미 가지고 있는 모든 영토로 구성된다고 규정하기 때문이다. 또한 그는 다음과 같은 발언도 했다. "필리핀은 황옌다오와 그 주변 수역에 대하여 주권과 유효한 관할권을 이미 행사하고 있으며, 필리핀 어민들이 이 지역을 전통적인 어장이자 기후 악화시 대피 장소로 인식해 왔다. 필리핀대학과 환경·자연자원부를 통해 필리핀은 해양학과 함께 섬

---

40) Zou Keyuan, "Scarborough Reef: A New Flashpoint in Sino-Philippine Relation?" *IBRU Boundary and Security Bulletin*, Vol. 7, No. 2, Summer 1999, p. 74.

41) *Far Eastern Economic Review*, June 12, 1997, p. 21.

과 암초의 구조 및 기타 해양과학에 대한 연구를 계속했었다. 황옌다오가 오랫동안 국방 당국의 작전 지역이어서 필리핀은 섬에 등대를 세우고 밀수와 불법적 어로를 단속해 왔다." 그는 마지막으로 이렇게 덧붙였다. "황옌다오는 줄곧 필리핀 정부의 관할 범위에 속했으며, 다른 쪽에서도 이의가 제기된 적이 없다."[42] 시아손의 태도는 황옌다오 주변 해역에서 필리핀의 활동을 더욱 자극했다. 필리핀의 해군 군함과 공군 비행기가 황옌다오 해역에서 순시를 계속 강화하여 분쟁이 격화되었다. 필리핀은 황옌다오 해역에서 정상적으로 어로 작업을 하는 중국 어선들을 빈번하게 추적하고, 부딪혀 가라앉히고, 포격했으며, 중국 어민들을 억류하기도 했다.

필리핀의 도발에 대해 중국은 대국적 견지에서 대화를 통한 남중국해 문제의 해결을 희망했다. 1997년부터 아세안과 중국, 아세안과 한·중·일 지도자들이 정기회의를 개최하여 '10+1', '10+3' 회의를 구성했다. 이는 중국과 아세안 간의 최고위급 대화를 진행하는 교류 메커니즘으로서, 이러한 고위급 회담이 남중국해의 신뢰조치 구축을 촉진하는 커다란 역할을 했다. 말레이시아 외교부 차관 체 완 Abdullah Fadzil Che Wan은 다음과 같이 단언했다. "우리들 사이에 아마도 문제가 있을 것이다. 그러나 이러한 문제들은 전쟁으로 충돌할 만큼 심각하지 않다. …… 우리는 어느 때에도 무모하게 무력을 이용해서 우리와 이웃국가들 간의 문제를 해결하겠다고 생각한 적이 없다."[43] 1997년 아세안 지역안보 포럼의 신뢰조치 구축을 위한 회의가 중국

---

42) *IBRU Boundary and Security Bulletin*, Vol. 7, No. 2, Summer 1999, p. 74.

43) 阿米塔·阿查亞(Amitav Acharya), 『建構安全共同體: 東盟與地區秩序(Con-structing a Security Community in Southeast Asia: ASEAN and the Problem of Regional Order)』, 王正毅·馮懷信 譯, 上海人民出版社, 2004, p. 185에서 재인용.

에서 개최되었고, 중국도 아세안 지역안보 포럼의 해양안보 협력에 참가하였다. 중국과 아세안은 다자 안보 메커니즘의 수립을 적극적으로 추진했다. 이는 의심할 바 없이 남중국해 해상 질서의 수립에 도움이 된다.

1997년 7월 23일부터 24일까지 싱가포르에서 개최된 아세안과 중국의 정상회담에서 아세안은 중국에 「남중국해 행동규칙」 서명을 제안했다. 수년간의 노력을 통해 2002년 11월 4일 중국과 아세안이 「남중국해 당사국 행동선언南海各方行爲宣言」에 서명하면서 쌍방이 선린 상호신뢰 동반자관계의 강화에 힘쓴다는 점을 확인하고, 남중국해 지역의 평화와 안정을 공동 수호한다는 원칙을 강조했다. 각방은 유엔 헌장의 목적과 원칙, 1982년 유엔 해양법 협약, 동남아 우호협력 조약, 평화공존 5원칙, 국가 간 관계를 규정하는 기본 원칙으로 공인된 기타 다른 국제법을 따른다는 점을 거듭 천명했다. 또한 각자가 상술한 원칙과 평등 및 상호존중의 기초 위에서 신뢰 구축을 위한 방도를 찾도록 했다. 아울러 각자가 남중국해에서 항행과 비행의 자유를 준수하고 시행하며, 1982년 유엔 해양법 협약을 포함하여 공인된 국제법을 따른다는 점을 거듭 밝혔다. 관련 당사자들은 위협을 행사하거나 무력을 사용하지 않는 평화적인 방식으로, 직접 관련된 주권 국가들이 1982년 유엔 해양법 협약을 포함하여 공인된 국제법의 원칙에 따라 우호적인 협의와 협상을 통해 영토와 관할권 분쟁을 해결한다는 점에 동의했다.[44]

「남중국해 당사국 행동선언」이 발표된 당일에 중국 대표단 대변인은 담화를 발표하여 중국 정부가 본 선언에서 제기된 기본 원칙을

---

44) 李金明, 『南海波濤: 東南亞國家與南海問題』, "附錄三", pp. 213-214.

높이 평가했다고 밝혔다.[45] 중국 정부의 이러한 원칙적인 입장은 남중국해 정세의 안정에 도움이 되며, 남중국해 문제를 해결하려는 진심과 호의를 충분히 보여준다. 아세안에서 관련 국가들의 여론은 이에 대해 다음과 같이 평가했다. "중국과 아세안 국가들의 남중국해 분쟁에 대한 협의 결과, 주권 문제를 강조하지 않고 '논쟁 보류, 공동 개발을 제안했다. 조건이 성숙한 때에는 관련 국가와 협상하여 해결 방법을 찾고, 조건이 성숙하지 못하면 문제를 보류하여 관련 국가들의 우호 관계가 영향을 받지 않도록 하려는 것이다. 이는 난사 분쟁에 대하여 중국이 실용적이고 유연한 태도를 유지한다는 점을 보여준다."[46]

「남중국해 당사국 행동선언」이 비록 "단지 하나의 정치선언으로서, 법적 구속력을 갖추지 못했고, 지리적 범위에 대한 상세한 설명도 없으며, 기껏해야 과도기적 단계에 불과"할지라도[47] 각 당사자들이 다음과 같이 평화적 수단으로 갈등을 최종적으로 해결하겠다는 바람을 명확하게 표현했다는 점에서 이정표로서의 의의를 갖는다. "분쟁을 복잡하게 하거나 지속적으로 상승시키고 평화와 안정에 좋지 못한 활동을 처리하는 데 있어서 자기억제를 실행한다. 여기에는 현재 사람이 거주하지 않는 섬, 암초, 모래톱, 사주와 기타 지역에서 거주 행위를 자제하는 것이 포함된다. 이리하여 건설적인 자세로 차이를 해결하도록 한다. 영토와 관할권 분쟁을 평화적으로 해결하기

---

45) 「中國主張和平解決南沙爭端, 對東盟宣言一些基本原則表示讚賞」, 『人民日報』 1992年 7月 23日.

46) 「中國接納東盟宣言」, 『南洋商報』 1992年 7月 25日, 社論.

47) Barry Wain, "Manila'. Bungle in the South China Sea," *Far Eastern Economic Review*, Vol. 171, Jan/Feb 2008, p. 45.

전까지 관련 당사자들은 협력과 이해의 정신에 입각하여 그들 간의 신뢰를 형성할 수 있는 방도를 찾기 위해 노력한다."[48] 이러한 것들은 모두 남중국해 문제로 인하여 국지적 충돌이 발생할 가능성을 억제하고, 남중국해 당사자들의 현존하는 지정학적 이해관계를 보호하며, 남중국해 질서를 점차 정치적 협상으로 인도하는 데에 도움이 된다. 이는 "정확한 방향으로 향하는 한 걸음이다."[49] 필리핀 외교부 장관 블라스 오플레Plas F. Ople는 「선언」에 서명한 뒤에 다음과 같이 말했다. "우리는 전 세계를 향해 동남아와 중국이 지역의 평화와 안보를 확고히 약속하며, 더 큰 경제적, 정치적 안정을 위해 더 많은 대화를 준비하고 있다는 점을 보여주었다."[50] 당시 중국 대표였던 왕이王毅 외교부 부부장 또한 이렇게 말했다. "본 선언의 서명이 갖는 긍정적 의의는 외부를 향해 하나의 명확한 신호를 보냈다는 데에 있다. 즉 이 지역의 각국이 대화를 통해 상호 간에 존재하는 갈등을 처리하고, 협력을 통해 남중국해 지역의 평화와 안정을 공동으로 보호하는 것을 충분히 해낼 수 있다는 것이다."[51]

선언에 따라, 이후로 관련 국가들은 난사군도의 재점거를 허가하지 않고, 군사시설의 재건설도 허가하지 않을 것이다. 이는 충돌 발생을 크게 방지할 수 있는 내용이라고 할 수 있다.[52] 또한 경제적으

---

48) 李金明, 『南海波濤: 東南亞國家與南海問題』, "附錄三", p. 214.

49) Barry Wain, "Manila'. Bungle in the South China Sea," *Far Eastern Economic Review*, Vol. 171, Jan/Feb 2008, p. 45.

50) 霍坤, 「2002年的東盟」, 『國際資料信息』 2003年 第2期.

51) 王小光, 「朱鎔基總理出席東盟有關會議和訪問柬埔寨取得成功」, 『人民日報』 2002年 11月 5日.

52) 「中國東盟簽署宣言南沙不再建碉堡」, 『環球日報』 2002年 11月 7日.

로 상호 이익이 되는 각국의 거래에 대하여 정치적 장애를 일정 정도 제거한 것이기도 하다. 일본의 『요미우리신문讀賣新聞』은 다음과 같이 보도했다. "「행동선언」은 정치와 안보 측면에서 경제의 가속화를 보장하려는 시도이다. 이 협의는 법적 구속력이 없는 조약으로서 신사협정과 같은 '선언'이다. 이것이 규정한 지역은 '남중국해'로서 분쟁 중인 '난사'(스프래틀리) 군도와 '시사'(파라셀) 군도에 대해서는 명확히 언급하지 않았으며, 분쟁의 초점을 보류했다는 특징을 갖는다."[53]

「남중국해 당사국 행동선언」서명은 중요한 역사적 의의를 갖는다. 남중국해 유관 당사자들이 평화적인 방식으로 갈등을 최종적으로 해결하기를 희망한다는 점을 명확히 표현하여 「남중국해 행동규칙」의 제정을 위해 필요한 정치적 기초를 놓았다. 「선언」은 외부를 향해 하나의 명확한 신호를 보냈다. 즉 이 지역의 각국이 대화를 통해 상호 간에 존재하는 갈등을 처리하고, 협력을 통해 남중국해 지역의 평화와 안정을 공동으로 보호하는 것을 충분히 해낼 수 있다는 점이다. 「행동선언」이 영토 분쟁을 해결할 수 있는 문건은 아니다. 그러나 신뢰구축 조치와 협력 활동을 통해 우호적 환경을 조성하려는 한 차례의 시도로서 장기간에 걸쳐 분쟁을 해결하기 위한 기초를 놓으려는 것이다. 동시에 「선언」은 중국과 아세안 간의 신뢰조치 구축을 위한 중요한 진전이다. 선언은 영토와 관할권 분쟁을 평화적으로 해결하기 전까지 관련 당사자들이 협력과 양해의 정신에 따라 다양한 방도를 찾아 상호 신뢰를 구축하도록 노력한다고 약속했다는

---

53) 「中國爲進軍東南亞打下基礎」, 日本 『讀賣新聞』 2002年 11月 5日, http://www 1.china.com.cn/chinese/ch-yuwai/229172.htm.

점과 남중국해 지역의 평화를 촉진하려는 바람을 보여준다. 이는 분쟁의 평화적 해결을 위해 훌륭한 기초를 제공했다.

2000년 12월 25일 중국과 베트남은 협상을 통해「중화인민공화국과 베트남사회주의공화국의 베이부만 영해, 배타적 경제수역, 대륙붕에서 양국의 경계 획정에 관한 협정中華人民共和國和越南社會主義共和國關於兩國在北部灣領海' 專屬經濟區和大陸架的劃界協定」에 서명함으로써 양국 간의 베이부만 해상 경계를 확정했다. 이는 중국과 이웃국가가 협상을 통해 획정한 첫 번째 해상 경계로서 중요한 역사적 의의를 갖는다. 또한「유엔 해양법 협약」체결국으로서 중국이 국제 의무를 성실히 이행하려는 성의를 가지고 있으며 부단히 노력하고 있다는 점을 확실히 보여줬다. 아울러 성의를 가지고 서로 양해하고 양보하면서 우호적으로 협상하고, 국제 해양법의 원칙과 방법을 정확하게 이해하고 운용하면서 당사국 각자의 이익을 존중한다면, 국가와 국가 간의 해역 구획 문제를 협상과 담판을 통해 성공적으로 해결할 수 있다는 것을 충분히 증명했다.

아세안과 중국의 노력으로 남중국해 주변 각국이「남중국해 당사국 행동선언」에 서명했지만, 필리핀과 베트남 등의 국가들은 선언의 정신을 완전히 준수하지 않고 있다. 2004년 베트남은 중국과 필리핀의 반대에 아랑곳하지 않고 난사 여행노선을 개통함으로써 점령한 도서에 대한 '민사화 관리民事化管理'를 서둘러 실행하고 베트남의 '주권'을 거듭 주장했다.

2006년 베트남은「남중국해 당사국 행동선언」의 정신을 거듭 위배했다. 베트남 국영 이동통신회사가 난사군도에 무선통신망과 관련 송신소를 설치한 것이다. 같은 해 6월에는 필리핀 군 당국이 중예다오의 군사시설을 개선하고 섬에 비행기 활주로를 개축한다고 발표했다. 필리핀의 난사군도에 대한 군사적 통제를 강화하려는 것이다. 2007년 베트남은 난사로의 이민 계획을 제정하고, '쯔엉사 현 Truong Sa·長沙縣'(난사군도)의 행정구획을 조정했다. 또한 점령한 섬과 암초에서 '국회의원' 선거를 실시하고 난사를 아우르는 이동통신망을 개통했다.

2009년 2월 필리핀 국회는 난사군도의 일부 섬과 암초, 황옌다오를 필리핀의 도서 영해기선에 포함시키는 법안을 통과시켰다. 입법 수단을 통해 난사군도를 삼키려고 기도한 것이다. 또한 필리핀은 점령한 난사군도의 주둔군을 부단히 증가시켰다. 아울러 필리핀 군 당국은 난사군도의 일부 섬과 암초, 황옌다오를 서부군구의 소위 '방어 구역'으로 편입했다.

2009년 1월 29일과 2월 3일, 필리핀 상원과 하원이 2699호 의안을 차례로 통과시켰다. 이는 '필리핀 군도의 영해기선 의안'으로서 중국의 난사군도의 일부 섬과 암초, 황옌다오를 필리핀에 속하는 도서와 영해기선으로 편입하는 것이었다. 2월 17일 필리핀 국회는 본 의안을 정식으로 통과시켰다.

2012년 4월 8일 필리핀이 황옌다오에서 중국 어선을 불법으로 억류하여 대치하는 사건이 발생했다. 2013년 1월 22일 필리핀은 중국과 필리핀의 남중국해 분쟁을 「유엔 해양법 협약」의 제7부속서에 따라 설립된 중재 법정에 일방적으로 제소하고, 강제 중재의 진행을 요청했다.

2014년 12월 7일 중국 외교부는 「중화인민공화국 정부의 필리핀공화국이 제출한 남중국해 중재안의 관할권 문제에 관한 입장 문건 中華人民共和國政府關於菲律賓共和國所提南海仲裁案管轄權問題的立場文件」을 발표하고, 일관된 입장을 다음과 같이 세 가지 주요 내용으로 표명하였다.

첫째, 필리핀이 제청한 중재의 실질적 내용을 분석하였다. 필리핀이 제기한 중재는 본질적으로 영토주권의 문제이며, 영토주권의 문제는 「유엔 해양법 협약」(이하 「협약」)의 범위를 넘어서는 것이다. 「협약」의 틀에서 보면, 강제적인 분쟁 해결 절차는 「협약」과 관련된 해석 또는 적용에 국한될 뿐만 아니라, 「협약」 밖의 분쟁을 처리할 권한도 없다. 둘째, 중국과 필리핀이 이미 달성한 협의를 분석하였다. 양국은 일련의 양자 및 다자 문건에 서명함으로써 우호적인 협의와 양자 협상의 방식으로 남중국해 문제를 해결한다는 공동의 인식에 도달하여 다른 방식을 배제하였는데, 이는 양국 간의 국제법 의무이다. 따라서 필리핀이 일방적으로 관련 사항에 대하여 중재를 제기하는 것은 양자 간의 협의와 국제법을 위반한 것이다. 셋째, 「협약」 자체 규정의 분쟁해결 조항을 분석하였다. 「입장 문건」에서 밝혔듯이 필리핀이 제출한 중재 사항이 어떤 측면에서는 「협약」의 관련 해석 또는 적용의 문제라고 할 수 있을지 몰라도 이는 여전히 중국과 필리핀 간의 해역 획정 과정을 구성하는 불가분의 부분이다. 따라서 중국은 이미 2006년에 「협약」 제 298조에 근거하여 성명을 발표하고, 해역 획정 등과 관련된 분쟁이 중재와 같은 강제적 분쟁 해결 절차에 적용될 가능성을 배제하였다. 이에 따라 「입장 문건」을 통해 뚜렷이 알 수 있듯이 중재 법정은 필리핀이 제출한 중재 사항에 대하여 분명히 관할권을 가지고 있지 않다.

2014년 8월 9~10일 미얀마 수도 네피도^{Naypyidaw}에서 열린 아세안 관련 외교장관회의에서 왕이 중국 외교부장이 기자회견을 통해 중국과 아세안은 이미 남중국해 문제 해결의 방법을 찾았다고 말했다. 이는 중국이 주창한 투 트랙 방식^{雙軌思路 · dual-track approach} 즉, "관련 분쟁은 직접 당사국들이 우호적인 협의와 협상을 통해 평화적인 해결

방법을 찾고, 남중국해의 평화와 안정은 중국과 아세안 국가들이 공동으로 보호"함으로써 양자가 상호 보완하고 상호 촉진하여 구체적인 갈등을 효과적으로 관리하고 타당하게 처리한다는 것이다. 2014년 미얀마에서 개최된 10+8 회의에서 리커창李克强 총리는 남중국해 문제를 언급하면서 다음과 같이 말했다. "남중국해의 정세는 종합적으로 안정적이며, 항행의 자유와 안보 또한 보장되고 있다." "우리는 남중국해 문제에 대하여 '투 트랙 방식'을 명확히 밝혔다. 즉 구체적인 관련 분쟁은 직접 당사국들이 역사적 사실과 국제법을 존중한다는 전제 위에서 협의와 협상을 통해 평화적으로 해결하고, 남중국해의 평화와 안정을 중국과 아세안 국가들이 공동으로 보호한다는 것이다."[54]

'투 트랙 방식'의 제안은 지역의 평화와 안정을 보호하고 협의와 협상을 추진하여 분쟁을 평화적으로 해결하기 위해 새로운 방식을 제공한 것이다. 이는 중국이 남중국해 분쟁을 처리하는 정책에서 한층 실용적이고 성숙해졌음을 나타낸다. 또한 중국 정부의 정책 일관성과 연속성을 드러내며, 아울러 중국 정부가 남중국해의 정세에 근거하여 새로운 특징을 체현한 것이며, 남중국해 분쟁의 해결을 위해 새로운 해결 방식을 제공한 것이다.[55]

---

54) 『人民日報』 2014年 11月 17日.
55) 吳士存, 「雙軌恩路是實現南海合作共贏的鑰匙」, 『世界知識』 2015年 第9期.

제3절

댜오위다오 문제에 대한 중국의 입장과 노력

1 '논쟁 보류'의 제안

1972년 7월 당시 일본 공명당公明黨 위원장이었던 다케이리 요시카쓰竹人義勝가 다나카 가쿠에이田中角榮 총리의 특사로 중국을 방문하여 저우언라이 총리를 접견했다. 다케이리의 기억에 따르면, 회담에서 저우 총리는 중·일 수교의 회복이라는 대국적 차원에서 댜오위다오 문제라는 논쟁을 잠시 보류하자고 제안했다. 저우언라이는 중·일 관계를 정상화하는 데 "댜오위다오 문제까지 언급할 필요가 없다"고 주장했다. 또한 다음과 같이 언급했다. "석유 때문에 역사학자들이 이를 문제라고 여기고 있는데, 일본의 이노우에 키요시井上清 선생도 관심이 많지만, 이 문제를 너무 심각하게 볼 필요가 없다. 평화공존 5원칙에 기초한 관계 정상화에 비하면, 큰 문제가 아니다." "댜오위다오는 예로부터 중국의 영토였기 때문에 우리 측도 견해를 바꿀 수는 없다." "이 문제를 제기하면 끝이 안 난다. 단지 서로 다툼이 생기고 성과가 있지도 않을 것이다. 차라리 보류해 두고, 현명한 이후 세대에게 맡기자."56)

중·일 관계 회복 협상에 참가했던 일본 사민당社民黨 당수 덴 히데오田英夫의 기억에 따르면, 제3차 회담에서 다나카는 불안한 마음으로 저우언라이 총리에게 '센카쿠 열도' 문제를 제기했다. 다나카가 말을 마치기도 전에 저우 총리가 즉시 대답했다. "우리는 여기서 그에 대해 논쟁할 필요가 없다. 사실 그것들은 지도상에서 당신이 거의 찾을 수도 없는 몇 개의 작은 점들이다. 이게 문제가 된 것은 주변에서 석유가 발견되었기 때문일 뿐이다." 다나카도 이에 대해 동의했다. 이렇게 댜오위다오 문제는 잠시 보류되어 9월 29일 중국과 일본이 「중일 공동성명」을 발표했다. 성명에는 다음과 같이 서술되었다.

> 중·일 양국은 바다를 사이에 둔 가까운 이웃국가이며, 오랫동안 전통적인 우호의 역사를 가지고 있다. 양국 인민은 지금까지 양국 간에 존재했던 비정상 상태가 끝나기를 간절히 바라고 있다. 전쟁 상태의 종결과 중·일 관계 정상화라는 양국 인민의 바람이 실현됨으로써 양국 관계사에 새로운 페이지를 열 것이다.

1978년 10월 일본에서 열린 「중·일 평화우호조약」의 비준과 문서교환 행사에 참석한 덩샤오핑鄧小平은 일본의 후쿠다 다케오福田赳夫 총리와 회담을 하면서 재차 댜오위다오 문제에 대해 언급했다. "양국 간에는 이런저런 문제가 있는데, 일례로 중국은 댜오위다오라고 부르고 일본은 센카쿠 열도라고 부르는 문제가 있다. 이 문제는 이번 회담

---

56) 「竹人·周會談第2回」, 『日中國交正常化交涉』, 外務省外交史料館, 整理番號 01-298. 喬林生, 「論釣魚島"擱置爭議"的共識」, 『國際論壇』 2013年 第6期에서 재인용.

에서 거론하지 않을 수도 있다. 내가 베이징에서 소노다(園田直) 외상에게 말한 바 있듯이 우리 세대는 지혜가 부족하거나 어쩌면 해결할 방법이 없을 것이다. 다음 세대는 우리보다 더 지혜로울 것이고 이 문제를 해결할 수도 있을 것이다. 이 문제는 대국적 차원에서 바라봐야 한다."[57] 덩샤오핑의 '보류' 주장에 대하여 일본 측도 이의를 제기하지 않아 양측은 이전에 다다랐던 공동의 인식을 다시 승인했다.

저우언라이와 덩샤오핑으로 대표되는 중국의 구세대 지도자들은 시세를 살피고 국제정세를 판단하여 영토분쟁 문제에 대한 '논쟁 보류, 공동 개발'이라는 구상을 내놓았다. 이는 구세대 지도자들의 위대한 전략적 패기와 외교적 지혜를 드러낸다. 이후 오랫동안 양측은 '논쟁 보류'라는 공동의 인식을 준수했다. 댜오위다오 문제를 둘러싸고 양국이 때때로 마찰을 빚었지만, 매번 마찰이 발생한 이후에는 양국 지도자들이 대세를 파악하여 사건을 수습할 수 있었기 때문에 갈등이 더 악화되지 않았다.

2 냉전 이후 댜오위다오 문제의 격화와 중·일 관계에 대한 부정적 영향

냉전이 끝나자 일본의 댜오위다오 문제에 대한 태도와 입장이 점점 강경해졌다. 1996년 7월 14일 일본 우익 정치집단 '청년사青年社'가

---

57) 中國課,「福田總理·鄧副總理會談記錄J(第二回) 昭和 53年 10月 25日, 外務省外交史料館, 整理番號01-935. 喬林生,「論釣魚島 "擱置爭議"的共識」,『國際論壇』2013年 第6期에서 재인용.

댜오위다오의 베이샤오다오北小島·Kitakojima Island에 태양광 등대를 설치했고, 이를 일본 정부가 지지했다. 1980년대 말에 '청년사'는 이미 일본 정부로터 댜오위다오와 부속도서에 등대 설치 신청을 했으나, 당시에는 일본 정부가 지지를 표명하지는 않았다. 이 사건에서 일본의 공식적 태도는 매우 명확했다. 고위 인사들이 잇달아 성명을 발표하여 댜오위다오와 부속도서가 일본 영토라고 밝혔다. 7월 17일 일본 관방장관 가지야마 세이로쿠梶山靜六가 댜오위다오는 일본 영토라고 공표했다. 이케다 유키히코池田行彦 외상도 동일하게 말했다. 20일에 일본 정부는 이미 비준된 「유엔 해양법 협약」에 따라 200해리의 배타적 경제수역이 설정되어 있으며, 여기에 속한 어업 및 광산 자원에 대한 우선 개발권을 갖는다고 세계를 향해 선포했다. 또한 댜오위다오와 부속도서가 일본 영토라고 특별히 강조했다. 중국 정부는 이에 대하여 강력히 항의했다. 당시 외교부 아시아사亞洲司 사장司長이었던 왕이와 일본 주재 중국대사 쉬둔신徐敦信이 각각 중국 주재 일본대사관과 일본 외무성에 교섭交涉(평화적인 분쟁 해결을 위한 외교활동 방식, 역자주)을 요구했다.

2002년 4월 일본 정부는 비밀리에 댜오위다오, 난샤오다오南小島·Minamikojima Island, 베이샤오다오, 황웨이위 등을 '임대' 형식으로 국가가 일괄적으로 관리, 개발하려고 했다. 사실상 일본의 목적은 소위 '임대'를 통해 댜오위다오와 부속도서의 해역에 대한 통제권을 획득하려는 것이었다. 동시에 일본은 입법과 법 집행 강화 등의 수단으로 댜오위다오에 대한 이른바 '통제' 수위를 높였다. 일본 국회는 잇달아 「해양기본법海洋基本法」, 「해양구조물 안전 해역 설정법海洋結構物安全海域設定法」 등의 법규를 통과시킴으로써 일본이 댜오위다오와 부속도서의 해역에서 활동을 전개하는 데에 법리적 근거를 마련하려고 애썼다.

2008년 6월 10일 일본 함정이 댜오위다오 해역에서 타이완 어선 '롄허호聯合號'를 충돌로 침몰시켜 6명의 선원이 물에 빠졌다. 일본 측은 선장 허훙이何鴻義를 억류하고 소위 '심문'을 진행했다. 2010년에 일본 보안청 함정이 중국의 저인망 어선 '민진위閩晉漁 5179호'에 또다시 충돌을 가하고 선원들을 불법으로 억류했다.

중·일 간 선박 충돌 사건의 여파가 아직 가라앉지도 않았는데, 일본은 댜오위다오에서 재차 사달을 일으켰다. 2012년 1월 16일 일본 관방장관 후지무라 오사무藤村修가 댜오위다오와 부속도서를 포함하여 39개의 무인도에 이름을 짓고, 3월 말 이전까지 정식으로 지도에 표기하겠다고 선포한 것이다. 중국 정부는 신속히 반응하여 항의하고 일본에 엄정한 교섭嚴正交涉(주요 사안에 관해 관심과 함께 항의의 뜻을 전달하는 외교 방식, 역자주)을 제기했다. 그러나 일본은 여전히 제멋대로였다. 1월 29일 일본 정부는 내부적으로 이름이 없는 39개 도서에 대한 명칭을 확정했다. 여기에는 황웨이위 부근의 작은 섬 3개와 츠웨이위 부근의 작은 섬 1개가 포함되었다.

댜오위다오와 부속도서를 불법으로 명명하고 오래지 않아 일본은 다시 '섬 매입 촌극'을 벌였다. 2012년 4월 16일 미국 워싱턴을 방문 중이던 일본 도쿄도 도지사 이시하라 신타로石原慎太郞가 한 토론회 연설에서 도쿄 정부가 개인의 수중에 있는 댜오위다오를 매입하기로 결정했다고 밝혔다. 4월 27일 이시하라는 일본 도쿄도가 모금 계좌를 개설하여 모인 돈을 댜오위다오 매입에 쓰겠다고 선포했다.

일본 정부는 이시하라의 행태를 제지하지 않고, 도리어 댜오위다오에 대한 소위 '국유화' 조치를 취했다. 2012년 7월 6일 일본 부관방장관 나가하마 히로유키長浜博行와 총리 보좌관 나가시마 아키히사長島昭久가 이시하라 신타로를 접견하고 댜오위다오 본섬, 난샤오다오, 베이샤오다오 등 3개 섬의 '국유화' 방침을 전달했고, 중앙정부 관리가 도서 '소유자'와 협상을 진행하고 있음을 밝히고, 연내에 국유화를 달성할 계획이라고 말했다. 7일에 노다 요시히코野田佳彦 총리가 기자 회견에서 이 사실을 공표했다. '센카쿠 열도'는 '우리나라 영토의 일부분'이며, "'센카쿠 열도'에 영토 문제나 소유권 문제는 존재하지 않는다. 일본이 이들 도서를 실제 지배하고 있기 때문이다"라고 언급했다. 노다의 성명은 일본이 댜오위다오 문제에서 중국과의 협상이라는 대문을 이미 닫아버렸다는 것을 의미했다.

일본의 일방적인 댜오위다오 '국유화' 선포 소식에 대하여 2012년 9월 11일, 중화인민공화국 외교부는 성명을 발표하였다. 성명 전문은 아래와 같다.

2012년 9월 10일 일본 정부는 거듭된 중국의 엄정한 교섭에도 불구하고 댜오위다오와 부속된 난샤오다오 및 베이샤오다오의 '매입'을 선포하고, 소위 '국유화'를 실시했다. 이는 중국의 영토 주권을 중대하게 침해하고, 13억 중국 인민의 감정을 심각하게 손상시켰으며, 역사적 사실과 국제적 법리를 유린한 것이다. 중국 정부와 인민은 이에 대하여 견결한 반대와 강력한 항의를 표했다.

중국 정부의 강력한 항의에 대하여 일본 정부는 들은 체 만체했다. 11일에 일본 정부는 소위 '토지소유자'와 섬 매입 계약을 맺었다. 12일에는 일본 정부가 토지 소유의 등기수속이 끝났다고 선포했다. 일본의 댜오위다오 '국유화' 정책은 중·일 양자관계에 수많은 부정적 영향을 미쳤다. 중·일 양국의 정치적 관계가 갈수록 멀어졌고, 양자 무역에도 매우 불리한 영향을 주었다. 일본의 댜오위다오 '국유화' 정책 선포 이후, 중국 민중들의 광범위한 불만이 촉발되어 곳곳에서 반일 시위가 일어나고 일본제품 불매가 잇달았으며 중·일 간의 정상적인 인적 교류가 심각하게 저해되었다.

 댜오위다오 문제를 포함한 동중국해 문제에 대응하기 위하여 중국은 일련의 조치를 취했다. 댜오위다오와 부속도서의 명칭을 선포하고, 댜오위다오와 부속도서의 영해기선을 확정했다. 또한『댜오위다오는 중국의 고유한 영토이다約魚島是中國固有領土』라는 제목의 백서를 출판하고, 유엔에 댜오위다오와 부속도서의 해도를 제출했다. 아울러 댜오위다오와 부속도서, 그리고 부근 해역의 영해와 영공에 대한 제도를 초보적으로 수립하였다.58) 이리하여 댜오위다오와 부속도서 및 부근 해역의 주권에 대해 중국 정부와 중국 인민의 의지와 결의가 굳건하다는 점을 충분히 천명하였다.

3 댜오위다오 문제에 대한 중국의 기본 정책과 외교 대응

 중·일 양국은 아시아의 가까운 이웃으로 세계의 두 번째, 세 번째 경제체이다. 일찍이 서로 뗄 수 없고 번영과 손실을 함께 하는 '이익공동체'가 되었다. 양국의 경제협력은 비교적 강한 상호보완성을 갖는다. 첨단 과학기술, 에너지 절약과 환경보호, 재정·금융 등의 분야는 상호 이익이 되는 협력으로서 전도가 유망하다. 그러나 정치 관계의 긴장이 양국의 경제·무역 관계에 심각한 부정적 영향을 가져

---

58) 댜오위다오와 부속도서의 영해기선에 관한 중국의 성명 내용은 다음을 참조. http://www.gov.cn/jrzg/2012-09/10/content_ 2221140.htm, 2012年 9月 11日. 중국 정부의 동중국해 방공식별구역 설정에 대한 성명(2013년 11월 23일)과 동중국해 방공식별구역에서 항공기 식별 규칙에 대한 공고(2013년 11월 23일)의 내용은 다음을 참조. http://www.gov.cn/jrzg/2013-11/23/content_25533099.htm, http://www.gov.cn/jrzg/2013-11/23/content_2533101.htm 검색일: 2013年 11月 25日.

올 수 있다. 중·일 양국의 경제 발전과 다년간 지속된 한·중·일 FTA 협상의 진전에 영향을 미칠 뿐만 아니라, 아시아 경제에도 심각한 부작용을 초래할 수 있는 것이다.

요 몇 년간 댜오위다오 분쟁이 중·일 경제·무역 관계에 미친 부정적 영향들이 이미 드러나고 있다. 자동차 제조업을 보면, 일본 자본이 투여된 자동차 기업들이 50%를 감산했으며, 심지어 일부 공장들은 임시로 생산을 중단했다.[59] 일본 정부의 지침에 따라 일본 기업계는 동남아, 인도, 아프리카와의 협력을 강화함으로써 중·일 무역의 손실을 벌충하려고 하지만, 일본의 중국 시장에 대한 의존도가 높아 실제 상황은 그리 좋지 못하다.[60] 미국학자 헌팅턴^{Samuel Huntington}은 다음과 같이 지적했다. "정치적, 경제적으로 중국 대륙의 역량이 강대해질 것이며, 이로 인해 미·일의 대중 정책은 공동의 이해득실을 갖게 된다. 즉 미·일이 협력하여 중국을 견제하는 것이다. 중장기적으로 일본은 미국에 대한 의존을 탈피하여 일종의 자주성을 추구하겠지만, 아마도 장기적으로는 결국 중국을 따를 수밖에 없을 것이다."[61]

중·일 관계의 경색에 대한 중국 정부의 입장은 다음과 같았다. "중국은 4개의 정치 문건을 기초로 하여 일본의 발전전략과의 호혜적 관계를 한결같이 중시해 왔다. 이는 중국 인민의 이익에 부합하며, 지역 전체의 평화발전에도 유익하다. 현재 중·일 관계가 심히

---

59) 李薇, 「釣魚島爭端中的中日經貿關系」, "中國智庫經濟觀察"會議論文, 2013 年 5月.

60) 「日本學者: 未來"日本夢"要搭"中國夢"便車」, 『中國靑年報』 2014年 11月 19 日.

61) 馮昭奎, 「中日關系的辯證解析」, 『日本學刊』 2015年 第1期.

곤란해진 원인은 일본 지도자들이 댜오위댜오와 역사 문제에서 매우 잘못된 방법을 채택했기 때문이다. 이 문제를 해결할 열쇠는 일본에게 있다. 중국은 중·일 관계의 회복과 정상적인 발전을 위한 조건을 만들기 위하여 일본 지도자들에게 요구한다. 즉 역사를 직시하고 깊이 반성하라는 일본과 아시아 이웃국가 인민들의 호소를 진지하게 경청하고, 실질적 행동을 취하고, 잘못을 수정할 것을 요구한다. 동시에 일본 각계의 식견을 갖춘 사람들이 양국 인민의 상호 이해를 증진하고 양국 관계의 개선을 위해 적극적으로 노력하는 것과 대화를 통해 문제를 해결하는 것을 환영한다."[62]

2014년 11월 아시아태평양경제협력체APEC 비공식 정상회의 기간에 시진핑 주석과 아베 신조安倍晋三 총리가 간단한 회견을 가졌다. 여기서 중·일 양국 정부는 관련 문제를 정확하게 다루고 타당하게 처리하는 데 있어서 4개의 원칙에 대한 공동의 인식에 다다랐다. 2014년 11월 15일 중·일 재무장관들이 2년 7개월 동안 중단된 장관급 대화를 재개했고, '중·일 해상연락기제' 재개에 대한 협상도 다시 시작되었다. 같은 해 12월 하순에 중·일 에너지 절약 및 환경보호 포럼이 베이징에서 개최되었다. 이는 11월의 중·일 정상회담 이후에 양국 정부가 개최한 첫 번째 대형 행사였는데, 여기서 쌍방은 기업 간 기술 교류와 협력에 관한 문서 41건에 서명했다. 2015년 3월 일본의 연립정부를 구성하는 자민당自民黨, 공명당 양당의 간사장인 다니가키 사다카즈穀垣禎一와 이노우에 요시히사井上義久가 이끄는 일본 여당 대표단이 중국 방문을 성공적으로 마쳤다. 양국의 고위급 접촉

---

62) 2014년 4월 17일 외교부 대변인 화춘잉(華春瑩)이 주재한 정례 기자회견에 대한 보도.

은 중·일 관계를 푸는 데 새로운 일보를 내딛었으며, 향후 중·일 관계의 지속적인 완화와 개선을 위한 계기를 제공했다.

　지적할 점은 각종 요인으로 제약을 받고 있기 때문에 중·일 관계의 전면적 회복은 여전히 진행 중이라는 것이다. 이는 중·일 관계의 특징에서 야기된다. 어떤 학자가 평가했듯이 중·일 관계는 "현재 역사적 재구성이라는 장기적 과정에 놓여 있다. 중국과 주변의 관계는 이러한 백년의 재구성이라는 장기적 과정에서 봐야 하며, 긴 시야와 전략적 인내심을 가져야만 한다."63)

---

63) 張蘊嶺, 「中國周邊地區局勢和中日關系」, 『日本學刊』 2014年 第4期.

홍콩과 타이완 지역의 안정과 발전

양안兩岸관계의 현황과 발전 추세

　1949년 국민당 정권이 타이완으로 패주했다. 한국전쟁의 발발에 뒤이어 미국 정부가 무력으로 중국 내정에 간섭하여 제7함대를 파견해 타이완 해협에 진주했다. 1954년 12월 미국과 타이완 당국은 소위 「공동방위조약」에 서명하고 타이완을 미국의 보호 아래 둠으로써 해협 양안의 장기적인 분열을 조성했고, 양안은 이때부터 상이한 발전 경로로 나아갔다.

　정치적으로 타이완 당국은 반공 정책을 계속 유지했다. 1953년 장제스蔣介石는 「전국의 군대와 국민에게 고하는 글告全國軍民書」을 발표하여 '반공과 국토 회복反共復國'을 총체적 방략으로 제정했다. 타이완 당국은 한국전쟁을 활용해 적극적으로 반공 동맹의 수립을 추진하고 대륙을 고립시켰다.

　타이완 당국은 음모를 꾸며 카슈미르 프린세스Kashmir Princess호 사건64)을 일으키고 지속적으로 대륙의 연안 지역을 습격하며 교란했다. 대륙 또한 '타이완 해방解放臺灣'이라는 구호를 내세웠다. 미국과 장제스가 체결한 「공동방위조약」에 대응하여 중앙 인민정부가 진먼金門에 징벌적인 공격을 가해 이장산다오一江山島와 다천다오大陳島에서 전투가 벌어졌다.

1950년대 국내외 정세의 변화에 따라 대륙이 '타이완의 평화적 해방和平解放臺灣'을 제기했다. 1956년 마오쩌둥이 '화합을 귀하게 여긴다和爲貴', '나라를 사랑하는 사람은 모두 한 가족이다愛國一家', '애국은 선후를 가리지 않는다愛國不分先後' 등의 정책적 주장을 내놓았다. 1956년 7월 차오쥐런曹聚仁이 처음으로 베이징에 와서 양안의 '밀사' 접촉이 실현되었다.

1960년대 이후 대륙은 '일강사목一綱四目'이라는 타이완에 대한 방침을 내놓았다. '일강'은 타이완이 조국의 품으로 돌아와야 한다는 것이다. '사목'은 다음과 같다. (1) 타이완의 회귀 이후, 외교권을 제외한 군정軍政의 모든 권한은 타이완 당국이 스스로 처리한다. (2) 타이완의 군정과 건설 비용에서 부족한 부분은 중앙이 교부한다. (3) 타이완의 사회 개혁을 늦출 수 있다. (4) 쌍방은 사람을 보내어 상대방의 단결을 해치는 일을 하지 않는다. '일강사목'의 방침은 양안의 실질적 문제를 다루었으며, 타이완 통일 이후의 정권 형태, 군정, 사회제도 등에 대해 파격적인 규정을 내놓은 것이었다. 이러한 일련의 조치들은 통일전선의 확대와 해협 양안의 평화 촉진에 중대한 역할을 했다.

---

64) 역자주: 1955년 4월 저우언라이 총리가 인도네시아에서 열리는 반둥회의에 참석하기 위해 임대한 인도항공의 카슈미르 프린세스호가 폭발로 바다에 추락한 사건. 폭발 원인은 국민당 요원에 매수된 홍콩 공항 청소원이 항공기에 폭약을 설치했기 때문으로 밝혀졌으며, 이 사건으로 16명이 사망함.

문화대혁명이 시작된 이후, 좌경적 오류의 영향으로 타이완에 대한 업무가 심각한 충격을 입었다. 1978년 중국공산당 11기 3중전회 이후에야 타이완 업무가 정상적으로 회복되었다.

1950년대 말에서 1960년대 초까지 타이완 당국은 대륙에 대한 군사적 반격이 희망이 없다고 보고, '대륙의 정치적 광복政治光復大陸'을 계획했다. 장제스는 삼민주의三民主義를 위주로 하고 군사적 수단을 보조로 하여 대륙을 광복해야 한다고 주장했다.

1972년 장징궈蔣經國가 행정원 원장을 맡은 이후, '대륙으로의 복귀重返大陸'를 장기적 목표로 삼았다. 당시 타이완 당국은 수많은 문제에 직면해 있었고, 외교적으로 곤경에 빠졌다. 타이완이 유엔에서 축출된 이후, 닉슨과 다나카 가쿠에이의 중국 방문이 타이완에 중대한 영향을 미쳤다. 중·미와 중·일이 수교하자 해협 양안의 국제적 지위가 크게 뒤바뀌었다. 이러한 변화로 인해 타이완 당국은 정책을 조정하지 않을 수 없었다.

1970년대 말 국제적, 국내적 정세에 심대한 변화가 발생했다. 중국공산당 11기 3중전회 이후, 대륙은 업무의 중심을 경제건설에 두었다. 1979년 1월 1일 전국인민대표대회 상무위원회가 「타이완 동포에게 고하는 글告台灣同胞書」을 발표했다. 이는 평화통일 방침의 상징이 되었다.

「타이완 동포에게 고하는 글」은 타이완의 현재 상황과 각계 인사들의 의견을 존중한다고 엄숙히 선포하고, 타이완 당국의 하나의 중국 입장을 긍정했다. 또한 양안에 공동의 입장과 협력의 기초가 존재한다고 언급했다. 아울러 협상을 통해 군사적 적대 상태를 해결하고, 선박·항공의 직항 개설通航과 우편 교환通郵을 실현하고, 무역을 발전시켜 서로 필요한 것을 교환하기를 희망한다고 썼다.

중국의 당정 지도자들 또한 수차례 성명을 발표하여 평화통일 사상을 전개했으며, 일국양제一國兩制의 방침을 제기하여 각계의 열렬한 환영을 받았다. 1983년 덩샤오핑은 미국의 손님을 접견하면서 타이완과 조국의 평화통일을 실현할 구상을 더욱 구체적으로 밝히고, 타이완 문제의 핵심은 조국통일이라고 언급했다. 하나의 중국을 견지한다면, 제도는 다를 수 있다. 타이완의 완전한 자치는 찬성하지 않지만, 조국통일 이후에 타이완은 특별행정구가 되어 다른 행정구가 가지지 못한 권리를 가질 수 있다. 평화통일의 적합한 방식은 국민당과 공산당 양당의 평등한 회담이며, 외부 세력의 개입은 용인하지 않겠다는 등의 내용이다. 1984년 덩샤오핑은 더 나아가 통일 이후에 타이완은 자본주의 제도를 실행하고 대륙은 사회주의 제도를 실행할 것이라고 말했다. 하나의 국가에 두 개의 제도를 실행한다는 것이다.

　　'평화통일, 일국양제'는 덩샤오핑 이론을 구성하는 중요한 부분으로서 타이완 문제 해결에 대한 중국공산당과 중국 정부의 장기적이고 변하지 않는 방침이다.

　　1960년대부터 1980년대까지 타이완은 장제스, 장징궈 부자의 통치 아래에서 대륙과 대치했지만, 타이완 당국은 내내 하나의 중국 원칙을 유지했고, 어떠한 형식의 '타이완 독립台獨' 활동에 대해서도 단호하게 반대했다. 타이완 독립 세력을 엄벌하고, 타이완 독립 경향을 억제하였으며, 타이완 독립 조직을 계획적으로 와해시키고, 해외의 타이완 독립 세력을 단속했다. 이를 위해 국가보안법國家安全法, 인민단체법人民團體法, 시위법 등의 법안을 통과시켰다.

　　1987년 6월 장징궈의 지시에 따라 마잉주馬英九가 「민중이 대륙을 오가며 친척을 방문하는 문제에 대한 연구 분석民衆往返大陸探親問題之研析」

의 초안을 작성해서 보고했다. 10월 14일 국민당 중앙상무위원회에서 5인 특별 안건 소조가 제출한 타이완 민중의 친척 방문 문제에 대한 연구 보고서가 통과되었다. 타이완 당국은 타이완 동포가 대륙에 가서 친척을 방문하는 것을 허가하기로 결정하고, 1987년 11월부터 대륙에 혈육血親, 인척姻親, 직계·모계·처계 친족三親이 있다면, 모두 타이완 적십자 조직에 등록하고 제3지역을 경유하여 대륙에 가서 친척을 만날 수 있다고 규정했다.

타이완 당국에 대한 대응으로서 10월 16일 국무원國務院 판공청辦公廳이 「조국 대륙에 친척을 방문하기 위해 여행 온 타이완 동포를 접대하는 방법에 관한 통지關於台灣同胞來祖國大陸探親旅遊接待辦法的通知」를 발표함으로써 대륙에 친척을 만나러 여행 온 타이완 동포들에게 편의와 배려를 제공하는 규정을 내놓았다. 이리하여 해협 양안의 동포들이 거의 40년 동안 격절되었던 상태가 마침내 타파되었다. 양안 관계가 완화됨에 따라 양안 인민들이 겹겹이 쌓인 장애물을 깨부수고 민간 왕래를 하는 일이 나날이 빈번해졌다.

1990년대에 접어들자 타이완과 중국이 양안 관계를 조정하는 비정부 중개 기구로서 해협교류기금회海峽交流基金會(이하 '해기회')와 해협양안관계협회海峽兩岸關系協會(이하 '해협회')를 연이어 설립했다. 이후 양안의 교류 영역은 친척 방문에서 경제·무역, 체육, 학술, 문화 등 다방면으로 확대되었고, 교류 수준도 갈수록 높아졌다. 해협회와 해기회는 실무 협상 과정에서 하나의 중국 원칙을 견지한다는 입장을 어떻게 표현할지에 대한 문제를 해결해야만 했다. 결국 "해협 양안이 모두 하나의 중국 원칙을 견지한다"는 공동의 인식을 구두 방식으로(서면 합의에는 이르지 못했다는 의미, 역자주) 합의하였다. 1993년 해협회 회장 왕다오한汪道涵과 해기회 회장 구전푸辜振甫가 싱가포르에서 첫 번째 회담을 개최했다. 이는 해협 양안의 고위층 인사 교류가 오래도록 끊어진 뒤, 첫 번째 공식 접촉으로서 양안이 화해를 향해 나아가는 역사적 돌파구였다. 회담은 「왕다오한과 구전푸 회담의 공동 합의汪辜會談共同協議」, 「해기회와 해협회의 연락 및 회담 제도 합의兩會聯系與會談制度協議」, 「양안의 공증문서 사용 및 검증 합의兩岸公證書使用查證協議」, 「양안의 등기우편 조회, 보상 사무 합의兩岸掛號函件查詢′補償事宜協議」 등 네 가지 합의에 도달했다. 이처럼 왕다오한과 구전푸의 회담은 양안에서 협상과 담판의 새로운 시대를 열었다.

타이완과 대륙의 경제·무역 관계가 부단히 강화되고, 대륙의 대외개방 정책이 양안 경제의 교류와 고속 발전을 촉진하면서 타이완의 상공업 인사들이 대륙에 와서 투자하기 위해 필요한 조건들이 마련되었다. 80년대 초에 대륙은 타이완의 상공업 제품에 대하여 세제혜택을 제공했다. 「타이완 동포의 경제특구 투자에 대한 3항의 우대혜택 방법臺胞經濟特區投資三項優惠辦法」, 「타이완 동포의 대륙 경제특구 투자에 대한 우대혜택 방법臺胞到大陸經濟特區投資優惠辦法」을 통과시켜 타이완 동포에게 5년 동안 소득세를 면제하고 기타 세율을 반으로 감세하는 등의 우대 조치를 실시했다. 1990년대 초 양안의 경제·무역 협력이 매우 빠르게 발전하여 1991~1995년 연평균 성장률이 53.4%에 이르렀으며, 타이완 대기업과 재벌이 잇달아 대륙을 시찰했다. 투자 영역과 지역도 계속 확대되었다. 양안의 문화교류 또한 부단히 증가하여 양안 관계가 공전의 발전을 이루었다.

리덩후이李登輝가 타이완을 통치하면서 점차 하나의 중국 원칙에서 멀어지고, 분열 행위를 크게 벌였다. 자신의 정치적 지위가 확고해짐에 따라 타이완 독립사상이 차츰 뚜렷해졌고, 이로 인해 타이완 독립이라는 분열주의가 타이완 내부에서 부활하여 범람하였다. 1993

년 11월 아시아태평양경제협력체의 비공식 정상회의에서 타이완의 '총통 특사' 장빙쿤江丙坤은 「두 개의 중국 정책에 관한 성명關於兩個中國政策的聲明」을 발표했다. 그는 "중화민국과 중화인민공화국은 상호 예속되지 않는 두 개의 주권국가"라고 주장했는데, 즉 타이완의 정책이 하나의 중국 원칙을 지키면서 단계적으로 두 개의 중국 정부 입장으로 나아가고 있음을 보여주는 것이다.

1994년 리덩후이는 일본 작가 시바 료타로司馬遼太郎와 담화하면서 다음과 같이 말했다. "중국이라는 단어는 모호하고 분명치 않으며, 주권이라는 두 글자는 위험하다." "중국공산당은 타이완성을 중화인민공화국의 하나의 성省份으로 귀속시키려고 하는데, 이는 기괴한 꿈이다." "이전까지 타이완의 권력을 장악한 것은 전부 외부에서 온 정권이었다." 자신의 이상은 "타이완인을 이끌어 하나의 새로운 국가를 건립하는 것이다."[65]

그 후 리덩후이는 조국을 분열시키는 길로 더욱 멀어져 갔다. 소위 '탄성 외교彈性外交', '실질 외교實質外交', '실용 외교務實外交', '휴가 외교度假外交' 등을 추진하여 강대국에 대한 영향력을 확대함으로써 국제사회의 지지를 얻으려고 시도했다. 리덩후이는 '독일의 소리'와 인터뷰하면서 타이완 당국이 1991년 이래 양안 관계를 국가 대 국가 관계로 정립했으며, 최소한 특수한 국가 대 국가 관계라고 버젓이 말했다. 1994년 리덩후이는 니카라과, 코스타리카, 남아프리카공화국, 스와질란드 등 4개국을 방문했을 때, 타이완이 "주권 국가로서 외교를 해야 한다", "유엔에 가입한다는 입장은 후퇴하지 않을 것이다"라고

---

65) 李君, 「淺談李登輝時代大陸政策的演變與大陸應對政策」, 『荷澤師專學報』 2001年 第1期.

끊임없이 공언했다. 1995년 리덩후이는 '개인' 자격으로 미국을 방문해 코넬 대학교에서 연설했는데, 여기서 "우리 민중은 우리가 현재 처한 국제 지위에 만족하지 못한다. 중화민국 인민은 국제사회에서 평화적이고 건설적인 역할을 하기로 결심했다"고 말했다. 리덩후이는 공공연하게 타이완이 예로부터 중국의 영토이고 중국의 일개 성이라는 사실을 부정함으로써 타이완 위기를 야기했고 양안이 막 수립한 우호 관계를 파괴하였다.

타이완에서 소수의 정치인들이 조국의 분열을 획책하는 것에 대응해 중국공산당 총서기이자 국가주석인 장쩌민江澤民은 중국공산당과 중국 정부를 대표하여 1995년 「조국통일의 대업 완성을 촉진하기 위하여 계속 분투하자為促進祖國統一大業的完成而繼續奮鬥」라는 중요한 담화를 발표하고, 양안 관계의 발전과 조국통일 추진에 대한 8항 주장을 제기했다. 이 담화는 양안의 평화통일 촉진에 대한 중국공산당과 중국 정부의 결심과 진심을 드러냈으며, 타이완 문제 해결에 대한 강령성綱領性 문건의 하나가 되었다.

조국통일을 촉진하는 8항 주장에 대하여 타이완 당국은 답변을 내놓았다. 타이완의 행정원 원장 롄잔連戰이 현실 직시面對現實, 교류 증가增加交流, 상호 존중相互尊重, 통일 추구追求統一 등의 4항 원칙을 제시했는데, '롄의 4항連四點'으로 불린다.

대륙의 평화에 대한 진심에 대응해 타이완 당국이 실제 행동에서 보인 태도는 한때 매우 소극적이었다. 타이완이 선택한 것은 '불접촉不接觸, 불담판不談判, 불타협不妥協'의 '삼불三不' 방침으로 대륙이 제안한 '삼통三通' 요구에 대하여 꾸물거리면서 실질적인 조치를 내놓지 않고 양안의 정치적 담판을 방해하는 태도를 취했다.

타이완 독립 세력은 타이완 안에서 대두하고 외부 요소들과 긴밀히 연계되었다. 1992년 미국은 제멋대로 3개의 중·미 공동성명의 약속을 파기하고 타이완 지역에 첨단 전투기, 방공 유도탄, 대잠 호위함, 탱크 등의 공격 무기를 판매했다.

미국의 태도는 타이완섬 내부에서 타이완 독립 세력의 기세를 크게 조장했고, 리덩후이의 적극적 지원 아래 일군의 타이완 독립 세력이 정치판에 진출하게 되었다. 2000년 타이완 지역의 총통 선거에서 민진당民進黨 후보 천수이벤陳水扁이 정권을 잡았다. 천수이벤은 집권 이후에 '92공식92共識'을 부정했다. 타이완 당국은 정치, 군사, 문화 등 각 영역에서 새로운 차원의 타이완 독립 활동을 전개하고 수많은 수단을 통해 타이완 독립의 실현을 기도했다. 2002년 8월 3일 천수이벤은 해협 양안을 한쪽에 각각 한 국가가 존재하는 '일변일국一邊一國'으로 간주한다고 처음으로 공개했다. 또한 소위 '국민 투표'를 통해 타이완의 앞길을 결정할 것이라고 말했다. 천수이벤의 '일변일국'론 제안은 2,300만 타이완 동포들의 운명을 가지고 도박을 한 것이다. 평화, 안정, 발전의 희구가 타이완의 주된 민의이다. 천수이벤이 수많은 타이완 민중의 이익을 고려치 않고 '일변일국'론을 제기한 것은 양안 관계에 극심한 피해와 나쁜 영향을 끼쳤다.

2003년 5월 20일 천수이벤은 민진당 중앙상무위원회에서 "민관 각 방면에서 타이완의 세계보건기구WHO 가입 추진에 대한 국민투표를 공동으로 연구하고 토론하기를 희망한다"고 말했다. 세계보건기구는 주권국가만이 참여할 수 있는 유엔의 전문 기구이다. 천수이벤이 사스SARS 전염병 발생 상황을 이용하여 '국민투표'로 세계보건기구에 가입하려는 것은 사실상 '국민투표를 통한 타이완 독립公投臺獨'을 위해 분위기를 조성하려는 의도였다.

2006년에 천수이벤이 추동하는 '타이완 독립' 분열 활동이 더욱 상승하였다. 1월 19일 천수이볜은 타이난臺南에서 지방 인사들을 초대해 놓고 공개적으로 다음과 같이 발언했다. "현재 국가통일위원회國統會와 국가통일 강령國統綱領을 폐지할 적당한 시기를 진지하게 생각하고 있다. 또한 타이완의 이름으로 유엔 가입을 재신청하는 것을 고려해야만 한다. 올해 안에 타이완 신헌법을 마무리하고 내년에 신헌법에 따른 국민투표를 시행할 수 있기를 바란다."66) 2007년 천수이볜은 한 조직 모임에서 "네 가지가 필요하며, 한 가지는 없다"고 대놓고 말했다. 즉 타이완은 '독립', '정명正名', '신헌법新憲', '발전'이 필요하며, 타이완에 좌우 노선은 없고, 통일과 독립의 문제만 있다는 것이다. 이후 천수이볜 정권은 타이완 명의의 유엔 가입에 대한 국민투표를 다시 획책했다. 2007년 7월 천수이볜은 두 번에 걸쳐 타이완 명의의 유엔 가입 서한을 유엔 사무총장에게 전달하고, 동시에 유엔 가입에 대한 대규모 국민투표를 전개하여 대륙과 타이완이 같이 하나의 중국에 속하는 상황을 변경하려고 도모했다.

국가 분열과 타이완의 '독립 건국'이라는 목적을 달성하기 위해 천수이볜 당국은 군비를 강화하여 '무력을 통한 통일 거부以武拒統'를 기도했다. 부단히 군비를 증가하고 대량으로 비행기, 미사일, 군함 등 각종 신무기를 구입하여 대륙에 대항했다.

천수이볜 당국은 '하나의 중국' 원칙을 거부하고 '92공식'을 부정했으며, '일변일국'을 주장하고, '타이완 독립' 분열 노선을 멋대로 획책했다. '국민투표', '국가통일위원회와 국가통일 강령의 중지終統', '헌법 제정制憲', '유엔 가입入聯' 등의 문제에서 끊임없이 사단을 일으킴으로써 양안의 정치 관계를 교착 상태에 빠트리고 경제·무역 거

---

66) 『臺灣周刊』 2006年 第5期.

래와 민간 교류를 인위적으로 방해했다. 이에 따라 양안의 평화와 안정이 가혹한 시험에 직면했으며, 지역의 평화와 안정이 극도로 위협을 받았다.

마잉주는 타이완의 총통으로 당선되고 나서 리덩후이와 천수이볜 시기의 양안 정책을 바꾸어 양안이 '두 개의 중국'이 아니며, 국가와 국가 간의 특수한 관계도 아니라고 강조했다. 또한 '중화민국'이 주권을 가진 독립된 국가이며, '중화민국'과 타이완의 운명은 이미 긴밀히 연계되어 있다고 선언했다. 이에 따라 현 상태를 유지하여 독립하지 않고 통일하지 않고 무력을 사용하지 않는다不獨, 不統, 不武는 중간 노선을 점차 형성하였다. 이 정책의 중심은 '타이완 우선', '경제 우선'이다. 정책을 실행할 때, 경제만 논의하고 정치 논의는 회피하며, '타이완 독립' 반대만 논의하고 통일 촉진은 논의하지 않는다는 것이다. 2008년 보아오 포럼 기간에 새로 당선된 타이완 부총통 샤오완창蕭萬長이 타이완 공동시장 기금회台灣共同市場基金會 회장 자격으로 대표단을 이끌고 포럼에 참석했다. 이는 타이완 현직 지도자가 처음으로 대륙을 방문한 것으로 해빙을 위한 여정이었다고 할 수 있다. 샤오완창은 후진타오胡錦濤 국가주석과 접견했다. 후진타오는 회담에서 양안이 경제·문화 등의 영역에서 교류를 계속 추진하고, 양안 민중의 현실적 이익에 대해 계속 관심을 가지며, 공동으로 협력하여 양안 관계의 평화적 발전에서 새로운 국면을 열자고 발언했다.

요컨대 마잉주의 대륙 정책은 긍정적인 일면이 있다. 즉 '대만 독립'을 반대하는 태도와 양안 관계의 안정과 발전이 유지되기를 바란다는 점이다. 그러나 모호성과 변동성도 띠고 있다. 특히 '중화민국'의 주권 확립에 대한 강조는 양안 관계의 진전에 이롭지 못하며, 양안 관계의 장기적인 안정과 발전에 후환을 심어둔 것이다.

양안관계의 평화적 발전은 최종적으로 양안의 평화통일로 실현되며, 이는 양안 인민의 공통된 염원이다. 양안의 사회제도와 경제발전의 방식에 많은 차이가 존재하는 상황에서 양안관계의 문제를 처리할 때는 아래의 몇 가지 점을 주의해야만 한다.

먼저 반드시 멀리 내다보아야 하며, 역사를 존중하고 현실을 고려함으로써 현실의 이익과 장기적 이익의 관계를 정확하게 처리해야 한다. 역사적으로 형성된 객관적 사실을 존중한다면, 일부 민감한 문제는 잠시 보류하고 시기를 기다려 조건이 성숙했을 때 다시 따져볼 수 있다. 쌍방이 평등한 협상의 기초 위에서 효과적으로 교류와 협력을 추진해야 한다.

다음으로 양안 간에 당과 당 사이의 교류黨際交流를 강화해야 한다. 당과 당 사이의 교류는 양안관계의 평화적 발전을 촉진하는 정치적 유대이다. 당과 당 사이의 교류를 통해 양안 민중의 상호이해를 증진함으로써 타이완 민중이 더욱 대륙을 잘 이해하고 양안 동포들의 관계가 밀접해지며, 양안의 모순을 화해시키고 장벽을 허물 수 있다. 그리하면 '타이완 독립' 세력의 팽창이 억제되고 양안관계의 평화적 발전이 촉진되며, 최종적으로 조국통일이 실현될 것이다.

마지막으로 양안 간의 경제·무역 협력을 강화해야 한다. 경제·무역 협력을 기초로 하여 양안 교류를 촉진하고 양안관계의 평화적 발전을 촉진해야 하는 것이다. 타이완과 대륙은 서로가 중요한 무역 파트너로서 경제적 상호보완성이 크다. 경제·무역 영역의 협력을 강화하는 것은 쌍방의 경제발전에 이롭다.

추가로 양안은 교육 및 문화 교류를 더욱 강화해야 한다. 양안의 동포들은 뿌리가 같기 때문에 사회제도에서 상당한 차이가 있더라도 윤리와 도덕, 풍속과 관습, 언어와 문자 등에서 상통하는 부분이 많다. 이는 양안관계의 평화적 발전을 촉진하는 감정적 유대이다. 중화민족 오천 년의 전통문화가 양안 인민을 단단히 하나로 묶어 양안 민중의 상호이해를 증진시키고 정을 북돋을 수 있다. 양안 간의 문화를 심층적으로 교류하고 소통함으로써 양안 인민들의 이해가 더욱 증진되고 정이 갈수록 깊어지며, 중화의 전통문화에 대한 동질감이 강화된다. 이리하여 양안관계의 평화적 발전이 촉진될 수 있다.

2 홍콩에서 장기적 번영과 안정의 유지

1990년 전국인민대표대회가 「홍콩 특별행정구 기본법香港特別行政區基本法」을 통과시켰다. 「기본법」은 '일국양제' 방침을 제도화하고 법률화한 것으로 홍콩에서 헌법적 성격憲制性을 갖는 법률이다. 「기본법」은 홍콩의 역사와 실제 발전을 충분히 존중한다는 전제 아래, 국가 입법의 형식을 통해 다방면, 다층적으로 홍콩 사회를 위한 제도의 보장과 발전의 경로를 제공한다. 또한 중앙과 특별행정구의 관계를 과학적으로 확립하고, 홍콩의 실제 상황에 적합한 정치 체제를 확립한다. 아울러 홍콩이 오래도록 실행해 온 자유경제 체제를 보존하고, 홍콩 주민의 기본권과 자유를 보장한다.

1997년 7월 1일 홍콩이 중국으로 반환되자 「홍콩 특별행정구 기본법」이 정식으로 실시되었다. 기본법의 틀 아래, 홍콩과 중국은 호흡을 같이하고 운명을 함께 하며, 험하고 복잡한 시험을 겪으면서 사회의 안정과 발전을 유지해 왔다.

1997년 중국에 반환되면서 홍콩은 '하나의 국가, 두 개의 제도' 구상이 실천에 옮겨지는 첫 번째 지역이 되었다. 원래의 정치 구조와 제도에서 새로운 변화가 나타났으며, 행정장관이 총독을 대신하여 행정 수반이 되었다. 행정국의 명칭은 행정회의行政會議로 변경되었다. 이는 홍콩 특별행정구 행정장관의 정책 결정을 돕는 최고 정부기구로서 행정장관이 행정회의를 주관하고 직접 구성원을 임명한다. 현재 구성원은 32명으로 행정장관(의장), 현직에서 책임지는 관리 15명, 비정부 인사 16명이다. 「기본법」 규정에 따라 행정장관은 어떤 중요한 정책 결정이라도 사전에 행정회의의 의견을 구해야 한다.

입법회立法會는 홍콩 특별행정구의 입법 기관으로 법이 정한 절차에 따라 법률을 제정, 개정, 폐기한다. 정부의 제안에 따라 재정과 예산을 심의하고 통과시키며, 세수와 공공 지출을 비준한다. 또한 행정장관의 시정施政 보고를 듣고 토론을 진행하며, 정부업무를 감찰한다. 아울러 홍콩 시민의 탄원을 수리하고, 종심법원終審法院과 고등법원 법관의 임면에 대한 동의권을 갖는다. 「기본법」 규정에 따라 홍콩 특별행정구 입법회는 선거로 선출한다. 입법회의 선출 방법은 홍콩 특별행정구의 실제 상황을 반영하고 점진적으로 시행한다는 원칙에 따라 규정하며, 최종적으로는 구성원 전원을 보통선거를 통해 선출한다는 목표에 도달하도록 한다.

「기본법」의 규정에 따라 홍콩은 사법적으로 고도의 독립성을 가지는데, 이는 영국 지배 시기와 비교하여 명백히 개선된 점이다. 홍콩 반환 이후, 홍콩의 종심법원은 「홍콩 기본법」을 제외한 홍콩 법률에 대하여 최종적인 해석권을 갖는다. 각급 법원, 심판 권한, 심판 절차 그리고 각항의 제도는 기본적으로 변하지 않고 유지되며, 사법의 독립과 사법의 공정을 완전히 유지한다.

2002년 홍콩 정부는 고위관리 문책 제도高官問責制度를 실시했다. 정무사政務司 사장司長, 재정사財政司 사장, 행정사律政司 사장 그리고 모든 정책국 국장은 공무원 집단에서 따로 떼어서 특별 행정장관이 선발하여 지명하고, 중앙의 비준을 거친 이후에 계약의 형식으로 임용을 진행하며, 임기는 5년으로 한다는 내용이다. 고위관리 문책 제도의 실시는 특별행정구 정부의 고위관리에게 정치적 책임과 행정적 정책결정권을 부여하여 홍콩 특별행정구의 사회관리와 공공 서비스 능력을 강화했다. 동시에 관리의 정치적 책임 의식을 강화하고, 홍콩에서 정치와 민주의 점진적 발전을 촉진하였다.

새로운 정부의 지도 아래 홍콩은 1997년 아시아 금융위기, 2003년 사스 전염병 그리고 경제구조의 전환이 가져온 진통을 성공적으로 넘겼다.

1997년의 금융 풍파가 홍콩의 주식시장과 부동산에 거대한 충격을 주어 경제가 경착륙하고, 홍콩 경제구조의 변화가 야기되었다. 1998년 홍콩 경제는 5.3% 마이너스 성장을 보이며, 경제위기로 빠져들었다. 2001년 국제경제 상황이 다시 악화되면서 홍콩경제도 침체를 맞았다. 홍콩 정부는 이에 대응하여 각종 조치를 취했고, 정부의 지원 아래 성공적으로 위기를 넘겨 2005년에는 경제가 회복되었다.

홍콩의 반환 이후, 홍콩인이 홍콩의 진정한 주인이 되어 '홍콩인의 홍콩 통치港人治港, 고도의 자치高度自治'를 실현하였다. 새로운 정치구조에서 정계의 주요 인사는 홍콩인 위주가 되었고 식민의 색채가 제거되었다. 특별 행정장관, 정무사 사장, 재정사 사장, 행정사 사장, 각 국의 국장, 경무처警務处 처장, 입경사무처入境事務处 처장, 세관海关 관장, 심계서审计署(감사원에 해당, 역자주) 서장, 염정공서廉政公署(홍콩의 반부패 수사기구, 역자주) 책임자專員, 종심법원과 고등법원의 수석법관, 행정회의 구성원, 그리고 입법회 구성원의 80% 이상을 모두 홍콩의 영구적 거주민이 담당하게 되었다.

홍콩의 민주제도는 「기본법」의 규정 아래 순서에 따라 점진적으로 발전했다. 제1기 행정장관 선거는 400인이 선거위원회推选委员会를 구성했으며, 제2기 행정장관 선거에서는 선거위원회가 794명으로 증가했다. 특별행정구 입법회에서 직선 의석이 계속 증가하여 의정 환경이 나날이 좋아졌다. 1998년 제1기 입법회 선거에서 직접선거 의석은 20석이었으며, 2000년 제2기 선거에서는 24석, 2004년 제3기 선거에서는 30석으로 증가했고, 2012년에는 35석까지 확대되었다. 동시에 「기본법」 규정에 따라 홍콩 주민 중에서 중국 시민은 전국인민대표에 당선될 권리를 가져 홍콩 통치뿐 아니라, 국가 통치에도 참여할 수 있게 되었다. 2007년 전국인민대표대회 상무위원회가 공표한 인민대표 선거 방법 규정에 따르면, 전국인민대표에서 홍콩 특별행정구의 정원은 36명이다.

홍콩이 반환되고 나서 홍콩 민중의 시민의식과 민주참여도 또한 대폭 상승했다. 1999년 특별행정구 제1기 의회선거에서 투표율이 35.82%에 불과했지만, 2003년 제2기 선거에서는 투표율이 44.05%로 증가했다. 투표율 증가와 함께 유권자 투표의 성숙도 계속 높아졌다. 갈수록 많은 사람들이 명확한 투표 목표와 투표 요구를 갖게 되었고, 정치참여 의식과 자신의 이익을 수호하려는 욕구를 갖기 시작했다. 홍콩인의 민주의식 강화는 홍콩 시민의 홍콩의 미래에 대한 관심으로 표현되었고, 홍콩인의 홍콩에 대한 사랑과 홍콩 구성원으로서의 동질감을 구현했다.

중앙정부는 '일국양제, 홍콩인의 홍콩 통치'라는 약속을 성실하게 이행하고, 특별행정구 정부와 홍콩 민중의 뜻을 충분히 존중했으며, 홍콩의 자유로운 법제를 적극적으로 옹호하였다. 홍콩의 고도로 자치적인 제도는 홍콩인과 국제사회의 높은 평가를 받았다. 홍콩 주재 미국 총영사관이 발표한 보고서가 서술했듯이 홍콩 정부는 홍콩의 독특한 생활방식을 보호하기 위해 내내 애썼으며, 홍콩은 여전히 가장 자유로운 지역이다. 중앙정부로부터 권한을 받아 특별행정구 정부는 '중국 홍콩中國香港'의 명의로 국제 업무에 참여하면서 각종 국제회의에 출석하고 각종 국제조직에 참가했다. 동시에 세계 100여 개 국가가 홍콩 시민에게 비자를 면제한다는 점은 홍콩의 경제사회 발전에 대한 높은 신뢰를 충분히 보여준다.

홍콩은 지리적 위치가 우월하며, 상업에 편리한 환경을 갖추고 있고 법제 시스템도 완성되어 있다. 자유무역제도가 건전하며, 경쟁 환경도 공평하고 개방적이다. 또한 금융 네트워크가 발달되어 있으며, 통화가 안정적이고 세율도 낮아 전 세계 무역, 금융, 상업의 중심지 중 하나이다. 이러한 우위를 기반으로 홍콩은 전 세계에서 가장 경쟁력 있는 경제체 중 하나가 되었다.

경제건설 방면에서 홍콩 경제는 반환 이래로 각종 우여곡절을 겪었지만, 전체적으로 안정적인 발전 추세를 유지해 왔다. 경제의 연평균 총생산액 증가율이 4%에 이르는데, 이는 세계 경제의 불황기인 오늘날 매우 값진 것이다. 개방된 경제체로서 홍콩의 경제성과는 외부 환경의 발전 및 변화와 밀접히 연관된다. 개혁·개방 이후에는 내지의 신속한 경제발전이 홍콩 경제에 직접적인 기회를 제공했으며, 동시에 도전도 불러왔다.

1970년대 이후, 홍콩의 영국 당국은 고지가 정책을 실시하여 부동산 시장의 기형적 발전을 조장했다. 아파트 가격, 임대료, 임금 수준이 계속 폭등하여 직간접적으로 경제 운용 비용의 상승을 야기했으며, 홍콩의 제조업과 서비스업 생산에 직접적으로 영향을 미쳤다. 치솟은 경제 비용으로 수많은 사회문제가 발생해 홍콩 사회의 모순이 격화되었다.

　홍콩 정부는 오랫동안 자유방임의 '적극적 불간섭' 정책을 시행했고, 산업 정책은 장기적이지 못하고 계획성이 부족했다. 이에 따라 산업의 고도화와 전환을 제때 조정하지 못했고, 과도하게 금융과 부동산업에 의존하여 구조적 실업 문제가 부각되었다. 그로 인해 홍콩 사회의 일부 민중들이 정부 정책에 의문을 품게 되었다. 이러한 상황이 이용당하면서 소위 '센트럴 점령占領中環·Occupy Central' 사건이 발생했다.

　센트럴 점령의 전체 명칭은 '사랑과 평화로 센트럴을 점령하라讓愛與和平占領中環·Occupy Central with Love and Peace'이며, 약칭은 '점중占中', '화평점중和平占中'이다. 이 운동의 '발기인'은 홍콩대학 법학과 부교수 다이야오팅戴耀廷·Benny Tai이다. 그의 총체적 목표는 2017년 홍콩 특별행정구 행정장관 선출에서 소위 '진정한 보통선거'를 실현해야 한다는 것으로 형식적으로는 군중집회의 방식을 취하고서는 시위를 벌였다.

　2013년 1월 다이야오팅은 홍콩 『신보信報』 칼럼에 홍콩이 진짜 보통선거의 실시를 쟁취해야 하고, '살상력'이 더 큰 무기, 즉 센트럴을 점령하자는 제안을 준비해야 할 수도 있다고 썼다. 그는 홍콩 시민들이 진일보한 행동을 해야만, 보통선거라는 목표를 달성할 수 있다고 주장했다. 또한 과거의 각종 시위 청원의 방법은 효과가 불명확하고 목적을 달성할 수 없기 때문에 '살상력'이 더 큰 '핵무기'를 준비해야만 한다고 썼다. '센트럴 점령'이 필요하다는 주장으로 이것이 그가 지칭하는 '핵무기'였다.67) 이 글이 나오자마자 홍콩 사회 각계에서 광범위한 논쟁이 일어났다.

---

67) 主義偉, 「香港占中的來龍去脈」, 『中華工商時報』 2014年 5月 8日.

2013년 3월 27일 다이야오팅과 함께 중원대학中文大學 부교수 천젠민陳健民·Chan Kin-man, 목사 주야오밍朱耀明·Chu Yiu-ming이 '사랑과 평화로 센트럴을 점령하라'는 호소문信念書을 발표했다. 이를 통해 불법 집회의 정식 명칭이 '사랑과 평화로 센트럴을 점령하라'가 되었다. 4월 28일 이 활동의 사무국이 정식으로 설립되었고, 다른 10명의 주요 지지자와 기획자들이 함께 모습을 드러냈다. 호소문의 발표와 사무국의 설립은 '센트럴 점령'이 공식적으로 개시되었음을 의미했다. 6월에 다이야오팅 등이 소위 '토의의 날商討日'을 제안하고, '센트럴 점령'을 '전 민중의 운동全民運動'으로 발전시키자고 제시했다.

'센트럴 점령' 활동에 대하여 중앙의 홍콩 주재 연락판공실 주임 장샤오밍張曉明은 '센트럴 점령' 행동에 단호히 반대한다고 명확하게 표명했다. 그는 홍콩의 보통선거 실현은 반드시 「기본법」과 전국인민대표대회 상무위원회의 관련 결정과 사무에 따라야 한다고 말했다. 보통선거로 나아가는 길은 그 시작, 구조, 과정이 모두 「기본법」과 전국인민대표대회 상무위원회의 관련 결정에 따라야 하며, 다른 경로를 찾아서는 안 된다는 것이다. 홍콩의 건제파建制派(입법회의 친중국 현상유지 세력, 역자주)는 '센트럴 점령'이 질서에 좋지 못하고 법과 기율을 파괴하며, 국제 금융의 중심이라는 홍콩의 이미지와 함께 번영과 안정에도 영향을 미친다고 인식했다. 또한 방법이 급진적이어서 홍콩 정부와 중앙정부를 위협하고, 소통의 통로를 여는 좋은 방법이 결코 아니라고 봤다.

2014년 3월과 5월, 다이야오팅 등은 다시 제2, 제3의 '토의의 날'을 개최하고 소위 세 개의 '정치개혁 방안政改方案'을 제안했다. 6월에는 '전 시민의 국민투표全民公投'를 조직하여 전자투표와 투표소 투표로 나누어 투표를 했다. 전자투표는 6월 20일 정오부터 시작되어 6월

29일 저녁 9시에 끝났는데, 득표율이 가장 높은 '센트럴 점령'의 보통 선거 방안이 채택되었다.

'센트럴 점령' 운동에 대하여 홍콩의 수많은 인사들은 방법이 너무 급진적이고 질서에 좋지 못하며 법과 기율을 파괴한다고 평가했다. 또한 국제 금융의 중심이라는 홍콩의 이미지를 해치고 번영과 안정에도 영향을 미친다고 인식했다. 이에 더해 '센트럴 점령'은 센트럴을 마비시키는 것을 수단으로 삼고 있어 홍콩 경제에 심각한 손실을 초래할 것이라고 생각했다. 사실이 증명하듯이 '센트럴 점령'은 홍콩 사회에 심려를 끼친 것 외에는 이렇다 할 발전을 얻지 못한 한 바탕 촌극이었다.

어떤 평론이 말했듯이 '센트럴 점령'은 홍콩 사회의 조화에 좋지 못했으며, 청소년들에게 잘못된 정보를 전달했다. 또한 법치의 정신을 위반했을 뿐만 아니라, 사회 도덕에도 악영향을 미칠 수 있다.

'센트럴 점령'의 주동자들은 시민 저항이자, 사회 공정을 위한 행동이었다고 우쭐대었다. 법리적으로 말하자면, 정당한 시민 저항은 세 가지 조건을 반드시 갖추어야만 한다. 먼저 현행 법률에 실질적이고 명확한 불의가 있어서 사회의 기본적인 공정과 질서를 촉진할 방법이 없어야 한다. 다음으로 합법적 수단을 통한 수차례의 정상적인 호소를 하고도 효과를 얻지 못해야만 한다. 마지막으로 저항 행위가 정상적인 사회질서를 심각하게 교란하고 법 정신에 대한 존중을 파괴하여 다수의 사람들에게 불리한 결과를 가져와서는 안 된다.

'센트럴 점령'은 「홍콩 기본법」과 전국인민대표대회 상무위원회의 홍콩의 보통선거 관련 방법과 반대된다. 「기본법」은 홍콩의 근본이 되는 법으로 어떤 의미에서는 홍콩에서 헌법적 성격을 갖는 법률이며, 홍콩의 안정적 발전에 대한 근본적 보장이다. 이론적으로든 실천적으로든 이는 흔들릴 수 없는 사실이다. 그러나 '센트럴 점령' 운동이 제기한 수많은 요구들은 기본법을 위배한 것이다. 사실상 '센트럴 점령' 행동은 정부의 어떤 법률이나 정책을 바꾸려는 것이 아니라, 홍콩 특별행정구의 통치권 쟁취를 정치적 목적으로 삼고 있다. 아울러 법규를 어기고 소통하려는 정부의 바람을 무시하고 불법적 행위를 수단으로 채택했다. 또한 통제할 수 없는 유혈 폭력사태가 발생할 가능성을 무시한 채 시민 저항의 비폭력적 특성을 명백히 위배하고 있다. 그러므로 성격상 불법 집회이다. 한편 '센트럴 점령'은 특별 행정장관과 관련된 홍콩의 선거 규정이 소위 '국제적 표준'을 채택하지 않았기 때문에 불공정하다고 말한다. 그러나 모두 알다시피 어디에 놓아도 다 들어맞는 보통선거의 표준은 세상에 존재하지 않으며, 세계적으로 민주의 형식은 표준이 통일되어 있지 않다. 일국양제 제도의 실천으로서 홍콩 특별행정구의 선거 제도와 선거 방법이 완성되려면, 반드시 과정을 거쳐야만 한다. 따라서 민주적 협상을 통해 대다수 사람들의 의견에 따르는 것이 홍콩 사회에서 민주 정치의 문제를 해결하는 근본적인 경로이다. '센트럴 점령'은 집회를 통한 센트럴의 마비와 점령처럼 '핵폭발 같은 힘'을 수단으로 삼아 정치적 목적을 달성해야 한다고 강조한다. 이렇게 되면, 필연적으로 사회질서와 법치질서가 크게 파괴되고, 법률 시스템과 기존 정치권력에 대한 존중을 전제로 하는 시민 저항과도 괴리되는 것이다.

이로써 알 수 있듯이 '센트럴 점령'은 시민의 일상적 업무와 생활을 어지럽히고 홍콩의 상업 환경을 심각하게 파괴했다. 또한 중앙과 홍콩 특별행정구의 상호 신뢰를 손상시키고 기본법이 확정한 정치 개혁의 절차를 끊어버렸다. 이는 홍콩이 이미 결정한 보통선거의 민주적 과정에 지장을 줄 뿐이다.

최근 홍콩 사회에서 여러 문제가 출현하고 있다는 점은 확실하다. 그러나 이는 정상적인 것으로 어떤 국가도 피하기 어렵다. 중앙정부의 강력한 지원 속에서 홍콩 정부가 적합한 방법을 찾아 홍콩 경제를 부흥시킬 수 있을 것이라고 믿어야 한다.

제5절

중국의 새로운 해양관과
21세기 해상 실크로드 건설

1 해양강국 건설의 함의와 과정

중국은 육지와 해양을 모두 갖춘 국가로서 서쪽으로 대륙에 접하고 동쪽으로는 대양에 접하며, 아시아 대륙과 태평양의 가장자리에 위치한다. 해양과 대륙이 복합되어 있다는 점이 지정학적으로 중국의 최대 특징이며, 해양으로의 진출은 중국이 궁극적으로 세계 강대국이 되기 위한 필연적 경로이다. 중화민족의 위대한 부흥中華民族偉大復興을 실현하는 것이 근대 이후 중국인의 가장 위대한 꿈이자 21세기 '중국의 꿈中國夢'이다. 중국의 평화 발전과 민족의 위대한 부흥을 위해서는 반드시 해양으로 나아가야 한다. 따라서 해양전략은 국가 대전략에서 빼놓을 수 없는 구성 부분이다.

중국공산당 18차 당 대회 보고는 중국의 해양사업 발전을 전략적 차원에서 중대하게 다루면서 '해양강국海洋强國' 건설의 목표를 제시했다. 이는 시대의 발전 추세와 지금부터 향후 일정한 기간 중국의 발전을 위해 필요한 현실적 수요를 반영하여 도출된 합리적 사고이자 전략적 선택이다. 또한 새로운 역사적 조건 아래에서 만들어진 완전히 새로운 이론 명제이자 분투해야 할 목표이며, '중국의 꿈'을 실현하기 위한 중요한 수단이자 전략적 선택이다.

18차 당 대회 보고는 중국의 미래를 전면적으로 계획하면서 새로운 역사 시기 중국의 발전을 위한 대전략을 구체적으로 서술했다. 전략 목표를 보자면, 18차 당 대회 보고는 '두 개의 백 년兩個一百年' 구상을 제시했다. 즉 중국공산당 창당 백 주년과 신중국 수립 백 주년이라는 두 시점에 각각 달성해야 할 목표이다. 가까운 목표는 창당 백 주년인 2020년까지 '전면적 샤오캉 사회를 건설全面建成小康社會'하는 것인데, 향후 7, 8년간 중국의 대전략이 갖는 핵심 내용은 이를 중심에 두고 전개될 것이다. 먼 미래의 목표는 신중국 수립 백 주년인 2050년, 즉 21세기 중반까지 중국을 부강하고 민주적이며 문명적이고 조화로운和諧 사회주의 현대화 국가로 건설하여 중화민족의 위대한 부흥이라는 '중국의 꿈'을 실현하는 것이다. 해양전략은 바로 이러한 국가 대전략의 중요한 구성 부분이다. 2013년 4월 중국 정부는 「중국 무장 역량의 다양화 운용中國武裝力量的多樣化運用」이라는 백서를 발간했다.[68] 이는 중국이 1998년 이래 여덟 번째로 발간한 국방백서이자, 18차 당 대회 이후의 첫 국방백서로서 '해양권익 수호維護海洋權益'가 최초로 단독으로 열거되었다. 본 백서는 다음과 같이 서술하고 있다. "중국은 육지와 해양을 모두 갖춘 대국大國이며, 해양은 중국의 지속 가능한 발전을 실현하기 위한 중요한 공간이자 자원을 보장하는 곳으로, 인민의 복지와 관련되고 국가의 미래가 걸려 있다. 해양

---

68) http://www.gov.cn/jrzg/2013-04/16/content_2379013.htm, 검색일: 2015年 5月 1日.

의 개발, 이용, 보호와 해양강국의 건설 등은 국가의 중요한 발전전략이다." 또한 백서는 다음과 같이 첫머리에서 요지를 밝히고 있다. "평화발전의 길을 걷는 것은 중국의 확고부동한 국가적 의지이자 전략적 결정"이다. 이는 중국 특색의 해양강국中國特色海洋強國을 평화적으로 건설하는 데에 중요한 지침을 제공한다.

2015년 5월 중국 정부는 2015년 국방백서「중국의 군사전략中國的軍事戰略」(이하「백서」)을 발간했다.「백서」는 다음과 같이 주장한다. "새로운 시대적 여건 아래서 중국의 국가안보는 어느 역사적 시기보다 의미內涵와 적용대상外延이 더 풍부하고, 시공간 영역도 더 넓으며, 대내외적 변수는 더 복잡하다. 따라서 내부의 안보와 외부의 안보, 국토의 안보와 국민의 안보, 전통적 안보와 비전통적 안보, 생존의 안보와 발전의 안보, 자신의 안보와 공동의 안보를 총괄하여 총체적 국가안보관을 유지해야만 한다."[69] 그중에서 해양, 우주, 사이버 공간 등 중요한 안보 분야의 역량 발전은 새로운 안보 위협에 대처하고 국가이익의 지속적 확산과 밀접하게 맞물려 있다.「백서」의 설명은 이러한 점에서 중요한 의의를 갖는다. "해양은 국가의 장기적 안정, 지속 가능한 발전과 관련된다. 따라서 육지를 중시하면서 해양을 경시하는重陸輕海 전통사상을 타파하고, 해양경영經略海洋과 해권海權 보호를 매우 중시하며, 국가안보와 발전 이익이 상응하는 현대적 해상 군사력 체계를 건설해야 한다. 또한 국가의 주권과 해양의 권익을 수호하고, 전략 통로와 해외 이익의 안전을 보호하며, 해양 국제협력에 참여하여 해양강국 건설을 위한 전략적인 뒷받침을 제공해야 한다."[70] 이는 중국이 해양권익 보호와 해양협력 추진에서

---

69) http://world.huanqiu.com/hot/2015-05/6530015.html, 검색일: 2015年 6月 1日.

보다 풍부한 건설적 사고를 형성했다는 점을 보여준다. 중국의 국력이 지속적으로 증가됨에 따라 중국군은 국제 안보협력에 더욱 적극적으로 참여하여 더 많은 안보 공공재를 제공하고, 세계 평화와 발전을 수호하기 위해 더욱 크게 공헌할 것이다.

중국 특색의 해양강국 건설은 평화발전의 방침과 정책을 준수하고, 과학발전관科學發展觀의 지도에 따라 중화민족의 위대한 부흥을 지속적으로 촉진하며, 해양의 평화적 개발을 견지하고, 해양사업을 전면적으로 발전시켜야 한다. 해양경제의 발전과 해상안전의 보장을 중심 임무로 삼고 공평하고 합리적인 국제 해양질서를 추진하여 해양경제의 발달, 해상 역량의 강화, 해양안보의 안정, 해양 과학기술의 진보, 해양 생태의 균형을 갖춘 중국 특색의 해양강국을 건설해야 한다.

새로운 기회와 도전에 대응하기 위해 미국, 캐나다, 일본, 호주 등 수많은 나라들이 잇달아 해양전략과 계획을 마련하거나 조정하고, 이를 위한 국가의 전략 목표를 실현하고 있다. 예컨대 21세기에 들어서기 전부터 세계 1위의 해양강국이었던 미국은 해양전략과 정책을 전면적으로 정리하고 총괄하여 새로운 세기를 향한 해양전략의 청사진과 틀을 만들었다. 이어서 미국은 해양의 각 분야별 전략도 계속 내놓으면서 해양전략의 틀을 지속적으로 개선하고 있다. 2007년 미국은 「21세기 해양력을 위한 협력 전략A Cooperative Strategy for 21st Century Seapower」을 발표했다.71) 이 전략은 해양력이 미래 전쟁에서 이

---

70) http://world.huanqiu.com/hot/2015-05/6530015.html, 검색일: 2015年 6月 1日.

71) A Cooperative Strategy for 21st Century Seapower, http://en.wikipedia.org/wiki/A_Cooperative_Strategy_for_21st_Century_Seapower, 검색일: 2015年 5月 1日.

기는 수단이라는 점을 중점적으로 강조했는데, 미 해군이 새로운 세기의 상황에 맞게 마한Alfred Thayer Mahan의 '제해권制海權' 이론을 혁신하고 발전시킨 것이다. 미국은 최근 중국의 급속한 발전을 잠재적 위협으로 보고 전략적 측면에서 '아시아로의 회귀', '아시아·태평양 재균형' 전략의 추진을 강조하고 있다. 이에 따라 군사 동맹국과의 공조, 지역의 군사력 배치를 강화하고 동중국해와 남중국해의 해양문제에 갖가지 핑계로 개입하는 방식을 통해 이 지역의 해양문제와 뗄 수 없는 안보 영역의 주도권을 쟁취하려고 한다. 이렇게 하여 미국은 지역의 전략적 상황을 충분히 통제할 수 있도록 애쓰면서 동쪽과 남쪽의 두 방향에서 중국에 대한 전략적 포위를 실행하고 있다. 서태평양 해양문제에 대한 미국의 적극적 개입이 지역 정세에 중대한 영향을 미치고 있는 것이다.

2007년 일본 국회는 「해양 기본법海洋基本法」을 통과시키고, 이른바 '해양 입국' 전략을 더욱 명확히 하였다. 이후 일본은 「해양 기본법」에 부합하는 각종 입법과 계획을 발표하고, 해양전략과 정책을 전면적으로 실시하여 해양 활동 능력을 강화했다.[72]

2007년 베트남공산당 중앙은 「2020년까지의 해양전략」을 발표했다. 이는 베트남 역사상 처음으로 해양발전을 전면적으로 전개하고 모색하는 국가전략으로서 해양강국 건설의 전략 목표를 명확하게 선포한 것이다. 2012년 5월에는 베트남 정부가 「베트남 해양법」을 발표하고 완전히 새로운 해양전략 추진에 박차를 가했다.

이외에 한국, 러시아, 유럽연합, 인도 등의 국가 및 국제조직들이

---

72)「日本公布〈海洋基本計劃〉大綱 强化海上安保體制」, http://nb.people.com.cn/n/2012/1206/c200889-17820376.html, 검색일: 2015年 5月 1日.

앞다투어 새로운 해양전략을 발표했다.

나라마다 처한 역사적, 지리적 환경이 다르기 때문에 각국의 해양 전략 또한 각자의 특색이 있다. 그럼에도 동시에 다음과 같은 공통된 특징이 부각된다. 해양전략의 핵심은 결국 국가이익이며, 해양력의 중심은 해군이고, 해양 국가의 흥망성쇠를 결정하는 핵심 요인은 종합국력이라는 점 등이다. 이러한 전략적 특성을 전면적으로 고찰하는 것은 중국이 해양강국을 만드는 데 중요한 본보기를 제공할 수 있다.

바다가 나날이 국제적, 지역적 전략 경쟁과 협력의 중요한 영역으로 부상하고 있는 역사적 시기에, 중국은 해양으로 나아가 해양강국을 건설해야 하며, 이러한 전략적 계기를 놓쳐서는 안 된다. 따라서 해양강국 전략의 실행은 시대의 흐름에 부응하는 것이며 피할 수 없는 추세이다.

18차 당 대회 보고의 해양강국 건설에 대한 내용을 보자면, 국가가 해양강국 건설을 추진하는 구체적 경로는 해양경제의 발전이다. 구체적인 방법은 해양자원에 대한 탐사와 개발능력의 향상이다. 이는 해양경제의 발전을 위해 필요한 보장을 제공해 줄 수 있다. 이 과정에서 주변의 중대한 해양문제를 해결하고 국가의 해양주권, 주권에 대한 권리, 관할권 및 기타 해양의 권익을 확고히 수호함으로써 해양과 해양자원의 개발을 위한 안전한 환경을 보장해야 한다. 그리하여 해양 생태환경의 보호와 해양강국의 건설이라는 목표를 실현해야 한다.

중국은 오랫동안 육지를 중시하면서 해양을 경시하는 사고방식의 영향으로 해양자원의 개발과 이용을 중시하지 않아 국민 전체의 해양 의식이 약하고 해양 과학기술 장비가 낙후되어 있다. 이로 인하여 해양과 해양자원을 개발하고 이용하기 위한 정책과 조치가 현저히 정체되어 해양사업 발전이라는 역사적 과정이 지연되고 있다. 게다가 중국의 지리적 위치, 역사, 기타 주·객관적 요소의 영향과 원인이 더해져 해양발전에서 각종 조치가 충분한 효과를 발휘하지 못한다. 그리하여 복잡한 해양문제가 누적되고, 이러한 지속적인 복잡화 추세에 따라 국가 주권과 영토 보존이 심각한 영향을 받고 손상되는 징후가 나타나고 있다.

개혁·개방의 지속적인 발전과 함께 해양경제와 해양 과학기술에서 중국의 실력이 부단히 향상되어 현재 해양을 경영할 수 있는 기초와 조건을 이미 초보적으로 갖추었다. 따라서 수출입 원자재와 생산품에 필요한 부가적 자원을 포함하여 관할 해역 내의 관련 자원을 끊임없이 개발하고 이용해야 한다. 중국의 대외교류가 계속 심화되고 커다란 경제체들이 지속적으로 융합하는 상황에서 해양과 해양자원이 중국에 대해 갖는 필요성과 중요성이 끊임없이 부각되고 있으며, 해양과 해양의 각종 자원을 개발하고 이용해야 할 필요성도 이미 충분히 증명되었다.

「유엔 해양법 협약」의 공포와 시행으로 배타적 경제수역, 대륙붕, 섬 관련 제도가 하나씩 제기되면서 해역과 해양자원을 개발하고 보호하려는 각 해양국의 활동이 강화되었다. 이에 따라 동중국해, 남중국해 등에서 민감한 문제가 발생하고 중국 주변의 해양안보 환경이 악화됐다. 현재 많은 국가들이 해양 관련 법률·법규의 공포와 시행을 포함하여 해양 활동과 관리를 강화하는 상황에서, 중국도 주변 해양의 정세와 발전 추이를 정확히 인식하고 구체적인 절차를 밟아 국가 해양전략의 제정과 실행에 속도를 높여야 한다. 이 때문에 18차 당 대회 보고가 해양강국 건설을 시대의 산물이자 요구로 제시한 것인데, 시대의 발전 추세에 완전히 부합하는 전략적 조치라고 할 수 있다.

해양강국 건설이라는 전략 목표는 당과 정부가 해양문제를 다룰 때 갖는 연속성과 일관성을 보여준다. 당 중앙은 16차 당 대회 보고에서 '해양개발 실시'라는 임무를 명시했다. 2004년 「정부업무보고政府工作報告」는 '해양자원의 개발과 보호를 중시해야 한다'는 정책을 내놓았다. 「국민경제 및 사회발전 제11차 5개년 계획 요강十一五規劃綱要」에서는 중국이 '해양경제 발전을 촉진'해야 한다는 요구가 제시되었다. 2009년 「정부업무보고」는 '해양자원의 합리적 개발과 이용'의 중요성을 다시 언급했다. 2011년 「국민경제 및 사회발전 제12차 5개년 계획 건의第十二個五年規劃的建議」는 중국이 '해양경제를 발전'시켜야 한다고 말했다. 2012년 「국민경제 및 사회발전 제12차 5개년 계획 요강」의 제14장 '해양경제 발전의 추진'은 중국이 육지와 해양을 총괄陸海統籌하고, 해양발전 전략을 수립하여 실시하고, 해양의 개발·통제·종합관리능력을 높여야 한다고 명확히 지적하고 있다. 상술한 보고와 계획은 중국의 해양산업 발전, 더 나아가 해양강국 건설을 충분히 정치적으로 보장하고 있다.

중국의 해양강국 건설은 '조화로운 해양和谐海洋' 수립과 밀접한 관련이 있다. 중국이 국내적으로 '해양강국'의 목표를 제시하고, 국제적으로 '조화로운 해양'을 주장하는 것은 이념적으로 상호 호응한다. 2009년 중국 인민해방군 해군 탄생 60주년을 맞아 중국은 국내외 정세의 발전에 맞게 '조화로운 해양' 수립의 이념을 제시하고, 세계 각국이 공동으로 해양의 평화와 안전을 수호하자고 제안했다. '조화로운 바다' 수립이라는 이념의 제시는 2005년 9월 15일 유엔 창립 60주년 정상회의에서 중국 지도자들이 제기했던 '조화로운 세계和谐世界'

를 보다 구체화하고, 한 국가가 해양문제에 대해 가져야 할 새로운 인식과 새로운 요구를 천명한 것이다. 이는 중국이 국제법, 특히 해양법 발전에 새롭게 공헌한 것이라고 할 수 있다.

국제적 실천의 차원에서 보자면, 한 국가가 해양강국 건설을 추진하는 핵심 요소는 국가의 해양발전 전략을 제정하고 해양 시스템의 메커니즘을 개선하는 것이다. 해양문제에 관한 국제·지역·양자 간의 법률과 법규가 제대로 마련되지 않았거나 현재 기존의 제도를 고치기 어려운 상황에서, 국가가 해양 관련 문제에 대응하고 이를 처리하는 핵심적인 조치는 국가 해양발전 전략의 제정과 실시일 수밖에 없다. 이 과정에서 자국의 해양발전 전략의 실현을 보장하기 위해서는 해양 관련 업무를 종합적으로 관리하는 법률과 법규의 제정을 사전에 검토해야 한다. 현재 중국의 해양사업 발전 현황을 보자면, 시급한 일은 해양법을 제정해 해양 관련 문제를 통일적이고 효율적으로 처리하고, 이를 통해 해양 시스템 메커니즘의 개혁 필요성에 부응하는 것이다.

2 신형 해양관의 제기와 실천

글로벌 "해양강국"은 세계 해양 조화和諧와 평화에 책임지며, 해양사업 발전 과정에서 지도적 역할을 하는 강국이다. 근대 이후 세계에서 주도적 역할을 한 것은 서방의 "해양강국"이며, 흔히 침략이나 혹은 패권주의가 주요 특징이다. 역사적으로 장기간의 상호 경쟁과 침략 및 겸병을 거치면서 전 지구적 질서는 서방 해양강국의 투쟁으로 안정될 수 없었으며, 두 차례의 세계 대전은 바로 그러한 결과의 집중적인 표현이다. 그것은 서방 해양강국 모델의 지속 불가능성을 증명하기에 충분하다.

현재 세계 해양사업 발전을 주도하는 데에는 현대 해양관이 필요한데, 그것은 서방의 해양군사 패권을 위주로 하는 해양관이어서는 안 된다. 그러한 해양관은 역사적으로 이미 세계의 각종 문명 특히 아시아, 아프리카, 라틴아메리카 문명을 심각하게 파괴했을 뿐만 아니라, 현재 각 해양국가 사이의 해양 경쟁을 날로 격화시키고 복잡하게 만들었다. 현재 세계에는 해양강국 다극화 추세가 부단히 나타나고 있으며, 국제 해양 갈등이 여기저기서 발생하고 있고, 소규모 해상 분쟁과 대규모 해양 전쟁의 위험이 줄곧 도사리고 있다. 그렇기 때문에 서방 해양강국 모델은 지속 불가능하며, 그러한 낙후한 해양관은 반드시 폐기되어야 한다. 그것을 대신하는 것은 대내적으로 조화롭고 대외적으로 평화로운 새로운 해양관과 해양강국 모델이어야 한다. 중국 해양발전 전통 속의 유구하고 풍부한 역사문화에는 그러한 해양관과 해양강국 모델의 기초가 있으며, 수천 수백 년간 중화민족은 계속 그러한 해양강국 이념을 견지해 왔다. 완전히 새로운 역사 조건에서 중국은 반드시 국제적으로 새로운 현대 해양관을 제창하고 수립하여, 세계 해양 평화발전에 공헌해야 한다.

2014년 6월 20일 리커창 총리는 그리스 수도 아테네에서 거행된 중국-그리스 해양협력논단에 참석했다. 리커창은 연설에서 중국 해양관을 처음으로 체계적으로 설명했다. 그는 다음과 같이 강조했다. "중국은 각국과 평화의 바다를 공동으로 건설하기를 원하며, 조금의 동요 없이 평화로운 발전의 길을 견지할 것이고, 해양 패권을 단호하게 반대하며, 역사적 사실과 국제법을 존중하는 기초 위에 당사국의 직접 대화로 해양분쟁을 해결하도록 노력할 것이다. 중국은 국가

주권과 영토의 완전성을 확고하게 옹호하며, 힘을 다하여 지역의 평화와 질서를 옹호할 것이다. 중국은 각국과 협력의 바다를 공동으로 건설하기를 원하며, 적극적으로 해양협력 동반자 관계를 건설할 것이고, 공동으로 해양 통로를 건설하며, 해양경제를 발전시키고, 해양자원을 이용하고, 해양의 신비를 탐색하여, 국제 해양협력에 공헌하고자 한다. 중국은 각국과 공동으로 조화로운 바다를 건설하고, 해양을 개발하는 동시에 해양 생태를 잘 처리하고 해양환경을 보호하여, 해양을 서로 다른 문명이 개방 융합하고, 교류하며 서로를 배우는 교량이 되도록 할 것이다."

시간적으로 볼 때, 중국 해양관은 역사적 연속성과 현실적 창조성의 유기적 통일이다. 5000년 전 중국의 선조들은 바다를 건너 삶을 모색했으며, 바다를 건너 복을 기원하였다; 2500여 년 전 중국의 춘추春秋시기의 제齊나라 경공景公은 발해와 황해 해역의 항해 기록을 남겼다. 세계항해사에서 중국은 서방에 비하여 15세기 앞선다. 그 시기 진秦나라 사람 서복徐福의 선단은 원해 항행을 했으며, 한대漢代의 선단은 말라카 해협을 지났고, 삼국시대 위온衛溫은 바다를 건너 타이완에 갔으며, 당대唐代 감진鑑眞은 동으로 일본으로 도해하였고, 원대元代의 왕대연汪大淵은 서쪽으로 인도양을 건넜고, 명대明代의 정화는 아프리카 동부까지 항해하였으며, 청대淸代의 동남 연해 어민은 「침로부針路簿」와 「갱로부更路簿」(일종의 항해도-역자)를 가지고 서태평양을 드나들었다 …. 중국인이 해양을 개발하고 이용한 사적은 역사에서 끊어지지 않으며, 기나긴 바다와 공생하는 역사 과정에서 중국인은 "바다는 모든 강을 받아들여, 용납할 수 있고 거대한 도량이 있다."는 정세관을 배양했다. 근대에는 중국의 해양사업이 한동안 몰락했다. 1840년 아편전쟁은 서방 식민주의와 제국주의의 중국침략 역사를 열었으며, 동시에 중국 근대사의 서막을 열었다. 싸울 때마다 패배하는 퇴조기를 맞이하면서, 중국의 일부 군대와 정부의 관원들과 지식분자들은 사유를 전환하기 시작하고, 그들이 솔선하여 "눈을 떠서 세계를 보고" 해외 국가, 특히 서방 열강이 결코 "화하華夏(즉, 중국)"에 뒤떨어진 "오랑캐蠻狄羌夷"가 아니라 "예의 바르고, 위로는 하늘의 이치에 통하고 아래로는 지리를 통찰하며, 물정을 꿰뚫어 보고, 고금을 일관하는" 천하의 "뛰어난 자"이며 역내의 "좋은 벗"이라는 것을 인식했다.[73] 그렇기 때문에 대양의 기개가 있는 중국인은 그러한 역사의 페이지를 빠르게 넘어, 해양사업 발전을 국가 전체 발전에 적극적으로 녹아들게 만들었다. "평화, 협력, 조화"의 해양관을 견지하면서, 중국은 21세기 해상 실크로드 건설을 제안하였다. 그것은 역사적인 중국 해양사업의 창조적 계승이자 중국의 해양강국 건설에 대한 현재의 외부 관심에 대응한 체계적인 대답이다.

공간적으로 보면, 중국 해양관은 조화로운 해양 건설과 해양권익 보호의 유기적 통일이다. 해양은 세계 면적의 70%를 점하며, 현재 세계 대부분의 경제활동은 연해에 집중되어 있고 반 이상의 대외 무역이 해운에 의존하며, 반 정도의 석유가 해상으로 운송된다. 중국은 개발도상국이자 책임 있는 대국으로서 마땅히 지구의 해양 사무에서 자신의 의무를 이행해야 하고, 국가 해양 상황의 전체적 안정을 지키기 위해 노력해야 하며, 주변과 전 지구의 주요 해상 항로 항해 안전을 보장하기 위해 노력해야 한다. 국제 해상 운송이 지구적 화물 운송의 80%를 넘으며, 화물 운송량에서 점하는 비중은 90%를 넘어, 해양이 국제 무역의 가장 주요한 교통로가 되었다. 방대한

---

73) (淸)魏源, 『海國圖志』 陳華 等 点校 注釋, 岳麓書社, 1998, p. 1189.

수요의 측면에서 보았을 때, 중국은 자원이 부족하고 공업 생산품을 생산하는 가공 대국으로서, 해운이 국제 국내 두 시장과 두 종류의 자원 배분에서 여전히 매우 중요한 역할을 한다. 현재 국내 자원의 부족과 에너지 가격 앙등, 수출입화물 급증의 상황에서, 중국은 국제적으로 다원적인 협력을 추구해야 하며, 해상 운수라는 전략적 포석에 따라 역외 자원과 중국의 경제 목적을 긴밀하게 결합하여, 해운을 통하여 세계 자원의 최적의 배치와 합리적 교역과 저비용의 항운을 실현하여, 녹색 해상운송을 창조해야 한다.

그러나 해양분쟁이 빈번하게 발생하는 상황은 중국이 자신의 해양 의무를 이행하는 데 방해가 된다. 때문에 중국은 "역사적 사실과 국제법을 존중하는 기초 위에 당사자들의 직접적 대화를 통하여 쌍방의 해양분쟁과 충돌의 해결"을 주장한다. 이는 지역 정세를 안정시키고자 하는 적극적으로 노력이자 전 인류의 이익을 수호하기 위한 장엄한 약속이다.

내용적으로 보면, 중국 해양관은 21세기 해양 실크로드 건설과 유라시아 대륙 일체화 경영의 통일이다. 중국은 육·해 복합형 대국으로서 미래 운명이 상당 부분 해양에 달려 있으며, 중국 인민은 현재 역사적으로 어떤 시기보다도 더 평화와 발전을 갈망하고 있다. 중국 고대 실크로드는 세계 판도의 연장이었고, 연선의 각국과 각 지역 인민의 우호적인 왕래 및 호혜적인 경제 유대로 점차 발전하였다. 현재 "실크로드 경제벨트"와 "21세기 해상 실크로드"라는 완전히 새로운 전략구상은 이미 세계정치경제 판도에서 점진적으로 드러나고 있다.

2013년 9월 7일과 10월 3일 시진핑 국가주석은 각각 카자흐스탄과 인도네시아를 방문하여 실크로드 경제벨트와 해상실크로드를 공동 건설하는 전략 구상을 제안했다. 그중 21세기 해상실크로드는 곧 중국 고대 해상실크로드의 역사적 계승이자 현실적 발전이라고 할 수 있다. 중국 고대 해상실크로드는 진한秦汉 시대에 형성되어 당, 송, 원 3대에 걸쳐 발전했으며 명과 청 양대에 가장 흥성했다. 해상실크로드의 실질은 비단, 도자기 등 화물무역을 기본 특징으로 하는 중국과 외국 간 해상교통로이자 그로 인해 형성된 경제무역 관계이다. 역사가 흐르면서 해상실크로드를 오가며 무역하는 선박도 늘어났다. 중국의 동남쪽 연해지역은 해상실크로드의 동쪽 발원지이다. 일찍이 원시사회에서 중국 연해지역 민중은 해양 이용과 관련한 많은 발명과 혁신을 통해 해양활동 능력을 점차 신장시켰고, 관련 경험도 나날이 증가하여 동남아시아, 동북아시아 지역의 사람들과 일찍이 해상교류를 하게 되었다. 그 후 생겨난 '해상실크로드'는 역대 어민과 해상海商들이 항해했던 항로의 전승과 발전에 따라 최종적으로 형성된 것이다.

시진핑 주석은 "우리는 평화를 사랑하고, 평화발전의 길을 견지하지만 결코 정당한 권익을 포기할 수 없으며, 국가 핵심이익의 희생은 더더욱 할 수 없다", "각종 복잡한 상황에 대비하고 해양권익 보호 능력을 제고하고, 우리의 해양권익을 굳건히 수호해야 한다"고 지적했다. 중국은 평화적인 방식으로 국가의 해양이익을 수호할 능력과 자신이 있지만, 두 차례의 아편전쟁과 청일전쟁 등 굴욕의 역사로부터 국가의 강대함과 해양력이 매우 밀접하게 연관되어 있음

을 깨우친 바 있다. 중국은 300여 만㎢의 해양영토를 가진 해양대국
으로서 국가안보와 발전이익에 상응하는 해양력으로 반드시 해양주
권, 주권적 권리, 관할권, 기타 해양권익을 수호해야 하며, 평화발전
의 길을 걷는다는 것이 이러한 이익의 희생을 의미하는 것은 결코
아니다. 그러므로 다양한 분야와 채널에서 국제 해양협력을 전개해
야 한다.

　해양의 연결성과 유동성 때문에 해사海事문제는 종종 여러 국가의
이익 나아가 전 세계 안보에 영향을 미친다. 예를 들어 해적, 밀수,
해양오염, 해양테러리즘 등의 문제 해결, 그리고 극지, 공해, 국제 해
저자원 개발·이용 등은 모두 개별 해양국가들과의 협력을 필요로
한다. 양자·다자적 해양협력을 적극 추진하고 다른 국가와의 해양
사업 협력을 적극 발전시키는 것은 중국이 해양과학, 기술, 관리 측
면에서 다른 국가의 선구적 이념과 선진 경험을 학습하고 국외자본
과 기술 유치, 해양사업 발전을 촉진하는 데 도움이 될 수 있다. 또
한 중국이 다른 해양국가와 함께 해양의 평화적 개발과 이용, 전통
및 비전통 안보영역으로부터의 도전에 대한 대응, 해양 및 전 인류
의 아름다운 미래를 같이 창조하는 데에도 도움이 될 수 있다.

　1970, 80년대 이래 유엔해양법협약과 몇몇 해양 분야의 국제조약
을 기반으로 국제해양법률체계가 점차 갖춰지기 시작했다. 중국은
책임 있는 대국으로서 응당 국제 해양거버넌스에 적극 참여하여 양
자 및 다자의 틀에서 글로벌 해양문제의 해결을 선도하고 광범위한
참여와 보편적이고 강력한 국제 해양거버넌스 구조를 구축하는 데
힘쓰며, 각국이 합리적이고 합법적으로 해양자원을 개발할 권리를
보장하고 함께 국제해양질서를 수호하면서 손을 맞잡고 인류가 생
존하는 푸른 터전을 만들어가야 한다.

2013년 10월 3일 시진핑 주석은 인도네시아 국회 연설에서 다음과 같이 말했다. 중국은 아세안국가들과 해상협력을 강화하고, 중국 정부가 설립한 중국-아세안 해상협력기금을 활용하여 해양협력 동반자관계를 잘 발전시켜 함께 21세기 '해상실크로드'를 건설하길 희망한다.[74] 또한 그는 "중국은 평화발전의 길을 굳건히 견지하고, 독립적이고 자주적인 평화외교정책과 상호이익 및 상생의 개방 전략을 확고히 실행할 것이다"라고 강조했다. 그는 "중국-아세안 운명공동체의 아름다운 미래를 열어 함께 세계 평화와 발전이라는 숭고한 대업에 더 큰 공헌을 할 것을 기대한다"라고도 밝혔다.

2013년 10월 24-25일 '주변외교업무좌담회'에서 시진핑 주석은 주변외교업무의 원활할 수행은 "두 개의 백 년"이라는 투쟁목표를 실현하고, 중화민족의 위대한 부흥이라는 중국몽中國夢을 실현하는 데 필요한 것이라고 강조했다. 그는 또 중국의 주변외교 기본 방침은 여린위선, 이린위반與鄰爲善, 以鄰爲伴(이웃과 화목하고, 이웃을 동반자로 삼는다, 역자주), 목린, 안린, 부린睦鄰, 安鄰, 富鄰(화목한 이웃, 안정된 이웃, 부강한 이웃이라는 삼린정책三隣政策, 역자주)을 견지하고 친親, 성誠, 혜惠, 용容 이념의 실천을 강조하는 것이라고 역설했다. 해상실크로드는 중국 주변외교의 동맥이자 교량이 될 것이다.[75]

2013년 10월 중앙경제업무회의에서는 다시금 실크로드경제벨트 건설을 위한 전략계획 수립을 서두르고, 해상통로의 상호연결과 소통을 강화하여 21세기 해상실크로드 건설을 촉진해야 한다고 지적

---

74) http://news.xinhuanet.com/fortune/2014-08/11/c_1112013039.htm, 검색일: 2015年 6月 1日.

75) 高蘭, 「海上絲綢之路: 周邊外交的動脈與橋梁」, 『文匯報』, 2013年 10月 31日 참조.

했다. 21세기 해상실크로드 전략구상은 중국 경제발전전략 공간을 대대적으로 확장시키고 중국경제의 지속적이고 안정적인 발전을 위한 전략적 뒷받침을 제공하며 동시에 연선국가의 경제사회 발전 및 평화 안정과 안보를 촉진하여 중국의 평화발전에 유리한 외부환경을 조성할 수 있다.

현재 세계 정치경제는 때마침 대대적 변화가 일고 있고, 아시아 태평양 지역은 점차 세계 정치경제의 중심 중 하나로 부상하고 있어 각국은 해양 분야의 협력과 발전을 중요하게 여기고 있다. 경제세계화라는 새로운 추세와 국제 이익의 접점이 점차 해양으로 옮겨지고 있는 이 같은 새로운 양상과 환경에서 중국이 제시한 21세기 해상실크로드 건설은 여러 의미를 갖는다.

우선, 21세기 해상실크로드 건설은 중국의 개혁개방 확대와 심화에 필요한 것이다. 현재 중국의 경제개혁은 이미 난제를 해결하는 시기攻堅期에 접어든 만큼 고도의 전략과 총체적 관점에서 해양을 주목해야 한다. 21세기 해상실크로드는 "조화로운 바다를 비전으로 하여 협력과 상생을 목표로 삼고, 개방과 혁신을 수단으로 삼아 주변국과 함께 건설하는 '인해화합人海和諧, 평화발전和平发展, 안전편리安全便利, 협력과 상생合作共贏'의 길이다."[76] 이러한 현대의 해상실크로드 구축을 통해 중국과 연선국가의 연해 항구도시가 연결되어 해상에서 상호연결과 소통이 실현되는 고도의 발전을 이룩할 수 있다. 이는 중국과 연선국가 간 해상협력의 확대뿐만 아니라 나아가 동남아시아, 중동, 북아프리카, 유럽 및 남태평양 지역의 경제발전을 견인할

---

76) 國家海洋局海洋發展戰略研究所課題組, 『中國海洋發展報告(2015)』, 海洋出版社, 2015, p. 343.

수 있다.

다음으로 21세기 해상실크로드 건설은 주변 해양환경의 평화와 안정을 수호하는 중요한 보루이다. 현재 미국이 추진하는 '아시아·태평양 재균형' 전략 등의 영향으로 아시아·태평양 지역의 지정학적 환경이 대대적 조정의 시기를 맞이하고 있고, 국가 간 경쟁과 협력이 병존하고 있다. 이 같은 시기에 각국은 잇달아 해양력 확장을 통해 지정학적 우위를 추구하고 있으며, 이러한 양상은 현재 아시아·태평양 해양권익 다툼으로 산발적으로 나타나고 있다. 중국에 걸맞은 책임을 이행하기 위해서는 반드시 실질적 행동을 통해 평화와 안정, 평등과 상호신뢰, 협력발전 및 상호이익과 상생의 아시아·태평양이라는 새로운 구도를 만들어야 한다. 21세기 해상실크로드 건설은 중국과 주변 연선 국가들의 해상협력을 더욱 촉진함으로써 공감대를 쌓고 이견을 해소하여 보다 안정적인 지역 환경을 조성하고, 공동 발전을 위한 새로운 역사적 기회를 창출할 것이다.

21세기 해상실크로드 건설 제안은 경제세계화라는 새로운 형세에 부합할 뿐만 아니라 주변 환경을 조화롭게 조성하고 주변 국가와의 교류를 확대하기 위한 중요한 기반을 다지면서 상호신뢰 증진과 지역의 평화, 안정을 촉진하는 데 유리하게 작용한다. 한 학자는 "중국해는 16세기에 포르투갈인의 것이었고, 17세기에는 네덜란드인의 것이었으며 18세기에는 영국인의 것이었다."라고 언급한 바 있다.[77] 현재 중국의 21세기 해상실크로드 건설 방안은 크게 두 가지 측면을 포함하고 있다. 첫째는 남중국해를 중국과 일부 아세안 국가들의 평화의 바다, 협력의 바다로 만드는 것이다. 둘째는 중국과 연선국가

---

77) [美] 赫德遜, 『歐洲與中國』, 王遵仲 等譯, 中華書局, 1995, p. 232-233.

해양협력에서 몇몇 중점 분야를 선별하여 중요한 돌파구를 모색하는 것이다.

남중국해 분쟁을 적절히 처리하는 것은 중국과 아세안국가 앞에 놓여 있는 중대한 현실문제이고, 21세기 해상실크로드 건설의 중요한 전제조건이다. 평화적인 발전은 중국이 일관되게 추구하는 장기적 국가전략이다. 2005년 「중국 평화발전의 길中國的和平發展道路」백서는 그간의 중국 평화발전전략을 체계적으로 밝히고, "평화는 발전의 기초이고, 발전이 평화의 근본"임을 깊이 있게 서술하였다. 2011년 「중국의 평화발전中國的和平發展」백서는 다음과 같이 엄숙히 선포하였다. "중국은 세계 평화와 발전을 위해 적극적으로 기여하고, 침략·확장을 절대 추구하지 않으며, 영원히 패권을 다투거나 추구하지 않고, 언제나 세계 평화와 지역 평화·안정을 수호하는 견실한 역량이 될 것이다."

조금의 의심도 없이, 21세기 해상실크로드 전략의 중요 대상은 중국과 아세안국가이다. 과거 20년 동안, 중국과 아세안국가의 관계는 비약적으로 발전하였으며, 경제무역·외교·과학기술·문화 분야에서 장족의 발전을 거두었다. 그러나 최근에 중국과 동남아 일부 국가들의 해양분쟁은 중국과 아세안 관계에 간접적인 영향을 미쳤다. 21세기 해상실크로드의 제기는 중국이 오랫동안 유지해온 '이웃과 화목하고 이웃을 동반자로 삼는' 주변외교 방침을 체현한 것이며, 중국이 해양의 이웃과 적극적으로 우호협력 관계를 추구하고자 하는 바람을 적극적으로 표현한 것이고, 중국과 아세안 및 기타 국가가 남중국해 분쟁 등의 문제를 해결하기 위한 기반을 마련하는 것이다.

셋째, 해상실크로드 공동 건설의 핵심은 해양협력을 강화하고, 해양협력 동반자관계를 수호하는 것이다. 중국과 남중국해 이웃국가들이 도초島礁의 귀속과 해양경계선 획정 문제로 겪는 분쟁에 대해, 중국은 평화적인 방식과 양자협상 방식을 통해 협의 및 적절한 해결에 이르는 것을 줄곧 견지했다; 분쟁 해결 전에 덜 민감한 분야의 해상협력 기제를 앞장서서 시작하여 해상실크로드의 구체적 협력을 위한 매개체로 삼았다. 해상협력 기제는 남중국해 안보, 환경보호, 과학연구, 어업자원 이용, 석유 천연가스 자원개발, 해난 구조 등의 분야를 포함한다. 안보협력 분야에서 중국과 아세안국가는 먼저 정보교류 기제를 수립하고 이어 연합순항巡航 기제를 수립하여 해상 범죄에 대응할 수 있다; 해양 과학연구 분야에서 우선 기상 및 재해방지 협력 기제를 수립하고, 나아가 남중국해 자원 협력조사 기제를 수립할 수 있다; 해양 환경보호 분야에서 우선 환경감시·측정과 정보교류 협력 기제를 수립하고, 나아가 비개발성 해양오염 처리, 더 나아가 개발활동을 추진하는 환경보호 협력을 할 수 있다; 자원개발 협력 분야에서는 우선 어업생산 협력을 추진하고 점차 석유 천연가스 자원개발 협력을 할 수 있다. 해상실크로드 전략목표의 실현은 필연적으로 중국과 아세안 각국의 경제협력을 효과적으로 이끌 것이며, 각국의 전략적 상호신뢰와 선린우호관계를 위한 견실한 기반을 다질 것이다. 중국과 아세안이 공동 건설하는 21세기 해상실크로드는 관할 해역 특히 중첩된 해역에서 해양경제 자주 발전, 비교적 강한 해양경제 실력 수립, 해양경제 경험 축적, 앞서 나가는 해양과학기술 발전을 위해 중국에게도 필요한 것이다. 따라서 중국-아세안 21세기 해상실크로드 공동 건설을 강력하게 추진하는 것이다.

21세기 해상실크로드 건설은 해양분쟁이 야기하는 돌발적 방해작용을 충분히 고려해야 한다. 남중국해는 고대 해상실크로드가 반드시 거쳐야 하는 길이었고, 현재는 중국을 아세안국가 내지 세계로 연결시키는 해상 생명선이다. 난사군도 일부 도초 및 모래톱의 주권 귀속과 일부 해역의 경계획정이 쟁의를 일으키고 있다. 이는 중국과 일부 아세안국가 내지 전체 아세안과의 관계발전에 주요 장애가 되고 있다.

21세기 해상실크로드 전략 구상은 의심할 여지 없이 남중국해 문제의 해결을 위한 긍정적이고 풍부한 건설적 방법을 제공할 것이다. 21세기 해상실크로드 공동 건설은 중국과 아세안국가 내지 전체 아·태지역의 해양협력과 교류를 보다 심화시킬 것이다. 각방은 협력 과정에서 지속적으로 신뢰를 쌓아나갈 것이고, 분쟁 해결을 위한 조건과 가능성을 만들어 나갈 것이다. 쟁의 당사자들은 협력을 통해 갈등을 처리하고, 충돌위험을 계속 감소시킬 수 있으며, 남중국해 평화와 안정을 위한 유리한 국면을 만들 것이다. 관련 국가들은 협력을 통해 갈등을 내려놓고 다자 공동이익을 추구하며, 남중국해 자원으로 남중국해 연안 인민들의 복리를 증진시키고, 간섭을 배제하며, 역외 국가의 분쟁 개입을 공동으로 저지하고, 남중국해를 진정한 우의의 바다로 만들 수 있다. 21세기 해상실크로드 전략은 중국이 남중국해 문제 해결 방법을 모색하는 위대한 시험대이자 중대한 노력이다.

우리는 21세기 해상실크로드의 건설과 동시에 남중국해 문제를 처리하는 데 3가지 중요한 점을 파악해야 한다.

첫째, 21세기 해상실크로드 건설을 전략적으로 살펴보아야 한다. 중국은 평화적으로 발전하는 주변환경이 필요하며, 주변국들 역시 마찬가지로 평화적으로 번영하는 중국을 필요로 한다. 현재 중국 주변환경에서는 새로운 대변혁이 일어나고 있으며, 서태평양 지역에는 중국과 미국을 핵심으로 하는 두 개의 중심이라는 구조가 출현하여 모순이 증대되고 있다. 그러므로 중국-아세안 해상실크로드 구축 과정은 경제교류뿐만 아니라 중국-아세안 전면적 우호관계에 부합하는 전략적 목표를 필요로 한다.

둘째, 21세기 해상실크로드는 상호이익이 되는 협력 방식을 통해 유대관계를 강화해야 한다. 중국-아세안 해상실크로드 건설은 상호이익과 공영이라는 목표를 반드시 실현해야 하며, 자국의 발전을 모색함과 동시에 각국의 공동발전을 추구해야 한다. 또한 평등하고 균형 잡힌 새로운 지역발전 동반자 관계를 수립해야 한다. 그리고 각국 및 각 지역의 적극성을 충분히 발휘하게 하여 어려움 속에서 일심 협력하며同舟共濟, 권리와 책임을 공동으로 부담하고權責共擔, 공동의 이익을 발전시켜야 한다.

셋째, 과학적인 건설과 기제 건설은 중국-아세안 해상실크로드를 따를 만한 길有路可循, 의지할 만한 규정有章可依으로 만들 것이다. 해상실크로드 협력은 관련 국가가 많고, 시행할 층면이 광범위하기 때문에 반드시 상응하는 협조 기제가 필요하며, 이를 통해서만 안정적 발전을 이룰 수 있고 실제적인 의미를 가질 수 있다. 그러므로 21세기 해상실크로드 건설은 상응하는 협상 기제와 운영 기제를 수립해야만 한다.

중국과 연선 국가들이 공동으로 건설하는 21세기 해상실크로드는 인프라 건설, 해상 상호연결과 소통, 해상 공익 서비스 및 해양문화 협력을 중점 분야로 해야 하며, 중대한 진전을 공동으로 모색해야 한다.

첫째, 21세기 해상실크로드 건설은 인프라 건설과 해상 상호연결 및 소통을 우선 분야로 해야 한다. 현실 상황에서 보자면 연선국가들은 보편적으로 항구와 부두 건설능력이 부족하고, 정보 네트워크 및 골간 통로 건설능력이 취약하며, 해상물류 및 공공재가 부족하고, 국가 간 해양정책 소통 및 해양 법 집행 교류가 결여되어 있다. 때문에 어떤 국가는 항구 건설에만도 자금 부족이 수백억 달러에 이르기도 한다. 이러한 상황에서 중국은 연선국가들의 자금 및 정책지원을 강화하였다. 2014년 11월 국무원 총리 리커창은 제17차 중국-아세안 (10+1) 정상회의에서 중국이 이미 실크로드 기금 설립을 선포했으며, 각국의 인프라 건설을 우선적으로 지원할 것이라고 밝혔다. 중국국가개발은행은 100억 달러의 중국-아세안 인프라 특별 차관을 만들기로 하였다. 2013년 10월 중국은 아시아인프라투자은행 건립 이니셔티브를 제안했다. 이러한 이니셔티브를 제안하자마자 관련국가들의 적극적인 호응을 얻었다. 2014녀 10월 24일, 21개 국가는 베이징에서 「아시아인프라투자은행 양해각서」에 공식 서명했다. 아시아인프라투자은행의 설립은 관련 국가가 인프라 시설을 구축하는 데 중요한 융자플랫폼이 될 것이며, 21세기 해상실크로드 건설에 새로운 활력을 제공할 것이다.

둘째, 21세기 해상실크로드 건설은 또한 해상 공익서비스 및 해양 문화 협력을 중요한 목표로 삼아야 한다. 최근 해적 및 해상 테러리즘, 대량 무기의 해상 유통과 해양 자연재해가 빈발하여 비전통 해상안보 분야의 위협이 나날이 두드러지고 있다. 해상실크로드 연선 국가는 이와 같은 문제에 대응할 때 공동의 이익을 고려해야 한다. 그러므로 중국은 21세기 해상실크로드 건설 과정에서 "동남아, 남아시아, 서아프리카, 남태평양 등 연선국가가 해양 기후변화, 해양 환경보호, 해양 생태계 및 생물 다양성, 해양 방재, 지역 해양학 연구 등 분야의 교류와 협력을 끊임없이 추진하고, 기후변화, 해양재해 감소, 해양환경 보호 및 해양 생태계의 건강한 능력 유지에 공동으로 대응하며, 더 많은 국가와 해양협력을 추진해야 한다."[78]

해양문화 협력은 21세기 해상실크로드 건설의 중요한 내용이다. 2015년 3월 28일 국가발전개혁위원회, 외교부, 상무부는 연합으로 「실크로드 경제벨트 및 21세기 해상실크로드 공동 건설 전망 및 행동」을 발표했다. 그 가운데 "정책 소통, 도로 연통, 무역 창통, 화폐 유통, 민심 상통을 포함한 상호연결 및 소통은 광범위한 공감을 얻었다."[79] "국가의 교류는 국민 간의 친화에 있다.之交在于民相亲" 상응하는 문화 플랫폼을 통해 연선 국가 간의 상호이해를 촉진하며, 문명 간의 양호한 상호작용을 위한 새로운 동력을 발굴하는 것은 각국 앞에 놓여 있는 새로운 과제이다.

마지막으로, 중국이 제기한 21세기 해상실크로드 건설 이니셔티브는 시대발전이라는 조류에 순응하는 것이고, 평화, 발전, 협력, 혁신, 개방 등의 특징을 갖고 있다. 이는 중국 한 나라만의 이니셔티브가 아니라, 중국과 연선 국가들 공동의 아름다운 미래이다. 21세기 해상실크로드 건설은 중국과 연선국가들의 협력 강화에 유리하며, 상호신뢰를 촉진하고, 안정된 협력 환경을 만들며, 지역의 장기적 안정 및 번영발전을 위해 새로운 기회를 창조할 것이다. 21세기 해상실크로드 전략은 중국과 연선 국가들이 이익 공동체, 책임 공동체 및 운명 공동체를 만드는 과정에서 중요한 작용을 할 것이며, 전체 지역 내지 세계의 평화 안정 및 발전에 긍정적 작용을 할 것이다.

---

78) 張海文, 「加强海洋合作推動海上絲綢之路建設」, 『中國海洋報』 2015年 3月 26日.

79) 國家海洋局海洋發展戰略研究所課題組, 「中國海洋發展報告 (2015)」, p. 349.

주편자 소개

싱광청邢廣程 중국사회과학원 중국변강연구소 소장
리궈창李國强 중국사회과학원 중국역사연구원 부원장

역자 소개

구자선 인천대 중국학술원 상임연구원
김남희 한신대 한중문화콘텐츠학과 교수
송민근 전주대 물류무역학과 교수
신지연 인천대 중국학술원 상임연구원
안치영 인천대 중어중국학과 교수
　　　　인천대 중국학술원 원장
이유정 인천대 인천대 중국·화교문화연구소 연구교수
장정아 인천대 중어중국학과 교수
　　　　인천대 중국학술원 중국·화교문화연구소장
　　　　HK+ 사업단장
조형진 인천대 중국학술원 교수
　　　　인천대 중국학술원 부원장

중국관행연구총서 17

중국의 변강정책과 일대일로

초판 1쇄 인쇄 2021년 6월 20일
초판 1쇄 발행 2021년 6월 30일

인천대 중국학술원 중국·화교문화연구소 기획
위 원 장 | 장정아
부위원장 | 안치영
위   원 | 김지환·송승석·이정희·조형진

주   편 | 싱광청(邢廣程)·리궈창(李國強)
공   역 | 구자선·김남희·송민근·신지연·안치영
          이유정·장정아·조형진
펴 낸 이 | 하운근
펴 낸 곳 | 學古房

주   소 | 경기도 고양시 덕양구 통일로 140 삼송테크노밸리 A동 B224
전   화 | (02)353-9908 편집부(02)356-9903
팩   스 | (02)6959-8234
홈페이지 | http://hakgobang.co.kr
전자우편 | hakgobang@naver.com, hakgobang@chol.com
등록번호 | 제311-1994-000001호

ISBN 979-11-6586-388-3 94300
     978-89-6071-320-8 (세트)

값 : 75,000원

■ 파본은 교환해 드립니다.